붓다의 수첩 (숲 그리고 강)

佛陀手帖 : 佛陀之生涯, 樹, 林, 河

Buddha's Journal : Life, Forest and River

|

①

담마

法

Dhamma

|

비구 성찬

比丘 性讚

Bhikkhu Sopakā 빅쿠 쏘빠까

|

2025.07

SuRyuSanBang

0002 **붓다의 수첩** (숲 그리고 강) **1** **담마 - 法 - Dhamma**
비구 성찬 比丘 性讚 Bhikkhu Sopakā
붓다의 생애와 여러 가지 佛陀手帖 : 佛陀之生涯, 樹, 林, 河
Buddha's Journal : Life, Forest and River

Namo tassa

Bhagavato

Arahato

Sammā sambuddhassa

나모 땃싸

바가와또

아라하또

쌈마 쌈붓닷싸

모든 번뇌로부터 떠나시고,

존귀하신 분,

공양을 받을 만한 분,

완전한 깨달음을 스스로 이루신

부처님께 예배합니다.

• 붓다의 수첩 (숲 그리고 강) 01 담마 – 法 – Dhamma
① 담마 法 Dhamma
붓다의 생애와 여러 가지
佛陀手帖 : 佛陀之生涯, 樹, 林, 河
Buddha's Journal : Life, Forest and River
ⓒ 비구 성찬 比丘 性讚 Bhikkhu Sopaka
프로듀싱 & 크리에이티브 디렉팅 ⓒ 박상일
편집 ⓒ 심세중, 박상일, 김나영
디자인 ⓒ 박상일, 김나영

• Produced & Published by 수류산방 樹流山房 SuRyu SanBang
초판 01쇄 2025년 07월 29일
값 27,000원
ISBN 978-89-915-5597-6 03220
Printed in Korea, 2025.07.

9 788991 555976 03220 ₩27,000

• 수류산방 樹流山房 SuRyu SanBang
등록 2004년 11월 5일(제300-2004-173호)
〔03176〕 서울 종로구 경희궁길 47-1〔신문로2가 1-135〕
T. 82.(0)2.735.1085
프로듀서 박상일
발행인 및 편집장 심세중
크리에이티브 디렉터 朴宰成 + 박상일
디자인 · 연구팀 김나영(피디)
편집팀 전윤혜(선임)
이사 김범수, 박승희, 최문석
인쇄 · 제본 프린팅라운지〔T. 82.(0)31.935.6295 임종휘〕

① 담마 法 Dhamma

숲 그리고 강 —— 비구 성찬

붓다의 수첩 · 담마

1 담마 – 法 – Dhamma
2 쌍가 – 僧 – Saṅgha
0 대중 – 大衆 – Parisa
0 위나야 – 律 – Vinaya
0 우 자나카 사야도 블루마운틴에서 대화
0 인도 네팔 순례 붓다의 길 – 旅 – Dhamma Yatra

〔00.1〕 벼리 말

부처님, 그 분! 그 분을 의지하여 절집에서 그럭저럭 50년을 살았습니다. 어린 동승 시절에는 막연하게 그 분에게 매달리고 의지하면 모든 것이 이루어질 줄 알았습니다. 하루는 뒷방 노스님 다락을 청소하다가 귀퉁이가 너덜너덜 해지고 삽화가 들어 있는 『팔상록(八相錄)』이라는 책을 우연히 찾게 되었습니다. 그것을 보시고는 눈이 침침한 노스님이 저녁마다 당신 방으로 와서 읽어 보라고 했고, 동승은 저녁 예불이 끝나면 노스님 방으로 달려갔습니다. 등잔불 심지를 돋우고 낭랑한 목소리로 읽으며 아득한 부처님 나라를 그려 보다가 꿈속에 들어 노스님 손을 잡고 이 길 저 길을 헤매다가 소슬바람에 놀라 깬 적이 어디 한두 번인가요.

|

이렇게 전설 같은 이야기로 부처님을 접한 저는 부처님, 그 분은 우리와 같은 사람이 아니라 신(神)들보다 뛰어난 존재라고 막연히 생각했답니다. 곧이어 배운 교학(敎學)〔불교의 교리와 학문 체계. 선 수행을 제외한 이론을 일컫는 용어〕의 첫 가르침에서 "그(부처님)도 장부요, 나도 장부라〔彼旣丈夫, 汝亦爾 피기장부, 여역이〕."라고 배웠지만 그 분, 부처님이 저와 같은 사람이라는 데는 좀처럼 실감이 가지 않은 것이 사실이었습니다. 차츰 교학을 깊이 배우

팔상록(八相錄) 붓다의 생애를 8가지 장면으로 기록한 북전(北傳)〔대승〕의 붓다 일대기. ① 도솔천에서 내려 오는 모습〔도솔내의상(兜率內儀相)〕, ② 룸비니 동산에서 왕자로 태어난 모습〔비람강생상(毘藍降生相)〕, ③ 생로병사를 목격하는 모습〔사문유관상(四門遊觀相)〕, ④ 29세에 출가하는 모습〔유성출가상(踰城出家相)〕, ⑤ 6년간 수행하는 모습〔설산수도상(雪山修道相)〕, ⑥ 35세 되던 해 보리수 아래에서 성도(成道)하는 모습〔수하항마상(樹下降魔相)〕, ⑦ 녹야원에서 처음으로 설법하는 모습〔녹원전법상(鹿苑轉法相)〕, ⑧ 꾸쉬나가르(쿠시나가라)에서 열반에 드는 모습〔쌍림열반상(雙林涅槃相)〕. | 1913년에 이교담(李交倓)이, 1922년에 백용성(白龍城)이 각각 『팔상록』을 인쇄 보급했다. 1942년에 안진호(安震湖) 스님의 『신편팔상록(新編八相錄)』은 그림도 더해 널리 읽혔는데, 탄생에서 열반까지를 초인적, 신이적으로 그렸다.

자 그 분이 저와 같은 사람임이 조금씩 또렷해졌습니다. 그 분의 위대함과 제자들을 위한 배려에 가슴 뭉클해졌고 그 분의 가르침을 읽다가 가을비와 함께 눈물을 흘렸으며, 그 분이 죽음을 맞이하기 전 제자와 함께 걷는 여정을 생각할 때면 실제 저도 그 자리에 있었던 것처럼 서럽게 울면서 밤길을 달빛과 걷기도 했답니다. 그렇게 가슴 사무치던 스승 부처님을 제대로 알고 싶었지만 언제나 조금은 부족했습니다. 불교 신자라면 누구나 다 알 것 같지만 실제로는 "그 분이 누구일까? 어떻게 사셨을까?" 항상 의문부호였습니다.

|

인연이 되어 법주사(法住寺) 승가 대학 교수로 재직을 할 때 학인(學人) 스님들에게 강의를 하게 되면서 가 보지 못한 그 길에 대하여 궁금증이 더 커졌습니다. 강의를 하고는 있지만 끝날 때면 제 자신이 한없이 부끄럽곤 했습니다. 그 궁금증이 날로 더하여 부처님 당시의 탁발(托鉢)(piṇḍapāta 삔다빠따)〔수행자가 음식을 구걸하여 얻는 일〕과 안거(安居)(vassa 왓사)〔외출을 금하고 수행하는 일〕, 포살(布薩)(ⓢ poṣadha 뽀샤다 / ⓟ uposatha 우뽀사타)〔음력 매월 보름과 그믐에 수행자들이 한곳에 모여 서로의 잘못을 돌아보는 의식〕, 자자(自恣)(pavāraṇā 빠와라나)〔여름 안거가 끝나는 날에 수행자들이 한곳에 모여 자신의 잘못을 고백하고 참회하는 의식〕, 수계(受戒)(sikkhā 씩카 / samādhāna 싸마다나 / upasaṃpadā 우빠쌍빠다)〔출가자나 재가자가 계(戒)를 받는 의식〕 등이 그 모습대로 남아 있는 곳이 어디일까, 여기저기 수소문하기 시작했습니다.

|

경전에서 보았던 부처님 가르침 그대로 살아가는 절집이 있을까, 그런 수행이 있을까? 생각을 하던 차에 남방(南方) 상좌부(上座部) 불교(佛敎)를 접했고 수년 동안 그 곳에서 수행하며 당대의

큰스님들께 가르침을 받는 큰 복을 누리게 되었습니다. 덕택에 수행뿐만 아니라 절집의 일년 행사와 의식, 상좌부 스님으로서 해야 할 기본적인 이것저것을 통틀어 익히고, 덤으로 교학도 배우게 되었답니다. 열심히 메모하고 기억해 둔 것을 가지고 2000년 한국에 돌아오자마자 곧바로 교재를 만들었습니다. 제가 알게 되었고, 그것을 바탕으로 본 부처님의 생애에 대해서였습니다. 프린터로 출력한 것을 묶어 만든 11권의 과목별 교재를 가지고 인연 깊은 도반 스님들을 비롯한 몇 분 스님에게 머물던 곳에서 1년 남짓 강의를 했습니다.

|

교재를 만들 때 제 원칙은, 여러 차례 인도의 부처님 성지—시골과 도시에 두루 머무는 동안 밑바닥에서 겪은 삶의 문화를 바탕으로 〈남전(南傳)〉과 〈북전(北傳)〉에서 신화적 요소를 빼고 남는 공통된 사실을 엮는다는 것이었습니다. 제 스스로가 부처님의 제자이기에 경전의 가르침을 믿는 것으로 시작을 합니다. 조금도 부정하거나 "아니, 실제로 그럴 수 있을까?" 하고 의심해 본 적이 없습니다. 그것은 제가 부처님과 같은 경지에 도달하지 못했기 때문입니다. 감히 가 보지 못한 부처님의 영역에 대해 범부 중생이 이러쿵저러쿵할 것이 아니라는 것을 압니다.

|

북전(北傳)과 남전(南傳)

초기 불교의 가르침은 〈남전〉과 〈북전〉 두 가지 통로로 전승됐다. 스리랑카, 미얀마, 태국 등 남방 불교 문화권에서는 다섯 개 〈니까야(Nikāya)〉〔빨리(팔리)어(Pāli) 성전(聖典), 기록〕로, 중국을 비롯한 한자 문화권인 북방 불교에서는 네 가지 〈아함경(阿含經)〉〔Āgama-Sutra 아가마 수뜨라〕〔쌍쓰끄리뜨(산스크리트)어(Sanskrit)로 전승(傳承), 원전〕으로 전해졌다. 그래서 다섯 〈니까야〉는 〈남전〉, 네 〈아함〉은 〈북전〉으로 불린다. 아함(阿含)은 '아가마(āgama)'〔= 전해 온 가르침〕를 소리 나는 대로 적은 것이다. 불교 최초의 경전은 빨리어로 된 〈**니까야**(Nikāya)〉이고, 여기에 해당하는 쌍쓰끄리뜨본을 〈아가마(Āgama)〉라 보면 된다. 〈아가마〉를 한문으로 번역한 것이 〈**아함경**(阿含經)〉인데, 이는 하나의 경 이름이 아니라 초기 불교 시대에 성립된 약 2천 개의 경전들을 통틀어 이르는 말이다. 이 다섯 〈니까야〉와 네 〈아함경〉에는 붓다 가르침의 원형이 담겨 있다.

고따마(ⓟGōtama/ⓢGautama) 부처님〔기원전 624?~기원전 544?〕은 인도(네팔) 사람입니다. 그 분은 그 시대에 철저하게 인도식으로 사셨던 분입니다. 2,500여 년 전 인도식 옷, 인도식 음식, 인도식 언어를 쓰고 그 지역 문화 방식으로 생각을 하셨습니다. 부족한 저로서는 그러한 풍습과 사고 방식, 언어를 이해하지 않고는 그 분을, 그리고 그 분께 일어났던 사건들과 그 맥락을 이해하기 힘들었습니다. 저는 성지를 순례하면서 보고, 듣고, 알았던 삶의 전통, 관습과 표현 방법 등을 바탕으로 신(神)과 같은 부처님이 아니라, 사람 냄새가 나는 부처님 이야기를 써 보고 싶었답니다.

|

이 책은 할머니들이 복을 빌던 부처님이 아니라 깨달음으로 이끄는 스승 붓다를 바로 알도록 돕고자 썼습니다. 부처님은 가공의 인물이 아니라 실존했던 분입니다. 그 분에 대한 기록은 남/북으로 전해진 여러 경전에 남아 있으며 또한 많은 학자들이 여러 시각에서 부처님 생애를 다룬 책들도 다양하게 나왔습니다. 그러니 그 분의 일생에 대하여 책을 쓰게 되면 모두가 비슷한 기록과 자료를 보고 쓸 수밖에 없습니다. 즉 제가 부처님 생에서 중요하게 본 사건이라면 최초의 경전 기록이고, 다른 책의 저자

5부 니까야〔남전〕와 4부 아함경〔북전〕 초기 불교 시대의 경전들로 다음과 같다. ① 디가 니까야(Dīgha Nikāya) : 34개의 긴(dīgha = 장편의) 경(經) 모음. 〔① 〈장아함경(長阿含經)〉에 해당〕 ② 맛지마 니까야(Majjhima Nikāya) : 152개의 중간(majjhima) 길이 경(經) 모음. 〔② 〈중아함경(中阿含經)〉에 해당〕 ③ 쌍윳따 니까야(Saṃyutta Nikāya) : 2,889(2,875)개의 주제별 경(經) 모음. 〔saṃyutta는 소들을 하나의 멍에로 연결한다는 뜻〕 〔③ 〈잡아함경(雜阿含經)〉에 해당〕 ④ 앙굿따라 니까야(Aṅguttara Nikāya) : 앞의 〈3부 니까야〉의 내용들을 1부터 11까지 숫자별로 분류한 경(經) 모음. 2,308(2,198)개로 중복이 많다. 〔④ 〈증일아함경(增壹阿含經)〉에 해당〕 ⑤ 쿳다까 니까야(Khuddaka Nikāya) : 앞의 〈4부 니까야〉에 속하지 않는 15개의 독립된 경(經) 모음.

들 역시 이를 중요한 사건으로 볼 것이므로 내용의 어떤 부분은 엇비슷할 수도 있습니다.

|

2000년 남방에서 돌아와 제가 엮기 시작한 『붓다의 생애』라는 프린트 교재가 이 책의 기본 바탕이 되었습니다. 그 이후로 20년 넘게 여러 청으로 강의를 계속하면서 보충하여 여러 번 거듭 묶었고, 그 노트가 여기저기에 돌기도 하면서 책으로 만들어 달라는 청을 받곤 했습니다. 이 책을 쓰면서 저는 부처님의 일생을 둘러싼 갖가지 신화적 요소는 인도 고전 문학의 고유한 서술 방식의 하나로 보았습니다. 그보다 중요한 것은 그 때 "어떠한 일이 있었다"는 사실입니다. 부처님께서 그 일을 어떻게 받아들였으며, 그 일어난 사건을 가르침으로 더 높이 베풀었는지를 나름대로 해석했습니다. 물론 기본 바탕은 경전입니다. 필요에 따라서는 이해하기 쉽도록 조금은 요즘 표현으로 바꾸어 보기도 했습니다만, 경전이라는 큰 틀을 벗어나지는 않았습니다. 가운데 한 대목을 읽었을 때도 앞뒤의 맥락을 알 수 있도록 하다 보니 처음부터 읽어 가다 보면 같은 구절이 여러 차례 등장할 것입니다. 조금 지루할 터이지만 중요한 내용이라 생각해 거듭 쓴 것도 있습니다.

|

누구나 부처님이라는 이름은 알지만 한 꺼풀 열고 들어가면 아리송해지곤 합니다. 부처님은 다른 종교의 신과 같을까? 내가 기도를 하면 어디선가 듣고 소원을 들어주시는가? 불상 앞에서 할머니들이 올리는 기원은 무엇이고, 깨달음을 구하는 수행은 또 무엇일까? 이 책은 부처님을 조금 깊이 그리고 바로 알고자 하는 이들, 그리고 단순한 부처님의 삶과 죽음이 아니라 깨달음이라고 하는 법(法)〔붓다의 가르침이나 계율〕의 기본을 알고자 하는 이들을 생

각하며 썼습니다. 부처님이라는 고마우신 분의 삶과 죽음을 기본으로 하되 교리도 조금은 자세히 다루었으므로 딱딱할지 모르겠습니다만, 최소한 부처님의 생애를 통하여 그 분, 위대하신 스승의 깨달음과 가르침이 무엇인가를 알게 하려고 애썼습니다. 이 책을 읽는 여러분들은 부처님이 고민한 바, 깨달은 바와 가르친 바가 곧 부처님의 삶 한 순간 한 순간과 조금도 어긋남이 없음을, 그리고 바로 지금 우리의 삶과 그대로 이어짐을 알 수 있을 것입니다.

|

인용한 경전이나 주해서 등은 일일이 원문의 출처 등을 달지 않았습니다. 그것은 원저자들을 무시하려는 것이 아닙니다. 저의 얕은 소견으로 조금이라도 폭넓은 불자들이 읽기 쉽게 만들고자 방향을 설정했기에, 더러 읽는 사람에게는 번다할까 하여 본문 안에서 낱낱이 밝히지 않고 책의 말미에 일괄적으로 참고 서적으로 밝혔습니다. 이 자리를 빌려 원저자들에게도 널리 고마움과 양해를 구합니다.

|

저는 많이 배우지 못하여 학문이 짧고 전문적으로 글 쓰는 훈련을 받은 적이 없습니다. 긴 글을 써 보지도 않아 손발을 제대로 둘 줄을 모르다 보니 글이 산만하고 절름거리지만 이 책이 나올 수 있도록 저에게 크낙한 가르침을 베푸신 미얀마 마하시 수도원〔Mahasi Sasana Yeiktha〕의 우 자띨라 사야도〔U Jatila Sayadaw, 1935~2016〕, 찬매 수도원〔Chanmyay Yeiktha Meditation Center, Yangon, Myanmar〕의 우 자나까 사야도〔The Venerable Chanmyay Sayadaw U Janakabhivamsa, 1928~〕, 세상을 떠나신 우 틸라 운따 사야도〔The Venerable Sayadaw U Thila Wunta, 1912~2011〕와 미룡당 월탄(彌龍堂 月誕, 1937~2022) 큰 스님, 그리

고 여러 스승님들, 저의 오랜 도반 스님들 그리고 특별히 도움을 준 지현(知玄, Ariya Nandi) 스님과 여래향사 불자들, 인도네시아 기원정사 불자들에게 감사를 드립니다. 제가 글을 쓰고 출판을 할 수 있도록 공덕을 지은 혜원(최태립), 무상과(이미선), 이봉직, 원각심(김은숙) 불자와 그 가족들에게도 부처님의 사랑과 연민을 담아 보냅니다.

|

그리고 제 글을 다듬고 책을 아름답게 만들어 준 수류산방의 편집진에도 말할 수 없는 감사를 드립니다. 제가 이 책을 쓰게 되기까지 읽고 배운 여러 분야의 수많은 연구와 책을 남긴 고금의 뛰어난 학자들, 그리고 이 책 안에서 인용한 책들의 저자와 역자들에게도 감사를 드립니다. 제가 지은 선업 공덕을 저와 인연 있는 이들과 생명 있는 모든 존재들에게 고르게 나누어 드립니다. 거듭 부처님의 사랑과 연민을 전합니다. 이 책을 읽는 모든 분들은 모두 행복하소서. ⓑⓓⓢ

|

싸두(sādhu). 싸두(sādhu). 싸두(sādhu).

|

불기 2567년(甲辰갑진, 2024) 겨울비 내리는 창가에서

비구 성찬(性讚)〔Bhikkhu Sopakā빅쿠 쏘빠까〕

향 사르고 삼가 씁니다.

싸두(sādhu) 〔=good, virtuous, pious〕 빨리어로 '훌륭합니다, 잘했습니다, 감사합니다, 선재(善哉)로다, 좋구나, 착하구나' 등의 뜻이다.

〔00〕 **붓다의 수첩**(숲 그리고 강) ① **담마** - **法** - **Dhamma** 차례

0014 **붓다의 수첩** (숲 그리고 강) 1 **담마 - 法 - Dhamma**
비구 성찬 比丘 性讚 Bhikkhu Sopakā
붓다의 생애와 여러 가지 佛陀手帖 : 佛陀之生涯, 樹, 林, 河
Buddha's Journal : Life, Forest and River

0006 〔00.1〕 벼리 말 〔비구 성찬〕
0028 〔00.R〕 총서를 만들며 〔수류산방〕
0035 〔00.R〕 일러두기 〔수류산방〕
〔00.M〕 간략한 지도들
0038 ① 지형 Terrain
0040 ② 현대 Modernity
0042 ③ 고대 Antiquity
0044 ④ 상세 Detail

0469 〔00.B〕 참고 문헌
0474 〔00.N〕 참고 사항들
① 붓다의 하루 시간표
② 붓다의 안거 장소
③ 태양력, 인도력, 중국력 비교
④ 붓다 8대 성지〔영장(靈場)〕
⑤ 붓다와 4대 나무, 4대 강
〔00.I〕 붓다의 사전 수첩
0477 Ⓖ 지명
0484 Ⓟ 인명
0489 Ⓑ 문헌
0493 Ⓣ 용어 〔가나다〕
0521 Ⓡ 전체 〔알파벳〕

0048 〔01〕 알아야 할 이야기

0050 〔01.01〕 첫 출발
-001 붓다와 부처님
-002 불교와 불교학
-003 왜곡된 현실
0057 〔01.02〕 붓다를 보는 법
-004 대승에서 본 붓다
-005 상좌부에서 본 붓다
0062 〔01.03〕 붓다의 나라
-006 큰 땅덩어리
-007 종족들
-008 다양한 언어
0067 〔01.04〕 붓다 이전 시대
-009 오래된 문화
-010 침입자
0069 〔01.05〕 힌두란?
-011 힌두(Hindu)라는 어원
-012 힌두교
0072 〔01.06〕 다르마, 까르마, 쌈싸라
-013 기본 개념들
0073 〔01.07〕 피부 색깔에 따른 계급, 카스트
-014 계급 사회
-015 피부 색깔과 출생
-016 계급에 맞추어
-017 계급의 승급 기간
-018 깨끗함과 더러움
0080 〔01.08〕 불가촉천민(Achut)
-019 동물과 동급
-020 어디부터 시작되었나?
-021 환영받지 못하는 그들

0083 [01.09] 가족(kula)
-022 가족의 가치
-023 전통적 여성관과 결혼 지참금
0085 [01.10] 다양한 신(Deva)들과 예배 법
-024 신들의 땅
-025 김치 피자처럼 다양한 신들
-026 창조의 신, 브라흐마(Brahma)
-027 유지의 신, 비슈누(Vishnu)
-028 파괴의 신, 쉬바(Shiva)
-029 신들을 위하여
-030 기도(祈禱)
-031 제사(祭祀)
0097 [01.11] 붓다 당시의 사회 상황
-032 목축에서 농업으로
-033 길을 따라서
-034 도시의 모습
-035 화폐의 출현
-036 생활 모습
-037 의식(儀式)의 정비
-038 지켜야 할 4주기(Āśrama)
0112 [01.12] 브라만에서 끄샤뜨리야 문화로
-039 성(聖)과 속(俗)
-040 커지는 왕의 힘
-041 왕의 직능과 관리의 구조
-042 전장에서 지켜야 할 무사도
-043 신흥 사상가의 출현

0124 [02] 격동의 시대에서

0126 [02.01] 탄생 전야
-044 신흥 국가들의 성장
-045 경제 성장과 타락
-046 보통 사람들의 희망
0131 [02.02] 까삘라(Kapila)
-047 사꺄(Sakyā)족의 기원
-048 알려지지 않은 부족
-049 영토와 통치 방식
-050 모계 혈통

0140 〔03〕 보살(Bodhisattva)의 하강

0142 〔03.01〕 도솔천에서
-051 오오, 빛나는 이여!
-052 여섯 가지 공덕의 완성
-053 네 가지 공덕행을 더하다
-054 〈남전(南傳)〉의 십(10)바라밀
0154 〔03.02〕 전생 이야기
-055 설화의 상징성
-056 원력(願力), 선혜(쑤메다) 이야기
-057 자비(慈悲), 시비왕 이야기
-058 희생(犧牲), 사슴 왕 이야기
-059 구도(求道), 설산동자 이야기
0165 〔03.03〕 하강을 준비하다
-060 천신들의 권유
-061 무엇을 타고 갈까?
-062 입태(入胎)의 시기와 태몽

0178 〔04〕 꽃보라 흩날리며

0180 〔04.01〕 룸비니(Lumbini)
-063 친정으로 가는 길
-064 걱정 없는 나무〔무우수(無憂樹)〕 아래에서
0186 〔04.02〕 탄생 연대와 날짜는 왜 다를까?
-065 성스러운 곳, 룸비니
-066 붓다 생몰 연대의 계산법
-067 날짜의 차이
0196 〔04.03〕 유아독존 큰 소리
-068 탄생게(誕生偈)
-069 세 가지 상징성
-070 탄생의 다른 이야기들
0201 〔04.04〕 죽음 그리고 이모
-071 어머니 마야의 죽음
-072 이모의 품에서
-073 양쪽의 혜택

0206 〔05〕 이름을 짓다〔명명(命名)〕

0208 〔05.01〕 관상(觀相)
-074 아시따(Asita)의 눈물
-075 전륜성왕의 의미
-076 특별한 상호의 재해석
0215 〔05.02〕 이름을 짓다〔족명(命名)〕
-077 부족 이름〔족성(族姓)〕
-078 종족의 성씨(姓氏)
-079 12정법에서 명명(命名)식
-080 출생 계급이 드러나는 이름

0220 〔06〕 성장과 교육 환경

0222 〔06.01〕 공부 시작
-081 입학 시기
-082 공부하는 법
-083 스승을 초빙하다
0227 〔06.02〕 모범 학생
-084 회상을 통하여 본 어린 시절
-085 뛰어난 실력
0230 〔06.03〕 염부(잠부)나무 아래로
-086 현실을 보다
-087 나무 아래에서
-088 왕자는 어디에…

0236 〔07〕 현실에 머물다

0238 〔07.01〕 출가를 원하지만
-089 사춘기
-090 쾌락, 그것뿐
0241 〔07.02〕 결혼
-091 여자의 조건
-092 결혼 신들의 축복
-093 몇 살에 결혼했을까?
-094 3명의 부인
0248 〔07.03〕 아! 야쇼다라(Yaśodharā)
-095 얽히고설킨 혼맥(婚脈)
-096 콧대 높은 여자
-097 전생 이야기
0252 〔07.04〕 결혼 시합
-098 오랜 전통
-099 가문의 영광
-100 시합 종목

0258 〔08〕 성 밖을 나가다

0260 〔08.01〕 첫 외출
-101 열린 세상을 향하여
-102 동문, 늙음은 서글퍼라
-103 남문, 아픈 사람은 누구인가
-104 서문, 삶의 끝 죽음
-105 북문, 희망을 보다
0270 〔08.02〕 사문유관의 재해석
-106 모범 답안
-107 젊음의 시간, 방황
-108 바보 왕자님?
-109 살아 있는 목소리
-110 비참한 현실
-111 사문유관의 현대식 재해석
-112 출가를 원하지만

0284 〔09〕 아노마 강을 건너서

0286 〔09.01〕 가장으로 임무 완수
-113 제사를 위하여
-114 아들은 장애물?
-115 파격적인 이름
-116 라훌라에 대한 공통적인 기록
0292 〔09.02〕 기다려 왔던 시간
-117 방심을 틈타서
-118 아들의 손을 놓고
-119 성을 넘은 날
-120 크낙한 포기
-121 출가의 재해석
0299 〔09.03〕 강을 건너서
-122 숭고한 강(江)
-123 보살이란?
-124 마부를 위하여
-125 멀고 먼 길
-126 울어야만 하는 야쇼다라
-127 까사야로 바꾸어 입고
0313 〔09.04〕 홀로 숲에서
-128 출가의 즐거움
-129 마라(Māra)의 유혹
-130 처음 숲속에서 한 고행의 실체
-131 마라(Māra)는 누구인가?
0321 〔09.05〕 스승을 찾아서
-132 먹어야 하는 것
-133 빔비사라 대왕과 첫 인연
-134 두 분의 스승
-135 배운 것과 문제점

0338 〔10〕 고행림(苦行林)

0340 〔10.01〕 우루벨라
-136 시체를 버리는 곳
-137 차라리 죽을지언정
-138 마왕의 군대
0349 〔10.02〕 양극단에서 벗어남
-139 문제가 무엇일까?
-140 치우침이 없는 길
-141 찾아낸 중도 법칙
-142 고행림에서 일어나
-143 쑤자따, 착한 여인
-144 우유죽
-145 깨달음은 중생들과 함께
0368 〔10.03〕 보리수 아래로
-146 꾸샤에게 얻은 한 단의 풀
-147 그림자를 떼어 주고
-148 마왕의 꿈
-149 마왕의 세 딸
-150 본능에 충실한 인간
-151 깨달음은 있을까?
-152 대지의 여신

0386 〔11〕 밝아오는 새벽

0388 〔11.01〕 어둠을 헤치고
-153 괴로움의 발생과 소멸의 구조
-154 다시 찾은 옛길
-155 깨달음의 노래
-156 깨달음의 나무와 샛별 이야기

0412 〔12〕 붓다가 된 법들

0414 〔12.01〕 수행 방법
-157 들숨날숨으로
-158 깨달음은 주고받는 것이 아니다
-159 법의 실체

0422 〔12.02〕 나는 무엇인가?
-160 무더기〔온(蘊), khandha〕
-161 찰나, 찰나
-162 세 가지 법의 특성, 삼법인(三法印)

0438 〔12.03〕 고통에서 벗어나기
-163 네 가지 고귀한 원리, 사성제(四聖諦)
-164 고성제(苦聖諦)
-165 집성제(集聖諦)
-166 멸성제(滅聖諦)
-167 도성제(道聖諦)
-168 실제 수행의 지침, 팔정도(八正道)
-169 팔정도와 중도(中道)

0459 닙바나란 무엇인가?
-170 불이 꺼지다
-171 잘못된 표현
-172 닙바나, 그것은 불자의 의무

여기까지는 〔붓다의 수첩〕 1권 〔① 담마-法-Dhamma〕의 차례입니다.
다음 페이지부터는 〔붓다의 수첩〕 2권 〔② 쌍가-僧-Saṅgha〕의 차례입니다.

〔13〕 가자, 사슴동산으로…

〔13.01〕 닙바나를 즐기다
–173 일곱 장소를 거닐며
–174 두 상인의 공양
–175 훗방귀 바라문과 대화
–176 신들의 권청(勸請)
–177 열 가지 특별한 이름들
〔13.02〕 바라나씨에서
–178 두 번째 우빠까와 만남
–179 강가(Gaṇgā)를 건너서
–180 나는 붓다다
–181 세 가지 행복
〔13.03〕 교단의 성립
–182 여섯 명의 아라한이 출현하다
–183 빅쿠들의 모임, 쌍가
–184 삼보(三寶)가 만들어지다

〔14〕 바라나씨에서 만난 사람들

〔14.01〕 야싸와 그의 가족
–185 야싸의 고민
–186 최초의 재가 신자
–187 불자가 되는 절차
–188 다섯 가지 계목
–189 야싸의 친구들
〔14.02〕 전법 선언
–190 바라나씨의 성공
–191 전도 선언의 의미
–192 다시 나타난 마라
–193 변화하는 수계법
–194 두 번째 마라
〔14.03〕 30명의 제자들
–195 유흥을 즐기는 젊은이들
–196 우루벨라로

〔15〕 마가다국에서

〔15.01〕 우루벨라 깟싸빠
-197 처음 나타낸 기적
-198 불타는 집으로 들어가
-199 형님이 옳다면 옳은 것
-200 산상에서 불의 법문
-210 세계의 의미
〔15.02〕 다시 만난 빔비사라 대왕
-211 누가 붓다입니까?
-212 대왕의 소원
-213 최초의 사원
-214 우리 모두의 집
〔15.03〕 붓다의 두 기둥
-215 법 왕자와 법 장군
-216 길상수(吉祥數)로 채우다
-217 외도들의 공격
-218 마하 깟싸빠를 만나다
-219 법은 제자들을 통하여

〔16〕 싸왓띠와 첫 인연

〔16.01〕 가난한 이를 돕는 사람
-220 세상에 붓다가 나오시다니
-221 쑤닷따와 제따
-222 싸왓티의 제따바나
-223 튼튼해진 발판
〔16.02〕 외도들의 시비
-224 거짓 임신
-225 쑨다리의 죽음
-226 망고 숲의 기적
-227 쌍까시야
〔16.03〕 위샤카 부인
-228 시아버지
-229 저에게 상을 주세요
-230 동쪽에 지은 정사

〔17〕 고향 까삘라로

〔17.01〕 고향에서 온 사람들
–231 고향에 남은 사람들
–232 기약 없는 사자(使者)들
〔17.02〕 가문이 다릅니다
–233 니그로다 숲
–234 가문이 다릅니다
–235 꽃향기 야쇼다라
–236 결혼을 하던 날
–237 저 분이 너의 아버지다
–238 최초의 싸마네라
〔17.03〕 상좌의 위의
–239 이발사가 먼저
–240 물길이 큰 바다로 모이듯

〔18〕 여성 출가

〔18.01〕 다시 까삘라로…
–241 숫도다나왕의 죽음
–242 전운(戰雲)이 감도는 로히니강
〔18.02〕 빅쿠니 쌍가
–243 고따미들
–244 맨발의 고따미
–245 쌍가의 완성
–246 더 깊은 이야기

〔19〕 계율의 제정

〔19.01〕 교단 생활의 변화
-247 가장 기본적인 것
-248 제정 목적
-249 청정성 회복
〔19.02〕 큰 흉년
-250 네란자라 가뭄과 말 사료
-251 웨쌀리 가뭄과 보배경
-252 라자가하 가뭄과 식량의 보관
-253 까시국의 가뭄과 떨어진 과일
-254 대기근과 짐승 고기를 먹지 않는 이유
-255 바라나시 사람 고기
〔19.03〕 최초의 범계
-256 부잣집 외아들 쑤딘나
-257 토기공 출신 다니야
-258 자신과 남의 목숨을 끊는 일
-259 박구무다 강변의 거짓말
〔19.04〕 포살(布薩)
-260 기원
-261 범위와 방법
-262 현전 쌍가
-263 신자들의 포살

〔20〕 안거, 자자와 까티나

〔20.01〕 안거(安居)
-264 비오는 계절
-265 방법과 절차
-266 외출의 허용 기간
-267 안거의 중단
-268 안거 장소
-269 안거 중이라도 해야 할 일
〔20.02〕 자자(自恣)
-270 화합과 안락을 위하여
-271 하는 법
-272 자자의 예외 조항
〔20.03〕 여벌 까사
-273 붓다 생전의 중요한 연례 행사
-274 여벌 가사를 올리는 법

〔21〕 빅쿠와 빅쿠니, 쌍가의 생활

〔21.01〕 빅쿠가 되는 법
-275 쌍가의 특징
-276 빅쿠와 빅쿠니가 되는 법 : 남전(南傳)의 8가지 방법
-277 빅쿠와 빅쿠니가 되는 법 : 북전(北傳)의 10가지 방법
-278 출가할 수 없는 사람들
〔21.02〕 쌍가의 생활과 위의
-279 위장병
-280 나도 복을 짓는다
-281 까사는 논두렁처럼
〔21.03〕 붓다와 함께한 곳, 함께한 이들
-282 아름다운 곳
-283 길 안내인
-284 붓다의 시간표
-285 으뜸가는 제자들

〔22〕 앙상한 나무

〔22.01〕 반역의 날들
-286 잠들지 못하는 아자따삿뚜
-287 육사외도의 가르침
-288 출가 생활의 기쁨
-289 마가다국 3대 왕
〔22.02〕 불교사의 악인 데바닷따
-290 질투심과 신통력
-291 반역자가 내건 조건
-292 위대한 보편성
-293 세 번의 암살 모의
-294 악인의 말로
-295 왜 그랬을까?
〔22.03〕 사꺄족의 멸망
-296 빗나간 자존심
-297 외갓집의 천대
-298 복수의 시간
-299 외조부의 마지막 소원이라시니
-300 마지막으로 보는 고향
〔22.04〕 떨어지는 별들
-301 비극적인 최후
-302 벗을 따라 고향에서
-303 사랑하는 이들도 떠나고

비구 성찬 比丘 性讚 Bhikkhu Sopakā

〔23〕 긴 그림자

〔23.01〕 쇠퇴하지 않는 법
-304 전쟁을 위한 꼼수
-305 쌍가의 번영을 위하여
〔23.02〕 추억은 뒤에 남겨두고
-306 깃짜꾸따의 추억
-307 날란다에서 만난 법 왕자
-308 빠딸리의 미래
-309 꼬띠에서 설한 법
-310 나디까에서 거울 법문
〔23.03〕 마지막 안거
-311 간곡한 당부
-312 망고 아가씨의 숲
-313 마지막 안거
-314 마지막 마라(Marā)
-315 빠리 닙바나의 예고
〔23.04〕 한 쌍의 쌀라 나무
-316 큰 권위
-317 마지막 공양
-318 물을 떠 오렴
-319 마지막 목욕
-320 강을 건너 나무 아래로
-321 꼭 참배를 해야 할 곳
〔23.05〕 그림자만 남기고
-322 장례 절차
-323 아난따 존자의 슬픔
-324 마지막 제자
-325 마지막 가르침〔유훈(遺訓)〕

〔24〕 등불이 꺼진 후

〔24.01〕 등불이 꺼지다
-326 완전한 소멸
-327 붓다의 장례 절차
-328 불붙지 않는 장작
-329 사리의 분배
-330 입멸 이후 삼칠일이 지나
〔24.02〕 뒷이야기 : 경집
-331 편찬 위원의 선출
-332 붓다를 보낸 후
시자 아난따의 나날들
-333 결집장의 준비
-334 아난따 존자의 깨달음
-335 아난따 존자의 허물
-336 결집의 시작과 율장의 송출
-337 경장과 논장의 송출
〔24.03〕 붓다의 생애를 마치며
-338 세 개의 위대한 광주리

〔00.R〕〔**붓다의 수첩**〕 총서를 만들며 〔수류산방〕

|

|

|

|

|

|

|

수류산방 〔**붓다의 수첩**〕 총서가 첫 책으로 세상에 발을 내딛습니다. 이 책을 쓰신 성찬(性讚) 스님〔빅쿠 쏘빠까(Bhikkhu Sopakā)〕은 용인 여래향사(如來香寺)와 인도네시아 자카르타 기원정사(祇園精舍)의 지도 법사(法師)로서, 출가 수행자와 연구자, 불자들을 대상으로 강의와 법문을 하며 명상 수행도 지도하고 계십니다. 〔**붓다의 수첩**〕은 인간으로서 이 세상에서 깨달음을 이루고 그것을 누구나 배울 수 있는 방법으로 확립한 고따마 싯다르타의 생애와 가르침으로 시작합니다. 붓다의 생애는 〔**붓다의 수첩**〕 총서 가운데 처음 두 권〔① 과 ②〕으로 이루어지며, 그 중 이 책 ①『담마-法-Dhamma』는 붓다께서 출가하여 수행하고 깨닫기까지의 과정과 그 내용을 다룹니다.

|

담마(Dhamma)는 다르마(Darma), 법(法)을 가리키는 빨리(팔리)어입니다. 원래 빨리(Pali)는 '글줄, 엮인 책, 총서, 경전'이라는 뜻으로, 승려들이 입으로 외어서 전해 오던 붓다

의 가르침들이었습니다. 붓다께서 돌아가시자마자 생전의 가르침을 직접 들었던 승려들이 이 가르침이 흩어지거나 무너지지 않도록, 모여서 그 내용의 진위를 서로 확인하여 정하고 그 때의 말 그대로 모조리 외어 전하기로 합니다. 그 암송하는 한 줄 한 줄의 모임을 '빨리(빠알리)'라고 합니다. 지금 전하는 '빨리'가 세월 속에서 얼마나 바뀌었는지는 의견이 분분하지만, 아마도 지금으로부터 2,500년 전 붓다께서, 따라 출가한 제자에게 또는 불교를 모르던 보통 사람들에게 가르칠 때 쓰셨던 입말에 그나마 꽤 가까울 것이라고 추정합니다. 변방(지금의 네팔) 시골 길 위에서, 도시의 뒷골목이나 외딴 난민촌에서 붓다께서 매일 집집마다 밥을 구걸하며 만났던 그들 다수는 글(문자)을 모르는 가난한 일꾼과 농민, 거지와 나환자들이었습니다. 하늘의 천신과 왕과 브라만들과 아름다운 대화를 나누고, 동시에 어려서 시집 와 노예처럼 매여 산 할매들이나 도시의 창녀, 폭력배, 사기꾼, 아이들과도 오래고 투박한 입말을 나누었을 것입니다. 그 말에는 지식인 계급이 고아한 시를 쓰고 성스런 경전을 읽거나 의례를 행할 때 쓰던 쌍쓰끄리뜨(Saṃskṛtā)〔산스크리트어〕와 달리 문자가 없었습니다. 붓다의 가르침은 처음부터 불립문자(不立文字)였고, '빨리'는 언어로 기록되지도 못했습니다—붓다의 바른 제자들께서 기록되지 않는 길을 택한 것이지요. 지금 전하는 '빨리'가 변형된 것이라 할지라도 붓다는 그 때 그 사람들의 언어, 가장 험하고 낮은 언어, 가장 쉽고 단순한 언어로써 인간을 넘어 우주를 울리는 가르침을 펼쳤다는 것은 변치 않습니다. 혀를 우아하게 굴리는 쌍쓰끄리뜨의 '다르마' 대신 '담마'라고 발음하듯, 지금 우리 표기법으로는 '팔리'라고 쓰는 이 경전을 미얀마나 스리랑카의 승려들은 '빨리'로 제자들에게 암송하게 했습니다. 세월이 한참 흐르고 사람들의 말이 바뀌었을 때도 승려들은 '빨리'를 오랜 방식대로 외었고, 서로 다른 지역 출신이어도 소통할 수 있었기 때문에 훗날 하나의 언어처럼 취급받게 되었습니다. 지금도 남방의 스님이나 불자들은 나라가 달라도 '빨리'로 대화를 나누곤 합니다. 세종대왕께서 훈민정음을 창제한 다음 『석보상절(釋譜詳節)』〔아내 소헌왕후(昭憲王后)의 명복을 빌며 14447년에 아들 수양대군(首陽大君)에게 명해 편찬한 붓다(부처)의 일대기.〕을 처음 편찬할 때 우리말은 지금보다 한결 '빨리'와 가까웠을 것입니다. 우리가 한문 경전을 벗어나 붓다의 원음으로 돌아가고자 해도 대개 훗날 왕과 학자들이 불교를 국가 사업으로 연구하고자 쌍쓰끄리뜨〔산스크리트어〕로 문자화한 빨리어, 그마저도 인도의 데와(바)나가리(Devanagari) 문자로 쓴 '쌍쓰끄리땀(Saṃskṛtām)'이 아니라, 유럽 제국주의 시대에 로마자로 표기된 산스크리트(Sanskrit)〔쌍쓰끄리땀의 영어식 표현〕 경전을 학문으로서 접하게 됩니다. 그래서 실제 구전하는 발음과 시대나 언어에 따라 기록된 표기 방법이 조금씩 다릅니다. 쌍가(Saṅgha)〔승가(僧家)〕에게 구전되어 온 목소리로 전해 듣지는 못할지라도, 이 책에서는 현행 국립국어원 표기법을 따르지 않고 남방의 발음에 조금은 가깝게 표기하고자 노력했습니다.

|

붓다께서 그 때 가장 가난한 사람들이거나 제왕들에게, 남자나 여자에게 말씀하신 내용의 본질은 크게 다르지 않습니다. 붓다 가르침의 본질은 시대나 계급, 지역에 따라서 바뀌거나 변용해야 할 것이 거의 없습니다. 그래서 법(法)이라 할 수 있습니다. 동이족의 갑골문에서 처음 등장하는 '법(法)'이라는 글자는 옳음을 세상에 환히 밝혀 억울한 사람이 없도록 구제하는 뜻이라 합니다. ['法'의 원 글자 '灋'은 머리에 뿔 달린 신성한 해치(獬豸)가 시비와 선악을 판단하여 옳지 않은 것을 물에 빠뜨려 버린다는 데서 유래했다고 합니다.] 법은 누구에게만 이로운 것이 아니라 모두에게 공평하게 적용되는 것입니다. 무엇을 못 하게 하려는 것이 아니라 자유를 주는 것이고, 사람들이 모여 공동체를 꾸리고 사회를 살아가는 데 도움이 되는 것이며, 그 바탕에는 언제나 상처받은 사람, 약자에 대한 사랑이 깔려 있습니다. 싯다르타라는 이름의 한 청년이 붓다[불(佛)]가 된 것은 그가 담마[법(法)]를 직접 본 다음 누구나 평등하게 따를 수 있는 원칙과 방법론, 가르침으로 드러냈기 때문이고, 그 진리가 붓다 스스로도 일원이 된 쌍가[승(僧)]에 의해 '빨리'로 전해져 왔기 때문입니다. 그래서 '불법승'을 삼보(三寶)라 하고, 이 셋은 서로 존재하는 형태는 다르지만 삼위일체처럼 떨어지지 않습니다. 붓다를 모르고 법을 알 수 없고, 법을 알면 붓다의 삶이 온전히 다가오며, 계율을 지키는 승려들의 삶 속에 붓다의 삶은 계속해서 재현되고 있습니다. [**붓다의 수첩**]은 다른 세계의 부처나 수백 보살 진언 대신, 우리와 같은 지구에 인간으로 살면서 불교라는 거대한 역사를 시작시킨 고따마 싯다르타 붓다의 생애로 시작합니다. ①『담마 – 法 – Dhamma』에서는 그의 삶 안에서 담마(법)의 사회적 · 공동체적 의미를 읽으며, ②『쌍가 – 僧 – Saṅgha』편에서는 세상에 그 가르침을 다양하게 펼쳐 승단을 조직하고 규율을 정하고 승원(가람)을 세워 배움이 이어지도록 한 행적과 열반까지를 다룹니다.

|

〔**붓다의 수첩**〕은 '깨어 있는 섬 여래향사'가 창건 이래 지난 사반 세기 동안 학인 스님과 불자들에게 가르쳐 온 법문과 강의를 바탕으로 합니다. 법사 성찬 스님께서 강의 교재로 집필하신 '붓다의 생애' 초고를 여러 해 수류산방에서 함께 읽고 다듬었습니다. 한문으로 오랫동안 전해 온 대승 경전에 더해서 21세기 들어 우리말로 번역되기 시작한 빨리 니까야(Nikāya)〔경전 묶음〕들을 저본으로 삼았는데, 한자와 영어, 일본어본 등등을 두루 살피며 그 의미를 명상 수행의 분상〔分上 : 처지에 알맞은 입장, 관점〕에서 다시 바로잡거나 다듬었습니다. 2,000년 전쯤에 불교가 우리 조상들께 전해질 때 처음 경전을 번역하신 서역(西域)의 역경승들 또한 붓다의 방식대로 들숨 날숨을 관찰하며 팔(8)정도(八正道)와 사(4)성제(四聖諦)의 이론을 수행 속에서 확인하셨을 것입니다. 20세기 남아시아의 학승들 또한 위빳싸나 수행 안에서 '빨리' 경구를 남김없이 풀이해 내십니다. 바른 수행에 기반해야 '빨리' 구절들이 생기를 얻어 빛나며 그 의미가 전해집니다. 이 책을 편집하며 처음 붓다께서 그러셨듯, 더 쉬운 입말, 지금 우리의 처

지, 불교를 모르는 이들에게도 통하는 뜻으로 순하게 바꾸려 노력했습니다만, 지금 우리의 말과 '빨리'가 멀어졌고, 수천 년 넓은 지역에서 두텁게 쌓인 불교 학문의 관념들도 떨치기 어려워 여전히 복잡하기도 할 것입니다. 되도록 많은 낱말들에 한자, 빨리어, 쌍쓰끄리뜨, 또는 그 의미의 곡해를 피하고자 때로 영어 뜻도 함께 달았고 지도와 찾아보기를 보완했습니다. 불교에 생소한 독자들도 읽을 수 있도록 회람하며 말뜻을 조금은 지나치다 싶을 정도로 세세하게 풀었습니다. 앞으로 〔**붓다의 수첩**〕은 미얀마의 우 자나카 사야도〔The Venerable Chanmyay Sayadaw U Janakabhivamsa, 1928~〕와 여러 청정한 수행자들의 법문을 우리말로 이어 갑니다.

|

'깨어 있는 섬 여래향사'는 붓다의 가르침에 더 가깝게 살고자 노력하는 작은 도량입니다. 주지 지현(知玄) 스님〔아리야 난디(Ariya Nandi)〕과 법사 성찬 스님이 한국 대승 불교의 선방과 강원, 그리고 남방 상좌부의 위빳사나(vipassana)〔관(觀)〕 수행을 철저하게 긴 시간 체득한 방식으로 법답게 소탈한 불자들과 청정하게 꾸려 왔습니다. 최근 여러 곳에서 마음 챙김〔마인드풀니스(mindfulness)〕이나 리트리트(retreat) 등 다양한 이름으로 명상이나 수행이 퍼져 나가는 것을 봅니다. 명상 수행은 가이드 받는 경험〔가이디드 메디테이션(guided meditation)〕이 결코 아니지만, 자신이 관찰하고 행한 바를 반드시 바른 안내자(스승)에게 꾸준히 점검(인터뷰)을 받아야 위험에 빠지지 않습니다. 〔**붓다의 수첩**〕의 모든 내용은, 빨리 단어들이든

경학이든 교훈적 일화이든 사회적 메시지이든, 깨달음을 향한 수행과 괴리 없이 연결됩니다. 붓다의 법에서 수행과 이론은 서로 별개가 아니며, 행주좌와(行住坐臥)〔걷기 - 일상 생활 - 앉기와 좌선 - 누워서 잠들기 전까지〕의 모든 순간과 삶의 실천이 깨달음의 길 아닌 것이 없을 것입니다. 환희의 체험은 멀리 산속의 고찰 선방 안에서가 아니라, 저잣거리 가장 낮은 곳에서, 매일의 평범한 일상의 현장에서, 지치고 무거운 우리 몸 안에서 실현됩니다. 내세가 아니라 바로 지금 우리 인간의 몸 안에서 법을 보게 될 때, 자신의 해방과 사회의 혁명이 서로 다르지 않음을 눈치채고, 꿰뚫을 수 있을 것입니다. 개인의 삶에서, 우리 시대 사회 공동체에서, 그리고 자손들에게 물려 줄 이 지구와 우주 모든 생명들의 미래에서 더 아픔 없고 넓고 건강한 행복과 사랑을 찾으려는 모든 이들의 곁에, 속마음을 비추는 거울로 〔**붓다의 수첩**〕이 함께 하기를 기원합니다. ⓑⓓⓢ

〔00.R〕 일러두기

〔R-01〕 이 책은 불교를 처음 접하는 사람이나 부처님에 대하여 조금 더 깊이 또 많이 알고자 하는 사람을 대상으로 하여 쓰고, 만들었습니다.

〔R-02〕 자료의 기본으로 삼은 것은 〈남전(南傳)〉의 〈4부 니까야〉〔디가 니까야(Dīgha Nikāya), 맛지마 니까야(Majjhima Nikāya), 상윳따 니까야(Saṃyutta Nikāya), 앙굿따라 니까야(Anguttara Nikāya)〕와 〈위나야 삐따까(Vinaya Piṭaka)〉〔율장(律藏)〕, 그리고 『대정 신수 대장경(大正新脩大藏經)』〈아함부(阿含部)〉와 『율장(律藏)』 등입니다.

〔R-03〕 출처는 따로 달지 않았습니다. 이 점을 분명하게 밝힙니다. 이것은 너무 학술적인 책이 되는 것을 피하고자 하는 저자의 바람으로 조금이라도 쉽게 접하도록 하고자 함입니다. 대신 책 뒷부분에 인용한 책들을 모두 밝혔습니다.

〔R-04〕 경전은 한자나 빨리어(Pāli)(팔리)의 원문과 주해를 따로 달지 않고 그 뜻을 글로 풀었습니다.

〔R-05〕 붓다의 생애는 기록에 따라 조금씩 연대 차이가 있으니 감안하여 보아 주시기 바랍니다. 이 책에서는 가급적이면 연대기 방식으로 서술했습니다.

〔R-06〕 지금 말로 바꾸었지만 경전의 게송이나 구절을 인용할 때에는 〈4부 니까야〉에 어긋나지 않게 했습니다.

〔R-07〕 원어는, 해당하는 사항이 있으면, 괄호 안에 '한자, 쌍쓰끄리뜨〔Saṃskṛtā, 범어(梵語)〕(산스크리트어), 빨리(팔리)(Pāli), 또는 설명'〔순서는 그때그때 다름〕을 병행 표기했습니다.

〔R-08〕 괄호 안에 알파벳 단어(Romanization)가 두 개 이상이 나올 때, 쌍쓰끄리뜨(Saṃskṛtā)는 'ⓢ', 빨리(Pāli)는 'ⓟ'로 표시했습니다. 대개 빨리어를 기본으로 하되 쌍쓰끄리뜨를 많이 참조했으며, 하나일 경우는 빨리/쌍쓰끄리뜨가 거의 공통으로 사용하는 단어입니다.

〔R-09〕 〈남전(南傳)〉과 〈북전(北傳)〉에서 전승해 온 기록이 각각 다를 때에는 별도 표시가 없을 경우, 〈남전〉을 먼저 인용하고 뒤에 〈북전〉을 인용했습니다.

〔R-10〕 따옴표 속 대화체를 제외하고는 존칭어 없이 모두 평문을 사용했습니다. 오해가 없길 바랍니다.

〔R-11〕인명, 지명 등은 쌍쓰끄리뜨나 빨리어 발음을 따랐고, 그 표기도 가급적이면 원음에 가깝게 옮기고자 했습니다. 한자어를 우리 발음으로 읽은 것보다는 여러 나라 불교에서 공통으로 쓰는 용어나 발음이 조금이라도 붓다와 가까워지는 방법의 하나라고 보았기 때문입니다. 예를 들면 부처→붓다, 세존→바가와, 비구→빅쿠, 발우→빳따, 사원(정사)→아라마, 탁발→걸식 등입니다. 인명과 지명의 예를 들면 다음과 같습니다. 아난다→아난따(붓다의 제자), 카사파→깟싸빠(Kassapa), 코살라→꼬쌀라(Kosalā).

〔R-12〕이 책에서 '법전(法典)'은 브라흐마(힌두)교 법전을 말합니다.

〔R-13〕종교일 경우는 '브라흐마', 카스트일 경우는 '브라만'으로 썼습니다.

〔R-14〕지역 사이의 거리는 구글 지도〔Google Earth〕를 참고로 했습니다. 지도상 직선 거리를 대략 적용한 것이기에, 그리고 오늘날 터로 남은 곳들은 성지의 기준점이 정확하지 않으므로 오차가 있을 수 있습니다.

〔R-15〕쌍쓰끄리뜨, 빨리어 한글 표기법은 오른편의 표와 같습니다. 음가 표시는 기존 음가와는 약간 다를 수 있습니다.

① 인도어에서는 장음과 단음에 따라 문자와 뜻이 모두 달라지지만 우리 발음으로 달리 표기할 방법이 없어 동일하게 표시했습니다.

② 자음의 센소리 역시 경우에 따라서 적절한 표기가 힘듭니다. 이 책에서는 〔c〕→ㅉ, 〔k〕→ㄲ, 〔p〕→ㅃ, 〔s〕→ㅆ, 〔t〕→ㄸ로 했고, 〔dh〕→ㄷ, 〔kh〕→ㄱ, 〔th〕→ㅌ, 〔ph〕→ㅍ으로 통일했습니다.

③ 인도어에서 모음 앞에 자음이 겹쳐질 경우 발음이 달라지지만, 현재 한글 표기에서는 그 표현을 정확히 할 수 없기에, 이 책에서는 받침 'ㅅ, ㅂ'으로 표기했고 경우에 따라서 해당 자음의 음가를 그대로 표기했습니다.

④ 〔v〕는 인도에서도 지역에 따라 일정하지 않게 'ㅇ' 또는 'ㅂ'으로 발음합니다. 이 책에서는 처음 등장할 때 괄호를 이용해 두 발음을 모두 표기하고, 이후 특별한 경우가 아니면 대부분 'ㅇ'으로 표기했습니다. 예를들면 '마하 데비(위)'는 '마하 데비'/'마하 데위'가 모두 통용됨을 뜻합니다.

〔R-16〕불교에 대해 잘 알지 못하는 일반 독자를 위해, 불교를 전혀 모르는 편집자와 불교에 대해 어느 정도 관심을 기울여 왔던 편집자들이 서로 공부하며 설명을 추가했고, 용어를 정리해 덧붙였습니다. 지명, 인명, 문헌, 용어(가나다, 알파벳)로 분류한 이 단어 정리〔'사전-수첩'〕가 이 책을 비롯한 이후의 〔붓다의 수첩〕 총서를 읽을 때 길잡이가 되길 바랍니다. 각 용어에는 2025년 현행 국립국어원 원칙에 따른 발음을 병기했습니다. 원음에 가깝게 표기한 본문의 표현(〔R-15〕 참고)과 더불어, 독자가 한국 표준 표기법을 함께 참고할 수 있도록 했습니다. ⓑⓓⓢ

〔R-17〕ⓐ 빨리(팔리)—한글 모음 표

빨리어	**a**	**ā**	**i**	**ī**	**u**
	아	아-	이	이-	우
빨리어	**ū**	**e**	**o**	**ai**	**au**
	우-	에	오	아이	아우

〔R-18〕ⓑ 빨리(팔리)—한글 자음 표

빨리어	**ka**	**kha**	**ga**	**gha**	**ṅ**
	까	카	가	ㄱㅎ	ㅡㅇ
빨리어	**ca**	**cha**	**ja**	**jha**	**ña**
	짜	차	자	ㅈㅎ	~냐
빨리어	**ṭa**	**ṭha**	**ḍa**	**ḍha**	**ṇa**
	타	타	다	다	나
빨리어	**ta**	**tha**	**da**	**dha**	**na**
	따	타	다	다	나
빨리어	**pa**	**oha**	**ba**	**bha**	**ma**
	빠	파	바	바	마
빨리어	**ya**	**ra**	**la**	**va**	**ḥ**
	야	라	ㄹ+라	바.와	ㅎ
빨리어	**śa**	**ṣa**	**sa**	**ha**	**ṃ**
	샤	샤	싸	하	ㅇ,ㅁ

붓다의 수첩 (숲 그리고 강) ① 담마 - 法 - Dhamma 간략한 지도

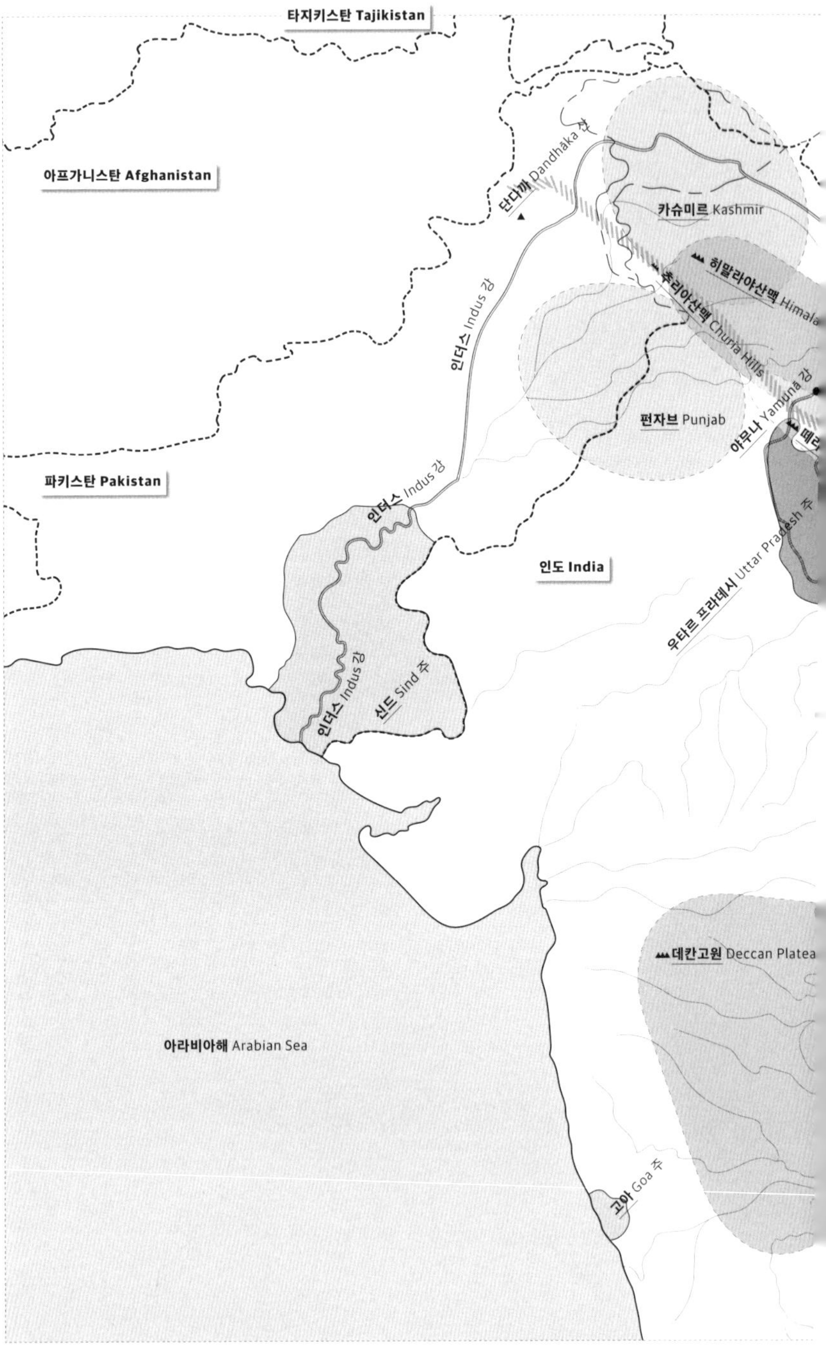

① 지형 Terrain

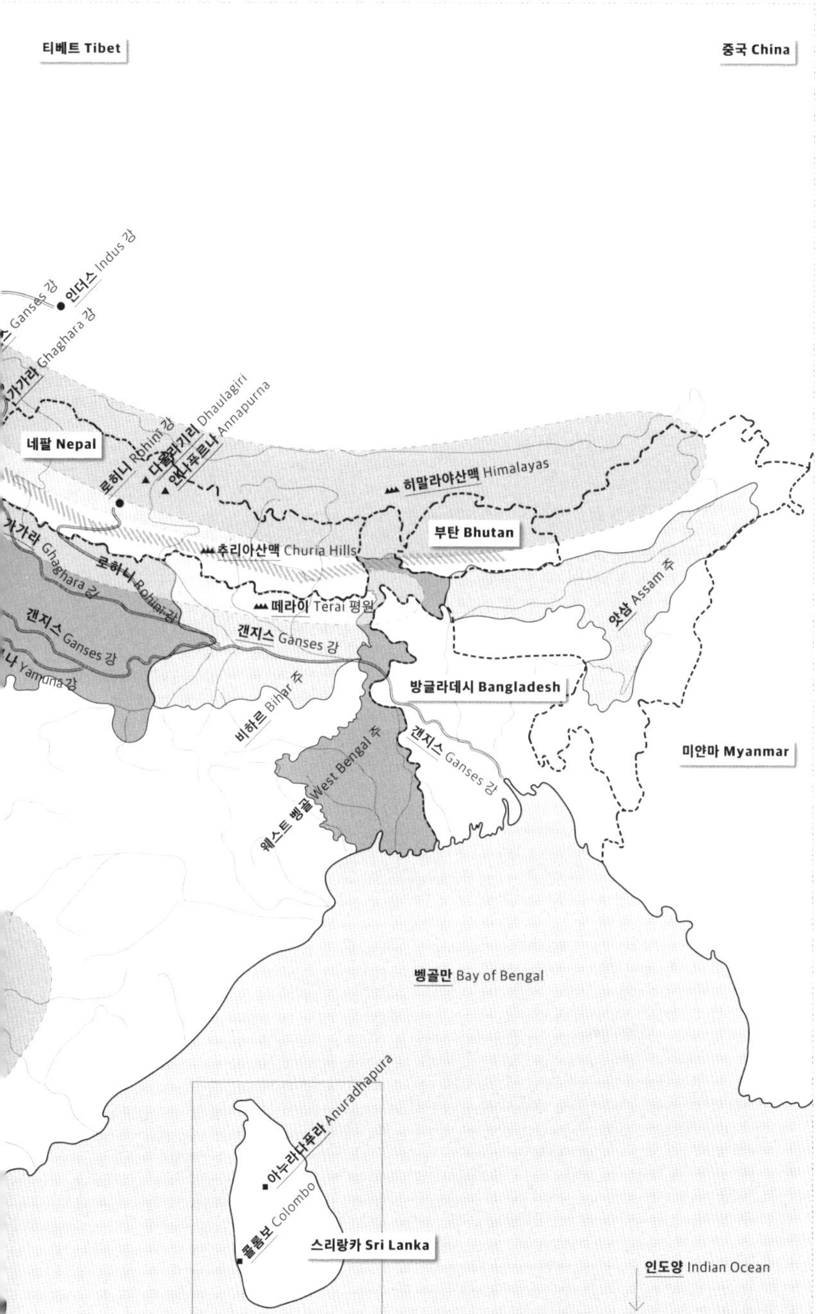

100km

붓다의 수첩 (숲 그리고 강) ① 담마 - 法 - Dhamma 간략한 지도

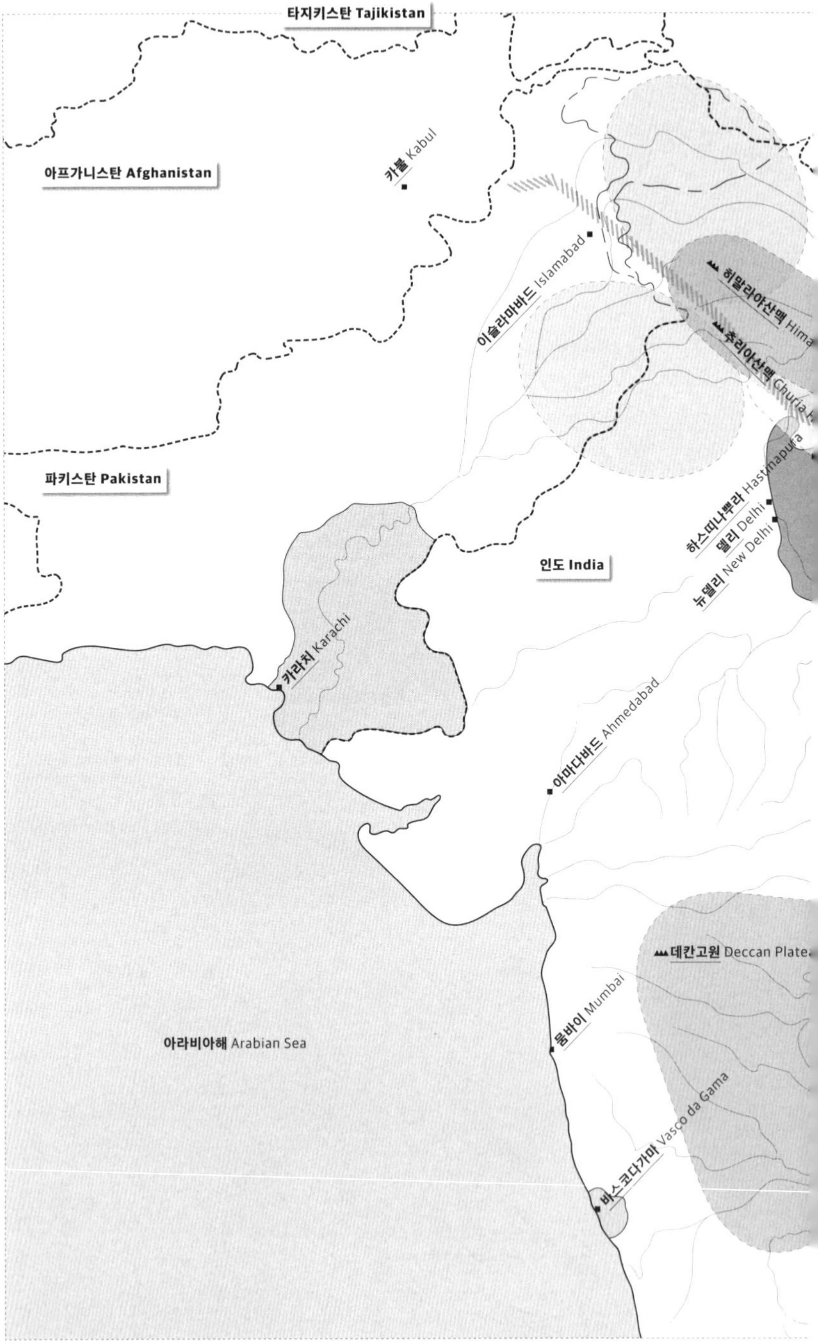

② 현대 Modernity

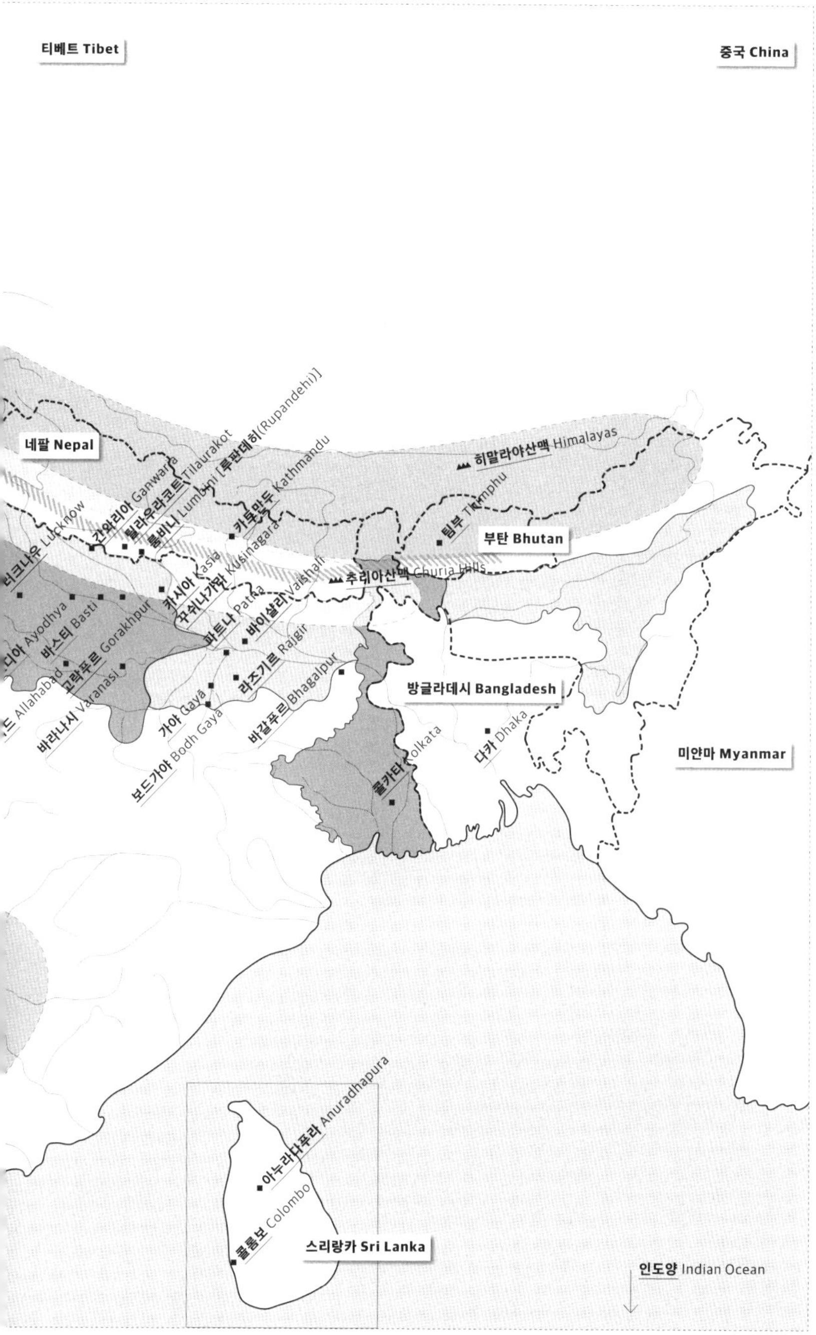

붓다의 수첩 (숲 그리고 강) ① 담마 - 法 - Dhamma 간략한 지도

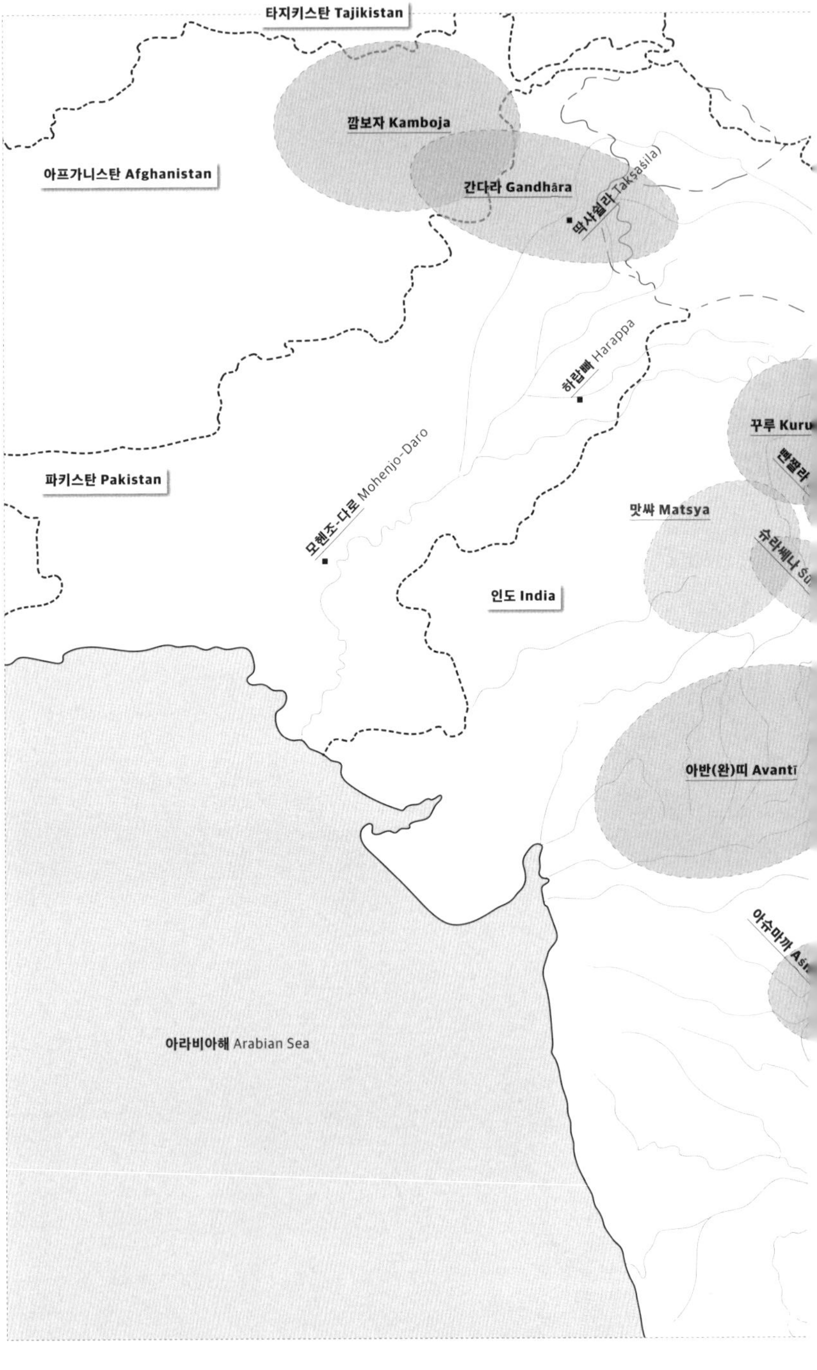

③ 고대 Antiquity

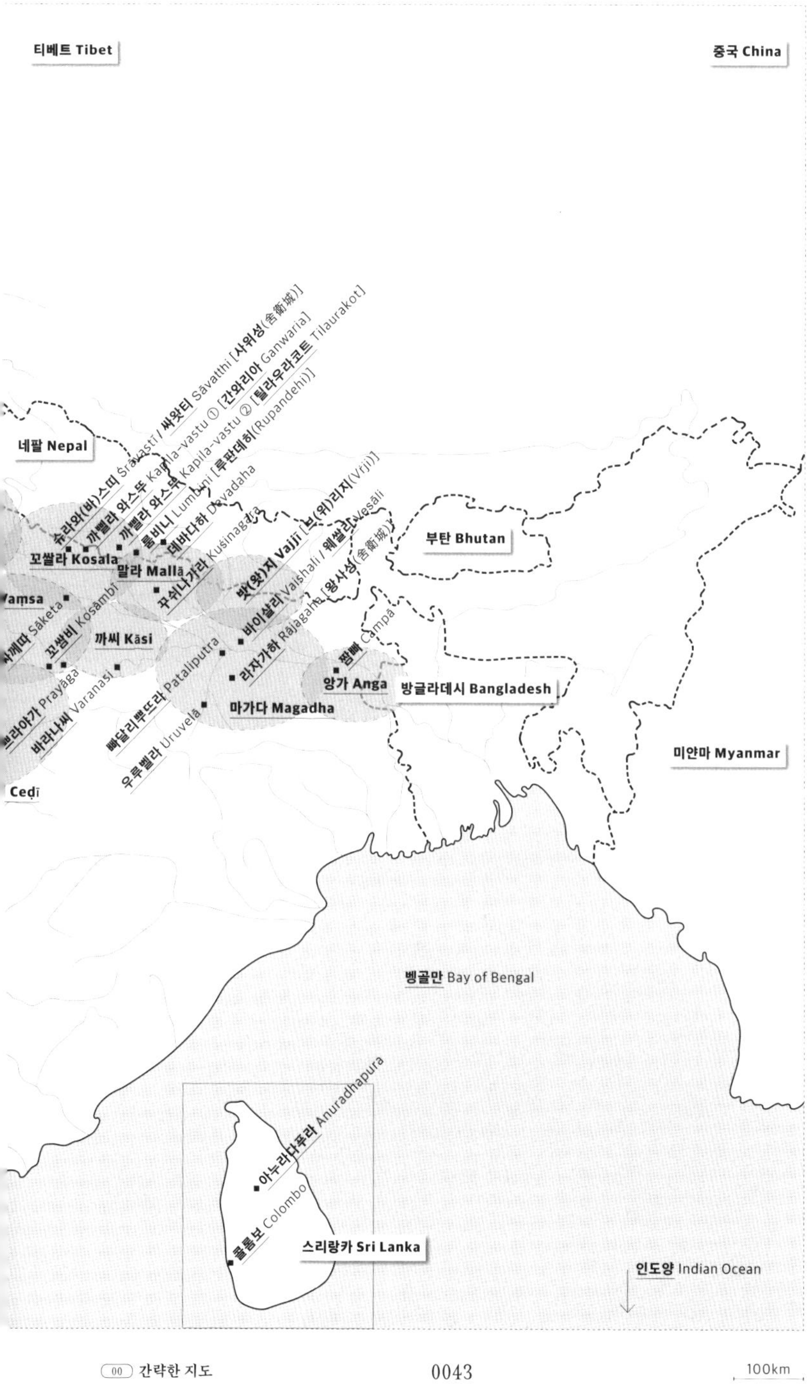

붓다의 수첩 (숲 그리고 강) ① 담마 - 法 - Dhamma 간략한 지도

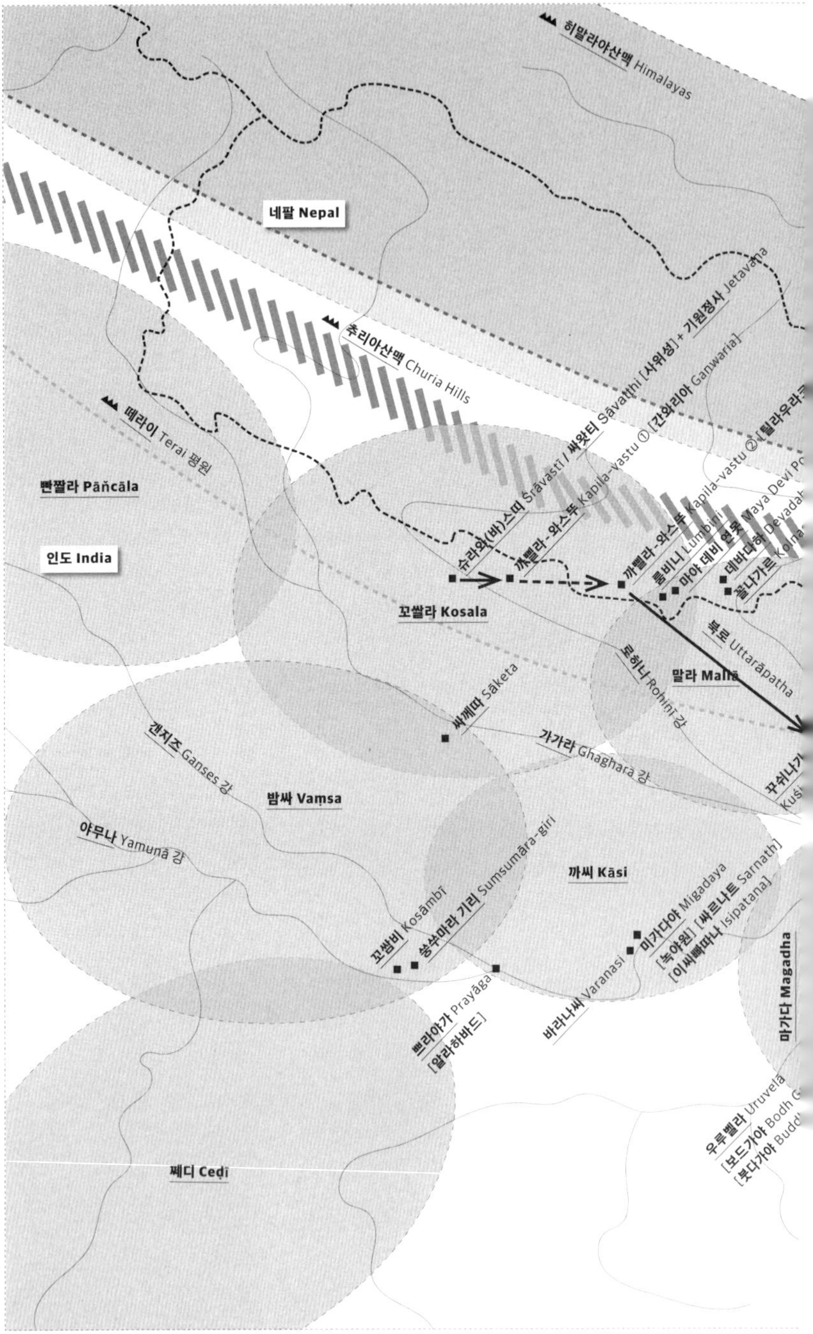

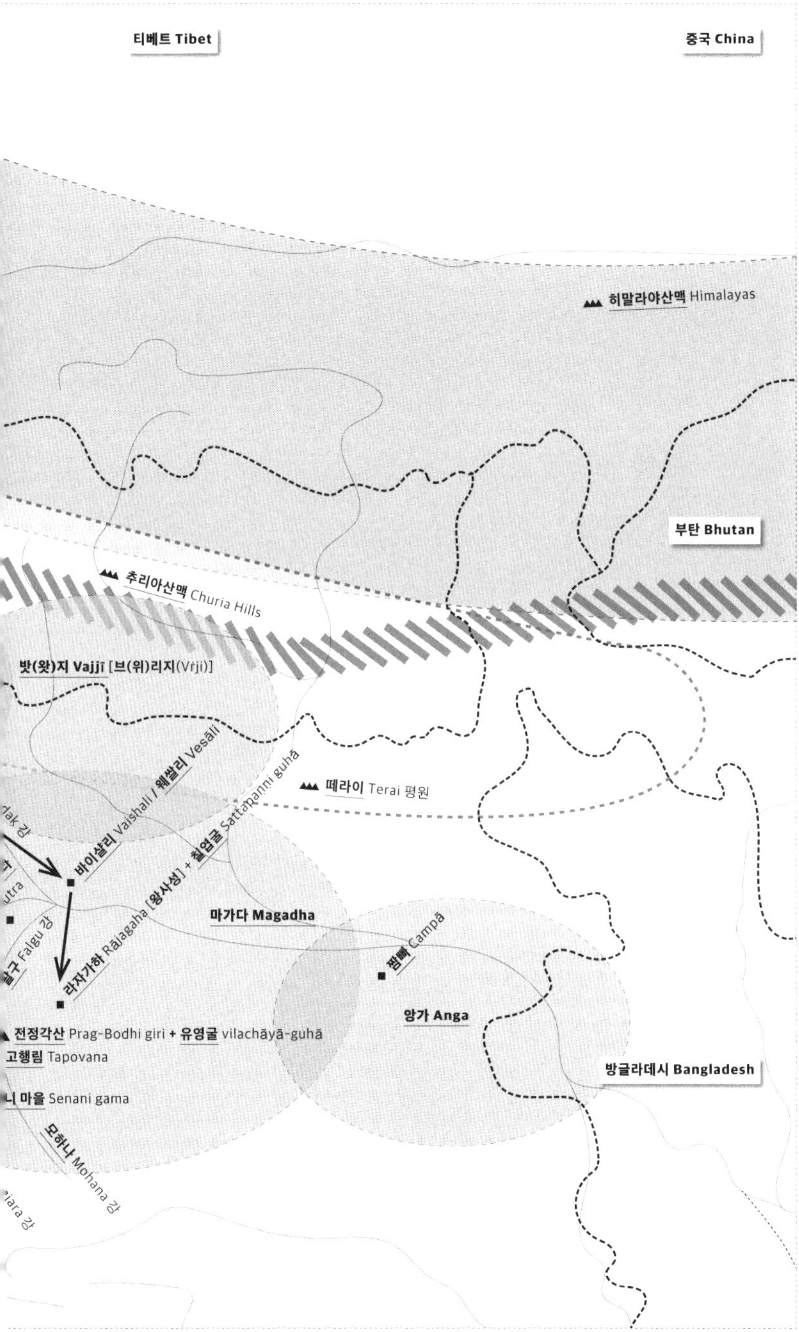
티베트 Tibet
중국 China
히말라야산맥 Himalayas
부탄 Bhutan
추리아산맥 Churia Hills
밧(왓)지 Vajjī [브(위)리지(Vṛji)]
떼라이 Terai 평원
바이샬리 Vaishali / 웨쌀리 Vesālī
라자가하 Rājagaha [왕사성] + 칠엽굴 Sattapanni guhā
마가다 Magadha
짬빠 Campā
앙가 Anga
전정각산 Prag-Bodhi giri + 유영굴 vilachāyā-guhā
고행림 Tapovana
니 마을 Senani gama
모하나 Mohana 강
Falgu 강
방글라데시 Bangladesh

20km

붓다의 수첩 · 담마

숲 그리고 강 — 비구 성찬

① 담마 法 Dhamma

〔01〕 알아야 할 이야기

〔01.01〕 첫 출발
〔01.01〕-001 붓다와 부처님
〔01.01〕-002 불교와 불교학
〔01.01〕-003 왜곡된 현실
〔01.02〕 붓다를 보는 법
〔01.02〕-004 대승에서 본 붓다
〔01.02〕-005 상좌부에서 본 붓다
〔01.03〕 붓다의 나라
〔01.03〕-006 큰 땅덩어리
〔01.03〕-007 종족들
〔01.03〕-008 다양한 언어
〔01.04〕 붓다 이전 시대
〔01.04〕-009 오래된 문화
〔01.04〕-010 침입자
〔01.05〕 힌두란?
〔01.05〕-011 힌두(Hindu)라는 어원
〔01.05〕-012 힌두교
〔01.06〕 다르마, 까르마, 쌈싸라
〔01.06〕-013 기본 개념들
〔01.07〕 피부의 색깔에 따른 계급, 카스트
〔01.07〕-014 계급 사회
〔01.07〕-015 피부 색깔과 출생
〔01.07〕-016 계급에 맞추어
〔01.07〕-017 계급의 승급 기간
〔01.07〕-018 깨끗함과 더러움
〔01.08〕 불가촉천민(不可觸賤民, Achut)
〔01.08〕-019 동물과 동급
〔01.08〕-020 어디부터 시작되었나?
〔01.08〕-021 환영받지 못하는 그들
〔01.09〕 가족(kula)
〔01.09〕-022 가족의 가치
〔01.09〕-023 전통적 여성관과 결혼 지참금
〔01.10〕 다양한 신(神, Deva)들과 예배 법
〔01.10〕-024 신들의 땅
〔01.10〕-025 김치 피자처럼 다양한 신들
〔01.10〕-026 창조의 신, 브라흐마(Brahma)
〔01.10〕-027 유지의 신, 비슈누(Vishnu)
〔01.10〕-028 파괴의 신, 쉬바(Shiva)
〔01.10〕-029 신들을 위하여
〔01.10〕-030 기도(祈禱)
〔01.10〕-031 제사(祭祀)
〔01.11〕 붓다 당시의 사회 상황
〔01.11〕-032 목축에서 농업으로
〔01.11〕-033 길을 따라서
〔01.11〕-034 도시의 모습
〔01.11〕-035 화폐의 출현
〔01.11〕-036 생활 모습
〔01.11〕-037 의식(儀式)의 정비
〔01.11〕-038 지켜야 할 4주기(Āśrama)
〔01.12〕 브라만에서 끄샤뜨리야 문화로
〔01.12〕-039 성(聖)과 속(俗)
〔01.12〕-040 커지는 왕의 힘
〔01.12〕-041 왕의 직능과 관리의 구조
〔01.12〕-042 전장에서 지켜야 할 무사도
〔01.12〕-043 신흥 사상가의 출현

01

알아야 할 이야기

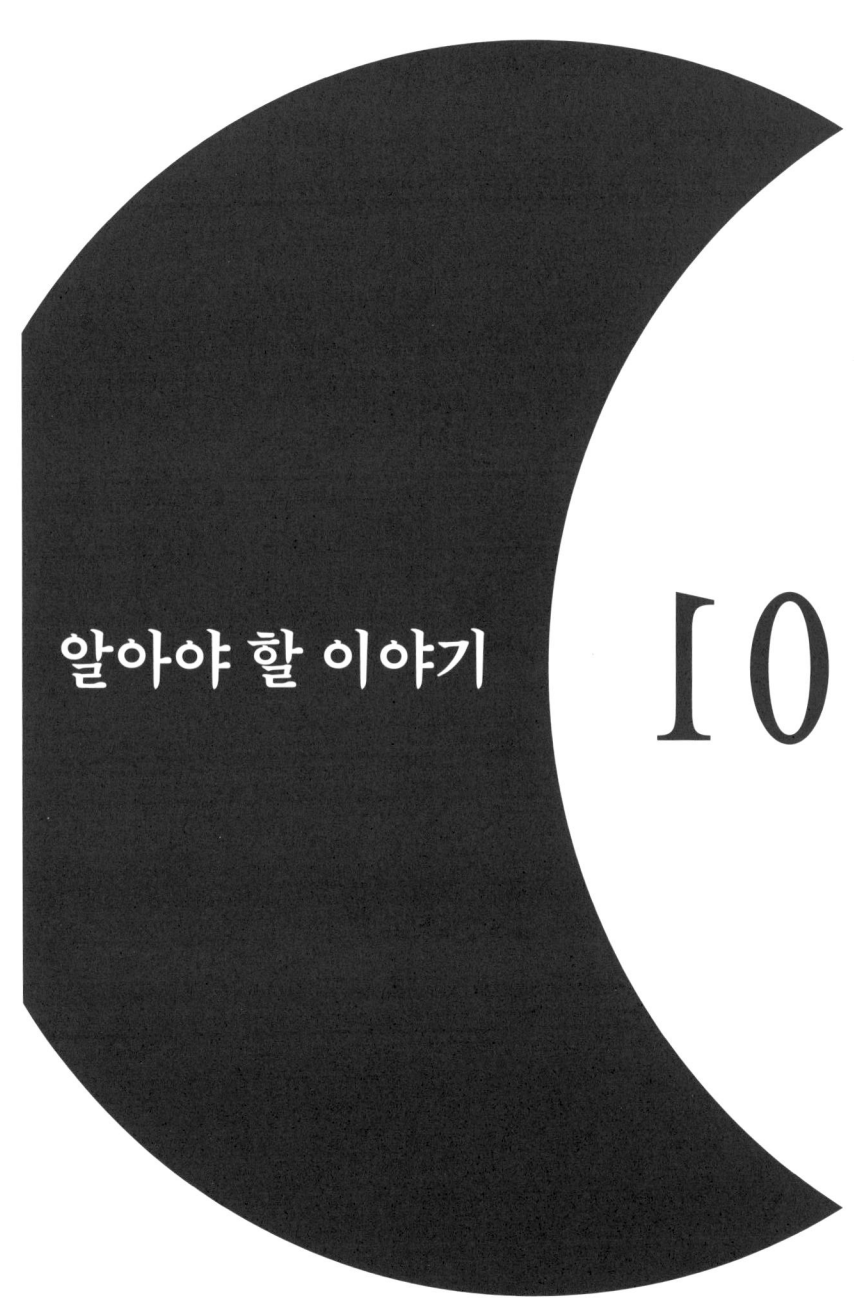

〔01.01〕 첫 출발

〔01.01〕-001 **붓다와 부처님** | 붓다를 바로 알아가기 전에, 먼저 간략하게 '부처님'과 '붓다'라는 말부터 정리하려 한다. '붓다(Buddha)'는 당연히 인도 말이고, 한문으로는 '깨달은 이〔覺者각자〕'라고 번역했다. 소리 나는 그대로 한자어로 적은 것은 '불타(佛陀)'인데 중국 사람은 우리와 발음이 달라, 이를 '붓다'라고 발음한다. 우리는 중국식 불타나 인도식 붓다가 아닌 우리말 '부처님'으로 발음하고 표기해 왔다. 때문에 '부처님'이라고 하면 불교 신자들이 존경하는 호칭으로 한 사람을 가리키는 고유 명사처럼 들리고 '붓다'하면 뭔가 학술적 냄새가 나는 보통 명사처럼 들려 종교를 초월하여 거부감을 줄이는 이름으로 쓰인다. | 알파벳 표기(romanize)에서는 일반적인 깨달음은 이를 일컫는 보통 명사인 '붓다(buddha)'는 소문자 b를 사용하고, 까삘라(Kapila)의 싯다르타(Siddhartha) 왕자〔고따마(ⓟGōtama / ⓢGautama)는 성(姓)〕가 출가하여 깨달음을 이룬 뒤의 그 분을 가리키는 고유 명사 '붓다(Buddha)'는 대문자 B를 사용하여 구별한다. 남방 불교권에서는 부처님을 가리킬 때 대개 '고따마 붓다(ⓟGōtama/ⓢGautama Buddha)'〔기원전 624?~기원전 544?〕〔붓다의 생몰 연대는 설에 따라 다양한데, 이 책에서는 1956년 네팔에서 열린 제4차 세계 불교도 대회(WFB)에서 정한 불기(佛

까삘라(Kapila) 네팔 남부와 인도 국경 부근의 히말라야 기슭에 있었던 고대 도시. 까삘라-와스뚜(ⓢKapila-vastu) / 까삘라-왓투(ⓟKapila-vatthu)라고도 한다. 와스뚜(vastu)〔=왓투(vatthu)〕는 주거지를 뜻한다. 기원전 6~5세기 동안 사꺄(Sakyā)/샤꺄(Śākya)〔석가(釋迦)〕족의 수도였다. 숫도다나(ⓟSuddhodana, ⓢŚuddhodana숫도다나) 왕과 마하마야(Mahāmāyā) 왕비의 아들 싯다르타 고따마(Siddhartha Gōtama/Gautama) 왕자가 29세에 왕궁을 떠날 때까지 살았던 곳으로 추정한다.

紀)를 기준으로 했다. 자세한 내용은 〔04.02〕-066 **붓다 생몰 연대의 계산법** 참조.〕라고 한다. 이 책에서는 부처님이라는 표현보다 인간 '고따마 붓다'를 가리키는 고유 명사, 즉 대문자 B로 표기하는 '붓다'라고 부르기로 한다. | 붓다를 바로 알면 그 존재가 학문으로서 책이나 논문 속에만 존재하거나, 고래등 같은 기와집의 고색창연한 단청 속에 우뚝하니 앉아 있는 문화재 또는 복을 비는 사람들과 함께 하는 우상(偶像)인 불상이 아니라, 친근한 스승이시자 친절한 벗임을 알게 된다. 붓다는 상상 속의 저 서쪽, 멀고 먼 십만억 불토를 지나야 있는 극락 세계에 계신 것이 아니라, 지금 바로 나의 곁에서 바른 길을 가라고 인도하는 길잡이〔導師도사〕와 같고, 내가 바른 가르침으로 나아가기만 하면 마치 홀어미가 어린 자식을 생각하는 것처럼 간절함을 놓지 않는 자애롭고 고마우신 분이다. | 스승 붓다는 철저하게 신격화를 거부했다. 자신은 오직 진리를 가르치는 스승이며 길 안내자라고 했지 '내가 교단을 이끈다.'든지 '내가 빅쿠(bhikkhu)〔비구(比丘)〕들을 교육시킨다.'라고 생각하지도 말씀하지도 않았다. 붓다 당시에도 사람들은 곧잘 붓다를 신격화하여 우러렀는데 그럴 때면 붓다는 언제든지 자신을 낳아 준 부모를 밝히면서 "육신이 없다면 내가 지금 이 자리에 있겠는가?" 하고 강조했다. 붓다는 신이 아니다.

네팔 쪽에서 주장하는 **까삘라-와스뚜**(Ⓢ Kapila-vastu)의 현재 명칭은 **카필바스투**(Kapilvastu)로, 네팔 남부 룸비니(Lumbini) 주의 틸라우라코트(Tilaurakot)로 추정한다. 인도에서 주장하는 **간와리아**(Ganwaria)와는 서쪽으로 약 80km쯤 떨어져 있다. | 유네스코 세계 유산으로 지정된 고따마 붓다의 탄생지〔기원전 624?년〕인 룸비니 산스크리틱(Lumbini Sanskritik)은 동쪽으로 약 20km 떨어져 있으며, 붓다가 80세로 열반〔기원전 544?년〕에 들었던 (당시 말라국) 쿠시나가르(Kushinagar)〔Ⓢ Kuśinagara꾸쉬나가라, Ⓟ Kusinārā꾸씨나라〕는 동남쪽으로 125km 정도의 거리에 있다.

그 분은 우리와 같은 인간이다. 그 분에게, 더구나 그 분의 상에 엎드려 빌고 절을 한다고 복을 주지 않는다. 우리는 단지 그 분의 가르침에 따라 우리 스스로 이익과 행복을 만들어 갈 수 있을 뿐, 그 분이 직접 복을 나누어 주지 않는다는 것을 명심해야 한다. 그럼에도 붓다로써 성립하는 이 불교란 무엇일까? 불교에서 붓다란 또한 어떤 존재일까?

|

〔01.01〕-002 **불교와 불교학** | 불교(佛敎, Buddha-sāsana붓다-싸싸나)는 글자 그대로 붓다〔佛, Buddha〕의 가르침〔敎, sāsana〕을 말한다. 그러니 불교를 안다는 것은 붓다의 가르침, 그리고 붓다를 아는 것이다. 불교는 붓다의 가르침〔敎理교리, vāda와다〕과 방법론〔修行수행, bhāvanā바와나〕에 의지하여 마음을 바꾸어 나가게 하며, 물질의 영역이 아닌 정신의 영역에서 괴로움을 벗어나 행복을 얻게 한다. 행복의 조건이 물질이라면 행복의 느낌은 마음이다. 빗대어 말해 보자면 우리는 아주 정성스럽고 맛있는 음식이라는 물질적 조건을 만나, 행복해질 수 있다. 그러나 음식이라는 조건이 불러일으킨 행복한 느낌은 그 음식 안에 들어 있는 것이 아니라 우리의 마음에서 일어난 것이다. 그렇기 때문에 같은 음식을 앞에 받고서 어떤 이는 자기 마음속에서 행복감을 느낄 수도 있지만 어떤 이는 전혀 그렇지 못할 수도 있다. 맛있는 음식과 같은 어떤 물질이 곧 행복이라면, 모든 인간에게 동일하게 행복을 느끼게 하는 물질이 세상에 단 한 가지라도 있어야 할 터인데, 입맛은 가지가지이며, 어떤 이는 음식을 아예 먹지 못해도 행복하지만 어떤 이는 산해진미를 매일 먹어도 행복하지 않을 수 있다. 물론 물질이 행복을 좌우하지 못한다는 것쯤이야 인류의 모든 오랜 교훈적인 이야기를 통해서 배운다. 하지만 그런 교과서

같은 이야기들은 물질이 행복을 주지 '않는다'고 가르칠 뿐, 어떻게 해야 '행복하게 되는지'는 좀처럼 알려 주지 않는다. 당장 현실에서 눈물이 날 것 같은 곤혹에 처했을 때 어떻게 해야 할까? 물질의 조건이나 처한 상황에 구애받지 않고 우리는 구체적으로 무엇을 해야 행복해지는 걸까? 과연 행복의 느낌은 어떻게 할 때 생겨나고 그것을 누릴 수 있는 것일까? 붓다는 행복은 물질이라는 조건이 아니라 '느낌'이라는 '마음의 영역'에서 일어나는 것이라고 깨닫고 그것을 우리에게 45년 동안 쉬지 않고 가르치셨다. 붓다가 베푸신 가르침은 스스로 행복하게 되는 가르침이다. | 붓다의 가르침은 행복 그 자체가 마음의 영역임을 '철저히' 알게 하는 것이고, 불만족의 고통에서 해방되어 마음을 풍요롭게 하는 것이다. 마음에서 오는 갈망, 분노, 어리석음에서 벗어나 마음의 기쁨과 자유, 행복을 얻으려 노력하는 것이다. 이러한 마음의 변화에 대한 붓다의 가르침을 학문의 대상으로 삼아 연구하고 그 유효성을 논리적으로 검증하는 것을 이른바 '불교학'이라고 할 수 있을 것이다. 불교는 학문으로서도 독특한 점을 지닌다. 몇몇 학문 분야가 삶의 문제 등에 대한 이론을 제시하긴 하지만 그것이 실제 사람들의 삶을 실천적으로 크게 변화시키기는 어렵다. 하지만 불교는 괴로움이라는 마음의 영역을 원인과 결과라는 논리 법칙으로 보고 구체적인 실천 방법을 계발하여 그것을 실행으로 옮기게 하며 그 성과가 자신과 제3자의 눈에 삶의 변화라는 과정으로 여실하게 나타나도록 한다. 즉 철학적 고민, 논리적 전개와 현실 실천이 완전히 결합되어 있다. 불교에서는 행복이라는 법의 실체가 책이나 가설 속에서만 존재하는 것이 아니라 각자 자신의 몸과 마음을 하나의 검증 대상으로 삼고 실천할 때, 완전히 실제적임을 증명해 낸다.

|

〔01.01〕-003 **왜곡된 현실** | 우리는 대승(大乘)〔Mahāyāna마하야나(큰 수레)〕이라는 이름으로 많은 사실을 왜곡하고 있음을 인정해야 한다. 대승이 나오기 이전 엄연히 실재했고 지금도 그 전통이 남아 있는 불교의 기본 역사를 보잘 것 없는 소승(小乘)〔Hīnayāna히나야나(작은 수레)〕이라고 몰아 애써 무시하곤 한다. 아무리 한국의 절집에서 자칭 대승이라 우월감을 갖고 그들을 소승이라고 무시하여도 붓다, 바로 그 분이 직접 만든 쌍가(saṅgha)〔僧家승가〕의 조직이 거기에 내려오고 있음을 가볍게 다루어서는 안 된다. 화합하지 못하고 나뉜 부파 불교(部派佛敎)를 무시하는 데에서 끝내야지 붓다까지 무시하는 어리석음을 범해서도 곤란하다. 불교 역사에서 부파 불교 시대〔붓다 입멸 100년 후에 상좌부와 대중부의 두 부파로 분열된 시대. 대승 불교에서는 부파 불교를 소승 불교라 부른다.〕는 있었어도 소승 불교는 없었고 역시 대승 불교도 없었다. 더군다나 붓다 당신은 대승도 소승도 아니었다. 단지 스스로 대승이라고 자청한 부류와 그 외에 모든 것을 소승이라 폄하하는, 대승 그들의 역사만 있을 뿐이다. | 우리나라의 쌍가는 출가하는 연령이 높아짐에 따라 교학과 수행의 질은 떨어지고, 불과 얼마 전까지도 오랜 시간 절집에 전승되어 온 아름다운 일들이 모두 잊혀 알 수가 없게 되었다. 일부 불교 지도자들은 입으로 혁신을 부르짖지만 현실의 기득권을 놓지 않으려 하고 또는 재가 신도(在家信徒)들을 생계 수단으로 보기도 한

부파 불교 붓다 입멸 후 100여 년경(기원전 4세기)부터 시작된 교단 분열은 기원전 1세기까지 약 300~400년에 걸쳐 20여 개의 부파(部派)로 갈라졌는데, 이 시대의 불교를 부파 불교(部派佛敎, Early Buddhist Schools)라 하며, 아비달마불교라고도 한다. 아비달마〔阿毘達磨, Abhidharma아비다르마, 논(論)〕〔abhi =special, higher〕〔dharma =teaching, phenomenon〕는 법(法) 즉 고따마 붓다가 설한 교법에 대한 연구와 해석을 말하며, 협의의 아비달마는 부파 불교의 여러 논(論, sastra), 즉 논서(論書)들을 뜻한다.

다. 그런가 하면 스스로의 무지와 금전적 목적 따위에 현혹되어 붓다의 말씀을 앞세우는 척하면서 부적을 팔고 좋은 날을 잡아 주며, 조상을 팔아 천도재(遷度齋)를 지내고, 불사(佛事)를 빙자하여 금품을 모으고 기복에 의존하는 인상을 세상에 심어 준 것을 부인하지는 못할 것이다. 일부 승려들은 수행보다는 제 노후를 걱정하여 복을 사고파는 제사장 노릇과 죽은 자의 슬픔을 빙자하여 극락의 면죄부를 파는 저승 판관과 같은 행위를 부끄럼 없이 하고, 아예 이것을 잘해야 능력 있는 스님으로 존경을 받는 슬픈 현실에 놓이게 되었다. | 이런 현실은 붓다의 가르침을 자기 멋대로 해석함으로써, 붓다를 웃음거리로 만들어 자기 종교를 전도하려는 비양심적 타 종교인들을 고무시키기도 했다. 스님조차 붓다와 불교 교리에 무지하다 보니 타 종교인의 경박하고 그릇된 주장에 변변하게 논박조차 하지 못하는 불교 신자들은 쉽사리 개종의 올가미에 걸려든다. 이는 모두 우리 스스로가 붓다의 실제 가르침은커녕 붓다가 누구인지조차 모르는 무지에서 비롯한 것임에 의심할 여지가 없다. | 이렇게 되다 보면 전해 내려오는 붓다의 가르침을 따르기보다는 무조건적 신앙심을 요구한다. 불공, 천도재 등에 의지해 복을 비는 행위에 치중할 뿐 지혜의 완성은 찾으려고도 가르치려고도 들지 않는다. 스님들이 마치 제사장처럼 대가를 받고 대신 복을 빌어 주는 데 만족한다. 이것은 모두 불교가 아니다. 오히려 스승 붓다를 욕보이는 일이다. 하나같이 결코 하지 말라고 가르친 것들임에도 거리낌도 없이 행하고 있다. 스승 붓다가 말하지도 않은 것을 붓다의 가르침인 양 전하는 사람들을 두고 붓다는 이렇게 말했다. | "빅쿠(比丘, bhikkhu)들아, 두 부류의 사람은 여래를 비방한다. 어떤 것이 둘인가? 여래가 말하지 않았고 이야기하지 않은 것을 말했다거나 이야기했다고 하

는 사람과, 여래가 말했고 이야기한 것을 말하지 않았다거나 이야기하지 않았다고 하는 사람이다. 이러한 두 부류의 사람이 여래를 비방하는 것이다." | 일상에서 붓다의 가르침을 바르게 전하고 풀어 주기보다는 단지 법상(法床)〔설법하는 스님이 올라앉는 자리〕에 올라 청중들을 솔깃하게 하는 말솜씨와 기지를 발휘하는 이도 있다. 우스갯소리 아니면 일천 수백 년 전의 중국 고승들의 현학적인 일화나 들먹이면서 그것이 마치 자신의 수행인 양 포장하기도 한다. 가설(假說)을 세워 놓고 경전 여기저기를 인용하여 논문을 쓰고 학위를 받으면 그 단어나 구절들이 마치 자신이 수행에서 얻어진 결과인 양 착각하기도 한다. 한자어로 된 불교 용어들은 어렵다. 뜻은 알 듯 말 듯 하지만 멋스러워 보인다. 난해한 용어를 구사하여 멋지게 법문을 하는 것이 불교학인 줄 안다면 그것도 잘못이다. 붓다의 가르침은 무엇보다 실천 수행이 우선이다. 먼저 수행한 자가 스스로 지혜를 얻어 깨달음을 체득해야 하고, 자신과 중생들의 병들고 지친 마음을 스스로 바르게 알고 스스로 치료하도록 곧바로, 여기에서, 실제로 도움을 주는 것이 불교이고, 불교학도 거기에서 출발해야 한다. 즉 저세상이나 내세가 아닌 현실에서 행복과 이익을 얻는 바로 그 일이, 붓다의 가르침에 따라 붓다의 방식으로 진행되고 실천으로 증명될 때만이 실효성 있는 불교학이 될 것이다. | 불교는 심오한 학문으로 학자에게만 존재하거나 일부 특정한 전문 수행자에게만 존재하는 것이 아니다. 부처님의 가르침을 믿든, 믿지 않든 불교는 '삶의 방식(way of life)'이며, 그렇게 이해해야만 한다. 삶의 방식에 대한 붓다의 가르침인 불교는 따라서 특별한 몇몇 사이에서만 통용되는 신비로운 '어떤 것'이 아니라 보통 사람들의 삶 바로 그 속에 가장 평범한 방식으로 존재하는 것이다. 그러므로 불교를 믿든 불교학

을 배우든 그 첫 출발은 그 가르침을 태동시킨 '붓다' 그 분을 아는 것으로 시작을 해야 한다. 붓다를 모르고 불교를 믿는다거나 불교학을 한다면 어불성설이다. 그러한 믿음이나 학문은 절대로 오래가지 않는다. 자신의 이익의 결과에 따라 널뛰듯 변할 수 밖에 없다. | 불교의 창시자인 붓다 그 분이 누구인가? 붓다를 알기 위하여서 우리에게 주어진 것은 경전인데, 여기에는 전형적인 두 종류의 고전 기록〔텍스트(text)〕이 있다. 하나는 현재 우리가 알고 믿고 있는 북쪽(중국)으로 전해진 경전이다. 쌍쓰끄리뜨(Saṃskṛtā, Sanskrit, 梵語범어)로 된 것을 한문으로 번역한 것으로 '대승'이라고 불린다. 다른 하나는 남쪽으로 전해진 경전인데, 전통을 중요시한 그들은 빨리(Pāli) 경전을 번역하지 않고 그대로 전해 내렸으니 이를 '상좌부(上座部)'라고 한다. 이 책에서는 당시의 전통에 대항하여 일어난 대승과 전통을 중요하게 여긴 상좌부를 넘나들면서 공통점은 취하고 비교하며 너무 신격화된 이야기는 생략하고 인간적이고 현실 세계에서 이해되며 타당성 있는 이야기를 통하여 붓다의 생애를 더듬어 보고자 했다.

상좌부 상좌는 큰 스님, 장로〔Theravāda테라바(와)다(장로(長老)들의 길)〕를 뜻하고, 빨리 경전을 근간으로 붓다와 아라한들(10대 제자)의 수계(受戒, Buddhist Initiation Ritual)의 맥을 이었다는 의미다. 10대 제자의 한자 이름은
① 사리불(舍利弗) : 지혜(智慧)
② 목건련(目犍連) : 신통(神通)
③ 대가섭(大迦葉) : 두타(頭陀)
④ 아나률(阿那律) : 천안(天眼)
⑤ 수보리(須菩提) : 해공(解空)
⑥ 부루나(富樓那) : 설법(說法)
⑦ 가전연(迦旃延) : 논의(論議)
⑧ 우바리(優婆離) : 지계(持戒)
⑨ 나후라(羅睺羅) : 밀행(密行)
⑩ 아난타(阿難陀) : 다문(多聞)
등이다.

〔01.02〕 붓다를 보는 법

〔01.02〕-004 **대승에서 본 붓다** | 중국, 한국, 일본, 몽골, 티베트 등으로 전해진 불교를 우리는 대승 불교라고 하고 동남아시아 여

러 나라로 전해진 불교를 상좌부(上座部) 불교, 장로부(長老部, Theravāda테라바(와)다) 불교 또는 남방 불교라고 한다. 어느 쪽이든 불교의 교조는 '고따마 붓다(ⓟGōtama/ⓢGautama Buddha)'이다. 같은 줄기에서 시작이 되었고 가지만 다를 뿐이다. 그것이 문제를 낳기도 했다. 남쪽으로 뻗은 가지로 전해진 붓다의 생애에는 인간적인 모습이 많이 남았다면, 북쪽으로 뻗은 가지로 전해진 붓다의 생애에는 신화적 요소가 많이 깃들었다. 대승 속 붓다의 생애는 때로 판타지 소설에 필적할 정도다. | 근대 유럽 학자들이 처음 산스크리트〔쌍쓰끄리땀〕로 쓰인 대승 경전을 접했을 때도 그랬다. 중심 인물로 등장하는 붓다의 행위는 신통과 이적 일색이었다. 공중을 날아다니거나, 물 위를 걷기도 했고, 몸을 수없이 변화시키거나, 과거와 미래를 본다거나, 다른 이의 마음을 자유롭게 읽거나 물질을 다른 것으로 변화시키기도 했다. 32가지의 특별한 상호(相好)를 글자 그대로 적용하니 그 형상은 기괴한 짐승에 가까워 보였다. 이런 표현 덕분으로 초기에 서양 학자들은 붓다가 실존했던 인간이었을 것이라고는 상상조차 하지 않았다. 기껏해야 인도에 전래하는 태양 신화의 분파이거나 비슈누(Vishnu) 신화〔힌두교에서 브라흐마(Brāhma, 창조), 쉬바(Shiva, 파괴와 재생)와 함께 삼주신(Trimūrti뜨리무르띠) 가운데 하나로, 우주를 보호하고 유지하는 신〕의 변형일 것이라고 보기도 했다. 이들의 눈에 비친 쌍쓰끄리뜨 대승 경전은 그리스 로마 신화와 크게 다를 바가 없었다.

상호(相好) 부처님의 모습을 말한다. 삼십이상(三十二相)은 부처님의 신체적 특징을 32가지로 설명한 것이고, 팔십종호(八十種好)는 미세하여 보기 어려운 것까지 포함하여 80가지로 표현한 것이다. 32상 80종호는 〔05.01〕-076 **특별한 상호의 재해석**을 참고

|

〔01.02〕-005 **상좌부에서 본 붓다** | 그러나 남쪽으로 전해진 빨리

(pāli) 경전에 남은 붓다의 모습에는 변형이 그리 많지 않았다. 태어남과 성장, 죽음까지 일련의 과정은 세상에 태어나면 누구나 가 겪는 보통 인간의 조건 그대로였다. 젊은 날의 번민, 오랜 고행 끝에 지친 몸을 이끌고 강가에서 손수 빨래를 하는 모습, 걸식(乞食)을 하지 못해 빈 발우를 들고 돌아오는 배곯은 수행자의 모습, 제자들의 불화로 혼자서 숲속으로 떠나 수행하는 고독한 스승의 모습, 제자를 떠나보낸 뒤 홀로 남아 다른 제자가 오길 쓸쓸히 기다리는 모습, 가지가지 병에 시달리는 노인의 모습, 늙고 병들어 한 모금의 물을 찾는 처절한 모습, 25년이라는 긴 시간을 자신을 따르고 시봉(侍奉)해 준 제자에게 진심으로 감사하는 모습, 죽음을 코앞에 두고도 마지막까지 제자들에게 잔소리처럼 가르침을 남기는 스승의 모습. 너무나 인간적인 모습들이 있다. | 신화적 요소가 듬뿍 가미되어 북으로 전해 온 경전에서든, 인간의 모습으로 남아 남쪽으로 전해진 경전에서든, 붓다의 생애를 찬찬히 보다 보면 그 분은 절대적인 신(神, God)이 아니며 신의 임무를 대신하기 위해 온 사자(使者)도 아님을 알 수 있다. 의심할 여지가 없는 확실한 지상의 인간으로서 6년간 갖은 고행을 하여 스스로 깨달음을 이룬 다음 45년이란 긴 세월 동안 '괴로움의 실체와 괴로움에서 벗어나는 길'을 가르치신 스승이다. 붓다를 모든 것을 이루게 해 주는 절대자로 알아서는 안 된다. 그 분은 단지 '잃어버린 옛길'을 찾았고, 누구든지 깨달음을 완성하여 행복과 평온에 이를 수 있는 가르침을 베푸신 분이다. | 붓다는 순수한 인간으로 고귀한 삶을 사셨고 그러한 삶의 모습을 우리에게 솔선하여 보여 주셨다. 붓다는 신이나 환상의 목소리를 전하는 예언자도 아니었거니와 우리에게 "다른 누구에게도 의지하여 도움을 구하거나 안식처를 구하지 말라."고 가르치셨다. 각자 스스로

쑷따-니빠따(Sutta-Nipāta)
쑷따(Sutta)는 '경전〔말의 묶음(經경)〕'을 뜻하고 니빠따(Nipāta)는 '모아 놓다〔모음(集집)〕'의 뜻으로 '경전 모음 (經集경집)'을 의미하며, 72개의 경전과 1,149개의 게송으로 되어 있다. 『법구경(法句經)』으로 알려진 『담마빠다(Dhammapada)』와 함께, 초기 경전인 〈5부 니까야〉 가운데 마지막 묶음인 『쿳다까 니까야(Khuddaka Nikāya)』에 수록되어 있다. 내용과 기록물의 연대를 근거로 가장 오래된 불교 경전으로 꼽는다.

근본 8탑(根本八塔)
〔기원전 483?(400?)〕 붓다가 **바이샬리**(Vaishali)에서 **쿠시나가르**(Kushinagar)로 가서〔직선 거리로 120km쯤〕 열반에 들자 말라족(Mallakas)이 자기 영내에서 돌아가셨다 하여 탑을 세우려 했다. 그 때 주변 여덟 나라에서 사리(舍利)를 얻기 위해 다툼이 일어났는데, 도나(ⓟ Dona)〔ⓢ드로나(Drona)/徒盧那도로나/향성(香姓)〕라는 바라문(브라만)의 중재로 사리를 8등분하여 각자 탑을 세웠다. 이 8기의 탑을 '근본 사리탑(根本舍利塔)'이라 한다. 더하여 사리의 양을 달았을 때 쓰던 병을 가지고 가서 병탑(甁塔)을 세우거나, 타고 남은 재를 봉안한 회탑(灰塔)을 만들었기에 '근본 십탑(根本十塔)'이라고도 한다. 기원전 3세기경 인도 전역을 통일한 마우리아 왕조의 아쇼까(Aśoka) 대왕 때 그중 일곱 탑을 열고 사리를 다시 나누어 전국에 8만 4천 기의 사리탑을 세웠다고 한다.

바이샬리(ⓢVaiśālī)
Vaishali, ⓟVesāli (**웨쌀리**), 毗舍離(비사리). 인도 북부 동쪽 끝의 비하르(Bihar)주의 고대 도시. 주도인 파트나(Patna)에서 멀지 않으며, 〔직선 거리로〕 콜카타(Kolkata)에서 북서쪽으로 500km쯤, 바라나시(Varanasi)〔ⓢ바라나씨(Bārāṇasi)〕에서 서쪽으로 250km쯤 떨어져 있다.

쿠시나가르(Kushinagar)/**꾸쉬나가라**(ⓢKuśinagara)/**꾸씨나라**(ⓟKusinārā)
네팔과 인접해 있는 인도 북부 우타르 프라데시(Uttar Pradesh)주의 마을. 〔직선 거리로〕 네팔의 수도 카트만두(Kathmandu)에서 서남쪽으로 170km, 인도 파트나(Patna)에서 서북쪽으로 170km, 바라나시에서 북동쪽으로 170km 정도 떨어져 있다.

노력하고 계발하라고 용기를 북돋아 주신 분이다. 붓다는 언제나 제자들에게 이렇게 가르쳤다. | "나는 길만 가르칠 뿐이다. 길을 가는 것은 스스로 노력을 해서 가야 한다." | 붓다가 우리와 같은 인간이었음에도 특별한 이유는 스스로 수행하고 스스로 깨달음을 성취했고, 직접 제자들을 만들었고 그 과정을 통해 자신의 깨달음이 유효함을 이 세상에 증명했기 때문이다. 그것이 그 분을 '붓다'라고 하는 까닭이다. 『쑷따-니빠따(Sutta-Nipāta, 經集 경집)』에는 제자들에게 이렇게 선언했다고 나온다. | "나는 알아야 할 것은 모두 알았으며, 닦아야 할 것을 모두 닦았으며, 버려야 할 것을 모두 버렸다. 그러므로 나는 붓다이다." | 초기 불교 학자들의 주장과 달리, 지금 우리가 붓다가 세상에 실존했던 인간임을 알 수 있는 역사적 증거가 남전(南傳) 경전만은 아니다. 붓다를 기념하기 위하여 세웠던 돌기둥과 암각, 옛 사람들의 증언, 생전의 이야기를 서술체 조각이나 회화로 기록한 건물들과 남은 터〔遺址 유지〕의 발굴도 도움이 되었다. 붓다께서 돌아가신 후 그 분의 시신을 다비(茶毘, jhapeti 자뻬띠)〔자삐따(jhapita), 사비(闍毘), 화장〕했고, 이 때 수습한 사리(舍利, sarīra 싸리라)〔타다 남은 뼛조각〕가 당시 인도의 여덟 왕국에 나뉘어 근본 8탑이 세워졌다고 한다. 후세에 아쇼까(Aśoka, Ashoka) 대왕〔아소카, 阿育王 아육왕, 마우리아 왕조 3대 왕, 기원전 304?~(즉위 기원전 268?)~기원전 232. 남부 지역을 제외한 인도 전역을 통일한 인물로 불교에 귀의하여 불교를 널리 전파했다.〕이 근본 8탑을 헐어 붓다의 사리를 인도 전역에 봉안했는데, 이 사실을 기록한 비문이 출토되어 붓다가 세상에 실재했음을 증명했다. | 무엇보다 그 분 생전에 스스로 만드신 쌍가(saṅgha)〔僧家 승가〕가 오늘까지 이어지고 있다. 실존했던 붓다를 피난처로 삼고 그 분이 설파하신 진리를 실천 수행하여 반드시 깨달음을 얻겠다고 서원(誓願)을 세

운 무리들로는 출가(出家) 2부중(二部衆)인 비구(比丘, bhikkhu 빅쿠), 비구니(比丘尼, bhikkhuni 빅쿠니)들과 재가(在家) 2부중인 남자 신자〔淸信士 청신사, upāsaka 우빠사까, 우바새(優婆塞)〕, 여자 신자〔淸信女 청신녀, upāsikā 우빠시까, 우바이(優婆夷)〕가 있다. 이들 출가 2부중과 재가 2부중을 합하여 4부 대중(四部大衆)이라고 하며 불교 교단의 기본 구성 요소가 된다. 붓다께서 돌아가신 후 왕사성(王舍城)〔라자가하(Rājagaha)〕의 칠엽굴(七葉窟)에 모인 500명 대아라한(大阿羅漢)들의 대결집 회의(mahāsaṅgiti 마하쌍기띠)에서 확인된 가르침은 쌍가에 의해 지금까지 구전으로 암송되고 몸으로 실천되어 전해 왔으며, 그 가르침이 앞으로도 전해지는 한 그 분은 신이 아닌 인간으로 기억될 것이다. | 이제 지금까지 누군가가 여러 경로를 통하여 각자 편하도록 알려 온 대로가 아니라 조금 다른 시각으로 붓다를 보려 한다. 이는 마치 왕겨를 벗겨내고 쌀을 얻는 작업과 같다. 풀풀 날려 버릴 껍데기인 왕겨에 집착하지 말고 벗긴 다음 나온 쌀알을 찾듯 할 때 붓다와 불교를 바로 볼 수 있다.

왕사성(王舍城) '왕이 사는 곳(the City of Kings)'이라는 뜻으로, 현재 명칭은 라즈기르(Rajgir), 옛 명칭은 **라자가하**(Rājagaha), 라자그리하(Rājagṛha)다. 인도 북동부의 파트나(Patna)에서 남동쪽으로 70km 정도 떨어져 있다. 북인도 지역 강대국이었던 마가다(Magadha) 왕국의 수도였다. 불교8대 성지 중의 하나로 붓다께서 한때 설법을 하신 곳이다. 최초의 불교 사원인 죽림정사(竹林精舍, Venuvana-vihāra), 『묘법연화경』 설법 터로 알려진 영축산〔靈鷲山(또는 영취산), Gijjhakūṭa〕, 붓다의 주치의였던 지바(와)까(Jivaka)가 머물렀던 망고동산, 제1차 결집이 이루어졌던 칠엽굴(七葉窟, Sattapaṇṇi guhā) 등 주요 유적이 산재 있다.

〔01.03〕 붓다의 나라

〔01.03〕-006 **큰 땅덩어리** | 붓다는 중국 사람이나 한국 사람이 아니다. 우리와 전혀 다른 생활 환경과 관습을 가졌으며 옷을 입거

나 음식을 먹는 법, 하는 말도 다르고, 생각하는 것조차 다른 시대, 다른 나라에서 태어나 살았던 사람이다. 국경으로 따지면 탄생지는 네팔에 속하지만, 활동한 곳은 인도였는데, 당시에는 모두 하나의 문화권이었다. 그러니 인간 붓다를 알기 위하여 인도라는 나라를 생각해 보는 것도 좋겠다. 약간은 지루하고 대충은 알 법한 이야기지만 붓다의 생애와 가르침을 이해하는 데 필요한 몇 가지를 살펴보려 한다. | 인도는 아주 큰 나라다. 국토의 면적이 한반도의 거의 17배나 되며, 서유럽 전체와 맞먹는다. 삼면이 바다이지만 대륙에 버금갈 만큼 넓다 보니 반도가 아니라 아대륙(亞大陸)〔대륙보다는 작지만 섬보다는 큰 땅덩이. 인도 아대륙이나 그린란드 등.〕으로 불린다. 북으로는 세계의 지붕인 히말라야산맥(Himalayas)이 있고, 동쪽은 벵골만(Bay of Bengal), 서쪽은 아라비아해(Arabian Sea), 남쪽은 인도양(Indian Ocean)에 접해 있다. 덕분에 인도 아대륙에서는 눈 덮인 설산과 사막, 고원, 비옥한 평원, 열대 우림을 볼 수 있다. 웅장하며 사철 풍부한 수량을 가진 설산계(雪山係) 강과, 비가 오지 않으면 넓은 강바닥에 물 한 방울 없이 바짝 말라붙는 고원계(高原係) 강도 두루 볼 수 있다. | 기후는 우리와 많이 다르다. 우리처럼 봄, 여름, 가을, 겨울이라는 4계절이 분명하지 않고 비가 많이 오는 우기, 비가 오지 않는 건기, 아주 더운 혹서기로 나뉜다. 물론 그들은 나름대로 계절이 나뉜다고 말하지만 우리처럼 온전히 4계절을 느끼며 살던 사람이 가면 아

칠엽굴(七葉窟) = **쌋따빤니 구하**〔Ⓟ Sattapaṇṇi Ⓢ Saptaparni 쌉따빠르니) guhā〕. 〔guhā = cave〕 1차 결집지인 왕사성 칠엽굴 2개의 석굴이 각각 3개와 4개의 통로로 나뉘어 있어 '칠엽굴'이라 불렀다. 그 안에 500명이 들어가기에 충분한 회의 공간이 있다고 하는데 지금은 막혀 있어 들어가 볼 수 없다.

아라한(阿羅漢)
아라한은 쌍쓰끄리뜨 '아르하뜨(arhat)'와 팔리어 '아라한뜨(arahant)'의 음역으로 '공경받을 자', '깨달음에 이른 사람'을 뜻한다.

마하바라따(Mahābhārata) 인도인들이 "세상의 모든 것이 마하바라따에 있고, 마하바라따에 없는 것은 세상에도 없다"고 할 정도로 인도 신화와 전설의 백과사전격인 대서사시이다. 마하바라따는 '위대한 바라따(Bhārata) 왕조'라는 뜻으로, 바라따는 아리아인이 최초로 세운(기원전 20세기경) 고대 인도 국가의 왕이다. 인도의 공식 명칭 중 하나인 바라트(Bharat)의 어원이 된다. 마하바라따는 그 후손들이 겪게 되는 이야기로, 기원전 14세기~기원전 10세기 사이, 인도 북부 꾸루(Kuru)국 왕실(끄샤뜨리야 계급)의 두 분파—까우라바(Kaurava) 왕자들과 빤다바(Pāṇḍava) 왕자들〔빤두(Pāṇḍu)의 아들들〕 간의 갈등과 지배권 문제를 해결하고자 벌어진 18일간의 큰 싸움〔꾸루-끄셰뜨라(Kuru-kṣetra)(꾸루국) 전쟁〕〔빤두족이 승리한다〕 등을 다룬다. 기원전 9세기~기원전 8세기 무렵에 초기 형태가 만들어졌는데, 이 때 이름은 '자야(Jaya)'〔승리〕였다. 4세기경에 지금의 형태를 갖춘 것으로 추정한다. 마하바라따의 6권 『비쉬마-빠르와(Bhishma-Parva)』의 일부인 『바가바드 기따 Bhagavad Gītā』〔슈리마드 바가바드 기따(Śrīmad Bhagavad Gītā)〕는 힌두 사상의 정수를 담고 있다고 여겨진다.

라마야나(Ramayana) '라마가 나아간 길(일대기)'이라는 뜻으로, 꼬쌀라(Kosala) 왕국의 왕자 라마-찬드라(Rama-chandra)〔힌두교의 3대 주신인 비슈누의 아바타 격〕의 모험과 사랑, 왕비 씨따(Sita)의 정절, 마왕 라바나(Ravana)와의 대결 등을 표현한 서사시이다. 시대적 배경을 과거에는 기원전 15세기~기원전 11세기라고 여겼으나, 오늘날에는 인도 16대국 시대이자 불교가 발흥하던 기원전 6세기~기원전 4세기라고 추정한다. 현재 전하는 것과 같은 모습을 갖춘 것은 기원전 2세기경으로 여겨지며, 현존하는 가장 오래된 사본은 사라다 문자(Sharada script)로 기록된 11세기경의 야자수 잎 사본(palm-leaf manuscript)이다.

주 더움, 다소 더움, 약간 시원함(비가 많이 옴) 정도로나 구분할 수 있을 뿐이다. 우리는 경험으로 무더운 기후보다는 서늘한 환경에서 사람들이 더 활동적이라고 알고 있다. 그러니 의문이 생긴다. "인간의 활동을 제약하는 무더운 인도에서 어떻게 화려한 고대 문명이 발생할 수 있었을까?" 인도 문명이 발생할 당시 인더스(Indus)강 유역의 기후는 지금과는 달랐을 것이라고 한다. 그렇다고 지금 한반도와 비슷한 수준은 아니지만 학자들에 따르면 지금의 인도보다는 평균 기온이 5℃는 족히 낮았을 거라고 한다. 갠지스(Ganses)강〔=강가〔Gangā, gaṅgā, 항하(恒河)〕〕〔인도 북부 히말라야에서 발원하여 인도 동쪽 벵골만으로 흐르는 전체 길이 2,506km의 강〕 유역에 삼림이 울창했기 때문이라고 한다. | 인도 고대의 2대 서사시로 꼽히는 『마하바라따(Mahābhārata, 摩訶婆羅多 마하바라다)』와 『라마야나(Ramayana)』에는 영웅들이 숲의 괴물이며 악마들을 불로 퇴치하는 설화가 나오는데, 경작지를 확보하기 위한 인류의 개간 활동을 묘사한 것이라고 본다. 인구가 늘고 영농법이 발전함에 따라 개간 범위가 넓어지다가 결국은 갠지스〔강가(Gangā)〕강의 밀림을 모두 파괴해 기후 변화까지 초래했다는 것이다. 인도는 생태계 파괴가 부르는 참담한 결과를 일찍이 맛보았다.

|

〔01.03〕-007 **종족들** | 인도 아대륙에 인류가 정착하기 시작한 것은 지금부터 수십만 년 전이라고 추정한다. 처음 살았던 사람들이 어떤 이들이었는지 명확하지는 않을 것이다. 선주민인 이들은 아마도 체구가 작고 곱슬머리를 가진 흑인(Negritos)과 호주 원주민과 유사한 원시 오스트레일리아인(proto-Australoids) 계통이었을 것이라고 한다. 최근까지 이 인종에 속한 부족〔콜(Kol), 빌(Bhil), 문다(Munda)〕들 중 일부는 산속이나 외딴 섬에서 철기

시대 문명과 크게 다르지 않은 생활을 해 왔다. | 현재 인도의 지배 인종은 지중해인(Mediterranean)을 모체로 하는, 피부색이 약간 까맣고 키가 작은 드라비다인(Dravidian)이다. 최소한 기원전 2500년 이전 인도 아대륙에 정착한 후 여러 세대에 걸친 혼혈로 현재의 드라비다인들이 형성되었다고 추정한다. 그 다음, 기원전 1500년부터 800년에 걸쳐 지속적으로 서쪽에서 이주해 온 아리아인(Aryan)이 있다. 이들은 하얀 피부, 큰 키, 깊은 눈 높은 코〔深目高鼻 심목고비〕를 특징으로 한다. 역사적으로 보면 중앙 아시아 사람들이나 그리스인과 아랍인도 흘러들어 왔다. 그런 점에서 인도의 지배 인종은 중국이나 동아시아 쪽보다는 유럽 인종에 가깝다고 할 수 있다. 그러나 동북 지방인 히말라야나 앗쌈(Assam)〔인도 동북부의 주로, 주도는 디스푸르(Dispur)이다. 아삼 홍차로 유명하다. 서벵골(West Bengal)주 다즐링(Darjeeling)의 옆 지역으로, 비가 많이 오고 기온이 높다.〕 등에는 우리와 비슷한 몽골 계통들도 살고 있다. 이와 같이 다양한 인종 집단들은 비교적 엄격했던 인종 간의 결혼 금지 관습으로 지금까지도 각각의 고유성을 비교적 보존해 온 편이다.
|

〔01.03〕-008 **다양한 언어** | 인도는 언어를 가지고 행정 구역인 주(州)의 경계선을 그은 나라다. 말뿐만 아니라 글과 문법도 달라서 주에 따라 문자를 오른쪽에서 쓰기 시작하기도 하고, 왼쪽부터 쓰기도 한다. 2020년에 실시된 인도의 공식 인구 조사에서 인도 인구는 14억을 돌파했고 중국과 세계 인구 1, 2위를 다투지만, 나라 안에서 대체로 말이 통하는 우리와는 달리 이들의 언어는 몹시 다양하다. 크게 인도 아리아 어족, 드라비다 어족, 티베트-버마 어족, 오스트레일리아-아시아 어족 등 넷으로 나눈다 하지만, 인도에서 몇 개의 언어가 사용되고 있는지 정확하게 헤아릴 수

있는 건 신뿐이라는 농담도 있다. 2011년의 조사에 따르면 1,369개의 언어가 사용된다는데, 이 수치도 막연히 인도에서 사용되는 언어가 많다는 정도로 풀이하는 데 머물러야 한다. 조사마다 수치가 갖가지이거니와 응답자가 자신의 혈통, 지역, 종교, 직업 등에 따라 같은 언어를 서로 다른 명칭으로 응답하는 경우도 많기 때문이다. | 언어를 헤아리는 것이 쉬운 일도 아니며 또한 이들 언어가 전부 비슷한 비중을 차지하는 것도 아니다. 사정이 이렇다 보니 나름대로 소통을 위해 공용어(公用語, official language)와 지정어(指定語, appointment language)를 두었다. 공용어도 국가와 주에 따라 2가지 유형이 있다. 중앙 정부의 공용어는 힌디어이며 부공용어는 영어다. 각 주마다 공용어를 따로 정하는데, 대개는 지정어와 같다. 지정어는 인도 헌법에서 인도의 언어라고 지정한 언어들로 시기에 따라서 조금씩 차이가 있다. 2022년 기준 지정어는 22개라는데 이들이 대략 일정 지역 내에서 지배적으로 통용되는 언어라고 할 수 있다. 이런 행정 언어 외에 일상에서 사용되는 언어들은 실로 다양하지만, 전체적으로는 힌디어로 통일되어 가는 분위기다.

〔01.04〕 붓다 이전 시대

〔01.04〕-009 **오래된 문화** | 지금 우리가 인도라고 부르는 영역은 산, 강, 사막 등 국경선에 의하여 지도 위에 하나의 나라로 나타나지만 역사 속에서는 하나의 실체로 존재한 적이 별로 없었다. 인도라는 말이 가리키는 바는 시대와 받아들이는 사람에 따라 극히 다양하다. 지리적으로 인도 아대륙을 가리키는 이름이지만, 문화적으로는 힌두 문화 또는 힌두 문화와 결합한 그리스 문

화를 가리키기도 한다. 역사적으로는 대제국들이 건설되었던 영토를 의미하지만, 정치적으로는 현재의 인도 공화국(Republic of India)을 일컫는다. 일상에서 인도라고 하면 대강 인도 아대륙, 즉 지금의 인도, 파키스탄, 방글라데시, 네팔 일부와 아프가니스탄 일부까지 아우르는 경우가 많다. | 기원전 2500~1500년 사이에 인도 아대륙의 서쪽으로 흐르는 인더스 강변의 하랍빠(Harappa)와 모헨조-다로(Mohenjo-daro)를 중심으로 발달했던 고대 도시 문명을 인더스 문명(Indus Civilization)이라고 한다. 세계 4대 문명 중 하나로 꼽히는 인더스 문명을 이룩한 사람들이 누구인지는 불확실하지만 아마도 지금 남부 인도에 거주하는 드라비다인이라고 추정한다. 인더스 문명은 기원전 1500년경 인도 땅에 침입한 아리아인들에 의하여 파괴되었고 드라비다인들이 남쪽으로 쫓겨났다는 것이다.

|

〔01.04〕-010 **침입자** | 아리아인들은 원래 중앙아시아에서 유목 생활을 했다고 여겨진다. 인도-유럽 어족에 속하는 이들이 서북 인도로 침입해 오기 시작한 것은 대략 기원전 1500년경이라고 한다. 원주민과 전투에서 승리를 하여 농사를 짓고 살던 원주민인 드라비다인을 포로로 잡아 노예화하거나 데칸고원(Deccan Plateau)〔인도 중부와 남부 내륙의 대부분을 차지하는 평균 높이 600m에 달하는 역삼각형 모양의 고원(高原)〕 넘어 남쪽으로 몰아내고는 그 땅에 정착했다. 그다

하랍빠(Harappa)
파키스탄 북동부, 인더스강 상류의 펀자브(Punjab)주〔펀자브는 페르시아어로 '다섯 강(江)'이란 뜻으로 인도 북서부와 파키스탄 동부에 걸친 광대한 고원 지대다. 인구는 파키스탄 지역에 1억 1천만 명, 인도 지역에 3천만 명가량이다.〕에 있었던 고대 도시. 기원전 2500~1500년경의 도시 유적이 발견됐다.

모헨조-다로(Mohenjo-daro)
파키스탄 동남부 신드(Sind)주〔Sind는 쌍쓰끄리뜨로 '강'을 뜻하는 '신두(shindhu)'에서 유래〕 라르카나(Larkana)의, 인더스강 하류 동편에 기원전 2500년경(약 4,500년 전)에 건설된 고대 계획 도시다. 이집트 문명, 메소포타미아 문명, 크레타 문명과 비슷한 시기에 번성했다.

음, 같은 아리아인들끼리 반목과 투쟁을 거듭하면서 갠지스강 유역의 평원에 정착하여, 반농반목(半農半牧)을 하게 되었다. 이 때부터 아리아인들을 중심으로 하는 소규모 도시 국가들이 인도 북쪽에 하나둘 들어서기 시작했고, 아리아인들이 가지고 들어온 믿음 체계에 원주민들의 믿음이 혼합되어 현재 인도의 종교인 힌두교의 뿌리가 되는 브라흐만교(Brāhmanism, 婆羅門敎바라문교)가 성립된다. 종교뿐 아니라 정복자와 피정복자, 피부색의 차이로 계급을 나누고, 신들의 서열, 전문가의 분업, 지배자와 피지배자의 구별, 국가 통치 조직 등을 세우는 과정이 이루어졌다. 몇십 세대에 걸쳐 인도 특유의 종교와 사회 질서가 만들어졌을 것이다. 인도의 고질병인 계급 제도가 완성된 것도 이 시기였다. | 고대 인도 기록의 큰 특징은 종교적 문헌은 풍부하지만 연도와 날짜가 명기된 문헌, 즉 역사서가 없다는 것이다. 경전(經典)이나 성전(聖典)은 있어도 일기(日記)나 연대기(年代記)는 없는 것이다. 역사서를 대량으로 생산한 고대 중국과는 몹시 다른 면이다. 중국인들은 현실 중심의 사상 체계를 발전시켜 왔지만, 인도인들은 내세 지향(來世志向) 사상에 바탕을 두고 세계를 바라보았다. 따라서 이 시기의 종교 역사를 연구하려면 경전과 비문(碑文), 그리고 인도와 관련 있는 주변 나라 사람들의 기록들을 마치 퍼즐을 맞추듯 짜깁기해야만 더듬어 알 수 있다.

〔01.05〕 **힌두란?**

〔01.05〕-011 **힌두(Hindu)라는 어원** | '힌두(Hindu)'라는 단어는 인더스(Indus)강과 그 근처에 사는 사람들을 페르시아 인들이 불렀던 이름에서 유래한 것이라 전한다. 이 강을 쌍쓰끄리뜨로 '신

두(Shindhu, 아주 큰 물)'라고 썼는데 고대 페르시아어에서는 'S'를 발음하기 어려워 '힌두(Hindu)'라 발음했고, 그것이 페르시아와 인도를 정복한 그리스에 전해졌다는 것이다. 다시 그리스를 거치면서 'H'가 사라져서 유럽에는 '인더스(Indus)'라는 이름으로 전해졌다는 설이 유력하다. 〔정작 인도 사람들은 역사 속에서 인더스강이라든가 힌두인이라고 스스로 부르지 않았으며, 고대의 문헌 〈베다(Veda)〉나 『우빠니샤드(Upaniṣad)』 등에도 '힌두'라는 표현은 등장하지 않는다. 힌두라는 명칭과 그 뜻이 오늘날의 형태로 정착한 것은 영국 사람들이 인도에 들어오면서부터, 즉 영국인들에 의해서였다.〕 즉 애초에 힌두라고 일컬을 만한 범위는 대개 인더스강 유역에만 해당했다. 그러나 인도 아대륙에서 아리아인들의 세력이 확장되어 감에 따라 아리아 문화가 비(非) 아리아 문화에 섞여 들었고, 이 과정에서 '힌두'라는 단어는 지역, 인종, 또는 종교를 벗어나 이 대륙의 문화를 구성하는 광범위한 요소들을 아우르게 되었다. 힌두에 속하는 서사시라든가 전설, 경전 들은 그 기원이 모두 제각각이고 체계도 단일하지 않다. 이들이 복잡하게 얽혀 일상 생활과 문화 전반, 의식 세계를 지배한다. | 오늘날 인도 사회에서 힌두라는 명칭은 좋은 의미든 나쁜 의미든 가문이나 소속된 조직 등의 정체성(identity)을 나타낸다. 힌

베다(Veda) 인도 최고(最古)의 문헌들로, 브라흐만(바라문)교의 성전(聖典)이다. 쌍쓰끄리뜨로 '지식'을 뜻하고, 성립 시기는 기원전 1500~기원전 500년으로 추정한다. 제관(祭官)의 직무에 따라, 『리그베다(Ṛg-Veda)』〔찬가 : 가장 오래된 베다로 주로 찬송가와 기도〕, 『야주르-베다(Yajur-Veda)』〔제식 : 제사와 의식에 사용되는 산문과 시〕, 『싸마-베다(Sāma-Veda)』〔노래 : 리그베다의 찬송을 음악적으로 배열〕, 『아타르바-베다(Atharva-Veda)』〔주술 : 주술과 의식, 일상 생활의 다양한 주제〕가 있다. 이 4〈베다〉에 대한 주석서인 『브라흐마나(Brahmaṇa)』〔제사와 의식에 대한 설명〕, 『아란야카(Āraṇyaka)』〔숲속에서 수행하는 의식과 명상〕, 『우빠니샤드(Upaniṣad)』〔철학적이고 영적인 지식〕 등도 통틀어 〈베다〉라 부르기도 하는데, 이 때는 4〈베다〉를 상히따〔saṃhitā, 본집(本集)〕〔찬송가와 기도문〕라고 한다.

두교도들은 일상 속에서 매일 종교의 굴레에 맴돌며 자기 자신이 정화(淨化)되었는지 수시로 확인한다. 힌두로 인정을 받는다는 것은 힌두교 신자의 자격뿐만 아니라 특정 카스트에 속하는 자격을 얻는다는 의미도 된다.

〔01.05〕-012 **힌두교** | 힌두교(Hinduism)의 이야기를 좀 더 다루겠다. 복잡한 나라 인도를 이해하는 데 열쇠가 되기 때문이다. 힌두교는 과거로부터 전래해 온 브라흐만교(Brahmanism)가 신흥종교인 불교(Buddhism)에 비해 열세가 되자 다시 교의(敎儀) 등을 정비하여 이름을 바꾸어 나온 것이다. 따라서 그 모태는 브라흐만교다. 어떤 학자들은 인도에서는 불교만을 제외하고 『우빠니샤드(Upaniṣad)』 이후의 모든 종교와 철학을 힌두교로 봐야 한다고 주장한다. 힌두교의 특이한 점은 일정한 교조(敎祖)와 교리 등의 신앙 형태가 없다는 것이다. 의식과 신앙 형태의 통일성도 미약해서, 세계의 모든 종교들이 두루 지니는 종교의 속성을 다 가지고 있다고 해도 좋다. 따라서 힌두교는 다른 종교의 교리(敎理, doctrine)를 공격하는 일이 드물다. | 그렇다고 해서 힌두교가 배타적이지 않다고 오해하면 곤란하다. 힌두교처럼 독특한 배타성을 개발한 종교도 없다. 힌두교 신자가 되려면 이른바 선천성(先天性)이 있어야 한다. 즉 카스트(출생 계급)에 속한 부모에게서 태어나야 힌두교인이 될 수 있는 것이다. 입교 절차가 없기 때문이다. 카스트에 속한 부모에게 태어나지 못했다면 어느 누구도 진정한 힌두 신자가

우빠니샤드(Upaniṣad)
쌍쓰끄리뜨로 '(사제간에) 가까이 앉음'〔upa(가까이), ni(아래), ṣad(앉다)〕이고, '스승에게 직접 전수받는 신비한 지식'을 뜻한다. 기원전 500년 전후 수백 년에 걸쳐 성립된 것으로 추정하며, 시기 및 철학적으로 〈베다(Veda)〉의 마지막 부분을 형성하기에 '베단따(Vedānta, 베다의 끝, 결론)'라고도 한다.

될 수 없다. 만약 카스트 밖에 있는 사람이 진심으로 힌두교도가 되고 싶다면 다음 생에 힌두 부모에 의지해 태어나길 바라는 수밖에 달리 방법이 없다. | 과연 인도에 불교의 시대가 있었을까? 마우리아(Maurya) 왕조〔기원전 320~기원전 185〕의 아쇼까(Aśoka, Ashoka) 대왕〔아소카, 阿育王아육왕, 기원전 304?~(즉위 기원전 268?)~기원전 232〕, 꾸샨(Kushan) 왕조〔30~375〕의 까니쉬까(Kanishka) 대왕〔2세기 중엽. 꾸샨 왕조의 4대 군주이자 꾸샨 제국의 3대 황제. 아프가니스탄 북부와 인도, 현재 중국령 카슈미르 일부 등 북인도를 통일했다.〕, 굽따(Gupta) 왕조〔320~647〕의 짠드라굽따 2세(Candragupta II)〔재위 375~415〕 등 일부 왕조와 왕들이 불교에 적극적으로 귀의한 적은 있었으나, 일반 민중들이나 브라흐만교의 사제들은 불교를 브라흐만교의 많은 분파(分派)들 가운데 하나로 인식했다. 힌두교의 교의(教義)는 배척이 아니라 다른 종교나 사상을 흡수하여 자신들의 것으로 재생산해 내는 특성을 가지고 있기 때문이다.

|

〔01.06〕 **다르마**(darma), **까르마**(karma), **쌈싸라**(saṁsāra)

|

〔01.06〕-013 **기본 개념들** | 다르마, 까르마, 쌈싸라, 이 세 가지는 불교에서도 사용하는 단어이지만 브라흐만교에서 유래했으므로 힌두교를 이해하는 데도 요긴하다. | 힌두교에서는 궁극적인 해탈인 '목샤(moksha, 解脫해탈)'를 약속하고 그것에 이르는 방법으로 '다르마'를 제시한다. 다르마(dharma, 法법)는 '지탱하다, 유지하다'라는 뜻을 가진 '다르(dhar)'에서 파생했고, 힌두교와 인도 철학에서 중심이 되는 개념이다. 간단하게 다르마는 인간이 지키고 실행해야 할 '계급의 신성한 의무'를 말한다. 비록 내세의 행복을 위한 종교적 단서가 붙을지라도 어디까지나 현실 사회 질

서의 유지를 목표로 한다. 이것을 준수하여 목샤에 도달해야 한다는 것이다. 목샤는 정신적으로는 욕망과 고통으로부터, 육체적으로는 업(業, karma까르마)으로부터 해방되어 신과 합일하는 것을 말한다. 그런데 이론적으로 사제 계급인 브라만(Brahman)을 제외한 나머지 계급들이 현세에서 목샤에 도달할 가능성은 없다.〔이는 뒤에서 다시 다룬다.〕| 까르마(karma, 業업)는 원래 '행위'를 의미하는데, 자띠〔카스트〕와 연관되면서 점차 행위의 인과, 직업의 종류, 책임 등 다양한 의미로 확장되었다. 힌두교식 해석을 따르자면 개인의 자띠는 전생의 까르마에 의해 결정되고, 내세의 자띠는 현세에 주어진 다르마를 어떻게 지키고 실행했는가에 따라 결정된다고 한다. | 쌈싸라(saṁsāra)는 '윤회(輪回)'다. 인간의 행위는 인과(因果)에 의하여 윤회가 계속되며 이것을 벗어나는 것이 '목샤(해탈)'에 이르는 것이다. 현세에 자신의 출생 카스트에 따라 그 카스트가 가지고 있는 의무인 다르마를 성실하게 완수해야만 쌈싸라를 통하여 내세에는 지금보다 나은 환경이나 상위 카스트로 태어날 수 있다.

〔01.07〕 **피부 색깔에 따른 계급, 카스트**(Caste)

〔01.07〕-014 **계급 사회** | 인도는 기본적으로 능력 사회가 아니라 계급 사회(hierarchical society)다. 물론 인도 헌법에서 계급은 인정되지 않지만 인도 곳곳에 계급의 흔적은 진하게 남아 있다. 아무리 인정하지 않는다고 하지만 지금도 인도는 출생 당시에 결정된 계급으로 인해 신분 상승의 기회가 열리거나 막히는 나라다. | '카스트(Caste)'라는 말은, 포르투갈이 1510년 인도 서부 해안선의 중간쯤에 자리한 고아(Goa)를 점령했을 때, 인도 사람들이

피부색에 따라 차별하는 것을 보고 포르투갈어로 혈족을 뜻하는 '카스타(casta)'라고 이른 데서 유래했다고 한다. 인도에서는 전통적으로 색(色, colour)이라는 뜻의 바르나(varna)와 출생이라는 뜻을 가진 자띠(jati)가 사용되었고 현재도 카스트보다 '자띠'라는 말을 더 널리 쓴다. 바르나는 범위가 넓은 분류이고, 자띠는 기능과 직업에 따라 세분하는 말이다. 바르나는 사제 계급 브라만(Brāhman)〔브라흐마나(Brāhmaṇa)〕〔바라문(婆羅門)〕, 무사(왕족) 계급 끄샤뜨리야(Kshatriya)〔찰제리(刹帝利)〕, 평민 계급 바이샤(Vaisha, Vaiśya)〔비사리(毘舍離)〕, 하층 노예 계급 슈드라(Śūdra)〔수다라(首陀羅)〕까지 기본 4계급을 말하고, 이를 세분하는 수천 개의 자띠가 있다. 시대에 따라 없어지는 자띠와 새로 생겨나는 자띠도 있지만, 그것이 현재도 계속 진행되고 있으며 앞으로도 없어지지 않을 거라고 인도 사람들은 말한다. 힌두는 능력이나 윤리보다 출신 계급을 우선하며, 계급은 무너뜨리지 못하는 철옹성 같다.

〔01.07〕-015 **피부 색깔과 출생** | 카스트 제도의 기원에는 여러 설이 있는데 가장 대표적인 것은 인종적인 기원이다. '바르나'라는 어원 자체가 원래 '피부의 색깔'을 의미하기 때문이다. 인도 아대륙에 처음 침입했던 아리아인들의 피부색은 백인에 가까웠으며 원주민이던 드라비다인들은 흑인에 가까웠다는 것이다. 이와 같은 상황에서 아리아인들은 지배 계급의 우월성을 보존하기 위하여 피부색에 따라 계급 제도를 만들었다고 본다. 따라서 처음에는 아리아인과 비아리아인의 두 계급만 존재했다가 차츰 농경민으로 정착하고, 혼혈 등으로 사회가 복잡해지자 세분화되었다는 것이다.

마누 법전(Manu Smṛti)
고대 인도의 법전으로 인도 사회를 형성하고 지탱하는 법의 뿌리다. 기원전 1000년경에 형성되었을 것으로 추정하며, 기원전 200년~기원후 200년에 텍스트화된 것으로 여겨진다. 12장 2,684조(條)의 쌍쓰끄리뜨 운문(韻文)으로 되어 있다. 마누(Manu)는 인류의 시조를 말한다.

〔01.07〕-016 **계급에 맞추어** | 인도인들에게 헌법보다 우선시되며 고대에 최고의 권위와 영향력을 가졌던 법률서가 『마누 법전(Manu Smṛti마누 쓰므리띠)』〔Mânava Dharma-śāstra(마나바 다르마-샤쓰뜨라)라고도 함〕이다. 『마누 법전』이 공포된 이후 계급 제도는 완전히 정착되었다. 각 카스트가 특히 강조하는 것은 식사와 결혼 등 사회 관계이다. 이런 행위들에서 자신이 속한 계급이나 집단의 동질성을 확인하기 때문이다. | 법전에 따라서 각 카스트에는 각자의 규제가 있다. 어떤 카스트는 쇠고기를 제외한 모든 고기를 먹어도 좋지만, 어떤 카스트는 생선은 되지만 고기는 먹을 수 없다. 결혼 규정은 더욱 엄격하다. 브라만이나 끄샤뜨리야 등 카스트가 높은 남자가 한두 단계 카스트가 낮은 여자와 결혼하는 것〔anuloma아눌로마=정방향(正順정순)〕은 가능하지만, 카스트가 높은 여자와 카스트가 아주 낮은 남자가 결혼하는 것〔pratiloma쁘라띨로마=역방향(逆順역순)〕은 있을 수 없다. 만약 브라만 여자와 슈드라 남자가 결혼을 하여 자식을 낳았다면 그들은 최하층 슈드라도 되지 못하고 불가촉천민으로 전락한다. | 카스트〔자띠〕의 가장 큰 특징은 직업이 정해진다는 것이다. 이 직업에는 세습할 의무가 딸린다. 세습된 직업에는 단순하게 어떤 직업은 높고 어떤 직업은 낮다는 식이 아니라, 각 일마다 '깨끗함〔śuddha슛다, 정(淨)〕'과 '더러움〔aśuddha아슛다, 부정(不淨)〕'의 관념이 딸려 있다. 더러움에 속하는 노동은 도살업, 청소부, 갖바치, 양조업〔酒造주조〕 등이며 이 일에 종사하는 사람은 설령 자신의 선택과 무관하게 세습받았을지라도 더러운 존재로 간

주한다. 현대 인도에서도 자신이 속한 자띠의 직업 외에 달리 선택할 수 있는 직업의 폭은 매우 좁다. 이것을 긍정적으로 보면, 자신의 계급 내에서는 특별한 경쟁 없이 안정된 일거리를 구할 수 있다는 뜻이 된다.

〔01.07〕-017 **계급의 승급 기간** | 인도 사람이 자신이 속한 어떤 카스트에서 다음 카스트로 승급하는 데 걸리는 시간은 이루 표현하지 못할 정도로 길다. 승급을 하려면 해야 할 의무 조항이 너무 많다. 그럼에도 다르마라는 그 의무를 완수했을 경우에 정상적으로 승급되는 시간을 신화에 나온 대로 정리하면 다음과 같다.

① 인간이 되기까지 : 헤아릴 수 없는 기간 동안 선업을 쌓아야 인간이 된다. 그 때 처음 태어나는 모습이 바로 인간 중에 가장 낮은 불가촉천민이다.

② 슈드라 : 불가촉천민의 계급으로 태어나 1,000년이 지나야 가장 낮은 계급인 슈드라 계급으로 태어난다.

③ 바이샤 : 슈드라 계급으로 태어나 3,000년이 지나야 바이샤 계급으로 태어난다.

④ 끄샤뜨리야 : 바이샤 계급에서 180만 년 동안 선업을 쌓아야 끄샤뜨리야 계급으로 태어난다.

⑤ 낮은 브라만 : 끄샤뜨리야 계급에서 1억 800만 년이 지나야 브라만 계급으로 태어난다.

⑥ 건실한 브라만 : 가장 낮은 브라만 계급에서 좀 높은 브라만 계급으로 태어나기 위해서는 다시 21억 6천만 년을 기다려야 한다. 이 때가 되어야 겨우 건실(健實)하고 신실(信實)한 브라만이 될 수 있을 뿐이다.

⑦ 제사를 지낼 수 있는 브라만 : 신실한 브라만으로 6,480억 년이 지나야 가정 의식(제사)과 다른 신성한 제사를 지내는 브라만이 된다.

⑧ 제사장 브라만 : 마지막으로 모든 〈베다(Veda)〉의 성전과 모든 경전에 달통한 완전한 브라만이 되자면 2억 5,900만 년을 기다려야 한다. 이 시간 안에 끊임없는 선행을 하고, 원망, 분노, 슬픔, 고통, 쾌락을 극복해야만 상승한다.

|

갖가지 생명체와 불가촉천민으로 태어나 헤아릴 수 없는 기간 동안 지은 선업 과정을 제외하고 '사람'이라는 명칭이 비로소 붙었으되 천한 노예 계급인 2단계의 슈드라에서 8단계인 고귀한 제사장 브라만이 되기까지 걸리는 시간은, 1,000년 + 3,000년 + 180만 년 + 1억 800만 년 + 21억 6,000만 년 + 6,480억 년 + 2억 5,900만 년 = 6,505억 2,880만 4,000년이다. | 참으로 길고도 머나먼 시간이다. 이 과정에서 단 한 번이라도 다르마를 이행하지 못하거나 다르마의 서약을 깨뜨려 정화(淨化)받지 못했다면 처음부터 다시 시작해야 한다. 그로 인하여 더욱 멀고 긴 시간의 흐름을 준비해야 한다는 것을 알기에 이들은 계급을 초월하는 혁명보다는 다르마에 순종해야 하루빨리 다음 계급으로 올라갈 수 있다고 믿는다. 다르마의 순종을 의무의 완수로 아는 이들에게는 '미안하다'거나 '고맙다'는 말도 없다. 자신의 다르마를 완수하고 있는 것이니 희생을 고마워할 필요도 없는 것이다. 인도 사람은 현실에 불만을 가지느니 다르마를 완수하기 위하여 사는 것이 차라리 편하다고 생각을 한다.

|

〔01.07〕-018 **깨끗함과 더러움** | 브라만, 끄샤뜨리야, 바이샤 계

급은 모태(母胎)에서 태어난 이후 일정한 나이가 되면 브라흐만교〔힌두교〕 12정법(淨法)〔슈끌라-다르마(śukla-dharma) = the pure law〕 중 하나인 입문 의식 '우빠나야나(upanayana)'〔9번째에 해당하는 입법식(入法式), 성례식(聖禮式)〕를 통과하고 두 번째 탄생을 맞이한다. 이 의식을 거치면 '드위자(dvija)'라는 부르는 재생자(再生者)가 된다. 첫 번째 출생이 어머니의 태를 빌어 태어나는 생명의 탄생이라면, 두 번째 출생은 종교 의식을 통한 사회인, 종교인의 탄생을 의미한다. 노예 계급인 슈드라는 단생자(短生者)〔처음으로 인간의 몸을 받아 태어난 것〕〔일생족(一生族), 에까자(ekajā)〕로서 종교적 재탄생을 할 수 없기 때문에 종교 의식에서 배제된다. 하물며 슈드라에도 들어가지 못하는 불가촉천민이야 말해 무엇하겠는가? | 재생자인 드위자와 그렇지 않은 카스트가 있다 보니 서로 금해야 할 일들〔터부(taboo), 금기(禁忌)〕이 발생하게 되고 동일한 카스트 내에서도 지켜야 할 것이 많다. 다른 카스트와의 관계에서는 더 많은 금기가 있다. 카스트가 높을수록 지켜야 할 금기가 많아지는데 그만큼 정화해야 할 일이 많아진다는 뜻이다. 동일한 카스트 내에서도 금기가 있다. 예들 들어 음식도 기본적으로는 동일한 카스트끼리 주고받아야 하고 모여 먹어야 한다. 상위 카스트는 하위 카스트에게 음식물을 줄 수 있고 또 받아먹을 수도 있지만 하위 카스트가 상위 카스트에게 음식물을 줄 수 없다. 상위 카스트들은 받지도 않으며 설령 받는다고 하여도 먹지 않는다. 만약 그럴 경우, 금기를 어긴 상황이 발생한다. 계급의 상하 관계가 깨졌다는 뜻이 아니라, 깨끗하다는 정(淨, śuddha숫다)과 더럽다는 부정(不淨, aśuddha아숫다)의 문제로 보는 것이다. '나는 깨끗한데 상대로 인하여 더러워졌다.'는 것이다. 더러워진 것은 정해진 의식에 따라 정화해야 다시 깨끗해진다고 그들은 믿는다. |

인도 아대륙을 침입한 아리아인이 원주민 드라비다인을 정복하는 과정에서 패배한 일부 원주민은 더 깊은 산으로 들어가 석기시대의 삶을 살거나 또는 피정복민이 되어 갖은 천대를 다 받았다.〔부족민(Tribal)〕 그들의 생활 환경은 청결과는 거리가 멀어졌으며 직업 또한 남들이 꺼려하는 일들을 해야만 했다. 아리아 인들은 이러한 사람과 접촉하면 전염병에 옮거나 자신들의 권위가 더럽혀진다고 보고 이들과 가까이 하는 것을 부정한 음식피했다. 만약 어쩔 수 없는 경우나 갑작스럽게 접촉을 하게 되는 경우에는 그 상황에 필요한 정화 의식을 했던 것이 유래라고 본다.

힌두교 법전의 부정한 음식, 훈채(葷菜) 오늘날 한국 사찰에서 오신채(五辛菜)를 먹지 않는 것이 이에서 유래한다. 오신채 또는 오훈채(五葷菜)는 파, 마늘, 부추, 달래, 홍거인데 홍거는 한국이나 중국에서는 나지 않는다. 힌두교 법전에서는 부정한 음식의 조건을 길게 열거하는데, 그 중 훈채(향이 강한 채소)인 마늘, 대파, 양파, 순무 등은 부정하므로 재생족 브라만이 먹으면 카스트를 상실한다는 조항이 있다. 한국 사찰에서 오신채를 먹지 못하게 하는 이유는 양기를 북돋아 수행을 방해하기 때문이라고 한다. 붓다는 냄새가 강한 마늘을 너무 많이 얻어 온 비구니를 꾸짖은 적이 있기는 하지만 농사를 짓거나 음식을 직접 만들지 않고 오직 구걸하여 받는 대로 먹게 했으므로 이런 금기를 두지 않았다.

| 일상에서 다른 예를 들면 인도는 전통적으로 수세식(?) 화장실 문화가 있어서 배변 후 물을 가지고 왼손으로 뒤처리를 한다. 오른손으로는 음식을 먹는다. 즉 왼손은 더러운 손으로 부정(不淨)이고, 오른손은 깨끗한 손으로 정(淨)이다. 만약 왼손으로 음식을 주고나 받았다면 정과 부정의 원칙에서 어긋나기 때문에 부정하게 되고 이에 대하여 정화 의식을 해야 한다. 자신의 두 손에도 깨끗하고 더러움을 따지는 관습이 있을 정도이니, 말할 수 없이 제약이 많고 그에 따른 정화 의식도 발달해 있다. 음식 역시 카스트에 따라 먹어도 되는 정(淨)한 것이 있고 먹지 못하는 부정(不淨)한 것이 있다. 예를 들어 음지에서 나는 버섯은 악마

가 먹는 부정한 것으로 보고 카스트를 가리지 않고 모두 먹지 않는다. 먹었다면 부정하게 되는 것이다. 같은 음식이라도 기름에 튀긴 것과 '불에 잘 구운 곡물'〔뿍까(pukka)〕은 정화된 것이기 때문에 카스트를 떠나 먹을 수 있지만, 날것은 부정하기에 아래 계급이 주는 날것을 상위 계급은 먹지 않는다. | 옷 역시 바늘로 꿰맨 것은 부정한 것이고 꿰매지 않은 것이 정한 것이어서 남자들이 신전에 갈 때는 바느질을 하지 않은 하나의 천으로 된 '도띠(dhoti)나, 통치마 같은 '룽기(lungi)'를 입는다. 여자들이 입는 '싸리(sari)' 역시 바느질을 하지 않기에 정한 옷이다. 같은 상황에서도 정화는 카스트마다 서로 다르며 같은 카스트라도 상황에 따라 다르게 적용된다. 인도의 기본은 깨끗하고 더러움이다.

싸리, 도띠, 룽기 인도의 전통 복장들이다. 바느질하지 않은 한 장의 천으로 되어 있다. 싸리(sari, saree)는 여성용으로, 폭 1m, 길이는 5~6m에서 12m를 넘기도 한다. 한쪽 끝에서 시작해 입는다. 도띠(dhoti)는 4~5m 정도의 직사각형 천이다. 싸리보다는 짧고, 룽기보다는 길다. 바지 형태로 착용한다. 가운데부터 시작해 입는데, 허리에 감아 다리 사이로 통과시킨다. 룽기(lungi)는 도띠보다는 짧은 형태로, 남성용 치마라 할 수 있다. 허리에 두르고 묶는 방식으로 입는다.

|

〔01.08〕 불가촉천민(不可觸賤民, Achut)

|

〔01.08〕-019 **동물과 동급** | 인도 계급 제도에서 제일 하층 노예 계급인 슈드라는 4계급에 포함된다. 이 노예 계급에도 끼지 못하는, 즉 인간이 아닌 계급이 있다. 그들은 접촉하면 안 되는 천한 족속, 불가촉천민(不可觸賤民, Achut 아추뜨)〔남부 인도에서는 빠리아(Pariah), 달리뜨(Dalit)〕이다. 불가촉천민은 부족민(Tribal)과 함께 카스트에 포함되지 않는다. 기본 4계급을 벗어난 이른바 다섯 번째 계급으로 '빤차마스(Panchamas)'〔=panchama varṇa. 쌍쓰끄리뜨로 빤치(panch)는 5를 뜻함〕라고 하며 '가까이 해서는 안 되는 사람'이다. 너

그렇게 보아 카스트 제도를 어느 사회에나 존재할 수 있는 계급 구조의 하나라고 할지라도, 불가촉천민은 인류가 만든 계급 제도 중 가장 불쾌하고 인간을 인간 이하로 만든 최악의 제도다. | 불가촉천민은 너무 불결하기 때문에 '만질 수 없다'(untouchables)는 뜻으로 아추뜨(Achut)라고 한다. 현재도 인도에서 절대적 노동 인구를 제공하고 있는 이들은 일거리에 따라 유랑 생활을 하며 대부분은 수십 명에서 수백 명 단위의 작은 부족으로 살고 있다. 자신들이 만든 제도임에도 힌두는 불가촉천민을 '인간이 아니'라고 규정한다. 그들은 힌두교인이 될 수 없다. 앞에서 말했듯 부모가 힌두교인이 아니기 때문이다. 힌두교의 쌈싸라〔輪回 윤회〕 법칙에서는 슈드라 계급으로 태어난다는 것 자체가 인간으로서 최초의 자격을 얻게 되는 엄청난 행운인 것이다. 이와 같은 말 같지 않은 이유로 불가촉천민은 지난 수천 년간 힌두들이 천하다고 기피하는 직업에 종사하는 최하위 피착취 계급으로 남을 수밖에 없었다.

|

〔01.08〕-020 **어디부터 시작되었나**? | 학자들은 아리아인들이 인도 정복 사업을 진행하던 베다 시대〔기원전 1500년경~기원전 500년경〕에 존재했던 드라비다 계통 토착 부족들이 불가촉천민의 선조라고 추측한다. 이들은 '다싸(dāsa)'라고 불리는데 그 자체가 악마, 야만인, 노예를 뜻한다. 아리아인들이 강 밀림을 개척해 정착하고 농경을 시작할 때 숲속에서 생활을 하던 이들이 외진 곳에 온 아리아인들을 몹시 괴롭혔다는 것이다. 가장 습격을 많이 받은 계급이 숲속에서 명상을 하던 최상층 브라만들이었다. 아리아인들은 혼혈을 방지하면서도 안정적인 노예 확보를 위하여 이들 부족을 악마의 자손으로 매도하는 신화와 전설을 창조해 냈다. 그

베다 성립에 따른 시대 구분
견해에 따라 다양한 편차가 있지만, 대략 다음과 같다. 베다 시대(Vedic Period)는 기원전 1500년경~기원전 500년경으로 인더스 문명 몰락 후 인도에 정착한 아리아 인들에 의해 〈베다〉가 성립된 시기를 말한다. 초기 베다 시대는 기원전 1500년~기원전 1000년경으로, 『리그베다(Rig-Veda)』가 성립한 시기여서 리그베다 시대라고도 한다. 후기 베다 시대는 기원전 1000년경~기원전 500년경으로, 『야주르-베다』, 『싸마-베다』, 『아타르바-베다』가 성립한 시기다. 더 세분하여 『브라흐마나(Brāhmaṇa)』가 성립한 기원전 800년 전후 수백년을 브라흐마나 시대, 『우빠니샤드(Upaniṣad)』가 성립한 기원전 500년경 전후 수백년을 우빠니샤드 시대〔붓다〔기원전 624?~기원전 544?〕의 시대를 이르기도 한다.〕라 하기도 한다.

들에게 할당된 직업은 힌두 카스트가 불결하다고 기피하는 세탁부, 백정, 시체 처리인, 화장실 청소부, 동물 도살 등이다. 불가촉천민들에게는 힌두 사원의 출입 금지, 마을의 특정한 지역이나 마을 전체에 출입 금지가 적용된다. 또는 출입을 할 때 깨끗한 재생족〔드위자(dvija)〕들이 오염되지 않도록 목에 방울을 걸고 소리를 내어 그들이 피할 수 있도록 해야 한다. 공동 우물 사용도 금지된다.

〔01.08〕-021 **환영받지 못하는 그들** | 불가촉천민 제도는 이미 붓다 시대〔기원전 624?~기원전 544?〕에는 정착되어 있었다. 당시에는 이들을 '짠달라〔caṇḍāla, 전다라(旃陀羅)〕'라고 했다. 브라만 여자와 슈드라 남자 사이에 태어난 혼혈족으로 '개고기를 먹는 사람들'이라고 하여 가장 천한 계급으로 여겼다. 중국에서는 이를 '마등가(摩登伽, mātaṅga마땅가)'〔남자〕, '마등기(摩登祇, mātaṅgi마땅기)'〔여자〕라 번역했다. 불교 경전에는 이들에 대한 당시 사회 전반의 배제가 나오는데, 붓다는 출생 계급으로 우쭐거리는 브라만들에게 "출생 계급이 중요한 것이 아니라 그가 실제로 하는 행위가 중요하다."고 꾸짖는다. 또한 붓다는 "나의 제자들은 출생 계급에 의하여 구분하지 않으며

오직 출가의 선후에 따라 구분한다."고 하며 사꺄(Sakyā)족의 왕자들에게 자기네 노예로서 먼저 출가한 이발사에게 예배하라고 한다. | 근대에 들어 많은 개혁이 시도되었고, 인도 헌법에서 카스트 제도는 물론 불가촉천민 제도를 부정하고 있지만 현실은 만만하지 않다. 독립 이후 최근까지 이들의 지위가 향상된 것은 사실이지만 그 변화는 아주 미미하고 표면적인 데 불과하다. 불가촉천민들 다수는 일정한 거주지가 없어 자식들을 학교에 보낼 수가 없다. 정착하여 살지라도 너무 빈곤하다 보니 자식들을 학교에 보내는 대신 생계에 도움이 될 일을 시킨다. | 불가촉천민인 그들 안에도 나름대로 계급이 있어, 서로 간에 자신들이 우월하다고 다른 계급을 낮추어 본다. 인도에는 1천 가지가 넘는 불가촉천민의 계급〔자띠(jati)〕이 있다. 지금까지 이들은 힘을 합쳐 자신들을 통치하는 상위 계급에게 대항해 본 적이 없다. 가장 약한 부류이지만 서로 분열되어 있기 때문이다. 마을 심부름꾼 겸 청소부 계급인 마하르(mahar)는 가죽 무두질 하는 계급인 차마르(chamar)를 무시하고, 차마르는 하수구, 화장실 등 길거리 청소부 계급인 방기(bhaṇgi)를 깔보는데, 그들보다 상위 계급인 힌두 카스트의 입장에서는 모조리 같은 불가촉천민일 뿐이다.

〔01.09〕 **가족**(kula)

〔01.09〕-022 **가족의 가치** | 인도 사람들은 가족〔kula(꿀라)=마을 공동체 ; 족성(族姓)〕 속에서 카스트를 배우고 '힌두'라는 생활 방식을 배운다. 가장(家長)인 할아버지나 아버지는 거의 신과 맞먹는 대우를 받는다. 가족 구성원은 가장을 존경하고 그의 결정에 복종한다. 신화에서는 아버지의 명령을 거역한 죄에 대해 다음 생에

인간들 가운데 가장 비천한 자 또는 짐승의 아버지가 되라는 벌을 내렸다. | 가족들은 같은 부엌에서 만든 음식을 함께 먹는다. 탄생, 결혼, 죽음 같은 의식이나 축일을 함께 한다. 특정 분야를 다루는 전문 직업에 따른 기술도 혈족 관계를 통해 유지되고 계승된다. 한 가문의 일원으로 태어난다는 것은 그 직업을 이어받을 수 있는 구성원이 되었다는 말이 된다. 가문의 직업을 통해 생계 문제가 해결되기 때문에 가족의 가치를 대신할 만한 것이 없으며, 가족의 죽음을 어떤 재물로도 보상할 수 없는 슬픔으로 여긴다. | 상층 계급은 장자 상속을 원칙으로 하지만 그렇지 않을 경우 아들들에게는 재산을 균등 분배한다. 물론 법적으로는 딸들도 보장이 되지만 현실에서는 거의 불가능하다. 인도에서 딸들은 소외당하지만 남자 형제간의 결속력은 무척 강하다. 고대 인도의 서사시인 『마하바라따(Mahābhārata, 摩訶婆羅多 마하바라다)』와 『라마야나(Ramayana)』에 나타나는 두터운 형제애는 현실의 반영이다. 이렇게 남다른 형제애는 성공한 다른 형제의 등에 업혀 부정부패의 고리로 각종 이권 사업에 뛰어들게 만들기도 한다. |

〔01.09〕-023 **전통적인 여성관과 결혼 지참금** | 『마누 법전』에서 여자는 "처음에는 아버지, 다음에는 남편, 마지막으로는 아들들에게 보호되어야 할 존재"다. 여자는 신뢰해서는 안 되는 대상이며 혼자 살게 해서도 안 된다는 것이다. 신부는 남편을 유일한 신으로 모시는 이상적인 아내〔pativratā 빠띠브라따〕가 되어야 한다. 남편이 바람둥이거나, 자질이 없다고 할지라도 부인에게서는 항상 "왕처럼 숭배되어야 한다." 여자는 우둔한 본성을 가졌고 음란하다는 이유로 집의 안쪽에서 살아야 하고 집 바깥에 나갈 때는 감시받아야 한다. 현재는 법으로 금지되었지만 남편이 먼저

죽었을 때는 남편을 화장하는 불길 속에 뛰어들어 함께 순사(殉死)〔과부 분사(寡婦焚死, sati싸띠) = 남편이 죽으면 아내가 따라 죽는 것(following to death), 정결한 여인(a chaste woman)〕해야 그나마 추앙받을 수 있었다. 또 아들을 낳고 남편보다 먼저 죽는 여자는 복 받은 여자라고 여긴다. 그 장례식에는 부근 사람들이 찾아와 그 복을 조금이라도 나누어 받겠다고 시신을 덮은 꽃이나 천에서 실밥을 뽑아간다. 반대의 경우인 과부는 불길한 존재로 취급되어 사회적으로 매장된다. | 조상 숭배는 인도에서 기본적인 사상이다. 제사에서 아들의 존재는 필수 불가결하다. 딸의 아들들, 즉 외손자들은 외갓집의 제사를 지낼 수 없기 때문이다. 그러니 아들을 출산하는 것은 가문의 내세와도 직결되는데, 이 책임은 모두 여성들이 지게 되어 있다. 그런데도 딸은 아들에 비해 쓸모 없는 존재이다. 어느 정도 나이가 먹어 제 몫을 할 만 하면 '다우리(dawry)'라고 불리는 결혼 지참금을 얹어서 다른 집안으로 보내야 하기 때문이다. 인도 속담에 "딸이 셋이면 왕들조차 망한다."는 말이 있을 정도다.

〔01.10〕 다양한 신(神, Deva)들과 예배 법

〔01.10〕-024 **신들의 땅** | 인도 어디를 가든지 크고 작은 힌두 사원〔만디르(Mandir)〕들이 보인다. 또 다양한 신〔데바(Deva)〕들의 조각상이나 그림, 신성한 나무, 바위, 동굴 등을 만날 수 있다. 부족, 마을, 가족, 개인이 믿는 신이 다를 수가 있다. 즉 부족 전체는 A신을 믿지만 자신이 속한 마을은 B신을 믿는다. 그런가 하면 가족은 C신을 믿고 자신은 D신을 믿는다. 때문에 한 가정에 A, B, C, D신이 있어도 서로 크게 간섭을 하지 않는다. 인도에 3억 3천의 신이 있다고 말하는 것은 그 때문이다. 이처럼 신들이 많은 데

브라흐마나(Brāhmaṇa)

브라마나. 『범서(梵書)』라고도 한다. 〈베다〉 본집에 수록된 제문(祭文)의 기원과 의미, 제의(祭儀)의 정확한 수행 방법을 설명한 제의서이다. 각 제식의 집행과 복잡한 절차를 신학적으로 해석하고 그에 따른 진언(眞言)을 풀이한다. 기도, 주문, 공물을 바칠 때의 법식을 수록한 비디히(vidihi)와, 제례의 유래와 의의, 신화와 전설을 포함한 아르타바다(arthavāda)로 구성되어 있다. 『브라흐마나』에서는 〈베다〉의 텍스트들, 즉 만뜨라(mantra)〔진언(眞言)〕들은 바르게 표현되기만 한다면 틀림없이 권능을 발휘하게 된다고 주장한다. 기원전 800년 전후 수백 년에 걸쳐 만들어진 것으로 추정하며, 최소한 19권이 현존한다. 이들 중 2권은 『리그베다』와, 6권은 『야주르-베다』와, 10권은 『싸마-베다』와, 한 권은 『아타르바-베다』와 관련되어 있다.

뿌라나(Purāṇa)

쌍쓰끄리뜨로 쓰인 브라흐만교(힌두교) 전설 모음집. 뿌라나(purāṇa)는 '고대 또는 옛날에 속한다'라는 뜻으로, 종교적 가르침을 쉽게 풀어 주로 이야기 형식을 통해 전해지므로 종교적 설화집이라 할 수 있다. 우주의 창조에서 소멸까지 우주의 역사, 왕, 영웅, 성인, 반신 들에 대한 설화, 힌두교의 우주론과 철학, 힌두교 관련 지리에 대한 내용 등을 담고 있다. 구전되던 뿌라나들이 처음으로 글로 쓰여진 때는 굽따 제국(3~5세기) 시대인 것으로 추정한다.

다 자신이 믿는 신들에게 항상 찬가를 올리는 등 나름대로의 격식을 갖추어야 하기 때문에 교과서처럼 다양한 신들의 이야기를 모으고 풀이해 남겼다. | 대표적인 것으로 신들에게 올리는 찬가를 집대성하고 우주의 창조와 신들의 이야기를 담은 〈베다(Veda)〉가 있다. 또 어려운 〈베다〉의 이야기를 알기 쉽게 풀이한 『브라흐마나(Brāhmaṇa)』가 있으며, 이야기에 따르는 철학적 원리를 일반 대중들이 알기 쉽게 풀이한 『우빠니샤드(Upaniṣad)』가 있다. 그래도 이해를 못 하는 대중을 위하여 중간에 일화(episode) 형식으로 흥미진진한 연극적 요소를 가미한 대서사시 『마하바라따』와 『라마야나』가 있으며, 신들의 세계와 우주의 창조, 인간과 문화에 대한 신화의 종합 세트인 『뿌라나(Purāṇa)』가 있다. | 신들은 각자 고유하게 맡은 바가 있다. 각 신들은 자신의 능력을 인간들이 필요할 때 주는데 그것이 부족하거나 넘칠 경우 인간에게는 재앙이 되므로 이를 방비하기 위해 인간이 하는 행위가 제물을 올리는 제사와 찬가(讚歌)이다.

|

〔01.10〕-025 **김치 피자처럼 다양한 신들** | 인도인들은 재창조에 아주 능하다. 김치가 원래 있던 것이지만 시대의 흐름에 따라 피자가 대세가 되면 김치를 없애는 것이 아니라 김치와 피자를 적절하게 혼합하여 김치 피자를 새로 만드는 식이다. 신화도 두어 가지를 배합하여 자신들 입맛에 맞게 재창조한다. 이렇게 해서 창조된 많은 신의 대부분은 남성 신이며 여성 신들은 남성 신이 지닌 힘을 극대화시키거나 협력·보조하는 소임을 담당한다. | 신들 가운데 가장 높으며, 『리그베다(Ṛg-Veda)』에서 신들의 왕으로 가장 많이 칭송되는 신은 우리가 제석천왕(帝釋天王)이라고 하는 '인드라(Indra)'다. 인드라는 수많은 인간과 악마들을 정

리그베다(Ṛg-Veda)
인도 신화의 근원을 알 수 있는 인도의 가장 오래된 문헌이며, 〈베다〉를 구성하는 네 가지 기록〔상히따(saṃhitā) = 리그베다 + 야주르-베다 + 싸마-베다 + 아타르바-베다〕 중에서도 근본에 해당한다. 천지 자연의 신에 대한 찬가로 구성되어 있는데, 그중에서도 뇌신(雷神) 인드라와 불의 신 아그니와 관련된 것이 가장 많다. 아리아인에 의한 인도 건국 과정도 묘사되어 있어 초기 인도 아리안 사회의 양상을 알 수 있는 자료이다. 처음 등장한 시기는 기원전 1500년 무렵으로, 각 권마다 다르나 대부분은 기원전 1000년 전후 수백 년에 걸쳐 성립한 것으로 추정한다. 문자로 기록한 것은 9~10세기쯤으로 보이며, 현존하는 가장 오래된 사본은 대략 11세기 무렵의 것이다.

복했고 태양조차 굴복시킨 전쟁의 신이다. '아그니(Agni)'는 신들에게 봉헌물을 날라 주는 일을 하는 불의 신이다. 원래 태양의 불, 번개의 불로 하늘의 신이자 대기(大氣)의 신이며 동시에 지상의 신으로 예배를 위한 빛과 타오르는 번제(燔祭)의 불이 임무다. '쏘마(Soma)'는 봉헌물에 부어진 액체의 신성화된 모습이다. 아그니와 쏘마는 불과 물이라는 서로 대립되면서도 인간과 우주의 유지에 필수적인 요소의 상징이다. '바(와)루나(Varuna)'는 우주의 의식과 도덕적 질서를 관장한다. 또 폭풍을 책임지는 '마루뜨(Marut)', 땅의 신 '쁘리티비(위)(Prithivi)', 하늘의 신 '댜우스(Dyaus)', 치유의 쌍둥이 신 '아쉬빈(윈)(Ashivin)', 새벽의 신 '우샤(Usha)', 치유와 다산(多産)의 신 '나가(Naga)'〔=용(龍)〕, 태풍의 신 '루드라(Rudra)'도 〈베다〉에 등장한다. | 〈베다〉 신화의 이야기들은, 언제나 처음에는 악마들이 이기지만 마지막에는 신들이 승리하는 것으로 끝난다. 우주의 시간은 단순하게 창조와 파괴의 하나의 과정이 아니라 일정한 주기를 갖춘다고 〈베다〉에서는 이야기한다. | 우주의 창조와 유지, 파괴에 따라 각각 신들의 의무가 있다. 이들을 힌두의 기본이 되는 '힌두 3신(Trimūrti뜨리무르띠)'〔브라흐마(Brahma), 비슈누(Vishnu/Viṣṇu), 쉬바(Shiva)〕이라 한다.

|

〔01.10〕-026 **창조의 신, 브라흐마**(Brahma) | 〈베다〉에 따르면 우주는 일정한 시간이 지나면 창조되고 파괴되는 순환의 법칙에 따르며 이 주기는 창조신 '브라흐마(Brahma)'가 잠들고 깨어나는 시간에 맞추어져 있다. 브라흐마의 하루는 지상 시간으로 43억 2,000만 년에 맞먹는데, 이 시간을 '깔빠(kalpa)'〔겁(劫)〕라고 한다. 즉 브라흐마의 하루는 1깔빠(겁)이며 1깔빠는 인간에게는 43억 2,000만 년이다. | 창조의 시간 다음을 유지의 시간이라고 한다. 유지의 시간이 시작된 처음에는 정의와 의무가 완전하여 사람들은 행복하고 올바르게 신들을 숭배한다. 시간이 흐르면 선과 악이 균형을 이룬다. 더 시간이 흐르면 세상은 악이 판치며 파괴로 매듭을 짓게 된다. 기후의 변화로 가뭄과 홍수가 이어지다가 마침내는 대홍수로 세상이 모두 물에 잠기게 된다. 그 후 브라흐마는 물 위에 떠 있는 연꽃에 누워 바람을 들이마시고 긴 잠속에 들어간다. 이 시간에는 모든 신들과 자연이 '우주의 영(零)〔zero〕'으로서 브라흐마에게 흡수되었다가, 브라흐마가 깨어나면 세상은 다시 창조된다. | 브라흐마가 연꽃에 누워 휴식을 취하며 성찰하는 동안 천 겹의 잎이 있는, 태양처럼 밝은 연꽃이 그의 배꼽으로부터 피어난다. 꽃이 세상을 덮을 만큼 커지면 이 연꽃으로부터 브라흐마가 우주의 절대자로 권능을 안고 스스로 태어나 연꽃처럼 우주 창조 작업을 시작하게 된다. 또는 불을 상징하는 황금의 '우주 알〔卵란〕'이 1천 년 동안 물에 떠 있다가 깨지면서 절대 신이 나타나는데 이 신은 최초의 인간인 '뿌루샤(Purusha, Puruṣa)'의 모습을 띤다. 그는 자신의 몸을 남자〔男〕와 여자〔女〕 둘로 나눈 다음 자신의 나뉜 반쪽인 '비라즈(Viraj)'와 결합하여 인류를 탄생시킨다. 그리고 뿌르샤와 비라즈는 각각의 생물체의 모습으로 변하여 가며 결합하여 지상의 생물체를 만들어 간다.
|

〔01.10〕-027 **유지의 신, 비슈누**(Vishnu/Viṣṇu) | 창조된 세상은 일정 기간 존재한다. 그것을 유지(維持)라고 힌두에서는 말한다. '비슈누(Vishnu)'〔비뉴천(毘紐天)〕는 우주 질서를 유지하고 관장하는 권능자다. 비슈누는 거대한 새 가루다(Garuḍa)〔금시조(金翅鳥)〕를 타고 다닌다. 우주는 선과 악이 균형을 이루는데 만약 악의 힘이 강해져 재앙이 넘치면 비슈누는 열 번에 걸쳐 화신(化身, nirmāṇa-kāya니르마나-까야)〔응신(應身)〕으로 태어나 이 균형을 바로 잡는다고 한다. | 비슈누가 변신한 열 가지 모습의 첫 번째는 ① 물고기〔魚어, matsya맛씨야〕로 세계가 침몰하는 대홍수에서 물고기로 나타나 인류의 시조인 바이바스바따(Vaivasvata)를 구했다고 한다. 두 번째는 세계가 파멸할 때 잃어버린 불사의 감로(甘露, amṛta암리따)〔영묘한 술, 불사(不死)의 음료〕를 구하고자 우유 바다를 휘저을 때〔乳海攪拌유해교반, samudra manthan싸무드라 만탄〕 수미산(須彌山, Sumeru쑤메루)이 가라앉지 않도록 자신의 몸으로 떠받쳐 감로를 얻도록 한 ② 거북이〔龜구/귀, kūrma꾸르마〕가 되었고, 세 번째는 ③ 멧돼지〔野豬야저, varāha바라하〕로 악마 '히라냐끄샤(Hiranyaksha)'가 대지를 바다 밑으로 가라앉혔을 때 천 년 동안 싸움을 하여 자신의 어금니로 대지를 다시 끌어올렸다. 네 번째는 반은 사람이고 반은 사자로 변신하여 악마의 왕 '히라냐까씨뿌(Hiranyakasipu)'를 죽여 평화를 가져온 ④ 인사자(人獅子, nṛṣiṃha느리싱하〔=nṛ(mankind)+ṣiṃha(=lion), 나라심씸하(narasimha)〕)이며, 다섯 번째는 악마 '발리(Bali)'에게 삼계의 주권을 찾아온 ⑤ 난장이〔矮人왜인, vāmana바마나〕다. | 여섯 번째는 도끼를 휘둘러 교만한 왕족을 넘어뜨리고 바라문〔브라만〕에게 승리를 안겨 준 ⑥ 빠라슈라마(paraśurāma, 勇士용사)이며, 일곱 번째는 인도 2대 서사시의 하나인 『라마야나(Ramayana)』의 주인공으

로 마왕 '라바나(Ravana)'를 죽이고 부인과 왕국을 되찾은 ⑦ 라마(Rāma)이고, 여덟 번째는 사랑과 구원의 흑색의 신으로, 마왕 '깜싸(Kamsa)'를 물리친 영웅 ⑧ 끄리슈나(Kṛiṣhṇa)다. 아홉 번째는 우리가 너무나 잘 알고 있는 ⑨ '붓다'이다. 이것은 힌두교가 불교를 자신들의 교의로 편입하는 일종의 타협 과정이다. 힌두교의 관점에서 비슈누가 왜 붓다로 세상에 나왔는지를 설명하는 것이다. 마지막 열 번째는 미래에 올 마지막 구원자다. 현 세계의 종말이 오면 하늘에서 혜성과 같이 빛나는 칼을 차고 백마를 타고 나타나 정의를 재건한다고 믿어지는 ⑩ '깔끼(Kalki)'다. | 열 가지 화신 가운데 가장 인기가 있는 신은 일곱 번째 라마와 여덟 번째 끄리슈나이다. 끄리슈나는 아기의 천진난만함과 소년의 짓궂음과 청년의 호색적인 면으로 인기가 있지만, 라마는 이성적이며 정의로운 행실과 형이상학적 미덕으로 존경받는다. 라마는 '람(Ram)'이라고 줄여서 평소에 인사말로도 사용한다. 마하트마 간디〔Mohandas Karamchand 'Mahatma' Gandhi, 1869~1948〕가 극렬 힌두교도의 총격을 받았을 때 그의 입에서 나온 마지막 말이 그 유명한 "헤 람(He Ram)!〔오 라마여, 오 신이여!〕"이다. | 끄리슈나는 여섯 가지 신물(神物)로 자신이 가진 신격(神格)을 나타내며 신자들에게 실천해야 할 행동 규범을 분명하게 한다. 첫 번째는 이마 한가운데 달콤하고 향기로운 검은 가루로 낸 동그란 점 ① '띨락(tilak)'이다. 밑은 둥글고 위로 점차 가늘어지는 물방울 모양의 눈으로, 인간의 감각 기관 가운데 가장 높은 곳에 자리하며 최고의 아름다움을 의미한다. 두 번째는 가슴에는 단 ② '까우스뚜밤(kaustubham)'이라고 불

띨락(tilak) 인도에서 이마에 찍는 점을, 남자는 띨락(Tilak), 여자는 빈디(Bindi)라 한다는 설도 있지만, 정확하게는, 틸라크는 주로 종교적 · 영적 목적으로 하는 표식이고, 빈디는 미적 아름다움을 표현하는 장식의 목적이 강하다고 한다. 모시는 신에 따라 색깔과 모양이 다르다.

리는 보석으로 심장 자체를 상징한다. 이것은 누구도 소유할 수 없는 진귀한 보석으로 슬픔이나 불행을 잉태하지 않는 완전한 축복의 상징이다. 세 번째는 ③ '깐까남(kankanam)'으로 팔뚝에 묶는 끈이나 팔찌를 뜻한다. 신과 다시 맺어지는 재결합(再結合), 재결의(再結義)의 의미로 축복된 일을 착수할 때 손목에 묶는 노란 실인데, 노란색은 크리슈나의 권능과 의식(意識)의 힘, 계획된 것을 수행하는 힘을 상징한다. 네 번째는 코에 있는 ④ '무끄따(muktā)'〔眞珠진주〕인데 이것은 코 자체를 진주로 보는 것으로 '명상의 길〔dhyāna-marga댜나-마르가〕'을 의미한다. 한 눈을 팔지 않고 진귀한 진주를 보듯 시선을 코끝에 일치시켜 사물의 진리를 자신이 찾아야 한다는 충고를 상징한다. 다섯 번째는 손에 들고 있는 ⑤ '왕(밤)샤(ⓢ vaṃśa / ⓟ vaṃsa 왕(밤)싸)'〔피리(笛적), 대나무〕로, 신과 일치하기 위하여 피리의 속 빈 대나무처럼 자신을 비워서 목숨까지 바치는 순명(順命, saranagathi 싸라나가티)의 순수한 '봉사의 길〔bhakti-marga 박띠-마르가〕'을 따르겠다는 서약이다. 마지막 여섯 번째는 목에 건 ⑥ '자빠날라(japanāla)'〔花環화환〕로 언제나 신을 찾고 그와 일치시킴으로 꽃목걸이처럼 아름다운 자유를 얻으려고 노력하는 '행위의 길〔karma-marga 까르마-마르가〕'을 상징한다. 비슈누는 인도에서 가장 많은 이야기를 남기고 사랑받는 신이다.

|

〔01.10〕-028 **파괴의 신, 쉬바**(Shiva) | 이와 반대로 쉬바(Shiva)는 무시무시한 파괴의 신으로 다가온다. 쉬바는 원래 부와 행복, 길상(吉祥)의 신으로 '상서로운 존재'라는 뜻을 가지고 있다가, 상당히 복잡한 성격을 지닌 존재로 발전했다. 쉬바의 특성을 나타내는 네 가지 '얼굴'〔무카(mukha)〕은 서로 반대되는 표정으로 묘

하게 어울려 있다. 무시무시함과 자애로움이 같이 있고, 금욕적이고 감성적이라는 것이다. 쉬바는 파괴자이자 재건자이고, 고행자인 동시에 춤과 관능의 상징이다. 평화로운 가장의 모습을 나타내는가 하면, 목에 해골을 걸고 재를 몸에 바르고 춤을 추기도 한다. 쉬바는 단순하게 하나의 신화에서 시작된 존재가 아니기 때문이다. | 쉬바는 난디(Nandi)라고 하는 수컷 황소〔牡모(수컷 모)〕를 타고 다니며, 아리안들에게 없었던 이미지인 '링가(linga)'〔남성 성기〕, 또는 링가와 '요니(yoni)'〔여성 성기〕가 결합된 모습으로 표현하는데 이것은 농경 민족들의 '대지 어머니'〔지모신(地母神)〕 숭배에 기원을 둔다. 쉬바는 세 개의 눈을 가지고 있다. 머리칼은 산처럼 겹겹이 틀어 올렸는데 초승달과 뿜어져 나오는 강가의 물길로 장식을 한다. 우유의 바다를 저어 감로수를 얻을 때 나온 독을 들이마셔 자신의 목에다 저장했기 때문에 푸른빛이 나는 목에 뱀을 두르고 사슴 가죽의 옷에 호랑이 가죽 깔개에 앉아 요가(yoga)의 자세를 하고 있다. | 그는 가족과 함께 즐거움을 만끽하는 평화의 상징이기도 하지만, '우주의 춤을 추는 왕'〔나따라자(Nataraja)〕이기도 하고, 벌거벗은 고행자이며, 목에 해골을 두르고 작은 북과 금강저가 매달린 지팡이를 든 가난한 탁발승으로 나타나기도 하며, 히말라야에 있는 우주의 중심 까일라샤(Kailasha)〔수미산(須彌山, Sumeru쑤메루)〕에 산다고 한다. 쉬바는 단순한 파괴가 아니라 재창조를 앞둔 위대한 파괴를 한다. 기존 질서가 파괴되지 않으면 악이 연속되므로 쉬바가 재창조를 할 때 죄악이 사라지고 균형과 질서가 있는 세계가 된다는 것이다.

|

〔01.10〕-029 **신들을 위하여** | 신들이 모셔진 지성소(至聖所)는 신전의 가장 깊숙한 곳에 있다. 창문이 없고 불도 없는 컴컴한 곳

으로 권위의 순수성과 속세에서 멀어짐을 상징한다. 이른바 '신의 자궁'〔자궁방(子宮房, garbageha 가르바게하)〔garba=자궁, geha=집〕이다. 신전은 다섯 겹의 동심원으로 구성되는데 그것은 실제로 다섯 개의 원상(圓相)이 있다는 것이 아니라 인간이 신에게 집중하기 위하여 오감(五感)을 여는 것을 상징한다. 예를 들면 신전의 사제가 지성소에서 불의 신을 위하여 작은 쟁반에 장뇌(樟腦)〔녹나무(camphor tree) 등에서 증류해 얻을 수 있는 하얀 정유 물질로 강장제나 흥분제, 방충제·방부제·향료 등의 재료에 쓰인다.〕로 피운 불을 오른손에 들고 왼손으로는 요령을 흔들며 신도는 제물을 들고 지성소에서 참배를 할 때 다섯 겹의 동심원이 성립되었다고 본다. | 그 동심원의 첫 번째는 귀를 통한 청각(聽覺)으로 사제들이나 참배자들이 입구에서 종을 울리거나 찬가를 부르는 것, 두 번째는 눈을 통한 시각(視覺)으로 등불과 쟁반의 작은 성화(聖火, arati 아라띠)를 밝히는 것, 세 번째는 코를 통한 후각(嗅覺)으로 향과 버터 기름이 타는 냄새, 네 번째는 손끝을 통한 촉각(觸覺)으로 참배자들이 손끝으로 타오르는 성화의 불꽃 열기를 느끼는 것, 마지막 다섯 번째는 혀를 통한 미각(味覺)으로 신에게 올린 공물(供物, prashad 쁘라샤드〔신성한 음식〕)을 먹는 것이다. 이 때 독실한 신자는 신의 존재를 느끼는 여섯 번째 감각인 마음〔식각(識覺)〕을 통하여 특별한 은총을 받고자 한다. | 힌두 신상의 눈을 여는 '개안 의식(開眼儀式, prāṇa pratishthā 쁘라나 쁘라띠쉬타〔prāṇa=숨결, 생명력〕)'을 가장 중요하게 여긴다. 개안 의식을 통하여 "내가 신을 보고 신이 나를 본다."〔다르샨(darshan)〔신성한 이미지를 보는 능력〕〕 이 때는 다르샨의 상징인, 붉은 가루 꿈꿈(kumkum)과 성물을 태운 재〔성회(聖灰)〕인 위부띠(vibhuti), 백단〔백전단(白栴檀)〕 가루인 짠다나(candana)〔Sandalwood〕를 제3의 눈에 바른다. 신과의 영적 통로가 제3의 눈을

통하여 형성되기 때문이다. 모셔진 신상은 축일 등 기념할 만한 날이 되면 꿀, 우유, 요구르트, 백단 가루, 심황〔=강황(薑黃), 울금(鬱金), Turmeric(투메릭)〕 가루, 코코넛 등 다섯 가지 재료를 혼합한 '빤참리따(panchamrita)'라 불리는 과즙에 위부띠를 섞어 뿌리고 성수(聖水)로 헹구길 수차례 반복한다. 그런 다음 신상의 지위와 성별(性別)에 맞게 공물을 바치는 희생제〔공희(供犧), yajña야즈냐〕를 올린다.

|

〔01.10〕-030 **기도** | 힌두교〔브라만교=브라흐만교〕에서 기도(祈禱, upanimantrita우빠니만뜨리따)는 창조주에 의하여 이미 존재하고 있는 것을 자신의 눈앞에 나타내 보이는 수단이다. 원하는 것을 현실로 실현하기에는 인간의 역량이 부족하기 때문에 신의 축복이 필요하다는 것이다. 힌두교에서는 예배〔뿌자(pūja)〕를 위하여 기도를 하고, 기도를 위하여 예배를 한다. 기도에는 세 가지 대상과 세 가지 요소가 있다. | 기도의 세 가지 대상의 첫 번째는 자신의 선조들과 스승 구루(guru)들, 다른 위대한 사람들이 확립한 고귀한 전통을 지키고 본받는 것이다. 두 번째는 착수한 일을 성공적으로 완수하는 것이다. 자신이 하고 있는 일이 물질적이나 정신적으로 힘들어도 장애를 극복하고 훌륭하게 끝낼 힘을 얻는 것이다. 세 번째는 몰입하여 마음의 평정과 영감(靈感)을 얻고 혼란에서 벗어나는 것이다. | 기도의 세 가지 요소로, 첫 번째는 신의 실체를 정립하는 것이다. 신은 항상 존재하므로 탄생도 파괴도 되는 것이 아니며, 오직 하나뿐이므로 언어나 문자로 표현되지 않지만 그 존재를 정확하게 알고 있어야 한다. 두 번째는 신들, 스승, 성자들뿐만 아니라 훌륭한 삶을 살고 있는 분들에게 인사드리는 것으로, 누구에게든 양보하고 잘난 마음을 버리고 참다운

자기 자신〔아뜨만(Ātman)〔참자아, 영혼, 인격〕〕을 확인해야 한다. 세 번째는 절대 창조의 신에게 영광이 울려 퍼지길 바라고, 위대한 스승과 사람들의 영광이 확장되기를 원하고, 최고의 선(善)이 사회에서 생동할 수 있기를 바라는 간절한 마음을 표현하는 규칙적 행위가 있어야 한다.

|

〔01.10〕-031 **제사** | 힌두교의 일반적 가정 종교 의식에서 기본이 되는 하나는 제사(祭祀, yajña 야즈냐)다. 제사는 자신이 원하는 바 목적을 이루기 위하여 끊임없이 〈베다〉의 성구(聖句)를 읊조리며 신을 찬탄하는 일인데, 신에게 환심을 사기 위하여 자신의 정성을 드러내는 수단으로 공물을 올린다. '베다 제사〔brahma-yajña 브라흐마-야즈냐〕'는 〈베다〉를 읽는 것으로, 그 방법들을 보면, 낮은 소리는 정규 제사보다 10배의 효과가 있고, 작은 소리로 비밀스럽게 읊조리면 100배, 마음 속으로 읽으면 1,000배의 효과가 있다고 한다. 그밖에 성스러운 불인 아그니(Agni)를 피워 놓고 지내는 '아그니 제사'는 공물을 불 속에 던져 넣는 것이며, 공물을 허공에 던지는 제사도 있다. | 큰 상업의 행위나 국가적 행사를 위하여 제사를 지낼 때는 소, 말, 양, 염소, 닭 등 생명체를 제물로 올린다. 제사에서 사용되는 생명은 작게는 한두 마리이지만 백, 천 단위일 때도 많았다. 그러니 제사 지내는 주위에는 피비린내와 죽어 가는 희생(犧牲)들의 단말마가 그치지 않았다. 상인이나 농부들은 자신의 노력으로 일군 제물이 제사장들의 말 한 마디로 사라지는 것에 안타까웠을 것이다. 왕들도 제사에 회의감을 가지곤 했다. 붓다는 자신의 욕망을 채우기 위하여 생명을 죽여 제물로 사용하는 것은 잘못이라고 하며 부(富)는 자신의 근면과 정직으로 일구는 것이지 제사를 통하여 요행을 바라는 것이 아니라고

설한다. | 힌두교에서 죽음은 깨끗한 것〔淨정〕이 아니라 불결한 것〔不淨부정〕으로 정의되기 때문에 정화 의식을 치러야 한다. 장례식을 치른 지 10일 후부터 1달 사이에 첫 정화 의식을 하는데, 죽은 사람의 영혼이 살아 있는 후손들에게 혜택을 베푸는 조상신으로 승격되는 매우 중요한 순간이다. 제사를 통하여 '조령(祖靈, pitṛ 삐뜨르)'이 되기 때문이다. 쌀가루로 만든 작은 경단(瓊團) '삔다(piṇḍa)'〔떡 덩어리〕를 물과 함께 임시 제단에 차려 놓고 조상의 대리인 격으로 세 명의 브라만들을 불러 진행하는 이 의식을 '조령제(祖靈祭, pitṛ-yajña 삐뜨리-야즈냐)'라고 한다. 이 때 놓는 '삔다'라는 경단에서 유래해서 여기에 참석할 수 있는 친척까지를 '싸삔다(sapiṇḍa)'라고 부른다. | 그러나 붓다는 사람이 죽게 되면 자신이 생전에 지은 행위의 결과인 업(業, karma 까르마, kamma 깜마)에 따라 곧바로 삶을 받기 때문에 제사를 한다 한들 지은 악업이 소멸되지는 않는다고 했다. 마치 연못에 돌멩이를 던진 다음 기도와 제사를 지내고 찬탄한들 돌멩이가 떠오르지 않는 것과 같다. 선한 행위는 물 위에 뜬 기름처럼 제사와 기도, 저주에도 가라앉지 않는다고 말씀하셨다.

〔01.11〕 붓다 당시의 사회 상황

〔01.11〕-032 **목축에서 농업으로** | 고대 아리아인은 원래 유목민이어서, 소는 그들에게 매우 중요한 재산이었다. 『리그베다』에는 소에 대한 노래가 많이 나오며, 브라만들에게 주는 제사(祭祀)의 사례금 닥쉬나(dakshiṇa)〔원뜻은 오른쪽, 남쪽이다.〕도 원래는 '오른〔닥쉬나〕손으로 소를 바치는 일'을 의미했다. 인드라 신에게 바치는 노래〔頌歌송가〕도 송아지가 어미 소를 부르는 것에 비유할 정도였

다. 이들에게 전쟁의 의미는 다른 곳에서 소를 약탈해 오는 데 있었다. 영토의 소 떼를 보호하는 것은 왕〔라자(rāja)〕의 의무 중 하나였다. | 이러한 것들이 언어에도 남아 있으니, 예를 들면 '전쟁'이나 '싸움'을 뜻하는 싼쓰끄리뜨 '가비슈티(gaviṣṭi)'는 원래 '소를 갈구하다(gavish가비쉬)'〔=wishing for cows〕라는 단어에서 왔고, 왕을 가리키는 '고빠(gopa, gapati가빠띠)'〔cowherd, protector, guardian〕도 원래는 '소를 지키는 사람'〔목인(牧人, gopāla고빨라)〔go=소, pāla=보호자〕〕을 의미했다. 『마누 법전』에서는 왕의 즉위식 절차를 규정하면서, 즉위식장〔祭典제전〕에 불〔聖火성화〕을 피운 다음 북쪽에 100마리의 소를 모아 놓고 왕이 직접 전차를 타고 소 떼 속으로 들어가 그 중 한 마리에 화살촉을 맞대고 "모두 내가 잡은 것이다."라고 선포를 해야 비로소 왕의 자격이 갖추어진다고 했다. | 아리아인들이 목축보다 경작을 더 중요시 여기게 되면서 수소는 다시 가래나 수레를 끄는 노동력을 제공하기 시작했다. 『리그베다』에 농사지은 곡물의 종류로 '야바(yāva)'라는 이름이 나오는데, 어떤 작물이었는지 분명하지는 않다고 한다. 리그베다 시대〔기원전 1500~기원전 1000〕보다 후기인 브라흐마나 시대〔기원전 800년 전후 수백 년〕에는 야바가 보리〔麥맥〕를 가리켰음이 분명하지만 그것이 리그베다 시대의 '야바'와 같은지는 알 수 없다. 그밖에 밀, 콩, 참깨가 있었으며 야생 또는 경작에 의해 쌀도 수확했고 오이 같은 것도 재배했다고 한다. 야생 동물로부터 농작물을 지키려고 경작지 둘레에 토벽이나 돌담(pur뿌르)을 쌓았고, 주문(呪文, mantra만뜨라)을 외워 풍작을 염원했다.

|

〔01.11〕-033 **길을 따라서** | 초기 불교 경전에는 농촌 생활상이 다채롭게 나온다. 당시에는 사람들이 모여 사는〔聚落취락〕 곳의 구

조를 도성〔都城, rājadhāni라자다니(왕도)〕, 도시〔都市, nagara나가라〔1요자나(yojana) 크기의 도시〕(요자나는 고대 인도, 태국, 미얀마에서 사용된 거리 단위로 약 12~15km에 해당)〕, 시장(市場, nigāma니가마) 등으로 불렀고, 상대적으로 농촌인 지역을 가리킬 때는 가마(gāma), 그라마(grāma)라는 말을 자주 사용했다. 『자따까(Jātaka)〔본생담(本生談)본생경(本生經)〕』에서 '가마'는 30가구에서 1천 가구까지 크기에 관계없이 농촌 마을을 가리킨다. 이런 마을 주변에는 농사를 짓는 경작지〔khetta켓따〕와 방목지가 있었고, 경작지 주변에는 담〔pur뿌르〕을 쌓거나 울타리를 치고 덫을 놓거나 지키는 사람을 두어 야생 동물의 피해를 막았다. 개인과 마을 공동의 경작지를 구분할 때는 이랑이나 관개 수로를 경계선으로 삼았다. | 경작지 뒤에는 울창한 숲과 황야가 펼쳐졌다. 숲에서는 사나운 동물과 악령(惡靈), 야차(夜叉, yakṣa야끄샤〔요괴(妖鬼)〕)들이 출몰했다. 처음 『리그베다』에서는 농업이나 목축에 종사하는 사람들 사이의 신분에 딱히 차별이 없었다. 그러나 초기 불교 경전에서는 농업과 상업은 바이샤들의 것으로 브라만〔바라문〕에게 적합하지 않음에도, 브라만 중에서도 농업과 목축에 종사하면서 존경과 신망이 높은 사람이 있다고 나온다. 기원전 2세기경 『마

자따까(Jātaka)
본생담(本生談) 고타마 붓다가 석가족(釋迦族)의 왕자로 태어나기 전, 보살로서 생을 거듭하는 사이에 천인(天人), 국왕, 대신, 장자(長子), 서민, 도둑, 또는 코끼리, 원숭이, 공작, 물고기 등 여러 생을 살며 갖가지 선행 공덕(善行功德)을 행한 이야기를 담은 경전이다. '자타카'는 '태어나다' '태어난 자'라는 뜻으로, 붓다가 이 세상에 출현하여 성불하기 전, 즉 전생에 수행한 일과 공덕에 관한 이야기를 모은 것〔22편, 547장〕이다. 따라서 번역된 '본생(本生)'이란 말은 이 세상에 오기 전의 본래 생이란 뜻으로, 과거세인 전생을 뜻한다. 붓다가 자신의 전생 이야기를 하게 된 유래를 설하는 부분, 현세의 일이 생기게 된 전생 이야기를 설하는 부분, 현세의 등장 인물과 전생의 일과의 인과 관계를 밝히는 부분 등 3부분으로 나뉜다.

누 법전』에 생활이 곤궁한 브라만들은 "그들이 스스로 농업이나 목축에 종사하여 바이샤의 생활 방법에 의하여 생활할 것이다."라고 나오는 것을 본다면 농업과 목축은 가난한 브라만들도 할 수 있는 일로 바뀌어 갔음을 알 수 있다. | 인도의 강들은 설산(雪山)에서 발원하는 강가(갠지스) 등 몇 개를 제외하면 대개 건기에는 말라 버리기 때문에 수로(水路)로 적당하지 않다. 그래서 이동할 때는 주로 육로(陸路)를 이용했다. 마을과 마을, 도시와 도성, 시장 등을 연결하는 도로〔막가(magga)〕는 거친 숲이나 늪지대를 가로지르다 보니 맹수나 독충은 물론이고 떼강도, 떼도둑의 위험이 상인, 여행자, 순례자를 괴롭혔다. 상인들이 대상(隊商)을 조직하여 교역을 한 것도 그런 까닭이다. 그럼에도 도로망은 거미줄처럼 얽혀 각 도시와 농촌을 연결했으므로 상인이며 순례자들이 각자 원하는 도시로 갈 수 있었음이 경전에 나온다. 큰 강(江, nadī 나디)에는 다리가 없었던 듯하다. 경전에는 선착장이나 나룻배 이야기가 곧잘 나오며, 짐수레는 강바닥이 얕은 쪽으로 직접 끌어서 건너거나, 큰 배에 실어 건넜다고 나온다. '둑길〔setu 쎄뚜〕'도 자주 나오는 것으로 보아 저습지(低濕地)나 물이 얕은 곳에는 제방과 같은 둑길이 있었음을 알 수 있다. | 초기 불교 경전을 보면 상당수의 도시가 성립되어 있었던 듯하다. 크고 아름다운 이름난 도시 14개가 나온다. 이들 도시 이름이 그 전 기록에는 등장하지 않는 것을 보면, 인도 도시들은 붓다 시대〔기원전 624?~기원전 544?〕에서 그리 멀지 않

라자가하(Rājagaha)/**왕사성**(王舍城) 또는 라자그리하(Rājagṛha)의 현재 명칭은 라즈기르(Rajgir)다. 인도 북동부의 파트나(Patna)에서 남동쪽으로 70km 정도 떨어져 있다. 기원전 600여 년경에 빔비싸라왕이 다스리던 마가다(Magadha)국의 수도로 북인도의 종교와 철학의 중심지였다. 카필라바스투를 나온 붓다가 출가하여 처음 간 곳이 당시 번성했던 라자가하다. 지금은 인도에서 가장 가난하고 불가촉천민들이 많이 사는 지방으로 변했다.

은 시기에 출현했음을 짐작할 수 있다. 지금도 그 성곽 유적이 남아 있는 '라자가하(Rājagaha)〔왕사성(王舍城)〕'는 인도에서 가장 오래된 석조 구조물 중 하나로, 길이가 6.4km쯤 되는 부정 오각형(不整五角形)으로 축성되었다. 당시 서민이 살던 집이 진흙이나 갈대, 대나무를 이용해 지은 간단한 구조라면 왕과 대신, 부자들은 돌과 목조, 또는 '굽지 않은 진흙 벽돌'〔kachī까치〕을 사용하여 튼튼하게 지었다.

|

〔01.11〕-034 **도시의 모습** | 대개 도성의 위치는 사방이 트이고 비가 많이 오지 않으며 곡식이 많이 나고 전염병의 유행이 없는 곳으로 관리와 백성들이 함께 쾌적하게 생활할 만한 곳을 택했다. 성벽〔pur뿌르〕을 둘러쌓아 도시를 만들고 중앙에 왕궁을 세웠다. 성벽 외에 성새(城塞)〔성과 요새〕가 될 수 있는 것은 천연 방호물인 황무지, 개천, 강, 숲이었으며, 그 중에서도 산을 낀 도성을 최상으로 여겼다. 초기 경전에 나타나는 고대 인도의 16대국〔Ṣoḍaśa(16) Mahajanapadas쇼다샤 마하자나빠다쓰〕은 앙가(Aṅga), 마가다(Magadha), 까씨(Kāsi), 꼬쌀라(Kosala), 밧(왓)지〔Vajjī / Vṛji(Vriji)브(위)리지〕, 말라(Malla/Mallā), 쩨디〔Ceḍī, Chedi체디〕, 밤(왕)싸〔ⓟVaṃsa / ⓢVatsa밧(왓)싸〕, 꾸루(Kuru), 간다라(Gandhāra), 맛쌰〔Matsya / ⓟMaccha맛차〕, 슈라쎄나(Śūrasena), 아슈마까〔Aśmaka / Assaka앗싸까〕, 아반(완)띠(Avantī), 빤짤라(Pāňcāla), 깜보자(Kamboja)이다. | 이 가운데 마가다, 꼬쌀라, 밤싸, 아반띠가 가장 강대한 나라였다. 이들은 대개가 물이 많아 운하로 쓸 수 있는 강가(갠지스)강나 야무나(Yamunā)강〔강가의 최대 지류〕에 인접해 있었다.〔야무나강과 강가강은 인도 북부 히말라야 산맥에서 각각 발원하여 나란히 남동쪽으로 흐르다가 알라하바드(프라야가)에서 합쳐

져 동쪽으로 흘러 나간다.〕 수로가 아무래도 육로보다 물자 수송에 편리하고 비용이 적게 들었기 때문에 이들 국가는 건조한 인도에서 이례적으로 수운(水運)을 이용한 무역으로 국력을 키웠고 강한 군대를 갖추어 갔다. 16대국에서도 6개의 도시가 가장 강한 위세를 떨쳤다고 하며 이들은 앙가국의 도성 짬빠(Campā), 마가다국의 도성 라자가하, 꼬쌀라국의 도성 싸왓티(ⓟSāvatthi)〔슈라와쓰띠(ⓢŚrāvastī), 사위성(舍衛城)〕와 싸께따(Sāketa), 밤싸국의 도성 꼬쌈비(ⓟKosāmbī)〔까우샴비(ⓢKauśāmbī)〕, 까씨국의 도성 바라나씨(Bārāṇasi)〔현재의 바라나시(Varanasi)〕다. | 성안에는 왕과 신하, 수공업자와 상인 등이 자신의 직종에 따라 각각의 구역에서 모여 살았다고 한다. 불교 경전에는 도공의 마을, 길쌈의 마을 등이 보인다. 붓다 시대〔기원전 624?~기원전 544?〕의 경제는 직업이 지역에 집중된 '직업 씨족(職業氏族)' 집단에 따른 구조였다고 할 수 있다. 또한 이 시대는 공동 경작, 공동 경영, 공동 사업을 했으며, 필요에 따라 오랫동안 하는 사업도 있었다. 초기 경전에는 도시 거리의 모습도 나타난다. 수공업자들의 작업장은 개방적이어서, 탁발 나온 비구들이 그들이 하는 갖가지 생산 활동을 볼 수 있었으며 그들이 만든 상품은 '아빠나(āpaṇa)'라고 불리는 작업장〔지금도 인도 시골에서 흔히 볼 수 있다.〕 앞에 진열되어 팔렸다. 시장〔바자르(bāzār)〕에서는 다양한 곡물, 향료, 기름, 꽃, 야채, 옷감, 금은보석 등을 팔았고 '빠나가라(pānāgāra)'라고 불리는 술집에서는 '쑤라(surā)'〔곡물을 발효시킨 술〕와 '메라야(meraya)'〔과일을 발효시킨 술〕를 팔았다. 생선, 고기〔肉類육류〕 같은 특정 상품은 성안으로 들여보내지 않고 성문 밖 정해진 구역에서만 취급하게 했다.

|

[01.11]-035 **화폐의 출현** | 리그베다 시대[기원전 1500~기원전 1000]에는 물물 교환으로 상거래를 했고 가치의 기준은 암소[牝빈]였다. 〈베다〉에 '니쉬까(nishka)'라는 금은 목걸이가 나오는데, 후일 이 명칭이 금화의 이름이 된다. 브라흐마나 시대[기원전 800년 전후 수백년]에 와서는 무게의 단위로 '끄리쉬날라(kṛishṇala)'가 통용되면서 정식 화폐가 출현하는 길이 열렸다고 한다. 100개의 끄리슈날라에 해당하는 무게의 황금을 '샤따마나(śatamāna)'라고 불렀으며, 이것을 교역의 매개물로 상인들이 사용하면서 암소는 상거래에서 점차 사라져 갔다. | 붓다 시대[기원전 624?~기원전 544?]에는 나라마다 서로 다른 화폐가 통용된 듯하다. 물물 교환은 시들어졌다. 암소나 쌀을 표준으로 삼는 일은 줄었고, 대신 상인들이 왕에게 세금을 내고 권리를 위임받아 개별적으로 발행한 금속제 화폐가 통용되었지만 정부에 의한 화폐는 출현하지 않았다. 이 때의 돈은 타각 화폐(打刻貨幣) '까하빠나(kahāpana)'로 불리는데, 동전으로 사용할 금속에 화폐 발행자의 고유한 도장[印號인호]을 망치로 두들겨 표시했기 때문이다.[네모진 작은 은전이나 동전에 무게와 순도를 보증하는 개인 도장(印號인호)이 찍혔다(打刻타각).] 화폐 대신 어느 정도 신용 거래가 이루어지기도 했다. 몇몇 큰 도시에서는 업자들 간에 서면으로 기록한 어음이나 신용장이 통용되고 자신의 문장이 새겨진 반지가 공탁물이 되었으며, 아내나 자식들이 빚의 저당물이 되었다가 빚을 갚지 못하면 노예로 팔리는 일도 있었다. 대출의 표준 이율은 연 1할 5푼[15%], 월 최대 5푼[5%]으로 정해졌으며 그 이상의 고리대금업은 법으로 엄격하게 금했다. 국제 무역을 통하여 상업 자본이 축적되면서 이른바 장자(長者, śreṣṭha슈레스타)라고 불리는 소수의 대재벌들이 출현했다.

|

〔01.11〕-036 **생활 모습** | 리그베다 시대〔기원전 1500~기원전 1000〕의 사람들은 대개 2~3겹의 양털 옷을 입었으며 가죽으로 만든 옷을 입기도 했다. 옷감은 여러 가지 색으로 염색했다. 금은을 세공한 사치품도 있었고 남녀 모두 목걸이, 귀걸이, 팔찌, 발걸이, 반지 등을 착용했다. 머리는 기름을 발라 매끈하게 빗은 다음 여자들은 땋았으며〔辮髮변발〕 남자들은 둥글게 틀어 올렸고 수염은 깎지 않았다. 그러나 후로 가면서 수염을 깎고 계급에 따라 의복, 장신구 등에 대한 규제와 차별이 생기기 시작했다. | 원래 유목민이던 아리안족에게는 가축의 젖이 일상 식품이었다. 곡물에 섞어 먹거나, 치즈나 버터, 정제 기름 등으로 가공하기도 한, 중요한 먹거리였다. 소, 양, 염소, 닭 등을 신에게 바치고 사람들도 먹었다. 소를 신성시하여 쇠고기를 먹지 않는 것은 후대의 일이지, 그 시대에는 쇠고기 등의 육식이 지극히 자연스러웠다. 축제와 잔치는 물론 일상에서 술을 마시는〔飮酒음주〕 행위 역시 허물이 되지 않았다. 육식을 비난하는 것은 브라흐마나 시대〔기원전 800년 전후 수백 년〕가 되면서 브라만 계급 등에서 나타나며, 음주〔술을 먹는 것〕와 함께 비행(非行)〔잘못되거나 그릇된 행위〕으로 여기게 되었다. | 찾아온 손님을 위하여 가축을 잡는 것은 예의이지만 넉넉한 형편이 아니면 실행하기 쉬운 일은 아니었다. 그래도 누구든지 술이나 고기가 기본이었다. 이들은 전차 경주와 활쏘기, 달리기, 던지기, 주사위 놀이, 연극, 무용, 노래, 춤 등을 하고 놀았고 이로 인하여 전문 곡예사, 악기를 연주하는 사람, 무용수, 요술쟁이, 음악가, 시인, 화가 등의 직업이 출현하게 된다. 곳곳마다 도박장이 있었으며 도박에 빠져든 왕이 자신의 나라 전체를 걸 정도로 그 피해가 심했다. 음악실이나 경기장이 있어 야수와의 격투, 씨름 등이 흥행을 했고 절기에 따라 세시(歲時) 축제와 종교 축제가 있었으니

오락과 볼거리가 넘쳤다. | 결혼 제도는 왕족 등 상류층은 일부다처(一夫多妻)이기도 했으나 원칙은 일부일처(一夫一妻)였다. 일처다부(一妻多夫)는 붓다 이전에 있었다가 붓다 시대〔기원전 624?~기원전 544?〕에는 사라졌는데, 그런 모계 사회의 흔적이 남아 있었음을 붓다의 수제자인 싸리뿟따(ⓟSāriputta)〔ⓢŚāriputra(샤리뿌뜨라), 사리자(舍利子), 사리불(舍利弗), 기원전 568~기원전 484〕, 목갈라나 존자〔Māha ⓟMoggallāna(마하 목갈라나), ⓢMaudgalyāyana(마우드갈랴야나), 목건련(目犍連), 목련존자〔木(目)連尊者〕〕의 이름을 통하여 알 수 있다.〔싸리뿟다의 이름에서 싸리(Sāri)는 여성(엄마)의 이름이고, 뿟따(putta)는 아들(왕자)을 뜻한다.〕 남편은 가정의 주인으로 전권을 행사했으며 아내는 주부로서 남편을 따랐다. 어버이와 자식의 애정은 표현되었지만 부권(父權)은 무제한으로 강했으며 자녀들의 결혼은 아버지의 의견으로 정해졌다. 결혼 후에도 자녀들은 부모와 함께 살며 그 지배권에 머물렀으니 아버지는 한 가문의 가장이자 모든 재산의 소유권자였다. 대개 가정 의례는 결혼과 탄생, 장례, 제사가 주된 것이었다. 후대에 보이는 조혼(早婚)〔가임기 이전에 하는 결혼〕은 없었으나 신부의 지참금이나 신랑이 신부에게 보내는 결납금(結納金)〔신랑이 신부 될 여자에게 보내는 결혼의 증표. 신부를 길러 준 부모에 대한 감사의 의미가 포함된 것으로 '납채'라고도 한다.〕에 관한 기록은 있다. 사람들이 신에게 제사를 지내는 가장 큰 목적은 아들과 소〔牛우〕를 얻고자 함이었다. 딸을 얻고자 기원한 내용은 『리그베다』에 단 한 번도 나오지 않는다. | 아리아인은 일가(一家, sapiṇḍa 싸삔다)〔부계 7촌 모계 5촌 이내〕와, 어버이나 조상이 같은 친척인 일족(一族, sagotra 싸고뜨라)〔친족〕〔gotr = 혈족, 계보〕들과의 결혼을 금기시했다. 같은 시대에 토착민 드라비다인은 친척끼리 결혼을 허용했다. 결혼에는 대단한 가치가 부여되었다. 정당하게 성립된 결혼은 사람의 힘으로

는 깨뜨릴 수 없으며 과부가 되었을 경우 재혼은 생각하지도 못했다. | 장례에는 풍장(風葬), 수장(水葬), 화장(火葬), 매장(埋葬)이 있었다. 『리그베다』에서는 태워지는 망자(亡者)와 태워지지 않는 망자, 2가지로 언급하지만 자세한 절차는 나오지 않는다. 아리아인들은 화장이 당연했지만 드라비다 사람 사이에서는 그들의 전래 장례법인 풍장도 꾸준히 이어졌다. 경전에는 풍장을 위하여 시체 버리는 곳을 '시타림(尸陀林, śītavana 쉬따바나)〔śīta = 서늘함(寒), vana = 숲(林)〕; 시다림(尸茶林), 한림(寒林)〕이라고 했는데, 음습하고 귀신이 들끓는 곳으로 나온다.〔스님들이 상가(喪家)에 가는 것을 일컫는 '시달림'이 여기에서 나왔다.〕 과부 분사(寡婦焚死, sati 싸띠)〔남편이 죽으면 아내가 따라 죽는 것, 정결한 여인〕〔'념(念), 마음챙김, 알아차림'(= memory/mindfulness)을 뜻하는 싸띠(sati)와는 로마자 표기(Romanization)는 같으나, **데와(바)나가리**(Devanāgarī) 문자 표기가 다르다.〕의 풍습은 없었다. 장례식에 참석한 사람은 죽은 사람을 따라가지 않음을 서로 축하하며 장례식장에 놓인 꽃이나 향 등을 가지고 돌아갔다.
|

〔01.11〕-037 **의식(儀式)의 정비** | 인구가 늘어나면서 마을을 이루어 모여 살게 되었고, 다양한 직업군과 계급이 분화(分化)되면서 각종 제전 의식(祭典儀式)이 정비되어 갔다. 가족 제도와 가정 생활을 비롯하여 사회 풍습, 개인의 권리와 의무가 모두 신〔데바(devā)〕이 정한 것이고 그 규정에 따르는 것이 정당한 생활로 여겨지게 되면서 생활의 모든 것이 종교 행사처럼 되어 갔다. 이 같은 필요에 따라 적절한 경서(經書)가 만들

데와(바)나가리(Devanāgarī) 인도 등 남아시아 지역에서 광범위하게 쓰이며, 쌍쓰끄리뜨, 빨리어, 힌디어, 카슈미르어, 마라티어, 네팔어, 펀자브어 등을 표기하는 데 사용하는 문자. 브라흐미(Brāhmī)〔기원전 3세기 무렵부터 사용〕 문자에서 7세기 무렵 파생된 나가리(Nāgarī) 문자가 그 원형으로, 8세기경 상용화되었고, 1000년경 지금의 형태로 정리되었다. 〔deva(신)〕+〔nāgarī nagara(도시)의 문자)〕=〔신의 도시에서 사용되는 문자〕

어지는데 대략 그 성립 시기는 기원전 6세기~기원전 2세기경으로 본다. 이 시기에 불교, 자이나교(Jainism)의 교단과 다양한 신흥 사상가들이 출현한다. 전에 없던 사상이나 습관들이 혼입(混入)되기 시작한 것이다. 전통 브라흐만교〔Brahmanism=바라문교=힌두교〕에서는 이에 대응하려고 보수적이고 형식적인 의식과 법규를 강화해 갔으며, 더불어 예술, 의학, 군사, 건축, 처세, 일상 생활이며 통치에 필요한 경서들이 출현한다. 즉 〈베다〉의 보조학인 6가지 〈베당가(Vedāṅga)〉와 부(副)〈베다〉격인 4가지 〈우빠베다(Upaveda)〉〔실용 지식〕들이 체계를 갖추게 된다.

|

〈베다〉를 보조하는 '지분(支分)〔팔다리〕'이라 불리는 6가지 베당가(Vedāṅga)들은 다음과 같다. ① 의례에 관한 '깔빠-쑤뜨라(Kalpa-sūtra)'〔겁파경(劫波經)〕〔의궤경(儀軌經), 사회 생활과 가정 생활의 모든 제사와 의식에 대해 설명한 경서들〕류, ② 〈베다〉를 정확히 암송하기 위한 성음학(聲音學, Śīkṣa쉬끄샤), ③ 쌍쓰끄리뜨의 어법을 다루는 문법학(文法學, Vyākaraṇa위야까라나), ④ 〈베다〉를 해석하는 데 필요한 사전 주석서(註釋書, Nirukta니룩따)들, ⑤ 〈베다〉의 운율에 관한 학문인 찬다스(Chandas, 闡陀천타)가 출현했으며, ⑥ 하늘의 별자리 등을 연구하는 천문학(天文學, Jyotiṣa죠띠샤), 점성술도 체계를 세웠다.

|

이 중에서 '깔빠 쑤뜨라(Kalpa-sūtra)'류에 속하는 브라흐만교의 경서는, ① 제관(祭官)이 집행하는 대제(大祭)〔큰 제사〕를 설명한 '슈라우따-쑤뜨라(Śrauta-sūtra)'〔천계경(天啓經)〔제사경(祭事經)〕〔천계(天啓)=천지신명(天地神明)의 계시(啓示)〕류, ② 각 계급의 권리·의무·사회 법규 등 일상 생활의 규정을 모은 '다르마-쑤뜨라(Dharma-

sūtra) / 다르마-샤쓰뜨라(Dharma-śāstra)'〔법률경(法律經)〔법전(法典)〕〕류, ③ 각 집에서 가장이 지내야 하는 각종 제사 의식을 모은 '그리햐-쑤뜨라(Gṛhya-sūtra)'〔가정경(家庭經)〕류로 나뉜다.
| 바라문〔브라만〕 계급의 지위와 세력 유지를 위한 법률경〔법전〕들이 『마누 법전(Mânava Dharma-śāstra마나바 다르마-샤쓰뜨라)』〔=『마누 법전(Manu Smṛti마누 스므리띠)』〕을 시작으로 『바시쉬타 법전(Vasishtha Dharma-sūtra)』〔현자 바시쉬타가 쓴 것으로 추정되는 이자와 대출에 관한 규칙서〕, 『비슈누 법전(Viṣṇu(Vishnu) Dharma-sūtra)』〔인도의 법에 대한 고대 격언 모음집으로 왕의 의무와 형벌이 자세히 설명되어 있으며, 싸띠(sati, 남편의 장례식에서 과부를 불태우는 행위)라는 주제를 다룬 것으로 유명하다.〕, 『야즈나발꺄 법전(Yājñavalkya Smṛti)』〔관습, 사법 절차, 범죄와 처벌 등〕 등 다양하게 출현한다.

|

〈우빠베다(Upaveda)〉〔부(副)〈베다〉격인 실용 지식〕라 부르는 특정 기술에 필요한 4가지 〈베다〉도 있다. 그것은 ① 인간의 생리·병리·요법·해부 등에 관한 의술서인 『아유르-베다(Āyur-veda)』〔āyur은 생명, 삶, 장수를 의미하므로 아유르베다는 '생명 과학' '생활 과학' 정도가 된다.〕, ② 총체적으로 무기·무술을 다루는 군사학 교범인 『다누르-베다(Dhanur-veda)』〔dhanur는 활이라는 뜻〕, ③ 음악·무용 등 예술에 관한 종합 교과서인 『간다르바-베다(Gandharva-veda)』, ④ 사람이 살아가면서 필요한 교양 과목으로 정치를 포함해 처세 일반을 다룬 『아르타샤쓰뜨라-베다(Arthaśāstra-veda)〔사론(事論)〕』〔어떤 학파는 『아르타샤쓰뜨라-베다』 대신에 『쓰타빠땨 베다(Sthapatya-veda)』(건축, Architecture)를 꼽기도 한다.〕 등이다.

|

가정에서 지켜야 할 법도를 집대성한 것이 '깔빠-쑤뜨라(Kalpa-sūtra)' 중 '그리햐-쑤뜨라(Gṛhya-sūtra)'〔가정경(家庭經)〕류인데 이들은 지금도 힌두 가정에서 권위를 지닌다. 브라흐만교〔힌두교, 바라문교〕 신자는 어떤 카스트에 속하든 각 가정이 지켜야 할 12정법(淨法)〔슈끌라-다르마(śukla-dharma)〔= the pure law〕〕이 완전하게 체계화되어 있다. 사람들은 12정법을 충실하게 지키며 생활해야 한다. 12정법은 출생에서 결혼까지를 다루는데, 목적은 자연의 죄악(罪惡)〔죄오(罪汚), 아기가 태내에서 받아져 삶에서 죽음까지를 겪어 나아가는 원인〕을 정화(淨化, śuddha 슛다)하여 종교적으로 브라흐만〔힌두, 바라문〕 교도로 적합한 인간을 만드는 데 있다. 12정법은 입태(入胎)하기 이전부터 성혼에 이르기까지 수시로 집행되는 정교한 의식으로 성년 이전의 대례(大禮)〔큰 의식〕이므로 부모와 브라흐만〔힌두, 바라문〕 사제가 집행한다. 그 내용은 다음과 같다.

① 수태식(受胎式, garbhādāna 가르바다나) : 임신을 기원하는 의식으로 아내의 월경기가 끝난 후 집행된다. 남편과 아내가 함께 우유죽을 먹고, 신에게 공양을 올리고, 주문을 외운 다음 서로 부둥켜안고 합환(合歡)을 한다.

② 성남식(成男式, pumsavana 뿜싸바(와)나) : 임신 후 3개월 만에 아들 낳기를 기원하는 의식이다.

③ 분발식(分髮式, simantonnayana 씨만똔나야나) : 수태 후 4개월째 산모를 수소의 가죽 위에 앉히고 길경(吉慶)의 주문을 외우고 산모의 머리카락을 갈라 빗는다. 순조로운 출생을 기원하는 의식으로, 6개월과 8개월째에도 같은 의식을 치른다.

④ 출태식(出胎式, jātakarman 자따까르만) : 안산식(安産式), 수명식(授命式), 수지식(受持式), 수유식(授乳式)의 4부로 된, 아기의 출생 시 총명과 장수를 기원하는 의식이다.

⑤ 명명식(命名式, nāma-dheya나마 데야) : 출생 후 10일 또는 12일 만에 하는 의식으로 이 때 이름을 지어 준다. 아기는 일상적으로 불리는 이름과 평소 불리지 않고 신만이 부를 수 있는 비밀스러운 이름, 두 개의 이름을 갖는다.

⑥ 출유식(出遊式, niṣkramaṇa니슈끄라마나) : 어린아이의 첫 외출 의식으로 생후 4개월째 이루어진다.

⑦ 양포식(養哺式, anna-prāśana안나-쁘라샤나) : 생후 6개월이 되면 처음으로 젖이 아닌 음식물을 주는 의식이다. 이유식 단계.

⑧ 결발식(結髮式, cūḍā-karman(karma)쭈다-까르만 / chuda-karma추다-까르마) : 정수리 부분만 남기고 머리카락을 전부 깎은 다음 정수리에 남은 머리카락〔쭈다(cūḍā)=한 묶음의 머리채〕으로 작은 상투를 트는 일이다. 영아기가 지나 아동기(兒童期)에 든 것을 나타내는 의식이다.

⑨ 입법식(入法式, upanayana우빠나야나) : 브라흐만교〔바라문교, 힌두교〕에 입문을 하는 성례식(聖禮式)이다. 정신적인 재탄생의 의미가 있으며 이로 인하여 재생자(再生者)〔드위자(dvija)〕가 되고 학생기의 범행자(梵行者)〔브라흐마나〕가 되기 때문에 12정법 가운데 가장 정중하고 엄숙하다. 이 때 재생자들은 왼쪽 어깨에서 오른쪽 옆구리로 세 가닥의 실〔성사(聖絲), 제영(祭纓), upavīta우빠위(비)따, yagyopavīta야교빠위(비)따〕을 걸친다.

⑩ 치발식(薙髮式, keśānta께샨따) : 머리 주변의 머리카락을 깎고 수염도 깎는다. 아동기(兒童期)를 끝내고 성인기(成人期)가 되었음을 알리는 의식이다.

⑪ 귀가식(歸家式, samāvartana싸마바르따나) : 수업을 마치고 집으로 돌아가는 의식으로 스승의 집을 떠날 때 먼저 목욕을 하는 의식을 행하는 까닭에 〈베다〉의 학문을 배운(學修학수) 사람은

'세욕자(洗浴者, snātaka쓰나따까)'라는 존칭을 가지게 된다.

⑫ 결혼식(結婚式, vivāha비바하) : 중매인이 들어서고 신부 집안의 혈통 조사가 끝나면 신랑이 신부의 아버지에게 결납(結納)〔결혼의 증표〕을 전한다. 이로써 결혼이 성립된다.

|

〔01.11〕-038 **지켜야 할 4주기〔아슈라마(Āśrama)〕** | 이와 더불어 이른바 '재생자〔드위자(dvija)〕'라고 불리는, 브라만·끄샤뜨리야·바이샤의 세 계급에 따른 수행 방법이 완성되었다. 이들은 삶의 주기를 네 가지로 구분하여 시기에 맞추어 주어진 고유의 임무를 완수하도록 노력했으며 그것을 실행하는 것이야말로 브라흐만교도의 의무라고 믿었다. 네 시기〔아슈라마(Āśrama)〕는 상당히 오래 전부터 존재했던 것으로 『우빠니샤드』 가운데 가장 오래 전에 성립된 문헌에도 나와 있고, 『고따마 다르마-쑤뜨라(Gautama Dharma-sūtra)』〔현존하는 다르마-쑤뜨라(Dharma-sūtra)〔법전〕류 중 가장 이른 것(기원전 600~기원전 200)으로 여겨지는 법전. 고따마(Gautama)는 〈베다〉 문헌에서 자주 등장하는 이름으로, 〈싸마 베다(Sāma-veda)〉 학파에 속했다고 알려져 있다.〕 등 여러 법전에도 있으며, 완성된 것은 『마누 법전』에서다. | 4주기의 ① 첫 번째는 학업을 익히는 학생기〔學生期, 범행기(梵行期), brahma-cārin브라흐마-짜린, brahmacarya브라흐마짜리야〕로 자기 수양과 〈베다〉의 학습 시기다. 스승은 제자에게 계급에 따른 성사(聖絲)〔성스러운 실(끈)〕와 지팡이를 주고 범행(梵行)〔수행자의 삶〕을 가르친다. ② 두 번째는 집에 돌아가 결혼을 하고 가정을 꾸리는 가주기(家住期, gṛhastha그리하스타)로 배움을 마치고 귀가식〔歸家式, samāvartana싸마바르따나〕을 하고 집으로 돌아가 가장으로 생활을 하는 시기다. 이 시기의 사람들을 가서자(家棲者, sālina쌀리나)라고 하며 이 때 결혼을 하고 조상과 신에게 제사를 지내는 의무

를 다한다. ③ 세 번째는 숲에 들어가 명상을 하는 임서기(林棲期, vānaprastha바나쁘라쓰타)다. 피부에 주름이 생기고 흰 머리카락이 보이며 자식이 자식을 낳으면, 제화(祭火)〔신성한 불 아그니(Agni)〕만 가질 뿐 모든 재산을 버리고 숲에 들어가서 범행(梵行)〔수행〕을 하는데, 아내를 동반하는 경우도 있다. 브라만들이 숲속에서 고요하게 수행하는 곳〔임서, 선거(仙居)〔속세를 떠난 조용한 곳〕, āśrama 아슈라마〕을 일컫던 말이 변하여 수행 생활을 하는 시기를 의미하게 되었다. 마지막 ④ 네 번째는 세상을 떠돌아다니며 성지를 순례하고 성전과 스승들의 가르침을 실천하는 유행기(遊行期, parivrājaka빠리브(우)라자까)다. 세속과 사물에 대한 애착을 버리고 유행자(遊行者)〔여러 곳으로 두루 돌아다니면서 수행하는 자〕로 나머지 생을 살아가는 시기로 이생기(離生期, sannyāsin싼냐씬)라고도 한다.

|

〔01.12〕 브라만에서 끄샤뜨리야 문화로

|

〔01.12〕-039 **성**(聖)**과 속**(俗) | 고대 인도에서 브라만과 끄샤뜨리야의 사회 생활과 지위를 알고자 할 때는 〈법률경〔法律經, 다르마-샤쓰뜨라(Dharma-śāstra)〕』〉〔법전(法典)〕들을 참고하면 가장 정확하고 확실하다. 모든 법전에서 가장 정결하며 우월하다고 일컬어지는 브라만은 사회 조직의 중심점이다. 브라만은 왕의 제사와 법률의 고문으로서 사법권과 법률의 해석을 자신의 책임 아래 두었으며, 실질적인 영토와 전리품을 얻는 왕은 브라만을 여러 분야의 고문으로 두고 세속의 권한을 행사했다. 바이샤 계급은 이들 두 계급과 함께 '재생자'라는 이름을 지니지만 브라만의 통제 아래 있고, 슈드라 계급은 모든 권리가 박탈되고 오직 의무만 존재한다. | 브라만과 끄샤뜨리야의 투쟁 관계는 무척 흥미롭다. 4계급

체계에서 사제 계급인 브라만이 언제나 최상층을 차지하니, 통치 계급인 끄샤뜨리야와 싸움에서 사제 계급이 승리를 거둔 셈이다. 브라만은 학문의 유무에 관계없이 신의 대행자로서 왕의 권한 밖에 있었다. 왕은 '백성들의 왕'임을 선언하면서도 '브라만의 종'임을 부언했기 때문이다. 브라만은 자신들에게 이익을 안겨다 주는 무사 계급인 끄샤뜨리야에 대하여 무한의 격찬을 아끼지 않았으며 이들의 전투를 신들의 그것에 비유하기도 했다. 정신세계에서는 사제 계급 브라만이 상위였지만, 실제 생활에서는 점차 무사 계급 끄샤뜨리야가 통치의 주도권을 잡았다. 그러다 보니 이들이 사상계까지 진출을 하여 브라만을 공격하게 된다. 기원전 5~6세기를 중심으로 볼 때 그 이전은 브라만의 문명이었고 이후는 끄샤뜨리야의 문명이라고 할 수 있을 정도로 시대가 변화하게 된다.

〔01.12〕-040 **커지는 왕의 힘** | 리그베다 시대〔기원전 1500~기원전 1000〕까지는 왕이 싸움터의 지휘관에 불과했다. 재판관으로서의 왕은 존재하지 않았다. 후대에 왕의 권한이 조금씩 커지면서 전투의 지휘관이자 평시의 지배자이며 재판권자로 직능이 뻗어 나갔다. 왕국의 일곱 요소 '왕—대신—도시—영토—국고(國庫)—군대—우방(友邦)'를 모두 갖춘 강력한 왕의 임무는 크게 둘로 나뉘는데, 첫째는 토지의 주인으로 국토를 수호하는 것이고, 둘째는 재판과 형(刑)의 집행이다. 국토를 확장하고 보존하기 위하여 무력인 군사를 동원하고 군사력을 증강시킬 수 있었으며 또한 궁전의 한켠에 재판을 위한 큰 방을 두어 재판관으로서 권한을 매일 펼쳤다. 마을의 각 촌장〔쎄나빠띠(senāpati)〔군 지휘관, 장군〕, 그라미까(grāmika)〔마을 촌장〕〕들도 자치적으로 재판권을 지

녔지만, 왕이 임명한 재판관에 의하여 판결을 받기도 했다. | 법전에서 처음으로 발달한 것이 왕이나 촌장들의 재판을 돕기 위한 형사법이다. 후일 민사법이 발전하는데 대개는 브라만이 제사에서 받는 사례금의 분배 방식을 정하는 법 조항에서 출발했다. 제의에 두 명 이상의 브라만을 부르기 때문이다. 나중의 법전을 보면 상인들의 공동 사업에서 일어나는 손해와 이익의 발생을 다룬다. 소유 토지에 대한 촌락 간의 다툼이 일어나기도 하고, 가족 단위 소유 재산 등이 가족의 번성과 분가로 인해 문제가 발생하게 되었을 때 이를 조정하는 법이 발달하게 된 것이다. 일반 가정에서 주요 재산은 토지가 아니라 암소 등의 가축이었다. 붓다 시대〔기원전 624?~기원전 544?〕까지는 장자 상속 원칙이 분명히 정해지지는 않았던 듯하다. 가장이 상속 문제를 확실하게 처리해 놓지 못하고 죽을 경우 가족 구성원 사이에 재산 상속과 분할 청구가 재판으로 이어지기 일쑤였다. | 정의(正義, justice)나 도덕(道德, morality)은 〈베다〉에서 정해 놓은 법〔dharma 다르마〕에 충실한다는 의미였다. 모든 면에서 〈베다〉에 정해진 각 계급의 의무가 우선시되었다. 거짓말, 도둑질, 살인 등도 죄과를 묻고 처벌하는 것이 아니라 먼저 해당 계급의 면책 조항을 살펴본 다음 죄과를 논했다. 예를 들자면 마차를 몰다가 자신의 부주의로 어린아이를 치어 죽였다고 하자. 만약 끄샤뜨리야 계급이 전차를 몰다가 그렇게 했다면, 계급에 따른 정의관을 우선으로 판단하여 간단한 처벌이나 벌금으로 대신하는 것이다. 율법적 종교인 브라흐만교에 대하여, 도덕적 종교인 불교와 자이나교가 일어나게 되고 일반인들에게 금세 큰 호응을 받을 수 있었던 데는 이러한 배경이 강하게 작용했다. | 리그베다 시대〔기원전 1500~기원전 1000〕에서 왕〔라자(rāja)〕은 가장(家長)의 영역에서 막 벗어난 전쟁의 지휘관이었

다. 이 때는 선거로 왕을 추대하기도 했지만, 붓다 시대는 대개 세습에 의한 왕권이 정착된 시기였다. 왕인 끄샤뜨리야의 주 임무는 적과 싸워 백성을 보호하는 일이었으니 평시에는 달리 할 일이 없었다. 그러니 평시에 왕의 권력은 미약했다. 대개 의정 기관(議政機關)〔싸미띠(samiti)〔위원회〕, 싸바(sabhā)〔집회, 종족의 전체 집회〕〔싸하(sahā)=사바(沙婆)=우리가 사는 세상〕〕이 따로 존재했다. 여기에서 주요한 일들을 결정되면 왕은 이를 집행했다. 즉 전시에는 왕의 일인 체제이지만 평시에는 전체 종족민이 참여하는 정치 형태인 공화제(共和制, republic)였다. | 붓다 시대〔기원전 624?~기원전 544?〕에는 공화정을 실현하는 집회가 줄어들면서 공화제가 몰락하는 대신 전제 왕권이 출현해 대단한 힘을 발휘하게 된다. 전제 왕국을 세운 강력한 왕들은 종래의 '라자(rāja)'〔공화제의 의장 격〕라는 호칭 대신 '쌈라즈(samrāj, 대군주)'로 불렸다. 왕권이 붓다 시대에 급속히 성장을 하면서 왕들은 종래의 브라만이 가지고 있었던 재판권을 관장하게 되었고 조세권 또한 장악했다. 또한 토지의 수호자로서 토지를 관리한다는 관념이 생기므로 브라만조차도 땅에서는 왕에게 복종을 해야 한다는 사고 방식도 생겨났다. 이제 왕은 지상의 신〔데바(devā)〕으로 추앙받게 된 것이다.

|

〔01.12〕-041 **왕의 직능과 관리의 구조** | 많은 경서에 붓다 시대 때 왕의 직능에 관한 상세한 규정이 나오지만 여기에서는 『마누법전』에서 열거한 왕의 직능을 소개한다. 인민을 보호하는 일, 악인을 처벌하는 일, 학식이 있는 브라만에게 명예를 주고 지지하며 상을 주는 일, 대신과 관리를 임명하는 일, 국정을 처리하기 위해 대신들의 자문을 받는 일, 도의(道義, nīti 니띠)에 맞는 원리를 따르는 일, 소송을 스스로 판결하거나 재판관에게 판결토록

하는 일, 백성이 바칠 세금을 정하고 의무를 정해 주는 일, 군대의 지휘권을 갖고 전리품을 분배하는 일, 부정 도량형을 단속하는 일, 장물〔盜品도품〕을 처리하는 일, 노약자와 유부녀를 보호하는 일, 브라만 · 고행자 · 학생 · 장애인에 대하여 세금을 면제하는 일 등이다. 인간의 모습을 했지만 신에 가까워진 왕의 직능을 종합하여 세 가지로 말하자면, 병마의 대권〔군사권〕을 장악하고, 인민의 생사여탈을 좌우〔사법권〕하는, 전 국토의 주인〔토지 소유권〕이었다. | 권한이 막강해진 왕은 자신의 영토와 점령지를 효율적으로 통치하기 위해 관료들을 발탁하여 임명했다. 『리그베다』에 장군(將軍, senānī쎄나니), 부대장(部隊長, grāmanī그라마니) 등의 명칭이 나오며, 법률서와 경서에는 많은 관직명이 등장한다. 당시에 통용되던 관료들의 명칭과 구실은 대략 다음과 같다. 대신(大臣)이자 고문관(amātya아마띠야)은 국정 전반에서 가장 중요한 일의 자문역을 하는 참모다. 대사(大使, lehari레하리)는 측근 세력들과 타국에 주재하면서 조약, 동맹의 체결과 해제를 다루며 타국의 정책을 탐지하여 자국에 위해가 없도록 하는 일을 한다. 왕을 대신해 민병을 통솔하는 장군〔將軍, senānī쎄나니〕은 마을의 촌장을 겸한다. 또 공공 사업과 세입의 수납을 관장하는 재무관(財務官, vāsua-mātya바(와)쑤아-마띠야)〔vāsu=wealth, gold〕, 갖가지 사업을 진행하며 사업 종사자를 감독하는 감독관(監督官, pār-apātya빠르-아빠띠야)〔pār=to complete, to be able〕이 있다. 촌락에는 우두머리로 촌을 책임지며 총괄하는 촌장(grāmika그라미까)과 10촌의 장(長), 20촌의 장, 100촌의 장, 1,000촌의 장을 두었다. 이들은 마을의 조세와 정무를 관장하며 범죄에 대한 재판권이 주어졌다. 그밖에 왕이 직접 판결하지 않는 재판을 주재하는 재판관(裁判官, pariccheda-kara빠릿체다-까라) 등이 있다.

|

〔01.12〕-042 **전장에서 지켜야 할 무사도** | 전쟁이 일어났을 때 주력은 끄샤뜨리야 계급의 전사들이다. 리그베다 시대〔기원전 1500~기원전 1000〕에는 전차병과 보병만 있었지만, 브라흐마 시대〔기원전 800년 전후 수백 년〕와 우빠니샤드 시대〔기원전 500년 전후 수백 년〕인 붓다 당시〔기원전 624?~기원전 544?〕에는 병력이 '네 무리의 군대(caturaṅginī-sena 짜뚜랑기니 쎄나)'라 불리는 4종 병과(兵科)로 구성되었다. 전차(戰車, ratha 라타) 부대, 보병(步兵, patti 빳띠) 부대, 기마(騎馬, assa 앗싸) 부대, 코끼리〔象兵 상병, hatthi 핫티〕 부대가 동원된 종합 전투 병과였다. 이들은 야간 기습 공격이나 여성과 아동의 살해 금지 등 전장에서 놀랄 만한 도덕과 용기를 드러냈다. 전사자는 명예롭게 안장(安葬)했으며, 승리자는 관용을 가지고 망명자를 도왔으며, 은혜와 원수를 잊지 않았다. 결투나 내기의 도전을 받고 응하지 않는 것은 치욕이었다. 이들은 자신의 계급적 의무〔dharma 다르마〕를 다하고자 전장에 임해서는 적에게 등을 보이지 않고, 자비를 구하는 자는 죽이지 않으며, 부정한 무기를 사용하지 않으며, 전투 의사를 버리고 투항하는 자〔땅에 엎드려 소나 양처럼 풀을 머금거나, 입에 풀을 물고 있는 자〕는 죽이지 않고 살려 주었다. 끄샤뜨리야 계급은 전장의 이슬로 사라지는 것이 최상의 명예였다. 방(房, vihāre 비하레)에서 죽는 것은 불명예로 여겼다.

|

〔01.12〕-043 **신흥 사상가의 출현** | 붓다 시대〔기원전 624?~기원전 544?〕를 전후하여 고대 인도 문화는 중대한 변화를 겪게 된다. 왕권이 강해지고 그에 따라 브라만 계급의 권위가 동요되자 곧 끄샤뜨리야 계급이 사상계에 진출하기 시작한 것이다. 이것은 정신 문화의 충돌로 이어진다. 붓다의 시대를 '끄샤뜨리야 문화의 시기'라고 표현하는 것도 이 때문이다. 브라만들의 낡은 권위는

차츰 빛을 잃어가는 대신 끄샤뜨리야와 부유한 자산가들이 두각을 드러냈다. 이들은 서로 결합하여 새로운 문화를 창출했다. 끄샤뜨리야는 문화의 대표 주자로서 신흥 사상가에 호응하며 여러 사상과 신앙을 받아들이거나 자신의 왕국 안에서 전도 활동을 묵인하며 물질적 후원을 해 주기도 했다. | 이렇게 해서 형성된 것이 『우빠니샤드』다. 『우빠니샤드』를 간단하게 말하면 〈베다〉라는 '하나의 진리를 두고 현명한 사람들이 여러 방법으로 설명'한 것이다. 인도에서 발생한 모든 종교와 철학 사상은 『우빠니샤드』를 자양분으로 양육되었다고 해도 과언이 아니다. 우빠니샤드 시대를 기원전 800년~기원전 200년〔기원전 500년 전후 수백 년〕으로 보는데, 타락한 기존의 브라흐만교 제사를 반대하는 관점이 불교와 비슷했으므로, 나중에 불교가 『우빠니샤드』를 통해 힌두교로 흡수될 수 있었다. | 원래 〈베다〉는 브라만이 브라만에게 가르치는 것으로 그들만의 특권이었다. 그런데 끄샤뜨리야가 브라만을 가르치는 비정상적인 경우가 나타난다. 별것 아니어 보이지만 이것은 매우 중요한 사건이었다. 끄샤뜨리야도 정신계나 사상계에 진출하여 끝내는 브라만의 스승이 되는 일이 발생할 수도 있게 된 것이다. 그러나 이 시대까지만 해도, 〈베다〉의 교육은 어디까지나 브라만의 전유물이었다. 다만 오래지 않아 사문(沙門, samaṇa 싸마나)〔출가(出家)하여 여러 곳을 유행(遊行)하며 자유로운 토론과 명상을 하는 이〕들의 단체가 일어나 끄샤뜨리야 문화가 건설되고 붓다의 시대가 열리게 되는 토대가 천천히 형성되었다. | 전통적인 〈베다〉에 대하여 반기를 든 사문들은 신흥 사상 세력으로 떠올라 사회·종교 활동가로 자리매김을 하게 된다. 원래 '사문〔samaṇa 싸마나〕'은 앞에서 살펴보았듯 재생족의 아슈라마〔Āśrama, 4주기〕에서 제3기〔임서기(林棲期, vānaprastha 바나쁘라스타)〕를 끝내고 제4기〔유행기(遊行期,

parivrājaka빠리브라자까)]의 은둔 생활에 들어간 사람에게 주어진 명칭이었다. 그런데 붓다 당시 사용했던 '사문'은 이와는 전혀 뜻이 달랐다[samaṇa싸마나→근식(勤息)['착한 법(法)을 부지런히 닦고 나쁜 짓을 쉰다.'는 뜻으로, 출가(出家)하여 도를 닦는 사람]]. 사문들은 브라흐만교의 전통적 교조주의의 구속에서 벗어나 자유롭게 출가하고 자유롭게 수행하고, 자유롭게 주장하고, 자유로운 생활을 했다. 그들은 젊고 발랄한 시대의 공기 속에서 살았다. 그들은 스스로 '사슬을 끊은 자'[니간타(Nigantha)], 또는 '벗은 자'[나자(裸者)=아쩰라까(Acelaka)]를 자칭했고 여러 명칭을 붙여 가며 새로운 종교를 만들었다. 불교 경전에서는 모두 62가지 견해[외도(外道) 62견(見)][고대 인도 붓다 시대의 여러 철학·종교 사상들을 62종의 견해로 분류한 것]를 꼽고, 그 가운데 가장 유명한 여섯 사상가를 '6사 외도(六師外道)'라 불렀다. 외도(外道, tirthika띠르티까)는 불교의 입장에서 본 명칭으로, 붓다의 가르침과 다른 사상을 주장하고 따르는 이들을 가리킨다. 경전에서 외도라고 불리던 그들과 그들의 주장을 간략하게 소개한다.

① 뿌라나 깟싸빠(Pūraṇa Kassapa)[기원전 6세기경] : 무도덕(無道德) 사상가, 도덕 부정론자. '선악'의 관념은 인간이 멋대로 정한 것이므로 가치가 없다고 주장했다. 사람을 죽이거나 때리거나 도둑질을 하거나 강간을 하더라도 그것은 '악(惡, akusalā아꾸쌀라)'이 아니며, 진실을 행하거나 착한 일을 해도 '선(善, kusalā꾸쌀라)'이 아니라는 것이다. 그는 노예의 아들로 태어나 주인에게 도망쳐 나올 때 입고 있던 옷조차 빼앗기는 바람에 일평생 옷을 입지 않고 알몸으로 살았다고 한다.[일설에는 브라만 출신이며 옷은 도둑에게 뺏겼다고도 한다.]

② 막칼리 고쌀라(Makkhali Gosāla)〔기원전 6~5세기경〕: 떠돌이 광대의 아들로 부모가 비를 피하여 외양간에 있을 때 태어났다고 한다. 그는 모든 생물은 윤회를 하며, 해탈을 하는 과정에도 모두 인과(因果)가 없다고 주장을 하여 '사명 외도(邪命外道, Mithya-jīva미탸-지바(와)〔mithya(잘못된)〕 Ājīvaka아지와까)'〔사명(邪命)이란 '그릇된(떳떳하지 못한) 방법으로 사는 것'을 뜻한다.〕라고 부른다. 모든 사람은 수십억 년 종말에 이르기까지 유전한 다음 일제히 청정해진한다는 '운명론'을 이야기했다.

③ 아지따 께싸깜발라(Ajita Kesakambala)〔기원전 6세기경〕: '쾌락 유물론'을 주장했다. 인간은 4원소〔지(地), 수(水), 화(火), 풍(風)〕로 성립되는데, 죽음은 4원소의 흩어짐에 불과함으로 누구든지 죽음을 당하면 무(無)로 돌아가 아무것도 남지 않으며 영혼(靈魂, jiva지와)의 존재도 없다고 했다. 따라서 인과응보나 내세(來世)는 없다는 것이다. 극단적 쾌락주의로 '순세 외도(順世外道, Lokāyata로까야따)'라고 한다.

④ 빠꾸다 깟짜야나(Pakudhā Kaccāyana)〔기원전 6세기경〕: 인간은 4원소〔지(地), 수(水), 화(火), 풍(風)〕 외에 실체 원리에서 독립한 고(苦), 락(樂), 영혼(靈魂)으로 이루어졌다는 7요소 설을 주장하며, 이 7요소는 창조되는 것이 아니고 변화도 없으며 다른 것을 해치지 않는다고 주장한다. 인간은 독립한 영혼의 존재가 없으며 7요소의 모임에 불과하므로 설사 사람을 죽이더라도 그저 칼이 7요소를 통과했을 뿐이라는 것이다. 그는 '도덕의 부정(否定)', 그 자체이다.

⑤ 싼자야 벨랏티뿟따(Sanjaya Belaṭṭhiputta)〔기원전 7~6세기경〕: 인도 사상사에서 '회의론(懷疑論, vighāta위가따)'을 등장시킨 사상가로 인식의 객관적인 타당성을 거부하고 회의를 가졌다.

즉 "내세(來世)가 있느냐?"는 물음에 "있다고 답할 수도 없고, 없다고 답할 수도 없다. 다르다고도 생각하지도 않으며, 그렇지 않은 것을 아니라고 생각하지도 않는다."라고 대답했다고 한다. 무슨 질문을 받아도 "무엇인지 알 수 없다."고 대답함으로써 '무엇'에 대한 인간의 집착을 배제하려고 한 것이다. 그는 철학 논쟁은 아무 소용이 없다고 보고 오직 해탈의 길을 걷고자 했다. 붓다의 수제자인 사리불(舍利弗, ⓟSāriputta싸리뿟따)〔ⓢŚāriputra(샤리뿌뜨라), 사리자(舍利子), 기원전 568~기원전 484〕과 목련(目連, Māha ⓟMoggallāna마하 목갈라나)〔ⓢMaudgalyāyana(마우드갈랴야나), 목건련(目揵連), 목련존자〕도 처음에는 싼자야의 제자였다가 후에 붓다에게 귀의했다.

⑥ 니간타 나따뿟따(Nigaṇṭha Nātaputta)〔기원전 599?~기원전 527?〕: 자이나교의 개조(開祖)〔창시자〕로 깨달음을 얻은 후에는 마하비라〔Mahāvira, 대웅(大雄)〕〔기원전 599~기원전 ?〕라고 한다. 자이나(Jaina)는 '지나(jina)〔승리자, 고뇌와 유혹을 이긴 사람〕의 가르침'이라는 뜻이다. 엄밀하게 말하면 자이나교의 창시자는 마하비라가 아니다. 자이나의 전승에 따르면 시조인 우싸바(Usabha)에서 빠싸(Pāsa)까지 23대조(祖)가 있었고, 마하비라는 24대조로서, 자이나교의 완성자라는 것이다. 니간타 나따뿟따는 기원전 444년경〔599?〕 바이샬리(Vaiśālī) 북부에서 왕족의 아들로 태어났고, 본명은 바르다마나 싯달타(Vardhamāna Siddhārtha)로 공교롭게 붓다의 이름과 같다. 극도의 불살생과 무소유를 주장했다. 옷마저 입지 않았으므로 '나형 외도(裸形外道, acelaka아쩰라까〔나체 수행자〕)라고 한다. 후대에는 흰옷을 입는 백의파(白衣派, Svetambara쓰웨땀바라)와 옷을 입지 않는 공의파(空衣派, Digambara디감바라)로 나뉘었다. 자이나교에서

는 단식이나 인간의 한계를 시험하는 여러 가지 고행을 해야 하며, 이것을 견디어 내야만 업에서 벗어나 영원한 자재(自在)〔속박이나 장애가 없는 상태〕를 얻을 수 있다고 한다. 자이나교에서는 우주를 '영혼(jiva 지와)'와 '비영혼(ajiva 아지와)'으로 나눈다. 우주는 태초부터 엄연히 존재했으며 우주를 창조한 절대 유일신은 없다고 주장을 한다. 현재에도 인도에는 자이나교의 수행자와 성지, 신도가 있다.

바이샬리(ⓢVaiśālī) Vaishali, ⓟ Vesāli (**웨쌀리**). 한자로는 毗舍離(비사리). 인도 북부 동쪽 끝의 비하르(Bihar)주에 속한 고대 도시다. 주도인 파트나(Patna)에서 멀지 않으며, 직선 거리로 콜카타(Kolkata)에서는 북서쪽으로 500km쯤, 바라나시(Varanasi)〔ⓢ바라나씨(Bārāṇasi)〕에서는 서쪽으로 250km쯤 떨어져 있다. 인도 십육대국(十六大國, Mahajanapada) 시대〔기원전 1000~기원전 500〕에 릿차비(Licchavī)족과 밧지(Vajjī) 연맹의 수도였으며, 붓다가 가장 사랑했고 마지막 안거를 마치고 열반을 선언하셨던 곳이다.

이들의 주장 중 일부분만 떼서 보면 그럴듯해 보이고, 오늘날 한국 불교에도 그런 말들이 묻어 내려오기도 한다. 붓다께서도 그런 질문을 숱하게 받곤 하셨다. "빅쿠들아, 이렇듯 많은 사람에게 해악을 끼치고 불행을 주고 폐를 끼치는 자는 본 적이 없으니, 바로 쓸모없는 인간 막깔리다. 누가 강어귀에다 그물을 쳐서 수많은 물고기들을 재앙으로 몰아가는 것과 같구나. 그와 마찬가지로 비구들이여, 쓸모없는 인간 막깔리는 세상에 태어나 사람을 낚는 그물로 많은 중생들을 손해와 괴로움과 재난과 파멸로 인도하는구나." 붓다는 이런 온갖 설 중에 진리가 무엇이냐는 질문에 사성제로 대답하신다. "바라문들이여, 그만하라, 그냥 내버려 두어라. 내가 그대들에게 사성제의 법을 이야기해 주마. 이제 그것을 들으려무나. 듣고 마음에 새기려무나." 지금까지 다소 길게 인도의 문화와 사상 중 몇 가지 면들을 열거했다. 붓다의 삶을 더듬어가는 앞으로의 글에서 배경이 될 이야기들이다. 세상이 격동할 때 사람들은 불안해지고, 영적인 대답이나 현세의 불행에 대한 보상을 약속받고 싶어하는 마음에 기대어 보이지 않는 세계를 내세우는 갖가지 견해들이 튀어나온다. 그중에 혁명적 희망도 있고 혹세무민하는 거짓도 있다. 붓다께서 어지롭게 난립하던 외도들의 주장을 일축하며 들려주신 사성제의 진리는 이 책의 말미에서 만나게 될 것이다. ⓑⓓⓢ

〔02〕 격동의 시대에서

〔02.01〕 탄생 전야
〔02.01〕-044 신흥 국가들의 성장
〔02.01〕-045 경제 성장과 타락
〔02.01〕-046 보통 사람들의 희망
〔02.02〕 까삘라(Kapila)
〔02.02〕-047 사꺄(Sakyā)족의 기원
〔02.02〕-048 알려지지 않은 부족
〔02.02〕-049 영토와 통치 방식
〔02.02〕-050 모계 혈통

02

격동의 시대에서

알라하바드(Allahabad) 고대에는 **쁘라야가**(Prayāga)였고, 2018년에 프라야그라지(Prayagraj)로 바뀌었다. 인도 북부 우타르 프라데시(Uttar Pradesh)주에 속한 도시로 힌두스탄(Hindustan) 대평야〔히말라야와 데칸 고원에 둘러싸인 지역〕의 한 가운데, 바라나씨〔ⓢBārāṇasi, 바라나시(Varanasi)〕에서 서쪽으로 100km쯤 떨어져 있다. 쁘라야가는 바라나씨와 함께 힌두교의 대표 도시였는데, 16세기에 악바르 대제〔Akbar-i-azam, 1542~1605, 무굴 제국의 제3대 황제〕가 성벽을 짓고 '알라하바드'라는 이슬람식 이름을 붙였다. 야무나 강과 갠지스강은 인도 북부 히말라야산맥에서 각각 발원하여 나란히 남동쪽으로 흐르다가 알라하바드(쁘라야가)에서 합쳐져 동쪽으로 흘러 나간다.

꾸루(Kuru)〔고대 인도 16대국 중 하나〕 야무나(Yamunā) 강 상류의, 현재 델리(Delhi) 북부의 타네사르(Thanesar)와 메루뜨(Meerut) 지역으로, 중심 도시는 인드라쁘라스따(Indraprasta)〔현재의 델리〕와 하스띠나뿌라(Hastināpura)였다. 중기 베다 시대(기원전 1200~ 기원전 800)에 등장한 인도 북부의 인도 아리안 부족 연맹체로, 델리, 하리아나, 펀자브, 우타르 프라데시(Uttar Pradesh)주 서부를 지배했다. 인도 아대륙에서 최초로 기록화된 국가 수준의 사회로 발전했다.

마가다(Magadha)〔고대 인도 16대국 중 하나〕 기원전 6~1세기 고대 인도의 정치와 문화의 중심 국가. 갠지스강 중류 이남 일대로 비하르(Bihar)주 남부에 해당한다. 수도는 라자가하(ⓟRājagaha)〔라자그리하(ⓢRājagṛha)〕. 주요 도시는 빠딸리뿌뜨라(Pāṭaliputra)〔현재의 파트나(Patna)〕이다. 붓다 당시 꼬쌀라국과 인도 북부의 패권을 다투었다.

꼬쌀라(Kosala)〔고대 인도 16대국 중 하나〕 인도 북부 우타르 프라데시(Uttar Pradesh)주 가가라(Ghaghara/Gogra고그라) 강변의 아요디아(Ayodhya/Oudh우드) 지역. 기원전 5세기경 마가다국에 병합됐다. 수도는 슈라와(바)스띠(ⓢŚrāvastī)〔싸왓(밧)티(ⓟSāvatthi)〕. 종족명은 꼬쌀라아(Kosalāa).

〔02.01〕-044 **신흥 국가들의 성장** | 붓다가 세상에 탄생〔기원전 563?(480?)〕하기 직전 인도 사회는 격동의 시대였다. 부족 구성원들의 집단 지도 체제인 공화정이 하나둘씩 전제 왕권 국가에 의하여 무너지며 기존의 큰 부족 국가들이 더 강력하게 일어나기 시작할 때다. 당시 야무나(Yamunā)강〔강가(갠지스강)의 최대 지류〕 상류 지역〔현재의 델리(Delhi)〕을 중심으로 시작하여 알라하바드(Allahabad)〔쁘라야가(Prayāga), 프라야그라지(Prayagraj)〕 지방까지는 '꾸루(Kuru)' 왕국이 번영을 누렸다. 그들은 이 중부 평원을 세상의 중심이라고 믿었으며, 갠지스 중류지 역의 북쪽에 있던 '마가다(Magadha)'나 '꼬쌀라(Kosala)' 왕국을 자신들과 대적이 안 되는 변두리의 야만스런 3류 국가로 간주했다. | 강가를 따라 남동 유역으로 전파된 문화의 중심지인 꾸루 왕국이 부족들 간의 내전으로 급속도로 황폐화되자 이 나라의 학자들은 피난처를 찾아 변두리로 떠돌게 된다. 이들 변두리 왕국들은 전쟁의 참화를 겪지 않았을 뿐더러 오히려 고급 인재들이 유입되면서 신흥 국가로 발돋움할 계기를 맞게 되었다. 이렇게 해서 기존 질서를 벗어나 새로운 사상과 지도 체계를 갖춘 전제 왕국이 성립되기 시작했다. 전제화된 왕국들은 강력한 군사력을 이용하여 이웃 약소 공화주의 국가〔부족 연맹체〕들을 통합하거나 정복하고 왕국의 상인들을 적극적으로 후원하여 무역으로 튼튼한 재정을 갖추어 갔다. | 그러나 일반 민중에게는 힘들고 괴롭고 불안정한 상황이었을 것이다. 민중이 국가의 주인이던 공화제〔부족 국가〕에서, 왕이 독단으로 권력을 행사하는 강대국에 병합되는 과정은 확대 재생산되어 가는 전쟁의 연속이었기 때문이다. 하루아침에 점령이나 통합에 따라 나

라가 바뀌면서 자기 부족의 공화정이 해체되고 정체(政體)가 바뀌는 혼란의 사회였다. 정권에 야망을 품은 왕자들은 왕인 아버지를 죽이거나 유폐시키고 이른바 무력 쿠데타를 통하여 부도덕하게 정권을 장악했으며, 그 아들이 다시 아버지처럼 정권을 찬탈하는 악순환이 벌어지기도 했다.

|

〔02.01〕-045 **경제 성장과 타락** | 베다 시대〔기원전 1500~기원전 500〕까지 장자 상속은 확립되지 않았는데, 이 시대〔우빠니샤드 시대 : 기원전 500년 전후 수백 년〕에 이르러 브라만, 끄샤뜨리야 등 상층 계급에서 직업 상속이 새로운 문제를 낳았다. 예컨대 아버지의 직업〔ㅈ짜띠〕 인 왕을 여러 아들들이 나누어 받을 수는 없었던 것이다. 그러니 둘째 이후의 아들들은 농업이나 상업 등에 종사하게 될 수밖에 없는 처지에 놓였다. 즉 이들의 출생 계급은 브라만이나 끄샤뜨리야이지만 직업으로는 바이샤〔평민 계급〕나 다름이 없었다. 출생 계급을 떠나 직업으로서 상인이 된 상층 계급 출신의 이들은 자신들의 상행위를 보호하고 이익을 높이고자 상인 조합〔가나(gana)〔=troop, company, association〕〕을 만들었다. 이로 말미암아 국가를 상대로 하는 대규모 무역상이 일어났으며, 멀리 중동이나 그리스까지 진출하여 중개 무역으로 큰 이익을 얻을 수 있었다. 상인 가운데 출신 계급이 좋은 데다 많은 재산을 축적한 대부호가 탄생하게 되니, 이들을 장자(長者, ⓢ śreṣṭha 슈레슈타〔=excellent, first-class〕, ⓟ seṭṭhana 셋타나〔=the position of a seṭṭhi (=millionaire)〕)라고 부른다. | 원활한 상거래를 위하여 이전 시대에 거래 수단으로 사용하던 쌀이나 암소 대신에 자신의 재력이나 신용만을 담보로 왕에게 세금을 내고 독자적으로 발행한 화폐를 사용했다. 당시 마가다 왕국이나 꼬쌀라 왕국에서 발행된

은화에는 코끼리, 소, 물고기, 태양, 공작 깃 등으로 상징되는 발행자의 도장〔印號인호〕이 망치로 두들겨져〔타각(打刻, kahāpana 까하빠나)〕 표시되어 있다. 붓다 시대〔기원전 624?~기원전 544?〕에 장자〔재벌〕의 계층은 다양했다. 초기 경전에는 세금을 징수하여 부자가 된 20여 명의 왕들과 특권을 상속받은 상당수의 끄샤뜨리야들과 약간의 브라만이 장자로 등장한다. 싸왓티(Sāvatthi)〔ⓢ Śrāvastī(슈라와쓰띠), 사위성(舍衛城)〕〔꼬쌀라국〕, 라자가하(Rājagaha)〔왕사성(王舍城)〕〔마가다국〕, 바라나씨〔ⓢ Bārāṇasi, 바라나시〕〔까씨국〕, 꼬쌈비(ⓟ Kosāmbī)〔까우샴비(ⓢ Kauśāmbī)〕〔밤싸국〕 등 몇몇 도시에서 12명 정도의 대부호 이름이 등장하며, 도시와 농촌에도 작은 부자들이 있었음을 알 수 있다. 하지만 어느 시대를 막론하고 재벌이라고 불리는 대부호는 극소수였을 뿐이다. | 물질의 풍요로움이 정신의 풍요로움까지 충족시켜 주지는 못한다. 앞 시대와 비교하여 붓다 시대에는 엄청난 경제 성장으로 풍요가 흘러넘치게 되었다. 막대한 토지와 화폐 유통으로 얻은 부와 갖가지 특권을 상속받은 이들은 술을 마시고, 노래하며 춤추는 여자〔유녀(遊女, varastrī 바라쓰뜨리)〔vara=아름다운+strī=여성〕〕와 아름다운 시간을 보내거나, 몸을 파는 여자〔음녀(淫女, panastri 빠나쓰뜨리)들과 밤낮없이 즐기는 것을 인생 최대의 쾌락으로 여겼다. 반대로 쾌락의 연속에 싫증을 느끼거나 물질의 풍요에서 스스로 벗어나 새로운 삶을 찾겠다며 출가하는 신흥 사문(沙門, samaṇa 싸마나)이 나타나기도 했다.
|

〔02.01〕-046 **보통 사람들의 희망** | 왕권이 강해지면서 세금이 과중해졌고 장자〔특권을 가진 소수 독점 재벌〕의 출현으로 부의 쏠림 현상이 일어났다. 전쟁으로 삶의 터전을 잃은 사람들은 떼도둑이나 강도로 돌변하여 외딴 마을에 출몰했으니 민중의 삶은 몇 배로

힘들어져 갔다. 삶이 피폐한 이들은 구원자〔메시아(Messiah)〕를 기다리기 마련이다. 계속되는 전쟁 속에서 패전한 나라의 부상자들이 그러했다. 피정복 국가의 난민 출신으로 자신의 계급을 잃고 정복 국가의 하층민으로 전락한 이들, 정복민과 피정복민 사이의 혼종(混種)으로 새로운 카스트가 정해져 노예가 되는 이들도 그러했다. 늙어 노동력을 상실하고 길거리에서 신음하다 죽어 가는 최하층의 계급들도 새로운 희망을 찾고자 했다. 노예뿐만이 아니었다. 농노(農奴)나 다름없이 일을 해야 하는 소작 농민들과 새로 생겨나기 시작한 도시에서 자신의 노동력을 팔아서 살아가는 직공(職工)이나 임금(賃金) 노동자들 역시 자신들의 고통을 덜고 행복을 안겨 줄 새로운 지도자를 간절히 원했다. 부자들 역시 제사를 강요하고 사례금을 요구하는 브라만의 횡포에서 벗어나게 할 전설적인 현실 지도자〔전륜성왕(轉輪聖王, Cakra-varti-rāja 짜끄라-와르띠-라자)〕나 정신의 구원자〔붓다(佛陀, Buddha)〕를 간절하게 기다리게 되었다. | 인도 사람들은 메시아를 현실의 지도자와 정신의 지도자로 나누어서 보았다. 각각 할 수 있는 것이 다르기 때문이다. 현실의 지도자가 해야 할 일은 피를 흘려 가며 정복 국가를 이루어 강압적인 통치를 하는 것이 아니라, 신화 속에 나오는 '짜끄라(Ⓢcakra, Ⓟcakka)'〔수레 바퀴처럼 생긴 비슈누(Vishnu)의 무기〕를 굴려서 통일된 평화로운 세상을 만들어 통치하

사꺄(Sakyā)의 표기들

석가(釋迦)족의 이름은 사까(sāka) 나무(쌀라나무 또는 티크)에서 유래했다는 설이 있고, '사까 나무에 속하는'이라는 뜻에서 '사꺄(Sākyā/Sakyā)'가 나왔다고도 한다. 이 점에서 석가족은 인도 아리아 다른 민족들과 달리 신성한 나무를 숭배했다고 본다. 빨리어나 쌍쓰끄리뜨로 다양한 표기가 나타나는데, 사꺄/사끼야(Sakyā, Sakya, Sākiyā), 삭까(Sakkā, Sakka), 샤꺄(Śākya, Shakya) 등이다. 표준 표기법은 '샤카'이고 이 책에서는 '사꺄'로 표기한다.

는 것이다. 그리고 정신의 지도자는 스스로 깨달음을 이루어 최상의 행복을 줄 것이라고 믿었다. 현실적인 정치 군사 지도자〔전륜성왕〕에게나 정신적인 지도자〔붓다〕에게나 당시 사람들이 바란 것을 한 마디로 축약하면 '행복'이었다.

〔02.02〕 까삘라(Kapila)

〔02.02〕-047 **사꺄(Sakyā)족의 기원** | 사꺄족의 기원은 아득한 옛적 이끄슈와꾸(Ikṣvāku)왕으로 거슬러 올라간다. 빨리어로는 옥까까(Okkāka)라고 하는데 둘 다 '사탕수수'를 의미한다. 중국에서는 이를 감자왕(甘蔗王)〔감자(甘蔗)=사탕수수〕이라고 번역했다. 수많은 부족 중 하나로 사라질 수도 있었을 사꺄족은 붓다가 출현함으로써 비로소 세상에 이름을 알렸다. 전래하는 서사시, 옛 전설이나 브라만의 설화 어디에도 사꺄라는 부족 명칭은 전혀 나타나지 않으며 전하는 이야기도 없다. 오직 붓다의 출현으로 인하여 알려진 부족이다. 고작 조상의 이름인 '이끄슈와꾸'를 보건대 사탕수수를 토템으로 삼았으리라 짐작할 수 있을 정도이다. 아리안 족은 인더스 유역〔서북 인도〕에 정착하면서 원주민인 '문다(Munda)'족〔드라비다족과 함께 인더스 문명의 원주민이다.〕에게서 밀과 사탕수수 재배법을 배웠다고 전한다. 지금도 옛 꼬쌀라〔Kosala〕의 영토였던 웃따르 쁘라데시〔Uttar Pradesh우타르 프라데시〕주〔인도 북부의 주로 북동쪽으로 네팔, 동남편으로 비하르(Bihar) 주와 면해 있다.〕의 동부와 비하르〔Bihar〕주〔인도 북부 동쪽 끝에 있는 주로, 서쪽으로 우타르 프라데시(Uttar Pradesh)주, 북쪽으로 네팔, 동쪽으로 서 벵골(West Bengal)주와 면해 있다.〕 북부는 인도 최고의 사탕수수 산지이므로 설화와 무관하지 않은 듯하다. | 이끄슈와꾸〔감자왕〕의 첫 번째 왕비가 4명의 왕자와 5명의

공주를 낳고 죽자, 왕은 젊은 두 번째 왕비를 총애하고 두 번째 왕비의 뜻에 따라 그의 소생 왕자에게 왕위 계승권을 준다. 그러자 첫 번째 왕비 태생의 왕자들은, 늙은 왕이 마음 편안하게 살 수 있도록, 추종하는 무리를 이끌고 모두 나라를 떠난다. 이들은 히말라야가 멀리 보이는 평원에 정착한다. 그 때 '까삘라(Kapila)'라고 하는 대수행자〔선인(仙人, yogi요기)〕가 작은 연못 근처에 살고 있었는데, 자신의 수행처가 좋은 명당이니 도성으로 만들라고 일러 준다. 그의 이름이 곧 도시의 이름으로 정착해 까삘라-와스뚜(Kapila-vastu) 즉 '까삘라 마을'이 되었다. | 왕자들이 새로운 도시를 세우고 혼기도 닥치자 함께 떠나온 대신들이 결혼을 권하기 시작했다. 게다가 함께 온 다섯 공주(누이들)에게도 적절한 부마감을 찾아 주어야 했지만 쉽사리 찾을 수가 없었다. 혈통이 순수해지지 못할까 두려워진 왕자들은 누이들을 아내로 맞이했다. 그리고 제일 큰 누이를 어머니와 같이 존경스럽게 모셨다고 한다. 이들이 까삘라 마을을 만들어 정착하는 과정을 들은 늙은 이끄슈와꾸왕은 뿌듯해 하며 이렇게 말했다. "사꺄-와따-보-꾸마라(Sakyā-vata-bho-kumarā)." 이는 '참으로 어질고 뛰어난 자손들이구나!'〔能仁능인〔능히 인(仁)을 행하는 사람〕〕는 뜻으로 이후 이들의 종족 이름이 되었다. | 사꺄족과 이웃한 꼬쌀라족은 '꼬쌀라아(Kosalāa)'라고 복수로 불리는 종족으로 부족제(部族制)를 일찌감치 해체하고 전제 왕권 국가로 출현한 강대국이었다. 전해 오는 이야기에는 꼬쌀라국의 기원도 이끄슈와꾸왕에서 시작을 하니, 꼬쌀라국과 까삘라의 사꺄족은 공통된 혈연 기반을 가지고 있었음을 짐작할 수 있다. 당시 까삘라는 꼬쌀라국에 속한 작은 공화제 국가로 초기 경전에는 붓다가 스스로 "사꺄족은 히말라야산맥 중턱에 살며 정직하고 부(富)와 용기를 고루 갖춘 꼬쌀라

국의 백성이다."라고 했으며, 또 "사꺄족은 꼬쌀라국의 빠쎄나디(Pasenadi)왕〔파사익왕(波斯匿王), 재위 기원전 534~기원전 490?〕에 대하여 순종적이고 겸손한 태도를 취했기 때문에 왕을 보면 자리에서 일어나 합장을 하고 인사를 한다."라는 기록이 있다. 또한 빠쎄나디왕이 붓다에게 "붓다와 저는 같은 꼬쌀라국 왕족이며 나이도 같습니다."라고 이야기하는 장면이 있다.

〔02.02〕-048 **알려지지 않은 부족** | '이끄슈와꾸〔Ikṣvāku〕'라는 말은 『리그베다』에서는 비아리안계 민족으로 알려져 있다.〔끄샤뜨리야 바르나〔varna(계급)〕들은 '달의 부족'으로 분류되며 아리안계인데, 이크슈와크는 '해의 부족'이다.〕 사꺄족의 인종은 아직도 확실하게 밝혀지지 않았고, 몽골계이거나 또는 지중해 계통이라고 주장하는 학자도 있다. 붓다가 '사꺄'라는 족성(族姓, kula꿀라)을 사용한 데서 그의 출생 계급이 끄샤뜨리야임을 곧바로 알 수 있다. 당시 공화제 국가에서 족성을 쓰는 일은 끄샤뜨리야 계급만이 가능했기 때문이다. 이발사 출신 우빨리(Upali) 존자〔우바리(優波離), 붓다의 10대 제자 중 한 명.〕는 까삘라에서 살았지만 스스로나 다른 사람들이 그를 사꺄라고 부르지 않았고, 붓다에게 마지막 공양을 올린 대장장이 쭌다(Cunda / Chunda춘다) 역시 말라(Mallā)족의 영토에서 살았지만 말라라고 불리지 않았다. | 사꺄족이 끄샤뜨리야 계급이면서도 순수한 아리안은 아니라고 추정하는 까닭은 〈베다〉에 나온 브라흐만교와는 다른 관습을 보이기 때문이다. 붓다의 32상(三十二相) 중 하나이자 사꺄족의 특징이었다는 "금빛으로 빛나는 몸

말라(Malla, Mallā)〔고대 인도 16대국 중 하나〕 인도 북부 우타르 프라데시(Uttar Pradesh)주의 동부 지역에 위치했던 나라로, 꼬쌀라국과 밧(왓)지 연맹 사이에 있었다. 중심 도시는 쿠시나가르(Kushinagar)〔Ⓢ Kuśinagara(꾸쉬나가라) / Ⓟ Kusinārā(꾸씨나라)〕.

〔금색신(金色身)〕"은 몽골계 인종을 지칭한다고 본다. 또한 초기 불교 경전에는 아리안 문화가 아닌 토착 드라비다 문화 요소가 습합(習合)된 다른 예들도 보인다. 요가(yoga) 수행의 중시, 유골 숭배 사상인 사리(舍利, sarīra싸리라)〔영골(靈骨, dhātu다뚜)〕의 존중, 뱀〔용(龍, naga나가)〕과 지모신(地母神)인 야끄시(yakṣī)〔야끄샤(yakṣa)〔야차(夜叉)〕의 여성형〕의 숭배 등이 그렇다. | 사꺄족은 스스로 "태양의 후예"라고 불렀다. 붓다는 자신의 혈통이 7대를 거슬러 올라가도 피가 섞이지 않은 순수한 혈통이라고 자랑을 한다. 이것은 실제로 7대까지만 그렇다는 뜻이 아니라 자기 가문을 최상으로 높이는 자부심의 인도식 표현 방법이다. 이렇게 혼종(混種)되지 않고 부족의 정체성을 오랫동안 유지해 온 데 따른 자존심은 경전에서도 유명한 "사꺄들의 자존심"으로 등장한다. 이 지나친 자존심이 나중에 부족이 멸망하게 되는 원인이 된다.

|

〔02.02〕-049 **영토와 통치 방식** | 초기 경전을 보면 사꺄족의 영토는 현재 인도 땅이 아닌 네팔 남부로, 네팔 쌀의 80%를 생산하는 비옥한 떼라이(Terai)〔타라이(Tarai)〕 평원 부근이 된다. 영역은 동쪽으로는 로히니(Rohiṇī)강, 서쪽으로는 마가다국과 국경을 마주하며, 남쪽으로는 꼬쌀라국과 국경을 이루는 아노마(Anoma)강, 북쪽으로는 히말라야로 둘러싸여 남북으로 기다란 모양이었다. 도성인 까삘라와 인근 촌락들이 산재한 작은 나라로 인구는 최대치로 잡아 보았자 10만이 못 되는 소국이었다고 한다. 이로 보건대 사꺄족의 까삘라국은 '자나빠다(Ⓢ

떼라이(Terai) / **타라이**(Tarai) 〔=축축한 땅〕 북쪽 히말라야 산맥과 평행하게 뻗어 있는, 네팔 남부와 인도 북중부~북동부에 걸친 평원이다. 길고 가느다란 이 지역은 야무나(Yamuna)강 상류에서 동쪽으로 브라마푸트라(Brahmaputra)강까지 뻗어 있으며, 중간에 가가라(Ghaghara)강이 이 지역을 가로지르며 비옥한 습지를 형성한다.

janapada)'〔국가〕라는 말조차 붙이기 무색한 작은 부족〔비슈(viś)〕 국가였음을 알 수 있다. 초기 불전에도 '사꺄국(Sakyā Kṣetra)'〔kṣetra(끄셰뜨라)=국(國), 나라〕이라는 나라 이름(國名국명)으로 표현되지 않고 대신 '사꺄족', 즉 종족(tribe)으로 나타난다. 당시 등장하기 시작하던 전제 왕권 국가를 형성하지는 않은 듯하다. | 사꺄족의 행정 기구도 단순했다. 왕(王, rajā라자)과 부왕(副王, ūparājā우빠라자), 장군(將軍, senāpati쎄나빠띠〔군 지휘관, 장군, 촌장〕), 재상(宰相, bhāndāgārika반다가리까)이 있었으며 통치권은 동일 씨족, 동일 계급에 속한 사람에게만 주어졌다. 브라만은 당시 전제 왕권 국가에서처럼 강한 힘이 없었기 때문에 안건에 따라 참석했다. 부족장은 자신의 군대를 거느렸고 부족끼리 서로 무력 경쟁을 하기도 했다. 사꺄족의 징세권이 왕의 독점물이 아니라 각 부족의 부족장에게 주어졌기 때문이다. 밧지(Vajjī) 공화국(연맹) 릿차비(Licchavī)족의 경우는 투표권을 가진 사람이 7,707명이며 이들 각자가 세금으로 받은 공물을 보관할 창고와 행정 기구를 보유하고 있었다고 한다. 경전에 "500명의 릿차비 왕자들"이라는 표현이 나올 수 있는 배경이 바로 이 때문이다. 까삘라성의 중앙에는 공회당이 있어 일정한 자격 요건을 갖춘 부족의 남자들과 원로들이 이 곳에 모여 모든 일을 논의하고 운영했다. 그 의장격인 사람을 '라잔(Rājan)〔왕(王)〕'이라고 불렀다. | 붓다의 할아버지 오다나(Odana)〔odana=반(飯), 밥(boiled rice)〕〔싱하하누(Ṣiṃhahanu)〕

밧(왓)지(Vajjī) / **브(위)리지**〔Vṛji(Vriji)〕〔고대 인도 16대국 중 하나〕 현재 인도 북부 동쪽 끝 비하르(Bihar) 주 지역에 있었던 연맹 국가로, 중심 부족은 **릿차비**(Licchavī)족과 비(위)데하(Videhā)족이었고, 남쪽으로 마가다국과 접해 있었다. 중심 도시는 남부 릿차비족의 바이샬리(ⓢ Vaiśālī)〔웨쌀리(ⓟ Vesāli)〕와, 북부 위데하족의 미틸라(Mithilā)〔현재 네팔의 자낙푸르(Janakpur)〕였다.

〔ṣiṃha=사자+hanu=턱〕는 숫도다나(ⓟSuddhodana / ⓢŚuddhodana 숫도다나)〔정반(淨飯)〕, 도도다나(Dhodhodana)〔백반(白飯)〕, 아미또다나(Amitodana)〔곡반(斛飯)〕, 암리또다나(Amṛtodana)〔감로반(甘露飯)〕 4형제와 딸 아미따(Amita)를 두었다고 기록에 나온다. 왕(의장)을 선출할 수 있는 귀족 가문 출신인 숫도다나〔붓다의 아버지〕도 아버지 오다나를 이어 왕에 선출되었다. 아마도 붓다 탄생을 전후하여 숫도다나는 종신제 왕으로 선출되었고 가문의 특권으로 왕위의 계승을 상속할 권리를 얻었던 듯 보인다. 사꺄족은 종족을 넘어 공화제를 실시하는 부족화는 이루었지만 전제 왕권국가로 발전하지 못하고 끝내는 꼬쌀라국에 병합되어 완전히 사라지게 된다. 하지만 붓다 입멸 이후 사꺄족들이 자신들의 몫으로 사리 분배를 요구한 것으로 보아 정치적으로는 꼬쌀라에 병합되었을지라도 까삘라를 완전하게 떠나지는 않았으며 옛 터전에 남아 종족 특성은 한동안 유지했던 듯하다. | 사꺄는 붓다의 출가 이전부터 국경을 마주하던 두 강대국인 꼬쌀라국과 마가다국 사이의 작은 공화국이었다. 민감하고 감수성이 예민한 청년 시절의 붓다가 자기 나라에 대하여 많은 고민을 했음을 경전에서 볼 수 있다. | "힘이 적으면서 큰 욕망을 지닌 사람이 끄샤뜨리야 가문에 태어나 / 이 세상에 왕국을 희구(希求)하는 것은 파멸에 이르는 원인이다." | 당시 끄샤뜨리야 계급의 젊은이에게는 두 가지의 최고 이상이 있었다. 하나는 전륜성왕이 되는 것이고, 하나는 출가하여 붓다(깨달은 이)가 되는 것이었다. 자이나교의 교주 마하위라〔Mahavira, 마하비라, 대웅(大雄), 기원전 599~기원전 ?〕도 그런 왕자였다. 정치 야망을 실현하기 힘든 약소국의 상황에서 싯다르타(Siddhartha)가 가야 할 길은 뻔히 정해져 있었던 것이나 다름없었다. 이러한 정치 역학은 싯다르타가 출가한 동기로 작용한 하

나의 이유였다. | 공화제 국가의 의장 격을 종신토록 지닐 권리만을 겨우 가진 숫도다나왕을, 중국의 역경가(譯經家)〔경전 번역가〕들은 중국식 대왕(大王)〔samrāj 쌈라즈 =황제〕으로 변신시켰으며, 사꺄족의 정체(政體)도 중국의 봉건 황제국처럼 표현하면서 현혹(眩惑)이 생기게 되었다. 왕자〔Rāja-kumāra 라자꾸마라〔rāja=왕, kumāra=소년〕, Rāja-puta 라자뿌따〔=의장 격 권리를 지닌 자의 아들〕〕 붓다를 중국 황제의 아들—황태자(皇太子)로 상상하는 것도 어려운 일이 아니었다. 제국의 황태자들이 누리던 그 호사스러운 생활과 사랑하는 처자를 버리고 왕위까지 포기하고 출가를 했다고 강조하고 또 강조한 것이다. 맥락이 이렇게 바뀌면서 우리는 붓다의 진정한 출가 이유를 알 수 있는 중요한 원인 가운데 하나를 찾지 못하게 되었다. 출가의 의미를 지나치게 형이상학적인 데서만 찾으려 들게 된 것이다.

|

〔02.02〕-050 **모계 혈통** | 붓다의 어머니 마야 부인〔Mahāmāyā 마하마야〕〔Mahā=위대한(great)〕을 현재 네팔 떼라이(Terai)〔타라이(Tarai)〕 지방 사람들은 '마야 데비(위)(Māyā-devī)'〔데비(devi)=여신〕라거나 '루빤데히(Rupan-dehi)'〔=대지의 여신, 지모신(地母神)〕〔붓다의 탄생지인 룸비니가 있는 지역명이기도 하다.〕라고 부른다. 마야 부인 자체가 농사에서〔붓다 탄생 이후에〕 가장 성스러운 '대지의 여신'으로 구전되어 왔다. 마야 데비는 사꺄족과 혈연 관계인 꼴리야〔Koliya, 구리(拘利)〕족 출신이다. 그들의 전설은 조금씩 다르지만 문둥병에 걸린 어느 왕이 숲속에서 문둥병에 걸린 다른 왕비〔이끄슈와꾸왕의 첫 번째 딸, 즉 왕자들이 어머니 대신 모신 맏누이라는 설도 있다.〕를 치료하고 결혼하는데 그 곳에 커다란 '꼴(Kol, 대추)' 나무가 있었다고 한다. 꼴리야 왕국은 꼴나가르(Kolnagar)〔nagar = town, suburb〕라는 숲속에

있었으며 대대로 사꺄족과 결혼을 하는 풍습이 있었다. 꼴리야족은 오스트로-아시아계〔austro는 라틴어로 남쪽을 뜻하니 '오스트로-아시아'는 남아시아가 된다. 오스트로-아시아 어족은 동남아시아를 중심으로 인도, 방글라데시, 네팔, 중국의 남쪽 국경 지대 등에 산재한 큰 어족으로, 약 1억 1,700만 명의 사용자가 있다.〕로 문다어〔Munda languages〕를 사용했다고 한다. | 사꺄족과 혼인 관계는 초기 경전에도 잘 드러난다. 붓다의 대고모가 꼴리야 왕가(王家)와 혼인했으며 붓다의 아버지 역시 그들과 결혼했다. 붓다의 부인이자 하나밖에 없는 아들 라훌라(Rāhula)의 어머니인 야쇼다라(Yaśodharā)도 꼴리야족이다. 이로 본다면 사꺄와 꼴리야는 '종형자매 상호혼(從兄姉妹 相互婚)'의 관계로 형 또는 동생의 자녀들이 상대방 부족에게 시집간 누이나 여동생의 자녀와 결혼하는 관계였음을 알 수 있다. 붓다의 아버지 숫도다나왕은 무예가 뛰어나고 종족 안에서 그 역량을 높이 평가받았다고 한다. 숫도다나는 꼴리야족의 도성 데바다하〔Devadaha, 천비성(天臂城)〕〔네팔 루판데히(Rupandehi)〕 지역의 한 구역으로 룸비니에서 동북쪽으로 30km쯤 떨어져 있다.〕에서 꼴리야의 왕 쑤뿌디(Supudhi)〔1세〕〔Supudhi는 Suppabuddha의 줄임말이다.〕〔ⓢ Suprabuddha 쑤쁘라붓다/ⓟ Suppabuddha 쑵빠붓다〕〔선각왕(善覺王)〕의 큰 딸인 마야를 부인으로 맞이했다. 결혼에 대해서는 또 다른 설도 있다. 꼴리야에 속한 씨족으로 '데바다하'〔devadaha = pond of the gods〕라는 큰 호수의 이름을 딴 무리가 있었는데, 그 씨족장인 '데바다하 사꺄'의 아들 안자나(Anjana)의 딸이 숫도다나왕과 결혼을 했다는 설이다. ⓑⓓⓢ

붓다가 깨달음을 이룬 붓다가야〔Buddha Gaya(부다가야)/보드가야(Bodhgaya)〕〔인도 북동부 비하르(Bihar)주 가야 지구(Gaya district)의 가야시〕**의 뻽빨라 나무**〔Pippala〕**에 경배하는 사람들 〔산치 대탑**(Sanchi Stupa)〔인도 중부 마디야 프라데시(Madhya Pradesh)주 라이센 지구(Raisen district)의 산치 마을〕 **동문의 부조**, 기원전 1세기경.〕 붓다는 자신의 형상을 남기거나 섬기지 말라고 유언을 남겼기 때문에 한동안 탑이나 조각 등을 만들 때 다른 도상(이콘)들로 붓다를 대신했다. 붓다가 깨달음을 얻거나 설법을 하던 나무도 그 중 하나였다. 붓다가 생의 주요한 순간들을 나무 아래에서 맞이한 데서, 붓다가 속한 사꺄(석가족)에게 나무를 신성하게 여기던 전통이 있었다고 추정한다.

〔03〕 보살(Bodhisattva)의 하강

〔03.01〕 도솔천에서

〔03.01〕-051 **오오, 빛나는 이여!**

〔03.01〕-052 **여섯 가지 공덕의 완성**

〔03.01〕-053 **네 가지 공덕행을 더하다**

〔03.01〕-054 **〈남전(南傳)〉의 십(10)바라밀**

〔03.02〕 전생 이야기

〔03.02〕-055 **설화의 상징성**

〔03.02〕-056 **원력(願力), 선혜(쑤메다) 이야기**

〔03.02〕-057 **자비(慈悲), 시비왕 이야기**

〔03.02〕-058 **희생(犧牲), 사슴 왕 이야기**

〔03.02〕-059 **구도(求道), 설산동자 이야기**

〔03.03〕 하강을 준비하다

〔03.03〕-060 **천신들의 권유**

〔03.03〕-061 **무엇을 타고 갈까?**

〔03.03〕-062 **입태(入胎)의 시기와 태몽**

03

보살의 하강

〔03.01〕 **도솔천**(兜率天)**에서**

〔03.01〕-051 **오오, 빛나는 이여!** | 붓다의 생애를 알고자 할 때 접할 수 있는 역사 기록은 한정되어 있고 단편적이다. 우리가 붓다의 생애를 가장 많이 알 수 있는 1차 사료(史料)는 1차 결집 이후부터 전해 내려온 초기 경전이다. 출가 전 어린 시절은 경전에 단편적으로 흩어져 있는 붓다의 회상이나 몇몇 일화를 바탕으로 조각 모으기(puzzle)를 해야만 짐작이 가능할 뿐이다. 이 때 조각을 조금 선명하게 맞추는 방법 중 하나가 당시 인도의 종교, 사회, 문화 전반에 영향을 끼친 브라흐만교의 의식을 들여다보는 것이다. 이제 붓다의 어린 시절부터 시작해 생애를 조각 맞추듯 연보(年譜)를 만들어 보자. | 앞에서 길게 이야기했듯 불교를 이해하려면 '인도는 어떤 나라인가?'를 항상 생각해도 좋겠다. 인도는 철저히 계급을 바탕으로 유지되어 온 나라다. 그래서 인도 사람들이 생각한 하늘 세계도 같은 하나가 아니었다. 정결한 정도에 따라 인간 세상의 계급처럼 크게 셋으로 나뉘는데, 제일 아래에는 욕망의 하늘 세계라고 불리는 욕계(欲界, Kāma-dhātu까마-다뚜)〔kāma=욕망, 성애〕〔dhātu=계(界), 원소〕의 여섯 하늘〔6천(天)〕, 다음에는 물질의 하늘 세계라고 불리는 색계(色界, Rupa-dhātu루빠-다뚜)〔rupa=물질, 몸〕의 열일곱 하늘〔17천(天)〕, 마지막엔 욕망과 물질을 초월한 무색계(無色界, Ārūpa-dhātu아루빠-다뚜)〔ārūpa=무형〕의 다섯 하늘 세계〔5천(天)〕가 있다고 한다. 하늘 세계조차도 신들의 능력

제1차 결집 기원전 5세기 붓다 입멸 직후, 마가다국 아자따삿뚜(Ajātasattu)왕의 지원 아래 마하가섭〔摩訶迦葉, 마하까샤빠(Mahākāśyapa)〕의 주도로 당시 마가다국의 수도 라자가하〔Rājagaha, 왕사성(王舍城)〕의 쌋따빤니 동굴〔Sattapaṇṇi guhā, 칠엽굴(七葉窟)〕에 제자 500명이 모여 붓다의 가르침(경장)과 계율(율장)을 함께 외워서 기억하는 형식으로 붓다의 가르침과 승단의 계율을 정리했던 일.

이나 그 곳에 가고자 하는 존재의 욕망과 성품, 그리고 생전에 남긴 행위〔업, karma까르마〕에 따라 등급이 나뉜다고 본 것이다. | 그 수많은 하늘 세계 가운데에서도 욕계 여섯 개의 하늘 중 제4천인 도솔천(兜率天, Tuṣita뚜시따)은 '만족시키다'〔contentment, joy〕의 의미를 지녀 한자로는 지족(知足), 묘족(妙足), 희족(喜足), 희락(喜樂) 등으로 번역한다. 도솔천은 다시 안과 밖으로 나뉜다. 바깥쪽인 도솔천 외원(外院)은 무수한 천상 사람들이 각자 좋아하는 즐거움을 누리는 곳이며, 안쪽에 해당하는 도솔천 내원(內院)은 보살〔菩薩, ⓢbodhisattva보디쌋뜨바/ⓟbodhisatta보디쌋따〔菩提薩埵(보리살타)〕〕〔보디(bodhi, 보리)는 '깨닫다'는 뜻이며, 쌋뜨바(sattva)는 '존재, 유정(有情)'을 뜻한다.〕이 항상 머물고 수행하며 법문〔法門 : 깨달은 자의 가르침〕하는 곳으로, 장차 인간들이 사는 고통과 욕망의 사바(娑婆, sahā싸하) 세계에 붓다로 태어날 존재가 머무는 하늘이다. 이 곳에 사는 한 보살이 있었으니 항상 밝고 아름답게 빛이 난다고 하여 '호명(護明〔빛(진리)을 수호함〕, Svathakehu쏴타께후〔하얗고 반짝거림=밝음〕 ⓟSetaketu쎄따께뚜/ⓢŚvetaketu쉐따께뚜)'이라고 했다. | 한역된 대승 경전에서나 절에서 우리는 수많은 보살을 만난다. 하지만, 붓다 재세(在世) 당시와 초기 경전에는 보살이라는 명칭을 단지 세 가지 경우에만 사용했다. ① 과거 생에 갖가지 방편으로 수행하던 시절의 붓다, ② 현생에서 출가하여 정각을 이루기 전 6년간 고행을 하던 기간의 붓다, ③ 바라나씨〔ⓢBārāṇasi, 바라나시(Varanasi)〕에서 붓다를 만나 그 제자가 되었으며 불타는 구도(求道) 정신과 신심으로 미래에 붓다가

사바(娑婆) 쌍쓰끄리뜨로 '대지'를 의미하는 sahā(싸하)에서 유래했으며, '참아야 하는〔인(忍)〕', '견뎌야 하는〔감인(堪忍)〕'이라는 뜻도 있다. 사바 세계(娑婆世界)는 sahā-lokadhātu(싸하-로까다뚜)로 우리가 살아 가는 현실 세계를 뜻한다. 〔loka=세간(世間), 이 세상〕

되리라는 수기(授記, ⓢvyākaraṇa 위야까라나, ⓟveyyākaraṇa 웨야까라나)〔붓다가 수행자에게 미래의 증과(證果)〔깨달음〕를 미리 알리는 예언과 약속〕를 받은 마이뜨레야〔Maitreya, 미륵(彌勒)〕〔maitrī = loving-kindness〕, 즉 현재 도솔천에 머물며 언젠가 사바에서 정각을 이루길 기다리는 미륵보살밖에 없다. 이를 기억하면 혼란이 가신다. 도솔천의 호명보살(護明菩薩)은 붓다가 사바 세상에 나오기 바로 직전, 즉 ①에 해당한다. | 붓다를 눈으로 직접 보고 그의 가르침을 귀로 들은 제자들은 인간 붓다에 대한 의심이 없었다. 하지만 시간이 흘러가면서 붓다가 살았던 과거는 점점 아득하게 멀어졌고 그럴수록 위대성이 갈수록 높아졌다. 범상한 사람으로는 차마 따라갈 수 없는 존재로 이상화되면서 붓다와 같은 존재로 태어났다는 것은 필연적으로 돌고 도는 윤회의 과정에서 과거에 갖가지 생명으로 태어났으며 그 때마다 '빠라미따〔Pāramitā, 바라밀(波羅密), 바라밀다(波羅蜜多)〕'〔최상의 공덕 완성〕를 실천했어야 가능할 경지라고 상상하게 된다.

|

바라나씨(ⓢBārāṇasi)/**바라나시**(Varanasi) 인도 북부 우타르프라데시(Uttar Pradesh)주의 비옥한 강가 강변에 위치하며, 힌두교에서 가장 신성한 도시로 꼽힌다. 인도인들에게 영혼의 고향이자 죽기 전에 한 번은 꼭 가야 할 곳이며, 강가에서 목욕재계하려는 힌두교도의 행렬이 끊이지 않는다. 영어식 이름은 베나레스(Benares)이고, 붓다 시절엔 까씨(Kāsi) 왕국의 수도여서 쌍쓰끄리뜨로 까쉬(Kashi)라고도 한다. 바라나시에서 북동쪽으로 13km 떨어진 곳에 붓다가 첫 설법을 한 싸르나트〔Sarnath, 녹야원(鹿野園)〕가 있고, 북쪽으로 230~250km쯤 떨어진 곳에 사꺄(Sakyā) 족의 수도였던 까삘라(Kapila)〔네팔 카필바스투〕와 붓다의 탄생지인 룸비니(Lumbini)〔네팔 룸비니 산스크리틱〕가 있다.

빠라미따(ⓢⓟPāramitā) =바라밀다(波羅蜜多). 빠라마(parama)에서 파생해 최상의 상태, '완전한 상태'(completeness, perfection)를 뜻한다는 해석도 있고, '저쪽 편으로 건너가다'〔도피안(到彼岸)〕라는 해석도 있다. 분석하면, 〔pāra(저편, 피안, 궁극)+ṁ〔대격(조사) : 으로〕+√i(이른, 건너가는)+tā(것 상태)〕이다.

〔03.01〕-052 **여섯 가지 공덕의 완성** | 빠라미따(Pāramitā)의 뜻을 한 마디로 요약하면 '최상의 공덕 완성'이라고 할 수 있다. 한자로는 바라밀(波羅密), 바라밀다(波羅蜜多)라고 음역했다. 빠라미따는 '저 언덕으로 무사히 건너가다.'라는 뜻이므로 '도피안(到彼岸)'이라고 번역하거나 '끝없'으므로 '무극(無極)'이라 옮기기도 한다. 모든 빠라미따는 선업(善業)〔선법(善法), kusalā 꾸살라〕〔자신이 짓는 이로운 의도〕으로 귀결되는 행위다. 어떠한 이기심이나 자아(自我)도 모두 사라져 생색내기의 본능조차 버린 초월적 덕성을 뜻한다. 보살은 여섯 가지 바라밀〔육바라밀(Six Perfections)〕을 실천〔보살행(菩薩行)〕하지만 붓다가 되려면 거기에 네 가지를 더하여 열 가지 초월적 덕성〔십바라밀(Ten Perferctions)〕을 닦아 완성해야 한다고 한다. 호명보살은 이 열 가지를 완성하고 도솔천 궁에서 아름다운 빛으로 존재하며 사바 세계로 내려갈 기회가 익어지기만 기다리는 것이다. 호명보살이 닦은 육(6)빠라미따〔육바라밀(六波羅密), shat(śaṭ)-pāramitā 샤-빠라미따〕부터 알아 보자.

① 첫 번째는 보시(布施)-바라밀〔dāna-pāramitā 다나-빠라미따〕〔dāna(generosity, giving)=보시(布施) : 베풂〕로 '시(施)-바라밀' 또는 '단(檀)-바라밀'이라고도 한다. 자신이 가진 재물 등을 조건과 아낌없이 이웃에게 나누어 주는 행위를 말한다. 보시-바라밀은 단순한 복지 사업이나 빈민 구제, 봉사 활동이 아니다. 자신을 필요하게 여기는 곳이나 스스로 자신의 행위가 요긴하겠다고 생각이 드는 순간 가진 것을 걸림 없이 베푸는 숭고한 실천을 말한다. 나눔의 초월적 덕성은 자신에게 있는 물질을 아끼는 마음〔간탐(慳貪)인색과 욕심〕을 없애야 가능한 것이다. 보시-바라밀은 스스로는 탐욕을 버리리고 찌든 욕망 세계에서 치료됨과

동시에 이웃에게는 물질적 가난이라는 빈궁(貧窮)에서부터 치료가 되도록 하는 선업을 적극적으로 짓는 행위를 말한다.

② 두 번째는 지계(持戒)-바라밀〔śīla-pāramitā 쉴라-빠라미따〕〔śīla = behavioral discipline, morality = 지계(持戒) : 계율을 지키는 행위〕로, 계(戒)-바라밀 또는 시라(尸羅)-바라밀이라고도 한다. 이는 수행자가 지녀야 할 바른 삶의 덕목이다. ① 살아 있는 생명을 죽이지 않고, ② 주지 않는 남의 물건을 훔치지 않으며, ③ 남의 아내나 남편과 삿된 음행을 하지 않으며, ④ 거짓말이나 남을 비방하는 말, 시기하는 말, 꾸미는 말, 거친 말을 하지 않으며, ⑤ 정신을 혼미하게 하는 술이나 마약에 취하지 않는 건실한 삶으로, 다섯 가지 실천 덕목을 잘 수호하는 것이다. 아울러 항상 자신의 삶을 돌아보고 반성하여 몸과 마음이 악업(惡業, akusalā 아꾸쌀라)〔모든 해로운 의도〕을 짓지 않음으로 맑고 시원〔淸凉 청량〕하도록 하는 것이다.

③ 세 번째는 인욕(忍辱)-바라밀〔ⓢkṣānti/ⓟkhanti-pāramitā 끄샨띠/칸띠-빠라미따〕〔kṣānti/khanti = patience = 인욕(忍辱) : 어려움이나 불편을 인내하는 것〕로 인(忍)-바라밀 또는 찬제(羼提)-바라밀이라고도 한다. 참는다는 의미에는 여러 가지가 있지만 초월적 덕성을 이룰 때까지 자기에게 오는 어떠한 박해(迫害)라도 참는 것을 말한다. 사람은 누구나 권력이나 재물, 완력 등 우월한 힘에 억눌리면 언젠가 참기 힘들어지기 때문에 그것을 물리치려고 하거나 억울함을 밝히거나 그렇지 않으면 박해로 말미암아 화를 내게 된다. 인욕-바라밀을 실천하는 사람은 지혜로 말미암아 박해로 일어난 분노로부터 해방이 되어 마음을 편안한 곳에 머물도록 할 줄 안다. 박해하는 상대를 오히려 안타깝게 여기는 것이다.

④ 네 번째는 정진(精進)-바라밀〔vīrya-pāramitā 위랴(비랴)-빠라미따〕〔vīrya = effort = 정진(精進) : 쉼없이 수행하는 것〕로 진(進)-바라밀, 비리야(毘梨耶)-바라밀이라고도 한다. 정진하자면 먼저 게으름이 없어야 하고, 다음은 꾸준히 나아가려고 하는 적극적인 마음 자세가 있어야 한다. 수행 중에 시련이 오더라도 굽히지 않으려는 용맹심을 갖는 것이 정진-바라밀이다. 깨달음을 이루기 위한 수행은 결코 쉽지 않다. 남에게 보여 주기 위한 수행이나 그것을 빌미 삼아 시끄럽다, 덥다, 춥다, 있다거나 없다느니, 먹을 것이 부족하다 등등 갖가지 핑계를 대는 것은 속임수 정진일 뿐이다. 바른 정진은 어리석음을 부수고 꼭 깨달음을 성취하겠다는 간절한 마음과 위대한 용기에서 나온다.

⑤ 다섯째는 선정(禪定)-바라밀〔ⓢdhyāna/ⓟjhāna-pāramitā 댜나/쟈나-빠라미따〕〔dhyāna/jhāna = contemplation = 선정(禪定) : 맑은 정신으로 집중하기〕로 선(禪)-바라밀 또는 선나(禪那)-바라밀이라고도 한다. 수행을 하여 얻어지는 결과물이 삼매(三昧)〔싸마디(samādhi)〕〔선정(禪定)〕다.〔samādhi = 마음이 한 대상에 깊이 집중한 상태 = concentration of the mind, deep trance〕 즉 주변의 갖가지 경계〔외적 요소〕나, 마음에서 생겨나는 갖가지 번뇌 망상〔내적 요소〕에서 벗어나, 마음을 자신의 수행 대상에 최대한 집중하고 몰입하여 어떠한 경우라도 그 수행 대상에서 물러나지 않는 것을 말한다. 몸과 마음이 주변 대상이나 망상〔생각〕 등에 따라 어지럽고 번다하게 일어나고 사라지는 것이 아니라 대상과 흔들리지 않고 하나가 되어 어지럽고 산란함은 물러가고 하나의 대상에 안정된 상태를 말한다.

⑥ 여섯 번째는 지혜(智慧)-바라밀〔ⓢprajñā/ⓟpaññā-pāramitā 쁘라즈냐/빤냐 빠라미따〕〔prajñā/paññā (= the highest and purest form of wisdom) =

사성제(四聖諦) 제(諦)는 '살피다, 자세히 알다, 원리, 진리'라는 뜻이므로, 사성제는 글자 그대로는 '네 가지 성스러운 진리(를 살핀다)'는 뜻이 되겠다. 사제(四諦)라고도 하며, 고(苦), 집(集), 멸(滅), 도(道)의 네 가지 원리를 말한다. ① 고제(苦諦)는 불완전하고 고통으로 가득 차 있는 현실(삶)을 바르게 보는 것이다. ② 집제(集諦)는 사물이 모여 일어나는 것〔집기(集起), 집착〕이 고의 원인(이유)이라는 것이다. ③ 멸제(滅諦)는 그 고(괴로움)는 완전히 멸할 수 있는데, 그 괴로움을 없앤 상태가 깨달음의 목표인 열반(涅槃)의 세계다. ④ 도제(道諦)는 그 열반에 도달하는 원인으로서의 수행 방법이다. 이 수행법에는 구체적으로 **팔정도**(八正道)가 있다. 사성제와 팔정도에 대해서는 이 책 12장에서 자세히 다루었다.

사성제(四聖諦) = Four Noble Truths
= **짜뜨와리 아리야-싸띠야니**(ⓢCatvāri Ārya-Satyāni)
= **짯따리 아리야-삿짜니**(ⓟCattāri Ariya-saccāni)
사(四) = ⓢcatvāri/ⓟcattāri : 네 가지(4)
성(聖) = ⓢārya/ⓟariya : 높은, 신성한
제(諦) = ⓢsatya/ⓟsaccā : 진리, 진실, 원리
① 고(苦) dukkha : the truth of suffering
② 집(集) samudāya : the truth of the cause of suffering
③ 멸(滅) nirodha : the truth of the cessation of suffering
④ 도(道) magga : the truth of the path to the cessation of suffering

팔정도(八正道) 깨달음에 이르는 여덟 가지 바른 길은 다음과 같다.
① 바른 견해를 가지기〔정견(正見)〕
Right Understanding〔samma ditthi〕
② 바르게 생각하기〔정사유(正思惟)〕
Right Thought〔samma sankappa〕
③ 바르게 말하기〔정어(正語)〕
Right Speech〔samma vaca〕
④ 바르게 행동하기〔정업(正業)〕
Right Action〔samma kammanta〕
⑤ 바른 수단으로 목숨을 유지하기〔정명(正命)〕
Right Livelihood〔samma ajiva〕
⑥ 바르게 노력하기〔정정진(正精進)〕
Right Effort〔samma vayama〕
⑦ 바르게 알아차리기〔정념(正念)〕
Right Mindfulness〔samma sati〕
⑧ 바르게 집중하기〔정정(正定)〕
Right Concentration〔samma samadhi〕

팔정도(八正道) = Noble Eightfold Path
= **아리야-슈탕가-마르가**(ⓢĀryā-ṣṭāṅga-mārga)
= **아리야 앗탕기까 막가**(ⓟAriya Aṭṭaṅgika Magga)
8지성도(八支聖道) : 성인이 되는 여덟 가지 길
팔지(八支) = ⓢāṣṭāṅga/ⓟaṭṭaṅgika : 여덟 가지(8)〔eight-fold〕
성(聖) = ⓢāryā/ⓟariya : 신성한, 성인
도(道) = ⓢmārga/ⓟmagga : 길〔= the path of righteousness〕

반야(般若) : 궁극적 지혜〕로 혜(慧)-바라밀, 반야(般若)-바라밀이라고 한다. 지혜는 빨리어로 '빤냐(ⓟpaññā)'〔반야(般若), ⓢprajñā쁘라즈냐〕라고 한다. 어리석음은 빤냐가 없는 상태인데, 곧 '사성제(四聖諦)'〔네 가지 거룩한 진리〕를 모르는 것을 말한다. 사성제를 모르면 생사 윤회에서 벗어날 기약이 없다. 수행 정진하는 참된 이유는 그저 마음을 편안하게 하거나 복을 빌기 위하여서가 아니라 붓다의 가르침에 따라 사성제를 스스로 실천하여 깨닫기 위하여서다. 그렇게 할 때 생사 윤회에서 완전한 자유를 얻게 된다. 네 가지 거룩한 진리〔사성제(四聖諦)〕를 바로 알고 스스로 깨달음을 실천하는 것이 지혜〔최상의 덕성〕를 완성하는 길이다.

〔03.01〕-053 **네 가지 공덕행을 더하다** | 앞에 소개한 여섯 가지 공덕〔육바라밀(six perfections)〕을 완성하고 여기에 다시 네 가지 공덕을 보태면 붓다가 되기 위한 최상의 공덕이 완성된다. 이것이 십(10)바라밀(十波羅蜜, daśa-pāramitā다샤-빠라미따)로, '열 가지 뛰어난 행위'〔십승행(十勝行)〕〔Ten Perferctions〕라고도 한다. 이어지는 네 가지 공덕은 다음과 같다.

⑦ 일곱 번째는 방편(方便)-바라밀(波羅蜜)〔upāya-pāramitā우빠야-빠라미따〕〔upāya = method (of reaching the state), pedagogy〕이다. 진실한 지혜를 계발하기 위해 갖가지 방법을 막힘없이 사용하는데 이는 오직 깨달음으로 나아가기 위한 것이지 남에게 피해를 주거나 물러남이 있어서 안 된다〔向上進路 향상진로〕. 방편-바라밀에서 방편은 편리한 대로 모순된 이 말 저 말 끌어다 합리화를 하는 궤변이나 헛된 말이 아니다. 실제적인 지혜의 완성을 돕

는 말, 수행에 힘을 주는 말을 자유롭게 쓸 줄 알아서 상대로 하여금 깨달음이라는 궁극적인 지혜를 완성하도록 돕는 것이다.

⑧ 여덟 번째는 원(願)-바라밀(波羅蜜)〔praṇidhāna-pāramitā 쁘라니다나-빠라미따〕〔praṇidhāna = sacred voluntary promise, aspiration〕로, 여기에서 원(願)은 보통 사람들이 현실에서 이루고자 하는 물질의 소원이 아니라 수행자가 갖는 크낙한 소원인 서원(誓願)을 말한다. ① 중생을 모두 제도하고, ② 번뇌를 다 끊고, ③ 법문을 다 배우고, 마침내 ④ 깨달음을 성취하겠다는 네 가지 큰 서원을 항상 잊지 않고 그것을 실현하기 위하여 마음을 다잡아 노력을 다하는 것이다.

⑨ 아홉 번째는 력(力)-바라밀(波羅蜜)〔bala-pāramitā 발라-빠라미따〕〔bala = spiritual power, 복수형은 balāni(발라니)〕이다. 큰 서원을 실현하자면 선행과 수행을 몸소 실천하는 힘을 길러야 한다. 만약 그 힘이 없다면 수행을 하고자 스승을 찾아다녀도 바른 스승과 거짓 스승을 가릴 안목이 없고 깨달음의 길은 아득하니 물러서려는 마음이 인다. 그러므로 수행자는 스승을 가릴 안목과 바른 법을 알아보는 능력이 있어야 하는데 력(힘)-바라밀은 이런 힘을 말한다.

⑩ 마지막 열 번째는 지(智)-바라밀(波羅蜜)〔jñāna-pāramitā 즈냐나-빠라미따〕〔jñāna = highest knowledge〕이다. 이는 지식(知識)〔마음의 분별에서 생겨나는 얕은 알음알이의 작용〕이 아니라 '지혜(智慧)'〔즈냐나(jñāna)〕를 말하는데, 곧 일어나고 사라지는 모든 현상을 바로 아는 것이다. 여섯 감각 기관에 접촉하는 모든 대상은 영원하지 않으며 '나(我아)'라고 하는 자아(自我)도 없다. 영원하지도 자아도 없기 때문에 머물러야 할 곳조차 없다는 것을 바로 알고 그렇게 법을 보고 참다운 지혜를 성취하는 것을 말한다.

〔03.01〕-054 〈**남전(南傳)**〉**의 십(10)바라밀** | 대개 '십(10)바라밀〔daśa-pāramitā 다샤 빠라미따〕'은 대승의 전유물이라고 하지만, 남쪽으로 전해진 빨리(Pāli) 경전에도 '십(10)빠라미따'가 나온다. 그러므로 이것을 대승 보살만이 갖는 최고의 수행(修行) 차제(次第)〔순서, 차례〕라고 고집해서는 곤란하다. 빠라미따는 수행자라면 누구나 완성해야 할 덕성이고, 남방의 빅쿠〔bhikkhu, 비구(比丘)〕들 역시 붓다의 올곧은 제자이자 수행자다. 그들도 똑같이 수행자가 갖추어야 할 덕목을 잊지 않고 있다. 단지 순서와 방법에 약간의 차이가 있을 뿐, 기본 틀은 다르지 않다. 〈남전〉의 '십(10)빠라미따'는, 첫째 보시(布施)〔① dāna 다나〕, 둘째 지계(持戒)〔② sīla 쉴라〕, 셋째 인욕(忍辱)(saṁvara 쌈와라(=control, restraint))〔③ Ⓢ kṣānti 끄샨띠/Ⓟ khanti 칸띠〕, 넷째 정진(精進)〔④ vīrya 위랴〕, 〔⑤ 선정(禪定)〔댜나(dhyāna)〕은 빠진다.〕 다섯째 지혜(智慧)〔Ⓟ paññā 빤냐〕〔⑥ Ⓢ prajñā 쁘라즈냐(=반야(般若))〕 빠라미따까지는 그 내용이 같다.

육바라밀(六波羅蜜) = Six Perferctions
= **샤(6) 빠라미따**(shat/śaṭ-pāramitā)
① dāna-pāramitā : the perfection of generosity ① 보시(布施)
② śīla-pāramitā : the perfection of virtue ② 지계(持戒)
③ kṣānti-pāramitā : the perfection of patience ③ 인욕(忍辱)
④ vīrya-pāramitā : the perfection of energy ④ 정진(精進)
⑤ dhyāna(Ⓟ jhāna)-pāramitā : the perfection of meditation ⑤ 선정(禪定)
⑥ prajñā(Ⓟ paññā)-pāramitā : the perfection of wisdom ⑥ 지혜(智慧)

\+
십바라밀(十波羅蜜) = Ten Perferctions
= **다샤(10) 빠라미따**(daśa-pāramitā)
⑦ upāya-pāramitā : the perfection of skilful means ⑦ 방편(方便)
⑧ praṇidhāna-pāramitā : the perfection of aspiration ⑧ 원(願)
⑨ bala-pāramitā : the perfection of strength ⑨ 력(力)
⑩ jñāna-pāramitā : the perfection of knowledge ⑩ 지(智)

⑥ 여섯 번째는 사세(捨世, nekkhamma넥캄마)〔=giving up the world, renunciation = 세상을 버림, 떠남, 무집착, 출리(出離)〔내려놓음〕, 무욕〕라는 것이다. 윤회의 고통에서 벗어나려는 의지를 가지고 출가 수행하는 것을 말한다. 감각적 성적 욕망의 허망함을 인지하고, 윤회를 계속되게 하는 세속 생활의 즐거움을 지루해하고 외면한다. 번잡한 생계 활동에서 벗어나 출가 생활에서 기쁨을 찾으려 한다. 지계 바라밀은 재가 생활에서 계를 지키며 닦는 것이지만 사세〔출리〕 바라밀은 검소하고 청정한 출가 생활을 유지하며 수행의 즐거움을 누릴 때 충족된다.

⑦ 일곱 번째는 진실(眞實, saccā쌋짜)〔=truthful, sincere = 진리, 진실〕로, 자신과 상대에게 해를 끼치게 되는 속이는 말, 모진 말, 위협하는 말, 쓸모없는 말, 화나게 하는 말을 하지 않고, 진실하고, 순하고, 평화로운 말을 하는 것을 가리킨다. 또한 말과 행동이 일치하여 거짓됨이 없도록 하므로, 진실 바라밀을 많이 닦으면 결국 말을 하는대로 순조롭게 이루어지는 것으로 그 과보가 충족된다.

⑧ 여덟 번째는 결의(決意, adhiṭṭhāna아딧타나)〔=strong determination, decision = 굳은 결심, 결정〕로 수행을 하면서 자신이 처음 세운 서원〔깨달음〕을 이룰 때까지 힘들고 유혹이 많다 하여도 흔들리지 않고 물러나지 않은 확고한 결심을 말한다.

⑨ 아홉 번째는 자(慈, Ⓟmettā멧따)〔Ⓢmaitrī마이뜨리〕〔=loving kindness, friendliness, benevolence = 자애(慈愛)〕로 자신의 유익함이나 불리함을 따지지 않고 언제든지 남을 위하여 힘껏 사랑하는 마음을 내어 돕는 것이다. 상대방의 잘못을 조건 없이 용서할 줄 아는 넓은 마음이다.

⑩ 열 번째는 사(捨, Ⓟupekkha우뻭카)〔Ⓢupekṣā우뻭샤〕〔=equanimity,

serenity = 평정(平靜), 중립〕로 치우치지 않는 평정된 마음을 말한다. 살다가 기쁨과 슬픔, 놀람이나 화남 등이 닥치면 감정의 무게가 쏠리는 방향에 따라 마음이 이리저리 파도치게 된다. 평정을 갖게 되면 어떠한 감정의 변화가 오더라도 쉽사리 흔들리지 않아 수행은 증진되고 깨달음을 빠르게 성취할 수 있다.

이렇게 볼 때 〈남전〉에서도 '빠라미따'는 수행자가 반드시 갖추어야 할 요소임을 알 수 있다. 붓다의 가르침에 따라 깨달음을 성취하기 위하여 나아간다면 대승이나 소승이라고 구분지을 것이 없다. 무엇이든 깨달음을 성취하는 도구일 뿐이다. 그 도구를 이용하여 누군가 깨달음을 성취했고 붓다의 가르침인 경전에 견주어 잘못된 것이 없다면 바로 그러한 까닭으로 참다운 길임을 인정해야 한다. 그 이름이 바라밀이든 빠라미따든, 모두 수행자가 갖추어야 할 최고의 덕성이며 수행 차제〔단계, 과정〕다.

〈남전〉의 십바라밀(十波羅蜜)
= 다사(10) 빠라미요(dasa pāramiyo) 〔in the Pāli Canon〕

① dāna-pāramī : the perfection of generosity / charity ① 보시(布施)
② śīla-pāramī : the perfection of virtue / morality ② 지계(持戒)
③ saṁvara(Ⓢkṣānti / Ⓟkhanti)-pāramī : the perfection of patience / tolerance ③ 인욕(忍辱)
④ vīrya-pāramī : the perfection of energy / effort ④ 정진(精進)
⑤ Ⓟ paññā-pāramī : the perfection of wisdom ⑤ 지혜(智慧)
⑥ nekkhamma-pāramī : the perfection of renunciation ⑥ 사세(捨世)〔출리(出離)〕
⑦ saccā-pāramī : the perfection of truthfulness ⑦ 진실(眞實)
⑧ adhiṭṭhāna-pāramī : the perfection of resolution ⑧ 결의(決意)〔결정〕
⑨ mettā-pāramī : the perfection of loving kindness ⑨ 자(慈)〔자비〕
⑩ upekkha-pāramī : the perfection of equanimity / serenity ⑩ 사(捨)〔평정, 평등〕

〔03.02〕 전생 이야기

|

〔03.02〕-055 **설화의 상징성** | 붓다는 참으로 고귀한 삶을 사셨다. 보통 평범한 사람으로 도저히 할 수 없을 힘든 고행을 거치셨고, 깨달음을 성취한 다음 중생들을 위하여 몹시도 긴 시간을 함께 했고, 제자들에게 솔선수범하며 친절하고 엄격하되 사랑 넘치는 참 스승의 모습을 한 순간도 놓지 않았다. 고결하여 흠잡을 곳 하나 없는 완전한 삶의 표본이었기에 이를 지켜본 제자들은 그 분의 삶이 금생 한 순간에 이루어졌다거나 인간으로서 이 세상에 태어난 이후부터 닦은 수행으로 이루어질 만한 것이 아니라고 여길 정도였다. | 그러한 붓다의 수없는 과거 생 이야기의 모음이 『자따까(Jātaka)〔본생담(本生談)〕』〔'본생(本生)'은 이 세상에 오기 전의 본래 생, 과거세인 전생을 뜻한다.〕다. 그런데 여기에서도 금생의 붓다 못지않게 우리는 구도와 원력, 자비와 희생으로 이루어진 완전하고 고귀한 삶의 면면을 보게 된다. 즉 『자따까』는 전생 이야기 모음이라기보다는 현생에서 붓다의 고유한 특성을 또 다른 방법으로 보게 하는 틀이다. 빗대자면 같은 풍경을 보는 창인데, 단지 여는 방식이나 창틀의 모양이 다른 창문 정도로 생각하면 된다. 『자따까』의 큰 특징은 인간만이 고귀한 존재가 아님을 보인 데 있다. 동물들에게도 거룩한 삶이 있는 것이다. 인간뿐만 아니라 모든 생명체는 완성을 위하여 순수하게 노력하고 쉼 없이 정진하는 속성을 지닌다. 수많은 전생 이야기 가운데 가장 많이 인용되는 설화 몇 가지를 살펴보자.

|

〔03.02〕-056 **원력(願力), 선혜(쑤메다) 이야기** | 아득한 옛적, 보살이 '쑤메다(Sumedha)'라는 수행자〔요기(yogi, 仙人선인)〕로 있

었을 때 이야기다. 우리에게는 '선혜(善慧)'라는 이름으로 알려진 쑤메다는 큰 부잣집 아들이었는데 부모님이 일찍이 돌아가시자 막대한 재산을 물려받았다. 재산을 관리하는 집사가 금, 은, 진주, 보석이 가득 찬 창고를 열고 말했다. "쑤메다여, 이 많은 재산은 당신의 부모와 할아버지, 증조할아버지 등 7대를 내려온 재산입니다. 부디 잘 보관해야 합니다." 현명한 쑤메다는 생각했다. "이만큼의 재산을 쌓았으면서도 나의 조상과 부모님은 내세를 향하여 길을 떠날 때 한 푼도 가져가지 못했구나, 나는 이것을 가져갈 조건을 만들어야 하겠다." | 재산이 행복과 만족을 가져다줄 것은 아니라고 여긴 쑤메다는 그 재산을 수행자와 걸인, 나그네 등에게 기쁘게 베풀고는 도시를 떠났다. 그는 히말라야 기슭에 있는 깊은 숲으로 들어갔다. 곧 수행으로 깊은 선정(禪定)〔ⓢdhyāna댜나/ⓟjhāna쟈나〕에 들어, 앉고 걷고 서고 눕기를 자재롭게 할 수 있는 비범한 능력을 가지게 되었다. 명상의 즐거움을 나날이 즐기면서 지내는 동안, 이 세상에는 32상(三十二相)〔깨달은 자의 32가지 두드러진 신체 특성〕을 지니고 번뇌를 끊었으며 무수한 제자를 거느린 '디빵까라 붓다(Dīpaṃkara Buddha)'〔연등불(燃燈佛)〕가 출현했다. | 디빵까라 붓다가 람마(Ramma/Rammma)라는 마을 근처에서 머물 때 마을 사람들은 갖가지 음식과 가사, 꽃, 향 등을 들고 그 곳으로 찾아가 공양을 올린 다음 법문을 듣고, 이튿날 마을로 모셔 식사를 청했다. 이 때 영문도 모른 채 마을로 내려온 수행자 쑤메다는 마을 사람들이 기쁨에 넘쳐 꽃을 뿌리고 마을 길을 단장하는 것을 보고 그 이유를 물었다. "수행자여, 세상에 붓다 나오셨으며 내일 마을에서 붓다와 번뇌가 다한 성 제자(聖弟子)〔āriya-śrāvaka아리야-슈라와까〕〔āriya=고귀한〕〔ⓢśrāvaka슈라와까/ⓟsāvaka싸와까=성문(聲聞, 부처님의 말씀〔聲〕을 듣고 깨달은 사람), 제자〕

들을 위하여 식사를 대접하는지라 오시는 길을 아름답게 꾸밉니다." | 쑤메다가 이 말을 듣고 가만히 생각했다. "이 세상에서 '붓다'라는 소리를 듣는다는 것만도 어려운 일이거늘 그 붓다가 세상에 출현하셨을 때 만나 뵙는 일은 더더욱 드문 일이라 하지 않을 수 없다. 지금이라도 이들과 함께 붓다께서 오실 길을 단장해야겠구나." 마음을 먹고 우선 꽃을 구하려 했지만, 사람들이 시장에 나온 꽃을 (붓다에게 올리겠다고) 죄다 사 간 까닭에 구할 수가 없었다. | 그 때 어떤 사람이 '쑤밋따(Sumitta)'〔꼴리까(Kolika) = 구리가(拘利伽), 구리(拘利), 구리천녀(拘利天女)〕라는 젊은 여자 수행자가 일곱 송이의 연꽃을 가지고 있다고 알려 주었다. 쑤메다는 기쁜 마음으로 찾아가 연꽃 팔기를 청한다. 쑤밋따는 처음에는 거절을 하다가, 잘생긴 쑤메다를 보고 문득 사랑하는 마음이 일어나 자신의 조건을 들어 주면 꽃을 팔겠다고 한다. "쑤메다 님, 그대가 열심히 수행 정진하여 붓다를 이루는 날까지 나와 함께 동료이자 부부가 될 것을 약속해 주세요. 그렇게 해야만 꽃을 팔 수 있답니다." 쑤메다는 꽃 공양을 하겠다는 간절한 마음에서 붓다를 이루는 날까지 세세생생토록 부부가 될 것을 허락하자, 쑤밋따 수행녀는 다섯 송이 연꽃을 쑤메다 수행자에 주고, 남은 두 송이는 그녀의 이름으로 붓다에게 올려 달라고 청한다. | 꽃을 구한 쑤메다는 마을로 돌아가 마을 사람에게 청했다. "여러분이 붓다를 위해 이 길을 단장하는 중이라면 나에게도 한 구석 나누어 주지 않으렵니까? 나도 함께 길을 꾸미고 싶습니다." 마을 사람들은 수락을 하되 '쑤메다는 초인적인 힘〔신통(神通)〕을 가졌다.'는 소문을 들었기에 그에게 물웅덩이가 생겨 어렵고 험한 부분을 맡겼다. 쑤메다는 붓다를 향한 기쁜 마음으로 생각하기를, "나는 이 곳을 초인적인 힘으로도 아름답게 꾸밀 수 있지만 그것으로 만족할 수

없다. 오늘 이 몸을 다하여 기꺼이 봉사하리라." | 쑤메다가 힘을 다하여 흙을 날라 물웅덩이를 다 메꾸기도 전에 디빵까라 붓다께서 성 제자들과 함께 그 길을 따라오시게 되었다. 수행자 쑤메다는 두 눈을 크게 뜨고 가까이 오시는 붓다의 아름다운 모습을 보고 이렇게 생각했다. "오늘 나는 크낙한 힘을 갖춘 거룩하신 님을 위하여 기꺼이 목숨을 버리리라. 세상에서 가장 존귀하신 분께서 발에 흙을 묻히고 가시지 않도록, 마치 보석 다리를 밟고 건너시듯, 번뇌를 다한 성 제자들과 함께 나의 머리카락과 등을 밟고 가시게끔 하고 싶다. 그것이 머지않아 나에게 영원한 이익과 안락을 가져다 주리라." | 곧 쑤메다는 머리카락과 나무껍질로 만든 누더기 옷을 질퍽이는 진흙 위에 펼치고 몸을 던져 엎드렸다. "지극하신 붓다시여, 디빵까라라고 불리는 승리자(勝者승자)여, 세계를 인도하시는 분이 세상에 오셨습니다. 그 분을 위하여 거리를 아름답게 장식하는 것입니다. / 붓다라는 말을 듣자 내게는 그 순간 기쁨의 마음이 치솟아 '붓다! 붓다!'라고 찬탄합니다. / 나는 여기에 씨를 뿌려야겠다. 기회를 놓칠 수는 없다. / 나도 위대한 힘을 가진 디빵까라 붓다처럼 수승〔殊勝, 특별히 뛰어남〕한 깨달음에 도달하여 수많은 사람을 가르침이라는 배에 태워 무지의 세계〔윤회(輪回)〕로부터 구원한 후에 완전한 닙바나(Ⓟnibbāna)〔열반(涅槃)〕〔니르바나(Ⓢnirvāṇa) : 불을 끄다, 소멸하다〕에 들어가리라. / 이것이 내게 마땅한 일일 것이다." | 디빵까라 붓다께서 마침내 걸음을 멈추고 우뚝 서신 채, 푸르게 빛나는 두 눈을 뜨고 진흙 구덩이에 엎드려 있는 수행자 쑤메다의 모습을 보았다. "이 수행자가 붓다가 되기 위하여 굳은 의지로 여기에 엎드리게 되었구나." 그리고 그곳에 모인 많은 사람들에게 말했다. "여기 이 수행자는 '고따마(ⓅGōtama/ⓈGautama)'라는 이름을 가진 붓다가 될 것이

다." 쑤메다는 디빵까라 붓다의 예언〔수기(授記)〕을 듣자 기쁨에 넘치며 "나의 소원은 반드시 이루어지고 말리라." 하고 물러나지 않는 서원을 세웠다.

|

〔03.02〕-057 **자비(慈悲), 시비왕 이야기** | 옛날, 아주 오랜 과거에, 세상에 붓다가 계시지 않았을 때이다. 그 때 보살은 왕으로 태어나 10가지 초월적 덕성〔바라밀(波羅密), 보살도(菩薩道)〕을 닦고 있었다. 왕의 이름은 '쉬비(Śibi)'〔시비왕(尸毘王)〕라고 했다. 왕은 쉼 없이 명상을 실천했기 때문에 자비심이 많았으며, 백성 돌보는 것을 마치 늙은 어머니가 어린 자식을 사랑하듯 했다. | 그 때 신들의 왕인 인드라(Indra)〔제석천왕(帝釋天王)〕가 "진리에 으뜸이신 붓다는 어디에 계실까?" 하고 찾았지만 사바 세계에는 붓다가 계시지 않았다. 근심에 싸여 있을 때 천상의 신들 가운데 으뜸가는 손재주를 가진 비수갈마(毘首羯磨, Viśvakarmā비슈바(와)까르마 / Vishvakarman비슈바(와)까르만)〔모든 것을 만든 자, 건축의 신, 천상의 장인〕가 와서 물었다. "신들 가운데 으뜸이며 왕이신 하늘의 주인〔天主천주〕이시여! 무슨 걱정이 있습니까?" 인드라가 말했다. "나는 일체지자(一切知者)〔싸르바즈냐(sarvajña) = 모든 것을 아는 자, 전지자(全知者)〕이신 붓다를 찾고 있지만 찾을 수가 없다. 그래서 걱정을 하고 있었다." "모든 하늘의 주인이시여, 위대한 수행자가 있습니다. 시비왕은 계를 잘 지키고 스스로에게 엄격하며, 정진과 선정과 지혜와 자비를 갖추었습니다. 그는 머지않아 반드시 붓다가 될 것입니다." | 인드라가 비수갈마 신에게 말했다. "그렇다면, 지금 바로 그를 시험해 보자. 시비왕이 수행을 하여 미래에 붓다가 될 수 있는지 알아 보도록 하자. 비수갈마여, 그대는 비둘기가 되고 나는 매가 되어서 그대가 일부러 나에게 쫓기는 척 두

려워하면서 왕의 겨드랑이 밑으로 들어가거라. 내가 뒤를 따라 가겠다." | 비수갈마는 눈도 발도 빨간 한 마리의 흰 비둘기가 되었다. 그러자, 인드라도 발톱과 부리가 날카로운 한 마리 매가 되어 재빨리 비둘기 뒤를 따르는 것이다. 비둘기는 곧바로 시비왕의 품속에 파고 들어가 두려움에 떨면서 사람의 말로 소리쳤다. "인자하신 대왕님! 모든 사람들이 믿고 따르는 분이여! 저와 같은 작은 새가 대왕의 겨드랑이 아래에 깃드는 것은 마치 자기 집을 찾아드는 것과 같습니다. 저의 목숨을 살려 주십시오." | 이 때 매가 가까운 나무 위에 앉아 시비왕에게 말했다. "대왕이여! 비둘기를 내놓으시오. 거기 숨어든 비둘기는 내 것이오." 시비왕이 매에게 말했다. "내가 먼저 이 비둘기를 얻었다. 이 비둘기는 네가 얻은 것이 아니다. 나는 붓다를 이루고자 모든 중생을 건지려는 원을 세웠기 때문이다." "자비스런 대왕이시여! 모든 중생들을 제도한다고 하셨지만 왜 나는 모든 중생에 들어가지 않소? 굶주린 나는 왜 동정을 받지 못합니까?" "너는 어떤 먹이가 필요하냐? 나는 어떤 이라도 나에게 와서 원하면 주겠노라고 서원을 세웠노라. 내, 너를 위하여 먹이를 구해 주마." "대왕님. 저에게는 따뜻한 체온이 남아 있는 고기가 필요합니다." | 시비왕은 생각을 했다. "그런 것은 얻기가 쉽지가 않다. 스스로 살아 있는 생물을 죽이는 것은 얻는 방법이 아니다. 내가 어찌 하나를 죽여 다른 하나를 구할 수 있겠는가? 내 몸뚱이는 언젠가 늙고 병들어 마침내 죽음에 이를 것이니, 차라리 내 몸을 매에게 주는 것이 낫겠구나." 생각을 마친 왕은 신하에게 칼을 가지고 오게 하여 그 칼로 스스로 넓적다리의 살을 베어 매에게 주었다. 왕의 살을 받은 매는 왕에게 말했다. "오! 인자하신 대왕이시여. 정말로 나에게 뜨거운 살을 많이 주셨군요. 그런데 나는 비둘기 무게만큼의 살을

원합니다." | 왕이 신하에게 저울을 가지고 오라고 하여 자신의 살과 비둘기의 무게를 달아 보니, 비둘기의 무게가 훨씬 무거웠다. 왕은 다른 한쪽의 넓적다리의 살을 베어 저울에 달았다. 그런데도 여전히 비둘기가 무거웠다. 왕은 자신의 종아리, 엉덩이, 가슴, 어깨, 목 등의 살을 베어 저울에 계속 얹었지만 여전히 비둘기가 무거운 것이었다. 이럴 수가 있을까? 마침내는 몸 전체의 살을 다 도려내 저울에 달았어도 여전히 비둘기가 무거웠다. 시비왕은 피투성이의 몸을 가지고 마침내 저울 위로 올라가 비둘기의 무게와 비교를 하려고 했다. | 이를 본 매가 말했다. "대왕이시여! 어찌 이리도 무모한 행동을 하십니까? 저에게 비둘기만 돌려 주면 됩니다." "비둘기가 멀리서부터 나에게 도움을 청하여 날아온 것인데, 어찌 네 먹이로 주겠느냐? 내 몸은 늙고, 병들어 죽으면 그만인 것이다. 나는 진리를 구하여 깨달음을 얻어 붓다가 되기를 서원한 것이다." | 왕은 아예 저울에 올라가려고 했지만 힘이 사라지고 근육이 다 끊어져서 일어설 수가 없었다. 왕은 자신을 속으로 꾸짖었다. "확고해야 한다. 미혹과 번민으로 의심할 일이 아니다. 모든 중생이 괴로움으로 고통을 받고 있지 않은가? 나 한 사람만이라도 서원을 세워서 고통받는 이들을 구하려고 하고 있다. 무엇 때문에 괴로워하는가? 윤회와 지옥의 고통에 비한다면 몸의 아픔은 아무 것도 아니다." | 왕은 주위의 신하들에게 도움을 청하여 다시 저울 위로 올라갔다. 마음 속에는 두려움도 사라지고 안정이 되어 갔다. 이것을 본 천신과 용왕 등 모든 하늘 사람들이 왕을 칭찬했다. "한 마리의 작은 비둘기를 위하여서도 이와 같은 거룩한 자비행을 하는 매우 훌륭한 수행자가 있다." | 그 때 대지는 여섯 가지〔좌우(動동) 상하(起기) 솟구침(涌용) 흔들림(震진) 소리남(吼후) 부딪침(激격)〕로 진동을 하고, 마른 나뭇가지에서 꽃이 피며, 하늘

에서는 아름다운 향기와 꽃비가 내렸으며, 천녀들은 노래를 부르며, 사방의 신선들도 와서 함께 찬탄했다. "시비왕은 반드시 미래생에 붓다가 되실 것입니다."

|

〔03.02〕-058 **희생**(犧牲), **사슴 왕 이야기** | 아득히 먼 옛날 어느 때에 보살은 바라나씨〔ⓢBārāṇasi, 바라나시(Varanasi)〕의 사슴으로 태어났다. 몸은 황금빛이요, 눈은 보석과 같았고, 뿔은 은빛이며, 몸은 송아지만큼 컸다. 그는 500마리의 사슴과 함께 니그로다(Nigrodha, Nigodha니고다〔니구타(尼拘陀)〕)〔용수(榕樹), 벵골(Bengal) 보리수(菩提樹), 반얀 나무(Banyan tree)〕) 숲에서 살았기 때문에 '니그로다 사슴 왕(Nigrodhamiga니그로다미가)'〔용수록(榕樹鹿)(miga, 鹿=사슴)〕이라 불렸다. 근처에도 또 500의 권속을 거느린 '사까(Sāka)'라는 사슴 왕이 있었으니, 그 또한 황금빛이었다. 그 때 바라나씨의 왕은 사슴 고기를 즐겨 신선한 고기를 얻느라고 매일 사냥을 시켰기 때문에 농부들까지 동원되느라 농사일을 할 수가 없을 지경이었다. 농부들은 서로 의논한 끝에 두 무리의 사슴들을 몰아 왕의 동산에 가두어 두고 왕더러 직접 잡아 드시라고 했다. | 왕은 두 마리의 황금빛 사슴을 보고 두 사슴 무리의 왕임을 알아보고 죽이지 않겠다고 약속했다. 왕은 매일 한 마리씩 활로 잡는데, 활을 쏠 때마다 화살을 피하려고 우왕좌왕하다 보니 다치는 사슴들이 많았다. 니그로다 사슴 왕은 사까 사슴 왕에게 제안했다. "우리가 번갈아가며 순번을 정해서, 해당하는 사슴이 스스로 왕의 푸줏간으로 가기로 합시다. 그러면 사슴들이 덜 다칠 것입니다." | 두 무리의 사슴 왕이 약속을 하고 난 다음 각자 자신의 무리들에게 이 사실을 알려 주고 심지를 뽑아서 순서를 정했다. 어느 날 사까 사슴 왕 무리 중에 새끼를 밴 암사슴의 순서가 되었다. 암사슴은 새

끼를 낳을 때까지만 순서를 미루어 달라고 부탁했으나 사까 사슴 왕은 거절했다. 암사슴은 그 사정을 니그로다 사슴 왕에게 말했고, 니그로다 사슴 왕은 자신이 대신 왕의 푸줏간에 가서 누웠다. | 금빛 나는 니그로다 사슴 왕이 푸줏간으로 와서 누워 있는 것을 본 왕이 물었다. "나는 사람의 왕, 그대는 사슴의 왕이다. 왕 대 왕으로 한 약속으로 그대의 생명을 보장해 주었는데, 무슨 까닭으로 여기에 왔는가?" 니그로다 사슴 왕이 임신한 암사슴의 사정을 말하자 왕은 찬탄했다. "나는 일찍이 이런 자비와 덕을 보지 못했노라. 사람이나 짐승이나 다 같이 목숨은 소중하다. 그러나 그대가 자신의 목숨을 바쳐서 두 생명을 구하고자 하니 그대 덕택에 내 마음이 맑아졌다. 그대와 암사슴에게 생명의 안전을 보장해 주겠다." | 니그로다 사슴 왕이 거듭하여 바라나씨 왕에게 말했다. "대왕이시여, 저희 둘의 생명은 안전을 보장받았지만, 다른 사슴들의 생명은 어찌 하시렵니까?" "다른 사슴들의 생명도 보장하겠다." "여기 사슴들은 생명은 보장받았지만, 다른 곳의 사슴들은 어찌 하시렵니까?" "그들의 생명도 보장하겠다." "사슴들은 모두 안전을 보장받았지만, 다른 네 발 짐승들은 어찌 하시렵니까?" "그들의 생명도 보장하겠다." "네 발 짐승은 모두 생명을 보장받았지만, 다른 두 발 짐승들은 어찌 하시렵니까?" "그들의 생명도 보장하겠다." "두 발 짐승은 모두 안전을 보장받았지만, 물에 사는 고기들은 어찌 하시렵니까?" "그들의 생명도 보장하겠다. — 오늘부터 내 목숨이 다할 때까지 고기를 먹지 않겠노라."라고 왕은 니그로다 사슴 왕에게 자신의 서원을 약조했다. | 그 후에 암사슴은 연꽃 봉오리 같은 아들을 낳았는데, 아들에게 이렇게 말했다. "아들아, 사까에게는 가까이 가지 말고 니그로다에게만 가라. 사까 곁에서 살기보다는 차라리 니그로다 곁에서

죽어라." | 왕에게 생명을 보장받은 사슴들이 왕의 동산에서 풀려나 숲으로 돌아왔다. 사슴들이 밭의 농작물을 뜯자 농부들은 죽여야 한다고 청했지만 왕은 거절했다. "나는 니그로다 사슴 왕에게 은혜를 입었다. 그러므로 이 영토를 다 버리는 일이 있더라도 그와의 서약을 깰 수 없다." 니그로다 사슴 왕은 이 말을 듣고 사슴들에게, 곡물을 먹지 말라고 한 다음 사람들에게도 당부했다. "지금부터 곡물을 보호하기 위해 울타리를 칠 필요는 없습니다. 다만 경계의 표지로 밭 둘레에 풀잎을 매어 주십시오. 그 표시가 있으면 밭에 들어가지 않겠습니다." 그 뒤부터 모든 밭에 풀잎을 매어 경계를 삼는 풍습이 생겼다.

|

〔03.02〕-059 **구도**(求道), **설산동자**(雪山童子) **이야기** | 언제라고 말하기도 힘든 아주 먼 옛날에 '쑤다나(Sudāna)'〔수달나(須達那)〕라고 불리는 젊은 왕자가 눈 덮인 히말라야의 단다까(Dandhāka/Dandaka) 산〔단특산(檀特山), 고대 간다라(Gandhara)(파키스탄 북서부 페샤와르) 지역에 있는 산〕 속에서 깨달음을 위하여 홀로 수행하고 있었다. 그 때 신들의 왕이자 하늘 세계의 주인인 인드라가 쑤다나 왕자가 과연 깨달음을 이룰 바탕과 믿음이 있는지 시험해 보기로 했다. 인드라는 사람을 잡아먹는 흉악한 야차(夜叉)〔야끄샤(yakṣa), 나찰(羅刹) = 락샤싸(rākṣasa)〕로 변하여 어린 수행자 가까이에 와서 과거 붓다께서 말씀하신 아름다운 노래〔偈頌게송〕 앞 구절을 불렀다. | "일체 조건의 형상은 허망한 것(Aniccā vata saṅkhārā 아닛짜 와따 상카라)〔제행무상(諸行無常)〕, / 생겨난 것은 항상 사라지는 것(Uppāda vaya dhammino 웁빠다 와야 담미노)〔시생멸법(是生滅法)〕." | 이 싯귀를 듣고 무한한 기쁨으로 충만해진 쑤다나 왕자는 자리에서 일어나 누가 진리를 말했나 하며 사방을 둘러보았다. 그러

나 눈앞에는 험상궂게 생긴 야차만이 있을 뿐이었다. 왕자는 생각했다. '저처럼 추악하고 무서운 야차가 어떻게 그와 같은 시를 읊을 수 있단 말인가? 저것은 마치 불 속에서 연꽃이 피기를 바라는 것과 같다. 하지만 주위에 다른 이는 아무도 없지 않은가? 혹시 그가 과거에 붓다를 뵙고, 그 시를 들었는지도 몰라.' | 왕자는 야차에게 물었다. "당신은 어디에서 이 시를 들었습니까? 그 시를 듣고서 마치 연꽃이 피는 것처럼 마음이 열렸습니다." "나는 시 같은 것은 모르네. 여러 날 굶어 허기가 져서, 나도 모르는 헛소리를 했을 뿐." "아닙니다. 그럴 리가 없습니다. 만일 당신이 그 시를 끝까지 읊어 주신다면, 나는 평생토록 당신의 제자가 되겠습니다. 물질의 보시〔布施, 다나(dāna)〕는 없어질 때가 있지만, 법의 보시는 다함이란 없는 것입니다." | 야차는 왕자에게 말했다. "지혜를 구하고자 하는 욕심만 있고, 자비심이라고는 없는 사람이구려. 나는 지금 배가 너무나 고파서 죽을 지경이란 말이네." "그렇다면 음식을 드리겠습니다. 어떤 음식이 필요합니까?" "나는 살아 있는 사람의 살덩이와 따뜻한 피만 먹을 뿐, 그 밖의 것은 먹지도 마시지도 않는다네." | 이 말을 들은 왕자는 기뻐하며 말했다. "그렇다면 시의 남은 부분을 들려 주십시오. 제 몸을 기꺼이 당신에게 드리겠습니다." "그 말은 믿을 수 없네. 아무렴 쓸모없는 시 한 구절을 들으려고 하나밖에 없는 목숨을 버릴 수 있겠는가?" "야차여, 당신은 참으로 어리석습니다. 이 일은 마치 질그릇을 주고 보배로 된 그릇을 얻는 것과 같습니다. 나는 영원하지 않은 이 몸을 버리고 금강석처럼 굳센 지혜의 몸을 얻고자 하는 것입니다. 제 말을 믿으십시오." | 이 말을 들은 야차는 왕자에게 말했다. "그렇다면 똑똑히 들으시게. 뒤의 반 구절을 노래〔偈頌게송〕하리다." | "생겨나고 사라짐이 완전히 멈출 때(Uppajjitvā nirujjhati웁빳지뜨와 니룻잔띠), / 완전히 멈춤만이 진실한 즐거움이 다(Tesaṃ vūpa samō sukhō떼상 우빠 싸모 쑤코)." | 나머지 반 구절의 시를 들은 왕자는 더욱 깊은 환희심이 솟았다. 그는 시의 뜻을 깊이 음미하고 나서 벼랑과 나무와 돌에 그 시를 새긴 다음 나무 위로 올라가서 약속한 대로 몸을 던지려 했다. 이 때 나무의 신이 그에게 물었다. "어린 수행자여, 그 시에는 어떠한 공덕이 있습니까?" "이 시는 과거 모든 붓다께서 거듭 말씀하신 것입니다. 제가 몸을 버리면서까지 이 시를 듣고자 했음은, 나 하나를 위해서가 아니라 모든 중생을 이롭게 하기 때문입니다." | 나무의 신에게 답한 왕자는 마침내 야차를 향하여 나무 위에서 자신의 몸을 던졌다. 그의 몸이 땅에 떨어지기 전에 야차는 본래의 모습인 인드라로 돌아가서 그의 몸을 받아 땅에 내려놓았다. 이를 지켜본 모든 천신들은 어린 수행자의 지극한 구도 정신과 서원에 찬탄하며 예배했다.〔이 설화를 중국에서 잘못 이해하여 붓다가 출가하여 고행을 할 때 히말라야 산에서 수행했다고 옮겼으며, 그에 따라 〈팔상도(八相圖)〉〔붓다가 태어나 도를 닦고 열반에 이르기까지의 일생을 8부분으로 나누어 그린 그림〕에서 이 시기를 '설산수도상(雪山修道相)' 또는 '설산고행(雪山苦行)'으로 표기하게 되었다고 한다.〕

〔03.03〕 하강을 준비하다

〔03.03〕-060 **천신들의 권유** | 호명보살(護明菩薩)〔사바 세상에 나오기 바로 직전의 붓다〕이 천상 세계와 인연이 다하여 인간 세계로 내려갈 즈음이 되자 모든 하늘의 천신들이 보살에게 찾아왔다. 사바 세계 중생을 위하여 큰 법을 설하여 고통스런 윤회의 긴 흐름에서 벗어나게 해 달라고 권하고 청한 것이다. 이것이 '권청(勸請, adhyeṣaṇa아데샤나〔invitation ; causing one to do a thing, especially a preceptor])'이다. 이를 두고 경전이 사실인지 그 신빙성을 따지기 보다 상징으로 읽어야 한다. 붓다의 출현은 그만큼이나 희유〔稀有, 흔하지 않음〕한 일임을 강조하려 신들을 끌어왔거니와, 그것이 인간 세상을 넘어선 차원에서조차 큰 행운임을 나타낸 것이다. 인도인의 시각에서는 위대한 성자의 출생은 단순하게 한 생명의 출생이 아니라 신들까지 권해야 가능할 일로 보였던 것이다. | 호명보살이 천신들의 권청을 마음 속으로 받아들이자 모든 하늘 나라의 천신들은 도솔천의 보살이 인간 세상에 태어나 붓다가 되려고 함을 알게 되었다. 그것은 세상에 붓다가 될 사람이 태어나게 되면 3가지 징조가 천상에서 일어나기 때문이다. 제일 먼저 ① 세상이 바뀐다는 예고이며, 다음은 ② 전륜성왕〔轉輪聖王, 수레를 굴리는 왕, 짜끄라-와르띠-라자(Cakra-varti-rāja), 전설적인 현실 지도자〕이 출현한다는 것, 끝으로 ③ 위의 두 가지 예언이 확실함을 알리는 예고로 천상 세계에서 아름다운 음악이 울리고 꽃비가 내리며 기이한 향기가 넘쳐난다고 한다. 이러한 예고로 모든 하늘 사람들이 도솔천 내원으로 와서 찬탄하며 호명보살이 지상의 붓다으로 태어날 최상의 여건을 찾기 시작했다. | 붓다가 출생한 나라 까삘라는 당시 변방이었고 약소국이었다. 붓다의 생전에 강대국에 의하여 무력으로 병합되었고 더욱이 어머니조차 일찍 돌아가셨다. 제자들은 그러한 붓다의 삶에 나름대로 의미를 부여하고 신들의 힘을 빌어서라도 되도록 완벽에 가까운 모습으로 만들고 싶어 했음을 이런 대목에서 읽을 수 있다. 또한 당시 인도 민중들이 바라던 것이 무엇인가도 짐작하게 된다. | 신들 가운데 정거천(淨居天, śuddhāvāsa 숫다와싸)〔번뇌가 없고 욕망이 소멸한 청정한 신들의 하늘 세계〕〔śuddha = 정(淨), 청정 / vāsa = 거(居), 처소〕에 사는 한 신이 이렇게 권했다. "보살이여! 보살이 사바 세계로 내려가 붓다가 되려면 먼저

다섯 가지를 잘 살펴보고 합당한 곳을 찾아야 합니다. 그것은 태어날 시기와 태어날 나라, 태어날 나라의 위치, 가계(家系)의 혈통(血統), 어머니 수명의 한계를 아는 것입니다." | 이 다섯 가지를 보자.

|

① 붓다가 이 세상에 출현하려면, 시기가 중요하다. 너무 행복하고 태평하면 여유를 누리느라 진리를 아무리 말해 주어 봤자 듣고 수행을 따라하지 않을 것이다. ─'이렇게 살기 좋은데 굳이 무엇을 더 바라고 찾아야 하는가?' 하고 주어진 풍요로운 삶만 즐기려고 할 것이다. 반대로 너무 나쁜 시절이어서 하루하루 먹고 살기조차 힘들도록 각박하면 가르침을 베풀어도 따르기가 어렵다. ─'세상에 먹고 살기도 힘들어 죽겠는데 무슨 고상한 이야기인가?' 현실에서 한 그릇의 따뜻한 밥과 편안한 잠자리가 더 급한 까닭에 붓다가 세상에 나와도 진리를 펼칠 수 없다는 것이다. | 또한 인간들의 수명이 너무 길어도 곤란하고 너무 짧아도 곤란하다. 수명이 길면 당장 수행하지 못해도 대수롭지 않게 여긴다. 긴 수명을 믿고 나중으로 미루고 미루다가 끝내 죽음 앞에서 몸이 무너진다. 반면 너무 짧으면 붓다의 말씀을 듣고 신심을 내어 수행을 시작했다 해도 깨우칠 시간이 부족하다. 적당히 즐겁고 적당히 괴로워야만 즐거울 땐 괴로움을 생각하고 괴로울 때는 즐거움을 회상하며, 나아가 이 두 가지 모두에서 벗어나려고 진실한 마음을 품을 때 붓다의 가르침을 듣고 수행에 마음을 낼 수 있다.

② 두 번째는 태어날 나라의 국력이다. 우리는 18~19세기 유럽 열강들이 선교사와 함포를 앞세워 약소국을 유린한 일을 역사 속에서 배웠다. 전법(傳法)이란, 수행과 깨달음에서 오는 고귀

한 인격, 훌륭한 가르침의 완성 등 붓다가 제시한 기준에 동조하고 따라가고자 자발적으로 귀의한 제자들에 의하여 평화롭게 행복을 전하는 것이어야 한다. 전법을 하려고 강대국이라는 지위를 앞세우거나 무력을 동원한다면 고귀한 성품에 해가 된다. 그럴 일이 없다고 해도 붓다가 강대한 나라 출신이라면 후세 사람들이 붓다가 모국의 힘을 등에 업었다고 비난할 소지가 있다. 그렇기 때문에 붓다가 출생해야 할 그 나라는 너무 강대하거나 너무 약한 나라여서도 안 된다는 것이다. 붓다가 태어날 나라는 적당한 힘과 함께 평화를 사랑하고 자긍심도 지닌 그런 나라여야 했다.

③ 세 번째는 그러한 나라 안에서도 어느 지역인가 하는 것이다. 중앙인 도성인가? 지방 도시인가? 아니면 첩첩산중이거나, 외떨어진 섬인가? 지금도 중앙과 지방 도시, 지방에서도 대도시와 소도시, 또 도시와 시골이나 섬과의 격차가 말할 수 없지 않은가. 오죽하면 '사람을 낳으면 서울로 보내고, 말은 제주도로 보내라'고 했을까? 정보를 접하기 쉽고 물산이 풍부하고 경제가 원활한 도시〔정치, 경제, 사회, 문화, 교육 등을 위하여 사람들이 많이 모여 사는 곳〕와 시골 농촌의 차이는 그 때도 지금과 마찬가지였을 것이다. 붓다를 이루자면 많은 것을 알아야 하고 성장 환경과 교육 등 제반 조건이 갖추어져야 한다는 것이 이들의 생각이었다. 당연히 붓다가 탄생하려면 강대국이든 약소국이든 그 나라의 변방이 아니라 당당한 도성에서여야 했다.

④ 네 번째는 아버지 어머니를 포함하는 집안의 내력이다. 부모가 너무 비천하면 자녀 교육이나 성장 환경이 좋지 않고 너무 잘나면 자녀들이 부모의 권세를 믿고 함부로 행동하기 십상이다. 따라서 부모 역시 예의와 덕을 갖추었으며 자녀의 성장과

교육에 적절한 조건을 베풀 수 있는 사람이면 되었다. | 경전에 따르면 붓다는 "나의 혈통은 7대를 거슬러 올라가도 깨끗하다."라고 하셨다. 인도 수비학(數秘學, numerology)〔숫자와 대상(사람, 장소, 사물, 문화 등) 사이에 숨겨진 의미와 연관성을 연구하는 학문〕에서 7은 영혼을 나타내는 숫자이며 동시에 우리 몸 안에 에너지가 담긴 곳을 나타낸다. 또한 그믐달〔잔월(殘月)〕에서 상현(上弦)으로, 상현에서 보름달〔만월(滿月)〕로, 보름달에서 하현(下弦)으로 이어지는 달의 주기도 각각 7일로 되어 있다. 이로 미루어 숫자 7은 성스러움을 나타내는 표현으로 보아야 한다. 붓다 자신의 가계 혈통에 대한 언급에는 당시 인도에서 추한 것으로 여기던 계급 간의 혼종(混種)이 없었다는 자부심이 드러난다. 경전에서 붓다의 부모는 심성이 어질고 현명하며 과거생에 많은 복을 지은 사람들이라 남들에게 비난을 받거나 업신여김을 당하지 않았고 사랑을 받았다고 한다. 만약 붓다의 부모가 사람들에게 덕을 베풀지 못하고 잔혹하거나 또는 어디서든 존중을 받지 못한 사람들이었다면 그 허물이 붓다에게까지 간다고 보았던 것이다.

⑤ 마지막 다섯 번째는 어머니의 수명〔母壽命 모수명〕의 한계를 살피는 일이다. 그런데 그 내용인즉슨, 붓다의 어머니는 붓다를 출산하고 7일 이내에 사망을 해야 한다는 것이다. 물론 여기서도 7은 완전하고 성스러운 숫자에 맞춘 것이라고 보는 것이 좋겠다. 어째서 이런 조건이 필요했을까. 여러 가지가 있겠지만 그 하나로 같은 어머니에게 태어났는데 형은 성인이고 동생이 악당이라면 무척 곤란할 것이다. 예컨대 중국 춘추 전국 시대〔春秋戰國時代, 기원전 770～기원전 221〕의 전설적인 대도(大盜) 도척(盜蹠)은 노(魯)나라의 현인(賢人) 유하혜(柳下惠)〔기원전 720?～

기원전 621?〕의 동생이었지만 형과 달리 성격이 포악하여 날마다 무고한 사람들을 죽였다. 사람의 간을 생으로 먹고 재물을 약탈했으며, 수천의 부하를 모아 천하를 횡행하고 여러 나라를 뒤흔들어 놓았다. 그러나 또한 이는 룸비니(Lumbini)에서 아기를 낳은 후 곧바로 돌아가신 붓다의 어머니에 대한 배려를 담은 상징일 것이다.

불교의 4대 성지

① 룸비니(Lumbini) : 붓다 탄생지.
② 보드가야(Bodh Gayā)〔=붓다가야(Buddha Gayā)〕: 깨달음을 얻은 곳.
③ 사르나트(Sarnath) : 첫 설법지.
④ 쿠시나가르(Kushinagar) / ⓢKuśinagara꾸쉬나가라/ⓟKusinārā꾸씨나라 : 열반에 이른 곳.

정거천에 사는 신의 조사에 의하여 붓다는 당시 세계의 중심이던 인도에서 강하지는 않지만 자존심과 적당한 힘을 갖춘 사꺄족의 도성인 까삘라(Kapila)를 탄생지로 하고 아버지는 숫도다나〔ⓟSuddhodana, ⓢŚuddhodana숫도다나〕 왕〔정반왕(淨飯王)〕, 어머니는 마야 부인〔마야 데비(Māyā-devī)〕으로 결정이 되었으니, 날을 택하여 내려만 가면 되었다.

〔03.03〕-061 **무엇을 타고 갈까?** | 신들이 신통의 힘으로 오고감을 자유롭게 하는 신화도 많다. 그런데 인도의 신들은 반드시 '탈것〔승물(乘物, vāhana바하나)〕'이 없으면 안 된다. 탈것은 권위의 상징이자 각자 지닌 힘과 특성에 대한 표상이다. 예를 들자면 신들의 왕 인드라(Indra)는 코끼리〔아이라와(바)따(Airāvata)〕를, 창조의 신 브라흐마(Brahma)는 백조〔항사(haṃsa)〕를, 유지의 신 비슈누(Vishnu)는 거대한 새〔가루다(Garuḍa)〕를, 파괴의 신 쉬바(Shiva)는 황소〔난디(Nandi)〕를, 태양의 신 쑤리야(Surya)는 백마〔태양의 신

은 일곱 마리의 백마 또는 일곱 머리를 가진 한 마리 백마가 이끄는 전차를 타고 다닌다.〕를 탄다. 또 재물의 신 가네샤(Ganesha)〔가나빠띠(Gaṇapati)〕는 생쥐〔무샤까(mūṣaka)〕를, 지혜의 여신 싸라스와티(Saraswati)는 공작〔찌뜨라메칼라(Citramekhala)=마유라(mayūra)〕을, 갠지스 강의 여신 강가(Gangā)는 악어〔마까라(Makara)〕를, 불의 신 아그니(Agni)는 양을, 사랑의 신 까마(Kāma/Kāmadeva)는 앵무새〔슈까(śuka)〕를 타고 다닌다. 모두 신들이 발휘하는 고유한 특성을 나타내 보인 것이라서, 사람들은 탈것만 보아도 신과 그 신의 능력을 쉽게 알아볼 수 있다. | 이제 '세상에서 가장 존귀하신 이'〔세존(世尊, Bhagavan바가완/바가반)〕가 될 호명보살이 태중(胎中)에 들기 위하여 인간 세상으로 내려가는데, 그냥 갈 수는 없다. 옛 인도 사람들에게 이것은 매우 중요한 주제였다. 성자의 첫 단추는 태몽이다. 무엇인가 대단한 태몽이어야 했다. 천상에서 내려왔다면 신들처럼 무엇인가를 타고 내려와야 했고, 게다가 미래의 붓다에게 어울릴 만한 탈것이어야 했다. '무엇을 탈까?' 신들은 모여서 각자 자신이 본 것 가운데 가장 좋은 것을 추천했지만, 정거천의 신들은 말한다. "붓다가 되기 위하여 하강하는 모든 보살들은 과거 옛적부터 '여섯 개의 어금니〔상아(象牙)=엄니〕'〔六牙육아〕가 나고 붉은 머리〔紅頭홍두〕에 황금 망사(黃金網絲)가 덮여 밝은 빛이 눈이 부신 흰 코끼리〔白象백상〕를 타고 내려갑니다."라고. | 인도에서 코끼리를 소유하는 것은 왕들의 특권이었다. 밀림에서 코끼리를 생포해 가두어 놓고 사람과 친화 교육을 시킨 다음, 목적에 따라 발 달린 기갑부대로 훈련시키거나, 왕의 의전용 탈것으로 귀히 키우거나 마술에 동원할 목적으로 길들이기도 했다. 평상시에는 당당한 걸음으로 왕의 권위를 상징하고 전쟁터에 나아가면 망루이자 성채가 된다. 인도의 지배자들은 코끼리를 보호했는데, 그 가운데에서도

흰 코끼리는 더욱 귀히 여겼다. | 신화에서는 브라흐마의 오른손 황금 알의 껍데기로부터 최초의 신성한 코끼리가 나왔고 그 다음에 다시 일곱 마리의 수컷이 더 나왔다고 한다. 브라흐마의 왼손에 놓인 껍데기에서는 여덟 마리의 암코끼리가 나와 열여섯 마리는 여덟 쌍을 이루며 하늘과 지상에 있는 모든 코끼리들의 조상이 되었다. 그들은 또한 '우주의 방위를 담당하는〔dik딕 / 디샤(diśā)〕 코끼리〔gaja가자〕'〔딕가자(Dikgaja) : eight elephants guarding eight cardinal directions with clouds〕로서 팔방에서 우주를 지탱하니, 여덟 쌍의 코끼리들은 '우주의 기둥들'〔카리아티드(caryatids) : 기둥이나 지주를 대신해 보를 받치는 인물 조각상〕인 셈이다. 더욱이 흰 코끼리는 태초의 우유바다에서 나온 불로장수의 감로수〔amṛta암리따〕를 암시한다. 그것은 흰 코끼리가 특별한 힘이 있다고 평가되기 때문인데 특별한 힘이란 구름을 만드는 것이다. 농경 민족은 제때에 비가 내려야 농사에서 많은 수확을 할 수 있기 때문이다. | 육상 동물로서는 코끼리에 대적할 동물이 없다. 유순하면서도 사납기도 하다. 백수의 왕이라는 사자도 성장한 코끼리에게는 함부로 달려들지 못한다. 하물며 보살이 타고 갈 코끼리는 "엄니가 여섯 개씩이나 되며, 머리는 신의 영광과 축복의 색깔인 붉은 색에 황금망사로 장식을 하고 온 몸은 태초의 우유 바다 감로수처럼, 흰 구름처럼, 순결한 흰 색"이 아닌가. 이 정도의 태몽이라면 당시 사람들에게 납득이 되고도 남는다. 코끼리는 신들의 왕 인드라가 타고 다니는 것으로 알려진 데다 인간 왕들의 탈것이 | 기도 했으니 당연히 하늘 위나 하늘 아래에서 가장 존귀하실 분이 될 붓다에 걸맞았다. 장차 수행을 하여 깨달음을 이루면 법의 크기가 코끼리 같아 대적할 자가 없을 것이고, 정법(正法)으로 가는 이들에게는 유순하겠지만, 비법(非法)을 가는 이들에게는 그 반대가 될 것이었다.
|

〔03.03〕-062 **입태**(入胎)**의 시기와 태몽** | 농경을 위주로 하는 아시아권에서는 대체로 달이 차고 이지러지는 것에 맞춘 태음력(太陰曆)〔우리가 쓰는 음력은, 순수한 태음력(lunar calendar)(=순태음력)이 아니라, 태음태양력(lunisolar calendar)(=음력)이다.〕을 사용한다. 태음력이지만 조금 복잡한 인도력을 이해하여야 보살이 도솔천에서 하강하여 입태한 시기를 알 수 있다. 인도의 태음력은 달의 운행을 기준으로 1년을 12달로 구성하며 계절 변화와 맞추기 위해 주기적으로 윤달이라 불리는 13번째 달이 있다. 삭망월(朔望月) 주기〔초승달이 된 때에서 다음 초승달이 될 때까지, 또는 보름달이 된 때부터 다음 보름달이 될 때까지의 시간〕는 평균 29.5일이고, 항성월(恒星月) 주기〔달이 동일한 별 자리로 돌아오는 순수 공전 주기〕는 평균 27.3일이다. 우리가 쓰는 음력〔태음태양력(太陽太陰曆, lunisolar calendar)〕의 주기는 29.5일이다. 그 특징은 한 해의 첫날과 삭망월의 첫 날에 대한 관습이다. 한 해 첫날의 경우, 일부 지역에서는 봄에 돌아오는 인도력 1월인 짜이뜨라(Caitra) 달의 첫날〔양력 춘분〕을 설날로 삼는 반면에, 다른 지역에서는 가을인 8월 까릇띠까(Kārttika)를 한 해의 시작으로 삼는다. 삭망월의 경우, 남부에서는 초승달이 뜬 다음

태양력(**양력**), **태음력**(**순태음력**), **태음태양력**(**음력**) 지구가 태양을 1회전 하는 시간을 1년으로 하는 역법(曆法)을 태양력(太陽曆, solar calendar)〔양력〕, 달의 삭망(朔望)〔음력 초하루와 보름〕 주기로 한 달을 정하는 것을 태음력(太陰曆, lunar calendar)〔순태음력〕, 태음력을 기초로 하고 윤달을 두어 태양력과 절충한 것을 태음태양력(lunisolar calendar)〔음력〕이라 한다. 지구가 해의 둘레를 1회전 하는 1태양년(太陽年)〔회귀년(回歸年)〕의 길이는 365.2422일이어서 1년을 365일 또는 366일로 한다. 우리가 현재 사용하는 음력(陰曆)은 달과 태양의 움직임을 모두 고려한 태음태양력이다. 날짜는 달의 차고 기욺을 기준으로 세고, 계절의 변화는 태양의 움직임을 기준으로 하며, 계절과 날짜를 맞추기 위해 2~3년에 한 번씩 윤달을 넣는다. 우리나라의 음력, 유대력, 그리스력, 중국력이 이에 해당하고, 이슬람에서 사용하는 역법이 태음력(순태음력)이다.

삭망월(朔望月, synodic month)
항성월(恒星月, sidereal month)
삭망월은 태양—지구—달의 상대적 위치 변화를 기준으로 측정한 것으로, 달의 음력 초하루에서 다음 초하루까지〔초승달(삭) → 보름달(망) → 다음 초승달(삭)까지〕 또는 보름달에서 다음 보름달까지 이르는 데 걸리는 시간(평균 29.5일)이다. 월(月)은 달이 지구 둘레를 한 바퀴 공전(公轉)하는 데 걸리는 시간으로, 삭망월은 지구에서 관측할 때 달의 위상이 변하는 주기를 말한다. 항성월은 우주 공간에서 고정된 별을 기준으로 측정한 것으로 달이 동일한 별 자리로 돌아오는 순수 공전 주기(평균 27.3일)를 말한다.

날을 첫날로 헤아리며, 북부에서는 보름달이 뜨는 날을 한 달의 첫날로 삼는다.

|

보살은 표준 인도력을 적용한다면 5월 슈라와나(Śrāvaṇa)에 입태(入胎) 했다. 축제가 있었던 어느 날 마야 데비〔Māyā-devī, 마야 부인〕가 잠시 나무 아래에서 낮잠을 즐길 때 보살은 여섯 개의 엄니가 난 흰 코끼리〔六牙白象 육아백상〕로 화현하여 마야 데비의 오른쪽 옆구리로 들어간다. 잠에서 깬 마야 데비는 자신의 꿈이 기이하다는 마음이 들어 시녀를 보내 자신이 있는 곳으로 왕을 오라고 한다. 남편인 숫도다나왕이 오자 마야 데비는 두 손을 모은〔합장(合掌)〕 다음, 왕의 발에 손을 대고 자신이 꾼 꿈을 이야기한다. | '합장(añjali 안잘리)'은 인도식 예법이다. 두 손 바닥을 가지런히 모아 자신의 가슴에 대는 것으로 마음을 다하여 상대방을 공경한다는 의미가 있으며, 나와 상대가 둘이 아닌 하나라는 진실을 말하는 몸짓이다. 발에 손을 대는 것은 자신의 이마를 발에 댄 것과 더불어 최상의 공경을 상징한다. 인도에서 가장인 남편은 가정 안에서 신이나 다름없다. 신의 종인 아내가 남편을 오라가라 하기가 쉬웠을까…. 게다가 아무리 작은 나라라고 하여도 그는 왕인 것이다. 그런 왕이자 남편을, 자신이 찾아 가지 않고 사람을 보내 "오시라"고 했다. 그럼에도 왕은 전갈을 듣자 부인 마야 데비가 쉬고 있는 곳까지 몸소 "납시었다"고

하니 숫도다나왕의 인품과 사랑이 당시 인도에서는 특출했음을 드러내는 대목이다. | 전언(傳言)을 듣고 마야 데비를 찾아간 왕은 꿈 이야기를 듣게 된다. 듣고 보니 아니나다를까 몹시도 신기하여 브라만에게 꿈을 해몽케 해서, 상서로운〔길상(吉祥)〕 태몽임을 알았다. 결혼 후 오랫동안 왕자를 낳지 못하던 이들 부부에게 축복이 내린 것이다. 아들을 낳지 못한 여자는 제사를 지낼 후계자를 낳지 못하여 조상들이 천상 세계로 가는 길을 끊는다고 해서 사람다운 대접을 받지 못하는 것이 인도의 관습이었다. 그 밖에 인도의 여러 상황을 고려해 본다면 마야 데비는 자신이 먼저 태몽임을 짐작하고서 왕에게 자랑하고 싶은 은근한 마음이 들었을 수도 있다. 남편인 왕에게 얼른 직접 가서 말하는 대신 사람을 보내 청하여 극적인 장면을 연출했으리라. | 숫도다나왕의 부인이자 붓다의 생모인 '마야 데비'는 왕의 부인이니 당연히 왕비다. 그런데 마야 왕비라고 하지 않고 '마야 부인'이라고 부른다. 『마하바라따』에서도 빤다바(Pāṇḍava) 형제들의 어머니인 '꾼띠(Kuntī)'가 왕비가 아니라 '꾼띠 데비〔Kuntī-devī〕'라고 불린다. 데비는 왕비보다 자상한 어머니라는 느낌이 든다. 왕비를 일컫는 '라자-바르야(Rāja-bhāryā)'라는 단어가 있는데도 '데비'를 사용한 것은 친숙한 이미지와 함께 고귀한 사람으로 보아 신격을 부여했기 때문이기도 하다. '데비(devī)'는 원래 '여신(女神)'이라는 뜻을 지닌다. 왕은 지상의 신〔devā데바〕이니 왕비는 자연히 지상의 여신, 즉 지모신이 되는 것이다. | 숫도다나왕의 부인을 마야-데비라고 하면 마야 왕비라는 뜻도 되지만, 마야 부인이라고 하다 보니 우리에게는 왕비가 아닌 귀부인처럼 보였다. 데비(devī)를 한자로 여신이나 왕비가 아닌 부인(夫人)으로 옮겼기 때문인데, 고대 중국에서는 제후, 즉 봉건 소국의 왕의 아내를 '부

인(夫人)'이라 불렀다. 중국에서 인도 경전을 한문으로 번역을 할 때는 당대의 뛰어난 학자들이 모여 가장 적절한 단어를 선택했는데 아마도 고대 중국 제도의 호칭을 따랐을 것이다. 번역을 하는 과정에서 왕비라는 말을 사용하지 않은 데는 여러 이유가 짐작된다. 붓다를 신성시하는 과정에서 짧은 시간 동안만 어머니로 인연을 맺은 마야의 삶에 크게 비중을 두지 않았던 것일 수도 있다. 우리에게는 왕비보다는 '부인'이라는 말이 더 친숙하지만, '데비(devī)'는 왕비이고 여신이다. ⓑⓓⓢ

→ **카트라 출토 불삼존상**(Katra Stele / Amohaasi Bodhisattva) 〔꾸샨 왕조 1~2세기 초, 붉은 사암, 높이 70cm, 인도 마투라박물관 소장〕 마투라(Mathurā) 인근〔마투라는 기원전 2세기~기원후 12세기경 무역과 순례의 중심지였다. 현재 인도 북부 우타르 프라데시(Uttar Pradesh) 주의 주도로, 뉴델리에서 남동쪽으로 145km 정도 떨어져 있다. 또 마투라에서 남동쪽으로 40km쯤 떨어진 곳에 타지 마할(Taj Mahal)이 있다.〕에서는 불교 이전부터 약사〔야끄샤(yakṣa)〕· 약시〔야끄시(yakṣī)〕〔인도 신화에 등장하는 자연의 정령으로, 기본적으로 자비로우나, 야차(夜叉)나 요괴(妖鬼)로 표현되듯이, 이중의 성향을 지닌다.〕 신상 조각상을 만들어 왔으므로 그 전통이 반영되었다. 건장한 청년의 체구로 상투〔쭈다(cūḍā)〕를 틀고 미소를 머금은 통통한 얼굴의 보살〔깨닫기 전의 부처〕의 옷은 오른쪽 어깨를 드러낸 우견편단(右肩偏袒)이며, 매우 얇게 밀착되어 그 아래의 신체가 비쳐 보인다. 왼손은 시무외인(施無畏印)(두려움이 없다)의 수인을 하고 가부좌를 틀었다. 보리수와 천신들이 둘러싸고 세 마리의 사자가 받치고 있는 대좌 위에 앉아 있다. 대좌에는 브라흐미(Brahmi) 문자로 다음과 같이 새겨져 있다. "붓다락키따(Buddharakkhita)의 어머니 아모가다시〔또는 아모하씨(Amohaasi)〕가 부모님을 위해 사원에 보디싸뜨바(와)〔Bodhisattva, 보살〕을 세운다. 모든 생명 있는 존재의 행복과 평안을 위해."

카트라 출토 불삼존상(Katra Stele / Amohaasi Bodhisattva) [(Kushan) 1~2세기 초, 붉은 사암, 높이 70cm, 인도 마투라박물관 소장]

〔04〕꽃보라 흩날리며

〔04.01〕룸비니(Lumbini)

〔04.01〕-063 친정으로 가는 길

〔04.01〕-064 걱정 없는 나무〔무우수(無憂樹)〕아래에서

〔04.02〕탄생 연대와 날짜는 왜 다를까?

〔04.02〕-065 성스러운 곳, 룸비니

〔04.02〕-066 붓다 생몰 연대의 계산법

〔04.02〕-067 날짜의 차이

〔04.03〕유아독존 큰 소리

〔04.03〕-068 탄생게(誕生偈)

〔04.03〕-069 세 가지 상징성

〔04.03〕-070 탄생의 다른 이야기들

〔04.04〕죽음 그리고 이모

〔04.04〕-071 어머니 마야의 죽음

〔04.04〕-072 이모의 품에서

〔04.04〕-073 양쪽의 혜택

04

꽃보라 흩날리며

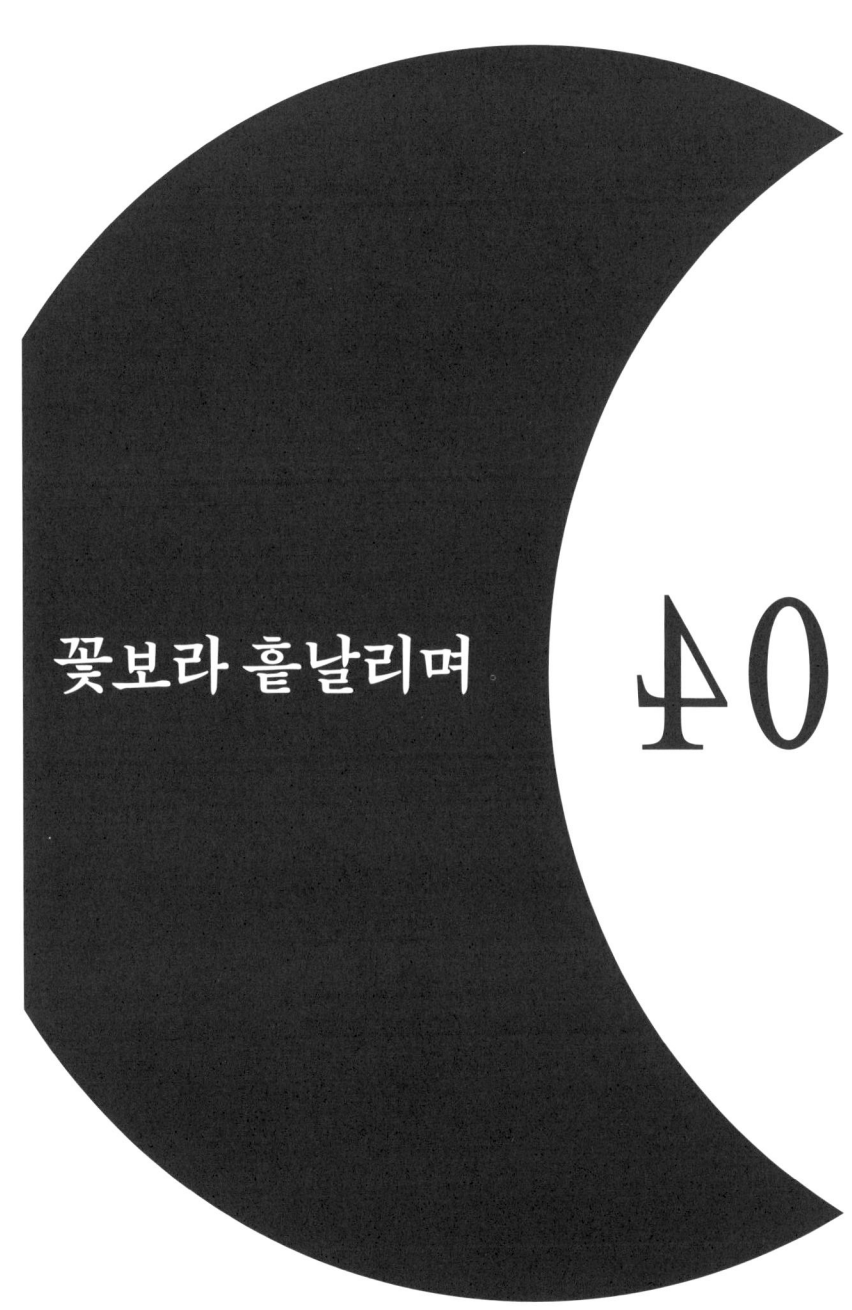

〔04.01〕 **룸비니**(Lumbini)

룸비니(Lumbini) 붓다의 탄생지. 현재 네팔 서남부 룸비니(Lumbini)주 남부에 위치한 루판데히 지구 남서부에 있다. 까삘라-와스뚜(Kapila-vastu)〔사꺄족의 도성〕와는 서쪽으로 20km쯤 떨어져 있고, 마야 데비(위)의 친정 데바다하(Devadaha)와는 동북쪽으로 30km쯤 떨어져 있다. 현재 명칭은 룸비니 산스크리틱(Lumbini Sanskritik)이다.

〔04.01〕-063 **친정으로 가는 길** | 마야 데비(위)〔Māyā-devī, 마야(摩耶) 부인〕의 임신은 사꺄(Sakyā)족〔석가족(釋迦族)〕 전체의 경사였다. 여러 기록에서 숫도다나왕〔정반왕(淨飯王)〕의 나이는 마흔(40)이 넘었다고 하며 마야 데비 역시 조금 아래일 정도로 본다. 지금으로 쳐도 늦은 나이까지 자녀를 생산하지 못하고 있었던 것이다. 왕과 마야 데비는 임신 기간 중에 당시 브라흐만교의 12정법〔=슈끌라-다르마(śukla-dharma)는 브라흐만교에서 임신부터 성혼에 이르기까지 자연의 죄악을 정화하기 위해 집행하는 의식이고, 어떤 카스트에 속하든 이를 따라야 한다. 〔01.11〕-037 **의식**(儀式)**의 정비** 참고.〕에 따라 임신부터 해산 달〔産月산월〕에 이르기까지 지켜야 할 여러 가정법을 지켰고, 그뿐만 아니라 초기 경전에서는 가난하거나 늙고, 병들고, 소외받은 사람들을 위하여 많은 공덕행을 지었다고 한다. | 대승 경전에는 이 기간 중 온갖 경이로운 일들이 보인다. 낮에는 500마리의 설산(雪山) 코끼리가 나타나 까삘라 성〔까삘라-와스뚜(ⓢKapila-vastu) / 까삘라-왓투(ⓟKapila-vatthu)〕을 싸고 포효했고, 밤에도 500마리의 설산 사자가 나타나 또 포효했는데 아무도 두려워하는 사람이 없었다고 한다. 저절로 성 안의 마른 샘에서 샘물이 솟아나거나 땅에서는 보배들이 솟구쳤다고도 한다. 이러한 이적이 모두 실제 있었던 현상이라고 보기는 어렵다. 위대한 붓다의 삶의 첫 출발을 아름답게 꾸미는 상징으로, 인도 문학에서 성인이 세상에 오심을 암시하는 독특한 양식이라고 할 수 있다. | 임신한 여자는 해산 달이 가까워지면 친정에 가서 아

이를 낳고 오는 것이 사꺄족의 풍습이었다. 마야 데비가 출산을 위하여 떠난 계절은 남방력(南方曆)〔동남아시아를 포함한 인도 문화권 전반에서 사용하는 역법〕 2월(Ⓟ Vesākha웨싸카)〔Ⓢ Vaiśākha와이샤카〕이었다. 인도 북부에서는 더위가 절정에 이르는 혹서기(酷暑期)로, 북방력으로 따지면 음력 4월, 태양력으로는 4월 중순부터 5월에 해당한다. 시계를 2,600년 전으로 돌려 보자. 도로 환경도, 이동 수단도 얼마나 열악했겠는가. 아무리 마차를 탄들 오랜 시간 여행하기 불편했을 것이다. 남산만한 배를 한 임신부가 뜨거운 여름날 덜컹대는 마차를 타고 친정으로 가는 먼 여행을 시작하려고, 제대로 더워지기 전인 새벽 일찍 준비를 했을 것이다. | 정이 넘치는 숫도다나왕은 이것저것 세심하고 꼼꼼하게 챙겨 주었을 것이다. 중간에 먹도록 갖가지 음식과 과일과 마실 것을 싣고, 만일을 대비해 호위 무사를 딸려서 경호를 했을 것이다. 행렬에는 정화의식을 위하여 왕실 전속 사제인 브라만도 있었을 것이고, 혹시 긴 여행 심심할까 말동무나 악기 연주자까지 곁에 태웠을 수도 있다. 산모를 보살피는 주치의와 남녀 시종은 당연히 따랐다. 어디 그뿐일까, 아기를 낳으러 친정으로 가는 길인데 처갓집 식구들에게 줄 선물이 빠질 수 있겠는가? 마야 데비 일행은 그리 규모가 작지 않았을 것이다. | 현재 까삘라성이라고 하는 곳은 두 군데다. 인도에서 주장하는 간와리아(Ganwaria)〔인도 북부 우타르 프라데시(Uttar Pradesh)주 발람푸르(Balrampur) 북쪽의 작은 마을.〕와 네팔에서 주장하는 띨라우라꼬뜨(Tilaurakot)(틸라우라코트)〔네팔 룸비니(Lumbini)주 카필바스투(Kapilvastu)에 속한다.〕로, 두 곳은 80km쯤 떨어져 있다. 서로가 자신들이 진짜 까삘라성이라고 하는데, 심정적으로는 네팔 쪽 띨라우라꼬뜨가 경전 속 까삘라로 느껴진다. | 마야 데비의 시간으로 돌아가, 찌는 더위에 여정이 무사하기를 바랄 뿐이었지

만 뜻과 같지 못했다. 친정으로 길을 재촉하던 일행이 걸음을 멈추어야 할 긴박한 일이 벌어지고 만다. 도중에 산기(産氣)가 온 것이다. | '간와리아 까삘라'에서 출발을 하든, '띨라우라꼬뜨 까삘라'에서 출발을 하든, 마야 데비가 친정 데바다하〔Devadaha, 천비성(天臂城)〕〔룸비니에서 동북쪽으로 30km쯤 떨어져 있다.〕를 가려면 지나는 길목이 룸비니(Lumbini)다. 길 위에서 산기를 느끼는 산모가 그나마 해산할 만한 곳을 찾자니 고향으로 가는 길에 자주 들렀던 룸비니로 발길을 돌리는 것이 어쩌면 당연했을 것이다. '룸비니 동산' 하면 우리는 마을 앞 작은 언덕을 상상하지만 실제 그 곳은 드넓은 평원이다. 우리가 알고 있는 마을 뒷동산의 높이가 아니라 평원 가운데 야트막한 둔덕배기도 안 되는 높이일 뿐이다.

|

〔04.01〕-064 **걱정 없는 나무〔무우수(無憂樹)〕 아래에서** | 마야 데비와 함께 해산 길을 떠난 일행은 뜻밖의 일을 만났지만 당황하지 않고 룸비니 숲속으로 간다. 시녀들의 도움으로 바람이 잘 통하는 나무 그늘에 휘장을 치고 임시로 산실(産室)을 만들었다. 인도에는 옷에도 깨끗함〔정(淨)〕과 더럽다〔부정(不淨)〕는 개념이 있는데 바늘로 꿰맨 옷은 부정이고 꿰매지 않은 옷은 정에 속한다. 여인들이 입는 싸리(sari)는 꿰매지 않은 긴 통천으로 폭 1m에 길이는 보통 5~6m이고 긴 경우는 12m에 달하기도 한다. 마야 데비가 해산을 위하여 친정으로 가는 데 여벌 사리를 챙겼을 것이고 그 중 한두 벌만으로도 휘장을 치기 충분했을 것이다. | 인도에서는 출산 직전 순산을 기원하며 봉헌물(奉獻物, havi하위〔offering, sacrifice to the gods〕)을 준비하여 신에게 올린다. 이 정화 의식〔야즈나(yajña)〕을 거치면 자궁(子宮)에서 있었던 죄들이 사라진다고 믿는다. 출산을 하게 되면 탯줄을 자르기 전에 다시 탄생 의식을

야즈나(yajña) 불을 이용한 제사 의례를 뜻한다. 개인 일생의 중요한 주기, 사회 차원의 다양한 행사에서 치러진다. 탄생 때는 봉헌물을 성화(聖火)에 태우고, 동쪽은 신들의 왕 인드라(Indra)에게, 남쪽은 죽음의 신 야마(Yama)에게, 서쪽은 우주 질서와 법(法)의 신 바루나(Varuṇa)에게, 북쪽은 슬픔을 즐거움으로 바꾸어 주는 술의 신 쏘마(Soma) 등을 위하여 산실 주위를 돌면서 준비된 공물(貢物, bali)을 뿌린다. 공물은 꽃, 향, 물과 정화를 상징하는 붉은 가루인 꿈꿈(kumkum) 등이다.

하는데, 〈베다〉 구절을 암송하며 태어난 아기에게 정제된 최상급 '버터 기름(ghi기)'에 금가루와 꿀을 섞어 먹인다. 이렇게 함으로써 출산 과정에 묻혀 나오는 피와 양수(羊水) 등의 부정한 것에서 정화된다고 믿었다. | 마야 데비는 아주 특별한 태몽을 꾸었기 때문에 임신 중에도 공덕행을 쌓고 몸과 마음을 깨끗하게 했다고 한다. 그러니 출산 과정에서도 법전에 정해진 바에 따라서 정화 의식을 제대로 치렀으리라고 보아야 한다. | 붓다의 탄생은 이 세상에 아직까지 없었던 일들이 시작되는 것이다.〔대개 기존 종교의 시작은 광야나 동굴 또는 암흑 속에서 신의 목소리를 듣거나 신의 환영을 보고 시작하지만 붓다는 스스로 홀로 수행하여 깨달음을 성취했고 그 깨달음으로 궁극적인 행복을 얻었으며 이를 널리 전파하여 모든 이들에게 행복을 전했기 때문이다.〕 붓다는 일생에 세 번 호칭이 바뀌는데 태어나서 출가 전까지는 왕자, 출가를 한 날부터 성도(成道)〔깨달아 부처가 되는 일. 특히 붓다가 보리수 아래서 큰 도를 이룬 일을 이른다.〕 전까지는 보살, 성도 후에는 붓다라고 불린다. 이제부터 출가 전까지 붓다의 명칭을 '왕자(王子, rāja-putta라자-뿟다)'라고 한다. | 마침 룸비니에는 휘장을 치고 산실을 만들 만큼 큰 무우수(無憂樹, Aśoka아쇼까)가 있었다. 일행은 급히 그 나무 아래로 갔다. 나무 아래에 다다른 마야 데비가 오른손을 뻗어 나뭇가지를 잡자 오른쪽 옆구리로 왕자가 탄생했다. 이 때 하늘에서는 음악이 울렸으며 천상 세계의 성스러운 만다라 꽃(蔓陀羅花, mandarava-puppha만다라와 뿝

무우수(Aśoka) : **아쇼까 나무** 학명은 사라카 인디카(*Saraca indica*). aśoka(ashoka)는 쌍쓰끄리뜨로 '근심이 없다'란 뜻이 있어, 무우수(無憂樹)〔근심 걱정이 없는 나무〕라 의역했다. 인도에서 흔히 볼 수 있는 열대성 나무로 잎이 말의 귀를 닮았다 하여 마이수(馬耳樹), 재질이 단단해 견고수(堅固樹)라고도 옮긴다. 인도 사람들은 어디 하나 버릴 곳이 없는 나무라고 한다. 껍질은 염료나 가죽을 다루는 무두질 원료로, 수지(樹脂)는 향료로 이용하며 열매로는 기름을 짠다. 무우수(無憂樹)〔탄생〕는, 염부수(閻浮樹)〔정관(靜觀)〕, 보리수(菩提樹)〔깨달음〕, 사라수(沙羅樹)〔열반〕와 함께 불교 4대 성수(聖樹)이다.

파)〔puppha = flower〕이 비처럼 내렸다고 한다. | 왕자가 태어난 곳에 있었던 나무의 이름은 '아쇼까(Aśoka)'라고 하는데, '걱정이 없다〔無憂무우〕'〔a(아니다) + śoka(비탄)〕는 뜻을 가진 나무〔樹수〕다. 봄이면 붉은 꽃이 만발하는 상록수로 나뭇가지가 넓게 퍼지며 위로 곧게 자라 가로수로 안성맞춤이다. 인도에서는 여자 아이나 젊은 여자가 이 나무를 만져 주거나 발로 걷어차지 않으면 꽃을 피우지 못한다고 한다. | 한 팔로 나뭇가지를 잡는 도상은 그 전부터 인도 조각이나 회화에서 수태(受胎) 의식을 나타내 왔다. 마야 데비가 오른손을 뻗어 나뭇가지를 움켜잡았다는 것은 정상적 수태로 인한 분만을 상징한다. 일설에, '아쇼까'라는 나무 이름은 훗날 아쇼까(Aśoka) 대왕〔기원전 304?~(즉위 기원전 268?)~기원전 232〕이 통일 왕국에 도로를 내고 그 길로 붓다의 성지를 순례할 때 이 나무를 가로수로 심었으므로 그 뒤로 대왕의 공덕을 찬탄하고 잊지 않도록 붙인 이름이라고도 한다.

|

붓다의 탄생은 안온하게 준비된 곳에서가 아니라 길가 나무 그늘 아래에서였다. 탄생은 붓다의 삶의 긴 여정을 끄르는 첫 단추다. 그것이 바로 길가 나무 아래에서 시작된 것이다. 실로 붓다의 삶은 "길가 나무 아래"로 뭉뚱그려 말해도 좋을 것이다. 나무 아래

에서 태어나 나무 아래에서 수행을 했고, 나무 아래에서 스스로 깨달음을 얻고, 나무 아래에서 자신이 깨달은 법을 펼쳤으며, 결국은 길가 나무 아래에서 80년 삶의 여정을 마무리했다. 나무는 붓다의 또 다른 아이콘(icon)이다. 나무를 통해 붓다의 삶이 이해되며 우리와 함께한 시간의 흐름이 자연스럽게 나타난다. 붓다의 생애에서 중요한 과정이 있을 때마다 나무는 줄기와 잎으로 그의 몸짓과 목소리를 진하게 울리는 것이다. 남방과 북방 경전에 공통된 기사로 붓다와 인연 깊은 네 가지 나무가 등장하는데 그 첫 번째가 바로 붓다 탄생의 나무, 걱정이 없는 나무 무우수다. | 삶에서 왕자 시절에 잠시 호사를 누리기는 했어도 탄생에서 보듯 붓다는 "길에서 태어나, 길에서 살다가, 길에서 돌아가신, 길의 성자다." 길 속에는 붓다, 그 분의 수행과 깨달음, 제자의 교화가 모두 녹아 들어가 있고, 붓다의 고귀한 삶 역시 모두 길에 있다. 길을 보면 붓다가 보이고, 길에 앉으면 붓다의 고행과 깨달음이 보이며, 길에 누우면 붓다의 죽음이 보일 것이다. 이제 붓다의 길(Buddha-road)에서 삶의 첫 문을 여는 탄생이 여기 룸비니에서 시작된다. | 남방력 2월(vesākha 웨싸카)은 힌두력을 사용하는 인도에서는 가장 길(吉)한 달이다. 신들의 축복이 넘쳐 무엇을 해도 걸림이 없는 달이다. 특히 보름은 달(月 월)이 이지러짐 없이 가득 찬 날이기 때문에 신들의 사랑이 넘쳐나는 날이라고들 한다. 가장 좋은 달 가장 좋은 날인 보름날 아기 왕자가 룸비니 동산 '걱정 없는 나무' 아래에서 태어났다. 이 소식은 곧 바로 까삘라 성의 숫도다나왕과 부족의 원로들

힌두력(pañcāṅgam 빤짱감)
인도에서 전통적으로 사용되어 온 역법으로, 우리처럼 달과 태양을 모두 따지는 태음태양력이다. 즉 태양력과 태음월 2가지 12달이 공존한다. 다양한 변형이 있지만 기본적으로 30~31일의 태양력과 달리, 음력은 12달 354일로 구성되므로 30개월마다 윤달을 추가해서 양력과의 차이를 조정한다. 한 해의 시작은 양자리(춘분)인 3월 22일이다.

에게 전해졌으며 성 안의 사꺄들에게도 퍼졌을 것이다. 왕은 왕비가 몸을 추스르는 대로 까삘라 왕궁으로 돌아오라고 했을 것이다. 그 날 밤 마야 데비가 왕자를 안고 돌아오는 길에 사꺄 백성들은 등불을 밝히며 왕자의 탄생을 축하했다. 왕자는 둥근 보름달의 빛을 받으며 왕궁으로 들어가 아버지 숫도다나왕의 품에 안겼다. 왕자의 탄생은 남방력으로는 2월 보름이고 북방력으로는 4월 8일이다. 이 날이 불교 4대 명절 가운데 첫 번째인 탄생절(誕生節)이다.

〔04.02〕 탄생 연대와 날짜는 왜 다를까?

〔04.02〕-065 **성스러운 곳, 룸비니** | 흔히들 불교의 4대 성지나 8대 성지를 꼽는다. 이들 성지 가운데 가장 중요한 곳은 탄생지인 룸비니임이 분명하다. 불교의 출발은 붓다의 탄생에 있기 때문이다. '룸비니(Lumbini)'〔남비니(嵐毘尼)〕는 모든 고통을 끊고 없애는 곳이라 하여 '단멸(斷滅)'이라고 의역하거나, 묶임에서 벗어나는 곳이라는 뜻으로 '해탈처(解脫處)', 힘들지 않고 쉽게 이긴다는 뜻으로 '낙승(樂勝)'이라고 풀이한다. 또는 사람에게 꼭 필요한 소금〔鹽 염〕이라고도 한다. '룸비니' 하고 읽을 때는 그저 땅 이름으로 보이지만, 그 이름에 깃든 뜻부터가 예사롭지 않다. 왕자가 태어난 장소가 앞으로 왕자가 살아갈 기나긴 삶의 여정을 예고한다. | 19세기까지 서구 학자들 사이에서는 붓다의 실존을 두고 의견이 분분했다. '붓다는 실존 인물이 아니라 태양신의 설화다.' '인도 전래 신화의 일부분이다.' 등 논란이 많았는데 이것을 한 번에 잠재울 사건이 일어났다. 1896년 퓌러〔Alois Anton Führer, 1853~1930〕라는 독일의 고고학자가 네팔 남부 떼라이(Terai) 평원

추리아 산맥(Churia Hills) = **시왈리크 산맥**〔Siwālik (쉬왈릭 Shivalik) Range〕 히말라야 남쪽 외곽 산맥 지대이다. 쉬왈릭(Shivalik)은 '쉬바의 머리카락'이란 뜻이다. 서쪽의 인더스강부터 동쪽의 브라마푸트라(Brahmaputra)강〔파키스탄 북부—인도 북부—네팔 남부—부탄〕까지, 약 2,400km에 걸쳐 뻗어 있고, 평균 고도는 1,500~2,000m이다. 떼라이(Terai) 평원 지대의 중간을 동서로 가로지른다. 룸비니에서 보이지는 않는다.

의, 추리아 산맥(Churia Hills)〔= 시왈리크 산맥(Siwālik (쉬왈릭 Shivalik) Range)〕 남쪽에서 '룸비니'라고 입으로 전해 내려오던 곳을 발굴하던 중 아쇼까(Aśoka) 대왕이 세운 돌 기둥(石柱석주, pillar)을 발견했다. 여기에 새겨진 고대 브라흐미(Brahmi) 문자를 해석한 결과, 붓다의 실존이 부동의 역사로 군더더기 없이 깔끔하게 자리매김을 하게 된다. 석주에 다음의 내용이 새겨져 있었던 것이다. | "히다 부데 자떼 싸꺄무니 띠(hida Budhe jāte Sakyamuni ti)〔사꺄족의 붓다 여기에서 탄생하셨다.〕" | 아쇼까 대왕은 자신이 새긴 이 한 구절이 후세에 붓다 실존을 증명할 위대한 글이 될 줄 알았을까? 석주의 기록을 보면, 대왕 자신의 순례 목적을 밝히고 성지(聖地)임을 감안하여 은전(恩典)〔나라에서 은혜를 베풀어 내리던 혜택〕을 베푼다고 선언한다. | "신들의 사랑을 받는(Devānām-Priya 데와남-쁘리야)〔天愛천애〕 삐야다씨(Piyadasi)〔喜見희견〕 왕〔천애희견왕(天愛喜見王)〕〔아쇼까 대왕을 부르는 다른 이름. 쁘리야다씨(Priyadasi)라고도 하며 '다른 이들을 자애롭게 돌보는 자', '인도적인 자'를 뜻한다.〕은 즉위 20년〔기원전 249〕이 지나 친히 이 곳을 찾아 참배했다, 붓다 사꺄무니께서 여기에서 탄생하셨기 때문이다. 그래서 돌로 말〔馬마〕의 형상을 만들어 돌기둥〔石柱석주〕을 세우도록 했다, 위대한 분이 탄생했음을 공경하기 위한

브라흐미(Brahmi) **문자** 아시아 여러 문자의 시조가 되는 고대 문자. 아쇼카 왕의 비문은 브라흐미 문자로 쓰인 가장 오래된 유물들이다. 인도, 스리랑카, 티베트 등에서 사용되다가 3세기경에 서서히 사라졌지만, 이후 수많은 문자의 탄생에 영향을 미쳤다. 자모를 가진 글자의 아래나 옆에 모음을 덧붙여 가면서 발음을 표현하는 방식이다. 아라비아 숫자도 브라흐미 문자에서 기원한 것이다.

것이며, 룸비니 마을은 세금을 면제하고 생산물의 1/8만 징수케 한다." | 지금은 한적한 농촌 마을이 있는 언덕이지만 여기가 불교의 출발점이다. 룸비니에서 보면 비가 오지 않는 건기에는 멀리 북쪽 히말라야산맥의 다울라기리〔Dhaulagiri, 8,167m〕, 안나푸르나〔Annapurna, 8,091m〕 등 8,000m급 고봉들이 아름답게 펼쳐진다. 일설에는 숫도다나왕이 부인 마야의 고향 데바다하로 가는 길목에 있는 룸비니를 개인 돈으로 구입하여 마야 데비가 오가는 길에 쉴 수 있도록 나무를 심고 샘을 파서 예쁜 정원으로 만들어 결혼 선물로 준 것이라고도 한다.〔쌍쓰끄리뜨로 룸비니(Lumbini)에는 '사랑스럽다'는 뜻도 있다.〕

|

〔04.02〕-066 **붓다 생몰 연대의 계산법** | 붓다가 탄생한 장소는 일치하지만, 그 때가 언제였는가는 전하는 사료(史料)에 따라 다르다. 스리랑카〔실론(Ceylon)〕의 역사서인 『마하밤(왕)싸(Mahāvaṃsa, 大史대사)』〔5세기경〕와 『디빠밤(왕)싸(Dīpavaṃsa, 島史도사)』〔3~4세기경〕에 나오는 여러 사례와, 중국에서 내려오는 '중성점기(衆聖點記)'설을 비롯해 붓다의 생몰 연대에 관한 여러 기록들이 실려 있는 『역대삼보기(歷代三寶記)』〔597〕에서 말하는 시점들은 그 차이도 상당하다. 각자 자신들이 알고 있는 것이 사실이라고 믿고 연대 계산을 했기 때문이다. 〔불기(佛紀)〔불교에서 연대를 헤아리는 기산법(起算法)〕는 다른 종교처럼 탄생 연도가 아니라 죽음의 해인 불멸년(佛滅年)〔붓다께서 입멸하

『마하밤(왕)싸(Mahāvaṃsa)』
『디빠밤(왕)싸(Dīpavaṃsa)』
『마하밤싸』는 5세기경 빨리어로 쓰인 스리랑카〔실론(Ceylon)〕 역대 왕들의 서사시로, 붓다와 초기 쌍가〔승가〕의 기록이 들어 있다. 『대사(大史)』, 『대왕통사』로 옮긴다. 『디빠밤싸』는 '섬의 역사'라는 뜻으로 『도사(島史)』, 『도왕통사(島王統史)』라고도 한다. 3~4세기경 승려들이 썼는데, 스리랑카 최초의 빨리 문헌이자 가장 오래된 역사 기록이다. 『디빠밤싸』를 바탕으로 『마하밤싸』가 작성되었다고 여겨진다.

신 해〕으로 시작한다.〕 몇 가지 예를 살펴보자. 비슷한 연대라도 주장에 따라 여러 시점이 공존하므로, 다음에 제시한 연도들은 정확하기보다는 대략적인 예시로 보면 된다.

|

① 기원전 566년~기원전 486년 | 『마하밤싸』나 『디빠밤싸』에는 '아쇼까가 붓다의 열반 218년 후에 왕위에 오르고 37년 동안 통치했다'는 내용이 나온다. 불교의 호법왕(護法王)인 아쇼까 대왕〔기원전 304?~(즉위 기원전 268?)~기원전 232〕의 대관식을 기준으로 산출하면, 붓다는 이 대관식〔기원전 268〕보다 218년 전인 기원전 486년에 입멸하신 것이 된다.

|

② 기원전 463년~기원전 383년 | 일본의 학설 중 하나는, 아쇼까 대왕의 즉위(대관식)를 '불멸(붓다의 입멸) 후 116년'이라고 하는 카슈미르(Kashmir캐시미르)〔히말라야산맥 서남쪽 끝 고산 지대〕 지방의 전승을 자료로 삼은 계산이다. 처음엔 즉위 연대를 기원전 271년으로 추정하여 열반을 기원전 386년으로 계산했으나〔기원전 466~기원전 386〕, 이후에 즉위 연대가 기원전 268년으로 수정됨으로써 붓다의 생몰 연대를 기원전 463년~기원전 383년으로 산정했다.〔268+116-1=383〕〔중성점기의 다른 본 중에 이와 같은 연대도 있다.〕

|

③ 기원전 566년~기원전 486년 | '중성점기(衆聖點記)'설은 율장(律藏)〔비(위)나야 삐따까(Vinaya Piṭaka): 불교 교단의 계율을 집대성한 것〕에 찍힌 점의 개수로 계산을 한 것이다. 붓다가 쿠시나가르(Kushinagar)〔ⓢ Kuśinagara꾸쉬나가라 / ⓟ Kusinārā꾸씨나라〕에서 빠리닙바나(Parinibbāna)〔반열반(般涅槃)〕〔윤회가 끝나서 다시 태어나지 않는 최후의 열반, 죽음, 무여열반(無餘涅槃)〕〔pari=완전하다(complete, final)〕에 드신 후 처

중성점기(衆聖點記) 불멸(佛滅)〔붓다의 입멸(入滅)/(입적(入寂)〕 연대에 관한 내용으로 유명하다. 붓다가 입적한 해 7월에 우빨리(Upāli) 존자가 율장(律藏)에 제1점을 찍기 시작하여 매년 성스러운 제자〔중성(衆聖)〕들이 1점씩 기록〔점기(點記)〕하여 '중성점기(衆聖點記)'라 한다. 이 내용이 5세기 초엽에 불교학자 **붓다고샤**〔Buddhaghoṣa, 불음(佛音)〕가 실론(스리랑카)에서 쓴 주석서『사만따빠사디까(Samantapāsādikā)』에 포함되어 있었다는 것이다. 『사만따빠사디까』의 원전은 전하지 않고, 489년에 **쌍가바드라**(Saṅghabhadra)〔승가발타라(僧伽跋陀羅)/중현(衆賢)〕가 중국 광주(廣州)〔광저우〕 죽림사(竹林寺)에서 이를 한역한『선견율비바사(善見律毘婆沙)』가『역대삼보기(歷代三寶記)』(597)에 수록되어 전한다. 그런데 한역『선견율비바사』에 중성들이 찍은 점이 남아 있는 것은 아니다.『역대삼보기』서두에서 붓다 탄생 시기에 대한 갖가지 학설들을 소개하면서 "조백휴(趙伯休)라는 이가 얻은「중성점기」에 의거해 추정하면 거의 1,161년이니 이것이 가장 가까운 것"이라고 평한다. 이에 따르면(597－1161＝566) 기원전 566년이 생년이 된다. '중성점기'설이 힘을 얻은 것은『대정신수대장경』 편찬을 주도했던 일본의 불교학자 다카쿠스 준지로(高楠順次郎, 1866～1945)가 주장하면서였다. 그는 "일본의 기원이 불(佛)보다 오래되었"고 초대 왕인 "신무 천황(神武, 재위 기원전 660～585)이 석가여래나 공자보다 후가 되는 것은 일본의 지위에도 관계가 되므로" 석가모니가 일왕보다는 늦게 태어났다는 설을 서방의 학자들에게 적극 알렸다. 다카쿠스 준지로는 "기독교의 기원도 틀린 것이 있으나 국가가 정하여 가르친 이상 그대로 행할 것이지, 학자나 보통 사람이 번복해서는 안 된다"고 단언했다. 그러나 실제로 인도 또는 스리랑카에서 천 년 동안 훼손 없이 점을 계속 찍고 헤아릴 수 있었는지 등 신빙성에 의문이 있다. '중성점기'설이 현재도 유통되는 곳은 일본과 우리 나라 정도인데, 이와 관련해 1929년『불교』 제55호에 수록된 선암사(仙巖寺)의 개창 연혁에 관련한 안진호(安震湖) 스님의 글 중 다음과 같은 구절이 눈에 띈다. "새로 유행하는 '중성점기'설에 의하면 세존 강생(降生)이 2493년밖에 아니 되니 따라서 당시 (선암사의) 개산(開山)〔절을 처음으로 세움〕은 불타 강생보다 140년을 전기(前期)〔앞선 시기〕하였다. 신설〔새로운 학설〕을 주장하는 자는 어찌 불타께서 출현하기 전에 그 제자이신 문수가 타방 국토에 사원부터 건설하엿을가…." 즉 '중성점기'설은 1920년대 들어 유행하기 시작했다는 것과, 이를 받아들이기에는 선암사에서 보유한 고적(古籍) 기록에 따르면 초창이 2635년 전(1929－2635＝기원전 706)이어서, 인도에 붓다가 태어나기도 전에 조선 전라도에 불교 사찰이 세워졌다는 것인데, 이치에 맞지 않다는 것이다. 진호 스님은 문수보살은 원래 일곱 부처의 스승이며, "다만 우리 조선은 구래(久來, 오래 전)부터 불연(佛緣)이 광대(廣大)"하다고 덧붙인다.

붓다고샤(Buddhaghoṣa)〔voice of the Buddha = **불음**(佛音)〕는 인도 붓다가야〔보드가야(Bodh Gayā)〕 사람으로, 430년경 아누라다푸라 왕국〔Anurādhapura Rājadhāniya, 스리랑카의 옛 왕국, 기원전 377 ~ 기원후 1017〕으로 건너가 싱할라(Sinhala)어〔스리랑카에서 사용하는 인도아리아어〕 불교 주석서를 다수 발견하고, 대사(大寺)〔마하위하라(Mahā-vihāra)〕에 거주하면서 이를 빨리어로 번역하고 삼장(三藏, Tripitaka : 경장, 율장, 논장)에 대한 주해 작업을 했다. 그 요약이 『청정도론(清淨道論, Visuddhimagga)』으로, 이후 불교에 지대한 영향을 남겼다.

음 돌아온 안거〔安居 = 왓사(vassa), 수행자들이 한 곳에 모여 외출을 금하고 수행하는 일〕 철에 라자가하(Rājagaha, 王舍城왕사성)의 쌋따빤니 구하(ⓟSattapaṇṇi guhā, 七葉窟칠엽굴)에서 제1차 결집을 마친 후 율장을 송출한 우빨리(Upāli, 優波離우바리) 존자가 자자(自恣)〔여름 안거 마지막 날에 석 달간의 생활을 되돌아보고 참회하는 의식〕를 마치고 율장에 점 한 개를 찍었다. 그 이래로 면면히 끊이지 않고 해마다 점이 찍혀, 쌍가바드라(Saṅghabhadra〔승가발타라(僧伽跋陀羅)〕, 衆賢중현) 존자〔북인도 출신으로 설일체유부(說一切有部)의 논사(論師).〕에게 전해졌다. 그가 중국 남제(南齊) 영명(永明) 7년(489)에 광주(廣州광저우) 죽림사(竹林寺)에 들어와서 975번째 점을 찍었다고 한다. 이 점의 개수로 계산〔975 - 489 = 486〕하면 붓다의 대(大)반열반(般涅槃)은 기원전 486년이 된다.

④ 기원전 1027년 ~ 기원전 948(949)년 | 『역대삼보기』〔597〕에 나오는 여러 자료 중에는 이런 내용도 있다. 고구려의 대승상〔大丞相〕 왕고덕〔王高德, 평원왕(平原王) 때(559 ~ 590)의 재상〕이 576년〔평원왕 18〕에 승려 의연〔義淵, 6세기경〕을 보내 북제(北齊)〔550 ~ 577〕의 대통(大統)〔중앙 승관직〕인 법상〔法上, 495 ~ 580, 지론종(地論宗) 남도파(南道派)의 대표자.〕에게 붓다 입멸 후 시간이 얼마나 흘렀는지를 묻는다. 법상은 주

(周)나라 소왕(昭王) 24년(甲寅갑인)〔기원전 1027년〕에 붓다가 탄생하셨다고 답한다.〔이 내용은 1215년 고려 승려 각훈(覺訓, ?~1230)이 저술한 『해동고승전(海東高僧傳)』에도 재수록되어, 권1 「석의연(釋義淵)」에 나온다.〕

『역대삼보기』의 주 소왕 24년설 『역대삼보기』(597)의 주석 원문은 다음과 같다. "법상(法上)이 고구려의 질문에 답한 것에 의거한다면, 주(周)의 제5대 군주인 소왕(昭王) 하(瑕) 24년 갑인(甲寅)에 해당되는데, 지금(『역대삼보기』를 쓴 해)이 정사(丁巳)(597)이므로 1,486년이 지났다." 이에 따르면 붓다가 태어난 해가 기원전 889년(597 - 1486 = -889)인데 그 해는 계미(癸未)년으로 갑인(甲寅)이 아니다. 『해동고승전』「석의연」 편에는 문답의 뒷부분까지 전하는데, "30살에 성도하신 다음 49년을 더 사시고 멸하신 후 576년(법상이 질문에 답한 해)까지 1,465년"이 지났다는 내용이다. 이 경우 기원전 889년(576 - 1465 = -889)이 입멸한 해가 되므로, 기원전 969년에 태어난 것이 된다. 〔간지로 보면 기원전 967년이 갑인(甲寅)이 되어 비슷해진다.〕 그런데 주 소왕은 주의 5대가 아니라 4대왕이며 19년간 재위했다. 〔따라서 '소왕 하 24년'이라는 숫자가 나올 수 없다.〕 현행 서방 고고학계의 설대로 주 왕조가 1046년에 개창〔주나라 무왕이 기원전 1046년에 상을 무너뜨리고 즉위했다는 설〕했다고 보면, 주 소왕이 태어난 해가 기원전 1027년 갑인년이 되어, '즉위 후 24년'을 무시하면, 맞아떨어진다. 『해동고승전』 머릿말에는 재위 24년이라는 표현 없이 "주 소왕 갑인(周昭王甲寅)"이라고만 되어 있다. 주 소왕 24년이 기원전 1027년이 되려면 주 왕조가 기원전 1122년에 개창했다는 설을 따라야 하는데, 이것은 오랫동안 중국과 한국의 역사관에 따른 것이다. 9세기 통일 신라나 고려 시대에 연대가 확정된 유물에서 기원전 948년 무렵부터 불멸을 헤아린 경우가 많아 이 기년법이 우리 나라에 불교가 들어온 이래 계속해서 쓰였음을 알 수 있다. 현재 통용되는 불기〔기원전 544년, 붓다의 입멸(入滅)년으로 계산〕와 대략 404년의 차이가 난다.

⑤ 기원전 566년~기원전 486년 | 또 달리 연대를 추정할 수 있는 기준은 붓다와 생전에 인연이 깊었던 마가다국의 빔비싸라왕(Bimbisāra, 頻婆娑羅빈파사라)〔기원전 558?~기원전 491?〕의 재위 기간이다. 재위 기간을 기원전 545년~기원전 494년으로 보면 기원전 494년이 그의 아들 아자따쌋뚜(Ajātasattu, 阿闍世아사세)〔기원전 509?~기원전 461?〕가 쿠데타를 일으켜 부왕을 폐위시키고 왕권을 찬탈한 해가 되는데, 이 사건은 붓다가 빠리닙바나〔parinibbāna, 반열

반(般涅槃)]에 들기 8년 전의 일이다. 즉 붓다의 72세 때 실존했던 사건이므로 이를 역추적하면[494 - 8 = 486] 붓다의 대(大)반열반은 기원전 486년이 되고 탄생은 기원전 566년이 된다.

⑥ 기원전 624년~기원전 544년 | 남전 상좌부 불교 국가인 인도, 스리랑카, 태국, 미얀마, 캄보디아, 라오스 등에서는 『마하밤싸』와 『디빠밤싸』를 근거로 붓다는 기원전 624년에 탄생하고 기원전 544년에 빠리닙바나[반열반]에 들었다고 헤아려 왔다.[『마하밤싸』의 연대기는 스리랑카에서 첫 왕조 땀바빤니(Tambapaṇṇī) 왕국을 세운 위자야(Vijaya, 재위 기원전 543~기원전 505)가 섬에 도착한 날부터 시작하는데 그 해가 기원전 544년이다. 『디빠밤싸』에는 위자야가 섬에 도착한 날, 붓다가 열반했다는 기록이 있다. 두 기록을 연결하면, 붓다의 열반은 기원전 544년이 된다.] 1956년에 네팔 카트만두에서 제4차 '세계 불교도 대회[WFB : World Fellowship of Buddhists]'를 '불멸 2,500주년 기념 법회'로 열면서 1956년을 불기(佛紀) 2,500주년으로, 탄생 날짜는 양력 5월 15일로 통일하기로 했다. 당시 한국 대표로 효봉[曉峰, 1888~1966], 금오[金烏, 1896~1968], 청담[靑潭, 1902~1971] 스님 등이 참석했다. 탄신일에 대해서는, 1998년 '세계 불교 평화 재단[World Buddhist Peace Foundation]' 회의[스리랑카 콜롬보에서 개최]에서 발의한 안건을 UN이 받아들임으로써, 양력 5월 중 보름달이 뜨는 날[웨싹 데이(Vesak Day), 남방력으로 2번째 달인 웨싸카(vesākha)[와이사카(vaisakha)]에서 유래]을 부처님 오신날로 정해 기념한다. 지금은 세계 불교도 대회에서 결정된 남방력을 채택하는 방향으로 통일이 되었지만 나라에 따라서 통일안을 따르지 않고 전래해 온 날을 고집하다 보니 1년 정도 차이가 나서 불자들에게 혼란을 주기도 한다.[세계 불교도 대회(WFB)에 따르면 2025년은 불기 2568년이지만 대한불교 조계종에서는 2569년으로 기산한다.]

불타야사(佛陀耶舍)〔**붓다야샤쓰**(Buddhayaśas)〕
각명(覺明). 후진(後秦) 홍시(弘始, 399~415) 연간에 서역에서 온 역경승(譯經僧). 계빈국(罽賓國)〔카불(Kabul) 인근〕의 바라문 계급 출신으로, 어려서 불교에 귀의했으며 경전의 이해와 암기에 뛰어났다. 호탄 등 중앙아시아 도시들에서 탁발하며 수행하다가 구마라집〔鳩摩羅什, 꾸마라지바(와)(Kumarajiva), 344~413〕을 만나 가르쳤다. 구마라집에 의해 장안(長安)〔지금의 시안(西安서안)〕에 초빙되어 축불념과 함께 『사분율(四分律)』〔상좌부 20부파 중 법장부(法藏部)에 전승된 율장〕, 『장아함경(長阿含經)』〔디가니까야(Dīghanikāya)〕 등을 한역했다. 후진 문환제(文桓帝)가 내린 공양물을 받지 않고 412년에 계빈국으로 돌아갔고, 이후 행적은 알 수 없다.

축불념(竺佛念) 동진(東晋, 317~420) 때 양주(凉州, 지금의 감숙성 무위) 출신 승려. 집안이 대대로 서하(西河, 섬서성의 서쪽)에 살았고, 어려서 중앙아시아 여러 지역을 여행하여 한자와 서역어에 능통했다. 서역에서 온 승려들이 한자를 몰랐으므로 그들을 도와 여러 경전을 한역했다. 또한 『대방광불화엄경(大方廣佛華嚴經)』, 『마하반야초경(摩訶般若鈔經)』과 쌍쓰끄리뜨 원전이 확실하지 않은 한문 경전도 여럿 편찬했다. 장안에 정착해 평생을 보냈다.

당나라 달력〔**당력**(唐曆)〕
당나라 때는 여러 역법이 쓰였는데, 『대당서역기』(646년)가 집필된 시기에 쓰이던 것은 당 고조(高祖)가 개국하고 처음 만든 무인력(戊寅曆)이다. 개국한 이듬해인 619년부터 664년까지 시행되었다. 중국에서 반포된 역법 중 최초로 정삭법(定朔法)〔큰달과 작은달을 엇갈려 놓지 않고, 4번의 큰달, 3번의 작은달을 놓는 방식〕을 채용했다. 7세기에 고구려와 신라에서도 이 역법을 들여와 사용했다고 추정된다.

마명(馬鳴) **보살**〔**아슈바고샤**(Aśvaghoṣa), 80?~150?〕 인도 마가다국 슈라와(바)스띠(Śrāvastī)에서 태어났다. 그의 설법을 듣고 '말〔아슈바(aśva)〕이 울었다' 해서 마명(馬鳴)으로 의역한다. 바라문으로 베다 철학에 통달한 논사였으나 불교에 귀의했다. 학승이자 뛰어난 시인으로, 꾸샨 제국(Kushan Empire, 78~226?)의 카니슈카 대왕(Kanishka I)이 중인도를 정벌하고 배상금으로 마명을 요구하여 간다라로 가게 된다. 거기서 부처의 생애를 노래한 『불소행찬(佛所行讚)』을 남겼고, 『대승기신론(大乘起信論)』의 저자라는 설도 있다. 용수(龍樹, Nagarjuna나가르주나, 150?~250?), 무착(無着, Asanga아쌍가, 300~390), 세친(世親, Vasubandhu바쑤반두, 316?~396?)과 함께 실존 인간으로서 '보살'의 칭호를 받았다.

〔04.02〕-067 **날짜의 차이** | 북방 대승권에서는 음력 4월 8일을 붓다의 탄생일로 기념하고, 남방으로 전해진 상좌부에서는 전통을 중요시 여겨 남방력 2월〔웨싸카(vesākha)〕 보름날에 행사를 한다. 탄생·출가·성도·반열반 기념일을 각각 따로 둔 북방과 달리 남방에서는 이 날에 탄생부터 반열반까지를 함께 모아 대대적으로 축하한다. 당(唐)나라 현장〔玄奘, 602~664〕 법사가 인도를 순례〔629~645〕하고 기록한 『대당서역기(大唐西域記)』(646)에서는 당시 인도에서 실제로 벌어진 붓다 탄생일 행사를 보고 "폐사거월(吠舍佉月)〔= 웨싸카(vesākha)〕 후반(後半) 8일, 당나라 달력〔唐曆당력〕 3월 8일에 해당하는 날에 태어나셨다. 그러나 상좌부에서는 같은 달 후반 15일, 즉 당나라 달력 3월 15일에 해당한다."라고 했다. | 불타야사〔佛陀耶舍, Buddhayaśas붓다야샤쓰, 각명(覺明)〕와 축불념(竺佛念)이 번역한 『유행경(遊行經)』과, 인도의 논사(論師) 마명(馬鳴, Aśvaghoṣa아슈바고샤)〔80?~150?〕 보살이 붓다의 탄생에서 사리 분배까지를 장엄하고 간결한 노래말로 기록한 『붓다짜리따-까뱌-쑤뜨라(Buddhacarita-kāvya-sūtra, 佛所行讚불소행찬)』〔The Acts of the Buddha〕에서는 붓다의 탄생·출가·성도·반열반이 남방력 2월 8일이라 하고, 『반니원경(般泥洹經)』은 탄생·출가·성도·반열반을 모두 4월 8일로 전한다.〔『유행경』과 『반니원경』은 번역자가 서로 다른 『대반열반경(大般涅槃經)(Mahāparinibbāna Sutta마하빠리닙바나 쑷따)』의 이본(異本)이다.〕 | 전해 온 기록을 두루 살펴보면 탄생일은, ① 웨싸카 달 보름, 또는 ② 음력 2월 8일, 또는 ③ 음력 4월 8일 등 셋으로 좁혀진다. 남방력 2월을 북방력으로 바꾸면 음력 4월이 되는데 이렇게 2달 정도 차이가 나는 것은 새해를 기산(起算)하는 날짜가 각각 다른 데에 기인한다.

|

〔04.03〕 유아독존 큰 소리

〔04.03〕-068 **탄생게**(誕生偈) | 걱정이 없는 나무 '무우수' 아래에서 탄생한 왕자는 곧 바로 일곱 걸음을 걷는다. 오른손을 하늘을 향하여 뻗고 왼손은 내려 땅을 가리키면서 "하늘 위나 하늘 아래에서 내가 가장 존귀하다."라고 말했다고 한다. 그러자 일곱 가지 기적이 나타났다고 경전에서는 기록한다. 탄생에 관한 이야기는 남전, 북전 모두 공통된 세 가지 신비한 현상을 전하는데 그것은 첫 번째는 오른 옆구리로 탄생하심〔우협탄생(右挾誕生)〕, 두 번째는 일곱 걸음을 걸으심〔주행칠보(走行七步)〕, 세 번째는 태어나자마자 말을 함〔탄생게(誕生偈)〕이다. 이 대목도 상좌부의 남전과 대승의 북전으로 전해진 것이 조금씩 다르다. | 대승에서는 그저 일곱 걸음이 아니라, 태어난 곳에서 먼저 동쪽으로 일곱 걸음을, 다시 남쪽을 향하여 일곱 걸음을 걷고, 계속하여 서쪽으로 일곱 걸음, 마지막 북쪽을 향하여 일곱 걸음을 걸었다고, 즉 시계 방향으로 오른돌이〔右旋우선, ⓢpradakśina(pradakshina)쁘라닥쉬나 / ⓟpadakkhiṇā빠닥키나〕〔dakśina = 오른쪽, 남쪽〕를 했다고 한다. 어떤 경전에서는 왕자가 오른돌이를 하면서 각 방향에 이를 때마다 게송을 읊었다고 하는데, 다음과 같다. 동쪽에서는 "하늘 위나 하늘 아래에서 오직 나만 존귀하다(天上天下 唯我獨尊 천상천하 유아독존). / 삼계가 모두 고통에 헤매니 내가 마땅히 이를 편안케 하리라(三界皆苦 我當安之 삼계개고 아당안지)." 또 남쪽에서는 "나는 천신과 인간으로부터 칭송을 받을 자격이 있다." 서쪽에서는 "나는 지상에서 최승자(最勝者)이다. 이번 태어남이 윤회하지 않는 마지막 삶이 되리라." 북쪽에서는 "나는 모든 존재들 가운데 결과가 없는 자가 되리라."였다. 왕자가 세상에 태어나서 말했다고 하는 탄생

게는 "천상천하 유아독존" 한 구절이 아니라, 사방을 다니면서 여러 이야기를 했다는 것이다. 그 중에서 대표가 되며 부처님 오신 날을 맞이할 때마다 가장 익숙하게 접하는 구절이 "천상천하 유아독존"이다. 사실 이 표현은 초기 경전에는 보이지 않다가 삼장 법사〔三藏法師〕 현장〔玄奘〕의 『대당서역기』〔646〕에서 비로소 나타난다. | 남전에 전승되어 온 탄생게는 두 가지다. 왕자가 태어나자 곧 대지에 두 발로 굳건하게 서서 북쪽을 향해 일곱 걸음을 걸었다. 이 때 하늘에서 고귀함과 왕을 상징하는 하얀 일산(日傘)〔볕을 가리기 위하여 세우는 큰 양산〕이 왕자의 머리 위로 펼쳐졌고 왕자는 동—남—서—북의 사방을 둘러보고 말하기를, "나는 세상에서 최고이다. 나는 세상에서 최상이다. / 나는 세상에서 제일 연장자이다. / 이번 생애가 나의 마지막이다. / 다시는 나에게 재생은 없다.〔Aggo hamasmi lokassa, jeṭṭho hamasmi lokassa, seṭṭho hamasmi lokassa, ayamantimā jāti, natthi dāni punabbhavo ti.〕" 또는 사방을 둘러본 후 북쪽을 향하여 일곱 걸음을 걷고 다음과 같은 탄생게를 했다고도 한다. "두려움과 공포를 완전하게 벗어난 사자처럼 질병과 죽음을 정복하겠노라." 게송을 마치자 일곱 가지 기적이 일어났다. 천지가 진동하고, 바람의 흐름이 멈추어지고, 새들이 나무에 깃들이고, 모든 나무에 꽃이 피고, 열매를 맺으며, 고요하고, 평화로웠다는 것이다.

|

〔04.03〕-069 **세 가지 상징성** | 왕자가 세상에 태어나면서 보인 신비는 범부의 생각으로는 이해하기 힘든 것이다. "어떻게 사람이 오른쪽 옆구리에서 태어날 수 있는가? 핏덩이 아기가 걸을 수 있고, 더욱이 말을 할 수 있는가?" 그런데 당시 인도 사회상과 카스트 세계를 이해하면 그들이 나타내고자 한 상징성이 보인다. | 먼

저 오른쪽 탄생은 정·부정관에 따른 것이다. 왕자의 출생은 그 과정이 비록 급하게 임시로 마련한 길가 나무 그늘 아래였지만, 모두 브라흐만교 법식에 따라 정화되었음을 나타낸다. 부정한 것을 피하고 상서롭고 깨끗한〔淨정〕 장소에서 태어났다는 의미가 오른쪽으로 표현되었다. 옆구리는 그 출생 계급〔카스트〕을 밝힌다. 끄샤뜨리야는 창조신이 사람을 만들 때 자신의 팔에서 만들어 냈다고 하는 계급인데 이 때 팔은 '어깨부터 시작하여 옆구리까지'를 가리킨다. 옆구리는 왕자의 출생 카스트가 두 번째 무사 계급인 끄샤뜨리야임을 확정한다. 일곱 걸음의 '7' 역시 인도 수비학(數秘學)에서 완전수이다. 왕자의 탄생, 나아가 성자의 탄생을 최상의 숫자로 맞추어 장엄(莊嚴)〔좋고 아름다운 것으로 꾸밈〕한 것이다. | 아기는 생후 2~3개월이 되어야 옹알이를 시작하고 빠르면 18개월, 보통은 24개월이 되어야 첫말을 하는 것에 비추어 보면, 태어나자마자 말을 했다는 것을 믿기는 쉽지 않다. 그렇지만 우리는 일단 경전을 받아들이기로 하자. 다만 여기에 담고자 하는 상징을 새기면 된다. 이 상징은 앞으로 왕자가 출가하여 중생에게 전할 희망의 소리(message), 즉 깨달음의 성취를 전제로 한 것이다. 오랜 이야기 전통을 지녀 온 이들은 위대한 성자의 탄생에 대하여 문학적 상징을 구사할 줄 알았다. | 탄생게로 우리에게 깊이 기억된 "천상천하 유아독존"을 혼자 잘났다는 독선으로 오해하기도 한다. 세상에서 자신만이 가장 중요한 사람, 안하무인(眼下無人)의 태도를 지닌 사람으로 풀이한다면, 지극히 잘못된 해석이다. 또는 이 구절을 개인의 존엄성을 드러내는 것이라고 설명하기도 한다. 조금 낫지만 그것도 바른 이해라고 할 수 없다. 유아독존은 나 혼자만이 존귀하다는 '나 홀로' 사상이 아니다. '내'가 존귀하려면 남도 존귀해야 한다. 남도 스스로에게는

세상에서 가장 존귀한 '나'가 되기 때문이다. 내가 행복하려면 나의 상대인 '그'도 행복해야 하고 그가 행복해야 나도 행복해진다는 이타(利他)가 여기 깃들어 있다. 그런데 정작 더 중요한 것은 지금까지 살펴본 것처럼, '유아독존'이라는 표현이 남전에는 나오지 않는다는 사실이다. 탄생게를 바로 알고 그것이 전하고자 하는 의미를 깊이 생각할 때 왕자의 탄생게가 드러내는 상징성을 새롭게 느끼게 된다.

|

〔04.03〕-070 **탄생의 다른 이야기들** | 마야 데비가 출산을 할 당시, 우주의 창조주인 브라흐마(Brāhma)가 자신의 손으로 왕자를 받았다고 한다. 지금의 힌두교라고 불리는 것이나 당시의 브라흐만교라는 것은 이름이 다를 뿐 거의 같은 종교다. 예나 지금이나 주류였던 그들의 시각에서 볼 때 불교도는 신흥 집단이며 오히려 외도(外道)다. 불교는 이 거대 집단 속에서 생존해야만 했다. 붓다의 탄생 설화를 다시 보자. 그들이 정통이라고 믿는 브라흐마 신이 탄생하는 붓다를 두 손으로 받았다면, 그들의 최고의 신조차 붓다를 존경하여 몸소 산파(産婆) 구실을 자임했다는 이야기다. 이러한 이야기는 불교의 우월을 넌지시 알림과 동시에 자연스럽게 브라흐만교를 흡수할 장치가 되었다. 브라흐만교에서 '피〔血혈〕'는 부정한 것에 속한다. 고귀한 창조의 신이 부정한 피를 마다않을 정도라면 "얼마나 위대한 사람이었기에 그랬을까?" 하고 생각하게 할 것이다. 한 발 더 나아가 경전에서는 붓다가 아예 몸에 양수를 묻히지 않은 깨끗한 몸으로 태어났다고도 한다. 아기를 받은 신들이 '피'를 손에 묻히지 않았으니 부정하지 않았다는 이야기가 되고, 이로써 브라흐만교의 반발을 물리칠 수 있는 절충안이 제시된 셈이다. | 왕자가 일곱 걸음을 걷자 땅에서

연꽃이 솟아나 왕자의 발에 흙이 묻지 않도록 했다. 그리고 난다(Nanda, 難陀난타) 용왕과 우빠난다(Upananda, 跋難陀발난타) 용왕이 하늘에서 찬물과 더운 물을 가져와 목욕을 시켰다고 전하는데, 이 설화가 오늘날 부처님 오신 날 봉행하는 욕불(浴佛)의 기원이다. 또는 무우수 앞에 연못이 있어 마야 데비가 출산 후에 목욕을 했다고 전하기도 한다. 이 연못은 지금도 '마야 데비 연못〔연지(蓮池)〕(Maya Devi Pond)'〔= 뿌스까르니(Puskarni)〕〔ⓢ puṣkariṇī 뿌쉬까리니〔lotus-pool〕= 남아시아의 힌두교나 불교 사원에 조성하는 연못이나 샘물, 약수터.〕라고 불린다. 또 다른 기록에는 마야 데비가 출산 후 하늘에서 맑은 물에 향유(香油)를 부어 목욕을 하도록 했는데, 그것을 기름 강이라는 뜻의 '유하〔油河, tillar nadi 띨라르 나디(The River of Oil)〕'라고 한다. | 탄생하는 순간 하늘에서 내린 만다라 꽃(蔓陀羅花, mandarava-puppha 만다라와-뿝파)은 천상의 꽃이다. 이 꽃나무를 굳이 지상에 있는 나무에 적용한다면 우담바라(優曇婆羅, udumbara)라고 한다. 초여름에 짙은 붉은 꽃이 피는 낙엽 교목이다. 가끔 우리 언론에 나오는, 불상의 언저리에 작게 돋은 보잘 것 없는 무엇이 아닌, 크고 보기 좋은 꽃이 핀다. 인도는 아열대 지방이니 일 년 사철 꽃이 핀다. 무우수 꽃과 만다라 꽃을 강조한 것은 붓다의 탄생이 거룩하고 고마운 일이었음을 밝히려는 문학 표현일 것이다. | 꽃비, 용왕, 천신들(창

난다(Nanda, 難陀)**와 우빠난다**(Upananda, 跋難陀) **용왕** 인도에서 머리가 여럿 달린 뱀, 나가(nāga)〔용(龍)〕가 동아시아로 넘어오면서 용왕(龍王)으로 번역되었다. 난타(난다)는 용왕의 우두머리고 발난타(우빠난다)는 그 동생이다. 이들은 마가다국을 수호하며 흉년이 들지 않게 하여 백성을 기쁘게 한다. 그밖에 바다를 다스리는 사가라(娑伽羅, Sāgara 사가라), 화수길(和修吉, Vāsuki 바쑤끼), 덕차가(德叉迦, Takṣaka 딱사까), 거대한 호수에 사는 아나바달다(阿那婆達多, Anavatapta 아나바땁따) 용왕, 마나사(摩那斯, Manasvin 마나스빈), 수련이 자라는 연못에 사는 우발라(優鉢羅, Utpala 우뜨빨라) 용왕이 있다. 이 팔대용왕(八大龍王)이 처음 모두 같이 등장하는 경전은 『묘법연화경(妙法蓮華經)』이다.

조의 신 브라흐마와 신들의 왕 인드라 등)의 출현 등을 곰곰 더듬어 가다 보면 붓다의 출생 전후에 있었을 여러 사실들을 합리적으로 생각할 수 있는 여유가 생긴다. 실제했던 어떤 일이 햇빛에 모습을 드러내면 진실이 되고, 달빛 아래에서는 전설이 되기도 한다. 햇빛에 드러나면 머지않아 기억에서 퇴색하지만, 달빛에 숨으면 신비로움이 더해진다. 바꾸어 말하면 당시 사람들이 이해할 만한 수준의 이야깃거리나 신화로 만드는 것이 오히려 그 사실이 사라지지 않고 후대까지 전해지게 한다. 붓다의 출생 설화가 신기하고 이해가 되지 않겠지만, 룸비니에서 탄생했다는 것만은 역사 속 사실이다. 탄생 설화는 인류 흐름에 큰 자취를 남긴 붓다의 고귀한 삶을 오래도록 기억하도록 한 장치일 것이다.

〔04.04〕 죽음 그리고 이모

〔04.04〕-071 **어머니 마야의 죽음** | 경전에는 왕자가 출생한 지 7일만에 생모 마야 데비가 죽었다고 나온다. 이제 '7'이라는 숫자의 의미를 아는 우리는 이 문맥을 꼭 '7일 만에'라고 고집하여 이해하지 않는다. 마야 데비의 죽음에도 재해석의 여지가 적지 않다. 먼저 출산이 길가 나무 그늘 아래에서 다급하게 이루어졌다. 또한 산후 처리 과정에서도 끓여서 소독한 물이 아니라 흐르는 개울물, 아니면 연못에서 산모가 씻은 셈이다. 그 몸을 가지고 친정이 아닌 까삘라로 다시 돌아간 것이니 7일도 견디기 어려웠을지 모른다. | 자신이 힘들게 낳은 핏덩이 아기에게 젖 한 모금 제대로 물리지 못하고 죽어가는 어머니의 심정은 헤아리기도 어렵다. 경전을 보면 어린 시절 왕자는 감수성이 예민했다고 나타나는데, 너무나 일찍 어머니를 여읜 것도 원인의 하나가 될 법하다.

나중에 깨달음을 이룬 후 도솔천궁(兜率天宮, tuṣita뚜시따)으로 직접 올라가서 어머니를 위하여 법문을 했다는 짧은 기록에서도 붓다가 얼굴조차 모르는 생모 마야 데비를 그리워했음을 짐작할 수 있다. | 왕자는 어머니라는 기억은 고사하고 품안에서 젖 모금도 먹지 못했을 것이다. 아들을 얻어 아버지가 된 기쁨과 사랑하는 아내의 죽음이라는 슬픔을 동시에 겪어야 했던 숫도다나왕의 심사는 또 어땠을까. 경전에서 주인공은 어디까지나 붓다이다 보니 붓다의 출생 과정과 출생에서 있었던 신비한 일들이 우선시되었다. 그 다음 순서로 부수된 상황들이 기록되었다. 더욱이 출가 전 생활에 대해서는 붓다가 과거를 회상한 말을 제자들이 기억해 기록하다 보니, 경전에서 붓다의 생모 마야 데비의 죽음은 간략한 한 줄로 표현될 정도로 빈약하다. 붓다 자신의 기억에도 남은 것이 없기 때문일 것이다. | 붓다가 과거 생에 도솔천 내원(內院)에서 호명보살(護明菩薩)로 있을 때, 호명보살이 싸바(sabhā, 娑婆사바)〔사람 사는 세상〕로 내려갈 수 있도록 정거천(淨居天)〔śuddhāvāsa숫다와싸〕 신들이 미리 조사한 다섯 가지 중에 '어머니의 수명'이라는 것이 있었다. 정거천 신들의 예고에 따라 생모 마야 데비는 왕자의 출생과 함께 지상의 수명이 다하고 도솔천에서 환생하여 즐거움을 누리기로 되었다. 아기를 낳자마자 죽은 어머니의 운명에 경전 편찬자는 적당한 구실을 대어 둔 셈이다. 그렇지만 보편적으로 생각해 보자. 갓난아기에게 어머니의 죽음이라는 사건은 삶의 여정에서 가장 먼저 닥친 최대의 불행이다. 또 앞으로 사춘기 소년에게 어머니의 부재가 끼칠 영향은 만만치 않을 것이다. 붓다를 너무나 성스럽고 신화적으로 표현하다 보니 인간의 감성은 사라지고 어머니의 죽음조차도 어떤 힘에 의하여 미리 준비되었다는 식의 예정설(豫定說)이 생겨났다. 붓다의 실체를 보기보다

전능한 신이나 예언자의 풍모로 보이게 만드니 안타깝다.

|

〔04.04〕-072 **이모의 품에서** | 생모인 마야 데비가 왕자를 낳은 지 7일 만에 죽음을 맞이하게 되자 왕은 왕자의 양육을 고심하게 된다. 왕자가 성장하는 동안 최상의 조건이 될 만한 사람을 찾던 왕은 마야의 동생인 '마하 쁘라자빠띠(Ⓢ Mahā-prajāpati/Ⓟ Mahā-pajāpatī 마하 빠자빠띠, 大愛道 대애도)'에게 왕자를 맡긴다. 왕자의 새어머니인 마하 쁘라자빠띠는 왕에게는 자신의 처제(妻弟)가 된다. 왕이 재혼을 한 것인지 애초부터 자매를 부인으로 맞아들였는지 명확한 기록은 없지만, 당시에는 자매가 한꺼번에 한 남자와 결혼하는 관습도 있었고, 형부와 처제의 결혼도 문제가 되지 않았다. 꼴리야족과 사꺄족은 대대로 사촌 간의 결혼도 허물이 되지 않았다. 이와 같은 기록이 붓다의 민족인 사꺄들을 '눈이 깊고 코가 높은〔深目高鼻(심목고비)〕'(페르시아계) 아리안보다는 원주민 계열로 보는 근거가 된다. | 마하 쁘라자빠띠는 언니의 아들이니 자신에게는 조카가 되고 동시에 양아들이 되는 왕자를 양육하게 된다. 북전 경전의 기록에는 자신이 낳은 왕자 '난다(Nanda, 難陀 난타)'는 유모에게 맡기고 언니의 아들을 더 귀애(貴愛)하여 손수 맛난 것을 찾아 먹이고 입혀야 성이 풀릴 정도로 사랑을 베푼 것으로 나온다. 남전의 주석서에서는 왕자가 태어난 며칠 뒤에 이복동생 난다가 태어났는데 마하 쁘라자빠띠는 친아들인 난다에게 젖을 준 다음 왕자에게도 젖을 물렸다고 한다. 즉 이복동생 난다와 붓다는 동갑나기에 생일만 며칠 정도 차이가 났다는 것이다. | 이렇게 보면 나이 차이가 없는 난다 왕자와 붓다 왕자 사이에는 왕위 계승권이 문제가 될 수 있다. 붓다의 출가 전 생활에서 동생의 이야기가 나올 법한데도 난다 왕자는 나중에 붓다

가 고향 방문을 할 때에야 처음으로 기록에 등장한다. 물론 경전의 주인공은 붓다이기 때문에 붓다와 그의 제자들을 중심으로 서술된 것이니만큼, 이 부분에 관련해서는 각자 상상의 나래를 펼쳐야겠다. 경전을 보면 붓다에게는 배 다른 여동생이 있었다고도 하는데 그 동생 이야기도 거의 나오지는 않는다. 붓다의 가족 관계는 아버지와 계모인 어머니, 그리고 배다른 남·여 동생이 하나씩 있었다.

|

〔04.04〕-073 **양쪽의 혜택** | 어미에게 자식은 기쁨이고 희망이거늘, 갓난아기를 두고 삶을 마무리해야 하는 마야 데비는 풍습에 따라 왕궁에 들어온 여동생에게 양육을 부탁했거나, 남편에게 동생을 아내로 맞이해 달라고 했을지도 모른다. 사꺄 부족의 기원 설화부터가 계모의 소생을 왕위에 앉히려고 일어난 정변으로 인해 정비가 낳은 왕자들이 쫓겨나 세운 나라가 아니었던가? 마야는 전혀 모르는 사람이 계모로 들어오는 것보다야 자기 여동생이 한결 안심이 되었을 것이다. | 마하 쁘라자빠띠를 왕자의 모계(母系) 혈통으로 보면 어머니의 여동생으로 이모(姨母)가 되지만 아버지를 중심으로 두고 보면 계모(繼母), 즉 의붓어머니〔後母후모〕가 된다. 인도는 부계 혈통을 중심으로 유지되던 사회였으므로 왕자의 이모보다는 의붓어머니가 우선했다. 이러한 관계로 경전에서 마하 쁘라자빠띠는 이모가 아닌 계모로 표현된다. 마하 쁘라자빠띠는 덕스러운 풍모와 아름다운 용모를 지녔다고 한다. 배다른 아들인 붓다를 생각하는 마음이 간절했으며, 붓다 역시 길러 준 의붓어머니에게 지극한 마음을 드러냈다고 전한다. ⓑⓓⓢ

간다라〔Gandhara, 파키스탄 북서부와 아프가니스탄 북동부에 걸친, 인도아리아 문명. '간다라 불교 미술'〔기원 전후부터 4~5세기까지〕로 유명하다.〕**의 여래 좌상**〔꾸샨(Kushan) 왕조 2~3세기, 편암, 일본 도쿄국립박물관 소장.〕 인도의 불상은 파키스탄 간다라 지역을 거치면서 헬레니즘 미술의 영향을 받아 콧대가 오뚝하고 눈이 깊은 서구식 얼굴, 부드러운 곱슬 머리로 바뀐다. 가사는 두꺼워져 옷주름이 우아해지고, 어깨를 드러내지 않고 온몸을 뒤덮는다. 가슴에 두 손을 모은 것은 설법을 할 때를 뜻한다. 붓다 뒤의 광배 양쪽에서 경배하는 두 인물은 인드라(제석천)와 브라흐마(범천)이다.

〔05〕 이름을 짓다〔명명(命名)〕

〔05.01〕 관상(觀相)

〔05.01〕-074 아씨따(Āsita)의 눈물

〔05.01〕-075 전륜성왕의 의미

〔05.01〕-076 특별한 상호의 재해석

〔05.02〕 이름을 짓다〔족명(命名)〕

〔05.02〕-077 부족 이름〔족성(族姓)〕

〔05.02〕-078 종족의 성씨(姓氏)

〔05.02〕-079 12정법에서 명명(命名)식

〔05.02〕-080 출생 계급이 드러나는 이름

05

이름을 짓다

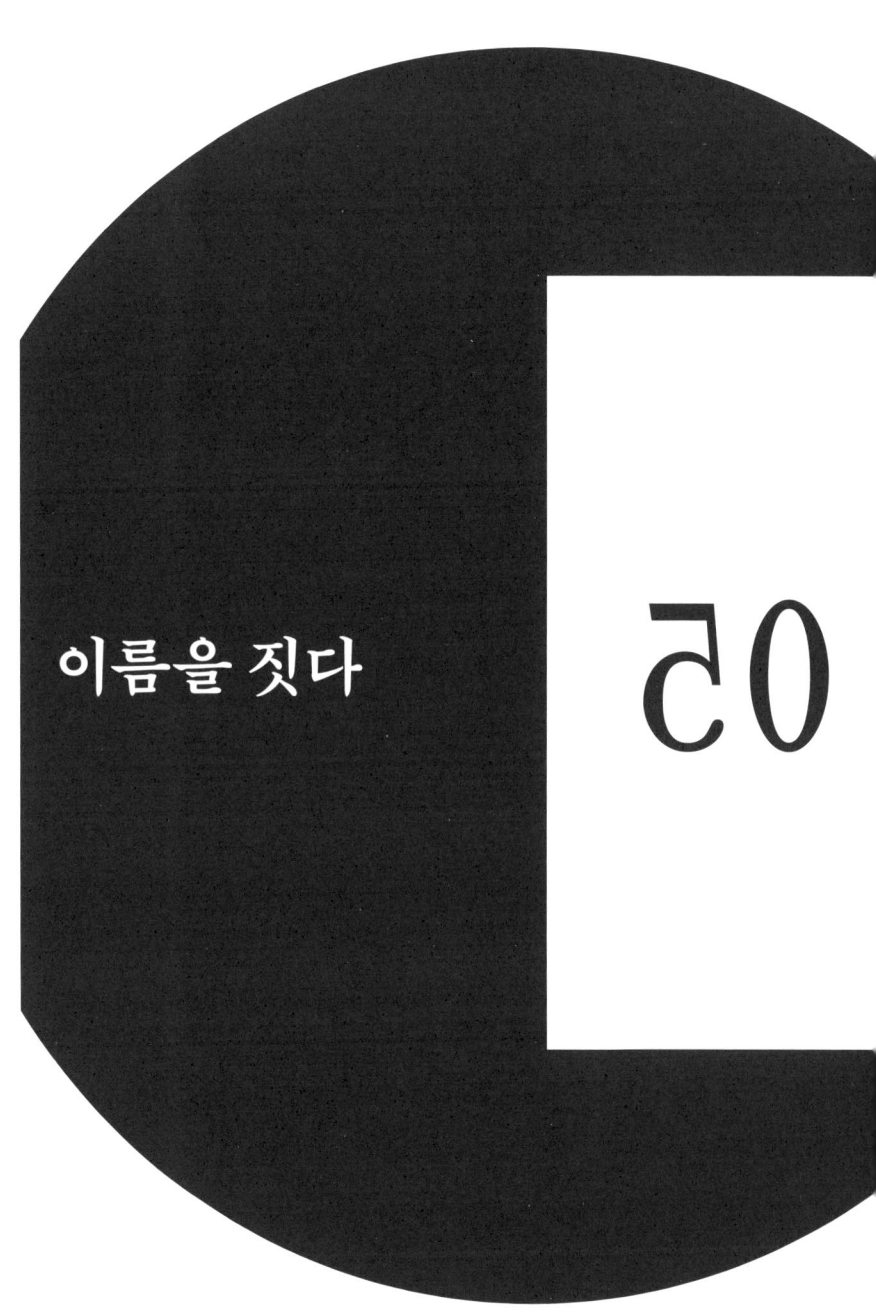

〔05.01〕 **관상**(觀相)

|

〔05.01〕-074 **아씨따**(Āsita)**의 눈물** | 기쁨과 슬픔은 교차하지만 왕자의 탄생은 까삘라뿐만 아니라 사꺄족 전체에 기쁨을 주었다. 온 사꺄들의 축복을 받는 왕자이기에, 아기가 어떤 운명을 가지고 태어났는지도 모두들 궁금해 했다. 관습에 따라 왕실 전속 브라만 등 내로라하는 점성술사들이 왕자의 미래를 점쳤겠건만, 그 가운데 아주 특별한 이가 찾아오자 왕궁의 친척, 원로, 대신들 모두가 술렁인다. 과연 그가 누구기에 그토록 흥분을 했을까? | 히말라야 깊은 골짜기에서 홀로 명상하는 '아씨따(Āsita, 阿斯陀아사타)'라는 고행자〔리쉬(ⓢṚṣi/Rishi)〕〔힌두교의 선인(仙人)〕가 있었다. 그가 깊은 명상에서 깨어나 홀연히 어린 조카를 데리고 까삘라성으로 온 것이다. 이미 근처 여러 나라에서 인정하는 대(大)브라만으로 이름을 날리던 노인이었다. 그런 아씨따가 직접 아기 왕자를 보자고 찾아왔다는 것이다. 왕궁은 잠시 소란했지만 고행자가 왕자의 관상을 집중해 볼 수 있도록 모두 각자의 자리로 돌아가 조용하게 아씨따를 지켜보았다. 아씨따는 숫도다나왕의 손에서 왕자를 공손히 받아 깊은 눈으로 그윽하게 요모조모를 관찰하더니 문득 눈물을 흘리는 것이었다. 몇몇 사람들은 나쁜 징조가 보이는 것인가 싶어 긴장했다. | 왕은 왕자를 다시 받아 가슴에 꼭 품고는 걱정스런 얼굴로 아씨따에게 물었다. "위대한 숲속의 고행자여, 혹시 이 왕자에게 불길한 조짐이 있습니까? 왕실이나 우리 부족에게 해로운 일이 생길 상을 하고 있나요?" "그렇지 않습니다. 왕이시여, 이 아기는 너무나 고귀합니다. 저는 지금까지 이렇게 완전

삼십이(32)**상**(三十二相) ⓢdvātriṃśan-mahā-puruṣa lakṣaṇa **드바**(**와**)**뜨링샨-마하-뿌루샤-락샤나**=the 32 signs of a great being : 붓다의 32가지 특별한 모양. 〔dvātriṃśan(dvattiṁsa)=32〕 〔mahā-puruṣa=대인(the great/supreme being)〕 〔lakṣaṇa=특징〕

팔십(80)**종호**(八十種好) ⓢaśīty-anuvyañjanā **아시띠 아누반(얀)자나니**=the 80 secondary physical marks : 붓다의 80가지 보완되는 특징. 〔aśīty = 80〕〔anu = acording to, severally, each by each, orderly〕〔vyañjana = figurative, style〕 삼십이(32)상(三十二相)과 팔십(80)종호(八十種好)를 합해 **상호**(相好)라고 하며, 이는 부처님의 모습을 말한다.

하고 고귀한 상은 본적이 없습니다. 왕자는 '32가지 특별한 모양'〔삼십이(32)상(三十二相), ⓢdvātriṃśan-mahā-puruṣa-lakṣaṇa / ⓟdvātiṁsa mahā-puriṣa-lakkhaṇā〕과 '80가지 보완되는 특징'〔팔십(80)종호(八十種好), ⓢaśīty-anuvyañjanā〕을 고루 갖추었습니다. 위대한 전륜성왕(轉輪聖王)〔ⓟCakkavatti-rāja 짜까왓띠-라자 / ⓢCakra-varti-rāja 짜끄라-와르띠-라자〕이 되거나 출가하여 만인의 스승 붓다가 되실 상호(相好)입니다." | 숫도다나왕과 까삘라 사꺄족은 기쁨의 탄성과 흥분으로 일렁였다. "아아, 이제 우리 사꺄족도 어깨를 펴고 저 꼬쌀라나 마가다와 나란히 할 수 있겠구나. 더 이상 저들 강대한 나라의 무례한 횡포를 겪지 않아도 되는구나. 조금만 기다리면 우리는 앉아서 그들의 인사를 받을 수 있겠구나!" "왕자의 탄생으로 마야 데비가 죽었기에 나쁜 징조일까 근심했는데, 오히려 우리 부족이 강대해지는 기회가 왔도다, 왕자는 화근이 아니라 복덩어리구나!"

|

〔05.01〕-075 **전륜성왕의 의미** | 왕은 다시 물었다. "위대한 고행자여, 무슨 이유로 왕자의 좋은 상호를 보고 울었습니까? 혹시 나쁜 것이라도 있습니까?" 아씨따는 확신에 찬 목소리로 나쁘고 좋지 않은 까닭으로 눈물을 흘린 것이 아니라고 대답했다. "왕이시여, 제가 본 관상은 분명합니다. 특별한 상호가 하나 둘이 아닌 32가지를 모두 갖추었고, 보완되는 80가지도 완전한데 무엇이 부족하겠습니까? 단지 제가 그 위대한 가르침을 듣지 못할 것이 몹시 슬플 따름입니다. 아마도 왕자는 전륜성왕이 되기보다

는 출가를 하여 붓다가 되어 가르침을 베풀 것입니다. 그 때 가르침을 들으면 윤회의 묶임에서 완전히 해방될 것이고 궁극의 행복을 얻을 것임이 분명한데 저는 벌써 이리도 늙었으니, 그 때까지 살아 가르침을 듣지 못함을 알기 때문에 우는 것입니다." | 아씨따 고행자는 시종으로 따라온 어린 조카에게 만약 왕자가 출가를 한다면 반드시 깨달음을 이룰 것이니, 가르침을 받으면 좋은 결과 있을 것이라고 일러 주었다. 어떤 경전에서는 그 조카가 붓다 최초의 제자 꼰단냐(Koṇḍañña, 憍陳如교진여)라고도 한다. 왕은 아씨따에게 지극한 마음으로 감사의 선물을 했다. 왕뿐만 아니라 그 자리에 있었던 사꺄족 원로와 대신들은 이 소식이 기쁘면서도 한편으론 은근히 걱정도 되었다. 그들은 왕자가 출가하여 붓다가 되는 것이 아니라, 전륜성왕이 되어 이 까삘라를 강대한 나라로 만들어 줄 것을 원했기 때문이었다. | 아씨따의 예언에 나오는, 그리고 사꺄족 사람들이 바라는 전륜성왕이란 어떤 인물인가. 당시 민중의 삶은 고단했다. 나라 사이에 전쟁과 그에 따른 살육, 약탈, 이별이 그칠 날이 없었다. 사꺄족 백성들이 바란 모습은 전쟁을 하지 않고 덕화(德化)로 계급의 차별 없이 모두 행복하게 살도록 해 주는 어진 지도자였을 것이다. 그러나 왕과 원로, 대신 들은 전쟁을 불사하더라도 사꺄들이 주변국을 제패하는 강국이 되고 권력도, 재물도, 쾌락도 충족시켜 줄 정복자를 더 바랐다.

|

〔05.01〕-076 **특별한 상호의 재해석** | 인도 민중은 구세주인 메시아(Messiah)가 사바(娑婆, sabhā싸바)〔사람 사는 세상〕로 올 때 자신들과 비슷한 생김새가 아니라 조금 달라서 한눈에 알아볼 수 있는 생김새를 하고 올 것이라고 믿었다. 처음에는 단순하게 몇 가지였던 것이 시간이 흘러가면서 점점 가짓수가 많아졌으니, 그것

이 삼십이(32)상(三十二相)〔Ⓢdvātriṃśan-mahā-puruṣa-lakṣaṇa드와뜨링샨-마하뿌루샤-락샤나〕과 팔십(80)종호(八十種好)〔Ⓢaśīty-anuvyañjanā아시띠-아누뱐자나〕〔32가지 특별한 상과 80가지 보완되는 특징〕라는 것이다. | 붓다가 입멸한 후 한동안은 예배의 대상으로 붓다의 형상을 만들지 않았다. 그 대신 붓다와 인연 깊은 보리수의 형상 등으로 그를 대신했다. 그러다가 그리스 문화의 영향을 받아 붓다의 형상을 조각하기 시작하면서 상호가 더 구체적으로 발전했다고 한다. 만약 경전에 기록된 그대로 32상과 80종호를 재현한다면 붓다의 생김은 아무래도 이상한 모습이 될 것이다. 붓다의 32가지 특별한 상호 중에서 몇 가지를 살펴보자.

|

① 대직신상(大直身相)〔신체가 크고 곧다〕〔Ⓢṛjugātratā리주가뜨라따〕〔=tall and straight body, upright limbs〕: 붓다의 키는 7주〔肘(팔꿈치 주)=hasta하쓰따〔=hands, forearm〕/ kūrparaka꾸르빠라까〔=elbow〕〕였는데 이는 매우 큰 키로 경전에서는 보통 사람의 2배였다고도 한다.〔주(肘)(hasta)는 고대 인도의 길이 단위로, 가운데 손가락(중지) 끝에서 팔꿈치까지의 길이다. 1주(hasta) = 약 45cm 정도로, 보통 사람의 키는 4주쯤 된다. 이렇게 따지면 붓다의 키는 7×45 = 315cm가 된다.〕

② 정유육계(頂有肉髮)〔정수리에 육계가 있다〕〔Ⓢuṣṇīsa-śīrṣa우슈니싸 실샤 / uṣṇīsa-śirakata우슈니싸-시라까따〕〔uṣṇīsa = turban〕〔śīrṣa = head〕: 불상에서 머리 중앙에 상투처럼 솟은 것으로 '살 상투'〔육계(肉髮)〕라고 한다. '머리 수건을 높이 쓸 수 있'거나, '터번 장식을 높게 붙일 수 있는 머리나 머리칼'을 뜻한다. 처음 불상이 제작된 것은 열반 후 500년이 지난 서력 기원 전후의 일이다. 그 때에 이르자 붓다를 직접 본 사람은 아무도 남아 있지 않았다. 당시 인도 남자들은 상투를 튼 다음 보배 구슬 끈으

로 여미고, 장식한 터번을 그 위에 써서 자신의 카스트를 나타내었다고 한다. 브라흐만교 12정법에서 8번째인 결발식〔結髮式, cūḍā-karman쭈다-까르만〕 때 정수리에 자르지 않고 남기는 머리카락 한 줌을 '주라(周羅)'〔ⓥcūḍā쭈다/ⓟcūla쭐라〕라고 하고, 이 머리카락으로 트는 상투를 주라나계(周羅螺髻)라고 하는데, 이것을 육계로 보기도 한다.

③ 나발우선(螺髮右旋)〔소라 같은 머리칼〔나발〔螺髮〕〕이 오른쪽으로 돌아오른다〕〔śaṅkha-śikhā샹카-시카〕〔=top-knot in the form of a conch〕: 머리카락이 소라고둥처럼 말린 것을 말한다. 2세기 초기에 조상(彫像)된 불상을 보면 약간 곱슬거리는 머리카락에 상투 묶는 끈과 구슬이 있으나, 2세기 중반이 되면 끈에서 구슬이 없어진다. 2세기 후반에는 끈도 사라지고 육계만 남는다. 3세기 초에는 육계 부분의 표면이 나발로 되었다가 3세기 중반에 되어서는 머리 전체가 나발로 변한다. 중국에서 만들어진 『선비요법경(禪秘要法經)』〔후진(後秦) 시대(402~412) 때 구마라집〔鳩摩羅什, 꾸마라지바(Kumarajiva), 344~413〕이 번역〕에는 "붓다의 머리카락은 가닥가닥이 소라 껍질처럼 오른쪽으로 말려 있는데 쭉 뽑아 펴면 길이가 1장(丈) 2척(尺)이 되며 놓으면 다시 원래대로 말린다."고 했다.〔1장(丈)은 3척(尺)으로 90.9cm이다.〕

④ 수족지만망상(手足指縵網相)〔손발가락 사이에 비단 같은 막(물갈기)이 있다〕〔jālāvanaddha-hasta-pāda잘라와낫다-하쓰따-빠다〕〔=webbed hands and feet〕: 손가락과 발가락 사이에 물갈퀴처럼 얇은 막이 있다고 하는데 실제로 그랬다기보다는 불상을 조각할 때 가는 손가락 부분이 쉽사리 파손되지 않도록 손가락 사이를 이어 놓았던 데서 유래한다. 인도에서는 신상이 조금이라도 파손되면 신이 깃들지 않는다고 여겨 바로 수리하고, 그

렇지 않으면 땅에 묻거나 물에 던지거나 불에 태워 버린다.

⑤ 마음장상(馬陰藏相)〔말(馬)의 남근(陰)처럼 성기가 오그라들어 몸 안에 숨은(藏) 형상(相)〕〔kośopagata-vasti-guhya꼬쇼빠가따-와쓰띠-구햐〕〔=male organs concealed in a sheath〕: 음경(陰莖)이 평상시에는 감추어져서 보이지 않는 것을 말한다. 『대승백복상경(大乘百福相經)』〔당나라에서 활동한 인도 출신 승려 지바가라(地婆訶羅, Divākara디바까라, 613~687)가 683년 서경(西京)의 서태원사(西太原寺)에서 번역〕에는 음경이 감추어져 나타나지 않는다고 되어 있고, 『보녀소문경(寶女所問經)』〔서진(西晋)시대 287년 축법호(竺法護, Dharmarakṣa다르마락샤, 3세기 말~4세기 초)가 번역〕에서는 붓다가 과거세에 몸을 근신하고 욕망을 멀리한 까닭으로 성기가 노출되지 않고 완전히 숨어 있다고 했다. 『관불삼매경(觀佛三昧經)〔Buddha-dhyana-samadhi Sagara-sutra〕』〔동진(東晉) 시대 398~421년에 불타발타라〔佛陀跋陀羅, Buddhabhadra붓다바드라, 각현(覺賢), 359~429〕가 번역〕에서는 붓다의 국부가 아무것도 없이 평퍼짐하여 이를 본 여인들이 붓다를 무근인(無根人)이라고 흉보는 소리를 듣고 붓다께서 마왕법(馬王法)을 써서 성기를 크게 내보였다고 한다. 인도 중부 마투라(Mathura) 지방에서 발생한 불상 조각 기법은, 그리스의 영향을 받은 간다라(Gandhara) 양식과 달리,

마투라(Mathura) **불상과 간다라**(Gandhara) **불상**
마투라 미술은 기원전 2세기경 인도 중북부의 마투라를 중심으로 시작되었고, 기원후 1세기경이 되면 이 기법으로 불상도 만들어지는데, 인도 고유의 힌두교 미술의 영향을 받아서 몸이 팽팽하고 자세도 다소 관능적이다. 인도 복식을 매우 얇게 표현해 몸매가 그대로 드러난다. 같은 시기에 간다라(지금의 파키스탄)에서 만들어진 불상은 얼굴의 윤곽이 서구인에 가깝고 머리도 곱슬머리다. 옷 또한 몸 전체를 감싼 두꺼운 옷자락의 주름이 깊게 표현된다. 마투라 불상은 눈을 크게 뜨고 활기찬 표정을 짓지만 간다라 불상은 다소 사색에 잠긴 미소년이나 청년인 경우가 많다.

가사를 아주 얇게 마치 투명한 옷처럼 표현했다. 이 때 가장 처리가 곤란한 성기 부분을 새롭게 해석한 것이라고도 한다.

⑥ 상신여사자상(上身如獅子相)〔상반신이 사자와 같이 단정하다〕〔ṣiṃha-pūrvārdha kāya 싱하-뿌르와르다 까야〕〔ṣiṃha=사자〕〔pūrvārdha=위〕〔kāya=몸〕: 붓다의 가슴이 사자왕과 같다는 것 외에도, 볼이 사자와 같다거나, 피부가 금빛으로 빛나고, 손발이 매끄럽다고 한다. 아리아인은 '신들은 언제나 젊고 늙지 않는다(常少不老 상소불로)'고 생각했다. 이들은 잡신조차 항상 청년상으로 표현한다. 경전에도 '젊은 수행자'〔마나바(māṇava)〔=youth〕=마납바(摩納婆)〕라는 표현이 곧잘 나온다. 붓다가 신격화되면서 삶의 자연스런 흐름에 따른 늙음은 나타나지 않고 청년의 모습으로 표현되는 '불신상소불로(佛身常少不老)'의 개념이 등장한 것이다.

사꺄(Sakyā)의 표기들
석가(釋迦)족의 이름은 사까(sāka)나무(쌀라나무 또는 티크)에서 유래했다는 설이 있고, '사까나무에 속하는'이라는 뜻에서 '사꺄(Sākyā/Sakyā)'가 나왔다고도 한다. 빨리어나 쌍쓰끄리뜨로 다양한 표기가 나타나는데, 사꺄/사끼야(Sakyā, Sakya, Sākiyā), 삭까(Sakkā, Sakka), 샤꺄(Śākya, Shakya) 등이다. 표준어 표기법은 '샤카'이고 이 책에서는 '사꺄'로 표기한다.

실제 붓다의 삶을 지켜본 동시대의 사람들에게 붓다는 자신과 같은 인간이었을 것이다. 우아한 행동과 고귀한 덕성을 그 몸에 갖추었기에 존경했지, 육체의 기이한 부분을 두고 존경하지는 않았다. 그러나 사후 신격화되면서 대승 경전에서는 전해 오던 '삼십이(32)상'을 구체화하여 '특별한 생김'이라는 식으로 꾸몄다. 인간의 모습이 아닌 괴상한 것으로 32상을 찾는다면 붓다의 진면목을 볼 수 없다. 그보다 32상에는 힘들게 살아가는 보통 사람들이 구원자를 찾고자 할 때 그려낸 이상형의 면면이 엿보인다. 곧 복스럽고 평온을 주는 모습이 구체적으로 형상화된 것이다.

〔05.02〕 이름을 짓다〔족명(命名)〕

〔05.02〕-077 **부족 이름〔족성(族姓)〕** | 붓다를 인도 사람이라고 하는 것은 몹시 막연한 표현인 것이, 인도는 참으로 광범위하기 때문이다. 수많은 인구가 사는 그 땅은 단일 민족으로 이루어지지 않는다. 선주민, 원주민, 이주민으로만 나누어도 벌써 3개의 종족이 생긴다. 붓다가 속한 종족을 알고 다른 종족과 구분해 보면 붓다가 지닐 수밖에 없었던 정체성(正體性)을 일부 짐작할 수 있다. 사람은 자신이 태어난 구성 집단의 영향을 많이 받는 법이다. | 붓다가 속한 부족의 명칭은 사꺄(Sakyā)다.〔〔02.02〕-047 **사꺄(Sakyā)족의 기원** 참조.〕 우리가 흔히 일컫는 '석가모니(釋迦牟尼)'나 '석가(釋迦)'는 붓다가 속한 부족의 성씨만 부르는 것이다. 한자로 번역할 때 소리 나는 대로〔音譯음역〕 '석가'로 옮겼다. 뜻으로 옮길 때는〔意譯의역〕 '참 어진 사람들(能仁능인)', '잘 참는 사람들(能忍능인)'라고 한다. 그 이름의 뜻을 살피면 그들이 평화를 사랑하고 이웃과 함께하는 공동체 생활에 익숙한 종족이었음을 알게 된다. 어질고 참는다는 것은 남을 약탈하는 호전적인 민족이기보다는 자신이 가진 것에 만족하는 이들을 암시한다. 공동체의 힘을 외부로 표출하기보다 내부로 승화시켜 질서를 유지하는 사회를 이룬다는 뜻이다. '모니(牟尼)'는 무니(muni)의 소리 표기이며 뜻은 성자(聖者)다. 곧 석가모니는 '사꺄족의 성자'라는 뜻이다. 불자들이 즐겨 부르는 석가모니불이나 석가불 등은 정확한 부처님(붓다)의 이름은 아니다. 우리가 우리 민족을 '한민족(韓民族)'이라고 하듯, 붓다가 속한 민족은 '사꺄족'이니 '석가모니(사꺄무니)'라 함은 부족의 이름〔部族姓부족성〕을 뭉뚱그려 부르는 셈이다. 빗대자면 '한민족 성자'라 하는 것과 다름이 없다.

〔05.02〕-078 **종족의 성씨**(姓氏) | 붓다가 속한 족성(族姓)〔부족의 이름〕이 '사꺄'라는 것을 알았다. 같은 부족 안에서 다시 피를 나눈 집단을 씨족(氏族)이라고 한다. 성씨(姓氏)이다. 씨족을 안다는 것은 가문의 혈통을 아는 것이 된다. 한민족인 아무개가 어느 집안 사람이냐는 이야기다. 성씨를 가지고 있다면, 그 씨족은 민족 내에서 어느 정도 권한을 행사할 만한 위치에 있다는 뜻이거니와 그 혈통의 내력을 짐작할 수 있게 된다. | 붓다가 속한 씨족의 이름〔種姓종성〕은 '아주 크고 좋은 황소(最大牡牛최대모우)'라는 뜻을 가진 '고따마(Gōtama)'다. 우리가 '김씨, 이씨, 박씨' 라고 하는 것과 같이 붓다의 성은 고따마 씨인 셈이다. 씨족의 여자는 여성형 접미사 '이(i)'를 붙여 '고따미(Gōtami)'라고 부른다. 한자 '모(牡)'는 '힘이 센 수소'라는 뜻이다. 붓다의 씨족은 언젠가부터 길들인 수소를 이용하여 좋은 땅을 차지한 농경민이었음이 이 성씨에 나타난다. 소는 매우 중요한 재산이었다. 교역에서는 화폐를 대신했고 신에게 올리는 공물이기도 했다. 그 가운데 가장 힘이 좋은 수소를 씨족 성으로 삼았다면 그들은 부족 내에서 넉넉한 지위를 누렸을 법하다. 붓다의 성씨는 우리가 '석가'라고 부르는 사꺄가 아니라 '고따마'이다. 더 정확하게 부르자면 '석가모니불'이 아니라 '고따마 붓다'라야 한다.

|

〔05.02〕-079 12**정법에서 명명**(命名)**식** | 앞서 브라흐만교에는 가정에서 지켜야 할 12가지 정화의 법〔12정법(淨法)(슈끌라-다르마, śukla-dharma)〕이 있다고 했다. 그 중 제5정법〔명명식(命名式, nāma-dheya나마-데야)〕에 따라 아기가 출생하고 10일에서 12일 사이에는 이름을 지어 주어야 한다〔nāmakaraṇam나마까라남(=name-giving)〕. 당시 브라만은 점을 치거나 상을 보는 데 관심이 많았고

별자리를 보는 것으로 먹고 살기도 했다. 그것은 훗날 붓다가 제자들에게 점치는 것을 철저하게 금한 배경이 되기도 한다. 대개 이름을 짓기 전에는 집안에 그를 위한 제단을 만든다. 거기에 공물을 올리고 브라만이 갖가지 의식을 치른 다음 신생아가 평생 불릴 이름을 브라만이나 가문의 제일 어른 또는 아버지, 친척 가운데 연장자가 지어 준다. 이름에는 일상적으로 부르는 보통 이름과 신(神, devā 데바)이 부르는 비밀 이름, 두 가지가 있다. 신이 부르는 특별한 이름은 사람이 부르지 않는다.

|

〔05.02〕-080 **출생 계급이 드러나는 이름** | 〈베다〉에서는 이름을 지을 때 자신이 속한 출생(jati 자띠) 계급이 드러나도록 지으라고 했으며 이 규칙은 브라흐만 법전에 확실하게 명시되었다. "브라만은 길운이 들어나며 평안의 의미를 가지도록 지어야 하고, 끄샤뜨리야는 힘이 있고 보호하는 자의 의미가 들어가도록 지어야 하는데, 브라만과 끄샤뜨리야는 특히 끝소리가 장음(長音)으로 우아하게 해야 한다. 바이샤는 재물의 복(財福 재복)이 있으며 풍요로움을 주도록 하고, 슈드라는 더럽고 혐오스런 노예임이 표시나도록 지어야 한다." 지금도 인도에서는 이름만 들어도 그 사람의 출신 계급을 알 수 있다. 왕자의 이름조차 출생 계급에 적절한 동시에 미래의 전륜성왕에 합당해야 했으니 다들 머리를 맞대고 궁리했다. | 왕자는 출생 5일 만에 아브하야(Avhaya)〔이름을 명명하는〕 사당을 참배하고 법전에 정해진 대로 끄샤뜨리야 계급에 합당한 이름을 얻는다. 바로 부족민을 보호하고 원하는 '모든 것이 이루어진다(一切意成 일체의성)'는 뜻을 지닌 '싯다르타(Siddhartha, 悉達多 실달다)'다. 이 이름에는 사꺄 부족의 간절한 희원(希願)이 들어 있다. 그러나 싯다르타라는 이름은 정복자가 아니라 인류

역사에 위대한 스승으로 남게 되었다. 경전에서는 이름보다는 씨족의 성 '고따마'라고 곧잘 표현되었고, 남방에서는 족성인 '사꺄'는 부르지 않고 '고따마 붓다(Gōtama Buddha)'라고 부른다. 이제부터 붓다가 출가를 할 때까지는 '싯다르타 왕자'로 부르기로 한다. ⓑⓓⓢ

붓다와 인연 깊은 4종류의 나무

① 부처가 탄생할 때 마야 왕비가 룸비니 동산에서 잡은 무우수(無憂樹)〔=아쇼까나무(Ashoka)〕
② 부처가 어린 시절 정관에 잠긴 염부수(閻浮樹)〔=잠부나무(Jambū)〕
③ 부처가 출가하여 깨달음을 얻은 보리수(菩提樹)〔=삡빨라나무(Pippala)〕
④ 부처가 열반에 든 사라수(沙羅樹)〔=쌀라나무(Sala)〕

간다라의 여래 좌상 (부분) 〔꾸샨(Kushan) 왕조 2~3세기, 편암, 일본 도쿄국립박물관 소장.〕 옷자락이 물결치듯 흘러내린 대좌에는 두 빅쿠가 행복한 표정으로 합장하여 설법을 듣고 있고, 아래 불길을 머리에 인 인물이 조그맣게 표현되어 있다.

06

성장과 교육 환경

〔06.01〕 공부 시작

〔06.01〕-081 **입학 시기** | 브라흐만 법전에는 카스트에 따라 학교에 입학하는 시기가 정해져 있다. 이것을 '학습자의 다르마'라고 하며 '입문 시기(upanayana우빠나야나)'라고도 한다. 원칙적으로 입문 시기는, 브라만은 어머니 뱃속에 든 지 8년째에, 끄샤뜨리야는 11년째에, 바이샤는 12년째에 온다. 아이가 영리하다면 시기를 앞당길 수도 있는데 신의 총명함을 바라는 브라만은 5년째 되는 해에, 힘을 바라는 끄샤뜨리야는 6년째 되는 해에, 재물을 바라는 바이샤라면 8년째 되는 해에 입문 의식을 가질 수 있다. 카스트가 지켜야 할 서계(誓戒)〔계율을 지킨다는 서약〕를 깨뜨려 시기를 놓쳤다 하더라도 브라만은 아무리 늦어도 16세를, 끄샤뜨리야는 22세를, 바이샤는 24세를 넘겨서는 안 된다. 카스트에 따라 교육에 적절한 시기를 정하고 준수하도록 한 것이다. | 부왕 숫도다나〔정반왕(淨飯王)〕와 계모 마하 쁘라자빠띠〔대애도(大愛道)〕뿐만 아니라 부족 원로들의 뭇 관심을 받은 싯다르타 왕자는 왕궁에서 안락한 환경에서 자라, 정해진 바에 따라 12살에 입문 의식을 치른다. 7살에 입문 의식을 치렀다는 경전도 있지만 12살이든 7살이든 모두 브라흐만 법에 따른 것이다. 만약 12살이라면 정상의 입문 의식이 될 것이고, 7살이라면 조기 교육을 실행한 셈이다. 법전에 따르면 끄샤뜨리야가 공부에 입문할 수 있는 나이는 6살부터라고 했기 때문이다. | 학업 입문을 할 때는 만디르(Mandir, 神殿 신전)에 가서 갖가지 공물을 올리고 꽃과 향으로 장식하는 축하연을 한다. 일가친척이 모두 모여 단생자(短生者)〔노예 계급인 슈드라(śūdra)〕가 아니라 당당한 재생자(再生者)〔드위자(dvija)〕임을 표시하고 그 출발을 성대하게 축하해 주는 것이다. 이 때 재생자라

는 표시가 바로 세 가닥 성스러운 실〔聖絲성사, 祭纓제영, upavita우빠비따〕을 브라만 제사장이 왼쪽 어깨에서 오른쪽 허리까지 둘러 주는 것이다. 재생자임을 나타내는 실인 우빠비따는 삶이 다하고 죽음의 신 야마(Yama)에게 갈 때까지 몸에서 떠나서는 안 된다. 대소변을 볼 때는 땅에 닿지 않도록〔인도 남자는 앉아 일을 본다.〕 귀에다 걸어야 하고, 기타 일이 있어 잠시 벗고 다시 두를 경우는 반드시 정화 의식을 한 다음 착용해야 한다. 실의 재료는 계급에 따라 브라만은 면(綿), 끄샤뜨리야는 마(麻), 바이샤는 양털〔毛모〕이다. | 만디르〔신전〕에서 브라만 사제 앞에서 입문 의식을 치르고 나면 가문의 여자들로부터 첫 선물을 받는다. 제일 먼저는 어머니, 이어서 여자 형제들, 고모, 이모 등의 순서로, 싯다르타 왕자도 어머니이자 이모에게 기억될 만한 선물을 받고 이어서 가문의 여자들에게 선물을 받았다. 그런 다음 아버지 숫도다나왕과 사꺄족 원로와 대신, 백성 들의 축하를 받으며 끄샤뜨리야 계급에 맞게 마(麻)로 된 세 가닥 성사를 어깨에 걸치고, 앞으로 학업을 지도할 스승들 앞에 나아가 제자로서 예를 올렸다.

|

〔06.01〕-082 **공부하는 법** | 스승에게 배움을 청하려는 제자는 우선 장작이나 꾸샤(kuśa) 풀〔길상초(吉祥草)라고 부르는 갈대 풀〕을 한 단 매고 계급에 맞는 옷을 입고 가야 한다. 브라만, 끄샤뜨리야는 사슴 가죽으로, 바이샤는 염소 가죽으로 상의를 만들어 입는다. 하의는 순백색 면이나 아마를 꿰매지 않고 통천으로 만든 도띠(dhoti)〔하의, 샅바〕를 입는다. 손에 지팡이〔杖장, daṇda단다〕를 드는데 역시 계급에 따라 차이가 있다. 브라만은 이마, 끄샤뜨리야는 눈, 바이샤는 입술까지 오는 지팡이를 짚고 간다. 싯다르따 왕자는 출생 계급에 맞게 옷을 차려입었다. 사슴 가죽 상의 아래에 아

마〔亞麻, linen〕로 된 흰 도띠를 입고, 눈높이까지 오는 지팡이를 들었으며, 어깨에는 한 단의 꾸샤를 메고 스승이 계시는 학교로 부모와 친척, 원로 대신들과 함께 갔다. | 〈베다〉에서는 "학생이 공부를 시작하려면 언제나 동(東, pūrva뿌르와)쪽을 향하여 정화된 풀인 꾸샤를 깔고 앉아야 한다."고 했다. 학생의 기본 덕목은 금욕이다. 감각을 절제하고 아침 일찍부터 저녁 늦게까지 스승의 가르침에 따라 학습을 해야 한다. | 브라만이라고 해서 모두 스승〔아짜리야(ācarya)〕이 되는 것은 아니다. 〈베다〉에는 스승이 되려면 10가지에 합당해야 하며, 그렇다고 판별될 때 부모는 믿고 아이를 맡겨도 좋다고 쓰여 있다. 10가지 기준은 이렇다.

〈베다〉에서 말하는 스승은 세 종류로 나뉜다. ① 12정법에 따라 카스트 입문 의식을 해 주고 〈베다〉의 여러 의식과 비밀스러운 것을 가르쳐 주면 스승이라는 뜻으로 '**아짜리야**(ācarya)'라고 부른다. 불교에서 아사리(阿闍梨)로 한역하고, 계사(戒師)를 뜻한다. ② 쌍쓰끄리뜨 문법이나 〈베다〉 교리를 평생 가르치면 선생이라는 의미로 '**우빠드야야**(upādhyaya)'라고 한다. 불교에서의 화상(和尙). ③ 법도에 따라 생명의 씨가 꺼지지 않고 살 수 있도록 해 주며, 아버지 구실을 하며 음식과 숙소를 제공하면서 인도하는 존재로 '**구루**(guru)'라고 한다.

|

① 첫 번째는 스승〔아짜리야(ācarya)〕의 아들이다. 학생을 가르치는 가업을 물려받았다면 오랜 시간을 통해 검증이 되었다는 것이다.

② 두 번째는 말씀을 잘 받들어 따르는 사람이니, 자신보다 좋은 의견이나 진리가 있다면 받아들이는 사람, 독단적이고 이기적인 사람이 아니라 충고를 새겨듣고 자신의 잘못을 고칠 줄 아는 사람이어야 한다.

③ 세 번째는 지혜를 주는 사람으로, 스승은 지식의 전달자가 아

니라 사물의 이치를 알고 삶을 슬기롭게 살아가는 법을 가르치는 지혜의 선구자가 되어야 한다는 뜻이다.

④ 네 번째는 다르마를 따르는 사람이다. 계급에 따른 의무〔다르마〕가 무엇인지 알아 면탈(免脫)〔부정한 방법으로 책임이나 의무에서 벗어남〕하지 않고 충실하게 실천하는데, 차라리 죽을지언정 지켜야 할 의무를 포기하지 않는 사람이 스승이다.

⑤ 다섯 번째는 깨끗한(淨정, śuddha슛다) 사람이어야 한다. 깨끗하다는 것은 〈베다〉나 브라흐만 법전에 정해진 '카스트의 서약을 깨뜨리지 않고 잘 지키는 사람'이라는 뜻으로, 설사 깨뜨렸다고 할지라도 법에 따라 정화를 하여 인격과 도덕에 결함이 남아 있지 않은 것을 말한다.

⑥ 여섯 번째는 믿을 수 있는 사람으로 누구를 통하여 알아보아도 비난받을 만한 일이 없으며 신용이 좋고 넉넉한 사람됨이다.

⑦ 일곱 번째는 능력이 있는 사람이다. 학문의 능력과 학생을 통솔하고 충돌을 중재하고 비행(非行)을 선도하는 능력을 갖추고 자신의 모든 힘을 다하여야 한다.

⑧ 여덟 번째는 재물을 주는 사람이다. 스승이 재물을 준다는 것은 그 가르침이 발전을 지향한다는 뜻이다. 또한 사치를 절제하고 검소한 태도를 가르쳐 장차 직업을 가졌을 때 저축할 수 있도록 이끌어야 한다는 뜻이기도 하다.

⑨ 아홉 번째는 선(善)한 사람이어야 한다. 스승이 되려면 사람들이 손가락질을 하는 파렴치범이나, 전과자여서는 안 된다. 남의 눈에 눈물을 흘리게 하거나, 악한 마음으로 나쁜 행위를 하거나 남에게 손해를 입혀 부를 얻은 이라면 자격이 없다.

⑩ 열 번째는 자기 사람이어야 한다. 사상이 같아야 한다는 것이다. 교육의 기본은 사상의 동질화라고 인도 사람들은 믿는다.

가고자 하는 목표가 다르다면 교육을 맡길 수 없다. 스승의 사상이 제자에게 전승되고 제자는 스승의 가르침을 믿어야만 하는데, 그러려면 스승과 제자가 추구하는 바가 같아야 한다.

〔06.01〕-083 **스승을 초빙하다** | 숫도다나왕은 미래의 전륜성왕이 되어 사꺄족에게 영광을 안겨 줄 싯다르타를 위해 이 10가지에 합당한 스승을 찾았다. 왕도(王道) 교육의 여러 과목 중 가장 중요한 것은 끄샤뜨리야 계급에 맞게 무술과 병법 등의 군사 교육이었다. 무사로서 말과 코끼리를 다룰 줄 알아야 했으므로 기마(騎馬)술과 조련법을 배워야 했다. 또한 일반 백성의 생활에 절대적으로 필요한 방직, 염색, 수리(水利), 파종, 건축, 축성(築城) 등의 지식도 알아야 했다. 천문, 지리, 점성술 등은 농사(수확)를 순조롭게 하는 지식이라는 까닭도 있지만 왕의 권위에도 필수적인 과목이었다. | 숫도다나왕은 또한 사꺄족의 뛰어난 젊은이 500명을 선발하여 왕자와 함께 교육을 받게 했다. 이들이 훗날 왕자를 도와 전륜성왕의 위업을 이룰 수 있도록 하기 위함이었다. 왕은 일대에서 권위 높은 석학들을 초빙했다. 바라문 비슈바(/위슈와)미뜨라(Viśvamitra)〔비사바밀다라(毗奢婆密多羅), 선우(選友)〕에게는 당시 통용되던 갖가지 문자와 문법 · 논리학 · 수사학(修辭學)을, 꼴리야〔Koliya, 구리(拘利)〕 출신 병법가 끄샨띠데바(Kṣāntideva)〔찬제제바(羼提提婆), 인천(忍天)〕에게는 무술과 용병술, 말과 코끼리 조련술 등을 가르치게 했다.〔끄샨띠데바는 왕의 처남이자 왕자에게는 외숙부이기도 했다.〕 왕자는 또한 끄샤뜨리야가 기본적으로 갖추어야 할 예의범절, 각종 악기 연주나 춤 등 예술 기량, 실용 기술, 제왕학(帝王學)에 필수인 천문 · 지리 · 점성 · 주술 · 제사 등도 각 분야의 권위자에게 철저하게 학습했다. 그리고 브라흐만교 신자로서 신

들에 대한 예배법과 찬가(讚歌, stuti-gīta쓰뚜띠-기따)〔=panegyric, hymn〕를 사꺄의 으뜸가는 브라만 제사장에게 배우게 된다.

〔06.02〕 모범 학생

〔06.02〕-084 **회상을 통하여 본 어린 시절** | 어린 왕자는 누릴 수 있는 것을 모두 누렸다. 아무리 까삘라가 작은 나라라고 하여도 그는 왕자였다. 게다가 최고의 관상가가 인정한 뛰어난 용모를 지니고, 해와 달은 물론이고 별들까지 보호해 주는 좋은 시간에 태어나 예언에 따라 사꺄에게 영광을 안겨 줄 그야말로 미래의 꿈나무였다. 숫도다나왕은 최고의 선생들을 초빙하여 왕자의 교육을 위해 아낌없이 지원했다. 왕자 한 사람의 교육 정도가 아니라 왕자가 전륜성왕으로서 드넓은 인도를 대상으로 정복 사업을 펼칠 때 그를 도와줄 인재까지 미리 양성하고자 했다. | 왕자를 위하여 숫도다나왕은 속옷부터 외투까지 까씨(Kāsi)국〔가시국(迦尸國). 지금의 바라나시.〕에서 짠 최고의 비단으로 만들어 입혔고, 최상의 까씨 향유로 몸을 치장하게 했다. 왕자가 외출을 할 때면 시종들을 시켜 일산(日傘, chattra챳뜨라)〔볕을 가리기 위하여 세우는 큰 양산〕을 들도록 했고, 온갖 음식을 만들어 주었다. 또한 왕자에게 절기의 특성에 맞추어 지내도록 세 개의 궁전〔삼시전(三時殿)〕을 지어 주었다고 하니〔인도는 아주 더운 혹서기, 덜 더운 건조기, 비가 많이 오는 우기의 세 계절로 나뉜다.〕 부왕이 왕

까씨(Kāsi)**국**〔고대 인도 16대국 중 하나〕 현재의 인도 북부 우타르프라데시(Uttar Pradesh)주 지역으로, 꼬쌀라국과 마가다국 사이에 있던 나라. 중심 도시는 바라나씨(ⓢ Bārāṇasi)〔현재의 바라나시(Varanasi)〕였다. 고대의 〈베다〉와 빨리 문헌에 까씨는 고급 직물의 산지로 등장하며, 지금도 '바라나시 비단(Banarasi Sari)〔Varanasi silk Saree〕'이 세계적으로 이름나다. 주로 무슬림이 수공예로 직조와 거래까지 도맡고 있다.

06

성장과 교육 환경

자에게 거는 희망이 얼마나 컸는지를 알고도 남을 듯하다. | 경전 속에서 붓다는 제자들에게 자신이 어린 시절에 행복한 날들에 빠져서 자만했다고 술회한다. 그 이야기를 보면 왕자 시절에 그 끔찍한 사랑과 관심을 스스로 즐겼음을 알 수 있다. 그야말로 쾌락의 연속이었다. 훗날 도를 이루었을 때 제자들에게 쾌락을 단속하라고 가르침을 베푼 것도 당신의 경험에서 우러난 것이기에 더욱 간절했다. | "비구들아, 나는 어린 시절 많은 사랑을 받으며 자랐다. 너무나 극진하고 무한한 사랑이었다. 부왕은 나를 위하여 궁전에 연꽃이 만발하는 연못을 만드셨다. 한 연못에는 파란 연꽃이 피었고, 한 연못에는 하얀 연꽃이 피었고, 한 연못에는 붉은 연꽃이 피었는데 모두 나를 위하여 가꾼 꽃들이다." "비구들아, 나는 까씨에서 가져온 향유만 썼고, 까씨에서 만들어진 비단으로 세 벌의 옷을 지어 입었다. 머리에는 늘 하얀 일산이 받쳐져 있어서 나는 추위도 더위도 몰랐으며 이슬도 맞지 않았다." "비구들아, 나의 궁전에서, 다른 사람들은 하인들에게 수수로 지은 밥이나 죽을 먹일 때도, 나의 부친은 하인들에게 쌀밥과 고기를 섞어 주었다."

|

〔06.02〕-085 **뛰어난 실력** | 브라만이나 끄샤뜨리야가 학습기에 지키고 배워야 할 과정은 그리 쉬운 것이 아니었다. 이들은 사회의 지도층이기에 앞서가는 안목이 있어야 했다. 더욱이 전륜성왕을 준비하며 제왕학을 배우는 싯다르타 왕자에게는 더 많은 요구가 있었거나 왕자 스스로도 많은 배움을 요구했을 법하다. 어린 시절 왕자는 스승들이 감탄할 정도로 성취가 빨랐다고 한다. 강대국〔마가다와 꼬살라〕 사이에 낀 약소국의 비원(悲願)을 풀고자 하는 사꺄족의 신망을 한 몸에 받는 왕자는 기대에 어긋나지 않

게 뛰어난 실력을 보였다. | 숫도다나왕의 교육 방침은 무엇이었을까. 왕이 생각하는 전륜성왕은 다른 민족을 정복해야만 하는 이였다. 당시 왕들의 전투 행위는 싸우지 않고 적을 이기는 법을 찾는 것이었다. 그러기 위해서 우선 군사력 강화에 많은 공을 들였다. 전쟁이 벌어지면 월등한 군사력으로 적을 압박하여 적들의 전의(戰意)를 상실케 하는 것이었다. 군대의 위용으로 항복을 받아내어 이기는 것이다. 불가피하게 싸움이 붙게 되면 코끼리, 전차, 기병 등을 앞세우고 수레 모양이니 곰, 악어, 바늘, 독수리나 연꽃 모양 같은 진영을 짜서 되도록 빠른 속도로 상대를 제압했다. | 그러나 사꺄족은 작은 나라였다. 총인구가, 학자들에 따라 다르지만, 대략 3만에서 최대 10만 정도, 그리고 이 인구의 반은 대략 여자다. 나머지 반조차 어린아이, 늙은이, 환자, 이런저런 사람과 노예를 빼면 전쟁터에 나아갈 끄샤뜨리야, 바이샤 인구의 숫자가 몇이나 될까. 이웃 강대국의 왕들은 많은 병사들을 바탕으로 전차, 보병, 기마, 코끼리로 구성된 네 무리의 군대(caturaṅginī-sena 짜뚜랑기니-쎄나)를 모두 갖추었지만, 사꺄족 인구로는 그 같은 병력도 재정도 무리였을 것이다. 숫도다나왕은, 적과 싸움을 시작하기 전에 병력이 아닌 전략과 전술로 왜가리처럼 꾀를 생각해 내고 토끼처럼 도망갈 줄 아는, 병법 교육에 치중했을지도 모른다. 왕자가 이같은 부왕의 생각을 알았음은 경전에서 훗날의 결혼 시합 이야기로 드러난다. | 도(道, magga 막가)를 깨달으신 뒤 붓다가 듣는 이에게 알맞게 설법하실 수 있었던 데에는 왕자 때 배운 여러 학문이 바탕이 되었을 것으로 여겨진다. 대화 속의 적절하고 풍부한 비유(比喩, dṛṣṭānta 드리슈탄따)와 예화(例話, atideśa 아띠데샤), 노래(偈頌 게송, gāthā 가타) 등을 보면 붓다는 지성과 교양, 감성이 뛰어났음을 알 수 있다. 당시에 유행하

던 사상과 철학에도 소양이 깊어 제자나 사상이 다른 외도(外道, tīrthika띠르티까)들에게 명쾌하고 정연한 논법으로 설파했다. 세속의 상식도 매우 풍부해 재가 불자들〔재가(在家) 2부중인 남자 신자(淸信士청신사, upāsaka우빠싸까, 優婆塞우바새)와, 여자 신자(淸信女청신녀, upāsikā우빠씨까, 優婆夷우바이)〕에게 구체적인 생활 방법을 자유롭게 인용해 가며 설하기도 한다. 또한 6년간의 목숨을 건 고행과 45년의 전도 여행 동안 쉬지 않는 열정을 보인 데는 학습기에 다져진 굳건한 체력이 한몫 했을 것이다.

〔06.03〕 염부(잠부)나무 아래로

〔06.03〕-086 **현실을 보다** | 왕궁에서 어려움이라고는 모르는 어린 시절을 보내던 왕자는 12살이 되자 관습에 따라 신전에 가서 제사장 주관으로 의식을 치른 다음 직접 쟁기질을 하고 씨앗을 뿌리는 농경제(農耕祭, vappamangala왑빠망갈라)〔= royal ploughing ceremony〕에 참여하게 되었다. 농사의 풍작과 나라의 평안을 기원하는 친경(親耕)〔왕이 직접 농사 짓는 모범을 보임〕 의식은 왕자에게 일종의 현장 학습이었다. 농경제를 치르는 시기는 비가 오지 않는 계절이므로 씨를 뿌릴 땅은 메말라 있었다.〔씨앗을 뿌리는 방법은 두 가지로, 축축한 진흙에 뿌리는 것(kalalavappa깔랄라왑빠)과 흙먼지가 날리는 마른 땅에 뿌리는 것(paṁsuvappa빰쑤왑빠)이 있다.〕 농경제를 했다는 것은 사꺄족이 농경 민족으로 정착했다는 뜻이다. 숫도다나왕과 그의 형제들의 이름에 왜 '밥(飯반, odana오다나)'이 들어가는지도 짐작할 수 있다. | 신들의 왕 인드라(Indra)가 넉 달 동안 비를 뿌리고 지나가자 지상에서 대지의 주인이며 보호자인 왕은 지난 해처럼 친경 의식을 집행하기 위하여 말이 끄는 수레를 타고 까삘라성 밖

멀지 않은 왕실 전용 논으로 나갔다. 뒤따르는 왕자의 수레에는 먹을 것과 마실 것, 장난감이 실려 있었다. 시종들이 펼친 일산 덕에 왕자는 눈이 부시지도 않고 먼지가 들이치지도 않았다. 그늘 아래 비스듬히 누워 성 밖 거리, 멀리 히말라야의 눈 덮인 산봉우리와 근처의 한가한 풍광을 만끽하며 가던 왕자의 수레에 길가의 남루한 아이들이 다가와 먹을 것을 구걸했다. | 처음 본 모습이었다. 다진 흙벽돌이나 나무로 짓고 치장도 아름답게 한 성안의 집들과 달리 농경제 가는 길목에 늘어선 집들은 갈대나 진흙으로 지어 하나같이 누추한 형색이었으며 거기 사는 이들이 걸친 옷도 헤진 것이었다. 왕궁의 부족함 없는 나날들이 누구나 누리는 삶인 줄 알았던 왕자는 빈곤한 삶의 현장이 언뜻 이해되지 않았다. 왕자는 그들에게 물었다. "이 논밭에서 농사를 지어 거두는 수확은 그대들의 것이 아닌가?" "왕자님, 이 농사는 저와 저의 가족을 위하여 짓는 것이 아닙니다." "그러면 대체 누구를 위하여 더위와 굶주림을 무릅쓰고 짓느냐?" "왕자님, 저희가 짓는 농사는 저희 것이 아니라 바로 왕과 왕자님의 것입니다." | 왕자는 그 때까지 자기가 누린 풍요로운 삶의 조건이 부왕의 창고에서 나온 것이 아니라 자기 왕국의 노예들이 굶주린 대가임을 알게 되었다. 농경제의 겉모습은 노래하고 춤추고 먹고 마시는 축제였지만 그 속에는 노동력 착취가 깔려 있었다. | 길가에서 본 장면뿐만 아니었다. 논에 가서 쟁기질을 하자 흙이 뒤집힐 때마다 땅 밑에 있던 갖가지 벌레들이 나왔고 그것을 놓칠세라 새들이 쪼아 먹었다. 그것은 약육강식하는 자연계의 현장이었다. 살아 있는 생명체가 약하다고 해서 강한 것에 억압당하거나 죽임을 받아야 한다니, 왕자에게 견딜 수 없는 괴로움이 밀려왔다. 숫도다나왕이 기대한 농경제의 현장 학습은 그런 것이 아니었다. 미래 자신의 왕국이

될 영토를 돌아보고 왕가의 위엄에 충성하는 백성들을 보여 주고자 했다. 하지만 왕자에게 현장 학습은 세상 모든 것이 부리고 부림을 당하는 관계임을 깨닫게 한 계기였다. 힘든 백성과 그들의 노동력으로 풍요를 누리는 자신을 견주어 보게 된 것이었다.

|

〔06.03〕-087 **나무 아래에서** | 지친 백성, 굶주림이 일상화된 성 밖 노예들을 목도한 왕자는 지금까지 선생들에게 배운 것이며 궁에서 듣던 것과 너무나 동떨어진 현실에 충격을 받는다. 왕과 원로 · 대신들은 기쁘게 신에게 제사를 올리고 손수 소에 맨 쟁기를 끌고 씨앗을 뿌리면서 결실을 기원했다. 악기가 울리고 춤이 어우러진 소동 속에 축제를 한껏 즐기고 있었다. 그 광경을 보자 왕자는 자신이 무엇인가 착각 속에 살아 온 듯했다. 왕자는 호위 무사들조차 축제에 빠져 넋을 놓은 사이 조용한 곳을 찾았다. 때마침 은백색 꽃이 만발한 큰 잠부나무(Jambū)〔=염부나무/염부수(閻浮樹)〕 아래로 가서 깊은 사색에 빠진다. | 이렇게 왕자가 최초로 명상을 위하여 앉았던 잠부나무가 불교에서 붓다와 인연 깊은 4종류의 나무 가운데 두 번째 나무다. | 많고 많은 나무들 가운데 잠부나무 아래에 앉았다는 것 자체가 앞으로 붓다의 삶의 여정에 대한 또 하나의 암시가 된다. 붓다의 삶의 여정은 '길'과 '나무' 아래다. 붓다는 일생을 길에서 벗어나지 않았으며,

잠부나무(Jambū) = 염부수(閻浮樹), **염부나무** 학명 : 시지윰 쿠미니(Syzygium cumini). 열매를 따먹으러 새들이 많이 찾으므로 조목(鳥木), 해남포도(海南葡萄, 들레나무)라고 번역했다. 검은 열매는 대개 양, 염소, 코끼리에게 먹이지만, 흉서기가 되면 서민들이 여기에 소금을 뿌려 먹으며 갈증을 식히는, 흔하고 보잘 것 없는 열매다. 수미산 남쪽의 세모난 대륙, 또는 인도 아대륙을 가리키는 섬부주(贍部洲), 염부주(閻浮洲)〔잠부드위빠(Jambū-dvipa)〕란 말도 '염부나무(잠부)가 자라는 땅'이라는 뜻이다. 불교 경전에서는 인간 세계를 의미하는 말로도 사용한다.

붓다와 인연 깊은 4종류의 나무

① 부처가 탄생할 때 마야 왕비가 룸비니 동산에서 잡은 무우수(無憂樹)〔=아쇼까나무(Ashoka)〕

② 부처가 어린 시절 정관에 잠긴 염부수(閻浮樹)〔=잠부나무(Jambu)〕

③ 부처가 출가하여 깨달음을 얻은 보리수(菩提樹)〔=삡빨라나무(Pippala)〕

④ 부처가 열반에 든 사라수(沙羅樹)〔=쌀라나무(Sala)〕

나무는 당신의 쉼터이고 수행처였다. 법문을 하는 법당이자 접견 장소도 바로 나무 아래였다. 그 나무는 향기롭고 아름다운 꽃나무, 멋들어진 고목이 아니라 양치기가 양 떼를 몰고 와서 쉬었다 가고 농부들이 일하다 갈증을 가시려 흔히 따먹던 열매가 여는 잠부나무 아래였다. 왕자는 이 나무 아래에서 자신이 배워 왔고 지켜야 할 가치의 허구성을 자각한다. | 경전에는 이렇게 기록이 되었다. "왜 이 삶에는 고통이 존재하며 이다지 불공평할까? 모두 함께 평화롭고 기쁘게는 살 수 없을까?" 하고 회의와 번민에 빠졌다. | 왕자는 당시 교육 과정에 따라 명상〔요가(yoga)〕을 배웠을 것이다. 요가는 인도에 아리아인이 들어오기 이전부터 원주민 사이에 있었다고 한다. 인더스 문명의 출발지라고 알려진 모헨조-다로(Mohenjo-daro) 유적〔기원전 2,500년, 약 4,500년 전〕 출토품에도 요가 자세가 조각된 작은 도장이 발굴된 것이 그 근거의 하나다. 지금도 인도 브라만 계급이나 상류층은 어렸을 적부터 스승에게 명상을 배운다. 이들에게 요가는 신의 말씀을 실천하는 중요한 수단이다. | 경전에서 무엇 때문에 이 명상을 붓다 최초의 명상이라고 강조했을까. 일단 명상의 자세는 지루하다. 호기심 많고 뛰어놀기 좋아하는 어린아이에게는 지겨울 터인데도 왕자는 스스로 나무 아래에 앉아 스승의 지도 없이 홀로 명상에 든다. 어지간한 인내심을 가지고 있지 못하면 이것이 얼마나 어려운 일인지 명상을 해 본 사람은 누구나 알 것이다.

|

〔06.03〕-088 **왕자는 어디에…** | 축제의 흥이 무르익은 다음에야, 왕은 문득 왕자가 눈에 보이지 않음을 알았다. 호위 무사들에게 "왕자가 어디 있냐?"고 물었지만, 그들 역시 놀이에 정신이 팔려 왕자를 살피지 못한 지 한참이었다. 왕과 원로, 대신, 호위 무사, 시종 등 일행 모두 여기저기 소란스럽게 찾았지만 얼른 기척이 보이지 않았다. 마침내 저만치 떨어진 커다란 잠부(염부)나무 아래에 단정히 앉아 있는 왕자를 발견하고 알리자 왕은 우선 안심한다. 명상에 들어 있던 왕자를 불러내어 그만 왕궁으로 돌아가자고 하는 사이, 오래 전 왕자가 태어날 때 찾아온 히말라야 숲속 고행자 아시따의 예언이 불현듯 떠오르는 것이었다. "왕자님이 왕궁에 있으면 전륜성왕이 되지만, 출가를 한다면 붓다가 되실 것입니다. 제 생각에는 아무래도 붓다가 되실 것 같습니다." | 지금까지 왕자가 성을 벗어나지 않았으니, 왕은 이토록 뛰어난 왕자에게 잠재된 성향은 마땅히 전륜성왕 쪽이지 붓다가 되리라곤 한 번도 상상해 본 적이 없었다. 그러나 오늘 농경제 도중에 잠부(염부)나무 아래에서 본 왕자의 모습은 사뭇 달랐다. 까마득하게 잊고 있었던 예언 중 하나인 '출가'는 사꺄 부족과 자신에게 가장 불길한(?) 것이었다. 왕이 왕자의 교육에 그렇게 열중한 것도 약소국의 서러움에서 벗어나고자 했던 까닭이었다. 만약 왕자가 왕위를 물려받지 않는다면 모든 것이 끝이지 않은가. 두려움이 왕을 엄습하는 것이었다. | 땅의 주인인 왕이 정성스럽게 목욕을 하고 향유를 바르고 장신구를 매달고 대지의 여신에게 예를 올리고 태양, 바람, 구름의 신들을 청하여 풍년을 기원하는 농사의 첫 의식이 농경제다. 백성에게 모범을 보이는 큰 행사를 잘 치른 날이었지만 왕의 마음에는 왕자로 인하여 걱정이 싹트기 시작했다. "하필이면 잠부(염부)나무 아래에서 명상을 하다니." | 왕의 걱

정을 아는지 모르는지 왕자는 자신이 본 왕국의 실상에 더할 수 없이 비참해 했다. 성안의 삶과 성 밖의 삶이 어찌하여 그토록 차이가 나는지에 대하여 생각했고, 왕자는 자신의 생각으로는 그것을 해결할 수 없음을 알았다. 어린 왕자가 할 수 있었던 방법은 그저 조용한 곳에서 자기 내면을 살펴보는 일이었다. 왕은 잠부(염부)나무 아래에서 왕자를 찾아 데리고 돌아왔지만 그것은 껍데기 육신일 뿐, 알맹이 정신은 그 아래에 두고 온 줄 어찌 알았겠는가? 나중에 출가를 하여 6년 고행을 하던 중 가장 평화로웠던 시기가 바로 이 날이었음을 회상하고 마침내 중도(中道)의 법칙을 찾게 되는 것도 결코 우연이 아니다. ⓑⓓⓢ

[07] 현실에 머물다

[07.01] 출가를 원하지만
[07.01]-089 사춘기
[07.01]-090 쾌락, 그것뿐
[07.02] 결혼
[07.02]-091 여자의 조건
[07.02]-092 결혼 신들의 축복
[07.02]-093 몇 살에 결혼했을까?
[07.02]-094 3명의 부인
[07.03] 아! 야쇼다라(Yaśodharā)
[07.03]-095 얽히고설킨 혼맥(婚脈)
[07.03]-096 콧대 높은 여자
[07.03]-097 전생 이야기
[07.04] 결혼 시합
[07.04]-098 오랜 전통
[07.04]-099 가문의 영광
[07.04]-100 시합 종목

07

현실에 머물다

〔07.01〕 출가를 원하지만

〔07.01〕-089 **사춘기** | 왕자 싯다르타는 농경제〔農耕祭〕에 갔다가 회의(懷疑)에 빠진다. 궁으로 돌아온 왕자는 아버지 숫도다나에 의하여 한층 체계적이고 강도 높은 교육을 받지만 갈수록 현실 학문에 취미를 잃어 갔다. 총명하던 학생이 갑자기 공부엔 딴전이고 스승들에게 대답하기 곤란한 질문을 던지기 일쑤다. | 아무리 왕자라고 하여도 묻지 말아야 할 금기의 질문들이 있다. 계급이나 신의 존재성에 관한 것이다. 인도에서 계급은 사람이 만든 것이 아니라 신이 만들었다고 믿는다. 그것은 인간의 힘으로 무너뜨리거나 없앨 수 있는 것이 아니다. 계급에 따르는 다르마〔業업〕〔의무〕 역시 신이 정한 것이기 때문에 그 한계를 넘어서는 인간의 판단이나 선택은 용납되지 않는다. 신의 존재는 무한하고도 지고(至高)하므로 신성에 대해 불경(不敬)한 의심을 품는 것은 오랫동안 정화를 해야 하는 중대한 과오다. 하루빨리 제왕학을 완전하게 배워 전륜성왕의 길로 나아가야만 할 시기인데, 스승들이 보기에 왕자는 사춘기가 찾아온 소년처럼 이상한 질문들을 하고 있는 것이었다. | 그러나 그것은 잠시 지나가는 사춘기가 아니었으니, 이 때 형성된 자아 의식이 마침내는 출가로 이어진다. 보통 사춘기라면 한여름 지나가는 한바탕 소나기였겠건만 왕자의 사춘기는 계속 내리는 비와 같았고, 자기 삶의 행로만 바꾼 것이 아니라 훗날 수많은 사람들에게 가르침을 따라 삶의 여정을 바꾸

담마(ⓟdhamma)**와 다르마**(ⓢdharma)**와 업**(業) 법(法)으로 한역된 불교의 담마(ⓟdhamma)는 최고의 진리를 뜻하지만 힌두교에서 다르마(ⓢdharma)는 인간 생활에 질서를 부여하는 것에서 발전해 행위의 규범이나 지켜야 할 의무, 도덕의 기초 등을 뜻하며, 그 점에서 까르마(karma) 즉 업(業)과 밀접하게 관련된다 까르마는 행위를 뜻하며, 행위의 규범(다르마)을 지키거나 또는 지키지 않는 모든 까르마의 결과는 미래 까르마의 씨앗이 된다.

라는 강력한 물줄기로 커지게 된다. 왕자의 고민은 인도 계급 사회의 모순을 티 없는 마음으로 적나라하게 지적하는 것이다. 지금까지 어느 누구도 감히 타파한다고는 상상하지 못한 문제에 대해 어린 왕자가 질문을 던지고 생각하기 시작했다. 참 거룩한 사춘기이다.

|

〔07.01〕-090 **쾌락, 그것뿐** | 농경제에서 본 삶의 현장은 오직 왕자의 눈에만 이상할 뿐이지 상층 계급에게는 지극히 당연한 모습이었다. 이상(理想)과 현실의 괴리는 기득권 세력으로 인해 이어져 왔고 앞으로도 이어져 갈 것이었다. 왕자는 스승에게 질문을 한다. "누구나 평등한 삶을 누리고 행복할 수 없습니까?" "노예들을 풀어 주고 자유롭게 살도록 하면 안 됩니까?" "그들이 땀 흘려 농사지어 거둔 수확을 돌려받으면 안 됩니까?" | 그 질문은 체제를 부정하는 위험한 것이었다. 스승들은 대답했다. "왕자님, 그러면 농사는 누가 짓습니까?" "고운 옷감은 누가 짭니까?" "왕자님의 시중은 누가 듭니까?" 왕자는 왕에게도 물었다. 노예들을 풀어 주어 평등하고 행복하게 살도록 윤허해 달라고 하자 왕은 이렇게 대답한다. "왕자여, 그것은 왕인 나조차도 어찌할 수 없는 것이다." | 자기의 힘으로 해결할 수 없음을 알고 나자 왕자는 차라리 왕궁을 떠나 숲속에서 고행하겠다며 부왕에게 출가를 요청한다. 왕은 부족의 원로와 대신들을 소집했다. 이 자리에서 왕실 브라만은 이렇게 아뢰었다. "왕이시여, 왕자님이 출가하지 않게 하려면 네 가지 징조를 보여 주지 않으면 됩니다." "브라만이여, 무엇이 네 가지 징조입니까?" "왕이시여, 네 가지 징조란 다음과 같습니다. 그것은 늙은 사람, 병든 사람, 죽은 사람, 출가한 사람입니다. 이 네 가지를 보지 않는 한 그는 출가할 생각을

내지 않을 것입니다." | 브라만의 자문에 따라 왕은 왕자를 엄중히 감시하며 성 밖으로 나가지 못하게 한다. 또한 학업을 하면서도 끄샤뜨리야로서 누릴 갖가지 쾌락을 안배한다. 일단 쾌락을 맛보면 출가를 잊으리라, 왕과 원로들은 그렇게 여겼다. 왕자의 16세 무렵에 세 계절 궁전〔삼시전(三時殿)〕을 지어 주었는데, 다섯 가지 욕망〔빛과 모양〔형색(形色)〕, 소리〔성(聲)〕, 냄새〔향(香)〕, 맛〔미(味)〕, 감촉〔촉(觸)〕〕이 넘치는 그 곳에 남자는 포함되지 않는 여자로만 구성된 악대를 만들어 아름다운 노래와 춤이 끊어지지 않도록 했다. 차츰 번성하는 사꺄족의 왕자로서, 인생의 아침을 누구보다 만족스럽게 보냈다. 붓다는 당시를 제자들에게 이렇게 회상했다. "비구들아, 나는 세 개의 궁전〔별궁(別宮, antaḥ-pura 안따-뿌라)〕에서 살았는데 한 궁전에서는 겨울〔乾期건기, hemanti 헤만띠〕을 보내고, 한 궁전에서는 여름〔酷暑期혹서기, Ⓟgimha 김하〕 동안 살고, 나머지 궁전에서는 비 오는 계절〔雨期우기, Ⓟvassa 왓싸〕을 보냈다. 비 오는 계절을 보내는 궁전에서 넉 달 동안 시녀들이 왕자인 나를 둘러싸고 음악을 들려 주었으며 나는 궁전에서 나올 일이 없었다." | 이러한 호사가 싯다르타 왕자만의 전매특허는 아니었다. 기록이나 경전을 보면 당시 다른 나라 왕자들이나 장자, 부호들도 왕국이 강성한 정도에 따라, 부의 능력에 따라 대문을 닫아 놓고 그 안에서 한껏 즐겼다. 왕자는 당시 풍조에 맞추어 쾌락을 골고루 깊이 깊이 누렸다. 세상을 벗어나고 싶을 때 어떤 사람들은 자신의 몸을 견딜 수 없을 정도로 혹독하게 괴롭히는 고행을 했지만 반면에 어떤 이들은 오직 쾌락 속으로 빠져드는, 양극단으로 힘껏 달려가는 시대였다. | 왕과 원로, 대신들은 왕자가 미래의 전륜성왕이라고 하는 예언을 실현하도록 부지런히 현실적 가르침을 받고 약소 부족의 설움을 극복하려는 비원(悲願)을 실현해 주

기를 간절하게 바랐다. 그 가장 적극적인 방법으로 원로와 대신들은 왕을 부추겨 왕자를 쾌락으로 안내했다. 쾌락에 젖어 왕자가 현실의 한 부분을 무시하거나 기성 세대처럼 받아들이기를 기대했지만, 왕자의 내면은 마치 작은 방에 커다란 코끼리가 들어온 것과 같은 상황이었다. 그 덩치로 말미암아 안에서 옴쭉달싹할 수 없는 불편함이 진실로 남아 있는데도 왕과 부족의 원로, 대신들은 그 코끼리를 애써 무시하거나 없는 것처럼 행동하라며 쾌락만을 던져 준 것이다. 후일 붓다가 "괴로움의 시작은 애욕(愛慾, rāga 라가)에 대한 갈증〔갈애〕"이라고 하신 것은 단순한 법문의 주제가 아니라 스스로의 체험에서 우러난 것이었다.

〔07.02〕 결혼

〔07.02〕-091 **여자의 조건** | 학습을 마치고 떠나기 전에 목욕을 하면 이 때부터는 〈베다〉를 배운 사람이라는 뜻으로 세욕자(洗浴者, snātaka 쓰나따까)라고 불린다. 목욕을 마치고 집으로 돌아오면 기다리고 있는 것은 결혼이다. 아리아인은 일족(一族, sagotra 싸고뜨라)〔친족〕〔gotra = 혈족, 계보〕이나 일가(一家, sapiṇḍa 싸삔다)〔부계 7촌 모계 5촌 이내〕에 속하지 않은 사람과 혼인을 했지만 원주민인 드라비다 인은 사촌과 결혼을 했다. 중요한 것은 재생자는 재생자 여성과 결혼해야 한다는 것이었다. 여성은 재생자의 처로서 의무에 능숙하고 나아가 성(性, kāma 까마)에 밝아 남편에게 즐거움을 주고 아들을 낳을 수 있어야 한다고 보았다. 재생자가 아내를 맞이하는 데 그밖에 따질 것도 브라흐만의 법전은 자세히 밝혀 두었다. | 결혼에는 정식으로 매파를 놓아 혼처를 구하는 방식도 있지만 약탈혼이나 매매혼도 있었다. 법전에 나온 8가지 혼인(vivāha

비바하)의 종류로 당시 풍습을 가늠할 수 있다.

재생자 아내의 조건
태중에서부터 결혼 전까지 여자로서 치르도록 〈베다〉에 정해진 의식을 치르지 않았거나, 신에 대한 찬가를 부르지 않았거나, 집안에 남자가 없거나, 몸에 털이 많거나, 말이 많거나, 치질·폐병 등 고질병이 있거나, 원기가 없거나, 악마·별자리·나무·강·산·새·뱀·노비〔奴〕의 이름을 가진 여자를 아내로 맞이해서는 해서는 안 된다. 재생자의 아내가 될 수 있는 조건은 신체에 이상이 없고 부르기 좋고 경쾌한 이름을 가졌으며, 백조나 코끼리처럼 우아하게 걸으며 이가 오목조목 가지런하고 목소리는 청아하며 살결이 부드러운 여성이다.

① 브라흐마 혼인(Brāhma-vivāha, 梵婚범혼) : 좋은 집안의 처녀의 아버지가 〈베다〉를 학습한 신랑감을 직접 골라 딸에게 훌륭한 옷을 입히고 신랑감을 불러 대접하여 딸을 주는 것으로, 가장 신성한 결혼으로 여긴다. 두 집안 사이에 물질적 예물이 오가지 않는다.

② 쁘라자빠띠야 혼인(Prājāpatya-vivāha, 生主婚생주혼) : 처녀의 아버지가 "그대 둘은 함께 다르마를 지켜라"라는 〈베다〉 구절로 축복하여 성립하고, 그밖의 종교 의식은 치르지 않는 결혼이다. 브라흐마 혼인과 비슷하나 신랑 신부가 너무 어릴 때 처녀의 아버지가 딸을 신랑이 아닌 신랑의 아버지에게 주는 형식이다.

③ 다이와 혼인(Daiva-vivāha, 神婚신혼) : 처녀의 아버지가 딸을 곱게 차려 입혀 대개 나이 많은 신전의 브라만 제관(祭官, ṛtvij리뜨위즈)에게 주는 것으로 처녀의 집안이 너무 가난하거나 혼기를 놓쳤을 때 인근의 장자가 종교적 공덕을 베푸는 형식으로 이루어지는 결혼이다.

④ 아르샤 혼인(Ārṣa-vivāha, 聖婚성혼) : 처녀의 아버지가 신랑감에게서 암수 한 쌍, 또는 두 쌍의 소를 예물로 받고 딸을 주는 것으로 신성한 종교 의식을 치르고 하는 결혼이다.

⑤ 아쑤라 혼인(Āsura-vivāha, 阿修羅婚아수라혼) : 카스트가 낮거나 조건이 못 미치는 신랑이 처녀의 아버지나 친족에게 최선

을 다하여 재물을 주고 여자를 데려오는 매매혼(賣買婚)이다.

⑥ 간다르바 혼인(Gāndharva-vivāha, 乾闥婆婚건달바혼) : 처녀와 신랑이 집안 동의와 관련 없이 서로 원하여 결합하는 연애혼(戀愛婚)으로, 사랑과 욕정이 생겨서 맺은 성관계로서 이루어지는 자유 결혼이다.〔여성이 좋아하는 남성을 고르는 결혼도 이에 속한다. 〈리그 베다〉 시대에 보편적이었고, 전사, 관료 등 끄샤뜨리야 계급에 가장 적합한 결혼으로 간주되었으나 가부장제의 지배력이 강해지면서 간다르바 혼인은 브라흐만들에 의해 정결하지 않은 것으로 격하되면서 인도 역사에서 쇠퇴했다.〕

⑦ 락샤싸 혼인(Rākṣasa-vivāha, 羅刹婚나찰혼) : 처녀를 강제로 납치하는 약탈혼(掠奪婚)이다. 보통은 처녀가 결혼을 원하지만 집안에서 반대할 때 신랑이 처가 친척들을 물리치고 데려가는 것을 말하지만, 전쟁 포로가 된 여자들도 이 결혼에 포함된다.

⑧ 빠이샤짜 혼인(Paiśāca-vivāha, 卑舍茶婚 비사차혼) : 잠들어 있거나, (술 · 약에) 취해 있거나, 기절한 여자를 범하여 혼인하는 것이다. 처녀에게는 원치 않는 결혼이므로 가장 저급하고 죄악시되는 것으로 겁탈혼(劫奪婚), 유혹혼(誘惑婚)이라고 한다.

|

〔07.02〕-092 **결혼 신들의 축복** | 양가가 재생자로서 조건이 맞아 결혼이 성사되면 결혼식장 중앙에 성화(聖火, arati아라띠)를 피운 다음 신랑의 아버지가 신부에게 꽃목걸이〔花環화환〕를 걸어 주고 신부의 아버지는 신부의 손을 잡고 이렇게 말한다. | "이제 나의 딸 아무개는 그대의 것이 되노니, 아무개는 그대와 함께 다르마의 길을 걸을 것이리라. 그대의 손에 아무개의 손을 잡으라. 그리하면 두 사람 함께 축복을 받으리라. 아무개는 남편을 유일한 신으로 모시는 헌신적 아내(pativratā 빠띠브라따)이니 그대의 그림자가 될 것이다." | 신부의 아버지가 신부의 손바닥에 성수를 부

어 주면 신부는 그 물을 신랑의 손바닥으로 옮긴다. 이 절차가 끝나면 성혼 서약으로 신부는 신랑의 손을 잡고 성화(아라띠)를 오른쪽으로 세 바퀴〔또는 일곱 바퀴〕를 돌며(右繞三匝우요삼잡)〔오른돌이〔右旋우선, ⓢpradakśina쁘라닥쉬나 / ⓟpadakkhiṇā빠닥키나〕를 하며〕, 일곱 걸음을 걷고 서로 부부임을 확인한다. | 결혼식을 할 때 부부가 동일한 계급 출신이면 서로가 손을 잡고 성스러운 불을 돌며 결혼 서약을 할 수 있지만, 카스트가 다르면 그렇게 할 수 없다. 그때는 남자가 여자의 출생 계급에 합당한 물건을 들면 여자는 그것을 잡고 제단의 불을 돌며 결혼 서약을 한다. 만약 브라만 출신 남자가 끄샤뜨리야 출신 신부를 얻으면 신부는 자신의 계급을 상징하는 화살을 잡고, 바이샤 출신 신부는 채찍을 잡고, 슈드라 출신은 신랑의 옷자락을 잡는다. | 여자를 데려갈 때면 신랑의 아버지, 형제 등은 신부의 발을 만지며 축복해 준다. 또 시집에서는 데려온 신부에게 각종 의식 때며 명절마다 옷과 장신구를 선물해 아름답게 꾸며 주어야 하는데, 여자가 공경을 받는 가문에 신들이 기뻐하며 번영과 풍요를 내린다고 믿기 때문이다.〔결혼한 신부가 시댁 남자들에게 대접을 받지 못하면 신들이 돕지 않아 그 가문은 일마다 성과가 없다고 한다. 또한 집안의 여자가 고통을 받으면 가세가 기울고, 공경을 받지 못한 여자가 저주를 내리면 해코지가 작용한 것처럼 가문이 완전히 파멸한다고 했다.〕 | 인도에서 결혼은 신들이 축복한 것이다. 인간 힘으로 부부가 갈라서지 못하고 다만 죽음만이 가를 수 있는 것으로 여긴다. 결혼은 조상에게 제사를 올릴 기틀을 만들고자 아들을 낳는 것이 그 목적이다. 브라흐마 결혼〔Brāhma-vivāha, 梵婚범혼〕으로 태어난 아들은 선조 10대와 후손 10대의 죄를 구하고 마지막 21번째에는 자신을 스스로 구한다고 할 정도다. 마찬가지로 다이와 결혼〔Daiva-vivāha, 神婚신혼〕에서 난 아들은 선조와 후손을 7세대까지, 쁘라자빠띠야

결혼〔Prājāpatya-vivāha, 生主婚 생주혼〕에서 난 아들은 6세대까지, 아르샤 결혼〔Ārṣa-vivāha, 聖婚 성혼〕에서 난 아들은 3세대까지 구한다고 한다. 이러니 인도 사람들이 결혼에 집착할 수밖에 없다. 결혼은 인간을 빙자한 신들의 놀음이다.

〔07.02〕-093 **몇 살에 결혼했을까?** | 결혼 적령기는 〈베다〉 학습이 끝난 다음 집으로 돌아간 후로 정해졌다. 학습이 끝나기 전에 결혼을 하면 쾌락에 빠져서 학습을 게을리하고 정화할 일이 많아진다고 보았기 때문이다. 스승을 모시고 12년간 〈베다〉 학습을 마친 뒤 목욕을 하고 집으로 돌아오면, 브라만은 17~20살, 끄샤뜨리야는 18~21살, 바이샤는 20~24살이 되는 셈이다. | 싯다르타 왕자가 결혼한 나이는 남전에서는 16살, 북전에서는 19살로 서로 다르게 전한다. 여기서 우리는 정확하게 몇 살에 했는가를 따지는 데 매달리지 않아도 될 듯하다. 16살이든 19살이든 끄샤뜨리야의 결혼 적령기에 해당한다. 훗날 인도에 만연한 조혼이 그 때까지는 없었다고 보면 끄샤뜨리야의 결혼 연령 하한선인 15살과 상한선인 20살을 넘기지 않았을 것이다. 중요한 것은 싯다르타 왕자도 당시의 흐름에 따라 때가 되어 신과 양가의 축복을 받으며 인간의 힘으로 깰 수 없는 정당한 결혼을 했다는 것이다.

〔07.02〕-094 **3명의 부인** | 결혼은 혼자서 성립되는 것이 아니니, 싯다르타 왕자의 결혼 상대는 누구일까? 궁금해진다. 또 왕자에게는 한 명의 부인만 있었을까? 숱한 왕과 왕자들처럼 여러 부인을 거느렸을까? 이 대목에서도 남전과 북전에 전하는 바가 다르다. 열쇠는 붓다의 하나밖에 없는 아들 '라훌라(Rāhula)'가 쥐고 있다. 즉 라훌라를 낳은 어머니가 누구인가를 알면 되는데, 이 역

시 그리 쉽게 풀리지 않는다. | 분별설부(分別說部, Vibhajjavāda 위밧자와다)〔상좌부에서 나온 분파〕〔vibhajja = analysing, detailing, 분해하고 해체함〕에서는 라훌라의 생모에 대해서 단지 '라훌라 마따(Rāhula-māta)가 정비(正妃, mahiṣī 마히시)'라고만 나온다.〔가장 많이 등장하는 형식이다.〕 '마따(māta)'는 '어머니'라는 뜻이므로 글자 그대로 '라훌라의 어머니'일 뿐이지 달리 이름이 전하지 않지만 '정비'라고 기록한 것으로 미루어 왕자에게 다른 아내들이 있었으리라 짐작하기도 한다. '정비'란 '후비(後妃)'에 대한 상대적인 개념이라는 것이다. 다른 기록인 『붓다밤(왕)사(Buddhavaṃsa, 佛史불사)』에서는 싯다르타 왕자의 부인 이름이 '밧다깟짜나(Bhaddakaccānā)'로 전해 오지만 확실치는 않다.〔초기 경전에 두 번째로 흔히 등장하는 이름이다. 밧다(Bhadda)는 고귀하다는 뜻이다.〕 후대에 성립된 『랄리따위쓰따라(Lalitavistara, 方廣大莊嚴經 방광대장엄경』〔lalita = 놀이, 이적〕〔vistara = 큰〕에는 왕자의 부인들 이름으로 '야쇼다라(Yaśodharā)'와 '고빠(Gopā)'라는 이름이 나온다. 이에 따르면 왕자에게는 2명의 부인이 있었으며 제1부인이 '야쇼다라'이고 제2부인은 '고빠'였으리라고 여겨진다. | 그밖의 북전에서는 왕자의 부인 이름이 여럿 나오므로 왕자에게 정비 외에도 다른 부인이 있었음 직하다. 『불본행집경(佛本行集經)』과 『수행본기경(修行本起經)』에는 모두 3명의 부인들 이름이 나온다. 이 경에서는 앞에서

『붓다밤(왕)사(Buddhavaṃsa)』 = **『불사(佛史)』** 초기 불교 경전인 빨리어 경장(經藏) 〈5부 니까야〉의 마지막 묶음 『쿳다까 니까야(Khuddaka Nikāya)』〔=『소부(小部)』〕의 14번째 책으로 고따마 붓다와 과거생 24명의 부처에 관해 설명한다. 기원전 1~2세기경 작성된 것으로 추정된다. 한역 제목은 『불사』, 또는 『불종성경(佛種性經)』이다.

『랄리따위쓰따라(Lalitavistara)』 = **『방광대장엄경(方廣大莊嚴經)』** 석가모니 붓다의 강생(降生)〔도솔천궁〕부터 최초의 설법인 초전법륜(初傳法輪)까지 (한역본에서는 까삘라성으로 돌아갈 때까지)의 전반생을 기록한 것으로, 당(唐) 683년에 지바하라〔地婆河羅, Divākara 디바까라, 일조(日照), 613~687〕가 번역했다.

『불본행집경(佛本行集經)』
〔Abhiniṣkramaṇa sūtra(아비니슈끄라마나 쑤뜨라)〕 수(隋)나라 때 사나굴다〔闍那崛多, Jñānagupta(즈냐나굽따)〕가 587년에서 591?(595?)년 사이에 번역했다. 탄생, 출가, 깨달음, 제자들의 귀의 과정 등 붓다의 전반기 생애를 자세하게 설명한 경이다.

『수행본기경(修行本起經)』
후한(後漢) 198년 축대력(竺大力)·강맹상(康孟詳)이 번역했다. 붓다의 전생과, 현생에서 출가하여 깨달음을 이루고, 처음으로 두 상인으로부터 음식을 공양받고 그들에게 설법하여 교화하기까지의 행적을 설한 경으로, 탄생부터 왕자 시절 이야기를 주로 다룬다.

와 달리 제1부인이 고빠로 나온다. 고빠는 까삘라 사꺄족 대신이며 부유한 장자의 딸로 아름답고 총명했다고 한다. 17살에 싯다르타 왕자와 결혼을 하지만 여러 해가 지나도 아들을 낳지 못하자 부족의 원로와 숫도다나 왕은 두 번째 부인을 맞이할 것을 왕자에게 권한다. 두 번째로 결혼한 상대가 야쇼다라인데 야쇼다라마저 후사를 잇지 못하자, 다시 왕과 부족 원로들이 권하여 '마노다라(Manodhara)'를 맞이했다고 한다. | 다른 이야기에는 싯다르타 왕자가 결혼을 하지 않으려고 이상형의 여자를 황금 등신상(等身像)으로 조각한 다음 부왕과 원로, 대신들에게 이렇게 말했다고도 한다. "저는 이와 같은 여자가 아니면 결혼을 하지 않겠습니다." 신붓감을 찾던 이들이 왕자가 말한 조건에 맞는 여자를 찾았는데 그가 사꺄족의 대부호 '단다빠니(Daṇḍapāṇi)'의 딸인 고빠였다. 왕은 단다빠니에게 사람을 보내 결혼을 청함과 동시에 다른 처녀들을 함께 궁으로 들여 간택(揀擇)하는 형식으로 왕자비를 맞았다고 한다. | 고빠는 뒷날 야쇼다라가 라훌라를 낳자 정비의 자리에서 물러났지만 정성을 다하여 싯다르타 왕자를 모셨으며 왕자가 출가한 뒤에는 야쇼다라를 지켜 주었다고 한다. 왕자가 성도 후 붓다가 되어 6년 만에 고향으로 돌아왔을 때 고빠는 이미 죽은 뒤였다. 세 번째 부인인 마노다라는 이름 외에 달리 알려진 것이 없다. | 왕자 자신도 부인을 여럿 원한 것인지까지는 경전의 짧은 기록만 가지고

알 수 없지만, 남·북전 공통으로 2명 이상의 부인을 기록한 것은 분명하다. 예나 지금이나 인도에서 결혼은 사랑이 아니라 후사를 잇는 것이 가장 중요한 목적이다. 선대의 숫도다나왕이 후사가 늦은 셈이고 싯다르타 왕자 역시 결혼을 했는데 후사가 늦으니 아마 왕과 부족의 원로들이 초조해 하여 후궁을 권하지 않았을까 짐작된다. 아들을 못 낳는 왕자 부부 또한 부담이 있었을 법하다. 적장자(嫡長子)를 낳아 흔들리지 않는 왕실의 후계자를 약속해야 하는 절박함이 있었을 것이다.

쑤뿌디(Supudhi)〔1세와 2세〕
Supudhi는 Suppabuddha(쑵빠붓다)의 줄임말이다.
선각장자(善覺長者)
쑤뿌디〔2세〕는 꼴리야국의 왕으로 야쇼다라 공주의 아버지다. 싯다르타 왕자의 외할아버지이자 마야 데비, 마하 쁘라자빠띠의 아버지〔쑤뿌디〔1세〕〔선각왕(善覺王)〕〕와 그 이름이 같다. 관습에 따라 아들이 아버지의 대를 이을 때 이름까지 이어받는 경우가 있었다. 앞에 나온 쑤뿌디〔1세〕는 왕자의 외할아버지이고, 뒤에 나온 쑤뿌디〔2세〕는 그 아들, 곧 쑤뿌디 2세로 왕자에게는 외숙부이자 장인이며 어머니들에게는 남동생이 된다. 그는 끄샤뜨리야 성주이면서도 각별히 많은 재산을 소유했기 때문에 '장자(長者, śreṣṭha 슈레슈타)'라고 불렸다. 왕위를 계승하지 못한 왕자들은 말을 타고 여기저기 돌아다니며 계급에 맞는 무역 활동을 하여 많은 재산을 모으기도 했다.

〔07.03〕 아! 야쇼다라(Yaśodharā)

〔07.03〕-095 **얽히고설킨 혼맥**(婚脈) | 왕자의 부인 가운데 가장 잘 알려진 여성이 '야쇼다라 공주'다. 왕자의 생모·계모와 혈통이 같은 꼴리야(Koliya) 사람으로 꼴리야족의 도성인 데바다하〔Devadaha, 천비성(天臂城)〕의 왕 쑤뿌디〔2세〕(Supudhi)〔Suppabuddha의 줄임말〕〔ⓢ Suprabuddha 쑤쁘라붓다/ⓟ Suppabuddha 쑵빠붓다〕의 딸이다. 한역 경전에서는 '선각장자(善覺長者)'의 딸이라고 나오는데 사꺄족과는 혈연 관계가 겹친다. 꼴리야족은 싯다르타 왕자에게는 외갓집이다. 데바다하의 성주인 쑤뿌디〔2세〕는 왕자에게 외숙부가 되니 야쇼다라와 왕자는 외사촌간이다. | 남전의 율장에는 야쇼다라에게 오

빠가 하나 있었다고 나온다. 싯다르타 왕자와 결혼 시합을 겨루었던 가장 강력한 상대자이며 훗날 붓다와 교단을 배신한 그 유명한 '데바(와)닷따(Devadatta, 調達 조달〔=제바달다(提婆達多)〕)'다. 그렇다면 오빠가 동생과 결혼을 하려 했다는 말인데 혈통의 순수성을 지키려 남매나 사촌끼리도 결혼하는 것이 사꺄족의 전통이었다. 남전의 주석서에는 데바닷따가 숫도다나왕의 4형제 중 막내인 감로반(甘露飯, Amṛtodana 암리또다나)의 아들이자 붓다의 시자〔侍者, 시중드는 사람〕 아난따〔Ānanda, 아난(阿難)〕 존자의 친형이라고도 나온다. 그러면 붓다와는 사촌 관계가 된다.

|

〔07.03〕-096 **콧대 높은 여자** | 야쇼다라(Yaśodharā) 공주는 '평판이 높은 여성'이라는 뜻으로 한자로는 그 뜻을 '명문(名聞)'이라고 옮겼다.〔다른 이름 밧다깟짜나도 같은 의미로 풀이된다.〕 예쁘고, 똑똑하며 그에 따라 콧대도 높았다는 말이다. 야쇼다라 공주는 사꺄족에 출가한 여자답게 자신의 미모와 가문에 대한 자긍심(自矜心)도 높았고 어느 정도 교만하다고 할까, 주장을 굽히지 않는 장부형(丈夫形) 여자로 경전에 등장한다. 결혼 시합을 하러 왕자가 데바다하〔Devadaha, 천비성(天臂城)〕에 갔을 때 이미 그랬다. 꼴리야족의 끄샤뜨리야 처녀들에게 선물로 준비해 간 목걸이, 팔찌 등을 나누어 줄 때 마침 야쇼다라 공주 앞에서 선물이 다 떨어져 왕자가 자신의 몸에 있는 목걸이〔또는 반지〕를 풀어서 주자 야쇼다라 공주는 이렇게 말했다고 한다. "왕자님, 저는 왕자님의 목걸이(반지)를 받고 싶지 않습니다. / 차라리 제 자신의 덕으로 왕자님을 꾸며 드리고 싶습니다." | 왕자가 몸에 차고 있다가 직접 건넨 장신구를 받지 않았다는 것이다. 혼담이 오가며 장차 시아버지가 될 숫도다나왕으로부터 보배 노리개를 받으러 까삘라성으로 오

라는 전갈이 오자 공주는 아버지 쑤뿌디〔2세〕에게 이렇게 말했다고 한다. "아버지, 우리 집에도 보물이 많은데 왜 남의 집에 가서 받아와야 하나요?" 까삘라성으로 시집가서 숫도다나왕에게 인사를 처음 올릴 때 관습에 따라 시녀들이 엷은 비단 천으로 얼굴을 가리려고 했을 때는 "내 얼굴이 가려야 할 만큼 못생겼단 말이에요? 흉터가 난 것도 아닌데 왜 얼굴을 가려요?"라고 말했다니, 공주의 성격을 짐작할 만하다. | 외사촌지간이니 야쇼다라 공주와 싯다르타 왕자가 서로 처음 보았을 리는 없다. 왕자가 계모이자 이모인 마하 쁘라자빠띠를 따라 외갓집인 데바다하를 왕래했고 공주 역시 다른 사촌들과 함께 고모의 집인 까삘라를 가 보았을 것임은 인도의 대가족제에서 '바이(bhāi, 사촌, 형제)'〔bhāi = younger brother, cousin〕 관계를 보면 짐작할 수 있다. 어찌 보면 어렸을 적 소꿉장난하던 외사촌인데도 선물 문제로 따지고 드는 것이나, 공주가 왕자에게 먼저 단도직입적으로 "차라리 저 자신의 덕으로 왕자님을 장식해 드리고 싶습니다."라며 결혼의 뜻을 비칠 수 있었던 것에서도 여장부의 당당함이 보인다.

|

〔07.03〕-097 **전생 이야기** | 붓다의 과거 생 이야기인 『자따까(Jātaka)〔본생담(本生談)〕』에서 쑤메다(Sumeda, 善慧 선혜)라는 수행자가 디빵까라 붓다(Dipaṃkara Buddha, 燃燈佛 연등불)가 세상에 나오셨을 때 일곱 송이 연꽃을 올린 이야기를 기억해 내자. 그 때 쑤메다가 쑤밋따(Sumitta)〔kolika 꼴리까, 拘利伽 구리가〕라는 젊은 여성 수행자에게 가서 연꽃을 팔기를 청했지만 쑤밋따는 거절을 하다가 쑤메다를 보고 문득 사랑하는 마음이 일어 자신의 조건을 들어주면 꽃을 팔겠다고 한다. "쑤메다 님, 그대가 붓다를 이루는 날까지 나와 함께 동료이자 부부가 될 것을 서약하세요. 그렇게

하면 꽃을 팔지요." | 쑤메다는 디빵까라 붓다에게 꽃을 올리고자 하는 간절한 마음에서 세세생생 부부가 되자는 엄청난 약속을 한다. 쑤밋따는 다섯 송이 연꽃을 쑤메다 수행자에 주고, 두 송이를 더 내밀며 그녀 자신의 몫으로 디빵까라 붓다에게 올려 달라고 청한다. | 싯다르타 왕자와 야쇼다라 공주의 부부 인연은 아득한 옛적이 일곱 송이 꽃으로 시작되었다는 것이다. 전생 설화를 끌어들여 세세생생의 인연으로 합리화를 시킨 것은 붓다가 신격화되면서이기도 하지만, 결혼의 의미를 브라흐만식이 아닌 불교식으로 재해석한 것이기도 하다. 브라흐만의 재생자 계급이 준수해야 할 4주기〔아슈라마(Āśrama)〕 중에서 제2주기인 가주기(家住期)에는 반드시 결혼을 해야 한다. 출가 수행자가 아니면 독신을 인정하지 않으며 설령 했어도 부부가 함께 신을 찾아서 수행을 하는 경우가 부지기수다. 인도 사람에게 결혼은 서로에게서 신을 보는 행위이고, 신이 맺어 주는 선물이다. | 그러나 불교에서는 결혼을 신이 선물하는 것이 아니라 깊은 인연의 결과로 본다. 부부는 일곱 송이의 꽃으로 맺어진 아름다운 인연이며 거룩한 것이다. 단순하게 육체가 결합해 가문을 잇는 것이 아니라 서로 수행을 돕고 깨달음을 이루기까지 함께 가는 가장 가까운 동행자이며 도반(道伴)〔함께 도를 닦는 벗〕이다. 이 설화를 근거로 한국 불교에서 결혼식은 쑤메다(선혜)와 쑤밋따(구리가)처럼 윤회로부터 완전한 자유를 얻는 날까지 유

화혼식〔華(花)婚式〕

이능화(李能和, 1869~1943)가 1917년『의정불식화혼법(擬定佛式花婚法)』이라는 근대식 불교 혼례를 만들어 발표한 데에서 유래한다. 선혜(善慧) 본생담, 『화엄경』에서 위덕 태자와 묘덕 동녀의 혼인 설화, 태국의 불교 혼례 등을 참조해 정리한 이 화혼법에 따라 이듬해(1918)에 경성 각황사(覺皇寺, 조계사)에서 최초의 근대식 불교 혼례를 치른다. 1927년 백용성(白龍城) 스님의 『대각교의식(大覺敎儀式)』, 1935년 안진호(安震湖) 스님의 『석문의범(釋門儀範)』에서 수정 · 보완된 예법이 대한불교 조계종으로 이어지고 있다.

효성을 갖는 꽃의 약속이라는 뜻으로 '화혼식(華婚式, 花供養儀화공양의, puṣpa-pūjā뿌슈빠-뿌자〔=flowers and garlands〕)'이라고 한다.

|

〔07.04〕 결혼 시합

|

〔07.04〕-098 **오랜 전통** | 고대 인도의 2대 서사시 중 하나인 『마하바라따〔Mahābhārata, 摩訶婆羅多마하바라다〕』에는 빤다바(Pāṇḍava) 형제들〔빤두(Pāṇḍu)의 아들들〕이 드루빠다왕(Drupāda)의 딸 드라우빠디 공주(Draupadī)의 결혼 시합〔쓰와양바라(svayaṃbara)〕에 참가하여 여러 신랑 후보들과 함께 갖가지 기예를 겨루는 장면이 나온다. 빤다바 형제 가운데 아르주나 왕자(Arjuna)가 활을 당겨 다섯 대의 화살을 과녁에 명중시켜 승리를 거두고 형제인 다섯 왕자가 모두 드라우빠디 한 여자와 결혼을 한다. 또 다른 쌍쓰끄리뜨 서사시 『라마야나(Ramayana)』에서는 다샤라타왕(Dasharatha)의 아들 라마 왕자〔라마-찬드라(Rama-chandra)〕가 자나까왕(Janaka)에게 활 쏘기로 승리한 후 그 딸 씨따(Sita)와 결혼한다.〔가장 대표적인 간다르바 혼인이다.〕 | 고대 그리스 시인 호메로스(Homeros)〔기원전 8세기경〕의 대서사시 『오디세이아(Odysseia/Odyssey)』〔기원전 750년경〕에도 결혼 시합이 나온다. 오디세우스의 아내인 페넬로페는 구혼하는 남자들의 성화에 못 이겨 남편 오디세우스가 남기고 간 활을 쏘는 사람과 결혼을 하겠다고 하는 것이다. 이

빤다바(Pāṇḍava) 왕자들
『마하바라따(Mahā-Bhārata)』의 주요 등장 인물들. 인도 북부 꾸루(Kuru)국 왕실의 두 분파 중 하나로, 빤두(Pāṇḍu) 왕과 두 왕비 꾼띠(Kuntī), 마드리(Madri)와의 사이에 낳은 다섯 아들들—유디쉬띠라(Yudhishtira), 비마(Bhima), 아르주나(Arjuna), 나꿀라(Nakula), 싸하데바(Sahadeva)—이다. 빤다바 5형제가 그 사촌들인 까우라와(Kaurava) 왕자들과 싸워 이긴 것이 '꾸루-끄세뜨라(Kuru-kṣetra)(꾸루국) 전쟁'이며 이 이야기가 『마하바라타』의 기본 줄기이다.

로 미루어 결혼 시합은 드라비다인이 아니라 아리아인의 관습이라고도 한다. | 학자들에 따라서 싯다르타 왕자 당시에는 결혼 시합이 없었으며 이는 후대에 꾸며낸 허구라고 말하기도 한다. 반면 결혼 시합이 있었다고 보는 근거는 삼장법사(三藏法師) 현장(玄奘, 602~664)의 『대당서역기(大唐西域記)』〔646년에 완성. 현장의 17년간(629~645)의 구법 행적을 그의 제자 변기(辯機)가 정리한 것이다. 현장이 직접 본 인도와 서역의 지리, 종교, 풍속, 정치, 전설 등을 상세히 기술했다.〕에 나오는 '화살 샘 일화(箭泉說話전천설화)'다. 7세기에 인도에 가서 자신의 발로 붓다와 인연 깊은 성지를 순례한 현장 삼장〔玄奘三藏〕이 "결혼 시합 당시 왕자가 쏜 화살이 땅에 꽂혀 샘이 솟아났는데 지금도 그 샘에는 물이 나온다."라고 기록한 것이다. 그 종목만 약간 다를 뿐 남 · 북전의 경전에서 공통되게 결혼 시합 기록이 나오는 셈이다. 경전을 근거로 본다면 결혼 시합을 하여 강한 신랑 후보를 선택하는 것이 당시 인도 무사 계급인 끄샤뜨리야 사이에 퍼져 있었던 듯하다.

|

〔07.04〕-099 **가문의 영광** | '쓰와양바라(svayaṃbara)'〔svayaṃ = 스스로, 자신이〕〔bara/vara = 택하다〕는 결혼 시합, 또는 여성의 남편 간택을 말한다. 고귀한 가문에서 딸의 신랑을 가리는 경연 대회로 신부가 승리자에게 꽃목걸이를 걸어 주는 것으로 신랑을 정한다. 신부의 집에서는 성대하게 시합을 치렀다. 쓰와양바라가 거행되는 식장은 화려하게 꾸며졌고, 멀리서 온 왕자나 장자들을 위한 숙소가 마련되었으며 연극이나 노래, 춤 등의 구경거리가 14일간 이어졌다고 한다. 신랑 후보인 선수들은 말이나 코끼리를 타고 높다란 무대 위에 앉아 있는 신붓감 앞을 지나간다. 브라만들은 계속하여 주문을 외운다. 평화를 기원하는 기도문이 낭송되면

신부의 아버지나 오빠 등 신부 측 남자가 단위에 올라가 시합 종목을 알려 주고 부정으로 결격하지 않거나 승리자의 출생 계급과 가문에 하자가 없으면 신부를 데려갈 영광이 주어진다고 선포한다. 이것이 개회사가 되어 결혼 시합이 시작된다. | 쓰와양바라는 신부의 가문이 경제적으로 넉넉해야 함은 물론이고 온 집안이 단합하지 않으면 열 수 없다. 일가친척이 모여 날짜를 결정하고 각자의 몫을 분담하고 신랑 후보의 초청과 접대에도 소홀함이 없어야 한다. 날짜가 정해지면 유력한 끄샤뜨리야 왕가나 장자 가문마다 시합 내용과 날짜를 적어 보낸다. 좋은 집안의 젊은 청년들이 더 많이 오게끔 해야 하니 준비 과정부터 요란할 수밖에 없다. 도착한 후보들, 함께 따라온 시종들까지 환대하고 계급에 적절하게 숙소와 음식을 배분하고 타고 온 말이나 코끼리를 관리하는 것까지 무수한 일손이 필요하다. | 이러하니 신부 집안에 아무리 재력이 많아도 덕망이 없으면 선수들이 모이지 않고 덕망이 높아도 재력이 뒷받침되지 못하면 시합을 열 수가 없는 것이다. 말타기, 활쏘기 등을 치르려면 상당한 크기의 시합장이 필요하다. 많은 사람을 수용할 저택이며 커다란 식당, 이것을 꾸려나갈 일손까지, 쓰와양바라를 한다는 것 자체가 가문의 융성함을 널리 알리는 계기가 된다. 게다가 결혼 시합에 이겨 우월한 가문과 결혼을 하게 되면 조건 없는 동맹을 맺을 수 있기에 유력한 가문들은 결혼 시합에 적극적으로 임했다.

|

〔07.04〕-100 **시합 종목** | 결혼 시합의 종목이 일정하지는 않지만 대개는 무술, 체력, 학문 등을 겨루었다. 궁술이 가장 주된 과목이었는데 무겁고 시위를 당기기 어려울 정도로 센 강궁(强弓)을 사용했다고 한다. 싯다르타 왕자가 다른 사람은 구부려 당기기도

힘든 억센 활시위를 당겨 쏜 화살이 과녁을 꿰뚫은 다음 계속 날아가 땅에 꽂혀 물이 나왔다는 경전 속 '화살 샘 일화(箭泉說話전천설화)'를 떠올리자. 이 일화로 당시 전쟁 방식도 짐작해 볼 수 있다. 활은 칼이나 창처럼 서로 피해를 입히는 근접 타격 무기가 아니라 원거리에서 아군의 피해를 줄이고 적에게 타격을 주는 무기다. 그러니 끄샤뜨리야 계급에게 활쏘기가 중요했던 것이다. | 『마하바라타』와 『라마야나』의 쓰와양바라〔결혼 시합〕는 간단하게 활쏘기 한 가지만 나온다. 그러나 신부 집안 사람들의 성향이 어떤가에 따라, 또는 후보들이 많아 활쏘기 하나만 가지고 우열을 가리기 힘든 경우 다른 과목을 선정하여 계속 경쟁하고 최종 승리자에게 꽃목걸이를 걸어 주었다. 경전에서 싯다르타 왕자의 결혼 시합에서는 활쏘기뿐 아니라 그동안 배운 모든 학문을 겨루었다고 한다. 칼 쓰기, 창 던지기, 전차 경주, 무거운 물건 들기·던지기에다가 수사학(修辭學), 셈법, 쓰기까지 했다고 하니 결혼 시합이 아니라 무슨 대학 시험 보듯 하는 정도였다. | 문과, 이과에 예체능까지 많은 종목이 이어지는 동안 각 시합마다 왕자가 항상 1등을 했다. 경전에서 주인공은 붓다이니, 청춘 시절 역시 그 주인공은 왕자이어야만 하는 것이다. 시합에서 승리를 하는 왕자의 이야기를 자세히 보다 보면 그것이 단순한 미화가 아니라 붓다의 신체 특성과 성장 배경을 드러내려는 목적임을 알게 된다. 왕자 시절부터 월등한 체격을 갖추었으며 당대 최고의 선생들로부터 최상의 교육을 받았다는 것이다. | 북전에서는 또 다른 이야기를 전한다. 왕자와 가장 유력한 상대자는 바로 야쇼다라 공주의 오빠인 데바(와)닷따였다. 그는 시합에서 번번이 왕자에게 지자 화가 나서 성문 앞에서 왕자를 기다리고 있던 왕자의 코끼리를 단 한 주먹에 때려 죽였다. 거대한 코끼리 사체(死體)가 산처럼 성문

을 막아 사람이 드나들지 못할 형편이었다. 다들 모여 웅성거릴 때 마침 왕자가 나와 이것을 보고 한 손으로 죽은 코끼리를 들어 성 밖으로 던졌다는 것이다. 이 설화는 데바닷따가 먼 훗날 붓다를 배신한 것이 한 번의 사건이 아니라 패배한 경쟁자의 분이 예전부터 쌓였던 것이라고 그럴 듯하게 설정해 준다. 데바닷따는 동조하는 무리를 모아 붓다를 배반했고, 붓다는 뛰어난 힘으로 모두를 위한 깨달음을 성취했다는 것을 은근히 암시하는 듯도 하다. ⓑⓓⓢ

→ **성도 후에 아내와 아들을 만난 붓다** (1~3세기경, **파키스탄 간다라** 출토, 샌프란시스코 아시아미술관 소장.) 인도의 불상은 파키스탄 간다라 지역을 거치면서 헬레니즘 미술의 영향을 받아 콧대가 오뚝하고 눈이 깊은 서구식 얼굴, 부드러운 곱슬머리로 바뀌고 복식도 옷주름이 풍성해진다. 탑이나 건물을 세울 때 일부에 띠처럼 둘러서 붓다 일생의 주요 장면을 장식하는 부조도 발전했다. 출가하여 깨달음을 이룬 후 훗날 고향으로 돌아와 대좌에 앉은 붓다 옆에 야쇼다라가 어린 아들 라훌라를 안고 와서 보여 주는 장면을 조각했다.

〔08〕 성 밖을 나가다

〔08.01〕 첫 외출

〔08.01〕-101 열린 세상을 향하여

〔08.01〕-102 동문, 늙음은 서글퍼라

〔08.01〕-103 남문, 아픈 사람은 누구인가

〔08.01〕-104 서문, 삶의 끝 죽음

〔08.01〕-105 북문, 희망을 보다

〔08.02〕 사문유관의 재해석

〔08.02〕-106 모범 답안

〔08.02〕-107 젊음의 시간, 방황

〔08.02〕-108 바보 왕자님?

〔08.02〕-109 살아 있는 목소리

〔08.02〕-110 비참한 현실

〔08.02〕-111 사문유관의 현대식 재해석

〔08.02〕-112 출가를 원하지만

80

성 밖을 나가다

〔08.01〕 첫 외출

〔08.01〕-101 **열린 세상을 향하여** | 싯다르타 왕자는 주변의 바람에 따라 결혼을 했다. 현실이 애욕과 쾌락에 안주하라고 요구했다. 하지만 정작 왕자는 시들할 뿐이다. 호사스런 물건이 들어와도 써 보기는커녕 쌓아만 두니 야쇼다라 공주 혼자 즐거운 척 애를 태웠다. 까삘라〔가유(迦維) : 까삘라-와스뚜(Kapila-vastu)를 가비라(迦毘羅)바소도(婆蘇覩), 가유라위(迦惟羅衛) 등으로 음역하는데, 이를 줄인 말.〕 궁전 사람들이 비위를 맞추려고 노력했건만 왕자의 얼굴에서는 웃음이 사라져 갔다. 불편해 하는 이들의 심정을 모르지 않지만 거짓 웃음을 짓지 못했다. 숫도다나왕〔정반왕〕에게는 견딜 수 없는 시간이고, 왕비 마하 쁘라자빠띠〔대애도〕 역시 음식을 먹어도 맛을 모를 지경이었다. | 다정하던 외사촌 오빠 싯다르타 왕자를 남편으로 맞이하고서 야쇼다라 공주는 부러움을 샀다. 온화한 마음씨와 넓은 지식, 남성다운 기백, 부족함이 없는 남자였다. 하지만 이 남편은 말수가 줄어들고 함께 사랑을 속삭이기보다는 홀로 방에 있거나 나무 아래에서 사색에 잠기는 날이 점점 많아지는 것이다. 그 웃음기 잃은 얼굴을 마주하며 야쇼다라 공주는 비단옷과 보석으로 치장하기 힘들었을 것이다. | 더욱이 그렇게 결혼을 한 지 10년이나 지나도록 자식을 보지 못하니 야쇼다라 공주는 점차 시부모는 물론이거니와 부족의 원로·대신들을 마주치기가 불안했다. 임신이라는 것이 어디 여자 혼자의 힘으로 되는 것인가? 왕자의 일상이 마치 마른 나무 막대기를 씹는 것 같을진대 야쇼다라 공주에게는 속으로 눈물짓는 나날의 연속이었으리라. 왕자가 출가의 뜻을 비칠 때마다 오히려 감시는 강화되고 주위 사람들이 괴로움을 받았다. 그런 형편을 알고부터 왕자의 입은 점

점 무거워져 침묵만 맴돌았다. | 어느 날 왕자는 부왕에게 오랜만에 바람을 쐬러 나가겠다고 청을 한다. 왕은 이제 나이도 먹었으니 헛된 출가의 꿈은 접었으려니 싶었다. 그래도 시종과 무사들에게 감시를 소홀히 말라는 당부를 덧붙여 왕자의 외출을 허락한다. 왕자가 드디어 성 밖으로 발걸음〔원족(遠足)〔소풍〕〕을 나서니, 왕은 성문까지 꽃과 향으로 장식을 하고 왕자의 외출에 방해되는 것이 없도록 준비를 시켰다. 결혼 후 첫 나들이였다. 익숙한 까삘라성에서 벗어나 하늘을 나는 앵무새처럼, 꼬리를 활짝 편 숲속의 공작처럼, 이 나무 저 나무를 옮겨 다니는 원숭이처럼 자유로운 걸음을 내딛게 된 것이다. 성 밖에서 기다리고 있는 것은 무엇일까? 왕자는 호기심 머금은 눈으로 걸음을 옮겼다.

|

〔08.01〕-102 **동문, 늙음은 서글퍼라** | 왕자는 마부 찬다까(Chandaka, 車匿차익)를 시켜 애마(愛馬) 깐타까(Kaṇṭhaka, 健陟건척)를 끌고 나오게 했다. 큼직하고 잘 달리는 멋진 백마였다. 왕자의 신분에 걸맞게 여러 보배로 꾸민 깐타까를 당당하게 타고 까삘라성의 귀족 자제, 호위 무사·시종들을 거느렸다. 왕자는 처음 가는 곳을 해가 떠오르는 동쪽 방향으로 정했다. 찬다까가 말고삐를 잡고 동문을 향하여 출발한다. | 성안 사람들은 왕자를 보겠다고 일찍부터 집 앞에 나와 길에 물을 뿌리고 꽃과 향을 던지며 축하했다. 왕과 왕비는 왕자가 백성들을 살피고 전륜성왕의 위업을 이루려는 큰마음을 내길 바랐으며 공주는 지아비가 홀가분한 기분으로 돌아오길 기대하며 왕자의 첫 외출을 축하했다. | 성안에는 활기가 흘렀다. 사람들은 말쑥하게 차려입고 갖가지 장신구로 치장했으며, 그 몸에는 향기가 은은했다. 더구나 왕자의 행차를 맞으려 저마다 집 앞을 단장하니, 왕자가 어렸을 때에 본, 농

경제〔農耕祭, vappamangala 왑빠망갈라〕 가던 길목의 농촌 마을과는 사뭇 다르게 여유가 흥건했다. 왕자 일행은 까삘라성 동문을 벗어나 곡식이 심긴 들판과 작은 마을을 지났다. 점차 나무가 무성해지는 숲으로 들어가는 길가에서 한 노인을 보게 되었다. 머리와 귀밑과 수염이 서리같이 센 노인이었다. 얼굴은 주름살로 구겨졌고 눈에는 눈물이 진득했다. 코에서 흐르는 콧물을 주체 못해 훌쩍거리며 이빨은 몽땅 빠져 있었다. | 늙음은 고달픈 것이다. 요즘이야 인생은 60부터라는 말도 하지만 그것도 노후(老後)가 준비된 사람들 이야기지, 연고 없는 이에게 늙음은 더 고단한 삶의 연속이다. 이제 노동은 감당하기 어렵고, 눈과 귀도 어둡다. 옷은 다 떨어져 몸조차 제대로 가리지 못하는데 몸은 햇볕에 타서 쪼글쪼글 주름지고 살가죽은 검버섯으로 얼룩졌으며, 근육과 살집은 세월이 가져가 뼈와 가죽만 남았다. 목덜미는 늙은 소의 늘어진 턱과 같고, 가래는 끓고 숨이 차 헐떡거린다. 부들부들 떨고, 허리는 굽어 빼딱하고, 다리는 풀려 지팡이에 의지하여 어린 아기처럼 뒤뚱거리며 겨우겨우 걸음을 옮기다가 제풀에 넘어지는데도 억지로 일어나 길을 걷는 노인을 왕자는 본 것이다. | 왕자는 그 모습을 물끄러미 보다가 길을 멈추어 다시 성으로 돌아가자고 한다. 왕자가 기분을 전환하여 돌아오리라 기대하던 왕궁에서는 어쩐지 더 침울한 얼굴을 마주했다. 안 그래도 말수가 적은 왕자가 말없이 자신의 궁으로 들어가 버리자 왕과 왕비는 함께 간 일행에게 자초지종을 물었다. 야쇼다라 공주는 남편을 기다리며 모처럼 꽃과 향으로 치장했건만 남편은 돌아오기가 무섭게 자신의 방에 처박혀서는 침묵에 잠긴 것이다. 자존심 센 야쇼다라는 차마 입을 떼지 못하고 눈물을 떨굴 뿐이다. '왕자님, 제발 저 좀 바라보세요. 저를 사랑해 주면 안 되나요. 그렇게 말씀조차 않

으면 저는 너무나 힘이 든답니다.' '그대는 나의 신이 아닌가요. 제발 내 눈에 흐르는 눈물을 닦아 주고 내 얼굴에 웃음이 피도록 해 주세요.' '저는 왕자님과 함께 세상 살아가는 행복을 느끼고 싶을 뿐.' 속으로 왕자를 향하여 이런 말을 수도 없이 되풀이한들 왕자는 알기나 할까? 하지만 다정다감한 왕자 또한 야쇼다라에게 속으로 말하고 있었을지 모른다. '공주, 나도 답답할 뿐이오. 아버지와 원로 · 대신들은 내게 너무 큰 희망을 걸고 있지만, 이 나라는 너무나 작아요. 당신도 알고 있잖소. 현실은 막막하고 아무리 보아도 신통한 해결책이 없는데 다들 나에게 전륜성왕만 기대하니 어찌한다오.' '왕자인데도 정작 백성들에게 해 줄 수 있는 것은 아무것도 없어요. 무슨 말을 할 수 있겠소.' | 두 사람의 생각은 그 방향이 완연히 다른 것이었다. 야쇼다라는 지아비의 사랑이 없음에, 왕자는 자신의 현실에 절망하고 있음을….

|

〔08.01〕-103 **남문, 아픈 사람〔병자(病者)〕은 누구인가** | 왕자가 말문을 닫으니 궁중 사람들은 그 눈치를 보느라 마치 살얼음판 걷듯 했다. 그러던 어느 날, 왕자가 다시 옷을 갖추어 입고 아버지 숫도다나왕에게 외출을 청했다. 왕은 승낙을 하지 않을 수 없었다. 어디로 가고 싶으냐고 묻자 왕자는 남문으로 나가겠노라 했다. | 지난 동문 행차 때를 기억하던 왕은 남문 일대를 꼼꼼하게 정비하게 했다. 길거리를 청소하고 잡상인이며 거지 등, 왕자가 보아선 안 되겠다 싶은 것들은 모조리 감추었다. 휘장을 둘러치고 꽃과 향으로 장식해 오직 지나는 이들이 상쾌할 수 있도록 했다. 때가 되자 왕자는 마부 찬다까에게 애마 깐타까를 준비하라고 일렀다. 찬다까는 모처럼 왕자님을 모신다는 말에 절로 신바람이 났고 깐타까도 갈기털을 세우며 들썩거렸다. | 왕자를 모

실 시종과 사꺄 귀족 자제들은 왕에게 갖가지 주의 사항을 들어야 했다. 왕이 엄한 분부를 내린지라 왕자의 궁전에서 남문까지 추하거나 불쾌한 것이라고는 보이지 않았다. 일행은 발걸음도 가볍게 성의 남문을 나가더니 들판을 지나 숲으로 접어들었다. 사슴 떼가 뛰어가고 공작이 노닐며 앵무새가 나뭇가지에서 한가롭게 쉬는 정경은 동문 밖의 숲과 별반 다르지 않았다. 일행이 조금 더 깊이 숲길을 따라 들어갔을 때 길가에서 신음하는 이를 보게 된다. | 길가의 병자(病者)들은 처참한 모습이었다. 몸은 야위어 뼈만 앙상하게 남았는데 유독 배만 불러 둥그렇게 나왔으며 기침은 끊어질 듯하면서 계속 이어졌으며 얼굴은 누렇다 못해 시퍼랬다. 귀는 불러도 소리를 알아듣지 못하며 온몸에서 열이 끓었다. 또는 손으로 허공을 더듬고 신음하며 "아버지, 어머니"를 애타게 찾거나 "내 아들, 내 아들" 하면서 있지도 않은 가족을 부르는 것이었다. | 왕자는 마부에게 물었다. "저이는 누구인가? 왜 저러고 있는가?" "왕자님, 저들은 세월의 흐름으로 몸뚱이가 늙고 병든 것입니다." 그렇게 참혹한 병자를 본 적이 없었던 왕자에게 가엾은 마음이 일었다. "저이만 아픈 것인가? 다른 사람은 또 없는가?" 찬다까는 태연히 답했다. "왕자님, 온 세상 사람들이 몸이 있으면 당연히 병이 들지요. 저들은 머물 곳이 없습니다." 왕자는 길을 멈추고 가만 돌아보다가 말을 돌리게 했다. "찬다까야, 더 이상 가고 싶지 않구나. 이 처참한 것을 보고 어찌 원족을 즐길 수 있겠느냐. 성으로 돌아가자." | 떠나기 전에 명을 받았던 일행과 마부 찬다까는 망연자실했다. 지난번에도 왕에게 얼마나 꾸중을 들었는가? 이번에는 왕자의 심기가 불편하지 않도록 각별히 조심하라고 당부하던 목소리를 떠올리니 차마 발걸음이 떨어지지 않았다. | 궁의 사람들 또한 예정보다 이른 귀환 전갈을 듣

자 불안해졌다. 돌아온 왕자 일행의 얼굴은 성을 나갈 때와 달리 침통했다. 왕은 무슨 일이 생긴 것을 알아챘다. "여봐라, 무엇 때문에 왕자의 안색이 저리 어두우냐?" "왕이시여, 왕자님에게 특별한 일은 없었습니다. 다만 숲속에서 늙어 신음하는 병든 사람을 보았습니다. 그것을 보더니 다시 성으로 돌아가자고 하셨습니다." | 왕이 그리 단속을 했건만 왕자는 늙음에 이어 다시 병듦이라는 큰 근심거리를 보고 온 것이다. 늙음과 병듦은 생명을 가진 한 누구나 겪는 것이건만 오랜 시간 사색을 해 온 왕자에게는 마냥 당연한 것이 아니었다. 어째서 인간에게서는 각자의 신분에 따라 자연적 생명 과정마저 차별되게 일어난단 말인가, 모든 사람이 신이 만든 존재라면, 어째서 그 삶의 모습이 이렇게 다르단 말인가, 왕자에게 오랫동안 축적되어 있던 질문이 현실에 모습을 드러낸 것이다. | 다시 까삘라성은 어색해졌다. 보이지 않는 긴장감이 팽팽한 시간으로 돌아가고 만 것이다. 또다시 야쇼다라 공주는 한숨과 눈물로 옷깃을 적셨다. 왕과 왕비는 하루라도 빨리 임신을 하여 왕자를 아버지로 만들면 나아지지 않겠느냐 재촉을 하지만 공주에게는 버거운 말이다. 말만 좋아 부부이지 왕자와 공주의 사랑은 얼마나 될까? 사랑 없는 결혼은 얼마나 계속 갈 수 있을까? 공주는 애타게 남편인 왕자를 찾지만 왕자의 마음속은 어린 시절 농경제 축제 날 들어온 그 코끼리가 온통 차지하고 있다는 것을 모른다. 사랑이 들어갈 틈이 없다는 것을.

|

〔08.01〕-104 **서문, 삶의 끝 죽음** | 시간은 흘렀다. 하지만 손님처럼 왔다가 바람처럼 가는 시간은 왕자의 가슴을 시원하게 쓸어주지 못했다. 숲에서 본 버림받은 늙은이와 병자가 줄곧 어른거렸다. 그들이 누려야 할 것을 자신이 가져온 것 같아 마음이 편

치 못했고, 세상살이에 흥미가 사라져 갔다. 그러던 어느 날 왕자는 마음을 다잡고 무기력에서 벗어나려고 다시 외출을 하기로 했다. 왕자가 아직 나간 적 없던 서문 주변을 왕은 열심히 정리하게 한 다음 이번에도 시종들에게 당부를 했다. | 시간이 되자 왕자는 마부 찬다까에게 애마 깐타까를 준비하라고 일렀다. 찬다까는 왕자가 산뜻한 마음으로 외출을 할 수 있도록 말을 손질하여 왕자 앞으로 끌고 갔다. 말을 타고 외출을 나서는 지아비를 배웅하는 야쇼다라 공주는 기대 반, 걱정 반으로 뒷모습만 바라볼 뿐이다. 왕자 일행은 성의 서쪽을 향하여 떠났다. | 성안은 산뜻하고 정갈했다. 행복을 즐기려는 일상은 늘 보던 그대로였다. 까삘라성 서문을 벗어나자 또한 한결같은 농촌의 평화로운 정경이 펼쳐졌다. 농부들이 행차를 보고 달려와 공손히 두 손을 모아 예를 올리면 왕자 역시 자신의 백성들에게 온화한 미소로 답례를 했다. 어느덧 왕자의 일행은 농경지를 벗어나 숲으로 접어들게 되었다. | 숲길에 들어서 얼마 되지 아니하여 왕자는 버려진 시체들을 보게 되었다. 죽은 지 10여 일도 지나지 않았음에도 불구하고 눈, 귀, 코 등 구멍에서마다 체액이 흘러나오고 사지는 팅팅 부풀고 문드러져 있었다. 몸 안에는 벌레가 생겨나고 뼈마디는 어긋나고 해골, 등뼈, 갈비뼈, 팔, 다리, 손가락이 각각 제자리에서 떨어져 나왔으며 새와 짐승들이 다투어 시체를 뜯는 사이 살은 썩어 악취를 풍기고 형체는 잃어 본모습은 찾을 수 없었다. 사람이 죽으면 정신은 떠나가고 지수화풍(地水火風)으로 구성된 사대(四大)는 흩어진다. 바람 기운을 따라 숨이 끊어지고, 불기운을 따라 몸이 차갑게 식어 뻣뻣하게 굳어지며, 다시는 아는 것이 없어지며, 흙 위에 던져진다. 더는 사람이라고 하지 않고 단지 치워야 할 시체라고 부르는 것이다. | "찬다까야, 죽음이라는 것이 무엇이냐?"

사대(四大, mahā-bhūta마하-부따) 불교에서 보는, 물질를 구성하는 네 가지 근본 성질로, 각각 지대(地大, paṭhavi-dhātu), 수대(水大, āpo-dhātu), 화대(火大, tejo-dhātu), 풍대(風大, vāyo-dhātu)이다. 사대종(四大種) 또는 사대에 대한 해석은 다양하나, 각각 강도, 수분과 체액, 열, 운동성을 상징한다. 사람이 죽는 것은 지대가 무너져 몸이 단단해지는 등 사대의 균형이 깨지기 시작해 마지막 풍대 즉 호흡과 의식이 일어나지 않는 것이다.

"왕자님, 사람이 죽으면 그 시체는 어두운 숲에 버려집니다. 죽음은 세상의 누구나 겪지요." | 숨이 끊어질 듯 턱 막히듯 슬펐다. 왕자에게 죽음은 다른 사람에게보다 더 큰 충격이었다. 자신을 낳은 어머니를 죽음이라는 단어로써 알고 있었기 때문이다. '어머니처럼 일찍 가거나 아니면 조금 늦게 가는 것뿐인데 어찌 다들 이렇게 나들이에 여유로울까?' 왕자는 더 이상 숲으로 들어가지 못했다. 죽음의 현장에서 몸을 가누지 못해 머물다가 성으로 돌아가자고 했다.

성문을 나설 때 바람과 들판의 향기는 상쾌했지만 숲속에서 시체가 풍기는 냄새는 일행을 등골이 오싹할 정도로 침울하게 만들었다. 마부 찬다까는 힘이 쏘옥 빠졌다. 말고삐를 잡고 온 길을 무겁게 되짚으며 이번에는 왕에게 또 무어라고 변명을 해야 할지 생각하니 가슴이 터질 것만 같았다. 영특한 애마 깐타까도 뚜걱뚜걱 무거운 걸음을 이었다. | 왕자의 기분이 더 언짢아질까 걱정하는 일행들은 입을 닫았다. 동상이몽이었다. 왕자는 '삶과 죽음의 순환 고리가 너무나 버겁구나.' 하는 고민에 빠져 있었지만, 일행들이 보기에는 '주어진 계급에 걸맞게 즐기고 잘 살면 그만인데 왕자는 왜 신이 내려 준 쾌락을 마다하고 풀지도 못할 고민을 사서 한담? 늙고, 아프고, 죽는 이는 어디나 있지 특별한 것도 아닌데, 유난스러워….' 싶었을 것이다. 생각의 차이가 크니 왕자로서는 별달리 나눌 말도 없었을 것이다.

|

〔08.01〕-105 **북문, 희망을 보다** | 왕자에게는 미래가 없는 듯 우울한 시간의 연속이었다. 질식할 것만 같은 성에서 벗어나 가슴을 털고 싶은 뜻이 다시 불현듯 일어 부왕에게 청했다. 이번에 또 무슨 일이 일어날지 근심스러웠지만 왕자의 갑갑한 나날을 헤아리는지라 왕도 조심스럽게 승낙을 한다. 왕은 아직 나가보지 못한 북문을 염두에 두었다. 신하들에게 또다시 북문을 잘 단속하라고 지시를 하고 마부와 시종들에게도 험한 것이 보이지 않도록 신신당부했다. | 왕자는 날이 되자 애마 깐타까를 타고 시종들과 북문 쪽으로 걸음을 재촉했다. 북문을 지나 성 밖의 마을을 지나가다가 출가 유행자(遊行者, ⓢprakrānta쁘라끄란따)〔'모험이나 여행을 떠나다' '걸어서 순행(巡行)하다' '용맹한 자' 등을 뜻한다.〕〔=the setting out on a journey, brave〕를 보게 되었다. 누더기는 남루하고 손에는 걸식(乞食, piṇḍapāta삔다빠따〔탁발(托鉢)〕〔piṇḍa = lump of food〕〔pāta = cloth, bowl〕)을 위한 동냥 밥그릇〔발우(鉢盂), ⓟpatta빳따/ⓢpātra빠뜨라〕을 들었지만 편안한 발걸음과 온화한 얼굴이었다. 왕자는 그를 대한 감동을 마부에게 이렇게 말했다고 한다. "마부여, 저 사람은 머리를 깎고 누더기를 입고 걸식하는 밥그릇을 들었지만 위의〔威儀〕〔예법에 맞는 몸가짐.〕가 당당하고 걸음걸이가 정숙하며 눈이 맑고 안정되어 있어 눈길은 좌우로 돌아보지 않고 앞만 보고 걸어가는 모습이 예사롭지 않구나." | 그 무렵은 인도에서 전통적 브라흐만교의 제사 의식에 반기를 드는 사상들이 일어나던 시기였다. 내려오던 관습을 새로이 해석하여 나름대로 교단을 만드는 이들이 있었고 그를 따라 제자들과 신도들이 형성되었다. 그들은 집을 나와 숲이나 빈터에 모여 살면서 근처 마을에서 음식을 구걸했다. 이렇게 유행 걸식(遊行乞食, piṇḍāya삔다야)〔=to collect alms food〕하는 이들을 '싸마나〔사문(沙門), ⓟsamaṇa/ⓢśramaṇa〕'라고 불

싸마나〔samaṇa, 사문(沙門)〕
〔ⓟsamaṇa / ⓢśramaṇa
슈라마나〕 쌍쓰끄리뜨 동사 슈람(śram)〔일상 노동에서 벗어나다〕에서 파생되었다는 설, 빨리어 싸미따(samita)〔명상, 선정, 고요〕에서 파생되었다는 설 등이 있다. 유랑자, 은둔자, 〈베다〉를 따르지 않고 사회의 책무와 노동로부터 스스로 벗어난 사람을 뜻하며, 브라흐마와 반대되는 말로 쓰인다. 중앙아시아와 시베리아의 샤만(samān → šamān → shaman)과 빨리어 싸마나(samaṇa)의 어원이 같다는 견해도 강하다.

렸다. 왕자는 길가의 유행자에게 다가가서 자신은 사꺄족의 왕, 까삘라성의 주인, 숫도다나의 아들 싯다르타라고 밝힌 다음 유행 걸식을 하는 싸마나로서 어떠한 이익과 행복이 있냐고 물었다. 경전에 따르면 유행자는 이렇게 대답했다. "출가 사문은 악한 법을 떠나 선한 법을 행하고, 욕망으로부터 모든 집착을 잘 조복(調伏)〔몸과 마음을 고르게 하여 악행을 굴복시킴〕하여 모든 두려움을 없애고 중생들에게 자비를 내려 공포로부터 건져 줍니다. 모든 중생을 죽이지 않으며 잘 보호하려는 사람을 출가 사문이라고 합니다." | 왕자는 성으로 돌아왔다. 노심초사하며 기다리던 왕과 왕비, 야쇼다라 공주는 왕자의 밝은 표정을 보자 우선 안심이 되었다. 또한 무엇 때문에 그랬는지 궁금도 했다. 왕은 왕자를 불렀다. "오늘은 무척이나 기분이 좋아 보이는구나. 그래, 무엇을 보았기에 그러한가?" "아버지 왕이시여, 성 밖에서 누더기를 입고 걸식을 하지만 위의와 표정이 단정하고 엄숙한 싸마나를 보았습니다. 아버지, 왕이시여, 저도 싸마나가 되고 싶습니다." 숫도다나왕은 기가 막혔다. 전륜성왕이 되기만을 기다리는 왕자가 마른하늘에 날벼락 치듯 궁을 버리고 출가하겠다는 것이다. | 왕자는 왕을 설득하려 했다. 경전에는 이렇게 나온다. "제가 보니 일체 세간의 모든 것은 고통입니다. 이렇게 세상의 모든 영화(榮華)와 안락에 집착하지 아니하고 어떤 방편을 행하여 모든 고통받는 사람들을 살릴 것인가를 생각하고자 합니다. 모든 일에 만족함을 알고 맑은 행을 굳게 닦아 감

관(感官)〔감각 기관과 그 지각 작용〕과 의식을 조복받아 망령된 생각을 내지 않고 진실한 수행을 하며 모든 생명들을 고통에서 구하고자 함입니다." | 왕은 한숨을 내쉬면서 허락할 수 없다고 답한다. 왕자가 해야 할 일은 왕국을 물려받아 나라를 잘 다스리고 자식을 낳아 후사를 든든하게 하고 제사를 지내는 거라고 타일렀다. 왕은 왕자가 영토의 여러 모습을 둘러보고 왕국을 흥성시키길 바랐는데 오히려 오래전 농경제에서 꺼냈던 출가를 다시 입에 올리는 것이었다. 까삘라 궁전에서 출가란 금기어가 아닌가? 왕은 불현듯 왕자에게 늙음, 병듦, 죽음, 싸마나〔사문(沙門)〕의 네 가지 조짐만 보여 주지 않으면 출가를 하지 않을 것이라는 아시따의 예언을 떠올리고 후회를 하지만 이미 늦은 것이었다. 신하들을 붙여 더욱 엄격하게 감시하는 것밖에 할 수 있는 것이 없었다.

|

〔08.02〕 사문유관(四門遊觀)의 재해석

|

〔08.02〕-106 **모범 답안** | 왕자가 순차적으로 동문—남문—서문—북문의 네 성문 밖을 나간 것을 '사문유관(四門遊觀, catur-dvāra-kriḍana 짜투르-드와라-끄리다나)'〔catur = four〕〔dvāra = gate〕〔kriḍana = playing (with horses and elephants)〕이라고 한다. 흔히 말하는 '동서남북'이 아니라 시계 방향으로 도는 인도식 오른돌이를 따라 '동남서북'의 순이다. 왕자가 출가를 결심하는 데 사문유관이 하나의 동기가 된 것은 기록된 사실이다. 앞에서 밝힌 왕자와 아버지의 대화 속에 정형화되어 나타나는 붓다의 출가 동기에 대해 대승 경전은 다음과 같은 모범 답안을 제시한다. "생(生), 노(老), 병(病), 사(死)라는 네 가지 명제에 따라 각각의 과정에서 고통을 보게 되었고 윤회의 고통에서 벗어나고자 하며 내지는 중생들을 제

도하고자 하는 원력을 세우고 출가를 했다." | 그렇다. 왕자는 사문유관에서 생로병사라는 현실을 보았다. 그런데 왕자가 그렇게 단순한 사람일까? 단지 숲속에서 노인이나 병자, 시체를 한두 번 보았다고 그것에 충격을 받아 무모하게 출가를 했겠는가. | 어떻든 사문유관이라는, 기록에 남은 과정에서 왕자는 보편적인 인간 삶의 여정을 보았다. 늙음과 병듦의 지독하게 거친 민낯을 마주했다. 서문에서 본 죽음이 그 여정의 마지막 관문이었다. 왕자는 가을밤 끝없이 이어지는 낙엽 떨어지는 소리처럼 되풀이되는 삶의 과정에 몸서리쳤다. '누구도 피하지 못하는 늙음, 병듦, 죽음인데 나는 여기서 벗어날 수 있을까?' '신에게 찬가(讚歌)를 올린들 제사를 지낸들 소용이 없지 않는가? 넘치는 사랑을 받아도 결국은 이것을 피하지 못하지 않는가? 아무리 용맹한 사람이어도 죽음 앞에서는 스러질 뿐….' 출가의 동기를 이야기할 때면 누구나 왕자가 성 밖을 나가 본 삶의 현장을 거론한다. 있었던 사건만으로 보면 왕자는 '중생 구원'이라는 거창한 명제를 내건 것이 아니다. 단지 개인적 신념에 따라 결정한 것이 된다. 그 왕자의 내면을 알자면 사문유관의 구절과 그 배경을 더 살펴보아야 한다.

|

〔08.02〕-107 **젊음의 시간, 방황** | 넘쳐나는 재물과 권력을 쥔 사람에게는 살면서 안 되는 일이 없을지 모르지만, 어떤 사람은 살아 있다는 것 자체가 힘겨워 '죽으면 그만'이라는 마음으로 하루를 버티기도 한다. 우리 대부분은 기쁨과 괴로움 사이에서 줄타기를 한다. 재밌을 때는 세상 모든 것이 자기를 위하는 듯 기고만장하다가 괴로울 때는 저만 고통을 겪는다고 신세 한탄을 하며 원망으로 밤새 눈물을 쏟는다. 왕자가 삶의 고통이나 죽음의 공포에서 벗어나려 했다면 출가라는 행위의 의미가 허무주의나 현

실 도피에 빠질 수 있다. 그러나 왕자가 출가에까지 이를 때는 여러 가지 요인이 있지 않았겠는가. | 먼저 그 무렵 인도의 정치 상황을 보자. 인도는 지금 같은 단일 국가가 아니라 크고 작은 많은 나라로 나뉘어 있었다. 국가 간에 약육강식이 판치던 시대였다. 왕자는 자라면서 사꺄족보다 넉넉한 나라마저 마가다국이나 꼬쌀라국 등의 강대국에게 처참하게 패하고 병합되는 것을 보았다. 부족의 역량과, 왕이나 원로들의 철없다고 할 만한 기대를 견주어 보면 답답하기만 했다. | 왕자는 쾌락 일변도의 나날 속에서 자포자기(自暴自棄)하는 심정으로 방황한 것일까. 대개 방황을 하면 바깥 환경의 변화에 따라 마음이 정처 없이 쏘다니기 마련이다. 하지만 왕자는 마음 속에서 끊임없이 자신을 부르는 코끼리의 소리를 들었다. 현실이라는 것이, 그 동안 배워 온 〈베다(Veda)〉 경전과는 사뭇 다름을 알게 된 것이다. 그 학문을 가지고서는 설사 자신이 왕이 될지라도 인간의 존엄성을 지키는 평등한 삶, 함께 행복하게 살자는 전륜(轉輪)〔세상을 잘 돌아가게 하는〕의 이상을 실현할 수 없었다. 아니, 〈베다〉는 그렇게 현실 체제를 바꿀 수 없는 학문이었다. | 〈베다〉에 따르면 계급에 따른 권리보다 의무가 앞서, 하층 계급은 같은 인간이라고 하기 어려운 취급을 받는다. 왕자는 어린 시절 아버지 왕을 따라간 농경제에서 낡은 옷을 입고 힘들게 일하는 농부들을 보았다. 존재의 굴욕감은 아랑곳없이 의무의 완수를 목표로 유지하는 것, 현생에서 자신의 노력으로는 주어진 삶에 어떠한 변화도 일으킬 수 없는 것이 〈베다〉의 삶이었다. 하층 계급이라면 뛰어난 능력이나 바른 마음을 지녔더라도, 상층 계급에게 노동력을 착취당하고 복종하는 것 외에 어떠한 선행도 무의미했다. 평생 그 고통스러운 의무를 완수하고 나면 다음 생에나 조금 나아진 삶을 받을 것이라는 가르침이 왕

자에게는 풀 수 없는 의문이었다. 스승들이 그토록 소중하게 여기는 〈베다〉에서 인간 존엄성은 허구였다. 이를 실감하고 나자 자신의 힘으로 무엇을 할 수 있을지 막막했고, 그에 좌절했다. 그 좌절을 왕이나 대신들은 방황으로 간주한 것이다. | 사문유관을 이해하는 것은 왕자의 출가 동기를 푸는 열쇠가 된다. 사문유관은 상층 계급에 속한 왕자가 하층민 삶의 현실을 적나라하게 본 과정을 축약하는 상징이다. 그 전까지 〈베다〉나 어떤 문헌에서도 주목하지 않았던, 버림받은 하층민들과 아예 계급에 들어가지도 못하던 동시대 사람들의 비참한 삶의 장면이 붓다로 인해 비로소 경전에 기록된 것이다. 이러한 사실에 경전 기록자는 '천신'이라는 극적 요소를 가미했다.

|

〔08.02〕-108 **바보 왕자님**? | 붓다를 신격화시킨 대승 경전〔『불소행찬(佛所行讚)』 등〕에서 왕자의 출가는 어차피 예정된 것이었다. 왕자가 보살 때 원력(願力)〔원하는 바를 이루려는 마음의 큰 힘〕으로 품었던 출가를 잊지 않게 하고 분발심을 내게 하려고 정거천신(淨居天神)〔śuddhāvāsa-kāyikā devā 슛다와싸-까이까 데바(와)〕이 화현하여 늙음, 병듦, 죽음, 출가 유행자의 네 가지 모습을 나타낸 것이 사문유관이라는 것이다. 천신이 연출하고 마부가 조연을 맡아 삶의 괴로움을 보여 준 다음 자연스럽게 출가를 유도했다는 것이다. 이러한 해석은 중생 제도(濟度)〔미혹한 세계에서 열반의 언덕에 이르게 함〕라는 거창한 명분으로 출가의 실체를 가린다. | 인도 고전 문학에서는 신과 악마라는 이분법(二分法)으로 마음의 변화를 나타낸다. 좋은 일을 예고하는 것은 신들의 몫이며, 나쁜 일의 예고에는 악마들이 나타난다. 정거천신도 그런 상징이다. 늙음이나 병듦을 모르는 왕자가 마부 찬다까의 답변을 듣고서 그제야 늙음 등이

정거천신(淨居天神)
śuddhāvāsa-kāyikā devā
숫다와싸-까이까 데바 : 불교에서 색계(色界)의 4선천(四禪天) 가운데 하나인 정거천(淨居天, śuddhāvāsa숫다와싸)에 거주하는 신들을 말한다. 정거천 또는 5정거천(五淨居天)은 욕계(欲界)를 벗어난 청정한 세계로, 불환과(不還果)를 얻은, 즉 아나함(阿那含) 이상의 수행자들이 윤회의 굴레를 벗어나 열반에 들기 전 머무는 처소라고 한다.

존재함을 알았으며 드디어 마음을 내어 출가를 했다는 것이다. | 과연 그랬을까? 아무리 궁궐 안에서만 살았다고 해서 왕자가 인간의 병듦이나 죽음을 접한 적이 한 번도 없었을까? 대신과 브라만 중에는 늙은이가 한 사람도 없었을까? 마부가 이야기해 주기 전까지 그것을 몰랐다면 왕자는 실상은 바보가 아닌가? | 왕자는 영특한 학생이었다. 당시의 학문을 통달했고 준비된 왕으로 자신의 국토뿐만 아니라 이웃 나라의 사정도 알고 있었다. 게다가 아무리 아버지 숫도다나왕이 출가를 두려워하여 감시하고 궁전에서 나오지 못하게 했다고 해도 혈기 넘치는 청년이었다. 결혼 시합에 출전해 겨루었으며 쾌락도 누릴 만큼 누렸다. 그러한 왕자가 온실의 화초처럼 20대가 넘어서 처음 성 밖을 나갔고 하인인 마부의 입을 통하여 겨우 사람이 늙고 죽는다는 사실을 알고 배웠다니 어딘가 자연스럽지 못하다. 여기서 우리는 장소에 주목하려 한다. 왕자가 본 늙음, 죽음 등은 모두 숲속 길거리에서 일어난 것이다. 무언가 비정상적인 곳이지 않은가.

|

〔08.02〕-109 **살아 있는 목소리** | 왕자가 본 노인과 병자, 시체는 자기 집이나 화장터, 병원이 아니라 외진 숲속에 있었다. 지금 죽음이 임박한 환자가 외딴 풀숲에서 신음하거나, 지독한 냄새를 풍기며 문드러져 가는 시체가 길가에 나뒹군다면 우리는 그것을 인간의 당연한 과정이라고 생각을 할까. 그 때나 지금이나, 여기에서나 거기에서나, 그것은 우연한 사고가 아닌 다음에야 사

람 사는 곳에서 정상이 아닌 모습이다. | 그런데 어쩐 일인지 참으로 우연하게도 왕자는 가는 곳마다 그러한 일들을 만났다. 물론 정거천신이 조화를 부려 모습을 드러낸 것이라면 비정상 상황의 난처함은 쉽게 해결된다. 그러나 사문유관은 출가 전 왕자가 알아낸 전체가 아니다. 싯다르타 왕자가 오랜 시간 명상을 통하여 인식한 인간의 고통을 구체적으로 대면하고 확인한 하나의 작은 창구였을 뿐이다. 사문유관은 출가의 의미를 압축한 상징인 것이다. | 일상을 벗어난 으슥한 숲속에서 왕자가 마주친 상황을 제대로 이해하기 위해 시계 바늘을 2,600여 년 전으로 되돌려 보자. 인도는 지금도 계급 제도에 매여 있지만, 그 때는 인간이 인간을 소나 말처럼 노동력으로 부리던 노예 제도가 만연했다. 더욱이 노예 계급에도 들지 못하는 불가촉천민〔짠달라(Caṇḍāla)〕들의 삶은 비참이라는 말조차 사치스러웠다. 부리던 노예들이 늙고 병들면 치료를 해 주기는커녕 숲에 버린 다음 그 치료할 돈으로 젊은 노예를 사는 것이 경제적이라 여기던 시대였다. 하물며 그 노예조차 되지 못하는 계급이라서 집도 없이 떠돌아다니거나 마을 밖 외떨어진 곳에서 구걸로 연명하는 삶은 어떠했겠는가? | 싯다르타 왕자가 본 것은 이들의 현실이었다. 사꺄 부족을 지탱하는 삼각형 계급 구조에서 밑바닥인 최하위 기층민의 체념한 삶을 노예 계급인 마부 찬다까의 말을 통하여 확인한 것이다. 살아 있는 진실을 배운 것이다. 왕자는 높은 계급의 스승들로부터 훌륭한 교육을 받았다. 때가 되어 멋지게 관정(灌頂, ⓟⓢabhiṣecana아비셰짜나, ⓟ

관정(灌頂) ⓟabhiṣecana 아비셰짜나〔abhi(끼얹다)+ṣecana(물)〕ⓟmuddhāvasitta 뭇다와씻따〔muddhā(정수리)+avasitta(물을 붓다)〕관정은 한자 그대로 해석하면 '정수리에 물을 뿌린다는 뜻'이다. 물을 신성하게 취급한 인도에서, 왕이나 태자 책봉 때, 또는 신부의 정수리나 이마에 물, 향수를 뿌리는 의식이다. 불교에서 계를 받거나 일정한 지위에 오를 때도 행한다.

muddhāvasitta 뭇다와씻따) 의식을 치르고 왕좌에 앉으면 자동으로 백성을 다스리게 되는, 준비된 왕이었다. | 왕자의 삶은 너무나 순조로웠다. 사문유관은 자신이 다스릴 백성을 시찰한다는 평범한 교육일 수 있었다. 그러나 그 실상은 그동안 왕자가 교실에서 배운 것과 달랐다. 숨겨진 사회의 그늘을 보고 삶의 또 다른 모습을 배웠다. 자신이 왕이 된다 한들 그 모순의 병폐를 고칠 수 없음을 대면한 것이다.

|

〔08.02〕-110 **비참한 현실** | 까삘라성도 사람이 사는 곳이라 늙음, 병듦, 죽음이라는 삶의 과정이 있었다. 하지만 같은 노인이라도 브라만이나 끄샤뜨리야, 부유한 바이샤 등은 풍족한 삶을 누렸을 것이다. 오히려 늙을수록 권세를 더 행사했을지도 모른다. 이들은 그런 계급을 타고났다는 우월감을 가지고 있었다. 노예 계급〔슈드라〕이나 불가촉천민 계급〔짠달라〕의 노인은 그럴 수가 없었다. 늙고 병든 후 의탁할 곳이 없으면 숲에 버려졌다. 이러한 사실을 우리는 경전과 율장에서도 볼 수 있다. | "나라에서는 남자나 여자들이 혼자서 몸을 움직일 수 없을 만큼 중병이 들어 침상(寢牀)에 누워만 있고 가난하여 치료할 수도 없고 낫기가 어려워서 그 사람의 목숨이 오래지 않아 다하려 하면 미처 숨결이 끊어지지 않은 사람이라도 숲 가운데 내다 버리고 장사를 지낸다." "보살이 고행을 할 때 그 숲 안에는 죽어 가는 한 부인이 있었으니 이름이 라시야였다. 숨결이 남아 아직 다 끊어지지 않았는데 그 가족들은 그녀를 데리고 와서 보리수 맞은편에서 그리 멀지 않은 곳에 버리고 갔다." "한때 비구들이 시체를 갖다 버리는 숲〔한림(寒林), śītavana 쉬따바나, 시타림(尸陀林)〕에서 숨결이 남아 있는 시체의 옷을 벗겨 가사를 만들어 입었는데 그 사람이 살아나 비구

한림(寒林) = **시타림**(尸陀林) = **쉬따바나**(Ⓟśītavana) 〔sīta(cold) + vana(forest)〕 인도 라자가하(Rājagaha) 〔=왕사성(王舍城). 기원전 600여 년경 마가다(Magadha)국의 수도. 현재 명칭은 라즈기르(Rajgir).〕 북쪽에 있던 숲. 성안 사람들이 시체를 버리는 묘지였으며, 나중에는 죄인을 살게 하였다.

들이 자신의 옷을 훔쳐 갔다고 비난하자 붓다는 비구들에게 '앞으로는 시체에서 옷을 가져올 때는 몸이 허물어진 것에서만 옷을 가져다 가사를 만들어 입어라.'고 정했다." 이렇게 늙고 병든 사람을 치료하기보다 숲속에 내다 버리는 것은 비천한 노예뿐 아니라 가난한 평민들 사이에서마저도 흔한 판국이었다. | 경전들을 보면 이 시기에 산업 활동이 왕성해지면서 가내 수공업보다 더 큰 규모의 임노동(賃勞動)이 시작되었음이 드러난다. 주인은 생산 활동을 높이고자 "노예(dāsya다샤), 일꾼(kammakara깜마까라), 하인(porisa뽀리싸)을 거느렸"고〔dāsya, kammakara에게는 임금을 주지 않는다.〕 임금 노동자(vaitanika바이따니까)라는 표현도 나타난다. 이들에게 노동한 대가로 정당한 임금(vetana베따나)을 주지 않는 것은 노동력을 훔치는 행위라고 계율에 명시하게 될 정도로 노동자가 늘어났다. 노예, 하인, 일꾼 등은 주인의 식솔에 들어 그럭저럭 살 수 있었지만, 극빈자(daḷidda달릿다)라고 표현된 이들은 먹는 것과 마실 물이 확보되지 않았으며 입고, 덮고, 잘 곳조차 없었다. 천대받는 사람과 부유한 사람의 차이가 사회적 긴장으로 나타나기도 했다. | 남들이 겪는 고통이 자신에게도 일어날 수 있음을 아는 순간 모골이 송연(悚然)〔두려워 소름이 끼치는 듯하다.〕해지며 등에 식은 땀이 흐르는 법이다. 하층 계급이 별다른 것은 아니었다. 왕자가 속한 사꺄족이 이웃 나라와 전쟁에서 지는 순간 바로 자신과 자신의 가족, 부족민들은 노예로 전락하고 숲속에서 본 그들처럼 죽어 가야만 하는 것이었다. 전륜성왕의 상호〔相好〕를 가지고 태어났다는 말만 믿고 허영 속에서 살아온 자신을 후회한들, 버림

받은 이들에게 자신이 누리는 풍요를 나누어 주려고 고민한들, 그것은 현실 사회에서는 통하지도 못했다. 왕자는 새로운 방향을 찾아야 했고 그래서 방황한 것이다.

|

〔08.02〕-111 **사문유관의 현대식 재해석** | 왕자가 본 것을 요즘 생활에 빗대어 풀어 보겠다. 조금 과장해서 명석한 재벌 집 외아들이 있다고 하자. 그는 집안의 귀여움을 독차지했고 장차 아버지의 그룹을 물려받기 위하여 족집게 과외 선생들을 모셔 명문 대학에 진학했다. 그런데 어느 날 사회 이론에 눈을 뜨고 자신이 물려받게 될 아버지 그룹의 빛나는 성장과 막대한 이익을 다른 시각으로 보게 된다. 자신이 보기에 그룹이 사회적 측면에서는 부족한 점이 많다고 아버지에게 건의하자 아버지는 세상 물정 모르는 철없는 이야기라고 치부를 한다. 기업을 이끌려면 냉철하게 이익을 따져야 한다고 혀를 찬다. 지금까지 네가 누리는 모든 것은 바로 아버지가 그렇게 해서 번 덕이니, 헛소리하지 말고 그룹을 물려받을 후계자 준비나 잘하라고 다그칠 뿐이다. | 아들은 자신이 보고 알게 된 현실을 외면하는 아버지와 물질적 성공을 목표로 한 경영 교육 사이에서 방황하던 어느 날, 집에서 오래 일하던 늙은 정원사 이 씨가 보이지 않았다. 운전기사인 김 씨에게 묻는다. "김 기사, 정원의 이 씨 아저씨가 요즘 보이지 않네요." "도련님, 이 씨는 나이가 많아 일을 그만두었답니다." | 재벌 아들은 어렸을 적부터 자신에게 잘해 준 정원사 이 씨를 떠올

노예가 되는 경우

브라흐만의 법전에서는 노예가 되는 7종류를 말했다. 그 첫 번째가 ① 깃발 아래서 붙잡혀 온 경우로, 즉 전쟁 포로는 노예가 된다. 다음은 ② 먹는 것만을 조건으로, 자신에게 먹을 것을 제공하는 사람의 노예가 되는 것, ③ 노예의 부모에게 태어났을 경우 그 자식, ④ 돈으로 사고파는 과정에서 팔려 온 노예, ⑤ 선물〔증물(贈物)〕로 주고받은 노예, ⑥ 어떤 집안의 노예가 되어 대대로 물려 내려온 경우, ⑦ 벌금(daṇḍa 단다)을 내지 못하여 노예가 되는 경우다.

리며 그리운 마음이 생겨 김 기사에 부탁해 집을 찾아갔다. 정원사 이 씨가 사는 곳은 텔레비전에서나 보던 낯선 산꼭대기였다. 달동네 쪽방촌에서 홀로 기거하며 제대로 먹지도 못하고 있는 것이었다. "아저씨, 못 뵌 사이 많이 늙었네요. 오랫동안 재직하셨으니 퇴직금도 넉넉히 받으셨을 것인데 어찌 이렇게 어렵게 사십니까?" "저희 같은 정원사는 정규 직원이 아니라서 퇴직금, 그런 것 없습니다." "그럼 자제분들과 함께 살지 왜 이렇게 홀로 계세요?" "도련님, 요즘 일 못하는 늙은 부모와 함께 사는 자식이 어디에 있습니까? 물려 줄 돈푼이라도 있으면 그것을 바라고 모실까, 저처럼 아무것도 없으면 먹고살기 바쁘다는 핑계로 서로 인연 끊고 산답니다." | 아들은 당장 주머니에 있는 것을 되는대로 털어 주고 왔다. 하지만 그것만으로는 얼마간 끼니와 난방비밖에 안 될 것이었다. 돌아가는 길에 차 안에서 김 기사에게 물어보았다. "이봐. 김 기사, 자네는 정규직이겠지?" "참, 도련님도…. 운전기사로 쓸 사람은 사방천지인데 뭐가 아쉽다고 해고도 마음대로 못 하고 4대 보험까지 들어 줍니까? 그냥 일용직으로 채용하다가 괜찮으면 연장하고 오래되면 그마저 정규직으로 전환해야 하니 해고했다가 재계약합니다." "그럼 김 기사도 퇴직금이나 4대 보험 혜택이 없다는 말이야?" "예, 그렇습니다." "김 기사는 부모님 모시고 사나?" "아휴, 반지하 셋방에 애들도 키우는데 어떻게 부모님을 모시고 삽니까. 먹고살기 바빠서 명절 아니면 뵙는 것도 어려워요. 요양 병원에 모시고 싶어도 형편이 안 되서 그냥 시골에서 사시거든요." | 아들은 그 날 저녁 아버지에게 직원들을 전부 정규직으로 전환하면 어떻겠냐고 묻자 아버지는 어이없는 웃음으로 그렇게 해서는 돈을 벌지 못한다고 잘라 말한다. 자선 사업이나 복지 사업을 하는 것이 아니라며 다른 기업

들과 경쟁해야 하는 현실을 바로 보라고 오히려 엄포를 놓는다. 아들은 실망감에 아버지와 대화를 중단하고 방으로 들어가 버렸다. 얼마 후 나름대로 이것저것을 준비하고 다시 달동네 쪽방촌으로 갔더니 그 사이 정원사 이 씨가 병이 난 것이다. 오물 냄새가 진동하는 방에 앓는 소리만 흐르는 것을 듣고 김 기사에게 물었다. "이봐, 김 기사, 왜 우리 그룹 전용 병원이 있잖아, 그리로 아저씨를 모시고 가도록 하지." "도련님, 그랬다가는 회장님께 혼납니다. 저는 그냥 해고에요. 그 병원은 정규 직원이라고 해도 다 갈 수 있는 곳이 아니고 높은 자리 중역이나 되어야 가는데 하물며 비정규직으로 퇴직한 사람은 어림도 없습니다. 일반 사람도 그 병원은 돈 없으면 얼씬도 못 하는걸요." | 아들은 다시 좌절을 한다. 자신이 물려받을 그룹의 민낯을 알게 된 것이다. 두려울 것 없는 재벌 2세였건만 병든 이 씨를 그냥 두고 와야 한다니, 이리저리 궁리를 해 보아도 해결책이 없고 시간만 흘러가는 것이다. 얼마 후 다시 짬을 내어 김 기사와 함께 정원사 이 씨의 집을 찾아갔더니 그사이에 이 씨는 치료를 받지 못해 죽고 만 것이다. 급히 그룹 병원 영안실을 알아 보았지만 사용할 수 없었다. 가족들에게 연락도 닿지 않아 이 씨는 무연고자로 시립 병원 시체실에 얼마간 보관되었다가 관할 동사무소의 확인 과정을 거쳐 한 줌의 재로 변했다. 아들은 기가 막혔다. | 아들의 눈에 비친 현실은 병듦도 죽음도 부와 신분에 따라 상대적이었다. 노후가 준비되었다면 젊은 날 못 해 본 여행도 하고 취미 생활도 하며 오히려 젊을 때보다 여유를 즐길 수 있지만 그렇지 못한 노인은 매일같이 폐지나 빈 병이라도 모아야 목숨을 연장할 것이다. 상황은 그 때나 지금이나 변한 것은 없다. 아무리 아버지 그룹에 돈이 많아도 자기 마음대로 할 수 없고, 설사 그룹을 물려받는다고 하여도 사회의

구조적 모순은 아버지 말대로 혼자 힘으로는 고쳐지지 않을 만큼 거대하다. 젊은 아들은 자신의 생각과 현실 사이의 괴리감에 무력해졌다. 하지만 현실에서 도피하지 않으면서 자신의 꿈을 이룰 새로운 탈출구를 찾기로 한다.

|

〔08.02〕-112 **출가를 원하지만** | 왕자는 북문 밖에서 만난 출가 유행자〔遊行者, ⓢprakrānta 쁘라끄란따〕를 통하여 새로운 희망을 갖게 된다. 그 전까지 자신의 의사와 관계없이 아버지와 부족의 원로들이 원하는 바를 맹목적으로 받아들이고 살아왔다면 이제 자신이 주체가 되는 능동적인 삶을 원하기 시작한 것이다. 진정코 모두가 행복하려면 무엇을 해야 할까. | 왕자는 자신이 알았던 학문과 지식을 동원해 보았지만 현실 사회에 맞추어진 지식들은 그 고뇌를 풀어 주는 데 실제적인 도움이 되지 못했다. 왕자의 결론은 점점 한 방향으로 집중되었다. 바로 출가(出家)였다. 왕자는 아버지 숫도다나왕을 찾아가 출가를 간청하지만 절대적 반대에 부딪치게 된다. 왕자는 왕과 원로들에게 그렇다면 출가하지 않을 수 있도록 자신의 고뇌를 해결해 달라고 한다. 경전에는 이렇게 나왔다. "아바마마, 제게 몇 가지 소원이 있습니다. 이것을 들으시고 저를 여기에서 자유롭게 해 주신다면 저는 결코 출가하지 않을 것입니다. 그것들은 첫째 언제까지나 늙지 않을 것이요, 둘째는 병들지 않는 것이요, 셋째는 죽지 않는 것이요, 넷째는 서로 이별하지 않는 것입니다." "왕자야, 그것은 옛날이나 지금이나 아무도 얻은 사람이 없단다. 누가 감히 이 네 가지 환난을 없앨 수가 있겠느냐. 나 또한 그와 같이 얻을 수 있다면 함께 권하고 도울 것이다." 출가를 막는 아버지 숫도다나왕이 보기에 싯다르타 왕자가 내세운 조건은 허황한 것이었다. 늙음이나 죽음을 피할 방

법을 알려 달라니, 생떼나 다름없는 소리다. 누가 그것을 막을 수 있으며, 또 피한 사람은 누구이던가? 신들도 어찌하지 못하는 것을 하물며 인간인 부왕이 해결할 수는 없다. 그러나 왕자의 청을 지금 말로 해석해 보면 또 다른 뜻이 읽힌다. | 그것은 적어도 인간 삶에서 불가능해 보이는 것을 바꾸어 고통을 줄이고 싶다는 바람이다. 아버지 왕에게 당장 왕이 소유한 노예를 해방시키고 하층민을 얽매고 있는 계급 제도를 폐지해 달라고 청한 것이다. 그들도 적당히 일하고 쉬며 자신의 노동으로 얻은 결실을 자신과 가족의 행복한 삶을 위하여 쓸 수 있도록 개선해 달라고 과감히 말한 것이다. 그러나 숫도다나왕 역시 왕자가 요구하는 것을 실행하기에는 힘이 미약할 뿐더러 시대의 틀을 거역할 만한 배짱이 있지도 못했다. 그것을 아들에게 미안한 마음으로 고백한 것이다. 숫도다나왕은 그저 공화정에서 의장 격인 왕에 올랐으며 이제 겨우 그 왕위를 세습할 수 있도록 부족 원로들에게 위임받았을 뿐이다. | 아버지 숫도다나왕과 어머니 마하 쁘라자빠띠, 아내 야쇼다라 공주와 일가 친척, 부족 원로들의 만류와 감시로 출가의 열정은 다시 감추어야 했다. 가슴 속에 자리 잡고 있는 덩치 큰 코끼리의 소리를 들으며 왕자는 다시 말 없는 사색에 들어갔다. 왕자는 자신의 생각을 실

꼬쌀라(Kosala)의 까씨(Kāsi) 정복
꼬쌀라국은 가가라강(Gharhara)을 낀 아요디야〔Ayodhya, 지금의 우드(Oudh)〕와 랩티강(Rapti)의 슈라와스티(싸왓티)를 근거지로 발전했다. 바로 남쪽에 붙은 강가(갠지스)를 낀 까씨(바라나씨)는 고대부터 풍요로워 많은 강국들이 눈독을 들였다. 종교와 학문의 중심지이기도 했다. 기원전 5세기경 꼬쌀라의 깜싸왕(Kaṁsa)〔Maha Kosala(마하꼬쌀라)〕은 까씨를 병합하는 한편 딸을 마가다국 빔비싸라왕(Bimbisāra)에게 정략 결혼시킨다. 깜싸왕이 결혼 지참금으로 까씨를 떼줬기 때문에 두 강대국이 동맹을 유지했으나, 손자 위두다바왕(Viḍūḍabha) 때 결국 마가다에 병합된다. 이 역사는 불교 경전에 남아 전하며, 이 책의 2권 『쌍가-僧-Saṅgha』편에서 다룬다.

앙가(Aṅga)〔고대 인도 16대국 중 하나〕 현재 인도 북부 동쪽 끝, 비하르(Bihar)주 남동부와 벵골(Bengal)주 지역으로, 마가다국의 동편에 위치했다. 수도는 짬빠(Campā)〔현재 비하르주 동부 바갈푸르(Bhagalpur)〕. 앙가국은 짬빠강과 갠지스(강가)강이 합류하는 삼각주라는 이점으로 한때 번성을 구가했다. 마가다 서남부를 정복하고 서쪽 내륙의 밤싸(ⓟVaṃsa)〔밧싸(ⓢVatsa)〕국과 연합해 마가다를 양쪽에서 압박했다. 그러나 까씨를 얻어 강력해진 마가다의 빔비싸라왕이 아버지 대의 패배를 복수하기 위해 앙가를 복속한 다음, 옛 수도 짬빠에 아들 아자따쌋뚜(Ajātasattu)를 총독으로 파견해 다스렸다.

천할 유일한 방법이 출가에 있음을 알고 아버지에게 허락을 구하지만 번번이 "안 된다."는 말로 좌절당한다. 출가를 허락하지 않으려면 자신의 문제를 해결해 달라고 해 보지만, 아버지는 '아시따'의 예언을 다시 떠올리면서 아들에게 기왕이면 출가를 하는 것보다 현실의 전륜성왕이 되는 데 무게를 두기를 권한다. 그리고 그렇게도 변화를 원한다면 왕위를 물려 줄 터이니 제발 출가만큼은 참으라고 호소를 한다. | 그렇지만 왕자는 상황을 정확하게 파악하고 있었다. 어린 시절 까씨(Kāsi)국이 꼬쌀라(Kosala)국〔교살라국, 구살라국〕의 깜사(Kaṁsa)왕〔까씨국의 수도였던 바라나씨의 '정복자'라는 뜻으로 바라나씩가하(Bārāṇasiggaha)라는 별명을 얻었다.〕에게 멸망되었고, 앙가(Aṅga)국〔앙가타국, 첨파국〕은 왕자가 20세 무렵 마가다(Magadha)국〔마가타국, 마게타국〕의 빔비싸라왕(Bimbisāra, 頻婆娑羅 빈파사라)〔기원전 558?~ 기원전 491?〕왕에게 정복되었다. 까씨국과 앙가국 두 나라가 모두 사꺄족의 까삘라보다 인구며 재력이 나았는데도 신흥 왕국의 강력한 무력 앞에서 무너지는 것을 똑똑히 본 것이다. 왕과 부족의 원로들은 전륜성왕의 관상을 운운하며 기대를 잔뜩 하지만 왕자는 현실을 보면 빠져나갈 길이 없어 보였다. 다시 한 번 어린 날 가슴에 담아 두었던 코끼리의 존재를 확인하고 코끼리 울음소리가 온몸을 떨게 하는 것이다. ⓑⓓⓢ

[09] 아노마강을 건너서

[09.01] 가장으로 임무 완수
[09.01]-113 제사를 위하여
[09.01]-114 아들은 장애물?
[09.01]-115 파격적인 이름
[09.01]-116 라훌라에 대한 공통 기록
[09.02] 기다려 왔던 시간
[09.02]-117 방심을 틈타서
[09.02]-118 아들의 손을 놓고
[09.02]-119 성을 넘은 날
[09.02]-120 크낙한 포기
[09.02]-121 출가의 재해석
[09.03] 강을 건너서
[09.03]-122 숭고한 강(江)
[09.03]-123 보살이란?
[09.03]-124 마부를 위하여
[09.03]-125 멀고 먼 길
[09.03]-126 울어야만 하는 야쇼다라
[09.03]-127 까사야로 바꾸어 입고
[09.04] 홀로 숲에서
[09.04]-128 출가의 즐거움
[09.04]-129 마라(Māra)의 유혹
[09.04]-130 처음 숲속에서 한 고행의 실체
[09.04]-131 마라(Māra)는 누구인가?
[09.05] 스승을 찾아서
[09.05]-132 먹어야 하는 것
[09.05]-133 빔비싸라 대왕과 첫 인연
[09.05]-134 두 분의 스승
[09.05]-135 배운 것과 문제점

90

아노마강을 건너서

〔09.01〕 가장으로 임무 완수

|

〔09.01〕-113 **제사를 위하여** | 앞서 보았듯 싯다르타 왕자에게는 공식적으로 3명의 부인이 있었다. 문제는 3명의 부인과 오랜 결혼 생활에도 자녀가 없었다. 숫도다나왕〔정반왕〕이 기대해 보기에 아들 싯다르타 왕자가 혈육의 재롱에 빠져 출가라는 꿈을 접을 수 있을지도 몰랐다. 그런데 결혼 생활 10년이 넘었거늘 임신 소식조차 없으니 부족의 원로들에게 영 체면이 서지 않았다. 왕 자신도 늦게 아들을 보았기 때문에 손자를 바라는 마음이 더 컸을지도 모른다. | 왕국의 안녕과 번영을 지켜 주는 신들에게 올릴 제사의 후계자가 없다는 것 못지않게 조상〔조령(祖靈)〔후손들에게 복을 주는 신성한 조상〕, 쁘레따(preta)〕의 반열에 들어가지도 못할까 하는 걱정도 컸다. 지금도 인도에서는 반드시 아들들이 지내는 제사를 받아야 조령이 된다고 본다. 그렇지 못한 것이 '후손을 잃어버린 영혼'을 칭하는 망령(亡靈, mṛta 므리따〔=being dead〕)이다. 아들이 올리는 제사의 중요성은 법전에도 나온다. "재생자는 신에 대한 제사보다 조상에 대한 제사가 중요하다. 다만 신에 대한 제사를 조상에 대한 제사 앞에 치르는 것은 그것이 조상에 대한 제사를 튼튼하게 하기 때문

쁘레따(preta) 세상을 떠났지만 아직 조상신〔**삐뜨리**(ⓢpitṛ/ⓟpitā 삐따〕의 위치에 들어가는 의례는 하기 전의 죽은 자(망자, preta)〔pre=떠나가다〕〔=ghost〕를 말한다. 망자에게 삔다(piṇḍa)〔기 버터로 뭉친 주먹밥〕를 예법에 따라 차례로 공양하면, 이를 양식 삼아 조상신(pitṛ)〔=father, the spirits of the departed ancestors〕의 세계에 올라 합쳐진다는 것이다. 따라서 밥을 꼭 먹어야 하므로, 쁘레따(preta)가 대승 불교에서는 '배고픈 귀신'으로 해석되었다. 폐려다(閉麗哆) 등으로 음역하고 흔히 아귀(餓鬼)라고 한다. 먹어도 먹어도 끊임없이 굶주림에 시달리는 영혼인데, 스님들이 하안거를 마치는 음력 7월 15일 백중(百中)에만 허기를 채울 수 있다고 믿어 이들을 위해 **우란분재**(盂蘭盆齋)를 연다.

우란분재(盂蘭盆齋)
울람바나(ullambana)를 음역한 것인데, 이는 아발람바나(avalambana)〔도현(倒懸)〕〔= hanging downward〕가 전화(轉化)한 말로, '거꾸로 매달려진 고통을 구한다'는 뜻이라는 설과 빨리어로 '돕는다'는 뜻의 울룸빠띠(ullumpati)에서 파생했다는 견해가 있다. 붓다의 제자인 목갈라나(목련) 존자가 신통을 얻고서 자신의 어머니가 지옥에 있는 것을 보고 구원할 방법을 애원하자 붓다께서 7월 보름 와싸(안거)를 끝낸 수행자들에게 공양을 올리라고 가르쳐 준 데서 유래한다.

이다." | 신보다 더 중요한 조상 제사가 끊어져서는 안 되었다. 자신도 싯다르타를 낳아 그 중한 임무를 완수했는데 왕자는 시간이 흐를수록 결혼 생활에 흥미를 느끼지 못하는 듯만 보였다.

|

〔09.01〕-114 **아들은 장애물**? | 그러던 어느 날 야쇼다라 공주가 회임했다는 기별이 퍼진다. 왕의 오랜 근심이 해결될 듯 반가운 소식이었다. 방황하던 왕자였지만 자식을 갖게 되면 아버지라는 새로운 의무가 생기고, 가장이자 남편으로서 의무를 다하려면 허황된 꿈을 계속 밀고 당기기 어려울 것이다. 까삘라의 원로 대신들 역시 부족의 신망을 한 몸에 받던 왕자가 이제 온전하게 사꺄족 부흥에만 힘을 쓸 것으로 여기고 안도했다. | 계모이자 이모인 마하 쁘라자빠띠〔대애도〕 역시 조카이자 며느리인 야쇼다라의 임신 소식에 기뻤다. 언니의 아들이지만 핏덩이부터 자신이 키워 온 아들이 아닌가? 계모라는 보이지 않는 멍에에서 벗어나고자 사랑을 무한정으로 베풀었던 왕자가 가정의 테두리에 안착하길 바라는 어머니의 애틋함과 그동안 눈물짓던 며느리 야쇼다라 공주를 지켜보았던 같은 여자로서의 감정이 겹쳤을 것이다. 까삘라 왕궁은 모처럼 웃음이 넘쳤다. 법전에 따른 갖가지 의식으로 분주하고 요란한 나날이 이어졌다. | 때가 되어 야쇼다라 공주는 아들을 낳았다. 출가의 시기를 고민하며 연못을 산책

하던 왕자에게도 시녀들이 달려와 아들을 순산했다는 소식을 알렸다. 경전에서는 왕자가 탄식하며 중얼거렸다고 전한다. "아, 나를 얽어매는 장애(障碍, rahu 라후〔= 식(蝕), 잡는 사람〕)로구나."〔빨리어로 이렇게 전한다. "Rāhu jāto, bandhanam jātam(라후가 생겼고, 속박이 생겼구나.)" 해석하기에 따라 라후(일식)와 속박(장애)이 별도라고 볼 수 있고, 또한 빨리 반다나(bandhana)에는 속박 외에 결합, (가족의) 결속이라는 뜻도 있다.〕 시녀는 왕자의 탄식을 숫도다나왕에게 전했고, 왕은 거기에서 따 손자의 이름을 지었다는 것이다. 붓다에게 하나밖에 없는 아들의 이름은 그렇게 '라훌라(Rāhula)'〔라후라(羅睺羅)〕가 되었다.

|

〔09.01〕-115 **파격적인 이름** | 인도에서는 출생 계급에 따라 이름 짓는 법이 법전에 정해져 있음을 앞에서 이야기했다. 끄샤뜨리야의 이름은 "힘이 있고 보호하는 자의 의미가 들어가도록 지어야 하며 특히 끝소리를 장음(長音)으로 우아하게 지어야 한다." 라훌라는 이 기준에 견주면 어땠을까. 노예 계급인 슈드라에나 합당할 이름이다. 끄샤뜨리야 왕자의 이름인데 악마를 따라 지었기 때문에 천해진 것이다. | 원래 '라후(Rahu)'는 악신 아쑤라(Asura, 阿修羅 아수라) 종족 중 태양을 삼키는〔일식(日蝕)〕 왕의 이름이다. 인도 신화에서는 선신과 악신은 같은 아버지에게 태어났고 어머니가 다르다고 한다. 이들은 태초의 우유 바다를 힘을 모아 휘저어 불사(不死)의 감로수(甘露水, amrita 암리따)〔a=아니 + mṛta=죽음〕를 구하여 마시게 되면 죽지 않는 경지에 이르게 된다는 사실을 비슈누(Vishnu)로부터 듣고

아쑤라(Asura), **아수라**(阿修羅) 〈베다〉에서 천신(인드라)과 겨루는 여러 반신(半神, demigod)들. 처음에는 악한 존재가 아니었지만 세계를 천신과 악신의 끝없는 투쟁으로 이해한 〈베다〉에서 악의 화신이 되었다. 아수라 중 일부는 불교에 포섭되면서 법을 수호하는 신장으로 변화했다. 하지만 아수라 세계는 전쟁이 계속되는 난장판이며, 6도 윤회에서 지옥—아귀—축생—수라—인간—천신의 위계 순으로 윤회한다고 본다.

알았다. 불사의 감로수가 깊은 우유 바다에서 떠오르자 서로 그것을 먹겠다고 싸움이 벌어졌고, 그 와중에 감로수가 악마들 손에 들어갔다. 지켜보던 비슈누가 곰곰 생각해 보니 만약 악마들이 불사의 몸을 얻게 되면 모든 생명체에게 불행한 일이 될 것이라, 아름다운 여인 모히니(Mohini)로 자신의 몸을 바꾸어 감로수를 먼저 차지하겠다고 다투고 있는 악마들에게 다가간다. 아름다움으로 유혹하며 감로수 암리따를 공평하게 나누어 주겠다고 제안을 하자 악마들은 혹해서 불사의 감로수가 든 병을 그녀에게 건넸다. 모히니는 자신의 손에 들어온 감로수 병을 들고 선신과 악마 들을 한 줄로 세운 다음 먼저 선신부터 나누어 주기 시작했다. 악마들은 의심 없이 곧 자기들 차례가 돌아오기를 기다렸다. 그런데 악마 중 하나인 '라후'가 슬쩍 선신들 사이에 끼어서 먼저 감로수를 받으려는 찰나에 태양신 쑤리야(Surya)와 달의 신 짠드라(Candra)가 이것을 알고 모히니로 변한 비슈누에게 일러 주었다. 비슈누가 재빨리 자신의 무기인 짜끄라(輪륜(바퀴), cakra)로 라후의 목을 베자 그 몸통은 땅으로, 머리는 하늘로 치솟았다. 라후는 감로수를 먹지는 못했지만 입술에 대었기 때문에 머리만 죽음에서 벗어났다. 그 꼴이 되자 라후는 자신을 비슈누에게 일러바친 태양신 쑤리야와 달신 짠드라를 용서할 수 없었다. 라후는 그들을 뒤쫓았다. 자신에게 남은 유일한 무기인 입으로 삼켜서라도 붙잡을 작정이었다. 라후는 끈질긴 싸움에 승리하여 태양을 삼켰지만 너무 뜨거워 뱉어내고, 달도 삼켰지만 너무 차가워 곧바로 뱉을 수밖에 없었다. 그러나 지금까지도 태양과 달을 미워하며 계속 싸우는데, 라후가 이길 때마다 불사(不死)의 입으로 삼키고 뱉는 것이 일식(日蝕)과 월식(月蝕)이라고 한다. 인도 신화에서 일식과 월식은 악신과의 고약한 싸움의 결과다. | 싯다르타

왕자가 연못을 거닐며 아들이 태어나기를 기다리던 무렵 아마도 월식이 일어났다고 보는 학자들도 있다. 라후, 즉 달빛을 가로막는 장애로 주위가 캄캄해졌다가 서서히 달빛이 밝아 올 때 아들의 순산 소식을 전해 들었다는 것이다. 조상의 제사를 지내기 위하여 후계자를 생산해야 한다는 의무에 짓눌려 출가를 망설였는데 이젠 그 의무를 완수한 셈이다. 왕자의 입에서 나온 '라후'는 자신을 묶어 매는 한탄의 장애가 아니라 어쩌면 새로운 가족 구성원의 추가로 의무에서 해방된다는 기쁨의 탄성이었을 수도 있다. 아버지 숫도다나왕은 새 생명의 탄생이 왕자의 출가를 막는 장애가 되길 바랐을지 몰라도, 왕자에게는 자신을 가로막은 출가의 장애가 사라졌다는 뜻으로 여겨졌을 것이다. 왕가의 귀한 아들이자 적통 손자의 이름이 관습에서 벗어나 파격적으로 정해진 데에는 이런 배경이 있었을 듯하다. 드디어 까삘라 왕궁에 행복과 웃음이 찾아온 듯했다. 할아버지가 된 왕은 비록 소중한 손자의 이름을 악마에서 따온 것일지라도 아랑곳없이 "라훌라, 만세!"를 외쳤을 법하다.

밀행(密行)

〔ⓢajñāta-carya 아즈냐따-짜리야〕〔ajñāta = unknown, unrecognised〕〔carya = behaviour〕〔ⓟsikkhā-kāma 식카-까마〕〔sikkhā = learning, training〕〔kāma = wish, longing〕 밀행(密行)은 대승에서는 다른 사람 몰래 선한 행위를 하는 것을 뜻하지만, 남전에서는 '배우기를 좋아한다'는 뜻으로 사용한다. 한문에서도 밀(密)은 비밀의 뜻도 되지만, '조용히, 꼼꼼하게'란 뜻이 있다. 즉 '꼼꼼하게 공부한다'는 뜻으로도 볼 수 있겠다.

〔09.01〕-116 **라훌라에 대한 공통 기록** | 남 · 북으로 전해진 경전에 공통으로 나타나는 기록은 붓다에게 아들이 하나 있고 그 이름은 '라훌라'이며 12살 어린 나이로 아버지 붓다의 손에 이끌려 출가하여 최초의 싸마네라(sāmanera, 沙彌사미)〔사미계를 수계한 어린 동자승〕가 되었다는 것이다. 훌륭하게 수행을 했다는 것 외에는 행적을 별달리 전하지 않는다. 처음 출가했을 때는 꽤나 개

구쟁이 기질을 보였는데 아버지 붓다의 엄격하고도 자상한 가르침을 듣고 붓다의 특별한 제자 10명(十大弟子십대제자) 가운데 자신의 수행을 남들에게 드러내지 않고, 붓다의 아들이라는 것도 뻐기지 않아 '밀행제일(密行第一)'〔ajñāta-carya아즈냐따-짜리야〕/〔ⓟsikkhā-kāma씩카-까마〕로 칭찬을 받았다고 한다. 싸왓티(ⓟSāvatthi, 사위성舍衛城)의 제따바(와)나(Jetavana)〔기원정사(祇園精舍)〕에는 라훌라 존자가 생전에 머물며 수행하던 '라훌라 꾸띠(kuṭī〔작은 방 또는 집〕)'의 허물어진 기단이 전한다. 라훌라 존자는 안타깝게도 아버지이자 스승인 붓다보다 먼저 세상을 떠났다.

싸왓티(ⓟSāvatthi)
슈라와쓰띠(ⓢŚrāvastī)
사위성(舍衛城)은 당대의 강국이던 꼬쌀라(Kosala)국의 수도다. 붓다가 가장 오랜 시간, 평생 45번의 안거 중 24번을 지내며 설법한 곳이다. 룸비니에서 서쪽으로 약 120km, 꼬쌀라국의 다른 도성인 싸께따(ⓢSāketa)는 남쪽으로 90km 떨어져 있다. 현재 인도 우타르 프라데시(Uttar Pradesh)주에 속한다. 전설적인 왕의 이름을 붙였다는 설과 한 현자의 이름에서 따왔다는 설, '모든 것이 있다(everything exists)'는 뜻의 'sabbam atthi(쌉밤 앗티)'에서 따왔다는 설 등 도시의 이름과 관련해 여러 이야기가 전한다.

제따바(와)나(Jetavana) =
기원정사(祇園精舍)
는 부호 쑤닷따(Sudattā)〔수달다(須達多) = 급고독(給孤獨, Anāthapiṇḍika 아나타삔디까)〕〔anatha = the unprotected, destitute〕〔piṇḍa = lump of food〕〔급고독(給孤獨)은 '고독한 자에게 나눠 준다'는 뜻〕가 마가다국 왕사성(라자가하)에서 붓다를 만나 귀의한 후, 꼬쌀라국의 사위성〔싸왓티〕에도 와서 설법해 줄 것을 청하며 안거 기간 동안 붓다가 머물 거처로 마련한 곳이다. 쑤닷따는 전 재산을 들여 꼬쌀라의 제타〔Jeta, 기타(祇陀)〕 왕자가 소유한 동산을 사들이고 붓다의 처소〔간다 꾸띠(Gandha Kuti, 여래향실)〕와 강당, 연못 등을 짓는다. 왕사성의 죽림정사〔竹林精舍, Venuvana-vihāra베누와(바)나 비하라〕와 함께 2대 정사로 불린다. 붓다가 오랜 시간을 보냈고, 『금강경』을 비롯한 많은 대승 경전이 "부처님께서 사위성 기원정사에 계실 때"로 시작한다. 〔『금강경』에서는 '기수급고독원(祈樹給孤獨園)'으로 표기했다.〕

〔09.02〕 기다려 왔던 시간

〔09.02〕-117 **방심을 틈타서** | 참으로 긴 시간이었다. 16살에 결혼을 했다면 13년 만에, 19살에 결혼을 했다면 10년 만에〔기록에 따라서는 6년이라고도 한다.〕 자식을 낳았으니, 가슴을 졸이던 야쇼다라가 이제야 어깨를 펼 수 있었다. 왕자의 출가를 막는 유일한 길이 아들을 보는 것이라고 얼마나 많은 사람들이 잔소리를 했을까? 자식을 낳지 못한 설움을 삭이던 긴 시간을 단박에 보상받고 당당하고 자신감 넘치는 옛날의 야쇼다라로 돌아갈 수 있게 되었다. 세상은 단지 아들 하나로 여인의 입지를 순식간에 달라지게 했다. 남편 싯다르타가 왕위에 오르면 자신의 소생인 라훌라가 자동으로 다음 왕위 계승권자가 아니던가? 앞으로 왕의 생모가 될 것이다. | 왕명을 받아 낮밤으로 감시의 눈을 뗄 사이 없던 경비원들도 드디어 편안한 잠자리가 보장되리라는 희망에 부풀었다. 왕자도 사람이라 이제는 자식 키우는 기쁨에 빠져들겠지 싶었다. 새 생명의 탄생은 왕실을 공고하게 해 주었고 그 기쁨을 나누느라 까삘라 왕궁은 연일 잔치판이었다. 왕자는 라훌라의 탄생 후 감시가 느슨해짐을 몸으로 느끼자 벼르고 별렀던 출가를 단행하기로 한다. 가주기(家住期, gṛhastha그리하스타)의 가장으로 의무를 완수하지 못했던 죄책감에서 벗어났기에, 이젠 날짜만 선택하면 되는 것이다. | 어느 날 왕자는 드디어 출가하는 날을 잡고 마음속으로 준비를 한다. 주위 사람들이 긴장을 풀도록 연회를 베풀었다. 모처럼 유희들이 연주하는 악기에 맞추어 노래를 부르자, 모두 왕자가 라훌라가 태어나니 기뻐서 출가의 꿈을 접은 것으로 보았다. 왕자는 그동안 감시하느라고 고생했다며 경비원들에게도 음식과 술을 잔뜩 내렸다. | 날이 저물도록 왕자의 궁전은

환한 불빛으로 물들었다. 밤이 깊어지자 연주하고 춤추던 무희들도 하나둘씩 지쳐서 나가떨어졌다. 왕자는 은밀하게 마부 찬다까를 불렀다. "찬다까야, 너는 바로 일어나라. 나의 명령을 거역하지 말아라. 너는 속히 마구간으로 가서 나의 애마 깐타까를 끌고 나오너라." 찬다까가 비록 노예 계급이지만 그 또한 왕으로부터 왕자의 행동을 감시하여 보고하도록 명을 받았음을 왕자가 어찌 모르겠는가?

|

〔09.02〕-118 **아들의 손을 놓고** | 싯다르타 왕자는 처소를 조용히 빠져나왔다. 연회를 하던 곳에서는 조금 전 자신에게 즐거움을 주고자 갖은 교태를 짓고 춤과 노래와 악기를 연주하던 시녀들이 술에 취해 곯아떨어져 있었다. 옷매무새는 흐트러져 속살을 드러내고 침을 흘리며 이를 갈기도 했다. 잠꼬대를 하며 서로 부둥켜안은가 하면 팔과 다리를 걸친 채 널브러져 있었다. 그 잠든 몸뚱이들은 낮에 본 아름다운 무희가 아니라 오히려 예전 서문 밖에서 본 시체들과 별반 다름이 없었다. 몇몇은 때가 되어 붉은 월수(月水, ṛtu 리뚜)〔월경으로 나오는 피〕를 흘리기도 했다. 왕자는 발걸음을 안으로 옮겨 야쇼다라 공주의 숙소를 찾았다. 그 곳을 살피는 궁녀들도 왕자가 베푼 환락에 취하고 잠들어 왕자가 온 것조차 알지 못했다. | 왕자는 가만히 잠든 야쇼다라 공주의 곁으로 갔다. 아내인 공주와 어머니의 품 안에서 곤히 잠자는 아들 라훌라를 은근히 내려다보며 이별을 고했다. '공주여, 나는 떠나려 하오. 그동안도 나 때문에 가슴이 아팠겠지만 이제는 아들을 품에 안고 아픔을 녹여야 할 것이오. 미안하오.' '라훌라야, 나는 숲으로 떠난단다. 깨달음을 이루지 못하면 돌아오지 않을 것이다. 잘 자라다오.' 왕자는 갓난 아들을 한 번 안아 보려는 충동을 꾹 눌렀

다. 깨달음을 이룬 후 다시 보기로 마음으로 약속하고 공주의 처소를 나왔다. 그리고 곧바로 마부가 기다리는 마당으로 나갔다. | 마부 찬다까는 자신이 하는 행위가 왕의 명령을 거역하는 것이며 그 대가가 무엇인지 알고 있었다. 하지만 감히 왕자의 위엄이 깃든 명령을 어기지 못했다. 마구간에서 왕자의 애마 깐타까에게 호화로운 안장을 올리고 재갈을 물린 다음 발굽 소리가 나지 않도록 조용히 끌고 나와 왕자를 기다렸다. 왕자는 마부 찬다까에게 말했다. "찬다까야, 내가 이제 성을 나가려고 한다. 너는 나를 도와다오." "왕자님, 경비원들은 모두 곯아떨어졌고, 시녀들도 잠들었습니다." | 마부 찬다까는 왕자가 말을 타도록 도왔다. 왕자가 말 등에 오르자 고삐를 잡고 궁궐을 나왔다. 성문을 열고 조용히 별이 흐르는 숲길을 걸어갔다. 왕자가농경제에 참석했던 어린 시절부터의 꿈이 이루어지는 순간이었다. 보름 달빛을 아낌없이 받으며 숲으로 들어서는 왕자에게 아버지와 어머니의 슬픔이 보였고 울고 있는 아내 야쇼다라 공주도 환히 보였을 것이다. 그렇지만 간절히 원하는 것을 이루기 위해 정을 끊고 나서는 것이다.

|

〔09.02〕-119 **성을 넘은 날** | 이렇게 해서 왕자는 오랜 시간 준비해 왔던 출가(出家, ⓢpravrajyā쁘라브라쟈/ⓟpabbajjā빱밧자)를 드디어 실천으로 옮기게 된다. 떠나기 전에 숫도다나왕의 허락을 받는 것이 계급에 적절한 처사이지만 아버지는 어떤 일이 있어도 왕자

출가(出家) 〔ⓢpravrajyā 쁘라브라쟈/ⓟpabbajjā 빱밧자〕 불교에서 말하는 '출가'는 인도의 재생족 카스트들이 거쳐야 하는 인생 4주기 가운데 제3주기인 임서기(林棲期)〔바나쁘라스타(vānaprastha)〕와 언뜻 비슷해 보이지만 그 뜻은 다르다. 출가(出家)에서 '출(出)'은 '묶임에서 벗어난다'는 쁘라(pra), 또는 아띠(ati)에서 왔고, '가(家)'는 집, 가족을 의미하는 그리하(gṛha)에서 왔다. '집의 속박에서 벗어난다.'는 뜻이다. 글자 그대로 가족 부양과 집의 보존 의무, 가문의 계급에서 벗어나는 것을 말한다.

의 출가만큼은 허락하지 않겠다는 의지를 번번이 보여 왔기에 몰래 출가했다. 아버지의 뜻을 어긴다는 것은 자신이 내려받은 권리를 모두 포기하며, 앞으로 벌어질 자기 삶의 불확실성에 후회를 하지 않겠다는 의미이기도 했다. 정녕 왕자는 주어진 무지갯빛 앞날을 버리고 뿌연 잿빛 출가를 선택한 것이다. 휘영청 달빛이 앞을 비출 뿐 스스로 보이지도 않은 길을 택해 마부와 단둘이서 버림받은 늙음, 병듦, 죽음의 고단한 삶이 뒹구는 그 숲을 향하여, 위대한 삶을 향하여 나서는 것이다. 29살이 되던 해 2월 보름의 자정 무렵이었다. | 힌두 남방력 2월(ⓟvesākha 웨(베)사카/ⓢvaisakha 와(바)이사카)은 1년 중 가장 길한 달이다. 그 중에서도 보름은 말할 수 없이 좋은 날이라, 축제를 열어 기쁨을 만끽한다. 왕자는 라훌라의 탄생을 맞아 연일 계속되는 잔치에 자신도 자연스럽게 즐기는 것처럼 보여 줌으로써 감시를 느슨하게 만들었다. 축제가 무르익은 보름밤, 하늘이 뿌린 은모래 달빛을 받으며 애마 깐타까를 타고 마부와 함께 까삘라성을 떠나니, 그 날이 불교 4대 명절 가운데 하나인 출가절(出家節)이다. 붓다의 출가 당시 나이와 출가일은 남·북전이 조금씩 다르다. 경전에 따라 출가한 나이가 19세, 31세, 29세 등 여러 설이 있는데, 지금은 29세 출가를 공통 정설(定說)로 여긴다. 남방에서는 2월 보름날이 되면 붓다의 탄생절과 출가절을 겸하여

힌두력과 **남방 불교력**
힌두력과 남방 불교력(크메르력)은 지역에 따라 다양한 형태가 있으나 기본적으로 태음태양력〔음력〕을 차용하여, 29일과 30일이 반복되며 윤일과 윤달을 더해 보정한다. 웨(베)사카(ⓟVesākha)/와(바)이사카(ⓢVaiśākha) 달은 힌두력과 남방 불교력에서 두 번째 달을 의미하며, 이는 중국과 한국의 음력 네 번째 달에 해당한다. 남방 전승에 따르면 부처의 탄생, 출가, 깨달음, 죽음이 모두 웨(베)사카 달에 이루어졌다. 한국에서는 북방 전승을 차용해 탄생을 음력 4월 8일, 출가를 2월 8일, 깨달음을 음력 12월 8일, 열반을 음력 2월 15일로 본다.

법회를 연다. 북방 대승에서는 음력 2월 8일을 출가절로 기념한다.〔남방과 북방이 서로 다른 것은 인도 힌두력과 중국 태음력에서 새해가 시작하는 날의 기산법(起算法)이 다르기 때문이다.〕

|

〔09.02〕-120 **크낙한 포기** | 싯다르타 왕자의 출가는 분명 대단한 일이다. 왕자가 붓다가 되는 것은 필연적으로 출가라는 획기적 사건이 일어나야만 가능하기 때문이다. 당초에 출가의 계기는 왕자 자신의 고민이었지만 뒷날 붓다가 신격화되어 가는 과정에서 이 또한 신비스럽게 포장되었다. 출가라는 사실에 신격화라는 달빛이 덧입혀진 것이다. 왕자는 마부 찬다까의 도움을 받아 애마를 타고 단둘이서 잔치의 흥겨움에 경비가 소홀한 틈을 타서 조용히 성을 벗어났건만 달빛 속의 출가에서는 천신들이 때를 알렸고 사천왕(四天王)들이 도왔다고 어느새 바뀌었다. | 왕가가 잔치의 기쁨을 한창 누리고 있을 때 정거천신들이 나타나 지금이 바로 출가의 때라고 알려 준다. 왕자는 천신들의 말을 듣고 애마를 준비시켰다는 것이다. 왕자가 야쇼다라 공주의 숙소를 나와 애마에 오르자 사천왕들은 소리가 나지 않도록 말의 네 발굽을 각자 하나씩 감쌌다. 잠긴 성문을 열면 들킬까 염려하여 발굽을 든 채로 떠올라 성벽을 넘었다고 한다. 상서롭고 특별한 일이 생길 때면 인도의 문학 표현에는 어김없이 천신이 나타났음을 기억하자. | 만약 실제로 천신들이 출가 시기를 일깨워 주고 천왕들이 그 방법을 제시했다면 왕자의 출가는 오롯한 인간 의지가 아닌 것이 된다. 그렇게 해서 왕자는 다시 나약하고 때를 판단할 안목도 없는 바보가 된다. 그러나 왕자의 출가는 온전히 자발적 의도에서 이루어진 것이며 시기도 스스로 택했다. 신들의 등장은 이 출가가 보통의 사람으로는 그만큼 힘들고 숭고한 결심임을 드러

내는 장치다. | 인도는 지금도 철저하게 가부장 제도가 유지되는 사회다. 붓다 당시에는 더 엄했을 수도 있다. 아버지의 말을 따르는 대신 살고 싶은 대로 살려면 계급〔자띠〕를 버려야 하고, 이는 바로 살아가면서 가장 중요한 '가문의 직업(family job)'을 의미한다. 그 의무를 포기하면 동일 계급에서 소외되고 사회 생활에 낄 수 없는 이방인 취급을 받는다. 다른 직업을 구할 수도 없다. 왕자가 출가를 한다는 것은 가문의 직업인 왕위 계승권을 버리는 것이고, 자신의 백성과 재물의 보호라는 끄샤뜨리야 카스트의 의무를 포기하는 것이었다. 게다가 자신의 아들 라훌라가 적장자의 아들로서 보장받은 왕위 계승권에도 영향이 미칠지 몰랐다. | 싯다르타 왕자는 왕궁에 있을 때 이미 까씨국과 앙가국이 멸망하는 것을 보았다. 그 유민들의 삶은 곧 자기 왕국의 앞날을 가늠할 지표가 되었다. 만약 이웃 강대국인 마가다국이나 꼬쌀라국이 어느 날 싸움을 걸어오고 거기에 지면 사꺄족은 노예로 팔리게 될 것이다. 출가를 결심하려 할 때 왕자도 마지막 갈등에 휩싸였을 법하다. 정말 예언자의 말대로 자신이 전륜성왕이 될 수도 있지 않을까? 사꺄족이 끊이지 않는 전쟁의 고통을 멈추어 질서를 바로 잡고 평화를 가져올 대국으로 성장할 기회를 영원히 놓치는 것은 아닐까? | 누려 왔던 쾌락은 버리기 힘들고, 힘없는 아내와 어린 아들에게 남겨질 고통은 눈앞에 선하다. 그뿐인가? 늙은 아버지 숫도다나왕과 친자식보다 더 극진하게 대했던 어머니 마하 빠라자빠띠를 생각한다면, 그리고 온갖 기대를 걸고 있는 부족 원로들을 생각한다면, 단지 자신만을 위하는 이기심에 의거해 출가를 하고자 하는 것이 아닐까 고민이 컸을 것이다. 그 고민에 한참이나 망설이기도 했을 것이다. 이제 그 망설임이 끝났다. 라훌라의 탄생이 마침표를 찍도록 하나의 대단원이 되었다.

|

〔09.02〕-121 **출가의 재해석** | 왕자의 출가는 위대한 결심의 결과였다. 경전에서 아름다운 말로 그 동기를 꾸미지만 우리는 그 위대한 결심을 읽음으로써 절대적인 신이나 신의 목소리를 전하는 대행자가 아닌, 우리와 같은 살아 있는 인간으로서 붓다의 참모습을 볼 수 있다. 붓다의 가르침은 단순하다. 붓다 당신이 직접 수행하여 깨달은 방법대로 수행을 하게 되면 누구나 궁극적 행복〔닙바나(ⓟnibbāna), 니르바나(ⓢnirvāṇa), 열반(涅槃)〕을 성취할 수 있다는 것이다. 우리가 붓다의 가르침을 따르는 가장 중요한 이유도 여기에 있다. | 욕망의 세계는 경쟁과 투쟁으로 행복을 유지하려 하고, 쾌를 소유하려 계속 확대시킨 욕심과 화냄〔싫어함〕과 무지(無知)의 연속이었음을 자각하고 스스로 완전하고 과감하게 그 방향을 바꾸는 첫 작업이 출가다. 진정한 출가의 뜻은 바로 여기에 있다. 경전의 표현을 잘못 해석하면 붓다는 이기주의자이거나 염세주의자가 될 수도 있고 패배주의자로 보일지도 모른다. 표현을 걷어내고 그 속을 보면 그동안 살아 온 삶에 대한 왕자의 겸허한 반성을 마주하게 된다. | 가난한 백성이 살아가는 데 진정으로 필요한 것은 한 끼의 밥보다 농사짓는 법일 것이다. 마치 그처럼 물질의 차원이 아닌 접근법 자체, 정신의 차원을 바꾸려는 크낙한 꿈을 실현하고자 출가를 택한 것이다. 자신이 전륜성왕이 되어 나라 안의 제도를 고치고 법률을 정비한다 하여도 그것은 당대 한 지역에만 그칠 뿐 영속성이 없다. 물리적 제도보다는 사람의 마음을 바꾸는 혁명이 더 오래갈 것이라는 판단이 여기에 있다. 자기를 중심에 놓고 세상을 바라보는 시각을 떨치고, 안일하게 방관하던 관습과 협소한 가치관의 굴레를 벗고, 모두가 행복할 수 있는 새로운 가치관을 찾아 나선 것이다. | 성(城, pur뿌르)은 울타리다. 울타리로 폐쇄된 공간이다. 그 안에 있는 자의 생

성(城 = Ⓢpur) 싼쓰끄리뜨 뿌르(pur) 또는 뿌라(pura)는 도시를 뜻하는데, 성벽으로 둘러싸인 영역을 지칭한다. 인도 문화권에는 이름이 '-푸르', '-포라'로 끝나는 도시가 많다. 그리스어의 폴리스(polis)와 통한다.

명이나 재산을 지켜 주는 것이 울타리의 구실이다. 성안에서 산다는 것은 주어진 명예·부귀·가족·권력의 테두리 안에 머문다는 상징이다. 그 세계 안에 머무는 한 최소한 안전을 보장받는다. 싯다르타 왕자는 성으로 상징되는, 그 안온한 기득권을 버리고 떠난 것이다. 왕자의 출가는 울타리 안에서 욕망을 충족시키는 것을 삶의 목표로 알았던 세상의 가치를 거부하는 결단이다. 또한 그동안 길들어 왔던 계급적 우월감과 풍요가 착취로 인한 거짓된 것임을 똑똑히 보고 부정한 것이다. 율장에 이런 구절이 있다. "사람에게 일을 시켰으면 정당한 대가를 지불하라. 일을 시키고 합당한 대가를 치르지 않는다면 그것은 그의 노동력을 훔치는 것으로 훔치지 말라는 죄를 범하는 것이다." | 그동안 고심했던 새로운 길을 왕자가 찾아낸다면 누구나 납득할 수 있는 객관적 방법으로 그것을 제시해야 할 것이다. 다수의 제3자에게 검증되지 않는다면 그 방법은 곧 사라지기 때문이며, 반면 비록 자신이 세상을 떠나더라도 자신이 찾아낸 가치관이 계속 남는다면 사람들에게 길이 행복을 줄 것이다. 이제 출가라고 하는 이름을 걸고 왕자는 자신이 품은 새로운 질서관이 옳았음을 증명해 내는 시간에 접어들었다. 자신이 속한 기존 집단의 체계가 주는 쾌락을 누리면서 그 질서를 바꿀 수는 없다.

〔09.03〕 강을 건너서

〔09.03〕-122 **숭고한 강**(江) | 왕자는 성을 나서자 마부에게 성안의 사람들이 따라오지 못하도록 남쪽으로 최대한 멀리 가자고

했다. 마부 찬다까는 진작에 왕자의 의지를 알았다. 그렇기에 아무 말 없이 왕자가 탄 말을 남쪽으로 밤새도록 쉬지도 않고 끌었다. 새벽녘이 되자 큰 강가에 이르게 되었다. 왕자는 그제야 마부 찬다까에게 쉬자고 했다. "찬다까야, 많이 왔구나, 앞에 흐르는 강 이름을 아느냐?" "아노마강(Anomā-nadī 아노마 나디〔anomā = supreme, exalted + nadī = river〕)이라고 합니다." "그렇구나. 참 좋은 이름이구나." '아노마(anomā)'는 '높고 고상하다'는 뜻을 가지고 있어 중국에서는 한자로 '숭고(崇高)'라고 번역했다. 강 이름조차 자신의 출가를 축복해 주는 듯했다. "그렇다, 나의 출가도 정녕 아노마일 것이다. 성스럽고 고귀함으로 가득 찰 것이다." | 붓다의 삶에 크낙한 일이 일어난 곳에는 나무가 있었고, 전환의 현장에는 도도하게 흐르는 강이 있었다. 붓다 삶의 첫 번째 전환기인 출가는 아노마강을 건너감으로 시작된다. 그래서 아노마강을 '출가의 강'이라고 하며, 지금도 네팔 남부 테라이(Terai) 평원을 적시며 붓다의 위대한 출가를 증언하고 있다.〔아노마강의 현재 위치는 인도 고락푸르(Gorakhpur)의 아우미강(Aumi)이라는 설과, 인접한 바스티(Basti)의 쿠다와 나디(Kudawa-nadī)라는 설이 있다.〕 | 이 대목에서 왕자는 자신의 영토임에도 강 이름을 몰라 마부에게 물어본다. 마부도 아는 강 이름을 몰랐다는 것은 왕자가 평생 까삘라성을 멀리 벗어나지 못했다는 기록과 맞아떨어진다. 자정부터 새벽까지 밤길을 더듬어 간 거리라면 29살 청년이 낮에는 너끈히 오가고도 남으리라 짐작할 수 있고, 마부 찬다까에게도 익숙한 지역이었을 법하다. 그런데 왕자에게는 낯선 강이었던 것이다. 왕자와 마부는 얕은 곳을 찾아 물살에 걸음을 내디뎠다.

|

신화의 세계에서 강이 지니는 원형적 상징들이 있다. 창조의 신

비, 죽음과 재생, 정화와 구원, 비옥과 성장, 태초라든가 무의식 등의 의미다. 강물의 흐름은 시간 또는 인생에 비유되어 과거 · 현재 · 미래로 이어지는 변화와 지속을 나타내기도 하고, 잔잔한 물 표면은 거울과 같아 마음의 고요함을 나타내기도 한다. 강을 건너는 것은 결단을 상징하기도 한다. 강은 이편과 저편의 땅을 나누므로 이승과 저승, 만남과 이별, 자아와 세계 등의 단절이나 거리감을 나타낸다. | 인간에게 강은 식수원이자 농작물을 키우는 데 없어서 안 될 자원이다. 고대 문명도 강을 끼고 발생했다. 생명의 젖줄이지만 범람은 두려운 재난이었으므로, 친숙하면서도 경원시(敬遠視)〔겉으로는 가까운 체하면서 실제로는 멀리하고 꺼림칙하게 여김〕되던 곳이 큰 물가였다. 불교에서 강은 곧잘 깨달음의 세계인 저 언덕〔피안(彼岸, pāra빠라)〕과 고통의 세계인 이 언덕〔차안(此岸, ⓟapāra아빠라)〕〔a=아니 + pāra=저쪽〕을 나누는 경계로 차용된다. 훗날 붓다는 고통을 지나 행복해지는 것을 강을 건너는 것으로 비유하곤 했다. | 여기 아노마 강가의 장면도 예로부터 신화와 문학에 등장해 온 그 상징성을 남김없이 보여 준다. 왕자가 강둑에 다다랐다는 것은 이제 걱정, 번뇌, 슬픔, 죽음 등으로 나타나는 이 언덕으로부터, 갖가지 오염원(kilesa낄레싸)〔욕망과 성냄과 무지〕으로부터 벗어나고 고통〔윤회〕에서 벗어나, 궁극적인 행복과 영원한 자유를 얻기 위하여 저 언덕으로 나아가려 함을 뜻한다. 그 벗어남은 처음에는 자신의 문제였지만 이후 모든 인간에게도 해당하는 결과에까지 이르렀다. 왕자는 새벽녘 강가에서 마부 찬다까와 짧은 휴식을 취하며 자신의 결심이 옳았음을 알고 강을 건넜다.

|

강 반대편에 다다르자 다시 까삘라 왕궁으로 돌아가지 않는다는 결기로 왕자는 몸에 치장했던 보석과 금붙이 등 장신구를 모두

풀었다. 보검(寶劍, ratna-asi라뜨나-아씨)을 빼어 들고 까씨(Kāsi)국의 향유를 발라 곱게 빗은 머리카락을 풀어 위로 높이 들고 단칼에 뭉텅 잘랐다. 기록에 따라서는 던지며 이렇게 말했다고 한다. "신들이여. 만약 내가 깨달음을 이루지 못한다면 이 머리카락이 땅으로 떨어질 것이요, 그렇지 않고 깨달음을 이룰 것이라면 땅에 떨어지지 말지어다." 그러자 곧바로 천신들이 나타나 황금 쟁반으로 잘린 머리카락을 받아 천상 세계에 올라가 탑을 쌓고 공양을 했다고 한다. | 거룩한 아노마 강변, 아침 햇살에 모래가 반짝였고 구슬피 우는 마부의 눈물도 함께 반짝였다. 붓다는 세상에 태어나서 돌아가실 때까지 세 번에 걸쳐 그 이름이 바뀐다. 처음 태어나서 출가 전까지는 '왕자'로 불리었고, 29살이 되던 2월 보름날 성을 넘어 출가를 하여 깨달음을 성취할 때까지는 '보살'로 불린다. 깨달음 이후 '붓다'라는 호칭을 얻었다. 이제부터는 출가하여 머리를 깎았기 때문에 '보살'이라고 부르기로 한다. | 당시 출가 사문(出家沙門)〔ⓟsamaṇa싸마나/ⓢśramaṇa슈라마나〕이 모두 머리를 깎고 수염을 자르고 가사(袈裟)〔ⓢkāṣāya까사야/ⓟkasāva까사와〕를 입었는지는 확실하지 않다. 『마누 법전』에는 배우는 "학생들은 머리카락을 깎거나 또는 머리카락을 묶거나〔結髮결발, cūḍā쭈다〕, 땋아도〔辮髮변발〕 무방하다."고 나온다. 이로 본다면 출가자의 머리 모양은 각자 평소 습관이나 신념에 따라 다양했던 듯하다. 그러나 보살은 수행자에게 머리카락은 집착의 대상이라고 보고 과감하게 잘라버린다. 잘라내도 머리카락은 곧 자라난다는 것을 누구나 알면서도 쉬 자르지 못하는 것은 머리카락으로 상징되는 애욕과 집착의 무게 때문이다. 보살은 그 애욕과 집착을 끊는다는 결심으로 보검을 들고 잘라 버렸다. | 출가 사문이라는 말은 당시 정통임을 자처하던 브라만에게는 해당 사항이 없다. 사

문은 브라만이 아닌 다른 계급 출신으로 브라만이 고민하던 그 사상계에 진출한 자를 일컫는다. 붓다 또한 사문이라, 제자들이 대사문(大沙門, mahā-samaṇa마하-싸마나)라고 부르기도 했다. 수행을 하면서 걸식을 하던 이들을 달리 빅쿠(bhikkhu)〔비구(比丘)〕〔ⓢbhikṣu빅슈, 필추(苾芻), 걸사(乞士) : 거지, 또는 종교적 이유로 탁발(동냥)하여 얻은 보시로만 살아 가는 수행자.〕라고도 불렀다. 붓다 역시 걸식으로 살았으니 빅쿠였고, 붓다가 속한 무리를 지칭할 때 빅쿠 쌍가(bhikkhu-saṅgha)〔saṅgha = 승가(僧家)〕라는 말을 사용한 것이 경전에 자주 보인다. 그런데 불교 승려가 아니더라도 걸식을 하는 모든 수행자를 빅쿠라고 부르므로 사문과 달리 빅쿠라고 할 때는 브라만도 포함된다. 자이나(Jaina) 교도들 또한 자신을 빅쿠라고 불렀다. | 왕자는 이제 머리를 깎고 까사야〔가사〕를 입고 걸식을 하게 되었으니 출가 사문이자 빅쿠이지만 불교에서는 전통적으로 붓다가 출가하여 성도하는 시점까지를 보살이라고 부른다.

|

〔09.03〕-123 **보살이란?** | 보살(菩薩)은 'ⓢbodhisattva보디쌋뜨바(와)/ⓟbodhisatta보디쌋따'를 소리 나는 대로 한자로 옮긴〔音譯음역〕 것이다. 원래는 2개의 단어가 결합한 말이다. 보디(ⓟbodhi)는 최고의 지식, 깨달음을, 그리고 쌋따(ⓟsatta)는 존재, 생명, 실재, 중생을 뜻한다. 합하면 보살은 깨달음을 추구하는 자, 또는 깨달음을 이룰 능력을 지닌 존재라는 뜻이다. 원래 초기 불교에서 보살은 최상의 공덕 완성인 '여섯 바라밀(波羅密, Pāramitā빠라미따)'〔보시(布施)·지계(持戒)·인욕(忍辱)·정진(精進)·선정(禪定)·반야(般若)〕을 실천하는 사람을 가리키는 말이었다. 바라밀은 이기적 동기나 자아(自我)의 테두리와 본능조차 버리고 초월적 덕성을 완성하는 것이다. 따라서 초기 경전에서 '보살'은 오직 ① 싯다르따 왕

자가 이 세상에 태어나기 전 수행을 하던 전생과, ② 금생에 왕자로 태어나 아노마강을 넘어 출가하여 6년간 홀로 고행을 통하여 깨달음을 이루기 전, 그리고 ③ 미래의 부처님으로 오실 미륵(彌勒)〔ⓢMaitreya마이뜨레야 / ⓟMetteyya멧떼야〕〔maitrī = loving-kindness〕만 해당한다. 이 셋만이 초월적 덕성을 이루기 위해 목숨조차 버릴 수 있는 존재이기 때문이다. | 대승 불교에서 보살은 붓다의 가르침에 따라 수행하되, 중생을 위해 '정각(正覺, samma-sambodhi쌈마-쌈보디)'을 미룬 존재다. 정각은 이른바 우리가 말하는 '성불'이라는 것이다. 보살은 단 하나의 어리석은〔無知무지〕 중생이라도 있다면 그 존재를 구원할 때까지 정토에서 기다리며 자신의 '정각'을 미룬다는 것이다. 실재하는 우주의 무한에 가까운 크기와 그 안에 끊임없이 태어날 생명체들을 생각한다면 보살이 제도해야 할 이른바 중생은 무한(無限) 미진수(未盡數)로 헤아리기 어렵다. 도저히 이루어질 수 없는 불가능한 원력인 것이다. | 깨달음, 곧 닙바나(nibbāna, 涅槃열반)의 지복(至福, bliss)은 수행자가 추구하는 최고의 목표다. 초기 경전에서는 요즘 말하는 불성(佛性)〔ⓢBuddhatva붓다뜨와, ⓟBuddhatta붓닷따〕이라는 것에 대한 언급은 찾아볼 수 없고, 더욱이 닙바나를 성취하고자 행하는 순수한 구도 행위인 수행을 하면서 그 결과로 자신에게 온 완전한 깨달음의 기회를 타인을 위하여 보류하는 일도 나오지 않는다. | 기도나 보시 등을 통해 타방 세계(他方世界, ⓟlokāntara로깐따라)〔loka =세계 + antara = 다른〕의 부처나 보살들이 있는 정토(淨土, sukhāvatī쑤카와띠)〔sukha = 즐거움(bliss) + vat=가득한, 지극한〕에서 구제받기를 원하거나, 그 세계의 부처나 보살이 나를 구원하기 위하여 기다리고 있다고 가정을 한다면 그것은 우리의 스승인 고따마 붓다의 가르침과는 근본적으로 어긋나게 된다. 고따마 붓다는 스스로 실천 수

행하여 자신처럼 깨달음을 성취하고 윤회의 사슬에서 완전히 벗어나는 법을 45년간 거듭 설명했지, 밖으로부터의 구원을 말한 적이 없다. | 보살이 실천한 구체적 수행 방법이 여섯 가지 바라밀 행이다. 바라밀 행은 끝없는 자기 희생과 사랑과 연민의 실천이고 어디에서도 이기심을 찾아볼 수 없는 순수한 이타행(利他行)으로, 구도(求道)의 결과다. 구도 없이 이루어지는 선행은 그 사람이 지닌 어진 성품을 나타낼지언정 이른바 보살의 바라밀 행은 아니다. 예컨대 측은지심으로 타인을 돕는 봉사 활동은 굳이 종교가 아니더라도 인간이 지닌 본연의 선한 성품에서 자연스레 우러난 것이다. 따라서 단지 봉사 행위만 한다고 구원될 것으로 믿을 것도 아니요, 보살행이라고 보아서는 안 된다. 보살의 바라밀은 그 자체가 수행의 과정이므로 그것을 통해서 '정각'을 이룰 수 있다. 보살은, 어디에서 어떤 생명체로 태어나든지 끊임없이 초월적 덕성을 닦으려고 노력했고 바라밀을 완성하려는 정신으로 말미암아 다른 존재와 구별되어 보살이라 불린 것이다. 보살은 초월적인 덕성을 미루는 대신 그것을 완성하기 위하여 쉬지 않는다.

|

〔09.03〕-124 **마부를 위하여** | 보살은 몸에 걸쳤던 금과 보석 장신구를 떼어 찬다까에게 주었다. 울고 있는 마부를 달래 왕궁으로 돌아가 자신의 출가를 전하라고 명한다. "찬다까야, 내 검푸른 머리카락은 이미 잘려 버렸다. 돌아가거라. 찬다까야, 애마 깐타까를 데리고 까삘라로 가거라." | 마부 찬다까는 홀로 돌아갈 수 없다며 흐느꼈다. 그러느니 차라리 보살을 모시고 같이 수행하게 해 달라고 청했다. 무엇 때문에 찬다까는 왕궁의 마부 자리를 마다하고 앞날을 기약하지 못하는 출가의 길을 자진했을까? 자신

이 모셨던 왕자를 계속 모시려는 충성심이었을까? 이 마부는 훗날 출가를 하여 결국 비구〔比丘, 빅쿠(bhikkhu)〕가 되기는 했지만 그때에도 갖가지 말썽을 일으켰고 스승 붓다의 가르침이나 다른 비구들의 충고를 잘 듣지 않았다. 붓다가 마지막 유언 때조차 "전체 대중은 그에게 말을 걸지 말라"는 엄벌을 내린 것으로 보아 출가자 본연의 의무인 수행을 하겠다는 뜻보다는 어쩔 수 없는 분위기에 떠밀려 출가를 했던 듯하다. 붓다의 제자가 된 훗날에도 그랬던 찬다까가 아직 깨달음을 성취하지 못한 보살을 따라 출가를 하겠다니. | 마부 찬다까는 자신의 목숨이 위태로워지게 된 것이다. 마구간에서 깐타까를 끌고 나왔고, 출가를 방조한 정도가 아니라 아예 적극적으로 도왔다. 마부는 왕자가 말을 타면 감시에 소홀하지 말라는 명령을 받았을 것이다. 의무〔dharma다르마〕가 생긴 것이다. 차라리 목숨을 마칠지언정 의무에 소홀해서는 안 되었다. 의무의 완수만이 자신을 보호하며 다음 생에 나은 계급으로 태어날 수 있는 담보라고 여겼기 때문이다. | 왕자의 출가를 도운 것이 두려운 까닭은 보살보다는 왕에게 복종해야 할 의무가 더 컸기 때문이다. 왕은 신과 동격이 아니던가? 왕이 준 의무를 지키지 못했다는 것은 신이 내린 의무를 못 해냈다는 것과 같다. 마부는 자신이 지은 부정한 일을 정화할 방법이 목숨을 내놓는 길밖에 없으리라는 것을 알았다. 다시 까삘라 왕궁으로 돌아가라지만, 성에서 그를 기다릴 것은 늙은 왕의 처벌과 왕비의 질책, 드센 왕자비의 슬픔, 부족 원로들의 분노 등이었다. 눈앞이 캄캄해 우는 마부에게 보살은 만나면 헤어지는 것이 당연한 이치라며 자신의 머리꾸미개를 아버지 숫도다나왕에게 드리라고 한다. 그리고 함께 전할 말을 일러 준다. | "부왕이시여, 저의 출가는 사람들의 속임을 받아서가 아니고, 노여움과 원한으로 인한 것이 아닙

니다. 또한 저의 출가는 재물이 적어서도 아니며 천상 세계에 태어나길 원해서도 아닙니다. 부왕이시여, 저는 세속에 욕망이 없습니다. 제가 출가하는 까닭은 오직 모든 중생이 어둡고 미혹하여 헤매고 괴로워하는 것을 보고 그들을 고통의 세상에서 구제하고자 함입니다. 반드시 도를 깨달아 돌아가 뵙겠습니다." | 이 말이 비천한 마부 찬다까의 목숨을 구하는 말이 된다. 보살도 부여받은 의무를 완수하지 못한 마부가 돌아가면 어떠한 처벌을 받을 것인지 모르지 않았다. 꿈꾸던 출가를 도와주었는데 죽음이라는 선물로 보답할 뜻은 추호도 없었을 것이다. 자신의 출가를 도왔을 뿐만 아니라 왕에게 받은 의무는 아니지만 자신의 명령에 따른다는 의무를 지킨 마부를 위해 왕자는 구명(救命)의 길을 열어주어만 했다. | 왕궁으로 돌아가면 다들 마부를 붙들고 추궁할 것이다. 이에 대비하여 보살은 우선 자신의 출가가 제3자의 꼬임에 의한 것이 아니라 순수하게 자의(自意)에 의한 것임을 밝힌다. 나아가 재물이나 왕위를 물려받지 못했기 때문이 아니라고도 밝힌다. 당시 야심 많은 왕자들 가운데 부왕을 죽이거나 폐위시키고 스스로 왕위에 오르는 경우가 있었기 때문이었다. 그다음, 인도 사람에게는 예나 지금이나 최고의 이상인 '천상의 신 곁에서 환생하는 것'을 목표로 하지 않았다고 했다. 이는 '왕 즉 신'라는 공식이 보살에게도 유효함을 밝혀 아버지에게 반역할 의사가 터럭만큼도 없음을 드러낸 것이다. 만약 천상 세계를 희구해서라고 했다면 아버지의 집인 왕궁은 신이 사는 곳이 아니라는 말이 되고 왕의 권위를 부정하는 뜻이 된다.

|

〔09.03〕-125 **멀고 먼 길** | 짠드라 신〔Candra, 달의 신〕의 미소와 같은 은빛 보름달이 서쪽으로 지고, 동쪽에서 쑤리야 신〔Surya, 태양신〕

이 백마가 이끄는 전차를 타고 붉은빛으로 세상에 모습을 드러내는 아침이 되었다. 까삘라성은 지난밤 라훌라 왕손의 탄생 축제 마무리로 어수선했다. 그런 가운데 왕자의 모습이 보이지 않아 작은 소란이 일었고, 여기저기 뒤지다가 마구간까지 가 본 시종들은 덜컥 겁을 집어먹었다. 왕자의 애마 깐타까와 마구가 보이지 않고 마부조차 사라진 것이었다. 왕은 직감했을 것이다. 아무리 보름달이 떴다고 하지만 어두운 밤길을 간들 얼마나 갔겠으랴 생각하며 왕은 사람을 풀어 짚이는 곳들을 뒤졌지만 쉬 흔적을 찾지 못했다. | 그러는 동안 마부 찬다까는 온 길을 되짚어 돌아가지 않고 보살이 가르쳐 준 대로 7일 걸려 빙빙 돌다가 왕궁으로 돌아갔다. 사람은 대개 나쁜 일이 일어나면 첫 순간에는 버럭 화가 나지만 시간이 지나면 걱정으로 돌아서는 법이다. 처음에야 노발대발하던 숫도다나왕이었지만 눈에 넣어도 아프지 않을 아들이 행방불명되어 소식도 7일이나 듣지 못하게 되었다. 출가 그날로 마부가 나타났다면 왕은 홧김에 무거운 벌을 내렸을지도 몰랐다. 하지만 이제는 지치고 그보다 살아 있기나 한지 궁금해지던 차였다. 7일 만에 애마를 끌고 나타난 마부에게 당장 묻는 것은 그동안의 행적일 것이고 아들의 안위를 알게 됨에 오히려 안도를 얻었다. | 보살은 마부가 곧바로 궁으로 돌아가면 벌어질 일들을 예상한 것이다. 아버지 숫도다나왕은 즉시 추격대를 만들어 뒤를 쫓을 것이고 출가는 찻잔의 태풍처럼, 지나가는 소나기처럼 수포로 되돌아갈 것이다. 오래 곁을 지킨 마부 찬다까 역시 왕에게 큰 벌을 받을 것이 틀림없었다. 만약 들켜 끌려 돌아가게 된다면 새로 고용된 마부가 발 한 번 뻗지도 못하게 감시할 것은 보지 않아도 뻔했다. 보살은 마부에게 살고 싶으면 자기 말을 따르라고 당부했을 것이다. "멀리 돌아가라, 최대한 멀리 돌거라. 7일

정도 걸리도록 돌아가라. 그것이 네가 살 길이다." | 까삘라 왕궁으로 이레 만에 돌아간 마부 찬다까는 아니나 다를까 숱한 질책부터 들었다. 왕자를 감시하고 보고할 의무를 완수하지 못했으니 엄벌이 마땅하다는 비난을 뚫고서, 마부는 보살이 평소 몸에 걸쳤던 보석 장신구를 조심스레 내어 놓았다. 그리고 미리 알려 준 말을 왕과 왕비, 공주에게 전했다. 늙은 왕은 정신을 잃었고 친어머니보다 더 극진하게 길러온 마하 쁘라자빠띠 역시 할 말을 잃고 빈 하늘만 바라본다. 시집와서 지아비 하나만 바라보며 살던 야쇼다라 공주는 더욱 애통했다. 이제 겨우 의무를 완수하고 사람 대접을 받게 되었나 했더니 생이별을 해야 했다. | "무정한 사람, 내가 아내로서 할 일을 다 하고 있는데 어찌 나를 버리고 가버렸습니까? 옛날 사람들은 처자가 있어도 그들을 데리고 들어가 수행했다고 하는데, 함께 수행하여 서로 도왔다고 하는데 어찌 혼자만 출가를 했습니까? 이 세상의 기쁨이 모자라서 도리천(忉利天)〔ⓢ Trāyastriṃśa뜨라야쓰뜨링샤/ⓟ Tavatimsa따와(바)띰싸〕〔수미산 정상 신들의 왕 인드라가 사는 하늘〕에 올라가 천녀들과 함께 쾌락을 누리려고 하는 것입니까? 어찌하여 나만 남겨 놓고 가셨습니까?"

|

〔09.03〕-126 **울어야만 하는 야쇼다라** | 야쇼다라 공주는 할 말이 너무나 많았다. 공개적으로 큰소리칠 수 있는 이유는 간단하다. 아들을 낳았기 때문이다. 여러 왕자비 가운데 충분히 자랑할 만했다. 공주의 넋두리에서 우리는 시부모에게 공경을 다하고 살림을 잘 챙겼다는 자부심을 확인한다. 거기에다 외모에도 자신이 있었던지라, 지아비 싯다르따의 출가를 두고 자기가 어디가 부족해 천상의 선녀를 찾느냐고 항변한다. | 인도에서는 남편이 죽으면 남은 아내에게 괴로움이 시작된다. 남편이 출가를 해도 마

찬가지다. 남편이 죽지는 않았지만 생과부가 되어 과부의 의무만 남는다. 이제 자신을 기다리는 것은 출가한 남편이 스스로 선택한 그것과 별 다를 바 없는 험한 잠자리와 거친 음식이다. 지금까지 의무 앞에 충실했듯, 그것이 홀로 남겨진 아내로서 의무를 다 하는 것이고 칭송 들을 만한 행실이었다. 신에게 기대는 자에게는 신이 떠나갔을 때 비참함이 남는다. 남편이 제 발로 젊은 아내와 어린 자식을 두고 떠나갔다. 남겨진 가족에게는 하늘의 신이 떠난 것과 다르지 않았다. | 법전에는 출가를 할 때 처가 젊으면 자식들에게 맡기고 늙으면 데리고 갈 수 있는데 그것은 당사자가 원할 경우라고 했다. 야쇼다라 공주가 남편을 원망하면서 자신도 데리고 출가를 하지 그랬느냐 하소연하는 까닭도 이런 배경에서다. 자신만 홀로 남겨 두니 친척들에게 마치 아내가 도리를 못하여 왕자가 출가하지 않았나 하는 눈총을 받게 만들었다. 자신의 외모에 주름이 잡히고 백발을 보이면 그 때나 해야 할 출가를 왕자는 너무 일찍 한 것이다. 물론 그것은 그 시대 보통 사람의 견해일 뿐 아무도 왕자의 마음을 헤아리지 못했다. | 게다가 싯다르타 왕자가 출가한 것은 왕의 말을 어기는 것도 되었다. 그로 인해 태어난 아들에게 불이익이 돌아오지 않으려나 걱정에 가슴이 미어졌다. 왕위 계승이 정당할 때만 라훌라도 왕자 대우를 받는 것이지, 만약 숫도다나왕이 배다른 왕자 난다(難陀, Nanda)에게 왕위를 물려주기라도 한다면 자신과 라훌라는 경우에 따라 목숨조차 부지하기 힘들지 몰랐다. | 몇몇 기록에 따르면 야쇼다라 공주가 낳은 왕손 라훌라와 배다른 시동생 난다 왕자는 나이 차이가 그리 많지 않다. 붓다가 성도 후 6년이 되는 해에 고향에 귀환한다. 붓다 나이 41세 때다. 그리고 얼마 후 난다 왕자의 결혼식 장면이 경전에 나온다. 계급에 따르자면 결혼할 때 난다 왕자의 나이는

최소 16세에서 최장 20세를 넘지 않아야 한다.〔나이 들어 어린 부인을 새로 맞이한 경우는 예외다.〕 이 때 라훌라는 태어나 12년 만에 처음 아버지 붓다를 뵙게 되었다고 한다. 이 기록이 옳다면, 그리고 그렇지 않더라도 야쇼다라 공주가 아버지가 없는 상태에서 아들 라훌라를 키우고 왕위를 물려받게 하기 위하여 얼마나 숨막히는 삶을 살았을지 짐작이 된다. | 대승 경전에서는 야쇼다라 공주를 지극한 열녀(烈女)로 소개한다. 보살이 출가한 날부터 "자신도 누더기 검소한 옷을 입고 침대 대신에 바닥에서 잤으며 맛있는 음식도 먹지 않고 거친 음식을 먹었으며 장식품으로 몸을 꾸미지도 않고 화장도 하지 않았다."고 칭송한다. 하지만 인도의 실상에서 그것은 특별한 것이 아니었다. 자발적인 것이 아니라 선택의 여지 없이 주어지는 의무이기 때문이다. 야쇼다라 공주는 남편의 출가를 안 순간 버림받았다고 생각할 수밖에 없었다. 아무리 넋두리를 하여도 이제 웃음과 즐거움을 버려야 할 뿐이다. 또다시 홀로 울어야 하는 불쌍한 야쇼다라 공주!

|

〔09.03〕-127 **까사야로 바꾸어 입고** | 검푸른 머리카락을 잘라 내고, 슬퍼하는 애마 깐타까와 마부 찬다까를 돌려보낸 뒤 보살은 자신이 입은 옷이 수행자로서 어울리지 않음을 알아차렸다. 왕궁에 있을 때는 지극히 정상으로 보였지만 숲속에서 머리를 깎고 나자 그것은 도무지 적절치 않은 차림새였다. 마침 사냥꾼이 지나가는 것을 보고 그를 불러 세워 자신의 옷과 바꾸었다. 사냥꾼은 좋은 옷을 입을 수 없는 계급이고 그럴 만한 여유도 없었다. | 당시 출가 수행자들이 모두 까사야(ⓢkāṣāya)〔가사(袈裟), ⓟkasāva까사와〕를 입은 것은 아니었다고 한다. 각자의 신념이나 취향에 따라 세속의 옷을 입고도 수행을 할 수 있었다. 그러니 걸

친 옷이 수행의 척도가 되는 것은 아니었다. 그러나 까사야를 입는 이들이 적지 않았을 듯하다. 그것이 숲속 고행자임을 나타내기 때문이다. 까사야라고 하지만 특별한 옷이 따로 있던 것이 아니라 수행자들이 기워 입던 누더기를 가리키던 이름이다. 남들이 버린 옷가지나 무덤가에서 주운 헝겊을 모아 꿰매고 짙게 물들여 만든다.〔빨리어 까사야(Kāsāya)나 까사와(Kāsāva)의 어원을, 쌍쓰끄리뜨로 '일종의'를 뜻하는 까(ka)와 '갈색'을 뜻하는 샤와(śyāva)의 합성어로 보기도 한다. 주운 헝겊을 진흙 등으로 세탁하여 누르스름하거나 검붉은 색을 띠었기 때문이다.〕 지금도 스님들이 입는 가사가 조각난 모양인 것은 헝겊 조각을 이어서 만든 누더기에서 온 것이기 때문이다. 보살은 수행자답게 누더기 까사야를 입고 인적이 없는 더 깊은 숲으로 들어갔다. 보살이 검푸른 머리를 깎은 것은 자신이 지녔던 세속의 가치를 포기한 것이고 누더기를 입은 것은 세속의 기득권을 포기한 것이다. | 세속에서는 사람을 처음 대면했을 때 그 차림새를 가지고 평가하는 경우가 많다. 사람들은 자신의 직분이나 환경, 계절에 따라 옷을 입고 또 적절하게 갈아입는다. 특정한 상황에 어울리는 옷을 입어야 무리에 낄 수 있는 경우도 많다. 오죽하면 "옷이 날개"라고 했을까. 보살은 왕자 시절에 비단옷만 입었다. 머리 위에는 일산이 떠난 적이 없었건만 이제 해진 헝겊을 걸쳐 그 모습을 바꾸었다. 자신이 원한 선택이었다. 궁전과 비단옷은 죽어도 벗어날 기약이 없는 구속이었지만 스스로 찾아 입은 누더기 속에 자유가 기약되어 있었다. | 수행자에게 옷은 중요하지 않다. 수행하는 이는 거추장스럽게 다양한 복장을 짓거나 구입하고 보관할 필요가 없으며 그럴 여유도 없다. 수행자는 가장 단순한 가사 한 벌만으로 조건이나 환경, 계절이 주는 영향을 모두 벗어날 수 있다. 한 벌의 까사야는 어디에서나 통하는 옷으로, 간소한 삶을 유

지하는 데 더없이 적절하다. 보살이 호사스러운 비단옷을 사냥꾼의 누더기와 미련 없이 바꿀 수 있었던 것도 그런 까닭이다. 수행자에게 옷이란 햇빛이나 추위로부터 살갗을 보호하고 남들에게 부끄러운 곳을 보이지 않게 가리면 족한 것이다. 수행 집단 내의 계급을 표시하거나 신도들에 대한 위계, 사제의 권위를 부여하는 소품으로 여긴다면 그것은 보살이 처음 입었던 누더기를 부정하는 것과 같다. 보살은 가장 낮은 곳의 사람들이 입는 누더기 가사로 가장 높은 이상을 실현하는 수행자의 길에 들어선 것이다.

〔09.04〕 홀로 숲에서

〔09.04〕-128 **출가의 즐거움** | 보살은 비로소 혼자가 되었다. 인적이 끊어진 무성한 숲으로 들어갔다. 적당한 나무 아래에 앉아 평소에 해 왔던 대로 명상의 세계로 들어갔다. 참으로 행복하고 편안했으니, 그것이 출가의 즐거움이라고 믿고 그 즐거움을 만끽했다. "오, 출가의 즐거움이여, 내가 이제야 자유를 찾았노라. 이 즐거움 속에 반드시 도가 있을 것이다. 나는 이것을 찾기만 하면 된다. 머지않은 시간 속에서 나는 쉽게 그것을 찾으리라." | 보살은 숲속 나무 아래에서 초보 수행자답게 홀로 거룩하게 앉아 명상을 이어갔다. 서늘한 새벽이 가고 점점 높게 떠오르는 태양은 더위와 갈증을 선물했다. 슬슬 배고픔도 밀려왔다. 보살은 태어나서 지금까지 때가 되면 올리는 음식을 받았고 때가 아니더라도 배가 고프면 언제든지 먹을 수 있었다. 그러나 이제는 직접 먹고 마실 것을 구해야 했다. 시간이 흐를수록 배고픔과 갈증은 커졌지만 어제 저녁처럼 찾기만 하면 바로 가져다 바치는 이가 곁에 있지 않았으니 드디어 출가를 실감하기 시작했다. 게다가 주

변 지리를 알 길이 없었고 주위는 인적을 찾아볼 수 없이 적막했다. | 보살은 자리에서 일어나지 않고 견디기로 했다. 배고픔과 갈증이라는 적에게 물러나지 않고 출가의 목적인 깨달음을 얻겠다고 다짐했다. 대지와 풀과 나무를 태워 버릴 듯 기승을 떨치던 불볕도 석양 무렵이 되자 한풀 꺾였다. 보살은 다시 기운을 차려 보았지만 별들이 하늘을 수놓기 시작하자 왕궁에서와 달리 별로 유쾌하지 못한 밤을 맞이해야 했다. 습기 찬 공기가 누더기 가사를 눅눅하게 만들고 모기와 벌레들이 보살의 곁에 모여들기 시작했다. 저편 수풀에서 번뜩이는 눈빛들이 주시했고, 어딘가에서 동물의 울부짖음이 들려왔다. 생전 처음 홀로 무서움을 대면하게 된 것이다. 보살이 꿈꾸어 왔던 상상 속의 출가와 현실은 몹시도 달랐다.

|

〔09.04〕-129 **마라**(Māra)**의 유혹** | 처음 맞이하는 숲속의 밤이었지만 보살은 평소에 배운 대로 명상을 하며 그럭저럭 두려움의 고통을 이겨냈다. 그토록 원하던 출가 수행인지라 배고픔과 갈증 속에서도 희열을 즐길 수 있었다. 첫 밤을 지내고 날이 밝아오자 보살은 흐르는 시냇물을 찾아 갈증을 가시게 하고 숲속을 뒤지며 야생 열매를 따 굶주린 창자를 달랬다. 그리고 다시 나무 아래 앉았다. 처음 출가를 할 때만 해도 숲속에서 이 기세로 수행하면 며칠 만에 끝을 볼 줄 알았던 깨달음은 시간이 흐를수록 점점 멀어지는 것만 같았다. 애타게 찾아온 깨달음이라는 것이 실체가 무엇인지 알 길이 없었고, 점점 있는지조차 단언하기 곤란한 것만 같았다. 어렴풋하게나마 흔적이라도 보이면 좋으련만 깨달음은 꼭꼭 숨어서 보살 앞에 나타나지 않는 것이었다. | 수행의 날이 흘러갈수록 갖가지 잡념이 보살의 가슴속을 헤집었다. 잡념들이

일면서 보살의 머리는 쪼개지도록 아프기만 했다. 처음 출가하던 날 넘치던 희열도 간데 없었다. 불편한 잠자리, 입에 맞지 않는 야생 열매와 밤낮을 가리지 않는 해충들, 맹수들의 울음소리, 눈앞에서 또아리 튼 독사들을 마주칠 때마다 머리 한구석에서 왕궁의 잠자리와 음식이 떠올랐다. 사랑하는 아내들과 핏덩이 라훌라가 눈앞에 나타나는가 하면 넘치도록 사랑을 베풀어 주었건만 인사조차 하지 못하고 떠나온 아버지 어머니의 얼굴이 어른거리는 것이었다. | 보살의 앞에 '마라(Māra)〔마(魔)〕'〔= tempter, devil, principle of destruction〕가 나타났다. 마라는 여러 비유를 들어가면서 때가 되면 세상은 그대의 것이 될 것이니 돌아가라고 유혹하기 시작했다. "아니, 싯다르타여, 무엇 때문에 이 숲속에서 고생인가? 고행을 한다고 그대가 찾는 깨달음이 나타날 것만 같은가? 아무리 찾아도 깨달음은 없을 것이오. 싯다르타여, 왕궁으로 돌아가시오. 아직 늦지 않았소. 그대는 전륜성왕이 될 상호를 가지고 태어났다고 예언자가 말하지 않았던가? 차라리 전륜성왕이 되어 그대가 배운 학문과 기예로써 왕국의 백성들을 행복하게 해 주는 것이 어떻겠는가? 싯다르타여, 왕궁에서 야쇼다라 공주와 라훌라가 그대를 기다리며 눈물 흘리오. 돌아가서 그들의 눈물을 닦아주는 것이 혼자 하는 수행보다 훨씬 옳을 것이오. 돌아가시오, 왕자여, 편안한 잠자리, 시원하고 달콤한 음료수, 맛난 음식들이 기다리고 있질 않소." | 가뜩이나 배고픔과 두려움에 시달리던 보살은 마라의 유혹도 이겨내야 했다. 그렇게 홀로 7일을 지내도 마땅히 해탈이라는 것을 얻지 못하자, 깨달음이라는 것과 수행의 방법을 따져보게 되었다. 자신이 하고 있는 수행이 제대로 된 것인가 반성도 들었고 어떻게 해야 제대로 하는 수행일까 의심도 일었다. 단박에 깨닫는 데 매달렸지만 그리 금세 되는 것이 아니

고 서둘러서는 될 것이 아니겠다 싶었다. 수행이란 두려움에 이렇게 시달려서는 해 나갈 수 없으며 홀로 하기보다는 스승의 지도를 받는 것이 낫겠다는 감도 어렴풋이 들었다. 8일째 되던 날 보살은 숲속에서 나왔다. 불과 7일 만에 아름답던 보살의 용모는 몰라볼 만큼 변했다. 빛나던 얼굴은 햇볕에 탔고 더위 속에서 제대로 씻지도 못했으니 향기 나던 몸은 퀴퀴한 땀 냄새 범벅이었다. 굶주리다시피 했으니 걸음걸이에는 힘조차 없었지만 출가하며 세운 서원의 힘으로 위엄만은 깃들어 보통의 수행자가 아님을 보는 이들이 느낄 수 있었다.

|

〔09.04〕-130 **처음 숲속에서 한 고행이란 무엇인가?** | 보살이 숲속에 들어가 7일간 한 수행을 최초의 고행(苦行, ⓢtapas따빠쓰)〔=ⓢduṣkara-caryā두슈까라-짜리야〔duṣkara=매우 어려운, 고통스러운+caryā=행〕〕이라고 한다. 고행은 실로 앞으로 보살이 깨달음을 성취할 때까지의 방향을 보여 준다. 그동안 왕궁의 왕자로서는 한 번도 낯설고 거친 환경에 있어 본 적이 없다. 최소한의 생리적 처리 외에는 무엇 하나 직접 할 필요가 없었다. 무엇이든 필요하다면 그것이 필요하다고 명령만 내리면 되었다. 그러나 숲속에서 홀로 지낸 7일 동안 앞으로 자신이 고행자(苦行者, ⓟtapassi따빳씨)이자 출가 사문으로 어떻게 살아가야 하는지 분명해졌다. 만약 그것을 이해하지 못하거나 받아들이기 싫다면 수행을 포기해야만 한다. | 여기서 보살이 겪은 고행은 몸을 극도로 괴롭히는 특별한 수행법이 아니라, 출가에 뒤따르는 심리적 육체적 어려움을 가리킨다. 출가에서 이른바 고행은 필연적인 면이 있다. 아무리 평범한 출가 생활이라고 해도 처음 출가한 사람에게는 출가 그 자체가 참기 어려운 고통이 된다. 그동안 몸과 마음에 편한 방향을 따르던

고행(苦行)〔ⓢtapas따빠쓰〕 tapas 또는 접두사 tapo(따뽀)는 원래 수행을 할 때 나오는 몸의 뜨거운 열(熱)기를 뜻한다. 여기에서 파생해 고통, 나아가 천상 세계에 태어나고자 하는 열망으로 고통스런 행위를 연마하는 수행법을 가리킨다. 물 속에 있기, 주위에 불을 피워 놓고 그 가운데 있기, 가시 넝쿨에 누워 있기, 단식하기, 한 발로 서 있기, 목욕과 세수 하지 않기, 나무 위에 올라가 있기, 태양 빛을 하루 종일 바라보기 등 보통 사람은 따라할 수조차 없는 갖가지 방법으로 자기 육체를 계속 괴롭힌다. 불교에서는 이러한 행위를 모두 외도로 여긴다. 붓다는 고행을 엄히 금하셨다.

삶을 멈추는 데서 출발하기 때문이다. 강물의 흐름을 따라 흘러가는 대로 살아왔는데 하루 아침에 송두리째 바꾸어 내려온 물결을 거슬러 되돌아가려고 하니 고달플 수밖에 없다. 특별한 행위나 도구 등을 사용해서 고행이 아니다. 당연한 줄 알고 살아오던 방식이 아니라고 자각하고 모조리 바꾸려는 움직임 자체가 어렵다. 그 생활이 삶을 바꾸는 길인 줄 아는 출가자에게는 반대로 행복의 시작으로 여겨질 것이다. 오히려 출가자의 눈으로 보면 세속의 삶이야말로 힘듦의 연속이다. 세상 사람들이야말로 뒤바뀐〔전도(顚倒)된〕 삶을 사는 것을 알게 되기 때문이다. 이렇게 뒤바뀐 삶을 바로 잡아가는 길이 곧 수행이다. | 붓다는 언제나 붙잡고 있던 것을 버림으로써 행복해진다고 말씀하셨다. 하지만 중생에게는 가치관을 버리면 세상을 따라잡지 못하는 낙오자가 될 것처럼 느껴진다. 나이가 들수록 더 움켜쥐려 든다. 놓는다는 것은 사회에서 애써 닦아 놓은 발판을 잃는 것이자 사람들 사이에서 잊히는 죽음의 길로 여겨진다. | 수행은 바로 자신이 움켜쥐고 있던 그 입지를 놓아 버리는 것을 말한다. 그 입지가 욕망과 분노, 어리석음 위에 세워져 있기 때문이다. 보살은 멀쩡한 집을 두고 숲속에서 혼자 자며 단벌 옷에 밥도 제대로 못 먹고 있다. 까삘라성에 남은 가족과 친척 등 세상살이의 잣대로 보면, 어렵게 얻은 모든 것을 놓고 실체가 보이지도

않는 행복이니 기쁨을 찾겠다는 것이니, 사서 하는 고생이요 헛소리다. 그러나 그것이야말로 깨달음을 이루기 전까지 누구나 겪기 마련인 수행자의 진솔한 일상이다. 이제 보살은 자신이 지녀 왔던 기득권을 직접 하나씩 하나씩 놓아야 한다. 사서 하는 '고행'을 해야만 하는 것이다.

|

〔09.04〕-131 **마라**(Māra)**는 누구인가**? | '마라'는 앞으로 붓다의 생애에서 고비마다 출현할 것이다. 붓다의 생에 특별한 일이 일어날라치면 반드시 그 직전에 마라가 나타나 유혹한다. 마라는 누구이기에 으뜸가는 깨달음을 이루신 붓다 앞에 때마다 나타나는 것일까? 싼쓰끄리뜨어 '마라(Māra)'는 마왕(魔王)과 같은 말이다. 그 이름이 '나무찌(Namuci)'〔= 파괴자, 죽음〕라고도 전하는 이 자는 불행을 불러일으켜 죽음에 이르게 한다. '마라 빠삐만(Māra-Pāpīman), 마라 빠삐야쓰(Māra-Pāpīyas)'〔사악한 법(pāpa-dhamma빠빠-담마)을 고루 갖춘 자〕는 그의 별명이다. 나무찌, 빠삐만, 마라는 이름만 바뀔 뿐 언제나 하나의 대상이다. | 빨리 경전에서 마라가 가리키는 바는 대략 다섯 가지로 나뉘어 풀이된다. 첫 번째는 ① 오염원〔煩惱번뇌, kilesa낄레싸〕이다. 마음을 어지럽게 움직여 욕망과 탐욕과 성냄을 일으키게 하는 것이다. 두 번째는 ② 무더기〔蘊온, khandha칸다〕로, 몸과 마음을 총체적으로 아우르는 다섯 무더기〔오온(五蘊)〕를 말한다. 세 번째는 ③ 업 형성력〔業力업력, 業行업행, Ⓟkamma-vega깜마 웨가〕으로 몸과 입과 마음으로 자신이 짓는 행위를 마라〔Abhisaṅkhara Mara 아비쌍카라 마라〕라고 칭한다. 네 번째는 ④ 죽음〔死사, Ⓟmaccu맛쭈〕으로, 조건에 의하여 형성된 것이 모두 무너지고 호흡이 멈추는 것을 말하며, 다섯 번째는 ⑤ 마라를 천상 세계에 있는 하나의 신(神, Ⓟdevaputta데와뿟따)

으로 보는 것이다. | 인도 고전에서 어떤 사실을 놓고 마음에 갈등이 일어남을 표현하는 수법으로 선하고 밝은 일일 때는 언제나 선신인 천신들이 나타나고, 그에 반대되는 의견은 악마나 마라가 나타나 속삭이게 한다. 실제 천신이나 악마가 나타나는 것이 아니라, 두 가지 가운데 하나를 선택해야 하는 심리를 상투적으로 신의 뜻에 빗대는 것이다. 이 때 마라는 자신의 마음에서 어떠한 일을 결정하기 전에 나타나는 심리적 갈등을 상징한다. 좋은 쪽으로 선택을 하면 천신이 이긴 것이 되고 나쁜 쪽으로 선택을 하면 악마가 승리했다고 한다. | 마라가 마음속 갈등을 형상화한 것이라면 붓다 역시 사람으로 살아가면서 누구나 겪는 그런 갈등에 시달렸음을 알 수 있다. 깨달음과 육체의 삶은 별개다. 갈등이 없다면 붓다는 감정조차 없는 나무토막이나 돌덩이지 우리와 같은 사람이라고 할 수 없다. 다시 한 번, 붓다는 신이나 신의 자손이 아니다. 수행을 통하여 완전한 깨달음을 이루기는 했지만 육체의 갈증, 배고픔이니 병듦이며 제자들의 갖가지 속 썩임 등을 고스란히 겪으며 살아 갔다. 우리는 마라가 유혹하는 장면에서마다 우리와 똑같은 인간으로서 붓다의 모습을 보고, 결국 인간으로서 유혹에서 승리하는 위대한 성자의 모습을 본다. 그것을 존경하여 스승으로 따르는 것이다. | 경전에 나오는 '빠삐만'도 살펴보자. 한역하여 '마왕 파

마라(魔王, Māra) 마라 빠삐야쓰(Pāpīyās=사악한), 마라 빠삐얀(Papiyan), 한자로는 마라파순(魔羅波旬), 마라파비야(魔羅波卑夜)라고 음차하며, 때로 경전에서 '해탈의 방해자〔解脫障(해탈장)〕'라고 의역한다. 괴로움으로부터 완전히 해탈하지 못함을 조건으로 하며, '나무찌(Namuci=파괴자, 죽음)'라고도 한다. 중생으로 하여금 해로움을 가져오는 행동으로부터 풀려나지 못하게 한다〔na(나)=부정, no, not〕+〔muñcati(문짜띠)=풀다, to release〕고도 풀이하는데, 이것은 나무찌를 글자 그대로〔na=못함+muci=자유〕해석한 것이다.

순(魔王波旬)'이라고 부르는 빠삐만은 놀랍게도 욕계(欲界)〔물질의 세계 : 식욕, 음욕, 재욕 등이 존재하는 세계〕 6천(六天) 중에서 제일 높은 제6천 '타화자재천(他化自在天, ⓢparanirmita빠라니르미따)'에 거주하며, 이 하늘을 다스리는 왕이다. 수행자의 지혜를 죽여 버린다고 하여 살자(殺者)〔안따까(Antaka = death), 끝을 내는 사람〕, 수행을 하지 못하도록 나쁜 마음을 내게 하므로 악자(惡子)〔깐하(kaṇha), 시커먼 사람〕라고도 한다. 빠삐만은 수행자에게 쾌락과 방종을 부추겨 검소(청빈)와 자기 절제(엄격함)를 지키지 못하도록 하고 지혜(욕망과 분노를 다스려 깨달음을 성취하는 것)의 성숙을 방해하는 탐욕과 무지로 이끈다.〔pamatta-bandhu(빠맛따 반두) = friend of the careless = 방일(放逸, 제멋대로 구는 것)의 친척〕 여기서는 수행을 포기하게 하는 마음을 높은 신격으로 나타낸 것이다. '마라'가 부하를 거느리고 나타나면 '마왕'이 된다. 마라든 마왕이든 결국 외부에 존재하는 물질이나 인격, 또는 신격이 아니다. 그것은 언제나 인간 마음속 욕망과 분노와 무지를 양식 삼아 성장한다. | 마라나 마왕은 자신의 실체를 간파한 사람 앞에서는 꼼짝을 하지 못하지만, 실체를 모르는 사람에게는 무시무시한 힘을 발휘한다. 세상 어딘가에 항상 존재하다가〔常在상재〕 사람들이 두려워하는 모습으로 나타난다. 영화 속 허깨비들처럼 마군(魔軍)의 수가 무한정으로 늘어나기도 하고, 그 모양이 남자, 여자, 어른, 아이, 늙은이나 여러 동물로 변한다고 믿어지기도 한다. 사람에게 달라붙어 몸속에 깃든다고 착각하기도 하고, 그들을 없애기 위하여 특별한 힘이나 도구가 필요하다고 믿어 의식에 매달리기도 한다. 그러나 마라나 마왕, 또는 그 부하인 마군은 외부의 특별한 힘이나 도구, 의식에 의하여 물리쳐지는 존재일 수 없다는 것이 불교의 시각이다. | 이들은 외부에 존재하는 어떤 실체가 아니기 때문이다. 자기 마음속에 있는 욕

망—화냄—무지〔삼독(三毒), ⓢtri-doṣa뜨리-도샤〕에 의하여 생겨난 줄 알고 그것을 스스로 알아차리면 그들은 곧 사라진다. 다른 종교나 민속 등에서처럼 악마니 마귀라는 것이 외부 어딘가에 실재하는 것이라고 믿으며 거기에 매이는 순간 스스로 마군의 실체를 물리칠 수 있는 지혜는 그 힘을 잃고, 우리는 특별한 존재의 알 수 없는 힘에 따라 움직이는 허수아비가 되고 마는 것이다.

〔09.05〕 스승을 찾아서

〔09.05〕-132 **먹어야 하는 것** | 당시 인도에는 왕국과 왕국, 도시와 도시, 또는 도시와 농촌을 이어 주는 도로가 나 있었다. 이러한 공공 도로(公路공로)〔ⓢpatha빠타(=streets), ⓟmārga마르가(=way, road)〕 가운데 슈라와쓰띠〔ⓢŚrāvastī/ⓟSāvatthi 싸왓티〕〔꼬쌀라국 사위성(舍衛城)〕에서 라자가하〔Rājagaha, 王舍城 왕사성〕〔마가다국의 수도〕에 이르는 길을 '북로(北路, ⓢUttarāpatha웃따라빠타)'〔uttarā=북쪽으로+patha=경로〕라고 불렀다. 이 길은 슈라와쓰띠〔싸왓티/사위성〕에서 시작해 동쪽으로 까삘라성에 이르고 다시 동쪽으로 뻗었다가 차츰 남쪽으로 구부러져 꾸씨나라〔ⓟKusinārā/ⓢKuśinagara꾸쉬나가라〕와 웨쌀리〔ⓟVesālī/ⓢVaiśālī바이샬리〕를 경유하여 갠지스〔강가〕에 이른다. 여기서 강가를 건너 마가다(Magadha, 摩竭陀마갈타)국으로 들어가면 길은 라자가하〔왕사성〕로 난다. 보살도 이 길을 따라 남쪽으로 내려가 당시 가장 강대한 국력과 영토를 가진 마가다국의 도성인 라자가하에 이르렀다. 그 곳은 빔비싸라(Bimbisāra, 頻毘娑羅빈비사나, 甁沙王병사왕) 대왕(大王, Samrāj쌈라즈)이 다스리고 있었다. | 불과 며칠 전까지는 까삘라 왕궁에서 호화로운 생활을 하던 당당한 왕자였지만 이제는 남루한 수행자의 모습을 한 보살이었다. 그 거

동이 아무리 단정했다고 하나 누더기를 걸쳤고 며칠 동안 먹지 못하여 걸음걸이는 힘도 없었다. 보살은 굶주림을 달래려 처음으로 손에 빳따〔ⓟpatta, 鉢盂발우, ⓢpātra빠뜨라〕를 들고 음식을 구하러 나섰다. 흔히 탁발(托鉢)이라고 부르는 '걸식(乞食, piṇḍapāta삔다빠따)'이다. 삔다빠다는 인도에서 수행자들이 전통적으로 '자신의 생명을 유지하기 위하여 사람들에게 음식을 얻는 행위'를 말한다. 거창해 보이지만 한마디로 '동냥'이다. 그 손에 든 빳따는 음식을 넣는 수행자의 도구인데, 이것 역시 우리말로 하면 별다른 것이 아니라 '동냥 밥그릇'이다. 어제의 고귀한 왕자가 오늘은 손에 동냥 그릇을 들고 마을을 돌며 남들이 먹다 남긴 음식을 빌어야 하는 것이다. "동냥 밥그릇을 들고 이집 저집 기웃거리면서 음식을 구걸했다." 이 문장을 조금 고상하게 표현한 것이 "손에 빳따를 들고 걸식을 했다."가 되는 것이다.

|

전륜성왕의 예언을 받아 지극한 대우를 누리는 왕자로 사는 것이 당연했던 보살이 왕궁의 호사를 버리고 출가를 하여 뜨거운 햇살, 밤의 습기, 해충, 맹수, 독사, 불편한 잠자리, 갈증을 겪었다. 며칠 동안 나름대로 그런 고행을 거치며 수행자의 면모를 갖추었지만 진정한 관문이 기다리고 있었으니, 그것이 바로 걸식이었다. 보살은 걸식을 통하여 비로소 수행자의 기본을 다하게 된다. | 걸식은 수행자의 기본 중 기본이다. 전문 용어로 탁발이라고 하든, 걸식이라고 하든, 실은 남에게 먹을 것을 비는 행위일 뿐이다. 오늘날 우리처럼 절집 안에 부엌간을 차려 놓고 입에 맞고 몸에 좋은 제철 사찰 음식을 해 먹는 것이 아니다. 이집 저집에 들러, 남은 음식을 빌 때 그는 자신의 의사와 관계없이 주는 대로 먹어야 한다. 메뉴를 고를 수도 없고, 채식이니 아니니, 입맛이나

체질에 맞지 않느니 하고 가릴 수 없다. 수행자에게는 "선택의 권리가 없다." 수행자는 그것을, 걸식을 통하여 강렬하게 경험하게 된다. 자신이 버리고 온 세속 중생들이 먹다 남긴 것이야말로 자신에게 살아서 수행할 힘이 됨을 인정할 때 그는 철저하게 권리로부터 배제된다. 수행자의 삶은 의무의 연속이다.〔수행자에게 선택의 권리는 오직 스승을 택할 때만 주어진다.〕 의복, 약품, 주거지 등이 모두 마찬가지이며 생명 유지에 가장 긴요한 음식에서는 더욱이 주는 대로 받을 의무만 존속하는 것이다. 이제 보살은 수행자의 의무인 첫 걸식을 위하여 성으로 들어갔다. | 보살이 밥을 빌러 라자가하 성안을 돌아다니자 도성 사람들은 위의가 넘치는 수행자다운 모습을 보고 수군거린다. 때마침 궁궐 누각에서 밖을 내려다보던 빔비싸라왕은 사람들이 이 수행자를 쫓아 우르르 몰려다니는 것을 알게 되었다. 급히 시종을 불러 조용히 뒤를 밟아 그의 거처를 확인하고 오라고 명했다. 보살이 혼자 결심하여 아무도 모르게 출가한다고 했지만 발 없는 말이 천리를 간다고 당시의 무역로인 '공로(公路)'를 따라 사꺄족의 싯다르타 왕자가 출가했다는 소문은 벌써 번져나가고 있었다. | 뒤를 쫓은 왕의 시종들은 보살이 걸식해 온 음식을 들고 성 밖 빤다바(와)(Pandava, 摩拘羅山마구라산) 산기슭으로 가 나무 아래에 앉아 단정하게 공양을 드시는 것을 보았다. 다른 이들은 거기 남고 한 사람은 왕에게 자신들이 본 그대로 보고하러 돌아갔다. 산비탈 나무 아래에 앉아 걸식해 온 음식을 손으로 천천히 뭉쳐서 입에 넣는 순간〔인도 사람은 손가락으로 음식을 먹는다〕 보살은 토할 것만 같았다. 그 장면이 경전에 이렇게 나온다. "보살이 걸식해 온 음식을 입에 넣자 내장이 뒤집히는 듯하며 그 음식이 곧 입으로 다시 나올 것만 같았다. 보살은 일찍이 이런 음식을 본 일조차 없었기 때문이다."

|

왕궁에서 자신이 누렸던 쾌락의 대가는 이토록 진했다. 그동안의 삶을 버리겠다며 몸도 마음도 출가 사문의 길을 따랐지만 오랜 세월 길들여진 생활 습관은 단박에 고쳐질 수 없었다. 누더기로 숲속에서 밤을 지새우며 자신의 육체가 왕궁의 안락을 극복했다고 여겼지만, 작은 입은 현실의 괴리를 적나라하게 말해 주고 있었다. | 이것이 그토록 원했던 출가 생활이란 말인가? 보살은 오랫동안 간절히 꿈꾸는 사이에 출가를 잔뜩 이상화(理想化)했던 자신에게 절망했을 수도 있다. '출가' 하면 신비한 무엇이 있는 줄 생각할 수 있다. 지금도 많은 사람들이 출가를 하겠다고 절집 문 안에 들어왔다가 얼마 버티지 못하고 돌아가는 이유는 스스로 출가를 특별하게 여기고 아예 사람 사는 일상이 아닌 것으로 기대한 때문인 경우가 많다. 막연히 상상하던 고상함은 간데없고 힘든 현실만 마주쳐 실망하는 것이다. | 보살 역시 첫 걸식을 통하여 이상 속의 출가가 현실 앞에서 무너지는 것을 순간적으로 보았고 또한 그것을 극복해야 함을 알게 된다. 왕자로 길들여진 습관을 버리는 데 더 많은 시간이 필요하다는 것을, 간단히 말해서 앞으로 걸식(동냥)에 익숙해져야 한다는 것을 말이다. 이제 사람들이 먹다 남긴 음식이 자신의 일용할 식량이며, 목숨을 잇고자 한 줌 밥을 비는 행위가 출가 수행의 일상이다. | 토할 것만 같은 음식이나마 주는 사람이

빔비싸라(Bimbisāra)는 밧띠야(Bhattiya) 족장의 아들이었는데, 그의 아버지가 앙가(Aṅga)국의 공격에 패하면서 15살의 어린 나이에 왕위를 물려받았다. 꼬쌀라(Kosala)의 공주와 결혼하여 꼬쌀라의 위협을 피하고 지참금으로 까씨(Kāsi) 〔바라나씨〕를 얻어 재정을 튼튼히 했다. 뛰어난 병술로 첫 출정에서 앙가국을 정복해 부친의 원수를 갚고, 부족 국가이던 마가다(Magadha)를 제국으로 키워 초대 황제에 올랐으며, 52년간 통치했다. 여러 종족 출신의 공주를 비로 들여 결혼 동맹을 맺었으며, 영토 확장에 따라 도성을 라즈기르(라자그리하)에서 빠딸리뿌뜨라(Pāṭaliputra) 〔지금의 파트나(Patna)〕로 천도했다.

있을 때만 굶어 죽지 않는 처지의 존재가 출가 수행자다. 출가 수행자는 중생들이 베푸는 한 줌의 은혜를 입어야만 죽지 않고 며칠을 살아갈 수 있다. 우리의 위대한 스승 붓다가 첫 탁발 걸식 후 공양을 드시는 모습을 상상해 보자. 파르라니 머리를 깎고 단아하게 풀 먹인 옷을 입은 고고한 수도승과는 거리가 아예 멀었다. 제대로 깎지 못한 엉성한 머리칼과 멋대로 자란 수염, 냄새가 꼬릿꼬릿 나는 다 떨어진 누더기를 걸치고 이집 저집 돌아다니며 그들이 아침상에 올렸다가 남긴 음식 찌꺼기를 동냥 밥그릇 하나에 다 섞어 담고 나무 그늘 아래에 앉았다. 햇볕에 까맣게 타고 씻지 못한 손으로 개나 먹을까 차마 입에 넣기 힘든 곤죽 같은 음식을 먹고 있는, 거지 중의 상거지 그대로인 그 분이 바로 우리가 복을 달라고 애원하고 사정하는 '부처님'이다. | 이 거지 모습의 붓다에게 무엇을 달라고 빌 것인가. 비는 사람에게 줄 수 있는 행복의 조건(물질)을 아무것도 가지고 있지 않다. 그 분이 우리에게 줄 수 있는 것은 오직 행복의 느낌(마음)을 얻는 방법을 일러 주는 것뿐이다. 그렇다, 붓다는 세상의 것들을 처절하게 버리고 삶을 거슬러 올라가고 있음을, 첫 탁발은 오늘 우리에게 가르쳐 준다. 가장 비천한 걸식을 먹고 최상의 행복을 만들어 내는 것이 수행자의 고귀함이다. 걸식이 없는 수행자는 거만해진다.

|

〔09.05〕-133 **빔비싸라 대왕과 첫 인연** | 마가다는 큰 나라다. 당시 인도의 왕은 다 같지가 않았다. 일반적으로 공화제 국가의 의장격인 왕(王)은 '라자(Rāja)'였고, 강력한 군사력과 풍부한 재정으로 정복 전쟁을 벌여 국토를 확장한 큰 나라의 왕을 대왕(大王)—'쌈라즈(samrāj)'라고 불렀다. 그런데 마가다의 빔비싸라(Bimbisāra) 대왕을 '병사왕(瓶沙王)'이라고 한역했다. 대왕이 옳

지만 여기서는 우리에게 익숙한 '왕'이라고 부르기로 한다. 보살의 뒤를 밟았던 시종 하나가 돌아와서 보살이 머무는 거처를 보고하자, 빔비싸라왕은 대신들과 수레를 몰아 빤다바산으로 길을 나선다. | 빔비싸라왕은 산기슭에 이르러 천천히 공양을 하고 있는 보살을 보았다. 공양을 마치길 기다렸다가 보살이 빳따에서 손을 거두자〔인도는 손으로 밥을 먹기 때문에 손을 거두었다는 것은 식사를 끝냈다는 표현이다.〕 앞으로 가서 예를 갖추고 자신의 혈통과 출생을 밝히고 보살의 출생과 혈통(jati 자띠)을 묻는다.〔인도에서는 낯선 사람끼리 만나면 먼저 출생 혈통을 물어 본다. 이것은 가장 기본적인 대화의 시작으로, 결례가 아니라 예의가 밝은 것이다. 상대의 계급에 따라 적절한 대우를 할 수 있어 실수를 하지 않게 되며 상대를 존경해 주는 의미도 있다.〕 당시 빔비싸라왕은 보살보다 5살 아래로, 24살이었다고 한다. | 왕은 먼저 자신은 마가다국의 왕이며 라자가하의 주인인 빔비싸라이며 조상 7대를 거슬러 올라가도 혼종이 되지 않은 순수한 피라고 밝히면서 묻는다. "거룩한 수행자시여, 당신은 매우 젊어서 '첫 번째 나이'인 것 같습니다.〔사람의 수명을 100살로 보고 그것을 셋으로 나누어 30대를 '첫 번째 나이'라고 불렀다.〕 피부도 깨끗하고 몸도 건강하고 균형이 있는 것으로 보아 높은 계급의 사람 같습니다. 나는 마가다의 왕, 라자가하의 주인 빔비싸라입니다. 당신은 어느 종족이며 혈통은 어떻게 됩니까?" | 보살 역시 자신은 사꺄족이고 까삘라성의 주인 숫도다나왕의 아들이고 부모는 7대를 거슬러가도 혼혈이 되지 않은 순수한 피를 지닌 끄샤뜨리야 계급이며 부모의 순수한 피를 이어받은 재생족이라고 당당하게 답한다. 왕과 보살이 서로 같은 끄샤뜨리야 출생으로 혼종(混種)되지 않은 혈통임을 확인하고 나자 왕은 이것저것 묻기 시작한다. | 빔비싸라왕이 시종을 보내 거처를 살피고, 무슨 뜻으로 여기에 나타난 건지 말을 걸어 보고 싶

었던 데는 이유가 있다. 강한 나라만이 살아남는 전쟁이 일상화된 시대였다. 서로가 허점을 잡아 물고 물리기를 거듭했으며 권력을 차지하겠다고 아들이 아버지를 죽이는 패륜마저 자행되던 시대에, 당대의 예언자를 통하여 전륜성왕의 운명을 예고받은 이라는 것을 빔비싸라왕도 알고 있었던 것이다. 전설의 전륜성왕! 모든 왕들이 꿈꾸는 바 아니던가? 그 예언의 주인공이 자기 영토에 나타났으니 빔비싸라왕은 긴장할 수밖에 없었다. | 처음에 왕은 보살이 권력에 욕심이 있으리라고 보았다. 이를테면 왕위를 탐내는데 부왕이 살아 있고, 차마 아버지를 어찌하지는 못해서 뛰쳐나온 것은 아닐까. 그래서 자신의 나라를 전부 주겠노라고 떠 보았다. 그런데 보살은 그와는 상관없는 자신의 출가 목적을 밝힌다. "내가 이제 나라와 왕위를 버리고 부모를 떠나 사문이 된 것은 모든 중생이 늙고 병들어 죽어 가는 삶에서 벗어나 궁극의 행복을 찾게 하기 위함이지 세상 사람이 즐기는 욕망과 쾌락을 구해서가 아닙니다." 만약 처음 던진 미끼를 보살이 덥석 받아 물었다면, 빔비싸라왕은 미래의 경쟁자를 살려둘 수 없었을 것이다. 왕은 다시 보살의 진심을 캐 보려고 대화를 계속한다. 조금 약한 미끼를 던져 보기로 했다. | 왕이 왕국을 반으로 나누어 준다고 해도 보살의 대답은 같았다. 이번에는 더 낮추어 병사와 돈을 빌려 줄 터이니 마음에 드는 땅을 정복해 마음껏 다스리라고도 해 보았고 그렇지 않으면 자신의 나라에서 여유 있게 살다가 부왕이 승하하면 돌아가서 왕위를 계승하라고도 권해 보았다. 보살의 대답은 똑같았다. 이런저런 조건을 걸어 보아도 시종일관 관심을 보이지 않았다. "나는 가난한 수행자입니다. 누더기 옷과 걸식할 빳따 하나만 있으면 됩니다. 다른 것은 필요하지 않습니다. 대왕께서 나에게 준다는 것은 그렇게 사는 사람들에게는 만족스

럽고 어울리는 것입니다. 허나 제게는 고통의 대상일 뿐입니다." | 마가다는 이웃 꼬쌀라국과 경쟁을 하고 있었다. 서로 결혼 동맹을 맺기는 했지만 국경에서는 크고 작은 충돌이 시시때때로 이어졌다. 마가다의 대왕 빔비싸라는 이 싸움에서 우위를 차지하기 위해 꼬쌀라국에 속한 작은 나라인 사꺄의 까삘라와 우호 관계를 원했을지도 모른다. 평소에 원조해 준다면 훗날 협공을 요청하거나 교란을 지원해 달라고 할 수 있을 것이었다. 까삘라는 나라는 작아도 지정학적으로 뒤통수에 해당되는 요지였으므로 군사와 재물을 투자해서 손해 볼 것이 없었다. | 대왕은 보살과 대화를 하는 중 차츰 보살의 고결한 인품에 반하기 시작했다. 보살의 출가 목적이 분명하고 다른 의도가 없음을 알자 왕은 안도와 함께 존경심이 일었다. 빔비싸라왕은 그에게 매료되었다. 반드시 도를 이룰 것이라고 덕담을 하면서 자신이 일찍이 세운 서원을 말해 준다. "나는 왕자 시절에 이렇게 서원을 했습니다. 부왕이 수명을 다하면 관정(灌頂)을 하고 왕위에 오르고자 합니다. 첫 번째는 이루었습니다. 다른 둘은 이것입니다. 내가 다스리는 국토에서 반드시 붓다가 나오시길 바랍니다. 만약 붓다가 나오면 내가 왕으로 처음 공양 올리는 제자가 되고 싶습니다." | 이어 한 나라를 다스리는 왕으로 무엇을 갖추면 좋을지 충고해 달라고 부탁하자 보살은 평소 가져 온 자신의 생각을 말한다. "대왕이시여, 백성을 고통스럽게 하지 말아야 합니다. 그래야 나라가 평안하고 이익이 많습니다. 왕은 정의로워야 합니다. 그것이 백성에게 축복입니다." | 보살의 말을 듣고 나서 빔비싸라왕은 도를 이룬다면 왕

관정(灌頂) 정수리〔頂〕부터 머리에 물을 붓거나〔灌〕이나 향수를 뿌리는 것으로, 인도에서 제왕의 즉위식이나 태자 책봉시 그 정수리에 사해의 바닷물을 뿌리던 의식이었다. 불교에서는 스승과 제자 사이에 법을 전해 주고 전해 받을 때나, 계(戒)를 받을 때 행한다. 쌍쓰끄리뜨로 아비셰까(abhiṣeka)〔abhi(위에) + seka(뿌리다)〕라 한다.

으로서는 제일 먼저 자신에게 가르침을 주어 자신의 서원이 이루어지도록 해 달라고 청하고 그 때 자기도 제자가 되어 공경하겠다고 약속을 하고 성으로 돌아간다. | 까삘라성의 숫도다나왕은 집 나간 아들 소식을 알아내는 데 왕국의 모든 귀를 집중시키고 있던 참이었다. 아들이 마가다의 왕을 만나 그가 제시하는 온갖 좋은 조건을 거절했다는 소식을 들었을 때 실망은 말로 표현할 수 없었을 것이다. 혹시 돌아올지도 모른다는 한 가닥 희망조차 사라져 버렸다. 그저 약소국의 왕자로 강대국의 대왕을 만나 당당한 모습을 보여 사꺄족의 자존심을 높였음을 위안으로 삼아야 했다. 왕은 새끼들이 떠난 텅 빈 둥지를 보듯 보살의 처소를 바라본다. 라훌라를 품에 안은 야쇼다라 공주에게 그 소식은 사무치는 그리움에 원망을 더할 뿐이었다.

|

〔09.05〕-134 **두 분의 스승** | 빔비싸라왕과 유쾌하고 기억할 만한 대화를 나누고 작별 인사를 한 뒤 보살은 라자가하를 떠나 자신을 깨달음으로 이끌어 줄 스승을 찾아 나선다. 당시 고행자로 이름을 날리던 '알라라-깔라마(Ālāra-Kālāma)'의 수행처〔아슈라마(āśrama)〔선거(仙居)〕〕로 갔다. 그들은 고행으로 삼매(三昧, 定정, samādhi 싸마디)〔마음을 하나의 대상에 집중하여 얻어지는 평온과 행복〕를 얻는 선정(禪定, dhyāna 댜나) 위주의 수행 교단이었다. 보살은 알라라-깔라마를 스승으로 모시고 가르침에 따라 수행했다. 그는 말로만 수행하고 말로만 체득했다고 포장하는 엉터리 수행자가 아니었다. 진정한 수행자임이 증명되는, 존경할 만한 스승이었다. 열심

무소유처정(無所有處定) 〔ⓢākiṃcanyāyatana-samāpatti(아낑짜냐야따나-싸마빳띠)〕 존재하는 것은 없다고 주시하는 선정. 대상이라는 것을 조건 삼아 얻어진 것이 아니라 대상의 조건 없이 얻어진 삼매. 〔ⓟākiñcaññā 아낀짜냐 = 아무것도 없음〕 〔āyatana 아야따나 = 처(處) = center of experience〕 〔samāpatti = 입정(入定)〕

히 따른 보살은 얼마 되지 아니하여 '무소유처정(無所有處定, ⓢ ākiṃcanyāyatana-samāpatti 아낑짜냐야따나-싸마빳띠)'의 경지를 증득한다. 무소유처정은 스승이 체득한 최고의 경지였지만 그것은 보살이 찾는 진정한 해탈은 아니었다. | 보살이 수행의 결과로 얻은 '무소유처정'이라는 삼매는 삼매 안에 있을 때는 행복하지만 거기서 나와 평상의 상태〔出定출정, 出離출리, vyutthāna비웃(븟)타나〕〔=active state (of mind)〕가 되면 삼매에서 느꼈던 평온과 행복이 유지되지 않는다. 그러니 삼매가 깊어지긴 했지만, 해탈(解脫, ⓟ vimokkha 위목카)의 문제가 해결된 것은 아니었다. 보살은 분명 이보다 더 높은 경지가 있을 것이라고 믿고 새로운 스승을 찾아 떠나기로 마음먹었다. 작별의 인사를 하자 알라라-깔라마는 깜짝 놀랐다. "오, 싯다르타여, 그대는 지금까지 내가 만난 수행자들 가운데 으뜸갑니다. 나 역시 오랜 시간 닦아서 성취한 무소유처정을 당신은 온 지 얼마 되지 않아 도달했어요. 혹시 여기서 당신에 대하여 부정한 일이 있어 서운했거나 부족한 것이 있어 떠나는 것입니까?" "그렇지 않습니다. 스승이시여." "그렇다면 싯다르타여, 여기서 나와 함께 교단을 맡아 제자들을 가르

해탈(解脫) = 위목카(ⓟ vimokkha)의 8단계
붓다는 여러 〈니까야〉에서 위목카의 3단계와 8단계(8해탈)를 설했다. 『디가 니까야』의 「마하니단다-숫따(Mahānidāna-sutta)」에 따르면 8단계 중 6번째가 '아무 것도 없음을 아는 영역에 머묾'〔무소유처정(無所有處定)〕, 7단계가 '지각이 있는 것도 없는 것도 아닌 영역에 머묾'〔비상비비상처정(非想非非想處定)〕이며 8단계가 '지각과 느낌의 중지'〔상수멸정(想受滅定)〕에 들어가 머묾이다. 수행자는 상수멸정에 이르러 연기(緣起)의 사슬이 끊어짐을 체험한다. 기존의 선정(禪定, dhyāna댜나)은 비상비비상처정에서 마무리되지만, 완전한 상수멸정은 샤마타〔ⓢ śamatha = 지(止)·적정(寂靜)〕와 위빳싸나〔Vipassanā, 관(觀), 알아차림〕를 함께 하는 불교 수행을 통해서만이 얻어진다.

해탈(解脫) = 위목카(ⓟvimokkha)의 3단계
『웨다나 쌍윳따(Vedanā saṃyutta)』〔느낌의 쌍윳따〕에서는 위빳싸나 수행으로 얻어지는 위목카의 3단계를 설명하는데, 각각 ① 세간적 해탈(욕계)로 물질의 차원에서 삐띠(piti, 감각적 희열)를 얻는 것, ② 출세간적 해탈(색계)로 마음의 차원에서 쑤카(sukha, 행복감과 즐거움)를 얻는 것, ③ 최상의 해탈로 우뻭카(upekkhā, 평정심)를 얻는 것이다.

치고 통솔해 나가는 것이 어떻겠소? 당신을 내 후계자로 삼고 싶소. 그러면 나와 같은 지위에서 대접을 받을 것이오." "스승님, 말씀은 고맙지만 제가 찾는 진정한 해답은 여기에는 없답니다. 저는 그것을 깨치려고 할 뿐입니다. 다른 욕망은 없습니다." | 알라라-깔라마와 함께 수행한 이들의 따뜻한 작별 인사를 뒤로 하고 보살은 다시 스승을 찾아 길을 떠났다. 이번에 찾은 고행자는 '웃다까-라마뿟따(Uddaka-Rāmaputta)'였다. 그의 수행처에 간 보살은 가르침대로 열심히 수행했다. 이번에도 얼마 되지 않아 그 때까지 세상에서 최고의 경지로 더 이상 높은 선정은 있을 수 없다고 여겨지던 '비상비비상처정(非想非非想處定, naivasaṃjñā-nāsaṃjñâyatana나이와쌍즈냐-나쌍즈냐야따나)'을 얻는다. 그러나 이것 역시 보살이 원하는 진정한 해탈의 법은 아니었다. | 보살은 이제 스승을 의지할 것이 아니라 홀로 수행하여 증득(證得, adhigama아디가마)해야겠다고 다짐했다. 스승에게 떠난다고 하자 그도 앞의 알라라-깔라마처럼 만류하며 교단을 물려 주겠노라고 제안을 했다. 하지만 보살은 정중히 사양하고 길을 떠난다. 그런데 이번에는 달라진 것이 있었다. 웃다까-라마뿟따에게 배울 때 보살이 진지하고 겸손하게 수행하는 자세를 보고 그는 반드시 해탈의 길을 찾을 것이라고 여긴 다섯

비상비비상처정
(非想非非想處定)〔ⓢnaivasaṃjñā-nāsaṃjñâyatana(나이와쌍즈냐-나쌍즈냐야따나)〕물질의 세계와 정신세계조차 초월해 '생각이 아니며, 생각이 아닌 것도 아닌 경지의 삼매'. 〔ⓟneva = 그같지 않은〕〔saññā = 인식〕〔nāsaññā = 인식이 없음〕〔āyatana = 처(處)〕

명의 동료 수행자가 따라 나선 것이다. 보살은 이 다섯 동료들과 스승 없이 홀로 수행할 만한 곳을 찾아 떠났다.

|

보살은 두 스승에게 무엇을 배웠을까? 그리고 어떤 문제가 있어 떠났을까? 보살은 처음 출가하여 7일 만에 홀로 수행해서는 문제를 해결할 수 없으며 반드시 스승이 있어야 한다는 것을 알았다. 그래서 숲속에서 나와 라자가하로 들어가 걸식을 하며 자신에게 남아 있던 기득권 세계의 익숙했던 쾌락을 극복했고, 빔비싸라을 만나 출가의 의도를 거듭 확인한 다음 스승을 찾아 길을 떠나지 않았던가? | 인도에서 선(禪, ⓢdhyāna 댜나, ⓟjhāna 자나, yoga 요가)의 역사는 불교 이전으로 거슬러 올라간다. 학자들에 따라서는 인더스 문명의 모헨조-다로에서 출토된 작은 도장에 가부좌 자세를 취한 형상이 있는 것으로 보아 아리아인이 인도에 들어오기 전에 이미 선주민인 드라비다인 사이에서 명상이 행해졌을 것으로 본다. 그 무렵 어떤 목적을 가지고 어떤 방법을 이용했는지까지는 정확히 알 수 없다. 이후 아리아인이 들어와 그것을 채택했을 때는 목적과 방법이 명확했으니, 그들은 선정〔禪定, dhyāna 댜나〕을 신과 가까워지거나 속죄를 하게 하는 고행으로 보았다. 특히 파괴의 신 쉬바를 눈 덮인 히말라야 꼭대기에서 호랑이 가죽을 깔고 앉은 요가의 신으로 숭상했다. 아무튼 선정 수행이 불교가 생기기 한참 전부터 해 왔던 유서 깊은 명상 방법이라는 것은 분명하다. 그렇기에 선정을 위주로 하는 수행 집단이 생겨나는 것도 자연스러웠다. 선정을 함으로써 얻어지는 결과인 삼매(samādhi 싸마디)는 형이상학적 요소를 가졌으므로 해 본 사람과 해 보지 못한 사람이 논쟁을 벌이는 대상이 되였으며, 이는 지금도 크게 다르지 않다.

|

가부좌 자세를 취한 형상 = 파슈파티(Paśupati) **인장** 모헨조-다로(Mohenjo-Daro)에서 발굴된 동물 문양의 인장 중 뿔이 있는 머리 장식을 한 가부좌 자세의 인장이 있다. 기원전 2350~2000년경 만들어진 것으로 여겨진 이 도장은 동물들에 둘러싸여 있어, '모든 동물들의 군주(The Lord of Animals)'라는 뜻의 빠슈빠띠(파슈파티)로 명명되었는데, 이는 쉬바(Shiva)의 화신 중 하나다. 이 인장이 명확히 요가 자세인지에 대해서는 논쟁이 있다.

〔09.05〕-135 **배운 것과 문제점** | 보살은 두 스승에게 '순수의 세계'를 배웠다. 첫 스승인 알라라-깔라마에게 배운 '무소유처정'에서는 욕망에서 벗어나는 자유를 보았다. 욕망에 의하여 발생되는 물질의 세계〔欲界욕계〕에 살며 재화를 가지고 그것이 주는 지위, 부귀, 권력, 편의, 쾌락 등이 행복이라고 세상 사람들은 아는데, 수행을 함으로써 그것들이 오히려 자신을 묶고 있는 고통이며 속박임을 보는 것이다. 욕망이라는 물질 세계〔欲界욕계〕를 바로 보고 그 속박에서 벗어날 때 정신 세계의 환희를 볼 수 있다. 즉 삼매(samādhi싸마디)를 통하여, 조건에 의해 만들어진 물질이 주는 제약에서 벗어날 수 있다. | 두 번째 스승 웃다까-라마뿟따에게 배운 것은 느낌이라는, 마음으로 만들어진 세계〔色界색계〕

불교의 세계관 불교에서 우주는 3계(三界, tri-dhātu 뜨리 다뚜)〔욕계(欲界)—색계(色界)—무색계(無色界)〕로 나뉘고, 3계는 다시 28천(天) 또는 (주로 수행론에서) 9지(地)로 나뉜다. 28천에, 수라도-인간도-축생도-아귀도-지옥도 등 5도(道)를 합하면 33천이 된다. 다음 페이지 표 참조. →

를 초월한, 순수한 정신적인 세계〔無色界무색계〕였다. 이는 욕망 세계의 물질보다는 윗 단계의 영역들이다. 구체적 물질을 조건으로 삼아서 오는 욕망〔欲界욕계〕을 벗어나면 다음에 오는 것은 마음이라는 영역에서 발생하는 욕망〔色界색계〕이다. 이 영역에서 오는 욕망을 벗어나려면 마음(관념)이 있는 것도 아니고 없는 것도 아닌 경지〔無色界무색계〕에 도달해야 한다. 이 정신의 세계에 도달하려면 최상의 선정 삼매를 체득해야만 한다. 그런데 무소유처정이나 비상비비상처정은 단순하게 말로 되는 것이 아니다. 몇 단계이니, 무슨 이름인지도 본질이 아니다. 실제로 자신이 명상을 하여 얻어야만 하는 것이고, 설령 얻었다고 하여도 그 얻은 바를 말로 설명하지 못하는 경지다. 보살이 그 경지에 도달했다고 하는데, 그 경지가 무엇이고 어떠한지를 일일이 경전에서 설명하지는 않는다. 할 수가 없기 때문이다. 김치를 구경한 적도, 먹은 적도 없는 사람에게 김치 맛을 아무리 설명해도 모르는 것과 비슷하다. | 보살이 스승에게서 배운 것은 선정(禪定, yoga)을 주제로 하는 방법이었다. 이를 선정 제일주의(禪定第一主義)라고 한다. 보살이 처음에 배운 무소유처정보다 뒤에 배운 비상비비상처정은 훨씬 더 미묘하지만, 어떻든 이들은 통틀어 마음을 하나의 대상에 최대로 집중시키는 행위인 선(禪)을 위주로 하는 것이었다. 마음이 집중하는 대상과 하나가 되는 경지가 선정(삼매)다. 여기에 들면 마음은 거울과 같이 빛나고 바람이 없는 호수처럼 고요해진다. 이 때 마음이 더 이상 흔들리지 않는 부동(不動, acala아짤라)의 진리와 하나가 된 것〔合體합체〕 같지만 각자 수행

33천 = 〔5도〕 +
〈3계 28천〉
33천 = 〔5도〕 + 〔욕계 6천〕 + 〔색계 18천〕 + 〔무색계 4천〕

〈3계 28천〉

〔무색계(無色界) 4천〕

공무변처천(空無邊處天)

식무변처천(識無邊處天)

무소유처천(無所有處天)

비상비비상처천(非想非非想處天)

〔색계(色界) 18천〕〔3천+3천+3천+9천〕

사선구천(四禪九天) : 무운천(無雲天), 복생천(福生天), 광과천(廣果天), 무상천(無想天), 무번천(無煩天), 무열천(無熱天), 선견천(善見天), 선현천(善現天), 색구경천(色究竟天)

삼선삼천(三禪三天) : 소정천(少淨天), 무량정천(無量淨天), 변정천(遍淨天)

이선삼천(二禪三天) : 소광천(少光天), 무량광천(無量光天), 광음천(光音天)

초선삼천(初禪三天) : 범중천(梵衆天), 범보천(梵輔天), 대범천(大梵天)

〔욕계(欲界) 6천〕

타화자재천(他化自在天, ⓢPara-nirmita-vaśa-vartino devāḥ)

화락천(化樂天, ⓢNirmāṇaratideva, Sunirmāarati)

도솔천(兜率天, ⓢTuṣita)

야마천(夜摩天, ⓢYāmādevāḥ)

도리천(忉利天, ⓢTrāyastriṃśa)

4천왕천(四天王天, ⓢCātur-mahārāja-kāyikā devāḥ)

〈3계 9지〉

〔무색계(無色界)〕

공무변처지(空無邊處地)

식무변처지(識無邊處地)

무소유처지(無所有處地)

비상비비상처지(非想非非想處地)

〔색계(色界)〕

이생희락지(離生喜樂地)

정생희락지(定生喜樂地)

이희묘락지(離喜妙樂地)

사념청정지(捨念淸淨地)

〔욕계(欲界)〕

오취잡거지(五趣雜居地)

〈욕계 6도〉

선도(善道)

천상도(天上道) = 〔욕계 6천〕

수라도(修羅道)

인간도(人間道)

악도(惡道)

축생도(畜生道)

아귀도(餓鬼道)

지옥도(地獄道)

〔5도〕 (수라도~지옥도)

〔〈욕계 6도〉는 물질의 다섯 가지 체취(색, 성, 향, 미, 촉)가 남아 있는 세계라고 하여 3계 9지에서 오취잡거지에 해당한다.〕

정도에 따라 시간이 지나 고요하던 마음〔禪定선정〕에서 나오게 되면 다시 흔들리고 움직이는〔動搖동요〕 일상으로 돌아간다. | 보살은 두 명의 스승을 통하여 삼매에 드는 법을 확실하게 배웠고 삼매의 상태에서 물질의 묶임〔욕망〕과 정신 세계의 묶임〔관념〕에서 벗어나는 행복을 체험했다. 삼매는 마음을 대상에 집중할 때만 가능하다. 대상에 집중해야만 삼매가 생기고 삼매가 있어야만 행복이 얻어지는, 이른바 '삼매의 세계'를 배운 것이 된다. 보살은 짧은 시간에 이러한 경지의 최고에 도달했으며 붓다가 된 후에도 제자들에게 수행의 한 방편으로 이를 가르치기도 했다. | 삼매에 드는 것을 목표로 삼고 선정을 닦다 보면 분명 행복을 얻고 높은 관념 세계에 도달할 수 있다. 그러나 이렇게 얻은 행복은 마음 집중 상태〔삼매〕에서 나오게 되면 소용이 없다는 것이 보살이 본 문제점이었다. 선정을 통한 삼매에 들어가서 마음이 고요해졌다고 해서 완전한 깨달음〔닙바나〕을 체득했다고 할 수는 없다. 게다가 그 마음 집중은 고도의 훈련과 특정한 장소, 적절한 시간을 요구했다. 그것을 갖춘 사람만이 할 수 있는 것이었다. 보살이 찾고 있는 것은 보편성이었다. 언제, 어디서나, 누구든지, 특별한 시간이나 장소, 조건을 불문하고 수행을 하고 행복할 수 있어야 했다. 그러나 실제 현실은 그렇지 못하다. 사람이 24시간 선정에만 머물 수가 없고, 삼매에서 나오면 곧바로 또 다시 고통스러운 세상의 움직임에 따라 물질의 지배를 받게 되는 것이다. 또한 수행으로 얻은 행복은 궁

삼매(三昧) = **싸마디**(samādhi) 삼매는 마음 집중과 그에 따른 하나의 현상으로, 마음이 한 곳에 깊이 집중되어 고요해진 상태를 말한다. 불교 수행뿐 아니라 다양한 방법을 통해 마음의 영역〔관념〕이 있는 것도 아니고 없는 것도 아닌 차원의 세계를 지각(知覺)할 때 이루어진다. 마음 집중은 지각에서 이루어진 삼매의 세계를 지속적으로 연결하기 위하여 끊임없이 더욱 철저한 마음 집중을 요구한다.

극적인 행복이어야만 했다.〔조건 지어진 일반적인 행복은 반드시 생겼다 없어진다. 그러나 깨달음으로 얻은 행복은 조건이 없다.〕 보살은 다른 영역에서 질이 다른 행복이 단계적으로 기다리고 있다면 그 행복은 허구이지 궁극적인 행복〔해탈〕이 아니라고 보았다. 두 스승이 말하는 행복은 물론 대단하긴 하지만 삼매 세계에 빠진 그들만의 행복이지 보편성을 가진 행복이 아니었다. | 선정은 심리적인, 즉 마음의 훈련이지만, 진리는 논리적으로, 지혜를 통하여 얻어진다. 보살은 '오직 대상에 집중할 때 얻어지는 마음의 평온인 참선'을 제일의 목표로 강조하는 그들의 '수정주의(修定主義)'에서 선정은 순간적이고 일시적임을 알았다. 심리 현상〔삼매〕만을 맹목적으로 닦아서는 지혜의 눈은 뜨이지 않는다. 그 방법으로는 생사의 윤회를 다 끊지 못한다고 본 보살은 진정한 깨달음인 지혜의 안목을 찾아 홀로 떠난 것이다. ⓑⓓⓢ

수정주의(修定主義)
선정(禪定) 수행(修行)을 최상으로 삼는 브라흐만교의 수행 방법. 〔=선정주의(禪定主義)〕 정신과 육체를 분리해 고행을 통해 육체적 욕망이 발동하지 않게 하고 정신의 집중력을 키워 의식 자체를 억제하고자 한다. 육체가 정신의 순일을 방해해서는 안 된다. 사념의 기원이 되는 의식을 소멸시키므로, 자비나 행복감마저 느끼지 못할 수 있다. 또한 육체와 정신이 결합된 인간의 조건을 부정하고 정신성을 추구하는 이원론에 빠진다.

〔10〕 고행림(苦行林)

〔10.01〕 우루벨라
〔10.01〕-136 시체를 버리는 곳
〔10.01〕-137 차라리 죽을지언정
〔10.01〕-138 마왕의 군대
〔10.02〕 양극단에서 벗어남
〔10.02〕-139 문제가 무엇일까?
〔10.02〕-140 치우침이 없는 길
〔10.02〕-141 찾아낸 중도 법칙
〔10.02〕-142 고행림에서 일어나
〔10.02〕-143 쑤자따, 착한 여인
〔10.02〕-144 우유죽
〔10.02〕-145 깨달음은 중생들과 함께
〔10.03〕 보리수 아래로
〔10.03〕-146 꾸샤에게 얻은 한 단의 풀
〔10.03〕-147 그림자를 떼어 주고
〔10.03〕-148 마왕의 꿈
〔10.03〕-149 마왕의 세 딸
〔10.03〕-150 본능에 충실한 인간
〔10.03〕-151 깨달음은 있을까?
〔10.03〕-152 대지의 여신

10

고행림(苦行林)

〔10.01〕 우루벨라

〔10.01〕-136 **시체를 버리는 곳** | 보살은 웃다까-라마뿟따의 수행처에서 다섯 명의 동료 수행자들과 함께 수행하기 좋은 곳을 찾아 길을 떠났다. 그들 수행자들이 좋아한 장소는 사람이 너무 많지 않고, 인가에서 너무 멀리 떨어지지도 않아야 하며, 너무 들판이거나 깊은 산속이 아닌 곳이었다. 들판은 비가 오면 물에 잠기고 농부며 사람의 왕래가 끊이지 않아 번다하며, 깊은 산속은 걸식이 어렵고 사자·호랑이·늑대·하이에나 등 굶주린 맹수나 독충, 도적의 출몰로 수행 이전에 목숨을 걱정해야만 했기 때문이다. 그래서 대개 산자락을 끼고 물을 구하기 쉬운 강 근처 중에서 마을에서 멀리 떨어지지 않은 곳을 찾았다. | 보살과 다섯 명의 동료 수행자들은 브라흐만교의 성지이자 수행자의 도시인 '가야(Gaya, 伽耶)'〔현재 비하르(Bihar)주 남부 가야 지구(Gaya district)의 가야시. 주도 파트나에서 남쪽으로 116km 정도 떨어져 있다. 가야시에서 남쪽으로 11km 지점에 붓다가 깨달음을 얻은 보드가야〔Bodh Gayā, 붓다가야(부다가야)〕가 있다. 당시에는 마가다국에 속했다.〕로 발걸음을 옮겼다. 가야는 아득한 옛적부터 신성한 도시였다. 그 곳에서 조상을 위한 제사를 지내면 조상들이 천상에 갈 수 있다고 믿고 찾는 순례자와 수행자들 때문에 크게 발달한 도시였으므로 종교적 분위기가 물씬 풍겼다. 어떤 수행자라도 존중하며 그들이 수행에 전념할 수 있도록 걸식에도 인색하지 않았다. 가야에 도착한 보살의 일행은 번잡한 도심에서 벗어나 한적한 곳을 찾아 남쪽으로 더 내려갔고, 우루벨라(Uruvelā, 優留毘羅우류비나)〔지금의 보드가야(Bodh Gayā), 붓다가야(부다가야), 보리가야(菩提伽耶)〕의 쎄나니 마을〔ⓟSenani gāma쎄나니 가마〕(將軍村장군촌) 근처에 다다랐다. '쎄나(sena)'는 장군〔평상시에는 촌

장이지만 전쟁이 나면 왕의 명령에 따라 주민을 무장시키고 지휘한다.〕을 의미한다. 보살이 머물기로 한 고행림 앞에 있는 마을은 전쟁이 나면 병사들을 통솔할 장군 촌장이 사는 마을이었다. '쎄나'가 있을 정도라면 물산이 넉넉하고 인근에서 나름대로 세력이 있다는 뜻이다. 강을 낀 충적 평원의 농토 덕분에 수행에 절대적으로 필요한 음식을 걸식하기에 어렵지 않을 마을이었다. | 쎄나니 마을을 사이에 두고 동쪽에 흐르는 강을 모하나강(Mohana)이라고 하고 서쪽에 흐르는 강을 네란자라강(Nerañjarā, 尼連禪河니련선하)이라고 한다. 두 강은 마을의 북쪽 끝에서 서로 만나 팔구강(Falgu)이 되어 흐른다. 쎄나니 마을은 두 강줄기가 모이는 '두물머리'가 된다. 보살은 마을 동쪽의 모하나강을 건너 근처의 수행자들이 모여 있는 고행림(苦行林, Tapovana따뽀와(바)나)으로 들어간다. 바로 뒤에 적당히 숲도 우거졌고 앞에는 강이 흘러 물을 구하기도 쉬웠다. 고요하고 찬바람만 일렁이는 고행림에 각자 좋아하는 장소를 선택하여 자리를 마련하고 수행에 들어갔다. | 고행림은 수행하기 좋은 숲이었다. 하지만 이름이 고행림으로 전해졌다 해서 보통의 수행자들이 모여 고행을 하는 숲이 아니라 시체를 버리는 숲〔사람이 죽으면 그 시체를 갖다 버리거나 아직 죽지 않은 병자나 노인을 버린다.〕이었다. 고통이 행해지는 숲인 셈이다. 으슥한 숲이라고 하여 '한림(寒林, Śītavana/Shita-vana쉬따바나)'이라고도 한다. 평소에는 사람들이 찾기 꺼리는 곳이며 시신에서 거둔 헝겊으로 까사야〔가사(袈裟)〕를 지을 수 있었다. 보살 일행이 이 숲으로 간 것은 여러모로 수행할 여건이 좋았기 때문이다. 지금 쎄나니 마을은 인도에서 '신의 아들(harijan하리잔)'〔마하트마 간디가 불가촉천민을 부르던 이름〕이 모여 사는 아주 초라하고 작은 동네다. | 웃다까-라마뿟다의 수행처에서 보살이 정진하는 자세와 빠른 성취, 총명하고 겸허

한 모습에 감화하여 쎄나니 마을 고행림까지 함께 따라와 수행을 시작하려는 그들 '다섯 수행자(pañcavaggī 빤짜밧(왓)기)'는 누구일까? 이들의 출신에 대해서는 경전에 따라 기록된 바가 다르다. 숫도다나왕〔정반왕〕이 아들 싯다르타 왕자의 안위를 걱정하여 특별히 선정하여 보낸 사꺄족의 젊은이라고도 하며, 또는 예전 왕자가 태어났을 때 관상을 본 아시따 수행자의 조카 일행이라고도 한다. | 출신이 어떻든 그들은 보살의 성도 직전까지 함께 고행을 한 전문 수행인들로, 보살의 긴 고행을 낱낱이 지켜보고 이후 그것을 증언해 줄 증인의 소임을 맡는다. 만약 이들이 없었다면 보살의 6년 고행에 대하여 억측이나 이설(異說)이 나올 수 있었다. 그에 따라 진위(眞僞)를 논쟁할 여지가 생기는데, 이들이 현장에 함께 있었기에 다른 말들이 나올 수 없게 되었다. 다섯 명의 수행자들은 또 다른 의미에서도 불교 역사의 서술에 빠질 수 없는 존재들이다. 이들이 있었기에 최초의 교단과 쌍가(saṅgha, 僧家 승가)라는 것이 구성되기 때문이다.〔이에 대해서는 이 〔붓다의 수첩〕 총서의 2권 『쌍가-僧-Saṅgha』에서 다룬다.〕

|

〔10.01〕-137 **차라리 죽을지언정** | 다섯 명의 동료 수행자들과 보살은 쎄나니 마을을 지나고 모하나강을 건너 인적이 드문 기슭으로 들어가 나무 아래에 앉았다. 보살은 깨달음을 위하여 죽어도 좋다 싶었다. 그동안 물들었던 욕망에서 완전히 벗어나겠다는 처절한 각오로 최대한으로 몸을 괴롭히는 고행(苦行, dukkaracariya 둑까라짜리야)〔dukkara=어려움 + cariya=행〕을 시작했다. 보살은 눈·귀·코·혀·몸에서 오는 즐거움을 누리고자 하는 욕망에서 가장 멀리 떨어지기로 했고, 이 다섯 가지 욕심을 스스로 억제하기 위하여 고행을 선택한 것이다. 그것은 그저 고행〔tapas 따빠쓰 = 열

(熱)〕이 아니라, 목숨을 마치 절벽의 한 가닥 실에 매달아 놓은 듯 위험한 것이었다. | 훗날, 꼬쌈비〔ⓟKosāmbī/ⓢKauśāmbī까우샴비〕〔밤(왕)싸(ⓟVaṃsa/ⓢVatsa밧(왓)싸)국의 수도〕의 우데나(ⓟUdena)왕〔우다나야(ⓢUdayana), 우전왕(優塡王/于闐王)〕의 아들인 보디(Bodhi) 왕자가 붓다가 계신 쑹쑤마라 언덕(Suṃsumāra-giri기리)〔박가(ⓟBhagga/ⓢBharga바르가)국의 수도〕으로 사람을 보내 공양을 청했을 때 붓다가 그의 궁전에서 법문을 하시면서 고행의 이유를 이렇게 설명한 바 있다. "왕자여, 나에게 예전에 들은 바 없는 놀라운 세 가지 비유가 떠올랐습니다. 예를 들어 습기를 머금은 생나무가 물속에 던져져 있는데, 마침 어떤 사람이 좋은 불쏘시개를 가지고 와서 '내가 불을 지펴서 환한 빛을 내게 하겠다.'라고 합니다. 왕자여, 어찌 생각합니까? 젖은 생나무가 물속에 있는데, 그 사람이 거기에 좋은 불쏘시개를 가지고 온들 불을 지펴, 빛을 낼 수 있습니까?" "존자 고따마여, 그렇지 않습니다. 습기를 머금은 생나무가 물속에 던져져 있는걸요. 그 사람이은 그저 피곤하고 곤란하기만 할 것입니다." "그렇습니다. 왕자여, 이와 같이 수행자들이 신체나 정신적으로 감각적 쾌락에서 떠나지 않고 그들의 욕망, 사랑, 혼미, 갈등, 분노, 고뇌가 안에서 잘리지 않고 소멸되지 않으면 수행자들은 격렬한 고통을 경험할 뿐 바르고 원만한 깨달음에 이르지 못하게 됩니다." | 경전을 보면 보살이 6년간 했을 수많은 고행 중 일부가 등장한다. 그 중 하나로 '지식관(止息觀, upaśama우빠샤마)'이라는 것을 들어 보자. 이 고행은 아주 간단하게 말하면 자신의 호흡〔식(息)〕을 스스로 최대한 길게 참는 것〔지(止)〕이다. 참다 참다

고행(苦行) = 따빠쓰

(tapas) 쌍쓰끄리뜨 '따빠쓰(tapas)'는 직역하면 '열(熱)'이다. 브라흐만교에서 '열'이란 우주를 창조한 힘을 의미한다. 고행을 통해 신체에 열이 축적되고 그 열의 힘으로 목적을 성취할 수 있다고 믿었다.

가 마지막에는 죽음 일보 직전인 가사(假死, prajña-mṛta쁘라즈냐-므리따) 상태에 이른다. 보살이 겪었던 지식관의 고통에 대한 것이 보디 왕자에게 하는 법문에서 계속된다. "왕자여, 나는 이롭지 않은 마음의 작용〔akusala아꾸쌀라, 不善業불선업〕을 부수고 말라 버리게 하려고 이를 악물고 혀끝을 세워 목구멍을 막아 들숨과 날숨을 멈추는 고행을 시작했습니다. 들숨 날숨이 멈추었을 때 마치 힘센 남자들이 힘없는 사람의 머리채와 어깨를 붙잡고 짓밟듯 심한 고통이 밀려오며 내 겨드랑이에서 땀이 흘러내렸습니다. 나는 숨을 쉬지 않고 들숨 날숨을 멈추었습니다. 입과 코를 막아 나가고 들어오는 바람이 통하지 못하게 하자 마치 풀무질을 할 때 큰 바람 소리가 터져 나오듯이 귀에서 큰 소리가 터져 나오고 몸은 격렬하게 떨렸습니다. 그런데도 내가 계속 호흡을 멈추고 귀까지 막아 버리자 이번에는 마치 날카로운 송곳으로 머리를 찌르는 것처럼 몸에 있는 바람들이 머리를 찌르기 시작했습니다. 거기에서 멈추지 않고 더 강하게 호흡을 멈추는 고행을 하자 마치 힘센 남자들이 가죽 끈으로 머리를 힘껏 조이는 것 같더군요. 날카로운 칼끝으로 머리를 쪼개듯이 커다란 바람 소리가 머리를 고통스럽게 휘젓더니, 마치 소를 잡는 백정이 날카로운 칼로 뱃속을 조각조각 저미는 것처럼 그 바람들이 뱃속까지 찔러대는 것 같았습니다. 왕자여, 내가 물러나지 않고 계속 들숨과 날숨을 멈추는 고행을 하자 마치 힘센 남자들이 내 두 팔을 잡아 이글거리며 타는 숯불에 올려놓고 고기로 굽듯 몸 전체가 불덩이처럼 뜨거워져 갔습니다." | 호흡을 멈추는 고행에 만족하지 못한 보살은 이번에는 먹는 음식을 줄이는 고행인 소식(小食, puro-bhaktakā뿌로 박따까)〔아침을 가볍게 먹기에 아침 식사를 이르는 말로도 사용한다.〕을 시작했다. 그러다가 아예 음식물을 먹지 않는 단식(斷食, anāśana아나샤나)

에 이르렀다. 이어 머리카락과 수염을 뽑는 고행으로 옮겨 갔다. “왕자여, 나는 먹을 것을 줄이기 시작했습니다. 처음에는 하루에 한 끼 먹는 음식을 대신하여 콩 삶은 물, 나뭇잎 삶은 물 한 줌만 마시기도 했으며 하루에 쌀 한 톨, 또는 보리나 콩 한 톨만 먹었습니다. 그것으로 만족하지 못한 나는 완전하게 음식물을 끊는 고행을 했습니다. 피부가 빛을 잃더니 머리에 말라 버린 박처럼 해골이 드러났습니다. 나의 엉덩이는 바싹 말라 마치 낙타 발바닥처럼 살이라곤 없이 평편하게 갈라졌고 팔과 다리는 갈대와 같이 가늘어졌으며 등뼈는 대나무 마디처럼 올통볼통했습니다. 갈비뼈는 지붕 없는 오래된 헛간의 흔들리는 서까래처럼 섬뜩하게 튀어나왔습니다. 왕자여, 나의 눈빛은 눈구멍 깊숙이 가라앉아 깊은 우물에 가라앉은 물빛처럼 보였고 머리 가죽은 주름지고 시들어서 푸르고 맛이 쓴 호리병박〔박과의 일종으로 호리병처럼 생겼다. 조롱박이라고도 한다.〕이 바람과 햇빛에 주름지고 시든 것과 같았습니다. 뱃가죽과 창자가 말라서 등에 붙어 버리는 바람에 내가 뱃가죽을 만지면 등뼈를 만났고 등뼈를 만지면 뱃가죽과 만났습니다.” 단식 고행의 실상도 보디 왕자와 대화에 잘 그려져 있다. “대소변을 보려고 앉으면 머리가 앞으로 꼬꾸라졌고 내가 내 몸을 보듬으려 손으로 사지를 문지르면 털이 뿌리까지 썩어 몸에서 부서져 떨어져 나갔습니다. 사람들은 나를 보고 수군댔습니다. ‘수행자 고따마는 시커멓다.’ 어떤 사람은 ‘수행자 고따마는 푸르죽죽하다.’ 어떤 사람은 ‘수행자 고따마는 검지도 푸르지도 않고 황금색 피부를 가지고 있다.’고 말했습니다. 왕자여, 너무나 적게 먹거나 먹지 않는 고행으로 나의 맑고 밝은 피부색은 모두 사라져 버렸습니다. 왕자여, 단지 깊은 우물처럼 움푹 꺼진 두 눈동자만 밤하늘의 별처럼 빛났습니다. 목동들이 지나가면서 죽은 줄 알고 막

대기로 쿡쿡 쑤셔 보고 약간 꼼지락거리는 반응이 있으면 그제야 내가 산 줄 알았습니다." | 다른 고행자들이 따라 할 생각조차 갖기 힘든, 죽음을 무릅쓴 고행을 계속하면서 보살에게서는 이미 삶과 죽음에 대한 집착이나 두려움이 사라졌다. 깨달음 하나만을 목표로 나갈 뿐이다. 보살은 누더기 까사야가 낡자 숲에 버려진 시체들의 옷가지를 주워 입거나 나뭇잎 등으로 몸을 가렸다. 추위와 더위를 아랑곳하지 않았고 맹수나 독충도 두려워하지 않았다. 세수도 목욕도 하지 않고 머리카락을 깎지도 않았다. 보살이 고행을 점점 더 심하게 할수록 함께 떠나온 다섯 수행자들은 보살이 깨달음에 가까워져 가고 있다고 짐작했다. 그들은 자신들의 선택이 옳았다고 기뻐했다. | 그럴 즈음 다시 마왕 빠삐만이 보살 앞에 나타났다. 빠삐만은 보살의 사투에 다다른 고행을 보고 근원적 생존을 거론했다. "싯다르타여, 죽음이 가까워졌구나. 생명은 소중한 것, 살아야 수행도 가능하지 않겠는가? 이쯤에서 고행을 포기하고 목숨을 보전하는 것이 어떻겠나?" 마왕은 보살에게 누구도 하지 못할 격렬한 고행을 해 보았으니 이쯤에서 목숨을 챙기라고 유혹하지만 보살은 깨달음을 얻지 못하면 차라리 죽을지언정 포기하지 못한다며 벗어났다. 마왕은 이번에는 연약한 인간의 심성을 자극했다. "싯다르타여, 고행을 버리고 불을 섬기고 제사를 지내면서 공덕을 쌓고 과보를 얻는 것이 낫지 않겠는가? 세상에 편하게 가는 길이 얼마든 많은데 무엇 때문에 힘든 길을 일부러 찾아 고통을 견디고 있는가?" 마왕 빠삐만이 갖가지 구실을 동원

마왕의 12무리 군대〔유타(yūtha)〕

① 탐욕(貪慾)
② 원망(怨望)
③ 굶주림, 추위, 더움〔기갈한서(飢渴寒暑)〕
④ 애착(愛着)
⑤ 권태(倦怠), 수면(睡眠)
⑥ 두려움〔공포(恐怖)〕
⑦ 의심(疑心)
⑧ 분노(忿怒)
⑨ 시기(猜忌)
⑩ 어리석음〔무지(無知)〕
⑪ 교만(驕慢)
⑫ 비난(非難)

군대의 구성은 경전에 따라 차이가 있으며, 또는 '8무리'라고 나오는 곳도 있다.

하여 유혹할수록 보살은 더욱 굳은 서원을 세웠다. 깨달음을 이루기 위하여 마왕의 12군단〔12무리 군대(軍隊, yūtha유타)〕과 싸워 기필코 승리를 하고 항복을 받겠다고 말이다.

|

〔10.01〕-138 **마왕의 군대** | '마왕'이나 '마라'는 같은 뜻을 가지고 있다. 그 이름을 무엇이라 부른다고 해도, 설령 욕계(欲界)〔ⓢkāma-dhātu까마-다뚜/ⓟkāma-loka까마-로까〕 6천에서 가장 위에 있는 타화자재천(他化自在天)〔ⓢPara-nirmita-vaśa-vartino devāḥ빠라-니르미따-와샤 와르띠노 데와〕의 천왕이라고 하여도 상관없다. 모두 마음속 상황을 묘사하는 인도식 표현법임을 이제 우리는 안다. 그런데 마왕도 왕이다. 왕이 밖에 나갈 일이 있으면 혼자 다니지 않는다. 왕의 행차라면 왕의 군사들이 앞장서는 법이다. 마왕 역시 번민과 혼란으로 우왕좌왕하는 사람들에게 욕망과 분노를 선택하도록 유혹하기 위해 12무리 군대〔軍隊, yūtha유타〕를 앞세운다. 이 군대가 마왕만의 독특한 군진(軍陣, saṃgrāma쌍그라마)을 짜서 이리 모이고 저리 흩어지며 공격하면 '범부(凡夫)'들은 마군(魔軍, māra-sainya마라-싸이냐)의 위용에 눌려 항복한다. 그렇게 해서 '범부 중생'은 마왕의 인간적 유혹에서 벗어나지 못하고 현실의 쾌를 좇게 된다. | 마왕 또는 마라의 본질은 유혹(誘惑, lobhayati로바야띠〔lobha(탐욕)+yati(안내자)=탐욕의 안내자=유혹〕)이다. 경전에서 마라는 끊임없이 붓다와 수행자들에게 유혹을 보낸다. 유혹의 목소리는 탐욕

범부(凡夫)=
puthu-jjana(뿌투자나)
평범〔putha뿌타, 凡범〕하고 다양한 오염원〔kilesa낄레싸, 煩惱번뇌〕 속에 사는 이들이다. 성스런 깨달음을 등지고 저열한 법에 빠진 이 사람들은 그 숫자가 헤아릴 수 없이 많아 범부라고 한다. 범〔凡, puthu뿌투〕에는, 분리된 것〔visuṁ비(위)쑹〕이라는 뜻도 있어서, 성자〔Ariya아리야〕들로부터 분리가 된 사람도 뜻한다. 또는 많다, 광대하다〔pṛthu쁘리투〕라는 뜻도 있어, 중생이라고 불리는 '범부'는 단순하게는 많고 많은, 그저 그렇고 그런 사람들의 집합체를 말한다.

에 물든 세간의 아우성, 무지에 휩싸인 인간들의 외침이거나 인간적이라는 탈을 쓴 부조리한 사회 구조일 수도 있다. 또한 보살 내면에서 끊임없이 일어나는, 그러한 현실에 안주하고픈 속마음의 응답이기도 하다. 기실 '인간적'이라고 하면 매사 좋은 핑계가 된다. 그러나 인간적이라는 말 속에 부조리가 있다. 예컨대 법으로는 해서는 안 되지만, 인간적으로 알고 인간적으로 봐서 해 준다는 말이 그렇다. 사회에서는 '인간적'이라는 변명이 통할지 모르지만 수행자에게는 그 반대다. 인간적인 것을 수용하면 할수록 수행할 여지가 없어지는 것이다. 마왕은 언제나 그 인간적이라는 탈을 쓰고 수행자에게 모호하게 접근한다. 그러므로 보살은 그 정체를 분명하게 간파하고 다음과 같이 명명하는 것이다. "마왕 빠삐만이여, 탐욕, 성냄, 어리석음의 권속들이여, 어둠의 아들아." | 마왕이 거느린 12무리의 군대는 모이고 흩어지는 진을 짜서 범부 중생이라고 불리는 사람들을 유혹하고 수행자들을 멈추게 하여 지혜의 싹을 자른다. '알아차림(念념, sati싸띠)'의 특별한 힘이 없으면 언제나 이 유혹에 항복하게 되고 만다. 그 정체를 꿰뚫어 보고 이름을 붙이는 것이 알아차림의 처음이다. 마왕의 군대와 싸워 이기려면 강한 의지가 필요하며 확고한 신념과 원칙이 있어야 한다. | 그 부대 진용을 보면 마왕의 군대는 인간이 원초적으로 지니고 태어난 생존 본능에 기인하는 두려움, 현실 생활에서 마주치는 이롭지 못한 심리 현상을 일컫는 말들로 구성되어 있음을 알 수 있다. 생명의 보호 본능이나 감각의 쾌감을 마주하면 누구나 끌리기 마련이다. 유혹에서 벗어나 진정한 자유를 얻을 것인가? 그렇지 않고 항복할 것인가? 진지한 삶에는 관심이 없고 욕망의 충족만을 삶의 목표로 알아 자기도 해롭고 남도 해롭게 하거나, 남에게는 해가 되더라도 자신에게는 행복과 이익이

되는 것을 찾을 때 마왕의 유혹에 묶이고, 마침내는 윤회라는 억센 사슬에서 벗어나지 못하게 되는 것이다. | "이처럼 심한 고행을 오래도록 하면 죽을 수 있다." "죽으면 소용이 없지 않은가?" "차라리 제사를 지내는 등 쉬운 방법을 택하여 복이나 짓는 것이 어떤가?" 지금 마왕(마라)이 보살에게 던지는 유혹도 너무나 인간적이다. 마왕은 꿀처럼 달콤하고도 무리수가 없는, 상식적이고 순조로운 방향을 제시한다. 그렇기에 그 유혹을 거부하기 힘든 것이다. 마왕은 언제나 어려움에 처한 약한 범부에게 현실적인 대안을 보여 주고 여기에 순응하도록 강하게 잡아당긴다. 수행보다 그 답이 더 합리적으로 보여 타협하게 만든다. 엄밀하게 따지고 들면 결국 안위와 감각의 쾌감을 놓지 못하는 것인데도 그것이 최선이거나 불가피한 선택이지 않느냐고 애써 자위할 구실을 던져 주는 것이다. 그러나 보살은 삶을 흐름에 따라가는 범부(凡夫)가 아니다. 삶의 흐름을 거슬러 올라감으로써 깨달음을 추구하려고 하는 수행자이기에 마왕을 극복한다.

〔10.02〕 양극단에서 벗어남

〔10.02〕-139 **문제가 무엇일까?** | 보살이 우루벨라 고행림에서 목숨을 걸고 혹독한 고행을 한 세월은 무려 6년이었다. 그런데도 깨달음에 대하여 별 시원스러운 진전이 없었다. 사람이 할 수 있는 모든 고행과 차마하지 못하는 고행을 찾아 온몸을 던진 나머지 보살의 육체는 감각이 사라져 고목과 같고 불씨가 꺼져 식어 버린 잿더미와 다를 바 없었다. 보살의 정신도 생각이라는 것이 더 이상 생겨나지 않는 경지에 들었다. 육체에 묶이지 않고 마음조차 방해가 되지 않을 정도로 단련을 했으며 끊임없는 마왕의

유혹도 이겨 왔건만 그토록 간절하게 이루고자 하는 지혜의 완성, 곧 깨달음은 고행을 하면 할수록 멀게만 느껴지고 그 실체가 신기루처럼 아득하기만 했다. 문제가 무엇일까? 보살은 그동안의 자신의 수행 방법과 태도, 마음가짐 등을 전체적으로 다시 점검하기 시작했다. | 보살은, 육체에 극심한 고통을 가하면 애욕이나 두려움, 의혹을 극복하려는 강한 힘의 작용이 발생하고 그때 잠시 마음의 자유는 얻지만, 의지가 강해지는 것과 올바른 지혜가 생기는 것은 다름을 알게 된다. 천재도 노력하는 사람을 못 이기고, 노력하는 사람도 즐기는 사람을 못 이기며, 아무리 즐기는 사람도 꾸준히 하는 사람은 못 이긴다는 말이 있다. 쉬지 않고 한 가지 일을 밀어붙이는 의지(意志)가 최고라는 덕담이다. 과연 그럴까? 범부 중생이 하는 세속의 일에서는 그럴 것이다. 어떤 기술이든 게으름(不誠實불성실, māyāvin마야윈〔위선적인, 환영의, 속이는 사람, 마술사〕〔māyā = 속임수, 마술사〕) 피우지 않고 오래 해 온 사람을 당해 낼 재간이 없어 보이지만, 수행은 꼭 그렇지 않다. 수행에서는 "아무리 쉼 없이 꾸준하게 하는 사람도 지혜 있는 사람을 못 당한다." | 보살은 고행을 죽음 직전까지 끌어 올려 육체를 괴롭히면 그 괴롭힌 만큼 마음이 자유로워질 줄 알았다. 그러나 그럴 때마다 회의가 찾아오고 마왕은 다시 나타나서 고행을 멈추라고 유혹했다. 그 경험을 떠올려 보며 쾌락과 죽음과 같은 고행이 무엇을 의미하는지를 알게 된 것은 의지가 아니라 지혜의 힘이다. "보디 왕자여, 이보다 더한 고행을 할 수는 없을 만큼 했지요. 그러나 이 극심한 고행으로도 세간을 벗어나는 도를 얻을 수 없었습니다. 그러면 다른 길이 있는가? 나는 생각했습니다." 극렬하게 해 왔던 "고행이 무엇이었는가, 그것이 자신에게 어떤 것을 주었는가, 또 그것을 얻음으로 자신이 찾던 목표에 합일이 되었는가?" 의심

을 시작하면서 보살에게 있던 지혜가 드러난 것이다.

|

사전적으로 지식(智識, ⓢabhilakṣita아빌락쉬따〔드러나는 것, 표식, 지칭되는 것〕)은 배우거나 실천하여 알게 된 명확한 인식이나 이해를 가리키며, 또한 그러한 인식이나 이해에 의해 얻어진 성과를 뜻하기도 한다. 사물에 관한 개개의 단편적인 사실 · 경험으로 얻은 인식이지만, 이 인식이 원리에 따라 통일적으로 조직되면 객관적 타당성을 지니는 판단의 체계를 이루게 된다. 이와 달리 지혜(智慧, ñāṇa냐냐, paññā빤냐)는 사물의 도리나 깊은 이치를 통찰하는 정신 능력과 슬기를 말한다. 지식과 다른 지혜의 의미를 조금 더 자세하게 설명을 해 보겠다. | 지혜는 보통 냐냐(ñāṇa)라고 하는데, 그 중에서도 꿰뚫어 아는 통찰지를 빤냐(ⓟpaññā/ⓢprajñā쁘라즈냐)라고 한다. '빤냐'를 한역할 때 우리에게 너무나 익숙한 '반야(般若)'라고 옮겼다. 빨리어 빤냐는 쁘라즈냐(prajñā)에서 파생되었는데, '앞으로'라는 뜻을 가진 '쁘라(pra)'와 '기억하다, 잘 알고 있다, 이해하다, 식별하다, 구별하다'라는 뜻의 '즈냐(jñā)'가 합성된 말이다. 반야는 꿰뚫음(貫通관통, penetration), 통찰이라는 뜻을 가진 '빠띠웨다(ⓟpaṭivedha)'〔paṭi(반대로, 뒷면)+vedha(찌르다, 꿰뚫다)〕를 특징으로 한다. 통찰지의 기본은 피상적으로 대상을 분별해서 알거나(分知분지, ⓟvijānati위자나띠〔다른 것과 구분되는 특질을 식별하는 지〕), 뭉뚱그려 아는 것(合知합지, ⓟsañjānāti싼자나띠〔유형을 합해서 인식하는 지〕)을 넘어서서 '앞으로 더 나아가 아는 것'이라는 뜻이 낱말에 담겨 있다. 초기 불교에서는 사성제(四聖諦)를 바로 알지 못하여 꿰뚫지 못하는 것을 무명(無明, ⓟavijjā아윗자〔a(아니)+vijjā(법, 진리를 아는 것)〕)이라고 했고, 그와 반대로 꿰뚫는 것을 명지(明知, ⓟvijjā윗자)라고 했다. 정리해 보면 빤냐(paññā, 般若

사성제(四聖諦)
① 괴로움의 성스러운 진리 (苦聖諦고성제, dukkha-ariya-sacca),
② 괴로움이 일어나는 성스러운 진리 (苦集聖諦고집성제, dukkha-samudaya ariya-sacca),
③ 괴로움이 소멸되는 성스러운 진리 (苦滅聖諦고멸성제, dukkha-nirodha ariya-sacca),
④ 괴로움의 소멸로 인도하는 도 닦음의 성스러운 진리 (道聖諦도성제, dukkha-nirodhagāmini ariya-sacca)
〔사성제의 구체적 의미는 이 책 12장에서 자세히 다룬다.〕

반야)는 꿰뚫고 통찰한다는 뜻을 가지고 있다. | 보살이 얻은 지혜(ñāṇa냐냐)는 우리가 일상에서 말하는 지혜가 아니라 조건에 따라 일어나고 사라짐을 "꿰뚫어" 아는 지혜〔般若반야, paññā빤냐〕를 말한다. 보살은 자신의 수행의 문제가 무엇인지를 정확하게 "꿰뚫어" 알았고 그렇게 아는 순간 6년이라는 긴 시간을 해 왔던 고행을 미련 없이 버렸다. 그리고 자신이 찾은 새로운 방법으로 수행을 바꾸는 지혜(ñāṇa냐냐)로써 깨달음을 얻었다고 하는 것이다.

|

보살은 초인적 능력을 보이며 "쉼 없이 꾸준하게" 고행해 왔지만 수행의 결과를 볼 때 그 성적은 만족할 만한 것이 아니라고 스스로 판단했다. 육체를 괴롭히는 행위로 정신의 문제를 해결하려고 했기 때문이다. 보살은 자신의 수행에서 육체와 정신 사이를 가로 막고 있는 보이지 않는 벽을 만났다. 6년이라는 긴 시간 고행을 했음에도 이 벽은 무너지지 않고 깨달음으로 나가는 길을 막고 있었다. 그 벽이 무엇일까? 먼저 보살은 자신이 해 온 수행을 되짚어 보는 과정에서 자신이 고행이라는 극단주의를 선택했음을 확인했다. | 보살이 엄격한 고행주의를 수행의 방법으로 선택한 데는 출가 전 왕자라는 출생 계급에 수반되는 기득권과 가치관에 따라 감각적 욕망을 즐기고 살아 온 것에 대한 반작용이 컸던 듯하다. 쾌락주의는 더 많은 것을 소유하여 욕구를 충족시키는 것이 삶의 목적이라고 보는 견해다. 그 수단과 방법이 다른 이에게 피해를 주더라도 자신에

게 행복을 가져온다면 추구할 삶의 목표로 삼는 것이다. 반대로 고행주의에서는 그러한 쾌락이 육체의 욕망에 따른 것이라고 보고 육체에 고통을 준다. 육체가 요구하는 편안함을 거절하고 억제할수록 정신의 순수성이 극대화된다고 믿다 보니 점점 엄격해질 수밖에 없다. | 보살은 까삘라 왕자 시절에 누려 왔던 쾌락에 넌덜머리를 낸 만큼 마치 그 반대급부라도 되는 양 출가 이후에는 몸을 괴롭히는 고행주의에 치우쳤음을 깨닫는다. 물론 출가한지 얼마 되지 아니하여 의지했던 두 스승인 알라라-깔라마와 웃다까-라마뿟다의 가르침에 무젖었거니와〔환경이나 상황 따위가 몸에 배다.〕, 당시 출가 수행자들 사이에서는 고행이 대세였으니, 그런 분위기에 초보 수행자로서 자연스럽게 올라탄 것이다. 그런데 자신이 해 온 고행을 찬찬히 돌이켜 보자 극단적인 고통이 찾아왔을 때 이를 참아 내려는 노력이 크면 클수록 느껴지는 고통의 강도도 더욱 커졌음이, 반대로 지쳐서 고통을 이겨내고자 하는 노력을 쉬고 마음을 비웠을 때 오히려 고통이 물러났음을 알게 된다. 과거에 겪었던 고통에 대한 기억이 일어나면 그 고통이 몸에 되살아나더라는 것도 떠올랐다. 그동안의 고행은 마치 물에 빠져 젖은 생나무를 비벼서 불을 일으키려고 하는 짓과 같았음을 안 보살은 발상을 전환한다. 고행을 멈춘 것이다. "보디 왕자여, 고행을 계속한다는 것은 나를 위해서도, 이 세상을 위해서도 좋은 길이 되지 않습니다."

|

〔10.02〕-140 **치우침이 없는 길** | 보살은 문제점을 찾은 즉시 자신이 언제 가장 행복하고 평화롭게 수행했으며 선정에 쉽게 들어갔는가를 돌이켜보았다. 그것은 오랜 옛적 어린 시절 농경제 날 잠부나무 아래였음을 기억해 냈다. "보디 왕자여, 그러나 나는 일

년 농사의 시작을 알리기 위하여 부왕과 함께 처음 논으로 가서 치른 농경제 행사를 생각했습니다. 그 날 도중에 잠부나무 그늘 아래에서 첫 번째 선정에 들어갔던 기억이 났지요. 고행을 버리고 다른 길을 찾던 나는 그 때의 선정이 세간을 벗어나는 지혜를 얻기 위한 길이 아니었을까?라는 생각이 들었습니다. 그리고 이 길이 바른 길임을 알게 됩니다." | 까삘라 왕자 시절 궁전에서 호사를 누리던 삶과 출가 이후 고행의 연속을 보살은 비교해 보았다. 고행을 통하여 쾌락으로 가지 못하도록 아무리 육체를 구속해도 이 육신을 결코 조복(調伏)〔몸과 마음을 고르게 하여 악행을 굴복시킴〕하지 못한다. 육체가 요구하는 쾌락의 욕망은 다시 그 조건이 형성되면 슬그머니 일어나 몸을 괴롭히기 때문이다. 육체를 잠깐 억제하더라도 그럴수록 마음은 더 왕성하게 욕망을 향하여 달리는 것을 보살은 보았다. | 육체가 욕망에 이끌리기 시작하면 마음이 대상에 집중되지 못하며 망상이 힘을 얻는다. 반면에 육체가 극심한 고통 속에 있을 때 마음은 피하려고 하거나 또는 고통을 상대하여 싸우느라고 집중하지 못한다. 털 뽑기라든가 숨 참기 등등 동일한 방법을 반복함으로써 발생되는 고통에는 언젠가는 육체가 익숙해지므로, 고행이 해이해진다. 오히려 그 진행 과정을 알고 있기에 고통을 즐기기까지 할 수 있다. 그렇다 보니 하나의 고통에 익숙해지지 않도록 새로운 고행을 찾아내거나 그 강도를 더욱 높여 가는 것이 고행자들의 방법이다. | 보살의 고행이 그와 같았다. 할 수 있는 고행이란 고행을 다 해 보았고, 그 강도를 계속 올려 갔다. 문제는 살아서 더 이상 올릴 고행의 강도와 할 수 있는 고행의 방법이 없는 수준에 봉착했다는 것이다. 단식의 마지막 강도는 굶어 죽는 것이고, 숯불을 피워 놓고 그 가운데 서거나 앉아 있는 고행의 마지막은 불에 타 죽는 것밖에 더 있겠

는가. 물속에 들어가 호흡을 멈추기로 끝을 보자면 더 깊은 물에 들어가 아주 익사해 버려야 하는 것이다. | 이러한 고행의 본질을 마주칠 때마다 보살에게는 회의감이 생겨났고, 그 순간마다 놓치지 않고 마왕이 군대를 몰고 나타나 협박이나 유혹으로 포기하라고 꼬드겼다. 보살은 6년이라는 시간을 투자해 너무나 소중한 법칙을 안 것이다. 고행으로써 육체를 못살게 굴어서는 안 되었다. 육체를 괴롭혀서는 깨달음에 가지 못하는 것은 고사하고 차라리 방해를 일으키는 것에 가까웠다. 내면의 세계에서 대상에 집중하려는 힘인 마음의 순일(純一)을 육체의 고통이 방해하는 것이었다. 육체를 괴롭힐 것이 아니라, 육체의 힘을 이용해야 했다. 육체를 잊고, 육체의 욕망에 매달리지도 않고, 있는 그대로 알아차리는 것이 올바른 수행이라는 사실을 보살은 찾은 것이다.

|

맛을 내는 것은 그릇에 담긴 음식이지 그릇 자체가 아니다. 육체가 마음을 담는 그릇이라면 마음은 맛이다. 그릇에 음식을 담듯 육체에 마음이 담겨 맛이라는 깨달음을 얻는 것이지 그릇인 육체가 맛을 내지는 못한다. 육체를 아무리 괴롭힌다고 맛이라는 깨달음이 생길 수는 없다. 게다가 육체는 음식을 담는 소중한 도구인 것이다. 그릇만 애지중지해서도 곤란하지만 그렇다고 함부로 굴려 깨지도록 해서도 안 된다. 지금까지는 애꿎게 그릇에서 맛을 짜내려고 한 것이었다면 이제야 그릇의 본질은 음식을 담아내는 것임을 안 것이다. | 보살이 찾은 새 길은 양극단을 벗어나는 것이었다. 인간의 욕망 자체를 무시하거나, 고행의 의미를 부정한 것이 아니라, 문제의 본말(本末)이 전도(顚倒)되어 수단이나 방법이 목적으로 탈바꿈하는 것을 경계한 것이다. 그 전까지는 출가를 하면 무조건 전통을 고수하는 고행주의자가 되었고 그렇

지 않으면 세속의 쾌락주의자로 남는 길뿐이었다. 보살은 그러나 오랫동안 전통이라는 이름으로 굳어진 나쁜 관습〔惰性타성〕과 굴레를 벗어났다. 보살이 발견한 진리는 행복과 이익의 길로 가는, 인간 회복이라는 위대한 혁명의 첫 단추가 된다. 실로 불교 교리에서 가장 첫 번째로 자리매김하는 것이 바로 "양극단에 치우치지 않는 것"이다. 그것을 '중도(中道)'라고 한다.

|

〔10.02〕-141 **찾아낸 중도 법칙** | '중도(中道)'〔맛지마-빠띠빠다(ⓟmajjhimā-paṭipadā)〔majjhimā(middle, moderate) + paṭipadā(path, method)〕〕〔마댜마-쁘라띠빠드(ⓢmadhyama-pratipad)〕〔madhyama(중간) + pratipad(가다)〕란 무엇인가? 그것은 수학적으로 증명해 낼 법칙이나 고정된 수치가 아니다. 어떤 사물을 반으로 딱 자른 중간이나, 생각의 중간도 아니다. 중도는 자신에게 주어진 조건과 환경에서 고통과 쾌락이라는 양극단에 치우치지 않는 태도를 말한다. 수행상에서 쾌감과 고통이 나타날 때 그 어느 쪽도 택하지 않는 것을 말하며, 삶에서도 쾌락에만 빠지거나 자기를 학대하지 않는 것이다. 경전에서 붓다는 중도를 완전하게 깨달았다고 천명했다. "비구들아, 출가자가 가까이하지 않아야 할 두 가지 극단이 있다. 무엇이 둘인가? 첫 번째는 저열하고 촌스럽고 범속하고 성스럽지 못하고 이익을 주지 못하는 감각적 욕망의 쾌락에 탐닉하고 몰두하는 것〔樂악〕을 말한다. 두 번째는 괴롭고 성스럽지 못하고 이익을 주지 못하는 자기 학대에 몰두하는 것〔苦고〕이다. 비구들아, 이러한 두 가지 극단을 의지하지 않고 여래는 중도를 완전하게 깨달았나니, 이 중도는 안목을 만들고 지혜를 만들며, 고요함과 최상의 지혜와 바른 깨달음과 닙바나〔ⓟnibbāna, 니르바나(ⓢnirvāṇa), 열반(涅槃)〕로 인도한다." | 보살은 맹목적으로 육체를 괴롭히기만

하는 고행은 이익이 없을 뿐더러 마치 배의 노(櫓)나 키〔舵타〕가 숲 속에 있을 때 필요없듯 아주 소용이 없는 것이라고 신랄하게 비판한다. 양극단에 치우치지 않는 평형 감각을 갖는다는 것은 쉬운 일이 아니다. 사람은 언제든지 자신에게 이익되는 방향으로 흐르는 경향이 있다. 남에게는 엄격한 가치 기준의 잣대를 들이대어 이리저리 재어보고 들었다 놓았다 하지만, 자신에게는 관대하거니와 그 잣대를 고무줄처럼 늘고 줄이기를 멋대로 하는 것이 인간인지라 중도를 자기 편한 방향으로 해석하다 보면 기회주의자가 되거나 물에 술탄 듯, 술에 물탄 듯 대충주의에 빠질 소지가 크다. | 중도를 글자 그대로 풀이하면 중간(中間)이 되는 길(道)이다. 그런데 불교에서 중도는 추상적인 개념이 아니라, 구체적 실천 방법이다. 그것이 바로 팔정도(八正道)로 설명된다. 막연하게 사물이나 마음에서 이것과 저것의 중간이겠거니 짐작해서는 안 되듯이, 붓다가 말한 중도를 대승 불교에서 말하는 8불중도(八不中道)로 이해해서도 안 된다. 붓다는 중도가 곧 깨달음이라고 말

팔정도(八正道) ① 바르게 인식〔바른 견해〕하고 〔정견(正見)〕, ② 바르게 생각하고 〔정사유(正思惟)〕, ③ 바르게 말하고 〔정어(正語)〕, ④ 바르게 행동하고 〔정업(正業)〕, ⑤ 바른 수단으로 목숨을 유지하고 〔정명(正命)〕, ⑥ 바르게 정진(수행)하고 〔정정진(正精進)〕, ⑦ 바르게 알아차리며 〔정념(正念)〕, ⑧ 바르게 집중하는 〔정정(正定)〕 것.

8불중도(八不中道) 네 쌍의 대립되는 관념 〔유무(有無)생멸(生滅)—단상(斷常)—일이(一異)—거래(去來)〕을 모두 부정하는 게송 "생함과 멸함이 없고, 항상함과 그침도 없으며, 하나도 아니고 다르지도 않으며, 오는 것과 가는 것도 없다(不生亦不滅 不常亦不斷 不一亦不異 不來亦不去)." 2세기 대승 불교 중관파(中觀派)의 시조인 용수(龍樹, Nagarjuna 나가르주나)의 『중론(中論)』에 등장한다. 팔불연기(八不緣起)라고도 불리듯, 연기의 본성을 설명한다.

씀하셨다. 중도와 팔정도는 수행을 해 나가는 데 필요한 정연한 실천 체계다. 즉 반드시 실제 수행(實修行 실수행)으로 연결되어야 한다. 중도는 철학의 영역에서 논문 주제로 삼을 거리가 아니라 수행의 지침이다. 실천을 제쳐두고서 그저 학문으로 논하려는 순간, 중도는 관념론으로 변질되고 붓다 가르침의 실체가 사라져 버린다. 중도는 수행의 핵심을 가장 간결하게 묘사한다. 글자 그대로 길 위(路上노상, paṭi빠띠)를 밟으면서 걸어가는 것(步行보행, padā빠다〔발, 발자취, 족적〕〔padācetiyo = 성스러운 자가 남긴 자취를 따라감〕)이기 때문이다. | 수행의 지침이라고 해서 중도가 특별한 장소와 특정한 시간에만 존재하는 것도 아니다. 선방이나 명상 센터, 참선하는 시간, 기도하는 시간 등에만 만날 수 있는 것이 아니다. '도(道, magga막가)'는 매 순간 모든 곳에 존재하며, 중도 또한 바로 지금 여기〔이 곳, 이 시간〕(現今현금, 現法현법, diṭṭhe va dhamma딧테 와 담마〔in this very life, in this world〕)에서 실천되어야 한다. 중도는 바로 알고, 쉼 없이 닦아야 할 것이지 어찌어찌 가을날 우연히 떨어진 홍시 줍듯 찾는 것이 아니다. 치우침이 없는 중간의 길〔中道중도〕은 말로 되거나 책 속에 있는 것이 아니라 스스로 밟아야만 하는 길이다. 보살은 그 길을 찾고 이제 걸어가려고 하는 것이다. |

〔10.02〕-142 **고행림에서 일어나** | 중도에는 엄격한 법칙이 있다. 저열하고 상식 없는 행위나 말을 당연하게 여기거나, 그런 말로 자신의 지위를 드러내고 재물을 끌어 모으는 행위, 고상한 인격 형성에 이익을 주지 못하는 욕망에 기반한 것이라면, 아무리 세상 사람들이 허물이 되지 않는다고 말하며 다들 허용한다 할지라도 버려야 한다. 반대로 자기 반성을 하려는 뜻일지라도 고상한 인격 형성에 도움이 되지 않는데 자신의 몸을 괴롭히는 일은 하

지 말아야 한다. 중도의 원칙은 자신의 내면을 잘 관찰하고 쾌락과 고통의 실체를 현명하게 판단하여, 잘못에서 벗어나는 것이다. 그 쾌락과 고통의 기준을 밖에서 구하거나 남과 견주어서는 안 된다. 즉 중도의 기준도 자신에게서 찾아야 한다. | 예컨대 보살은 까삘라의 왕자 시절에 지상의 쾌락을 보았다. 강대국의 왕이나 대부호들인 장자들과 비교하자면 쾌락 축에도 끼지 못하거늘 그 정도야 왕자로서 응당 누릴 만한 정도였다고 위안하고 넘어갈 수 있다. 고행 역시 주관적이다. 아무리 다른 사람은 차마 따라 할 수 없을 고행이라도, 그 고행으로 죽음까지 이르지야 않았다며 스스로를 더 매섭게 꾸짖을 수도 있다. 그러나 보살은 자신이 누린 쾌락과 고통을 남과 비교하여 도망갈 구석을 만들지 않았다. 보살은 자신의 삶 안에서 그 둘을 견주어 보았고, 그러자 정녕 양 극단임이 틀림없었다. 자신의 삶 안에서 양 극단을 피하기 때문에 보살이 발견한 중도의 법칙이 위대한 것이고, 보살이 바로 그 법칙에 따라 수행을 전환할 수 있었다. 보살은 평온하게 스스로에게 묻고 답하면서 필요한 것이 무엇인가 알았다. | "보디 왕자여, 그 다음 나는 나에게 '그 선정의 행복을 두려워하는가?' 라고 스스로 물었습니다. 그리고 '두려워하지 않는다.'라고 대답했지요. 이렇게 자문자답한 나는 고행으로 지친 내 몸의 상태를 돌이켜보았습니다. 더할 수 없는 심한 고통을 받아 왔던 이 몸으로는 선정의 행복을 감당할 수 없다 싶었지요. 그래서 나는 쌀죽을 받아 힘을 조금씩 키워 나가기로 합니다." | 중도의 법칙을 발견하고 나자 보살은 고행을 계속할 필요성을 느끼지 못했다. 중도에 따른 선정에 두려움이 없음을 확신했지만, 정작 자신의 체력이 너무나 떨어져 있었다. 우선 영양을 보충해야 했다. 고행을 해 왔던 자리를 털고 일어난 다음 시체를 버리는 숲〔尸陀林시타림,

寒林한림, śitavana쉬따바나]에서 헝겊을 주워 걸치고 모하나 강둑으로 갔다. 죽을 것만 같던 보살이 수행을 멈추고 일어나는 모습을 보자 다섯 명의 동료 수행자들은 의아해져 보살의 다음 행동거지를 살폈다.

|

〔10.02〕-143 **쑤자따, 착한 여인** | 보살은 목욕을 하고 걸식을 해야겠다고 생각했다. 하지만 오랫동안 해 온 고행 과정 동안에 몸에 걸치는 옷에조차 무관심해졌기 때문에, 누더기는 몸의 아무 곳도 제대로 가리지 못할 수준이었다. 보살은 시체 더미를 뒤져 덮여 있던 헝겊 가운데 가사로 쓸 만한 것을 주웠다. 그것을 빨려고 모하나 강변으로 갔다. 하지만 너무 심한 고행으로 보살의 몸에는 빨래조차 해 낼 힘이 남아 있지 않았다. 그저 더러운 천을 물에 담가 놓았다가 핏기가 조금 가시자 겨우 걷어 풀밭에 펼치는데 그것만으로도 이미 기진맥진해져서 한참을 누워 쉬었다. 이번에는 목욕을 하려고 강물에 몸을 담갔다. 그러나 기나긴 고행으로 몸이 쇠약해질 대로 쇠약해진 보살은 물살에 서 있을 힘도 없었다. 강둑으로 나오지 못하고 떠밀려가다가 물가로 뻗은 나뭇가지를 잡고 간신히 기어오른 다음 그만 정신을 잃었다. 한참 후 깨어난 보살은 정말이지 기력을 회복해야 할 필요성을 간절하게 느꼈다. | 모하나강과 네란자라강의 두 물줄기가 합쳐지는 팔구강은 폭은 넓지만, 내리치는 계곡도 아니고 깊은 대하도 아니다. 갠지스 평원을 흐르는 팔구강은 히말라야 설산(雪山)을 발원지로 하지 않기 때문에 수량이 풍부하지 못하다. 비가 오지 않는 건기 때면 아예 마르다시피하여 강바닥 모래를 파내려야 겨우 물을 볼 정도다. 붓다 당시에는 수량이 지금보다 많았다고 한들, 어차피 목욕을 하려는 것이니 약하게 흐르는 물가를 찾았을 텐데 떠

내려 갈 정도였다면 처절한 고행을 거친 그 무렵 보살의 체력은 어떤 지경이었단 말인가. | 핏물이 얼룩지고 시체 썩은 내가 풀풀 풍기는 낡은 헝겊을 한 손에 들고 비쩍 큰 키의 바짝 마른 이 수행자가, 휘청휘청 쓰러질 듯 위태하게 몸을 가누며 강둑에 다다랐다. 손에 쥔 누더기를 겨우 물에 적셨다가 널어놓고 한참을 누웠다가 다시 일어나, 어기적어기적 강물에 몸을 담그더니 약한 물살에마저 떠밀러 내려가다가, 가까스로 나뭇가지를 잡고서야 올라왔다. 죽었는지 살았는지 알 수 없이 풀숲에 기절해 있는, 거리의 노숙자보다 처참한 몰골을 가진 그 분이 바로 우리의 스승 붓다이시다. | 경전에서는 보살이 빨래를 하려고 하자 마침 하늘에 있던 신들의 왕 인드라가 하늘의 눈으로 보고 지상으로 내려왔다고 쓴다. 보살 앞에 오른쪽 무릎을 땅에 꿇고 두 손을 모아 인사하며 공손하게 자신이 빨아 드리겠다고 말했는데, 보살이 수행자는 일상의 일들에 남의 손을 빌지 않는다며 사양하자 천신들이 입을 모아 보살의 거룩한 수행을 찬탄하고 다시 하늘로 돌아갔다고 한다. 또한 목욕을 마치고 강둑으로 올라오려 하자 '아씨따끼 나무(Āsītakī, 阿斯樹아사수)'의 여신이 자신의 팔〔枝 지=나뭇가지〕을 낮게 드리워 보살이 그것을 잡고 올라왔다고 기록되었다. | 정신을 차린 보살은 걸식을 해야겠다고 마음을 먹었다. 마을에 들어가기 위하여 최대한 얕은 물길을 찾았다. 겨우 강을 건너기는 했지만 더는 한 걸음도 걸을 힘이 남아 있지 않았다. 보살은 삡빨라 나무(Pippala)〔보리수〕 아래에 앉아 쉬었다. 때마침 쎄나니 마을 촌장의 딸 '쑤자따(Sujāta, 善生女선생녀)'가 언제나처럼 소원을 빌러 삡빨라 나무로 왔다. '쑤자따'는 이름 그대로 타고난 성품이 악의라고는 모르는 순한 여성이다. 그는 아직 미혼으로 자기를 사랑하는 훌륭한 남자와 결혼하고자 마을에서 신령스럽게 여기

삡빨라 나무(Pippala)〔=畢鉢羅(필발라), 貝多(패다)〕는 보리수(菩提樹)를 가리킨다. Bodhi(보디), Bo(보), Banyan(반얀) 등 나라와 지역에 따라 다양하게 불린다. 아슈왓타(Aśvattha)〔=아설타(阿說他)〕 나무라고도 한다. 보리수와 인도 보리수〔=니구율수(尼拘律樹), ⓢNyagrodha(니야그로다), ⓟNigrodha(니그로다)〕는 다른 종이다. 경전에서 부처가 보리수 아래에서 깨달음을 얻고 아자빨라니그로다(Ajapālanigrodha)〔Ajapāla=염소치기〕, 즉 인도 보리수 아래로 가 7일 동안 깨달음의 기쁨을 만끽했다고 구별한다. 인도 보리수는 공기뿌리〔기근(氣根, 땅 위로 드러난 뿌리)〕가 많다고 하여 다근(多根), 용수(容樹), 주위의 큰 나무를 타고 오르는 습성이 있어 살모수(殺母樹)로도 부른다. 동아시아에서 흔히 보리수라 칭하는 나무는 피나무과의 보리자 나무로, 뽕나무과의 열대성 활엽수인 보리수와 다르며 인도 보리수도 아니다.

쑤자따(Sujāta, 善生女)〔su(잘)+jata(태어난)=잘 태어난=선생(善生)〕 집안 좋은, 고상한, 잘 자란, 성품이나 외모가 빼어난 등을 뜻한다. 그의 아버지는 쎄니야(Seniya)라고 한다. 『불소행찬(佛所行讚)』〔1~2세기경 인도의 논사 마명(馬鳴)이 짓고 5세기 중국의 담무참(曇無讖)이 한문으로 옮겼다.〕에서는 처녀의 이름이 난다발라(Nandabala)로 나오고, 난타발라(難陀婆羅)로 한역되었다.

던 고목에 우유죽(pāyasa 빠야싸)을 쑤어 올리며 매일 소원을 빌고 있었다. 그 날 나무 아래에 앉아 있는 보살을 보고는 드디어 소원을 들어 줄 나무의 신이 나타났다고 좋아하며 우유죽을 올렸다. 우유죽을 먹자 보살은 기력이 회복되고 피부는 다시 빛이 났다고 한다. "보살은 그것을 받아먹고는 곧 그 자리에서 효험을 얻었네. 그것을 먹자 육체는 즐거워져 넉넉히 깨달음을 받을 수 있었네. 온몸은 환희로 빛나고 덕스러운 모습은 더욱 숭고했나니 마치 모든 시냇물이 바다를 불리듯이, 처음 나는 해와 달이 더욱 빛나듯이." | 다른 이야기에서는 고행으로 쇠약해진 보살 앞에 신들이 나타나 하늘의 음식〔sudhā 쑤다〔신들이 먹는 불사의 음료, 암브로시아〕〔beverage of the gods, nectar, ambrosia〕〕〔天供천공(하늘에서 내리는 공양)〕을 올려 기력을 회복하고 깨달음을 성취하도록 돕겠다고 청했지만

보살은 직접 탁발하겠다며 거절했다고 한다. 쎄나니 마을 촌장의 딸 쑤자따가 결혼을 한 후였다는 설도 있다. 처녀 시절에 빌었던 소원이 이루어지자 우유죽을 쑤어 나무 신에게 감사를 드리려고 갔는데 때마침 보살이 앉아 있자 소원을 들어준 신이 사람의 몸으로 나투었다고〔現身현신〕 생각했다는 것이다. 쑤자따가 결혼을 했든, 하지 않았든 그것은 중요하지 않다. 그가 고행을 마친 보살에게 최초로 공양을 올린 사람이며, 이 사실이 모든 경전에 공통으로 기록이 되었다는 것이 우리가 기억해야 할 사실이다. 붓다께 첫 공양을 올린 사실 하나만으로 그 이름은 불교사에서 영원히 지워지지 않고 남게 되었다. '착한 여인 쑤자따'라고 말이다.

|

〔10.02〕-144 **우유죽** | 나무 아래에서 쑤자따에게 받은 죽을 먹고 기력을 되찾자 예전 왕자 시절처럼 아름다운 용모의 위의(威儀)〔위엄이 있고 엄숙한 태도나 차림새〕가 되살아났다. 그 행동거지를 저만치 떨어져 지켜보던 다섯 명의 동료 수행자들의 심사는 그와 정반대였다. 보살이 조금만 더 고행을 하면 깨달음을 성취하여 그 비법을 자신들에게도 알려줄 것으로 믿었는데 그 문턱에서 견디지 못하고 좌절해 버렸다고 본 것이다. 그들은 머리를 맞대고 쑥덕였다. "아! 싯다르타 왕자가 타락을 했구나." "6년이나 고행을 했음에도 깨달음을 이루지 못했는데 이제 고행을 버리고 목욕을 하고 맛있는 음식을 먹는다면 그는 도저히 도를 이룰 수 없을 것이다." "그가 왕자 시절의 호화로움과 안락함을 끝내 버리지 못하고 고행을 포기하는구나." "그에게는 얻을 것이 없다. 그는 깨달음을 성취하지 못한다." "그를 믿었던 우리가 잘못이다." "타락한 고행자 싯다르타를 떠나 우리끼리 고행을 계속하자." "자, 우리도 길을 떠나세." | 고행자들은 세수를 하지 않거나 목욕도

하지 않는 것을 기본으로 여겼다. 거친 음식만 걸식하여 죽지 않을 정도로 먹고, 옷은 빨지도 않는 것이 불문율이었다. 보살은 이것을 전부 어겼을 뿐만 아니라, 결정적으로 여인에게 신들의 음식이라는 귀한 우유죽을 받아먹었으니, 의심할 여지 없이 타락했다고 본 것이다. 다섯 동료들은 이제 자기들끼리 따로 수행을 계속하는 것이 낫겠다고 결정하고 바라나씨(Bārāṇasi)〔이전의 까씨(Kāsi)국〕의 사슴 동산〔鹿野園녹야원＝Migadāya미가다야〔바라나씨 북방 약 7km에 위치한 싸르나트(Sarnath)에 있다.〕〕으로 떠나 버린다. "보디 왕자여, 그 때 다섯 명의 수행자들은 내 시중을 들고 있었습니다. 그들은 싯다르타 왕자가 고행을 통하여 특별한 깨달음을 얻으면 자기네에게도 알려 줄 것이라고 믿었거든요. 내가 고행을 버리고 예전처럼 음식을 먹기 시작하자 그들은 나를 버리고 가 버리더군요. 다섯 명의 수행자들은 '싯다르타 왕자이자 수행자인 고따마는 깨달음에 이를 수 있는 고행을 포기했다. 이제는 타락하여 보시를 많이 받을 수 있는 마을로 내려갔다.'고 짐작한 것입니다." | 우리 나라와 중국에서는 붓다가 깨달음을 이룬 날인 성도절(成道節)〔음력 12월(납월) 8일〕이 되면 납팔일(臘八日) 법회나, 납팔죽회(臘八粥會)라고 하여 흰쌀죽이나 잣죽〔납팔죽〕을 끓여 불전(佛前)에 올리고 동참한 대중들이 나누어 먹는다. 쑤자따가 올린 우유죽에서 비롯한 전통이다. 원래는 우유에 쌀을 넣어 끓인 것으로 '빠야싸(pāyasa)'라고 하며 '유미죽(乳糜粥)'이라고 한역했다. 존경할 만한 수행자나 어른에게 이 죽을 올리는 것을 공경의 표시로 여긴다. 마야 데비가 흰 코끼리가 오른쪽 옆구리로 들어오는 꿈을 꾸었을 때, 그 꿈을 해몽한 브라만들도 이 죽을 받았다. 숫도다나 왕이 우유, 꿀, 설탕으로 끓인 죽을 황금 사발에 담아 올렸다는 것이다. | 신화로 보건대 우유는 고대부터 인도인에게 친숙한 식재

빠야싸(pāyasa) 쌀을 물 대신 우유에 끓여 꿀이나 설탕을 넣어 만드는 죽 또는 푸딩으로, 신들의 음식이라고 한다. 〈베다〉에서 창조의 신 브라흐마가 오랜 고행 끝에 허기를 느꼈을 때 우유〔payas빠야쓰 : 우유도 뜻하고 빠야싸도 뜻함〕를 마시고 기력을 되찾아 우주를 창조했다고 나오기 때문이다. 오늘날 인도에서 키르(kheer), 파야삼(payasam), 파예시(payesh)라고도 부른다.

료였던 듯하다. 치즈, 버터, 정제 기름(ghee기, ghi기) 등 부산물이 다양하거니와, 영양학적으로 필수 영양소가 고루 갖추어져 있다. 그런 우유에 쌀을 넣고 끓인 죽은 이유식이나 환자들의 유동식으로 적합하다. 보살처럼 오랜 기간 단식한 장으로 소화하는 데도 장애가 없었을 것이다. 쌀과 우유를 함께 끓인 우유죽은 목축을 하던 아리아인과 농경을 주로 하던 드라비다인의 지혜가 결합한 것으로, 영양이 높다 보니 인도에서 신들이 먹는 음식으로 자리매김하게 된 듯하다.

〔10.02〕-145 **깨달음은 중생들과 함께** | 보살이 고행을 멈추고 시체를 덮었던 헝겊을 빨아 두른 일이나 목욕을 하고 쑤자따의 우유죽 공양을 받은 일은 당면한 현실의 문제를 나름의 방법으로 해결한 것이다. 보살은 출가 후 다른 이들이 좋다고 하니 고행이 최상의 방법인 줄 알고 비판 없이 따랐다. 놀랄 만한 고행이었기에 주위의 고행자들이 탄복하고 존경할 정도였다. 하지만 합리적인가를 따질 수 없어 예전의 방법을 답습한 것이었다. | 보살은 고행의 한계성을 간파한 순간 낡은 방법을 미련 없이 버렸다. 그러고서 외부 요소, 예를 들면 창조주의 도움을 받지도 않고, 기존에 세워진 다른 형식을 따르지도 않았다. 그 대신 이제 중생의 도움으로 새로운 수행을 하게 된다. 다시 까사야를 입고 목욕을 하고 쑤자따의 우유죽을 받은 것은 바로 그것을 상징하는 사건이다. 인간 시체를 덮었던 헝겊과 한 그릇의 우유죽은, 보살은 언제

나 중생들이 주는 것을 입고 중생들이 주는 음식만 먹는 이라는 것을 표시한다. 그리하여 만약 깨달음을 성취해 낸다면 그것은 범부 중생과 함께하는 것이지 천상의 신들의 목소리를 대변하기 위한 것이 아니어야 했다. | 보살은 천상 세계에 태어나는 것을 수행의 목표로 삼지 않았다. 삶에서 어떤 순간에도 신들의 도움이라는 말로 포장해 사람들의 눈을 현혹하지 않았다. 여기서 지금 보살은, 가장 극한의 상황에서 신을 부르기는커녕, 신들이 주겠다는 하늘의 음식을 포기하고 오직 중생과 함께 한다는 의지를 보인다. 하늘의 음식은 절대자의 뜻을 상징한다. 만약 보살이 천신들이 대신 빨래를 해 준 가사를 입고 하늘의 음식을 받아먹고 기력을 회복한 다음 수행하여 깨달음을 얻었다면, 그 깨달음은 자신의 것이 아니라 신이 준 것이 되며, 붓다 역시 신의 목소리를 전한 사자(使者), 신의 대변자가 되어야 한다. 이렇게 된다면 스스로 수행하여 깨달았다는 붓다의 선언은 인간을 기만하는 것이 될 테다.

|

아주 짧은 기록이다. 하지만 우리는 이 장면에서 붓다의 깨달음은 중생을 떠난 깨달음이 아니라 우리와 함께 하는 깨달음임을 본다. 또한 바로 그러하므로 붓다의 깨달음은 그 길을 바르게 따르기만 한다면 언제나 유효하다. 누구나 그 효과를 얻을 수 있고 자신이 간 만큼 달성할 수 있는 보편성의 진리로 붓다의 깨달음은 지금까지 전해 올 수 있었고 앞으로도 그러할 것이다. 터럭만큼인들 신들의 뜻을 따른 것이라면, 우리가 찾는 궁극의 행복은 결국 신의 소관이라는 데 다다르고 만다. 신이 베푸는 선심에 따라 웃고 울어야 한다. 또한 깨달음이라는 것이 신이 주는 선물이라서 그 유효성을 신의 축복을 받은 인간 이외에는 증명할 수 없

다면, 누구든지 목소리 큰 사람이 자신은 신의 축복을 받았다고 소리치면 그만이다. 신은 그 말 자체로 인간이 보거나 측정할 수 없는 영역의 존재를 가리키기 때문이다. 이렇게 되면 깨달음은 객관적이고 보편적인 것이 아니라 특정적인 것으로 변질한다. 나의 의지가 아니라 신의 은혜를 입은 사람만 얻을 수 있는 깨달음, 특별한 깨달음이 되는 것이다. | 신들은 인간이 인간의 판단을 버린 믿음으로 충성을 다할 때 비로소 충성을 다한 신자들에게 자그마한 행복의 부스러기를 준다. 주인이 자신의 종들에게 선심을 베풀 듯 말이다. 자처하는 종들은 그 선물을 은총이라며 감격하고, 더 큰 은총을 희구한다. 이 과정이 반복되면 아무리 바른 일이라 할지언정 신의 뜻대로 움직이는 꼭두각시 괴뢰(傀儡) 처지가 된다. 보살은 열렬한 수행에서 만난 신들의 도움마저 완강하게 거부한다. 그렇기에 그 가르침은 인간에 의한 것이고, 인간을 위한 것이며, 인간과 함께 성성히 살아 있는 진리의 목소리가 된다.

| 보살은 천상의 신들의 손길을 등지고 이른바 범부 중생의 작은 도움을 받았다. 죽은 자의 누더기로 겨우 몸을 가렸고 여인 쑤자따의 염원이 담긴 한 그릇의 죽으로 겨우 목숨을 유지했다. 신의 아들로 태어났거나, 신의 말을 대변하며, 스스로 자신이 신이라고 해도, 그런 자가 이 땅에서 인간의 육체를 지니고 살아 있는 동안은 다른 생명과 인간이 관여해야 음식을 먹을 수 있고, 다른 인간이 길쌈한 옷을 입고, 다른 인간처럼 생리 욕구를 해결해야 한다. 보살이 신 대신 의지한 범부 중생은 언제나 부족하지만 참으로 무한한 가능성을 지닌 이들이다. 보살이 출가할 때 세웠던 서원인 버림받은 이들, 천한 이들, 중생들과 함께 가겠다는 간절한 염원은 이렇게 해서 시작된다.

|

〔10.03〕 **보리수 아래로**

〔10.03〕-146 **꾸샤에게 얻은 한 단의 풀** | 쎄나니 마을 촌장의 딸 쑤자따가 올린 한 사발의 우유죽으로 기력을 회복한 보살은 6년 동안 고행을 해 왔던 숲을 떠났다. 마을 서쪽의 네란자라강(Nerañjarā-nadī)을 건넌 다음 커다란 삡빨라 나무 아래에서 동쪽을 향하여 앉았다. 때마침 강변에서 무성한 갈대(kuśa꾸샤)를 베어 돌아가는 목동이 지나쳤다. 목동은 나무 아래 맨 흙바닥에 앉아 있는 보살을 보고 한 단의 갈대를 깔고 앉으라며 올린다. 보살이 목동의 이름을 묻자 목동이 꾸샤(Kuśa)〔kuśa = 갈대〕라고 밝힌다. 보살은 목동의 착한 마음을 축복하며, 갈대(꾸샤)를 깔고 자세를 바로 했다. 다시 자신이 찾은 중도의 방법으로 농경제에서 맛보았던 선정의 행복을 기억해 내어 깨달음을 성취하겠다고 결심한다. "보살은 어떤 풀 베는 이에게 깨끗하고 부드럽고 연한 풀을 얻어, 나무 밑에다 그 풀을 깔고 몸을 바로 하여 편안하게 앉았네. 가부좌(跏趺坐)를 하고 앉아 움직이지 않음은 마치 용이 그 몸을 묶은 것 같네. 맹세코 이 자리 뜨지 않으리, 내가 해야 할 일을 마칠 때까지." | 보살이 기력을 회복한 다음 건넌 네란자라강을, 중국에서는 '니련선하(尼連禪河)'라고 음역했다. 불교와 인연 깊은 두 번째 강이다. 첫 번째 아노마강〔Anoma-nadi, 阿奴摩아노마〕이 출가(出家)와 인연 깊은 강이라면 네란자라강은 깨달음, 즉 성도(成道)와 관련된 강이다. 보살이 양극단에 치우치지 않는 법을 찾은 후 고행을 중단하고 이 강을 건너서 마침내 깨달음을 이루었기 때문이다. 강은 새로운 발상의 터전이 되기도 하고 그 흥망성쇠를 지켜보기도 한다. 넘쳤다가 마르길 반복하던 네란자라강의 여신은 이제 보살의 깨달음을 지켜보고 증명해 주는 임무를 가지

게 되었다. | 불교에서 강은 고통의 이 언덕에서 행복을 완성하는 저 언덕으로 가는 길목으로 표현된다. 두 언덕은 물길에 단절되어, 이쪽 언덕 끝에 아무리 오래 그리고 열심히 서 있다고 해서 저쪽 언덕에 가 닿을 수 없다. 배를 타든, 헤엄을 치든, 어떻든 탐욕과 분노로 만들어진 이 언덕에서 발을 떼어 물에 들어가야 한다. 기득권을 버리고 조건 없이 나누며 열심히 수행하여 지혜를 완성하는 순간 그토록 험하게 흐르는 물이 가로막아 갈 수 없는 듯 보이던 저 언덕에 어느덧 도달한 자기를 발견할 것이다. 보살이 네란자라 강물을 건넌다는 것은 무의미한 고행의 허상에서 벗어나 새롭게 뛰어든 중도에 따라 깨달음을 얻게 됨을 비유한다. 수행자는 자신을 가로막는 장애물의 본질을 바로 알고 목숨을 걸고라도 용기 있게 건너야 하는 법이다. 그래서 네란자라강을 '깨달음의 강, 성도의 강'이라고 부른다. | '꾸샤〔ⓢkuśa/ⓟkusa꾸싸, 蘆갈대로(노)〕'는 인도 강변에서 흔히 볼 수 있는 긴 갈대다. 이 풀은 다르바(ⓢdarbha/ⓟdabbhā답바)라고도 하는데 줄기가 억세고 잎이 날카로워 꾸샤를 깔아 놓으면 뱀들이 달려들지 않는다고 한다. 인도에서 제사나 결혼 등 의식을 치를 때는 성화(聖火, arati아라띠)를 피우는데 그 때 아궁이에서 제단까지 불씨를 옮길 때 꾸샤 줄기를 반으로 꺾어서 그 사이에 담는다. 꾸샤 줄기는 질겨서 담긴 불씨가 쉽게 타 버리지 않지만 바람이 적절하게 통하여 꺼지지도 않는다. 지금도 제사를 지내는 데 주요한 준비물로 사용된다. 이 풀을 베어다가 정한 법에 따라 사방에 뿌리면 악마 아쑤라〔Asura, 阿修羅아수라〕가 접근하지 않는다고 믿는다. 화장(火葬)의 불씨를 옮기는 도구로 사용하고, 4주기(Āśrama아슈라마) 가운데 학생기를 맞아 공부를 하는 〈베다〉 학습자들은 이 풀을 깔고 동쪽을 향해 앉아 교육을 받는다. 경사스럽다는 뜻으로 꾸샤를 '길상초(吉

祥草)'라고 번역한다. 이 풀 이름에서 파생된 말이 선(善)을 뜻하는 꾸살라(kusala)다. | 보살에게 꾸샤 갈대를 선한 마음으로 올린 목동의 이름도 '꾸샤(Kuśa/Śva슈와)'다. 사람 이름으로 사용할 때 꾸샤는 한자어로 길상(吉祥)이라고 옮긴다. 풀을 올린 목동에게 고마워 그 이름을 묻고서 보살은 "참 좋은 이름이다, 내게도 네 이름처럼 '좋은(śva) 일'이 있을 것"이라고 고마움을 표시한다. 꾸샤는 '좋다'는 뜻을 가진 '슈와(śva)'와 같은 의미기 때문이다. 풀이름도 '꾸샤'고 목동의 이름도 '꾸샤'라고 하니 좋은 출발로 여긴 것이다. | 어떤 경전에는 맨바닥에 앉아 있는 보살을 보고 정거천신이 목동으로 변하여 내려와서 풀을 깔고 앉도록 했다는 비유도 나온다. 과거의 모든 붓다들이 반드시 풀을 깔고 앉아 도를 이룬 까닭이라는 것이다. 브라흐만의 법전에서 "공부를 하는 학생은 동쪽을 보고 정결한 풀인 꾸샤를 깔고 앉아 정화하라."고 했다. 그래서 꾸샤는 처음 스승을 찾아갈 때 올리는 예물 품목이었다. 따라서 맨바닥에 앉은 수행자를 보고 꾸샤 한 단을 올린 목동의 행위는 특별하다기보다는 수행자를 공경하는 인도의 풍습에서 있을 법한 일이고, 보살이 동쪽을 보고 앉은 것 또한 브라흐만의 법전에 따라 평소에 학습한 행동이었다.

4주기 = 아슈라마(Āśrama) 브라흐만교에서 재생자〔드위자(dvija) = 브라만, 끄샤뜨리야, 바이샤〕들이 지켜야 할 삶의 4주기다. 이에 관해서는 〔01.11〕-038을 참고. ① 학생기〔學生期, 범행기(梵行期), brahma-carya브라흐마 짜리야〕—② 가주기(家住期, gṛhastha그리하스타)—③ 임서기(林棲期, vānaprastha바나쁘라쓰타)—④ 유행기(遊行期, parivrājaka빠리브라자까).

|

〔10.03〕-147 **그림자를 떼어 주고** | 또 다른 이야기에서는 보살이 쎄나니 마을에서 쑤자따의 우유죽을 먹고 기력을 차린 다음 처음에는 다시 고행림으로 돌아갔다고 전한다. 산 중턱에 있는 작

은 동굴〔산동(山洞), giri-guhā기리-구하〔giri(언덕)+guhā(동굴)〕〕로 들어가 수행을 계속하려고 했지만, 동굴에 살던 용왕(龍王, Nāga-Rāja나가-라자)이 나타나 보살에게 이 곳은 도를 이루기 마땅하지 않다며 서쪽으로 강을 건너 큰 삡빨라 나무 아래로 갈 것을 권했다. 보살이 일어나서 떠나려고 하자 용왕이 동굴에 보살의 그림자를 남겨 주면 오래도록 공경하고 예배를 올리겠다고 부탁을 했고 그러자 보살은 잠시 머문 용왕의 동굴에 자신의 그림자를 남겼다고 한다. 붓다가 깨달음을 이룬 보리수에서 보면 네란자라 강과 모하나강 건너 동쪽에 해발 약 220m의 야트막한 산이 있다. 설화를 바탕으로 이 산을 '전정각산(前正覺山, ⓢPrag-Bodhi giri 쁘락보디 기리〔깨달음을 이루기 전에 머문 산〕〔prag=before, prior to〕)'이라고 부른다. 용왕이 살던 동굴은 보살이 그림자를 남겼다고 하여 '유영굴(留影窟, vilachāyā-guhā윌라차야-구하〔vila=hole, cave〕〔chāyā= shade, shadow〕)'이라고 부른다. | 유영굴은 산비탈에 있는 좁고 작은 동굴이다. 그 곳에 사는 '용왕(龍王)'은 우리가 아는 상상의 동물, 즉 낙타 머리에, 노루 뿔을 달고, 새우 눈에, 소의 귀를 닮았으며, 뱀의 몸통에, 배는 대합조개 같고, 비늘은 잉어를 닮았으며, 매의 발톱에, 호랑이 발바닥을 가진 그 동물이 아니다. 인도에서는 큰 독사(King Cobra)를 신격화하여 '나가(nāgā)'라고 하며, 중국에서 이를 '용(龍)'이라고 옮겼다.〔나가에는 여러 무리 종족이 있고, 각 무리의 왕이 나가라자(용왕)다.〕 인도에서 '뱀(nāgā나가)'은 풍요와 다산(多産)을 상징한다. 끈질긴 생명력을 지니며 스스로 허물을 벗음으로써 다시 젊어진다고 믿어지는 동물이다. 강이 굽이쳐 흐르듯 뱀은 땅 위를 기어다닌다. 구멍에서 샘물이 솟구치듯 앞으로 나가는 그 움직임을 대지(大地)라는 육체로부터 뿜어나오는 생명수의 화신으로 보았기에 신성(神性)을 부여하여 '나가'로 섬긴 것

이다. | '나가'가 보살에게 그림자를 남겨〔留影유영〕 달라고 한 것은 무슨 뜻일까? 보살만 지상의 다른 생물과 달리 특별하게 그림자가 여러 개라서 그 가운데 하나를 뚝 떼어 남겨 두었다는 말은 아닐 것이다. 태양 아래에서는 한 물체에 그림자란 하나뿐이거니와 따로 떼어 둘 수 없다. 뱀이 가리키는 바와 연결해서 이해해 볼 수도 있겠다. 인도에서 뱀은 태양 아래에서 모든 것이 바짝 마를 때에도 죽지 않는 대지의 끈질긴 생명력을 상징했다. 영속성을 상징하는 용왕(뱀)은 자신과 사람들이 그토록 찾는 영원한 생명력이란 보살이 남긴 그림자처럼 부질없는 허상(虛像)인 줄 알고 거룩한 도(道, magga막가)를 찾으려고 했는지도 모른다. 아무튼 이 설에서 보살은 나가(용왕)의 청을 들어주었다. 자신의 그림자를 동굴에 남겨 놓고 산에서 내려와 나가가 권한 대로 모하나강과 네란자라강을 건너 삡빨라 나무 아래로 갔다.

|

〔10.03〕-148 **마왕의 꿈** | 보살은 목동 꾸샤에게 한 단의 갈대풀을 받아 삡빨라 나무 아래에 깔고 앉았다. 자신이 발견한 중도의 법칙에 따라, 더 이상 육체를 괴롭히지 않고, 육체와 마음이 하나의 대상을 향하여 집중하도록〔純一순일〕했다. 보살은 있는 그대로 육체와 마음을 알아차리고 밝은 마음으로 수행으로 나아갔다. 처음에는 마음 집중이 순일했지만 시간이 흐르고 수행이 깊어 갈수록 점점 번뇌가 일어나는 것이다. | 번뇌는 욕망, 분노, 기쁨, 슬픔, 노여움, 시기, 질투, 미움, 행복 등이라고 서로 다르게 불리지만 모두 삶의 흔적이 쌓아 온 무게다. 이것들은 어느 외부에 있다가 찾아오거나, 신의 뜻을 거역하여 징벌을 받은 죄가 아니라 그것을 느낄 만한 조건이 갖춰지기만 하면 자신의 내부에서 자신이 만들어 낸다. 번뇌의 무게는 자신이 살아 온 만큼 짊어지게 되는 것이다. 마음에서 일어나는 번뇌는 수행이 깊어질수록 거세게 거

부 반응을 보이며, 육체와 마음을 욕망의 일상 세계로 되끌고 가려고 했다. 보살은 명상이 깊어지는 동안 마음속에서 숱한 욕망이 일어나는 것을 보았지만 그 본질을 꿰뚫어보자 점차 가라앉고 고요한 기쁨이 차오르기 시작했다.

|

그 때 마왕 빠삐만(波旬파순)은 타화자재천(他化自在天, ⓢpara-nirmita 빠라니르미따〔욕계(欲界) 중 제일 높은 제6천〕)에 있는 자신의 궁전에서 낮잠을 자고 있었다. 낮잠 중에 빠삐만은 뒤숭숭한 꿈을 꾸었다. 잠에서 깨어나니 불길한 꿈을 꿀 때는 필히 이유가 있으며 자칫하면 자신의 왕국이 위험해질 것이라는 예감이 들었다. 자식과 부하들을 모조리 불러들여 하늘 세계와 뭇 생명들이 모여 사는 사바세계(娑婆世界)〔괴로움 많은 인간 세계〕에 무슨 일이 일어났는지 알아 보게 명한다. 마왕 빠삐만의 명령에 따라 각자들은 사정을 알아 보러 떠났다. 보살은 나무 아래에서 수행을 계속하면서 이렇게 생각을 했다. "내게 이제 붓다가 될 시간이 얼마 남지 않았다. 마왕과 그의 군대를 이 곳으로 불러들여 그들을 모두 항복시키고 자비로운 마음으로 거두어 교화하리라." | 마왕의 자식과 부하 들이 샅샅이 뒤져 본 결과 사바세계에서 보살이 이제 머지않아 도를 이루어 붓다가 되리라는 것을 알아 냈고, 타화자재천의 궁으로 돌아가 보살의 생각을 보고했다. 소식을 전해 들은 마왕은 만약 보살이 붓다가 되면 자기 손아귀에 있던 영역을 빼앗길까 두려워졌다. 도를 이루지 못하도록 방해를 해야겠다고 다짐을 했다. 이는 무슨 뜻인가. 보살은 수

사바(娑婆) 산스크리트로 '대지'를 의미하는 sahā(싸하)에서 유래했으며, '참아야 하는〔인(忍)〕', '견뎌야 하는〔감인(堪忍)〕'이라는 뜻도 있다. 사바 세계(娑婆世界)는 sahā-lokadhātu(싸하-로까다뚜)로 우리가 살아 가는 현실 세계를 뜻한다. 〔loka=세간(世間), 이 세상〕

행에서 일어나는 장애(障碍, nīvaraṇa니와라나), 곧 마음의 갈등을 제거해 나가고 있다. 중도를 발견하기 전에는 마라〔마왕 빠삐만〕가 보살에게 다가와 유혹했지만, 지금은 보살이 마라에게 도전하고 있는 것이다. | 욕망의 실체를 모를 때는 욕망이 이끄는 대로 따라 그 바라는 대상을 쟁취하는 것이 성공이고 삶을 누리는 것인 줄 알았다. 처음 출가하여 명상을 시작했을 때 보살은 그것이 칭칭 얽어매는 강고한 쇠사슬과 같고 헤어나지 못하는 늪과 같음을 알았다. 보살은 넌덜머리 치며 거기에서 벗어나기 위하여, 육체를 갖가지 욕망이 모조리 모인 종합 창고라고 여기고 6년 동안 최대한으로 괴롭혔다. 그러다 보면 언젠가 욕망이 겁을 먹고 사라질 줄 알았다. 그러나 욕망은 내부인 자신의 마음에서 조건에 따라 일어나므로 외부의 조건인 육체를 괴롭힌다고 사라질 것이 아니었다. 욕망은 그 힘에 순종할 것도, 싫어하며 피할 것도 아니었다. 단지 있는 그대로 보고 아는 것(念염, sati싸띠)이 가장 중요함을 깨달은 것이었다. 마음속에 일어난 대로 바르게 알아차리면 사라진다는 것을 알게 된 보살은 더 이상 욕망을 겁낼 필요가 없었다.

|

욕계에서 가장 높은 '타화자재천(他化自在天, ⓢPara-nirmita-vaśa-varti deva빠라-니르미따-와사-와르띠 데와〔=波羅維摩婆奢(파라유마바사)〕)'의 왕 빠삐만에게는 1,000명의 아들들이 있는데 이들은 두 패로 나누어져 항상 열띠게 겨룬다고 한다. 마왕의 오른쪽에는 '검은 무리(黑組흑조, kāla깔라)'라고 하는 500명 아들들이 모여서 이름 그대로 사람들이 해롭고 나쁜 쪽으로 행동하도록 유혹하고, 왼쪽에는 '흰 무리(白組백조, avadāta아와다따)'라는 좋은 이름을 가진 500명의 아들들이 모여 이롭고 선한 마음을 가지고 그렇

장애(障碍)를 뜻하는 쌍쓰끄리뜨 니와라나(nīvaraṇa)는 경전에서 개(蓋, 덮개)로 한역된다. 선정(禪定, jhāna자나)의 장애 요소로 오개(五蓋, pañca-nīvaraṇa빤짜니와라나)—① 감각적 욕망(kāmāchanda까마찬다), ② 악의(vyāpāda위야빠다), ③ 해태(懈怠)와 혼침(昏沈)(thīna-middha티나 밋다), ④ 들뜸과 후회(uddhacca-kukucca웃닷짜-꾸꿋짜), ⑤ 회의적 의심(vicikichā위찌끼차)—를 꼽으며, 아비담마(abhidhamma)('상위의 가르침' '법에 관한 특별한 가르침'이라는 뜻으로, 부파 불교 시대 때 붓다의 기본 가르침을 체계적으로 분석한 불교 철학 체계)는 여기에 지혜(慧, paññā빤냐)의 장애 요소로 ⑥ 무명(無明, avijjā아윗짜)을 더한다.

게 행동하도록 이끈다. 두 무리의 아들들은 사람들 마음으로 들어가 갈등을 일으키는데 검은 무리의 힘이 강하면 유혹에 부림을 당하고, 흰 무리가 강하면 유혹을 이겨낸다고 한다. | 마왕의 흑·백 두 무리의 아들들은 이 세계에서 선과 악의 개념이 이분법(二分法)의 논리로 나뉘어 대립하지 않음을 상징한다. 선과 악은 상호 의존하고 상호 전화(轉化)하며, 세상은 흑백으로 나뉘지 않는 한 덩어리다. 흑·백의 아들들은 보살의 문제를 놓고도 자신들이 보고 온 것을 바탕으로 논쟁에 열을 올렸다. 백조는 정각을 이룰 보살을 이기지 못하니 차라리 일제히 귀순하자고 했고, 흑조는 보살이 정각을 이룬들 한 명일 뿐이고 우리는 큰 무리이니 숫자로 밀어붙이면 이길 것이라며 싸우자고 주장했다. 아들들의 논쟁이 도무지 끝나지 않자 빠삐만은 백조의 우두머리에게 버럭 화를 내며 싸움을 관두게 했다. 그런 다음 자신의 세 딸을 불렀다.

|

〔10.03〕-149 **마왕의 세 딸** | 빠삐만에게는 두 무리의 아들들 외에 아주 아름다운 딸이 셋 있다. 12무리〔마왕의 12군단(軍隊, yūtha유타)〕의 부하나 두 무리의 아들들이 이기지 못할 싸움이라도 딸들이 나서기만 하면 누구든지 항복해 결국엔 마왕의 부림을 받게 된다. 세 딸은 각자만의 장기를 꾸며 아름다움으로 삼고 사람들

을 유혹하는데, 큰 딸의 특성은 욕망이다. 마셔도 마셔도 사라지지 않는 목마름과 같으니 '딴하(ⓟTaṇhā/ⓢTṛṣṇā뜨리슈나, 渴愛갈애)'라고 하며, 둘째 딸은 자신과 남을 향한 시기 질투로 뭉쳐져 미워하는 것을 장기로 하니 '아라띠(Arati, 嫌惡혐오)'이며, 막내 셋째 딸은 세상의 모든 것을 차지하려 수단과 방법을 가리지 않음을 특기로 하므로 '로바(Lobha, 貪慾탐욕)'라고 한다. 마왕은 딸들에게 보살에게 가서 너희 특기를 발휘해 보살을 타락시키라고 명했다. | 마왕의 세 딸은 젊은 처녀, 남의 아내 등 갖가지로 자세를 바꾸면서 교태를 부리지만 보살은 단호하게 딴하(갈애), 아라띠(혐오), 로바(탐욕)의 유혹을 물리친다. "마왕의 딸들이여, 내 마음이 고요하도다." 마왕의 세 딸들은 마지막으로 가장 아름답게 피어나는 청순한 소녀로 변신해 나타났다. 그러나 보살이 그들에게 너희 얼굴을 보라고 말하자 거울에 늙고 쪼글거리는 노파의 얼굴이 비쳤다. 거울을 본 마왕의 딸들은 자신들도 언제까지나 젊지 않고 늙어질 것을 알고 물러났다. | 마왕은 세 딸들이 보살을 유혹하지 못하고 의기소침하여 돌아온 것을 보고 직접 나서기로 했다. 보살이 깨달음을 향한 마음을 버리게 하려고 12무리 군대를 불러들였다. 12무리 군대는 갑옷을 입고 창과 칼, 활 등을 들고 사납기로 유명한 전설의 코끼리인 '기리메칼라(ⓟGirimekhala)'를 탔다. 흉악한 무기를 앞세운 마왕은 보살을 향하여 그대가 찾는 깨달음이란 실체가 없는 허무한 것이라고 외쳤다. 지금이라도 전륜성왕을 이루는 것이 훨씬 낫다며 거듭거듭 유혹하지만, 도무지 통하지 않았다. 마왕은 부하를 총동원해 갖가지로 방해하면서 보살과 밤새도록 무시무시한 싸움을 한다. | 이 내면의 서사시를 보자. 보살은 6년이라는 긴 시간을 해 온 고행을 미련 없이 중단하고 까사야를 빨아 입고 목욕을 한 다음 쑤

자따의 우유죽을 먹은 뒤 네란자라강을 건너 삡빨라 나무 아래에 자신이 발견한 중도의 법칙에 확신을 가지고 다시 수행을 시작했다. 그 때 마지막으로 터럭 같이 남은 욕망과 갈등 들이 모조리 나온 것이다. 깨달음에 대한 확신, 오랜 시간 헤어져 있었던 부모님과 사랑하는 아내들의 얼굴, 기억조차 희미한 핏덩이 아들 라훌라에 대하여 아버지로서 다하지 못한 의무에 대한 미안함. 고행을 할 때는 차라리 몸에서 오는 고통과 싸우느라고 생각이 덜했다면 몸의 고통이 느껴지지 않자 그동안 가라앉았던 깊은 생각들이 봇물처럼 터져 나왔다.

|

〔10.03〕-150 **본능에 충실한 인간** | 마왕의 세 딸의 이름은 딴하(갈애), 아라띠(혐오), 로바(탐욕)다. 사람이라면 누구나 지닌 원초적 욕망이다. 조건에 따라 다를 수 있지만 어떻든 셋은 항상 어울려 주거니 받거니 하면서 사람들이 지혜의 길로 나가지 못하게 가로막는다. 이들이 일으키는 갈등과 번민은 '나(attā 앗따, 我아)'라는 생각과 '나의 것(ⓢātmiya 아뜨미야/ⓟattaniya 앗따니야, 我所아소)'에 집착하도록 만들어 윤회에서 벗어나지 못하게 하는 특성이 있다. | '딴하(taṇhā, 渴愛갈애)'는 심한 목마름과 같은 애착을 말한다. 욕망을 갈증에 빗대는 까닭은 아무리 채워도 채워지지 않기 때문이다. 사람들은 없고 몰라서가 아니라 너무 많이 소유하고 너무 많이 알아서 갈증을 낸다. 사람이 물이 없으면 살 수 없지만 그렇다고 물이 너무 많으면 빠져 헤어나지 못하고 죽는 것과 같다. 이 세상 것을 다 갖는다고 해도 끊임없이 또다른 무엇인가 가지려고 헐떡이는 것이 갈애의 본질적 특성이다. | 욕구가 일어나면 그것은 반드시 채워야만 한다. 대개 처음 욕구가 일어나는 순간에는 그 크기가 한정된다. '이것만 가져야지.' 그런

데 하나의 욕구가 채워져 쾌감을 맛보는 순간 다시 새로운 모양과 크기를 지닌 다른 욕구가 일어난다. 이것을 가지고 나면 저것도 눈에 들어오는 법이다. 이런 원리로 끊임없이 헐떡거리게 만드는 것이다. 헐떡거리는 그 때부터 헐떡거리는 만큼 채워야 하겠는데 삶의 현실은 그렇지 못하다. 어떻게 원하는 대로 모조리 채울 수 있겠는가? 갈애는 대단한 욕망만 말하는 것이 아니다. 우리가 편의적으로 밥만 먹었으면, 하고 말하지만 생존하려면 공기도, 물도, 온도도 적당해야 한다. 밥은 있지만 너무 추워 얼어붙을 정도라면 우리는 해결되지 않는 추위에 화가 날 것이다. 생명이 존속하는 한 어찌 갈애가 멈추겠는가. 원하는 대로 이루어지지 않으면 욕망의 크기만 한 분노(忿怒)가 일어난다. 원망, 시기, 질투, 미움일 수도 있다. 이 세상 누구도 이유 없이 화내지는 않는다. 화를 낸다는 것은 어쩌면 자신을 감추지 못하고 정직하게(?) 드러내는 표현이라고 해도 좋다. 화냄의 본질적 특성을 '아라띠(arati, 嫌惡혐오)'라고 한다. 딴하가 가지고 싶은 본능이라면, 아라띠는 싫어하거나 벗어나고 싶은 마음이다. | 욕망과 화냄은 대상이 있어야 한다. 눈에 보이는 물질로 구성된 것이든 눈에 보이지 않는 마음이든 그것을 자기 것으로 만들어야 하겠다는 마음이 한번 일어나는 순간을 가리켜서 욕심, 즉 탐욕이라고 한다. 욕심은 물질이나 비물질 등 구체적 대상이 있으며, 그를 반드시 '너의 것(ⓢparatas빠라따쓰, 他所타소)'이 아니라 '나의 것〔ⓢātmiya아뜨미야/ⓟattaniya앗따니야, 我所아소〕'으로 만들어야 한다는 속성이 있다. 내 것으로 삼지 못하면 분노하는 것이다. 물질이든 비물질인 마음이든 자신의 소유로 만들고자 하는 본질적 특성을 '로바(lobha, 貪慾탐욕)'라고 한다. 너무도 강렬한 나머지 로바는 멈추지 못한다. | 이 세 가지는 언제나 '나〔attā앗따, 我아〕'라고 하는 것을 꾸민다는

공통된 특성이 있다. 남의 것은 중요하지 않다. 내 것이 중요할 뿐이다. 남들의 행복과 불행은 스쳐가는 것이지만 내가 직접 만난 행복은 소중하고 불행은 아프다. 설령 다른 사람의 행복을 말할 때라도 그것이 나에게 이익이 있을 때 나도 행복해지며, 터럭만큼이라도 내게 피해가 온다면 너의 작은 불행이 아니라 나의 크나큰 불행으로 바뀐다. 마왕의 세 딸 딴하, 아라띠, 로바는 나를 에워싸고 똘똘 뭉쳐서 헤어질 줄 모른다. | 마왕의 세 딸이 몸을 바꾸어 드러낸 어린 소녀, 젊은 처녀, 남의 아내, 노파 등은 인간에게 평소에 잠재한 성적 충동이라고도 한다. 동물로서 인간이라는 생명체의 본질을 가장 충실하게 드러내 주는 것이 생존 욕구와 종족 번성을 목표로 한 성적 충동이다. 마왕은 인간이 생물로서 지니는 원초적 본능을 자극하며 보살을 유혹하는 것이다. 보살은 마왕의 의도에서 벗어난다. 분노를 일으켜도, 욕심을 자극해도 보살은 본질을 알아차렸다. 그러자 이제 마왕은 권력과 지위, 명성을 가지고 유혹한다. 보살은 이 역시 깨어나면 실체가 없는 한바탕 꿈에 불과함을 알고 넘어가지 않는다. 보살이 원하는 것은 꿈속에서가 아니라 잠에서 깨어나야 얻어지는 것이었다.
|

〔10.03〕-151 **깨달음은 있을까?** | 마왕도 왕이다. 왕은 싸움에서 호락호락하게 물러날 수 없었다. 마왕은 보살에게 결코 깨달음이라는 것은 없다고 힘주어 단언한다. '설령 깨달음을 얻었다고 하여도 그것이 무슨 이익이 있냐?'고 물었다. '대관절 누구를 위하여, 무엇 때문에, 깨달음을 그토록 간절하게 구하냐?' '깨달음이라는 것은 실체는 없고 단지 이름으로만 존재하는 것인데, 그것을 위하여 기나긴 시간을 아깝게 버렸더냐?'고 계속 추궁하는 것이다. 단지 세상 사람들이 어딘가 있다고 말하는 것뿐이지 실제

깨달음을 얻은 사람이 과거나 현재에 어디 있었으며 미래에도 과연 있을 것인가? 본 적 없고 알지 못하는데 깨달음이 있으리라고조차 확신할 수 있을까? 게다가 깨달음을 얻었다고 해서 과연 어느 누가 그 깨달음을 알아 보고 참되다고 증명해 주겠냐? 마왕은 보살에게 아직도 늦지 않았으니 사랑하는 가족이 기다리는 까삘라 왕궁으로 돌아가 전륜성왕이 되는 것이 차라리 현명하며 그렇게 할 거라면 기꺼이 돕겠노라고 마지막으로 유혹을 하는 것이다. "싯다르타여, 그대가 원하는 깨달음은 결코 얻을 수 없다. 또한 애써 깨달음을 이룬들 그것을 가지고 어떻게 하겠는가? 싯다르타여, 고향으로 돌아가거라. 그 곳에서 기다리는 가족들을 만나 행복하게 사는 것이 좋으리라." | 마왕의 유혹 소리가 가슴속에서 울려 퍼졌다. 보살은 생각했다. '과거나 현재에 깨달음을 성취한 사람이 있었던가? 나의 두 스승을 보아도 당대 으뜸가는 스승이라고 했지만 그들 역시 완전한 깨달음을 이루지 못했다. 나 역시 6년이나 고행을 했지만 아직 깨달음을 이루지 못했다.' 깨달았다고 하여도 어느 누가 객관적으로 자신이 깨달은 것이 진실한 깨달음이라고 증명해 줄 것인가. 혹여 깨달음을 성취했다 치더라도 그것은 누구를 위한 것이며, 그것으로 무슨 도움을 줄 수 있을까, 그들이 보살이 얻은 깨달음이 필요할까? 그 실체 없는 행복을 사람들에게 주려고 찾느니 인생의 두 번째 나이가 시들기 전에 사랑하는 가족들에게 돌아가 나라를 위하는 것이 낫지 않은가. | 그러나 보살은 마왕의 본질을 보았기 때문에 마왕이 말하는

연기(緣起)란 인연생기(因緣生起, ⓢpratītya samutpāda쁘라띠땨 싸뭇빠다/ⓟpaṭicca samuppāda빠띳짜 싸뭅빠다)〔pratitya(의존하다)+samutpāda(생기다)〕를 줄인 말이다. 여러 인(직접적 원인)과 연(간접적 원인)에 의해 생기는 상관 관계의 원리를 뜻한다. 불교 이론은 최종적으로 12연기에 정착하는데, 12연기는 무명(無明)부터 노사(老死)까지 12지분 사이의 인과 관계로 윤회를 설명한다. 연기설(법)은 다른 종교 철학과는 다른 불교의 고유한 근본설이다. 이 책의 11장에서 다룬다.

것이 행복을 가는 길이 아니라 윤회의 고통과 불행으로 가는 길임을 알았다. 다시 마음을 다잡았지만 마왕도 유혹을 단념하지 않았다. "싯다르타여, 깨달음은 얻기가 어렵다. 차라리 나와 손을 잡고 천하를 통일하고 주인이 되어 자애롭게 백성을 다스리는 것도 훌륭한 일이다." 마왕이 주는 권력은 먹는 순간은 달콤하지만 칼끝에 묻은 꿀과 같아서 마지막엔 제 혓바닥과 목을 내주어야 하는 것이다. 보살은 왕자 시절부터 권력의 속성을 배웠고 권력 다툼은 혈육까지도 피의 잔치로 몰고 감을 알았기에 마지막 유혹도 물리쳤다. 마왕은 탄식을 하면서 물러간다. "오, 싯다르타가 나의 본질을 보았구나. 이제 더 이상 싯다르타를 괴롭힐 수 없구나. 이제 나와 내 부하들은 싯다르타에게 항복해야 하는구나." 보살은 마왕과 싸움에서 승리했다. 그토록 자신을 괴롭히던 갈등이 더 이상 생겨나지 않는 것이었다. 갈등의 본질을 마주 보자 갈등이라는 마왕이 사라졌다.

〔10.03〕-152 **대지의 여신** | 다른 이야기에서는, 마왕이 모든 수단을 동원해 갖가지 진법을 사용하는데도 패색이 짙어 가자 최후의 비책을 들고나왔다고 한다. "싯다르타여, 나는 과거 아득한 옛적에 스승의 가르침 없이 연기제법(緣起諸法)을 깨달은 후 숲에서 홀로 수행하는 고귀한 이〔Pacceka-Buddha 빳쩨까 붓다, 벽지불(僻地佛)〕〔= 독각(獨覺) : 가르침에 의지하지 않고 스스로 깨달았으나 널리 퍼뜨리지는 않은, 홀로 깨달은 자〕에게 한 그릇의 음식을 올린 공덕으로 마왕이 되었도다. 너는 어떤 공덕을 지었기에 붓다가 되려고 하는가?" "빠삐만이여, 나는 과거 수없는 생을 살아오면서 수행의 완성을 위하여 열 가지 공덕을 쉼 없이 지었노라." "싯다르타여, 내가 지은 공덕은 거짓이 아니라 진실한 것이다. 내가 지은 공덕은 내 부

하들이 증명할 수 있다." | 아니나 다를까 8만 4천 마왕의 부하들이 일제히 소리를 왁왁 질러대며 마왕의 공덕이 사실이라고 외쳤다고 한다. 마왕은 보살에게도 네가 지은 공덕을 증명해 보라고 들이댔다. 보살은 두 손을 가슴에 대었다가 뗀 다음 왼손은 하늘을 가리키고 오른손은 땅을 가리키며〔항마촉지인(降魔觸地印)〔Bhumisparsha부미스빠르샤(=touching the Earth)〔bhūmi(대지, 땅)+sparsha(닿다)〕〕 말했다. "대지의 위대한 여신(Mahā Bhūmi-Pṛthivi마하 부미-쁘리티위)이여, 내가 수없는 생에 윤회를 하면서 지은 공덕을 증명해 주시오." 대지의 여신은 땅에 솟아 나와 자신의 머리카락을 풀어 움켜쥐며 마왕에게 말했다. "빠삐만, 보살은 수없는 생을 윤회하면서 공덕을 지을 때마다 내게 조금씩 물을 부으며 '만약 내가 깨달음을 이룰 때 누군가 내가 지은 공덕을 묻는다면 증명해 달라'고 말했노라. 이제 보살이 내게 맡긴 물로 보살의 공덕을 증명하리라." | 그러자 대지의 여신이 움켜쥔 머리카락에서 물이 폭포수처럼 쏟아져 나와 온 대지를 잠기게 했다고 한다. 마왕과 마군들에게 마지막으로 완전하게 '항복〔māra-tarjana마라 따르자나, 降魔항마〕'받은 사실은 몹시 아름답게 기록되었다. "마군들은 모조리 슬퍼하며 한꺼번에 무너져 무사의 위엄을 잃었고 / 싸움에 쓰는 무기는 모조리 가로세로 산과 들에 흩어졌네. / 사람이 원수의 두목을 죽이면 그 부하들이 뿔뿔이 흩어지듯 / 뭇 마군 무리 이미 흐트러지자 보살의 마음은 비고 고요했네. / 햇빛은 몇 배나 더욱 밝고 티끌 안개 모두 걷히며 / 달은 밝고 뭇별도 또한 산뜻해 다시는 모든 어둠 장애가 없으니 / 공중에서는 하늘 꽃 나려서 그것으로 보살께 공양했네." | 인도에서는 지금도 대화를 할 때 오른손을 자신의 가슴에 올리는 행동으로 진실, 겸손, 환희 등을 표시한다. 또는 오른손을 가슴에서 떼어 하늘을 가리키고, 왼손으

항마촉지인(降魔觸地印) = **부미스빠르샤**(Bhumi-sparsha) 왼손 손바닥을 위로 향하여 결가부좌한 다리 가운데 놓고 오른손은 무릎 밑으로 늘어뜨리면서 다섯 손가락을 편 모양으로, 부처가 깨달음에 이르는 순간을 상징하는 수인(手印, mudrā무드라)이다. 따라서 석가모니불에 고유한 수인이지만 후대에 이르러 보편적인 여래 좌상에 받아들여졌다. 이 수인은 좌상에서만 맺고 입상이나 의상(椅像)에서는 맺지 않는다. 대표적으로 석굴암 본존불이 있다.

대지의 여신 = **쁘리티위**(Pṛthivī) : 어머니 지구. 브라흐만교에서 지구를 의인화한 여신으로, 양육, 지탱, 자궁, 비옥 등 전형적인 모성을 띠며 〈베다〉에 등장하는 주신 중 하나다. 후기 힌두교에서 부미(Bhūmi, 흙)라는 이름으로 대체된다

로 땅을 가리키면 '하늘과 땅도 진실하다고 증명을 한다.'는 뜻이 된다. 옛날부터 자신이 하는 말이나 행동에 거짓이 없음을 상대에게 납득시키려고 할 때 관습적으로 취하는 몸짓(gesture)이다. 보살은 인도 사람으로서, 자신의 진실을 증명해 줄 사람이 주위에 없으니 관습에 따라 하늘과 땅에게 증명을 요구할 권리가 있었던 것이다. | 여기에 신화의 요소를 조금 보태니 대지의 여신이 나타났다. 신화에서는 비, 바람, 땅 등에도 곧잘 신격을 부여하며, 그 땅에서 일어나는 중대한 일을 극적으로 묘사할 때면 언제나 땅의 여신이 거기에 나타나 찬탄하고 기억하는 일을 맡았다고 서술하곤 한다. 즉 대지의 여신이 나타났다는 것은 지금 부다가야〔Buddha Gayā(붓다가야)/Bodh Gayā(보드가야)〕에서 어마어마한 일이 일어나고 있으며, 그것이 훗날에도 기억되어야 할 사건이라고 문학의 어법으로 강하게 표현하는 것이다. | 인도에서는 선한 일을 했을 때 주변에 그것을 증명해 줄 사람이 없을 경우 지켜본 신들에게 언젠가 증명해 달라고 땅이나 나무, 풀에 물을 뿌린다. 이 물을 '공덕수(功德水, aṅgôpeta-pāniya 앙고뻬따-빠니야)'라고 한다. 넘쳐난 물은 보살이 과거 생에 선업을 지을 때마다 땅에 뿌린 물의 양이 많았음을 의미한다. 지금도 남방 불자들은 선업을 지은 후 스님들의 축복을 받으며 공덕수를

따르는데 이것은 붓다처럼 반드시 깨달음을 이루겠다는 서원의 표시다. 또한 '8만 4천'〔왕의 부하들〕 역시 8만 4천 명이나 개수를 말하는 것이 아니라 '아주 많다'는 관용구다. 우리가 '오만 가지'라고 표현하듯 인도에서는 많고도 많은 것을 '8만 4천'이라고 한다. 즉 경전에서 '8만 4천'이라고 하면 언제나 '아주 많다, 아주 많은 것'이라고 이해하면 된다. | 대지의 여신이 나타나 보살이 지은 과거 생의 수없는 선업 공덕을 증명하자 마왕과 그의 군대는 항복하고 물러갔다고 한다. 보살은 더 이상 갈등이라는 유혹에 장애를 받지 않게 된다. 이렇게 해서 자신이 발견한 중도 법칙이 깨달음으로 들어갈 수 있는 요인이 되고 깨달음에 대한 의심이 완전하게 사라졌으며 깨달음만이 자신이 출가한 목적임을 자각하게 된다. 보살은 깨달음을 다른 이에게 보여 주고 자랑하려고 수행하는 것이 아니라, 많은 이들과 함께 행복과 평온을 성취하고자 수행함을 알았다. 또한 자신이 깨달은 것이 참이라면 그것을 제3자에게 증명받아야 할 필요도 없고 신의 도움 역시 필요 없음을 알았다. 그가 깨달은 바는 일찍이 없었던 것으로 누구도 증명해 주지 못함을 알았다. 보살은 누구의 도움도 받지 않고 홀로 더듬어 잃어버린 옛길〔구도(舊道), paurāṇa-magga 빠우라나 막가〕을 찾아낸 것이다. ⓑⓓⓢ

아쇼카 석주(Ashoka Pillar) **발굴 광경** 〔인도 비하르(Bihar)주 웨스트 참파란 지구(West Champaran district)의 **람푸르바(와)**(Rampurva), 1970.〕 마우리야(Maurya) 왕조의 아쇼까(아쇼카, Ashoka) 대왕은 치세 중(기원전 272~기원전 232) 자신이 통일한 제국의 영토 전역에 돌기둥을 세웠다. 그는 왕권을 확립하는 과정에서 수많은 사람을 죽인 것을 참회하여 스스로 불교로 개종하고 불교를 크게 진작시켰으므로, 특히 불교 사원, 붓다의 생애와 관련이 있거나 순행한 장소 등에 꼭 기둥을 세웠다. 그 중 다수는 자신이 직접 참배한 후 이를 기념해 세웠기 때문에 연대나 내용, 배경 등이 매우 정확하다. 대개 석주 높이는 12~15m, 무게는 50톤 이상이고 아름다운 조각 장식과 명문이 새겨졌는데 후대에 대부분 파손되거나 묻히고 명문이 사라졌다. 람푸르바 석주는 1876년에 영국의 고고학자 칼라일(Archibald Campbell Carlyle, 1831~1897)에 의해 처음 확인되었다. 아쇼까 석주의 머리에 보통 사자가 조각되는데, 이 기둥의 머리 부분에는 소가 있었고, 현재 뉴델리 대통령궁에 옮겨져 있다. 람푸르바는 인도와 네팔의 국경지로, 까삘라 와스뚜(Kapila-vastu)〔카필바스투(Kapilvastu)〕와 룸비니(Lumbini)를 향할 때 거치게 되는 지점이다. 람푸르바 석주의 발굴은 붓다의 열반지가 쿠시나가르(Kushinagar)〔꾸쉬나가라Ⓢ Kuśinagara/꾸씨나라Ⓟ Kusinārā〕로 확정되는 데 결정적 증거가 되었다.

〔11〕 밝아 오는 새벽

〔11.01〕 어둠을 헤치고

〔11.01〕-153 **괴로움의 발생과 소멸의 구조**

〔11.01〕-154 **다시 찾은 옛길**

〔11.01〕-155 **깨달음의 노래**

〔11.01〕-156 **깨달음의 나무와 샛별 이야기**

II

밝아 오는 새벽

〔11.01〕 **어둠을 헤치고**

〔11.01〕-153 **괴로움의 발생과 소멸의 구조** | 마군에게 항복을 받은 보살은 초경(初更)〔19시~21시〕에서 이경(二更)〔21시~23시〕, 삼경(三更)〔23시~1시〕에 이를 때까지 초선정(初禪定)부터 사선정(四禪定)까지 순차대로 든다. 점차 혼돈에서 벗어나 인과(因果, kārya-kāraṇa까랴 까라나〔kārya(결과)+kāraṇa(원인)〕)의 연결 고리를 찾아 정리한다. 보살은 고통의 문제는 따로따로 독립된 것이 아니라 모두가 하나의 큰 줄기로 연결된 것을 보았다. 그것이 탐욕과 성냄과 어리석음이다. 원인과 결과의 법칙〔연기법(緣起法)〕을, 발생하는 순서대로, 또 거울처럼 반대편의 소멸하는 순서대로 관찰하자 진리의 세계가 따로 있는 것이 아니라 바로 지금 보고 느끼는 그대로가 진리임을 알았다. | 보살이 마왕 무리와 싸움을 끝내고 처음 찾은 진리는 무엇인가. 그것은 우리가 겪는 삶의 가장 기본적이고 원초적 환경인, 태어남에서 죽음까지의 순환 고리와 그 과정에서 얻어지는 즐거움과 괴로움이란 조건에 따라 발생한다는 것이었다. 그것이 원인과 결과의 법칙, 곧 '연기(緣起)'〔ⓟ paṭicca-samuppāda빠띳짜-싸뭇빠다〔ⓢ pratitya(의존하다)+samutpāda(생기다)〕〕다. 보살이 본 연기의 법칙은 '삶에서 생성되는 모든 것은 반드시 조건 짓는 대상들(ⓟ paccaya-dhamma빳짜야-담마)〔paccaya(조건)+dhamma(법)〕이 있어야 하고, 그렇게 발생된 법〔연이생법(緣而生法), ⓟ paṭicca-samuppanna-dhamma빠띳짜-싸뭇빠나-담마〕들은 조건이라는 원인에 따라 생성된(nibbatta닙밧따〔produced (from), extracted (from)〕) 결과'라는 법을 말한다. | 빠띳짜-싸뭇빠다(paṭicca-samuppāda)는 글자 그대로 풀면 '함께 위로 간다.'가 되어 합치면 '일어남, 발생, 근원, 기원'의 뜻을 지닌다. '의지하여 일어남' 이라는 뜻의 이 빨리

어를 한자로 번역하는 과정에서 '~에 대하여'라는 뜻을 가진 빠띳짜(paṭicca)는 '연(緣)'으로, '함께, 위로'라는 뜻을 가진 싸뭇빠다(samuppāda)는 '기(起)'로 옮겨 연기(緣起)가 되었다. 연기를 다른 말로 하면 '조건에 따라 생기는 법'이다. 경전에서는 '조건되는 성질'이라고 정의한다. 경전에서 '조건, 원인, 이유, 근원, 근본, 기원' 등이 나오면 이 또한 내용은 한 뜻이다. "진실한 성질, 거짓이 아닌 성질, / 그렇지 않은 것이 아닌 성질, 이것에게 조건되는 성질, / 이것을 바로 연기(緣起)라고 한다." | 삶의 구조는 단순하다. 삶의 과정은 오직 조건에 의하여 일어난다. 예컨대 태어남을 조건으로 하여 늙음이 있고, 늙음을 조건으로 하여 병듦이 있고, 병듦을 조건으로 하여 죽음이 있다. 늙음과 죽음이라고 하는 법은 붓다가 이 세상에 나오기 전에도 존재했고 앞으로도 존재하며 피할 수 없다. 이 법은 고유 성질〔자상(自相)/자성(自性)〕이며 확립된 것이고 결정된 성질이다. 결정된 성질을 조건이라고 하는 것이다. 보살은 괴로움의 발생과 소멸의 구조〔12연기(緣起)〕를 보고 깨달음으로 들어갈 수 있었다. 연기는 12개로 구성되므로 12지(支) 또는 12연기(緣起)라고 한다. 간략하게 12연기를 알아보면 다음과 같다.

|

① 무명(無明, avijjā 아윗짜) : 경에는 "괴로움의 무지, 괴로움이 일어남에 대한 무지, 괴로움의 소멸에 대한 무지, 괴로움의 소멸로 인도하는 도 닦음에 대한 무지"를 무명이라고 정의한다. 무명이라고 하면 추상적으로 보이지만, 간단히 말하면 삼계 윤회의 근본 원인이 되는 사성제(四聖諦)를 모르는 것〔無知무지, ⓟaññāṇa 안냐나〔a(없음)+ñāṇa(지혜)〕/ⓢajñāna 아즈냐나〕을 말한다. 이와 반대로 사성제를 아는 지혜(智慧, ñāṇa 냐나)는 팔정도(八正

道)의 첫 번째인 '바른 견해〔正見정견〕'가 된다.

② 의도적 행위들〔行행, ⓟsaṅkhārā쌍카라〔ⓢsaṃskāra쌍스까라〕〕: 의도적 행위란 '몸의 의도적 행위, 말의 의도적 행위, 마음의 의도적 행위'의 3가지로, 의도에서 나오는 몸과 말과 마음〔身口意신구의〕〔일상 생활의 대부분의 행위〕의 실제 작용을 말한다. 의도적 행위는 업(業) 형성〔作業작업, ⓟabhisaṅkharaṇa아비쌍카라나〕을 특징으로 한다.〔의도가 개입될 때만 업이다.〕 세상을 살아가면서 자신과 타인에게 유익하거나 해로운 의도를 가지고 움직이면 '업 형성의 의도적 행위'라고 한다. 즉 선업과 악업을 짓게 되는 행위를 가리킨다. 앞으로의 연기를 발생시키는 원인으로써 과거에 이미 일어난/일으킨 행위 또는 행위의 의도, 과거의 경험을 바탕으로 생겨난 의지 등을 말한다.〔행(行)의 자세한 의미는 오온(五蘊)과 관련하여 12장에서 다룬다.〕

③ 알음알이〔識식, ⓟviññāṇa윈냐나〔ⓢvijñāna위즈나나〕〕: 알음알이는 구체적으로 '여섯 가지 알음알이의 무리〔六識身육식신, cha-viññāṇa-kāya차-윈냐나-카야〕'를 말하는데, 일례로 눈의 알음알이(眼識안식, cakkhu-viññāṇa짝쿠-윈냐나)란 눈에 있는(cakkhumhi짝쿰히) 알음알이 또는 눈으로부터 생긴(cakkhuto짝쿠또) 알음알이를 말한다. 눈은 모양〔形형〕이나 빛

명색(名色) = 나마-루빠(nāma-rūpa) 나마(nama)는 영어 네임(name)의 어원으로, 말 그대로 이름이다. 실존하는 지칭 대상을 제외한 언어적인 이름만을 가리킨다. 이에 대응되는 루빠(rupa)는 형상, 구체적으로 보이는 이미지나 만져지는 덩어리 자체다. 예컨대 가을에 나무에 맺힌 열매를 우리말로 사과라고 하거나 영어로 애플(apple)이라고 할 때, 이름(나마)은 바뀌지만 지칭 대상인 루빠는 바뀌지 않는다. 또 어떻게 받아들이고 무엇을 어디까지 표상하느냐 등에 따라 과일, 씨, 음식, 식물, 빨강, 새콤함, 아름다움, 구 등으로 그때 그때 나마가 바뀌기도 한다. 즉 이름과 실물이 동일하게 결합되어 있다는 것은 관념일 뿐이다. 루빠(물질) 자체는 이름을 부여하기 전까지는 하나의 분리된 대상이 되지 못하다가, 명색(나마-루빠)이 결합되면 거기에서 의미와 애착이 발생한다.

〔色색〕을 보아야만 네모, 세모, 크다, 작다, 빨갛다, 파랗다 등이라고 알고 분별한다. 알음알이에서 가장 중요한 것은 구분이다. 다른 것과의 차이를 분별하므로 알음알이라고 하는 것이다. 마찬가지로 코는 냄새, 귀는 소리, 혀는 맛, 몸은 촉감, 마음은 생각을 대상으로 삼는데, 이렇게 6개의 기관은 각각 고유한 기능〔根근, indriya 인드리야〕을 지니며 그 기능은 다른 기관이 대신하지 못하는 것이 특징이다. 12연기에서는 행(行)〔쌍카라(saṅkhārā)〕을 조건으로 식(識)〔윈냐나(viññāṇa)〕이 발생한다고 말한다. 윈냐나는 과거에 쌓인 행위, 경험이 바탕이 되어 감각 기관에 접촉하는 것을 분별하고 인식한다. 또한 초기 경전에서는 한 생이 태어날 때 최초의 의식 작용, 과거로부터 누적된 의식만을 가리키기도 한다.

④ 정신과 물질(名色명색, nāma-rūpa 나마-루빠) : 정신(마음)과 물질은 사람을 총체적으로 표현하는 것이다. 비물질적인 구성요소〔무더기 = 온(蘊)〕 4가지〔수상행식(受想行識)〕와 물질을 구성하는 4가지〔지수화풍(地水火風)〕를 통틀어 말하는 것으로, 곧 사람을 구성하는 모든 요소를 의미한다. 비물질〔명(名), nāma 나마〕 무더기 4가지에는 느낌〔受수, vedanā 웨다나〕—인식〔想상, ⓟ saññā 싼냐〔ⓢ saṃjñā 쌍즈냐〕〕—심리 현상〔行행, ⓟ saṅkhāra 쌍카라〔ⓢ saṃskāra 쌍스까라〕〕—알음알이〔識식, ⓟ viññāṇa 윈냐나〔ⓢ vijñāna 위즈나나〕〕가 있고, 물질(육체)〔색(色), rūpa 루빠〕을 구성하는 4가지 근본 요소〔四大사대, cattāro-mahā-bhūtā 짯따로 마하 부따〕는 이른바 지수화풍(地水火風)이다. 이는 우리가 인식하고 실제로 보이는 대지의 흙, 흐르는 물, 훨훨 타는 불, 시원하고 차가운 바람이 아니라, 신체를 구성하는 요소 중 딱딱하거나 부드러운 속성〔地大지대, ⓟ pathavi-dhātu 빠타위 다뚜〕—흐르고 팽창하는

속성〔水大수대, ⓟāpo-dhātu아뽀 다뚜〕—뜨겁거나 차가운 요소〔火大화대, ⓟtejo-dhātu떼조 바뚜〕—떨리는 바람의 요소〔風大풍대, ⓟvāyo-dhātu바요 다뚜〕를 말한다.

⑤ 여섯 감각 장소(六入육입, ⓟsal-āyatana쌀 아야따나〔ⓢṣad-āyatana샤드 아야따나〕) : 눈, 귀, 코 등 각 기관은 고유한 기능을 가지고 대상을 인식한다. 이런 감각 장소를 입(入)이라고 부르는 것은 빨강, 파랑이라거나 네모, 세모 등의 대상이 눈, 귀 등을 통하여 열린 문으로 들어오듯 들어오기 때문이다. 여섯 감각 장소는 눈이라는 감각 장소〔眼안〕, 귀라는 감각 장소〔耳이〕, 코라는 감각 장소〔鼻비〕, 혀라는 감각 장소〔舌설〕, 몸이라는 감각 장소〔身신〕, 마음이라는 감각 장소〔意의〕이다. 연기의 발생 과정에서는 '나'라는 명색(名色)〔이름과 몸뚱이, 정신과 육체〕이 생기고 거기에 눈 등의 감각 장소들이 발생한다는 의미도 된다.

⑥ 감각 접촉(觸촉, phassa팟싸) : 눈, 귀, 코 등의 감각 장소에 대상이 들어오는 순간 각 기관은 고유한 기능으로 눈은 눈에 보이는 대상인 빨강이나 파랑을 접촉하고, 귀는 시끄럽거나 부드러운 소리를, 코는 향긋한 냄새나 불쾌한 냄새에 접촉하게 된다. 경전에서는 "형색(形色)에 대한 감각 접촉, 소리〔聲성〕에 대한 감각 접촉, 냄새〔香향〕에 대한 감각 접촉, 맛〔味미〕에 대한 감각 접촉, 감촉〔觸촉〕에 대한 감각 접촉, 법(法)에 대한 감각 접촉의 '여섯 가지 감각 접촉의 무리〔六觸身육촉신, cha phassa-kāyā차 팟싸-까야〕'를 말한다."고 했다.

⑦ 느낌〔受수, vedanā웨다나〕 : 각 기관에 받아들인 대상을 접촉하는 순간 각자가 익혀 온 습관에 따라 부드러운 바람 소리는 시원하고, 누룽지는 구수하다는 등의 좋고 나쁜 느낌을 갖는다. 경전에서는 "눈의 감촉에서 생긴 느낌, 귀의 감촉에서 생긴 느

낌, 코의 감촉에서 생긴 느낌, 혀의 감촉에서 생긴 느낌, 몸의 감촉에서 생긴 느낌, 마음(mano마노)의 감촉에서 생긴 느낌으로 '여섯 가지 느낌의 무리〔六受身육수신, cha vedanā-kāyā차 웨다나-까야〕'를 말한다고 했다.

⑧ 갈애〔愛애, taṇhā딴하〕: '갈(渴)'은 목마름, 갈증이라는 뜻으로 목이 말라 애타게 물을 찾을 때를 묘사한다. '애(愛)'는 사랑, 친밀, 집착이라는 뜻으로, 이 두 글자가 모여 애타도록 찾는 것을 뜻한다. 형색(形色), 소리, 냄새, 맛, 감촉, 대상이라는 '여섯 가지 갈애의 무리(六愛身육애신, cha-taṇhā-kāyā차-딴하-까야〔ⓢ ṣaṭ-tṛṣṇā-kāyāḥ샤-뜨리슈나-까야〕)'가 있다. 어떤 상표를 보는 순간 이것은 유명한 무슨 상표라고 '대상을 따라 이름을 붙이는 것(ārammaṇato nāmaṁ아람마나또 나망)'처럼 특정한 대상에 들러붙어 집착한다. 촉(觸)〔phassa팟싸, 접촉〕과 수(受)〔vedanā웨다나, 받아들인 느낌〕을 조건으로 좋은 느낌을 사랑하여 더 지속하거나 가지고 싶어지는 것이다. 반대로 싫은 느낌은 밀쳐내고 싶어하는 혐오(악의, 분노)도 여기에 속한다.

⑨ 취착〔取취, upādāna우빠다나〕: 원하는 무엇인가를 자기의 소유로 만들기 위하여 '강하게 거머쥐는 것(daḷha-ggahaṇa달하-까하나)'을 말한다. 취착(取着)에는 4가지가 있는데, ① 첫 번째는 '대상에 대한 취착으로 대상(對象, vatthu왓투)의 감각적 욕망에 대한 취착〔欲取욕취, kām-upādāna깜 우빠다나〕'이다. 즉 맛이나 향 등 감각적 욕망 그 자체가 취착이다. ② 두 번째는 어떤 관념이 으뜸이라거나 옳다는 등의 견해(見解) 자체가 취착의 대상이므로 '견해에 대한 취착〔見取견취, diṭṭh-upādāna딧티-우빠다나〔diṭṭhupadānā딧투빠다나〕〔ⓢ dṛṣṭi-parāmarśa드리슈띠-빠라마르샤〕〕'이라고 한다. 일례로 "자아와 세상은 영원하다."는 명제에서, '영

원하다'는 뒤의 견해가 '자아와 세상'이라는 앞의 견해를 강하게 거머쥐어 영원을 고집하게 하는 것이다. ③ 세 번째는 '계와 의식에 대한 취착〔戒禁取계금취, sīlabbat-upādāna씰랍바뜨-우빠다나〕'이다. 본질과 무관하게 만들어진 계율이나 금지 조항, 의식을 고집하는 종교 행위들이 여기에 속한다. 계는 '서계(誓戒)'로 어떤 목적을 달성하기 위하여 어떤 행위를 해야겠다고 자신에게 약속하는 것을 들 수 있다. 예를 들어 "엄동설한에 매일 목욕을 하는 것이 정성"이라고 믿고 그것을 지키려 하는 것이다. ④ 네 번째는 자기 주장에 대한 취착으로 영원하고 참된 '나〔我아〕'가 있어, 그 '참나'를 찾는 것이 수행의 목표라고 믿는 것이다. 외부의 대상이나 생각이 아니라 자신이 아는 그것을 교리(敎理, vāda와다)라고 하며 강렬하게 주장한다. 그것을 '자아(自我)의 교리에 대한 취착〔我語取아어취, ātma-vāda-upādāna아뜨마-와다-우빠다나〕'이라고 한다. 취는 애(愛)〔taṇhā딴하〕가 생긴 것을 조건으로 이를 놓지 않으려 하는 것이다. 말 그대로 애착이다. 예컨대 아름다운 이성을 보고 사랑하는 마음이 일어나는 것과 그 집착이 커지는 것의 관계로 비유할 수 있다. 좋아하는 마음 없이 집착이 생기지는 않는다. 그래서 집착하면서 이것이 사랑이라고 말하여 세상사에 많은 불행이 생긴다. 좋아하는 마음과 상대 대한 집착은 서로 인과 관계로 엮여 있지만 엄연히 다른 고리이므로, 그 사슬을 끊으면 인연이 일어나지 않는다.

⑩ 존재〔有유, bhava바와〕: 존재에는 세 가지가 있다. 욕망 세계〔욕계(欲界)〕의 존재(kāma-bhava까마-바와), 물질 세계〔색계(色界)〕의 존재(rūpa-bhava루빠-바와), 욕망과 물질에 구속을 받지 않는 완전한 정신 세계〔무색계(無色界)〕의 존재(arūpa-bhava아루빠-

존재 = 유(有) = 바와(bhava)
대승 불교에서 유(有)는 존재로 풀이되지만, 빨리어 원어인 바와(bhava)는 그보다는 '존재가 됨' '존재로 이행하는(윤회하고 환생하는) 단계', '생존의 조건, 성품'을 뜻한다. 즉 욕유(欲有)는 욕계에 태어나려는 업, 욕계에 존재할 수 있는 조건, 생존 방식을 말한다.

바와)다. 존재는, 업으로서의 존재〔業有업유, kamma-bhava깜마-바와〕와, 윤회〔再生재생〕로서의 존재〔生有생유, upapatti-bhava우빠빳띠-바와〕로 구분된다. 우선 업으로서의 존재〔業有업유〕는 하나의 개체를 욕계에 태어나게 하는 업을 말한다. 업은 여기서 재생의 원인(kāraṇattā까라낫따)이 된다. 선하거나 악한 동기에서 일어나는 업 행위는 재생(윤회)에 영향을 주어 존재를 낳는다〔生有생유〕. 예컨대 '무엇이 있어 행복하다' '무엇이 없어 나쁘다' 등 '결과에 대한 표현(phala-vohāra팔라-보하라)'은 관습화된 표현일 뿐 궁극적 실체는 아니다.

⑪ 태어남〔生생, jāti자띠〕: 태어남은 '이런저런 중생들의 무리로부터 이런저런 중생들로 태어나는 것'을 말한다. 출생, 도래(到來)함, 생김, 탄생, 오온(五蘊)〔蘊 = 쌓다, 모으다〕이 나타남, 감각 장소를 얻음〔獲得획득〕으로도 풀이된다. '오온이 나타남〔khandhānaṁ pātubhāvo칸다낭 빠뚜바보(워)〕'에서 오온은 하나의 물질〔色색〕이라는 육체적 구성 성분과, 수(受), 상(想), 행(行), 식(識)이라는 네 가지 비물질 요소〔名명, 이름〕로 구성된다. 이 관점에서 보자면 태어남은 물질과 비물질의 다섯 무더기〔五蘊오온〕가 모여 정신과 육체로 나타난 것일 뿐이다. '사람이 태어났다'는 표현은 단지 일상 생활에서 관습화된 구절(vohāra보하라)일 뿐이다.

⑫ 늙음과 죽음〔老死노사, jarā-maraṇa자라-마라나〕: 눈에 보이는 육체의 노화, 그리고 마침내 호흡과 의식 작용이 완전히 사라지는것을 말한다. '늙음(老노, jarā자라)'은 감각 기능의 쇠퇴와 수

명의 감소로, 그 고유 성질은 노쇠함(jīraṇatā 지라나따)이라는 형태와 부러짐(khaṇḍicca 캉딧짜)〔예를 들어 이가 빠짐〕이라는 변화로 설명된다. '죽음〔死사〕'은 생명 기능이 끊어져 고유 성질이 제거됨(cavanatā 짜와나따)으로 설명된다. 육체와 정신의 무더기〔蘊온〕들이 노쇠의 과정에서 늙고 부서져 결국 죽음을 맞이하면 다른 곳으로 흩어진다는 것이다. 따라서 '오온(五蘊)의 해체(kandhānaṁ bhedo 깐다낭 베도)'임에도, 다만 '사람이 죽었다'고 말하는 것은 관습적 일상 언어일 뿐이다.

|

보살은 모든 것이 조건에 의하여 발생된다는 연기(緣起) 법칙을 깨닫자 너무나 기뻤다. 〔초기 경전에서는 12연기가 아니라 6연기, 8연기 등 다양한 형식으로 나타난다.〕 연기 법칙은 하나의 현상에 상주〔상견(常見), ⓢśāśvata-dṛṣṭi 샤스바따-드리슈티〕하는 것도 아니고, 끊어지는 것〔단견(斷見), ⓢuccheda-dṛṣṭi 웃체다-드리슈티〕도 아니라, 순간순간〔찰나(刹那), ⓟkhaṇa 카나〔ⓢkṣaṇa 끄샤나〕〕 존재하는 흐름〔상속(相續), ⓟsantati 싼따띠〔ⓢsaṃtati 쌍따띠〕〕〔연속하여 끊어지지 않는 것〕일 뿐이라는 것을 알았다. 조건에 따라 인과가 순간 발생〔연이생(緣已生), ⓢpratītya-samutpanna 쁘라띠땨-싸뭇빤나〔ⓟpaṭicca-samuppānna 빠팃짜-싸뭅빤나〕〕하고, 앞의 조건에 따라 뒤의 조건이 생성되고 사라짐을 보았다. 12개의 원인과 결과가 순환하는 고리를 '바로 관찰〔순수관(順修觀), anu samāpadya 아누 싸마빠댜〕'하고 '거꾸로 관찰〔역수관(逆修觀), pratilomaṃ samāpadya 쁘라띨로망 싸마빠댜〕'함으로써 '사성제(四聖諦)'〔네 가지 고귀한 진리—고집멸도(苦集滅道)〕를 알았다. 과거의 모든 붓다들이 간 그 길〔도(道)〔ⓢmarga 마르가/ⓟmagga 막가〕〕을 찾은 것이다.

|

순관(順觀)과 역관(逆觀), 유전문(流轉門)과 환멸문(還滅門)

연기(緣起)의 순방향(anuloma아눌로마)과 역방향(paṭiloma빠틸로마)에 대해서는 생멸(生滅)[내용]과 좌우(左右)[방향]에 따라 여러 해석이 나올 수 있다. 후대에 불교에서는 생멸을 각각 유전(流轉)문[생(生)]과 환멸(還滅)문[멸(滅)]으로, 좌우를 각각 순관(順觀)[좌(左)]과 역관(逆觀)[우(右)]으로 정리했다. | 우선 〈12연기〉의 순서대로 발생의 구조와 소멸의 구조를 관찰하는 것이다. "무명(無明)을 원인으로 하여 행위가 발생한다(이것[A]이 있으므로 저것[B]이 있다)."고 발생의 구조를 순서대로 관찰하는 것을 '순관/유전문'이라 한다. 붓다는 깨달은 밤의 이경(二更)에 소멸의 구조를 순서대로 관찰하신다. "무명이 소멸하므로 행이 멸한다(이것[A]가 없으므로 저것[B]가 없다)." 이것을 '역관/환멸문'이라 한다. 초기 경전에서는 주로 이 내용이 나온다. | 그러나 이미 발생한 현재의 괴로움(고)를 기준으로 그 원인을 되짚어 궁구할 수도 있다. "무엇 때문에 늙음과 병듦이 있는가? 태어남 때문이다.(저것[B]이 있는 것은 이것[A]이 있기 때문이다.)" 이렇게 뒤집어 검토하는 것을 '역방향/역관'이라 하고, 그 중 생을 검토하므로 유전문이다. 역관의 환멸문은 "무엇 때문에 노사(老死)가 멸하는가? 태어남이 멸하기 때문이다.(저것[B]이 멸하는 것은 이것[A]이 멸하기 때문이다.)"처럼 멸하는 원인을 역순으로 관찰하는 것이다. 이렇게 4가지로 세분하여 이름을 단 것은 후대에 교학이 발전하면서이고, 일반적으로는 '순관/유전문'을 제외하고는 순관의 환멸문과 역관의 유전문/환멸문 모두를 역관이라고 편의적으로 칭한다. 중요한 것은 생을 윤회하게 만드는 연쇄 구조를 간파하는 것이기 때문에 발생의 구조를 보든 소멸의 구조를 보든, 순으로 보든 역으로 보든, 실제로 수행에서 지혜가 일어나 보는 안목이 생기면 모두 들어맞는 것이지 어떤 방향만 보았다거나 어떤 과정만 밟았다고 분리할 것이 아니다.

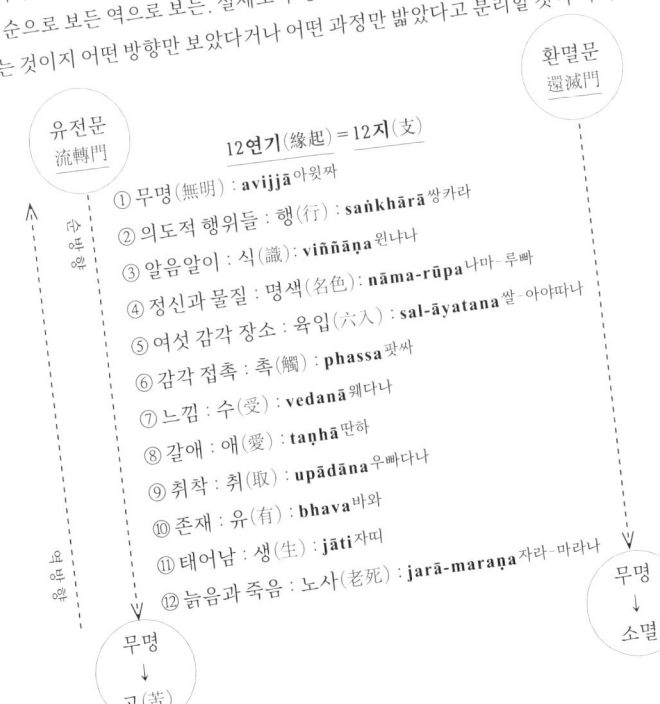

유전문 流轉門

환멸문 還滅門

12연기(緣起) = **12지**(支)

순방향

① 무명(無明) : **avijjā**아윗짜
② 의도적 행위들 : 행(行) : **saṅkhārā**쌍카라
③ 알음알이 : 식(識) : **viññāṇa**윈냐나
④ 정신과 물질 : 명색(名色) : **nāma-rūpa**나마-루빠
⑤ 여섯 감각 장소 : 육입(六入) : **saḷ-āyatana**쌀-아야따나
⑥ 감각 접촉 : 촉(觸) : **phassa**팟싸
⑦ 느낌 : 수(受) : **vedanā**웨다나
⑧ 갈애 : 애(愛) : **taṇhā**딴하
⑨ 취착 : 취(取) : **upādāna**우빠다나
⑩ 존재 : 유(有) : **bhava**바와
⑪ 태어남 : 생(生) : **jāti**자띠
⑫ 늙음과 죽음 : 노사(老死) : **jarā-maraṇa**자라-마라나

역방향

무명 → 고(苦)

무명 → 소멸

"마부야, 이 사람은 어인 일인가. 이 사람의 몸은 다른 사람과 다르지 않는가." "왕자님, 이것을 늙음이라 합니다〔나마(nāmā)〕." "마부 찬다까야, 어째서 늙음이라 하는가." "왕자님, 살 날이 얼마 남지 않았으니 늙음이라 하지요." "그러면 이보게, 찬다까야, 나는 늙는 법〔담마(dhammā)〕을 지녔느냐? 늙음을 건너뛸 수 없느냐?" "왕자님도 저도 모두 늙는 법을 지녔습지요, 왕자님, 누구도 늙음을 벗어나지 못한답니다." | 붓다는 마부의 입을 빌어 늙음이라는 개념〔나마(nāmā), 이름〕을 확인하고, 그것을 법〔담마(dhammā)〕이라고 말한다. 붓다는 이 법의 원인을 풀기 위해 출가하여 긴 세월 찾아 헤맸다. 이제 붓다는 그 때의 질문에 똑똑하게 답할 수 있게 된 것이다. "아난따여, 이 연기(緣起)는 참으로 깊고, 참으로 깊게 드러난다. 이 법을 이해하고 꿰뚫지 못하기 때문에 사람들은 실에 꿰인 구슬처럼 엮이고 풀처럼 엉켜서 윤회를 벗어나지 못하는 것이다. 〔…〕 무엇이 늙음과 죽음이 생기는 조건이냐 질문을 받거든, 아난따야, 너는 태어남을 조건으로 늙음과 죽음이 있다고 답해야 할 것이다."

|

오랜 시간을 헤매 온 보살은 이제 광명 세계의 주인이 되었다. 모든 존재하는 실상의 본질을 알고 물질과 욕망의 지배에서 벗어났다. 이 법은 환상 속에서 신의 목소리를 들어서 알아진 것이 아니다. 보살이 스스로 찾아낸 인간의 법이기 때문에, 같은 인간이라면 누구나 보살이 찾은 길로 가서 틀림없음을 스스로 증명할 수 있다. 어둠을 지나 동쪽 하늘에 샛별이 빛날 때 보살의 거룩한 깨달음은 완성되었다. 이 사실을 잊지 않고자 경전에서는 아름다운 노래〔偈頌게송〕로 표현했다. "위없이 묘한 법을 끝까지 본 뒤에 큰 수행자는 고요히 삼매에 잠기네. / 어둠은 물러가고 밝음이 생기

고 움직임 하나하나 모두가 그윽하니 / 다함 없는 법을 끝까지 얻었기에 깨달음은 밝고 산뜻하여라. / 세상 사람들은 천신들의 꽃비 공양과 붓다의 덕을 찬탄하는 소리를 듣고 / 모두 기뻐하면서 따라 춤추듯 뛰며 어쩔 줄 모르는데 / 오직 마왕 빠삐만은 마음으로 근심하고 고통스러워하네." | 만약 이 법이 신에게 받은 계시에 따른 것이라면 깨달음의 유효성은 인간의 범주를 벗어나게 된다. 현실에서도 권력, 재물, 명예, 사랑, 은원(恩怨) 등등에 알게 모르게 묶여 부림을 당하며, 그것도 부족해 보이지 않는 신들에게까지 구속되어 있는 것이 보살이 본 인간 삶의 처지였다. 행복과 불행을 자신이 만들어 가는 것이 아니라 신의 하사에 따라 감지덕지하거나, 또는 노여워하지도 못한 채 체념하고 받아들이는 것이 그 동안의 종교였다면 보살은 그것에 과감하게 반기를 들었다. 그것이 깨달음이다. 보살의 깨달음은 근거를 따질 수 없는 신이 아니라 객관적인 중도(中道)와 연기(緣起)라는 진리를 통하여 유효함을 증명한다. 사람이 주인으로 자신의 삶을 결정하는 고귀한 역사가 시작되었다.

|

〔11.01〕-154 **다시 찾은 옛길** | 보살이 찾은 중도나 연기법은 예전에 없었던 법을 새로 만든 것〔발명(發明)〕이 아니다. 이 법은 붓다 이전에도 세상에 존재했고 붓다가 세상에 나오지 않아도 자연 법칙처럼 존재한다. 그렇기 때문에 보살이 만든 법이 아니라 "발견(發見)했다"고 하며 "찾은 법"이라고 한다. 보살이 찾아낸 옛길은 "모든 것은 조건에 의하여 생성된다."는 것이었다. 보살은 자신이 찾아낸 진리를 순서대로 관찰하고 다시 거꾸로도 관찰을 해본 다음 조금도 어긋나지 않음을 확신했다. 저녁부터 대상에 집중하는 마음이 점점 밝아졌다. 첫 번째부터 네 번째 선정〔四禪定

사선정〕까지 차례대로 들며 보살에게 무명이 사라지고 지혜가 드러나는 것이었다.

|

인도의 저녁 시간을 나누는 법은 중국식과 달라 시간 차이는 있지만, 그 날 밤 첫 번째 저녁〔初更초경, 오후 8~11시〕 무렵에 보살은 지혜에 의한 첫 번째 선정〔初禪定초선정〕의 힘으로 과거를 아는 지혜〔숙명통(宿命通), pūrva-nivāsa-jñāna뿌르바-니와싸-즈냐나〔ⓟ pubbenivāsānussati뿝베니와싸눗싸띠〕〕를 얻게 되었다. 한량없는 과거 생을 윤회하면서 맛본 괴로움과 즐거움을, 이러저러한 용모와 이름, 성을 지녔던 삶의 여정을 모두 꿰뚫어보았다. 보살이 지혜의 눈으로 보자 범부 중생들은 자신의 과거 생을 알지 못하기 때문에 교만하고 선악의 과보를 두려워하지 않으며 수행을 하지 않는다는 것도 알게 되었다.

|

다시 시간이 흘러 한밤중인 두 번째 저녁〔二更이경, 오후 11~오전 2시〕 무렵이 되자 보살은 두 번째 선정으로 욕망의 세계〔欲界욕계〕와 물질의 세계〔色界색계〕라고 하는 두 세상을 꿰뚫어 보는 지혜〔천안통(天眼通), ⓢdivya-cakṣur-abhijñā디위야-짜크슈르-아비즈냐〔ⓟdibbacakkhu딥바짝쿠〕〕을 성취했다. 이제 여섯 갈래〔六道육도〕〔삼악도(三惡道)와 삼선도(三善道)〕로 오고 가는 범부 중생들은 모두 자신이 지은 행위의 결과인 업(業, ⓢkarma까르마/ⓟkamma깜마)에서 벗어나지 못한다는 것을 분명하게 안 것이다. | 보살은 하늘의 눈〔天眼천안〕을 통하여 범부 중생들이 잘못된 견해를 따라 악을 짓거나 올바른 견해를 따라 선행을 지으면, 자신이 지은 행위의 결과로써 천하거나 귀하거나, 아름답거나 추하거나, 행복하거나 불행함 등을 받게 됨을 보았다. 선정을 기초로 한 보살의 마음은 마치

바람 한 점 없어 한없이 고요하며 출렁이지 않는 연못처럼 맑고 밝았다. 통일되고 청정하고 유연하고 유능하고 확립되고 흔들림이 없었다. 닦아 온 삼매에서 얻어진 깊은 선정의 힘으로 더 이상 갈등과 욕망이 일어나지 않는 마음 경지에 도달한 보살은, 지혜로 고통이라는 것을 있는 그대로 보고 관찰했다. 그리고 고통〔苦고〕과 고통의 원인〔集집〕, 고통을 없앨 수 있다는 희망〔滅멸〕과 고통을 없애는 구체적인 실천 방법〔道도〕을 깨닫게 되었다. "나는 이것이 고통이라고 바르게 알았다. / 나는 이것이 고통의 원인이라고 알았다. / 나는 이것이 고통이 다한 것이라고 알았다. / 나는 이것이 고통을 끊는 길이라고 있는 그대로 알았다."

|

이렇게 알고 난 보살의 마음은 행위의 결과에 따른 다섯 가지 감각적 욕망〔五慾樂오욕락(pañca kāmaguṇā빤짜 까마구나)〕과 탐욕에서 자유롭게 되었고, 이 생애와 저 생애가 요구하고 원하는 것에 풀려났다. 네 가지 거룩한 진리〔四聖諦사성제〕를 철저하게 깨달음으로 윤회의 긴 시간을 헤매게 한 무지〔無明무명〕에서 완전하게 벗어나는 마지막 세 번째 지혜〔누진통(漏盡通), ⓢāsrava-kṣaya-jñāna아쓰라와-끄샤야-즈냐나〔ⓟasavakkhaya-nana아싸왁카야 나나〕〕은 새벽인 세 번째 저녁〔三更삼경, 오전 2~5시〕에 생겨났다.

|

이제 보살은 완전한 세 가지 지혜〔삼명(三明)〔ⓢtisro vidyāḥ띠쓰로 위뒤야흐/ⓟtevijja떼윗자〕〕를 갖추었다. 밝아 오는 새벽, 동녘의 반짝이는 샛별을 바라보며 태양이 떠오르기 전에 "위없이 견줄 바 없는 바른 깨달음〔무상정등정각(無上正等正覺)〔ⓢAnuttara-samyak-saṃbodhi아눗따라-쌈약-쌍보디/ⓟAnuttarā-sammāsaṃbodhi아눗따라-쌈마쌍보디/아뇩다라삼먁삼보리(阿耨多羅三藐三菩提)〕"을 성취한 것이다. 그 때

를 붓다는 이렇게 회상을 했다. "보디 왕자여, 세 가지 지혜 가운데 마지막 세 번째 지혜는 그 날 밤 마지막을 지나고 먼동이 트기 직전에 얻었다. 밝은 빛이 솟아났다. 이것은 잊음이 없는 노력으로 바르게 수행한 결과였노라. / '나는 태어남이 부서지고 청정한 삶이 이루어졌다. 해야 할 일은 다 마치고 더 이상 윤회하지 않는다.'라고 분명하게 알았노라. / 참으로 방일하지 않고 열심히 정진하고 스스로 노력하는 사람에게 그것이 나타나듯이, 무명이 사라지자 지혜가 생겨났고 어둠이 사라지자 빛이 생겨났노라. 그러나 왕자여, 내 안에서 생겨난 그러한 즐거운 느낌은 나의 마음을 사로잡지 않았노라." | 생명이 숨을 들이쉬고 내뱉는 것은 붓다와 관계 없이 세상에 고유한 현상이다. 우주 속에서 조건 지어진 것이 지어진 조건에 따라 존재했다가, 조건이 다하면 사라지는 것 또한 붓다와 관계가 없다. 그 법칙을 붓다는 다시 찾았다. 조건에 따라 형성되는 모든 것은 영원하지 않음을 붓다는 보았다. 영속성을 찾는 사람들에게는 계속 변한다는 사실 자체가 괴로움〔고(苦)〕이다. 변하기 때문에 그 어디에도 그것이 '참'이라는 존재 가치를 두지 못하며〔무상(無常)〕, 실체라고 하는 '나'가 없음〔무아(無我)〕을 찾아 낸 것이다.

|

붓다는 자신이 깨달은 법을 "다시 찾은 옛길〔古道고도, 舊道구도, paurāṇa-patha빠우라나 빠타〔paurāṇa = ancient, primeval〕〕"이라고 표현한다. 경전에서 멋진 비유로 옛길을 설명했다. "어떤 나그네가 숲 속에서 길을 잃고 굶주림과 갈증에 지쳐 헤매다가 어렴풋한 길 흔적을 따라갔더니 갈수록 길은 넓어지고 평탄해지며 길 끝에는 웅장한 성이 있는데 주변의 갖가지 과일 나무에서는 향기 가득한 과일들이 주렁주렁 달려 있으며, 연못에는 금모래 은모래가 깔려

있고 샘에서는 달콤하고 시원한 물이 쉬지 않고 흘러나오는 것을 발견했다. 나그네는 샘에서 솟아나는 물을 마시고 과일을 따 먹고 갈증과 굶주림이 가시자, 목욕을 하고 푹 쉰 다음 성의 이곳저곳을 둘러보았다. 그러자 그 곳은 주인이 없는 빈 성임을 알고 다시 길을 따라 내려와 만나는 사람들에게 옛길을 따라가면 아름다운 성과 달콤하고 시원한 샘물과 향기 넘치는 주인 없는 성이 있다고 알려 주었는데, 그 말을 믿고 그 성을 찾아가는 사람과, 듣지 않고 굶주림과 갈증에 고생하는 사람이 있다." | 늘 있었지만 가 본 사람이 워낙 없어서 잡초에 묻히고 흔적조차 사라지고 만 옛길을 붓다는 6년이란 긴 시간 목숨을 걸고 스스로 노력하여 찾아낸 것이다. 붓다가 찾아낸 이후부터는 누구든지 그 길을 따라가기만 하면 되게 되었다. 잊혔던 길을 다시 찾자 이젠 많은 사람들이 그 길을 지나 반들반들 윤이 나기까지 하게 되었다. 붓다가 찾은 옛길을 가 본 사람들은 모두 같은 여정을 거쳤노라고 말한다. 그 여정은 "조건 지어진 법은 생겨나고 이렇게 생겨난 법은 반드시 소멸하는 법"이라는 것이다. 이제 우리는 발생하고 소멸하는 법을 자신의 깜냥대로가 아니라 붓다가 본 방식대로 보면 된다. 성도절(成道節)〔고다마 싯다르타가 깨달음〔성도(成道)〕을 얻어 붓다가 되신 날. 음력 12월 8일. 부처님오신날(석가탄신일, 음력 4월 8일), 열반절(음력 2월 15일), 출가절(음력 2월 8일)과 더불어 불교 4대 명절이다.〕은 단순하게 졸린 눈 비벼가며 석가모니불을 부르거나, 말 없는 벽을 보고 철야정진을 하는 날이 아니다. 옛길을 찾은 고마우신 분을 기억하고, 그 분, 붓다의 방식으로 행복을 반드시 성취하겠다고 약속하며 실제로 그 길을 잠시라도 잊지 않고 따라가는 날이다.

|

〔11.01〕-155 **깨달음의 노래** | 보살은 그토록 원했던 진리의 실체를 보았다. 삶의 본질을 남김없이 꿰뚫어보았다. 보살은 자신이 본 진리에 대하여 담담할 뿐 웃거나 들뜨지 않았다. 하지만 깨달음의 순간 희열에 찬 말〔喜語희어, pītivacana삐띠와짜나〕은 가슴에 담겨 있지 않고 넘쳐서 저절로 솟구쳐〔感興감흥, udāna우다나〕 아름다운 노래〔게송(偈頌)〔gāthā가타 / geya기야〕〕가 되었다.

게송(偈頌) 붓다의 공덕이나 가르침을 담은 노래나 문구를 말한다. 게(偈)는 노래를 뜻하는 쌍쓰끄리뜨 가타(gāthā) 또는 기야(geya)를 음역한 게타(偈陀)〔=가타(伽陀), 기야(祇夜)〕의 약칭이다. 한시로 번역하며 쉽게 외울 수 있도록 게구(偈句)로 지었는데, 한 게는 대략 네 개의 구로, 한 구는 시기에 따라 다섯 자나 일곱 자, 또는 세 자 또는 여덟 자 등으로 구성되었다.

|

첫 번째 저녁 깨달음의 노래는 의심이 사라졌음을 고백한다. "열심히 정진하는 수행자에게 진실로 법칙은 드러나고 모든 의심이 사라졌다. 그것은 모든 원인이 일어나는 법을 분명하게 깨달았기 때문이다."

|

두 번째 저녁인 한밤중에 있었던 깨달음의 노래는 원인과 결과의 법칙을 분명하게 깨달았음을 말한 것이다. "부지런히 정진하는 수행자에게 진실로 법칙이 드러나고 모든 의심이 사라졌다. / 그것은 원인이 소멸하는 연기법을 분명하게 깨달았기 때문이다."

|

세 번째 저녁인 첫새벽 깨달음의 노래는 모든 법을 알아 갈등과 유혹에서 완전하게 해방이 되어 자유가 되었음을 선포하는 노래다. "부지런히 정진하는 수행자에게 진실로 법칙이 드러나고 모든 의심이 사라졌다. / 하늘에 떠 있는 태양처럼 악마의 군대를 항복받았다."

|

그리고 동이 트기 전 완전한 깨달음을 성취하여 붓다가 되었음을 선언한다. "오랜 세월 생사윤회 속에서 얼마나 힘든 삶을 살아 왔던가. / 이 몸을 만드는 목수를 찾아 다녔지만 끝내 찾지 못하고, / 수없는 생을 윤회하며 고통을 받았다네. / 아, 집을 짓는 사람이여! 이제 너를 보았노라. / 너는 더 이상 집을 짓지 못하리라. / 이제 모든 서까래는 흩어졌고, / 대들보는 부서져 버렸다. / 나의 마음은 닙바나〔涅槃열반, ⓟnibbāna/ⓢnirvāna니르바나〕에 이르렀고, / 모든 욕망은 파괴되었다네."

|

밤의 괴로움과 번뇌가 새벽녘에 완전하게 제거되어 위 없는 깨달음을 성취하자 몸은 황금처럼 밝게 빛나고 대지는 진동했다. 드디어 세상에 붓다가 나오신 것이다. 동이 트기도 전에 세상에 행복과 이익을 주기 위하여 나오신 것이다. 지혜의 등불을 밝혀 긴 어두움의 두려움을 완전하게 없애신 것이다. 더 이상 고통의 수레바퀴를 힘겹게 굴려야 할 윤회는 사라졌다. | 붓다는 이 날을 고통의 세계의 끝마침, 갈등과 유혹의 마지막이라고 했다. 네 가지 진리〔四聖諦사성제〕를 철저하게 깨달아 탐욕, 분노, 무지에서 해방이 되었기에 이제부터는 보살이라는 명칭 대신 '붓다(Buddha)'라고 불리게 된다. 그렇다! 이제 붓다의 세계가 열리는 것이다. 보살이 출가한 지 6년이 되는 해로 세속 나이 35세이며, 남방력 2월 15일이고 북방력으로는 음력 12월 8일이다. 북방에서는 붓다가 성도한 날이라고 하여 대대적으로 기념하며 경우에 따라 7일 전부터 특별 정진, 이른바 용맹정진(勇猛精進)〔더욱 용기를 내고 발심을 하여 기본 수행에 더 보태는 수행〔가행 정진(加行精進)〕〕을 한다.

|

〔11.01〕-156 **깨달음의 나무와 샛별 이야기** | 보살이 네란자라강을 건너 깨달음을 이룬 시간까지 앉았던 큰 나무는 '삡빨라(Pippala, 畢鉢羅필발라)'라고 하며 '벵갈 보리수(vatā-rukkha와따-룩카)'〔ⓟrukkha(ⓢvṛkṣa브릭샤)=tree〕라고도 한다. 이 나무는 〈베다〉 신화에서 유지의 신 비슈누〔Vishnu : 힌두교에서 브라흐마(Brahma, 창조), 쉬바(Shiva, 파괴와 재생)와 함께 삼주신(Trimūrti 뜨리무르띠) 가운데 하나로, 우주를 보호하고 유지하는 소임을 맡고 있다.〕를 상징하기 때문에 길상수(吉祥樹, aśvattha아슈왓타), 신들이 깃드는 신성한 나무(聖樹성수, āriya-druma아리야-드루마)〔ⓢdruma=tree〕로 여긴다. 열대 지방에서는 보기 드물게 우기가 끝나고 비가 오지 않는 건기에 들면 어느 날 한꺼번에 잎이 다 떨어져 앙상했다가 곧 새로운 잎이 연두색으로 파릇하게 피어난다. 오랜 옛날부터 숭상되어 '나무의 왕(rāja-druma라자-드루마)'라거나 '최상의 나무(duma-uttama두마-웃따마)'라고도 한다. 그 아래에서 보살이 깨달음을 성취하여 붓다가 되었다고 하여 나무 이름도 깨달음으로 바뀌었으니 불교에서는 이 나무를 삡빨라, 길상수라고 하지 않고 '보리수(菩提樹, boddhi-druma봇디-드루마)'라고 부른다. 보리수는 붓다와 관련 있는 세 번째 나무로 깨달음의 나무다.

|

보살이 목동 꾸샤(Kuśa, 吉祥길상)에게 얻은 한 단의 꾸샤(kuśa, 갈대)를 깔고 앉아 깨달음을 이루어 붓다가 되기까지의 시간은 경전에 따라 약간씩 차이가 있다. 남전에는 보살이 쎄나니 마을에서 쑤자따가 올리는 우유죽을 먹고 기운을 차려 네란자라강을 건너 보리수 아래에 앉았고, 그 날 초저녁부터 선정에 들어가기 시작하여 다음날 첫 새벽에 단박에 깨달음을 성취하고 그런 다음 그 곳에서 49일을 머물렀다고 한다. 즉 깨달음은 고행을 포기한

바로 그 날, 남방력 2월 14일 초저녁에 초선정에 들기 시작하여 밤을 새고 다음날인 2월 15일 첫 새벽에 성취했다고 전한다. 북방에는 이설(異說)이 있다. 그 하나가 쎄나니 마을에서 쑤자따의 우유죽을 받아 그 자리에서 일부를 먹고 나머지를 49등분으로 나누어 하루에 한 덩어리씩 먹으며 그것을 다 먹은 음력 12월 8일에 깨달음을 이루었다는 설인데, 다분히 신빙성이 떨어진다. 우선 인도의 무더운 날씨에 냉장고도 없이 부패가 빠른 우유죽을 49일씩이나 보관할 수도 없으며 더욱이 입고 있는 가사와 탁발 그릇 한 개만 지닌 고행자가 어디에다 49일치 죽을 담아 두었겠는가? 붓다는 계율로 수행자는 음식을 보관하지 못하게 했다. 이 설을 제외한 다른 설들은 남방과 대동소이하다. | 북방에서는 붓다가 떠오르는 새벽별을 보고 '도(道)'를 깨달았다고 한다. 우리말로는 저녁별, 샛별, 개밥바라기라고 하는 금성(金星, Venus)이다. 밤하늘에서 달빛 다음에 가장 밝은 빛을 내는 이 별이 초저녁 하늘에 비치면 태백성(太白星)이나 장경성(長庚星)이라고 부르며, 새벽하늘에 보이면 샛별, 명성(明星)이라고 부른다. 그런데 보살이 완전하게 깨달은 순간 동쪽 하늘에 샛별이 있었던 것이지 이 별로 인하여 깨달음에 이른 것은 아니다. 별은 그냥 별일 뿐이다. 언제나 빛나던 별을 끌어다 그 별빛 때문에 깨달았다고 말해서는 곤란하다. 경전에서는 깨달음을 이루는 순간 샛별이 빛났다고 했지, 샛별 때문에, 샛별을 보고 깨달음에 들어갔다는 말은 한 적이 없다. | 북방에서는 또한 붓다의 일생을 크게 여덟 장면(八相팔상)으로 나누는데 그 다섯 번째 행적인 설산수도상(雪山修道相)이 이 대목에 해당된다. 우리는 설산(雪山)이라고 하면 하얗게 만년설이 덮인 히말라야를 생각하지만 실제 붓다의 고행처였던 가야〔Gaya, 伽耶〕 인근은 위도가 24°이고 평균 해발 고도가 120m 정도인

인도 중부 평원으로, 눈이라고는 전혀 오지 않는다. 우리가 '설산수도상'이라고 믿고 있는 것은 붓다의 전생 설화를 기록한 『본생담(本生談, Jātaka자따카)』의 '쑤다나(Sudāna, 須大拏수대나)' 왕자 이야기와 관련된 것으로 여겨진다. 쑤다나 왕자가 철저한 보시행을 실천하기 위하여 사랑하는 처자식까지 보시한 다음 깨달음을 구하기 위하여 눈 덮인 '단다까(Dandaka, 檀特山단특산)'로 들어가 고행했다는 전생 이야기를 법이 전해지는 과정에서 붓다의 생애로 잘못 이해한 것이다. 단다까산〔지금의 팔로데리(Palodheri), ⓟVavka-pabbata와브까-빱바따〕은 히말라야 산군(山群)에 속하는, 간다라 지방〔지금의 파키스탄 페샤와르(Peshawar) 근처〕의 높은 산이다.

붓다의 팔상(八相)

① 도솔천에서 내려오는 도솔래의상(兜率來儀相)
② 룸비니 동산에 내려와서 탄생하는 비람강생상(毘藍降生相)
③ 사문에 나가 세상을 관찰하는 사문유관상(四門遊觀相)
④ 성을 넘어가서 출가하는 유성출가상(踰城出家相)
⑤ 설산에서 수도하는 설산수도상(雪山修道相)
⑥ 보리수 아래에서 마귀의 항복을 받는 수하항마상(樹下降魔相)
⑦ 녹야원에서 처음으로 포교하는 녹원전법상(鹿苑轉法相)
⑧ 사라쌍수 아래에서 열반에 드는 쌍림열반상(雙林涅槃相)

보살이 네란자라강을 건너 보리수 아래에서 수행한 곳은 당시에는 이름도 없는 아주 한적한 마을이었던 듯하다. 경전에는 '가야' '우루벨라' '세나가미〔쎄나니 마을〕' '네란자라' 등의 지명과 '고행림'이라는 이름만 나오지 불자에게 친숙한 '전정각산'이나 '붓다가야'라는 지명은 등장하지 않는다. 한문으로 옮긴 경전에서는 붓다가 도를 이룬 곳이 성도 '마갈타(摩竭陀)'〔=마가다(Magadha)〕의 '병장촌(兵長村)'〔쎄나니 마을(ⓟSenani gāma쎄나니 가마) /장군촌(將軍

村)〕에 있다고 썼다. 후대에 붓다가 깨달음을 이룬 곳임을 기려 그 곳에 승원을 세웠고 순례자들이 보리수에 예배하러 찾아오니, 가야(Gaya)에 속한 마을 가운데 붓다와 인연 깊은 곳이라 '붓다가야(Buddhagaya)'〔지금의 보드가야(Bodh Gayā)/부다가야/보리가야(菩提伽耶)〕라고 불리게 되었을 것이다. 보리수가 있는 붓다가야는 싯다르타 왕자였던 보살이 고따마 붓다가 된 장소다. 불교의 핵심이 되는 깨달음을 성취했고 닙바나를 원만하게 이루었으며 불타오르듯 치성한 세 가지 독〔탐욕, 성냄, 어리석음〕을 완전하게 제거한 곳이다. ⓑⓓⓢ

아쇼까 석주(Ashoka Pillar) **경배** 〔**산치 대탑**(Sanchi Stupa)〔인도 중부 마디야 프라데시(Madhya Pradesh) 주 라이센 지구(Raisen district)의 산치 마을〕 **남문**의 오른쪽 기둥 부조, 기원전 3세기.〕 처음 불탑이나 승가람(僧伽藍)〔아라마(ārāma)〕를 조성할 때는 붓다의 형상 대신에 붓다의 발자국이나 나무, 법을 상징하는 바퀴 형상으로 대신 표현했다. 붓다가 미가다야(Migadaya)에서 다섯 비구에게 깨달은 바를 최초로 설하자 세상에 가르침(법)의 바퀴가 구르기 시작했다 하여 초전법륜(初轉法輪)이라 하고, 법의 바퀴〔법륜(法輪)〕를 담마-짜끄라(Dhamma-cakra)라고 한다. 짜끄라의 의미에는 여러 설이 있다. 태양신 쑤리야(Suriya)가 타는 바퀴 하나 달린 수레, 즉 태양 자체를 뜻한다는 설도 있고, 고리 모양의 고대 인도 전투 무기이던 짜끄람(cakram)〔륜(輪)〕이라는 설도 있다. 바퀴는 막힘 없이 사방으로 굴러가며, 짜끄람은 어리석음을 사정없이 깨어 버린다는 뜻이다. 전설 속의 이상적인 성왕 전륜성왕(轉輪聖王, chakra-varti)도 짜끄라를 들고 통치권을 행사하는데, 법을 수호하고 그 바퀴를 돌리는 자를 뜻한다. 붓다는 깨달음으로써 법〔dhamma〕이라는 륜〔cakra〕를 돌리게 되었다. 훗날 스스로 불법을 수호하고 모든 세상을 복속시키는 전륜성왕이 되고자 했던 아쇼까 대왕이 석주를 세웠을 때는 이 부조처럼 사자 위에 바퀴까지 있었을 것으로 추정하나 지금은 모두 사라졌다. 법륜은 오늘날 불교를 상징하는 형상이 되었다.

〔12〕 붓다가 된 법들

〔12.01〕 수행 방법

〔12.01〕-157 들숨날숨으로

〔12.01〕-158 깨달음은 주고받는 것이 아니다

〔12.01〕-159 법의 실체

〔12.02〕 나는 무엇인가?

〔12.02〕-160 무더기〔온(蘊), khandha〕

〔12.02〕-161 찰나, 찰나

〔12.02〕-162 세 가지 법의 특성, 삼법인(三法印)/삼특상(三特相)

〔12.03〕 고통에서 벗어나기

〔12.03〕-163 네 가지 고귀한 원리, 사성제(四聖諦)

〔12.03〕-164 고성제(苦聖諦, dukkh-ariya-sacca) 괴로움의 성스러운 진리

〔12.03〕-165 집성제(集聖諦, dukkha-samudaya ariya-sacca) 고통이 일어나는 성스러운 진리

〔12.03〕-166 멸성제(滅聖諦, dukkha-nirodha ariya-sacca) 괴로움이 소멸되는 성스러운 진리

〔12.03〕-167 도성제(道聖諦, dukkha-nirodhagāmini ariya-sacca)

〔12.02〕-168 실제 수행의 지침, 팔정도(八正道)

〔12.02〕-169 팔정도와 중도(中道)

〔12.04〕 닙바나란 무엇인가?

〔12.04〕-170 불이 꺼지다

〔12.04〕-171 잘못된 표현

〔12.04〕-172 닙바나, 그것은 불자의 의무

12

붓다가 된 법들

〔12.01〕 수행 방법

〔12.01〕-157 **들숨날숨으로** | 해가 아직 뜨기 전, 샛별만 빛나는 첫새벽에 보살은 마군에게 항복을 받고 완전한 깨달음을 성취하여 붓다가 되었다. 그렇게 깨달은 법의 실체는 무엇일까. 이를 이해하기 위해 붓다가 어떤 방식으로 수행을 했는지 알아 보려 한다. 실로 불자라면 붓다가 깨달음을 얻기 위하여 보리수 아래에서 한 수행 방법을 질문해야 마땅하다. 그것이 곧 불자〔붓다의 제자, 자식〕라는 말을 이루는 조건이다. "붓다는 어떤 수행법을 닦아서 깨달음을 얻으셨을까?" "붓다가 직접 하신 수행법이 있다면 그것은 무엇일까?" | 과연 우리는 이것을 진지하게 의심해 봤는가? 궁금해 하고 있는가? 의미도 모르고 이런저런 수행법을 이런저런 가르침에 따라 이런저런 것은 쉽고 편하여 좋고, 이런저런 것은 어렵고 영험이 없다는 풍문을 따르지 않았는지 스스로에게 엄정하게 질문해 보아야 한다. 그리고 마음을 내어 "위대한 스승, 부처님께서 어떤 수행법으로 깨달았을까?" 하고 의문을 가질 때 부처님의 바른 법을 찾게 된다. | 보리수 아래에 처음 앉을 때 그는 아직 붓다가 아니라 수행 중인 보살이었다. 막연히 나무 밑에 앉아 있다고 깨달음이 그 나무에서 뚝 떨어지지 않은 한, 나무 아래는 단지 장소일 뿐이고 그 곳 보리수 아래에서 무엇인가를 주제로 어떤 수행이든 했을 것이다. 그것은 무엇이었을까. 경전이 있어서 읽고 쓰는〔寫經사경〕 수행을 했을까? 아니면 염불(念佛)〔부처를 생각하며 부처의 이름을 반복해 외우는 수행 방식〕이나 주력(呪力)〔진언이나 다라니 같은 주문을 외우는 수행 방식〕을 했을까? 108배(拜)를 했을까? 화두(話頭)를 드는 참선(參禪)을 했을까? 결론은 모두 아니라는 것이다. 경전은 붓다가 제자들에게 베푼 가르침을 모은 것

화두(話頭) 조사선(祖師禪)에서 수행자가 참선하여 깨달음을 얻을 때까지 의문의 주제로 삼는 문제를 말한다. 말[화(話)]보다 앞서는[두(頭)] 것, 즉 상식을 뛰어넘는 질문을 받아 의심을 일으킨 후 이 의문이 끊이지 않게 이어 가며 잡념을 끊는다. 알려진 화두로 '개에게는 불성이 없다(狗子無佛性 구자무불성)', '이것이 무엇인가?(是甚麼시심마)' 등이 있다. 공안(公案), 고칙(古則)이라고도 하며 화두를 '얻다', '들다', '깨다' 등으로 표현한다.

이다. 즉, 경전은 깨달음 이후의 법문을 바탕으로 만들어지고 붓다 사후에 모아졌기 때문에 아직 깨달음을 이루지 못한 보살에게, 사경 수행이니 염불이니 화두 참선 등은 당치도 않은 말이다. 자신의 이름을 옮긴 한자를 우리 식으로 발음한 '석가모니불'이라고 염불을 외웠을 리도 없으며, 더욱이 브라흐만의 주문을 외워 깨달음을 얻었다면 그것은 불교가 아니라 브라흐만교일 것이다. 천 년 후 중국의 당나라 선사(禪師)들이 만든 화두는 붓다에게는 해당 사항조차 없다. 조금만 따져 보아도 우리가 오늘날 절에서 흔히 행하는 수행의 어떤 것도 붓다가 깨달음을 이루기 위해 했던 그 방법은 아니라는 것을 짐작할 수 있다. 당시의 주류였던 브라흐만교의 제사와 주문을 버리고, 숲속의 고행조차 버린 다음에 무엇을 수행 방법으로 선택했을까. 그리하여 부처의 나심을 선포하고 불교의 교단이 이루어졌을까. 우리가 경전을 보는 것은 바로 이를 추적하기 위해서다. 경전에서 붓다는 제자들에게 자신이 개발하고 자주 수행했던 방법을 수없이 강조한다. | "비구들아, 나는 코끝으로 숨이 들어가면 들어가는 줄 알았고, 코끝으로 숨이 나가면 나가는 줄 분명하게 알았다. 나는 그것을 주의 깊게 관찰했다." 붓다께서 해제(解制)[안거(安居)를 마침]를 늦추면서까지 여러 비구들에게 독려하셨고 외아들 라훌라에게도 가르치신 공부는 다름 아닌 자신의 호흡에 대한 관찰이었다. "라훌라야, 들숨날숨에 대한 마음 챙김을 닦아 많이 공부 지으면 큰 결실이

있고 큰 이익이 있다." "이 하나의 법을 닦으면 〔…〕 바로 지금 여기에서 구경(究竟)〔가장 지극한 깨달음. 마지막에 이르는 것.〕의 지혜를 성취하게 된다." 주석서에서도 들숨날숨에 대한 마음 챙김의 확립은 모든 붓다와 벽지불(辟支佛)과 성문(聲聞)들이 특별함을 증득하여 '지금 여기서'(diṭṭhe va dhamme 딧테 와 담메, 現今현금/現法현법)〔diṭṭha(보다) + eva(그래서) + dhamma(현상, 진리, 법)〕〔= 현상계에서, 지금 여기(here and now)〕 행복하게 머무는 기초가 된다고 쓴다.

벽지불(辟支佛)과 성문(聲聞)
벽지불〔= 연각(緣覺), 독각(獨覺)〕〔ⓢpratyeka-buddha 쁘라떼까-붓다, ⓟpacceka-buddha 빳쩨까-붓다〕이란 붓다(부처)와 같이 스승 없이 홀로 깨달음에 이른 자이다. 성문〔ⓢśrāvaka 슈라와까, ⓟsavaka 싸와까〕이란 이와 달리 붓다(부처)의 가르침을 듣고 깨달음에 이른 자를 말하는데, 불교 초기에는 출가자와 재가 신도 모두, 즉, 불교에 귀의한 모든 사람을 '성문'이라 불렀다. 이후 교단이 확립되면서 점차 출가자만을 성문이라 일컫게 되었다.

초선(初禪) 초선정(初禪定), 첫 번째 단계의 선정. ⓢprathama-dhyāna 쁘라타마-댜나(pūrva-dhyāna 뿌르와-댜나)/ⓟpaṭhama-jjhāna 빠타마-자나. 『맛지마 니까야』에 따르면 붓다는 초선정에 도달하면 수행자에게 다섯 가지 작용이 일어난다고 하셨다. ① 격렬한 기쁨인 삐띠(piti, 喜기쁠 희), ② 아늑한 행복감인 쑤카(sukha, 樂즐길 락(낙)), ③ 이 같은 행복감을 계속 겨냥하여 찾는 위딱까(vitakka, 尋찾을 심), ④ 수행을 통해 이를 되풀이하거나 지속시키고자 하는 위짜라(vicara, 伺엿볼 사), ⑤ 그리고 큰 고요함인 찟따-에깍가따(citta-ekaggata)다.

니까야(Nikāya) 〈5부 니까야(Pañca Nikāya)〉는 빨리 경장인 '쑷따 삐타까(Sutta Piṭaka)'를 구성하는 남전(南傳)의 다섯 묶음 경전을 말한다. 〔nikāya = 모임, 모음〕
〈**맛지마 니까야**(Majjhima Nikāya)〉는 그 가운데 두번째 묶음으로 152개의 중간(majjhima) 길이 경(經) 모음집〔북전(北傳)의 〈중아함경(中阿含經)〉에 해당〕이다.
〈**쌍윳따 니까야**(Saṃyutta Nikāya)〉는 세번째 묶음으로 주제별 경(經) 모음집〔2,889(2,875)개〕〔북전의 〈잡아함경(雜阿含經)〉에 해당〕이다.
〈**디가 니까야**(Dīgha Nikāya)〉는 첫번째 묶음으로 긴(dīgha, 장편의) 경(經) 모음집〔34개〕〔북전의 〈장아함경(長阿含經)〉에 해당〕이다.

이들 구절에서 붓다께서 들숨날숨의 마음 챙김(出入息念출입식념, ⓟānāpānasati아나빠나싸띠/ⓢanāpānasmṛti아나빠나쓰므리띠)으로 초선(初禪)〔ⓟpaṭhama-jjhāna빠타마-자나〕을 얻었음을 알 수 있고, 그것이 곧 깨달음에 이르는 길이라고 가르쳤음을 확인하게 된다. 자신의 호흡은 붓다 재세시(在世時)〔생전〕부터 지금까지 매우 중요한 관찰 대상이다. 그 관찰 방법도 여러 곳에서 자세하게 설하셨다. 〈맛지마 니까야(Majjhima Nikāya)〉에서 『들숨날숨에 대한 마음 챙김 경(Ānāpānasati Sutta아나빠나싸띠 쑷따)』〔〈맛지마 니까야〉 118번째 경으로 〈마지막 50개 경의 묶음〔후반오십편(後半五十編), ⓟUpari-paṇṇāsa(우빠리-빤나싸)〕〉에 들어 있다.〕이 『출입식념경(出入息念經)』〔=『입출식념경(入出息念經)』〕, 『안반수의경(安般守意經)』으로 한역되어 역대 조사 승려들 또한 이를 닦았으며, 〈쌍윳따 니까야(Saṃyutta Nikāya)〉에도 『들숨날숨 쌍윳따(Ānāpāna-saṃyutta아나빠나-쌍윳따)』〔〈쌍윳따 니까야〉 다섯 번째 묶음 〈마하박가(Mahā-vagga)〉의 10번째 경이고, 전체에서는 54번째가 된다.〕가 있고, 〈디가 니까야(Dīgha Nikāya)〉를 통해 『대념처경(大念處經, Mahasatipaṭṭhāna Sutta마하싸띠빳타나 쑷따)』〔〈디가 니까야〉 22번째 경〕이 전해 내려오는 것이다. 붓다가 되기까지 보살이 행한 수행은 들어오고 나가는 호흡을 관찰하는 일이었다. 붓다가 된 후에 직접 제자들에게 가르친 방식도 이것이며 오늘까지 전해오는 방식도 이것이다.

〔12.01〕-158 **깨달음은 주고받는 것이 아니다** | 붓다가 깨달은 법은 불교의 가장 기초 개념이자 전법(傳法)을 하는 근간이 된다. 붓다는 빌고 애원한다고 인간에게 깨달음이라는 것을 줄 수 있는 존재는 이 세상 어디에도 없으며, 묶임에 벗어나는 최상의 자유는 스스로가 직접 수행하여 증득해야 한다고 말씀하셨다. 자신

의 문제를 다른 존재에게 떠맡겨 놓고 기도하여 구원을 받으려거나 가피(加被)나 은총 입기를 바라지 말라고 하셨다. 냉철한 판단력으로 조건에 의하여 순간 일어나고 사라지는 것을 꿰뚫어 아는 지혜를 개발하라는 것이다. 붓다는 깨달음을 내려 주지 않는다. 언제나 제자들에게 스스로 깨달음을 이루어야 한다고 가르치셨다. "나는 너희에게 해탈의 길을 가르쳐 주었을 뿐, 진리는 스스로 깨닫는 것이다." "나의 제자 중에는 열반에 이르는 이도 있고 이르지 못하는 이도 있다. 그것을 내가 어찌 하겠는가. 나는 오직 길을 가르쳐 주는 스승일 뿐이다." | 깨달음, 즉 닙바나(涅槃열반, nibbāna)는 "받는다."고 표현하지 않는다. 받는다면 누군가 주는 사람이 있어야 하고 그것을 보관했다가 자격을 갖춘 사람이 오면 인증해 주는 곳도 생길 수 있다. 그러나 닙바나는 주고받는 대상이 아니며 주는 사람도, 주는 곳도 없다. 스스로 노력하여 다다를 뿐이기에 "깨달음〔覺각, bodhi보디〕을 보았다." 또는 "실현(實現)했다, 성취(成就)했다."고 표현한다. | 수행은 자신이 직접 하는 것이다. 스승은 바른 길로 가도록 이끌어 준다. 수행자가 간 길은 스승이 간 길과 같아야 하고, 그 스승의 스승이 간 길과 같으며 그런 까닭에 붓다가 간 길과 같음을 확인받을 수 있다. 스승에게서 확인을 받았다고 하여 수행이 끝난 것은 아니다. 그동안 스승의 보살핌으로 기어 다니던 수행자가 스승의 손을 놓고 겨우 걸음마를 시작했다는 뜻에 불과하다. 수행자는 누구나 붓다가 가르쳐 준 길을 따라 쉼 없이 나아가 법의 실체를 남김없이 보게 된다. 설령 그렇게 해서 깨달음을 성취했다고 하여도 목숨이 다하는 순간까지 수행은 계속된다. 수행은 멈춤이 없고 다함이 없는 것이다. | 붓다는 우리에게 그 '길을 가르쳐 주시는' 분이다. 우리는 붓다처럼 스스로 가장 평온한 길로 가고자 한다. 그러기 위해서 붓

다가 깨달은 근본법을 확실하게 알아야 한다. 붓다가 깨달은 법의 실체를 모르면, 자신이 왜 불교를 믿는지 모르는 채 자칫 '이익의 교환'이라는 낮은 인식에 매달리기 십상이다. 여전히 많은 불자들이 세속의 성취를 위하여 '공물(供物, 祭物제물)'을 올리고 복을 비는 '기복(祈福)' 일변으로 흐른다. 그에 맞추어 출가 사문〔스님〕들 또한 불자들에게 행복과 평온〔깨달음〕으로 이끄는 스승의 구실을 하는 것이 아니라 복을 빌어 주는 '제사장(祭司長)'으로 굴러 떨어진다〔轉落전락〕.

|

〔12.01〕-159 **법의 실체** | 붓다의 깨달음을 궁극적으로 간추린 한 마디가 '닙바나〔ⓟnibbāna/ⓢnirbāna니르바나 = 열반(涅槃)〕'이다. "라타야, 나의 가르침은 열반에 이르는 게 목적이다. 우리가 이 거룩한 수행을 하는 것도 모두 열반에 이르기 위한 것이고, 열반에서 끝난다." 붓다가 깨달으신 후 바라나씨의 이씨빠따나(Isīpatana)〔지금의 싸르나트(Sarnath)〕〔= 미가다야(Migadāya) = 녹야원(鹿野園)〕에서 다섯 수행자들에게 처음 한 법문에 "형성된 것들(行행, ⓟsaṅkhāra쌍카라〔모든 마음 작용〕)의 가라앉음이고, 재생의 근거를 놓아 버림이며, 갈애의 멸진(滅盡)이고, 탐욕의 빛바램(viraga위라가〔vi(떠남) + raga(색깔) =빛 바램, 탐욕이 바램 = 이욕(離欲)〕), 소멸(消滅)이요, 열반이다."라는 구절이 보인다. 붓다께서는 어느 재가자에게 "훨훨 타오르는 불도 땔감이 다하면 꺼져 버리는 것과 같다. 그것을 나는 열반이라 한다."고 말하신 적이 있다. 닙바나를 다른 말로 '소멸'이라 하는 까닭은 곧 "탐욕의 소멸, 성냄의 소멸, 어리석음의 소멸", 즉 "삼독(三毒, triviṣa뜨리비샤)〔깨달음에 장애가 되는 세 가지 번뇌로, 탐욕(貪慾, lobha로바), 진에(嗔恚, dosa도싸)〔성냄〕, 우치(愚癡, moha모하)〔무지〕를 말한다. 줄여서 탐·진·치.〕의 불길을 완전히 꺼 버리기" 때문이다.

12
붓다가 된 법들

이것이 '사(4)성제(四聖諦)'〔네 가지 거룩한 원리〕에서 세 번째인 '괴로움을 소멸하는 성스러운 진리(苦滅聖諦 고멸성제)'를 가리키며, 그 경지는 붓다가 말한 바에 따라 궁극적 행복(parama-sukha 빠라마 쑤카)의 성취이다. 경에서는 "열반을 실현하는 것(ⓟnibbāna-sacchi-kiriya 닙바나-쌋치-끼리야)〔sacchi-kiriyā = 실현〕이야말로 으뜸가는 행복이다."고 했다. | 불을 끄고 독을 제거하려면 반드시 보아야 할 법이 있다. 그 방법은 붓다가 직접 자세하게 거듭 설명해 놓았다. 그 방법이 아닌 다른 방법으로도 닙바나가 실현된다고 믿고 따른다면 그것은 요행을 바라는 마음이다. 누군가 어쩌다 그렇게 실현된 사례가 있다손치더라도 그것은 황소 뒷걸음질 치다가 미꾸라지 잡는 격이다. 무엇보다도 붓다의 방식이 아닌 다른 방식으로 '모든 괴로움이 소멸된다'면 그것은 불교가 아니다. | 이 법은 문자를 통하여 알아지거나〔解得 해득〕, 남에게 설명을 듣고 알아지는 것이 아니라, 반드시 자신이 몸과 마음을 다하여 실제 '수행(修行, bhāvanā 바와나〔=producing, application〕)'을 통하여 알아야〔體得 체득〕 한다. 체득한 닙바나는 문자나 언어로 표현하지 못한다. 또한 닙바나는 오래오래 닦아야 하는 것이지 어느날 김장철 밭에서 무 빠지듯 쑤욱 하고 나오는 것이 아니다. 붓다가 제자들에게 늘 강조한 가르침은 "쉬지 말고 오래오래 닦으라."는 것이었다. | 수행과 함께, 또는 수행에 앞서, 중도(中道)에 기반한 팔(8)정도(八正道)〔정견(正見), 정사유(正思惟), 정어(正語), 정업(正業), 정명(正命), 정정진(正精進), 정념(正念), 정정(正定)〕를 바탕으로 삼아 거룩한 진리〔사성제(四聖諦)〕를 바르게 이해하는 것이 반드시 선행(先行)되어야 한다. 붓다 자신도 그와 같은 이해에 의지하여 깨달음을 성취했기 때문이다. 진리에 대한 완전한 이해는 네 종류의 성자〔四果聖者 사과성자〔ⓢcaturphalā 짜뚜르팔라/ⓟcatupphala 짜뚭팔라〕〕들이 실

사과성자(四果聖者)
ⓢcaturphalā짜뚜르팔라.
ⓟcatupphala짜뚭팔라.
〔phalā = fruit, consequence〕
사향사과(四向四果),
사쌍팔배(四雙八輩)라고도
한다. 수행자가 도달하는
과정(向향)과 경지(果과)를
말한다. 수다원(須陀洹)-
사다함(斯陀含)-아나함
(阿那含)-아라한(阿羅漢)의
네 개에 대해 향과
과를 붙여 8개가 된다.
예컨대 수다원향을 닦아
수다원과를 얻는다. ①
예류(預流) : 수다원=
쏘따빤나(sotāpanna).
성스러운 흐름에 든 단계.
② 일래(一來) : 사다함=
싸까다가민(sakadāgāmin).
인간계에 한 번 더 태어나
닦으면 아라한이 됨. ③
불환(不還) : 아나함=
아나가민(anāgāmin).
천계에 한 번 태어난 후
곧바로 열반에 이름.
④ 아라한(arahant) :
무학도(無學道). 생사에서
완전히 벗어남.

천 수행으로 깨달은 내용이며, 이것을 이론적으로 바르게 익히는 것이 '교학(敎學, 敎法교법, ⓟpariyatti(paryāpti)빠리얏띠)'이 된다. 이러한 가르침의 체계를 '법(法, dhamma담마)'이라고 한다.

'나'와 '세상'과 '진리'에 대한 바른 이해가 없다면 그것은 '도(道, magga막가)'라고 할 수 없다. 그런 '도'로는 붓다가 깨달은 법의 실체를 보기는커녕 어리석음을 벗어나지 못한다. 우리는 깨달음 이후 먼 길을 걸어 바라나씨의 이씨빠따나에 도착한 붓다께서 다섯 비구들을 비로소 모아 놓고 무엇을 가장 처음 설하셨는지, 그리고 꼰단냐(Koṇḍañña)〔교진여(憍陳如)〕〔최초의 제자 5비구 중 한 명으로, 아라한과(阿羅漢果, 해탈한 성자)를 처음으로 성취했다.〕 존자가 무슨 말씀을 듣고 깨달음의 눈을 얻었는지, 그 거룩한 숲의 한 켠으로 돌아가 보기로 하자. 붓다께서 처음 하신 법문의 기록은 간결하게 남아 있다. 그것이 중도(中道)에 기반한 팔(8)정도(八正道)와 네 가지 거룩한 진리〔사(4)성제(四聖諦)〕였고, 뒤이어 세 가지 법의 특성〔삼특상(三特相)〔초기 불교의 ⓟti-lakkhana(띨-락카나) : 무상(無常, anicca아닛짜), 고(苦, dukkha둑카), 무아(無我, anatta아낫따)〕〕과 오온(五蘊, ⓟpanca-khandha빤짜 칸다〔khandha = heap, mass, (gross) substance〕)이다.

12
붓다가 된 법들

삼특상(三特相)**과 삼법인**(三法印) 삼특상은 초기 불교에서, 삼법인은 북방 대승 불교에서 사용하는 개념이다. 삼특상(ⓟtilakkhaṇa띨락카나)은 세 가지 특징이라는 뜻으로, 모든 유위법(제행)에 공통되게 나타나는 세 가지 상을 말한다. '무상'-'고'-'무아'를 철저히 꿰뚫음으로써 열반이 실현된다. | 훗날 북방 대승 불교에서 삼법인(tri-dharma-mudrā뜨리-다르마-무드라)〔제행무상(諸行無常), 제법무아(諸法無我), 열반적정(涅槃寂靜)〕이라고 하는 것은 불교 가르침(다르마)의 특징을 '도장(무드라)'으로 요약한 것이다. 삼특상에서 '고'를 제외하고 '열반'〔열반적정(涅槃寂靜)〕을 포함하므로, 여기에다 고를 더하여 사법인이라는 새로운 개념을 창안하기도 하는데, 이는 초기 경전의 수행 교법이 아니다. 이 책에서는 〈무상-고-무아〉의 삼특상을 삼법인이라 한다.

〔12.02〕 나는 무엇인가?

〔12.02〕-160 **무더기〔온**(蘊), khandha〕 | "나(我아, attā앗따)는 누구인가?" 출가하여 깨달음을 찾는 많은 이들이 이 고민을 한다. '나'의 실체를 모른다면 깨달음이란 망상이자 구호일 뿐이다. 붓다께서 까삘라 왕궁의 왕자였을 때나 보살로 고행림에서 수행할 때에도 그 같은 의심을 마주했을지도 모른다. 붓다께서 다섯 비구에게 두 번째 설한 법문은 '무아상경(無我相經, Anatta-lakkhaṇa Sutta아낫따-락카나-숫따)'〔ⓟanatta/ⓢanatman = no-self, no essence, 무아(無我)〕〔ⓟlakkhaṇa/ⓢlakṣaṇa = sign, mark, characteristic, 상(相)〕이라는 이름으로 전한다. 곧 '나라는 상'이 없다는 것인데, 이 때 붓다께서 삼법인과 오온을 말씀하신다. 이 법문에는 가장 짧은, 하지만 이 세상의 모든 철학자들의 심오한 대답을 합친 것보다 명쾌한 답이 있다. "오온(五蘊, panca-khandha빤짜 칸다)에는 나라고 할 것이 없다!" 물질(色색, rūpa루빠)과 비물질(名명, nāma나마)인 수(受)·상(想)·행(行)·식(識)이라는 무더기가 쌓이는〔積集적집(쌓여 모이

다)] 프로세스가 계속 돌아가고 있을 뿐이다. | 그런데 이렇다 보니 '오온이 곧 나'라는 말도 나오게 되는데, 주의할 것은 붓다께서 오온을 설명하신 것은 다섯 무더기로 나누어 놓고 보면 어떤 부분에, 또는 전체에도 '나'라거나 고정된 '자아'라고 특정할 만한 고유한 특성(ⓟlakkhaṇa락카나/ⓢlakṣaṇa락샤나)이 없음을 말씀하시기 위한 것이지, 오온이 곧 나라고 말씀하신 것은 아니다. 붓다는 언제나 나에 대한 집착, 나를 고정하고 찾으려는 마음으로는 깨달음을 이룰 수 없다고 하셨지, '이것이야말로 나'라고 말씀하신 적이 없다. 그럼에도 '오온이 나'라고 하는 것은 오온의 의미를 제대로 이해하지 못하기 때문이다. 흔히 오온을 나와 세계의 구성 요소를 5개로 나눈 일종의 분류법이라고 보는데, 적절한 설명이 아닐 수 있다. '다섯' 요소로 구성되어 있다는 것 못지않게 '무더기'를 눈여겨 보아야 한다. 붓다께서는 왜 무더기라는 표현을 쓰셨을까? '무더기〔온(蘊), ⓟkhandha칸다/ⓢskandha쓰깐다〕'는 원래 '위로 튀어 오른 부분'을 의미한다. 몸의 상체나 어깨, 나무 줄기, 둥치〔樹幹수간〕를 가리키며, '모으다'라는 뜻으로도 사용한다. 한자로 '온(蘊)'이라고 옮겼고 이 또한 '무더기, 쌓임'을 뜻한다. 무더기에는 색(色)·수(受)·상(想)·행(行)·식(識)의 다섯 가지가 있다. 무더기는 엄청나게 막대한 수량으로 집적되어, 큼직한 맹그로브 나무 둥치를 이룬다는 뜻이다. 모든 생멸하는 것은 다섯 요소들이 끊임없이 정보들을 서로 주고받으며 화합하고 적재시키는 비물질적 프로세스다. 오온은 가마니 자루처럼 쌓인 채 있는 다섯 덩어리라고 오해할 수 있는데, 붓다께서 직접 하신 가르침을 보면 오온은 하나의 존재가 세계를 받아들이고 경험하고 집착하여 고통을 발생시키는 구조를 설명해 내는 모델임을 알 수 있다. 오온은 가상의 무더기(heap)가 지금도 쉴새없이 쌓

이는 활동 작용이다. 가상의 무더기들은 거대하고 증식하여 계속 커지므로 우리는 듬직한 나무 둥치에 매달리듯 거기에 기댄다. 보이지 않는 땅밑에 이 둥치들의 뿌리가 있어, 그 뿌리에 진정한 자신, 또는 창조주의 원리가 감춰져 있을 것이라고 믿는다. 그러나 경전에서는 이 무더기들이 마치 전자 제품에 전원이 들어오듯 조건이 맞아 가동될 때마다 고통이 발생한다고 말한다. | 조건에 따라 모인 다섯 무더기의 집합체는 조건이 다하면 흩어진다. '존재'나 '세계'라고 하는 임의적인 '개념(概念, ⓟpaññatti빤냐띠〔알게 함, 이름. 관습적이고 임의적인 진실. 예컨대 이것은 산이다(바위, 단층, 숲, 계곡, 대지, 지구일 수 있음), 의자다(나무, 철, 가구 등일 수 있다), 지금은 몇 시다(인간이 임의로 정한 약속) 등의 상대적인 인식.〕)'을 무더기로 분류하고 다시 낱낱이 쪼갬(解體해체, ⓟvibhajja위밧자〔분석, 나누기. 관념으로 조립된 것을 해체해서 있는 그대로 봄〕)으로써, 거기에 '나'라고 할 만한 본성이 없다는 세 가지 법의 특성〔삼특상(三特相) / 삼법인(三法印)〕이 분명하게 드러나고 그것을 통찰하면 깨달음〔닙바나〕을 실현하게 된다는 것이다. | 다섯 무더기 오온(五蘊)은 각각 무엇인가?

|

① 물질의 무더기〔색온(色蘊), rūpa-khandha루빠-칸다〕: 색이라고 하면 흔히 사람을 구성하는 '몸'이라고 하는 물질 덩어리를 떠올린다. 그런데 이 무더기는 내 몸뚱이만을 말하는 것이 아니다. 루빠(色색, rūpa)〔형체로 드러나는 것(sum total of form)〕라는 것은 끊임없이 '변형(變形, ⓟruppana룹빠나〔끊임 없는 변화, 성가심, 부식〕)'되며 물질을 형성하는 여러 작용을 아우른다. 그래서 몸의 성장과 늙음, 말도 루빠에 속한다. 경전에서는 이렇게 말했다. | "비구들아, 그러면 왜 '색(色, rūpa)'이라고 부르는가? 끊임없이 바뀐다고 해서 색이라 한다. 무엇에 의하여 바뀌는가?

루빠(rūpa)와 물질과 form
우리 나라에서 rūpa(루빠)를 '물질'이라고 번역하나, 영어로는 'form'이라 하는데 이것은 '형상을 지니는 것, 현상'에 가깝다. 실제 물질로 구성되어 3차원 현실 안에 존재하느냐 아니냐를 떠나서 지수화풍(地水火風) 4대의 성품을 지니며 안이비설신의(眼耳鼻舌身意)에 감각적으로 감촉되는 물질적 외관을 가진다는 뜻이다. 한자어로 '색(色)'이라고 하는 것도 그 때문이다. 환영, 홀로그램 이미지 등은 물질 덩어리가 없거나 매우 적지만 물질에 속하며, 따뜻함이나 가벼움 등 추상적인 속성 또한 4대의 요소로 감각 기관에 의해 인식된다면 루빠에 속한다.

차가움에 의해서 바뀌고, 더움에 의해서 바뀌고, 배고픔에 의해서 바뀌고, 목마름에 의해서 바뀌고, 파리, 모기, 바람, 햇빛 등에 의해서 바뀐다. 비구들아, 이렇게 바뀌므로 색〔형상〕이라고 한다." | 루빠는 개별적이며 고유한 '모양(形형)'과 '색깔(色색)'을 지니므로 '형색(形色)'이라고 해야 옳지만 한역에서는 뭉뚱그려 색(色)이라고 했다. 단단하고 부드러운 특성〔地지〕, 팽창하고 움직이는 특성〔水수〕, 차갑거나 뜨거운 특성〔火화〕, 유지되거나 움직이는 특성〔風풍〕 등 4가지 특성을 드러내는 '색(色, rūpa)'은 영혼을 지닌 것(ⓟattaniyā 앗따니야)이 아니고, 실체가 없으며(asārā 아싸라〔a(아니)+sārā(본질)〕), 그것을 창조한 자도 없다(ⓟanissarā 아닛싸라〔an(아니)+issarā(창조주)〕). 때문에 공(空, ⓟsuññā 쑨냐〔ⓢśūnya 순냐〕)하다. | 루빠의 무더기〔색온〕는 조건에 쉼없이 영향을 받아 반드시 무너지고 변형되는 것이 특징이다. 루빠의 무더기를 붓다의 방식으로 정의한다면 모든 접촉되고 '변형되는 것'이다. 바뀌는 속성이 감지되지 않는다면 루빠가 아니며, 수행에서 루빠를 관찰하는 것 또한 위의 4가지 특성〔지수화풍(地水火風)〕과 그 변하는 속성을 관찰하는 것이다.

② 느낌의 무더기〔수온(受蘊), vedanā-khandha 웨다나-칸다〕: '느낌(受수, vedanā 웨다나)'은 접촉으로 일어나는 고유한 느낌 작용을 말한다.〔여기서 느낌은 복합적인 감정이나 정서보다는 대상과 접촉해

웨다나(vedanā) 웨다나(느낌)는 우리가 일상에서 말하는 감정, 기분, 직감, 감성 등과는 다르다. 웨다나는 독립적으로 발생하지 않는다. 반드시 대상과 접촉해야 발생하며, 마음(citta 찟따)을 수반한다. 이 때 마음이 느끼는 것이 아니라, 마음은 인식하고, 웨다나는 감수(感受)한다. 예컨대 좋은 느낌에 유익한 마음(kusala citta 꾸살라 찟따)이 수반되는 식이다. 좋아하는 공연에 가서 즐기고자 하는 의도 등은 웨다나가 아니다. 그것이 무엇인지, 어째서인지 등등의 인식 이전에 살갗이나 눈, 귀 등에 접촉이 발생하는 순간 좋은 느낌인가, 나쁜 느낌인가 등을 말한다.

즉각적으로 일어나는 불쾌감이나 유쾌함을 말한다. 느낌에서 중요한 것은 대상과 '접촉'하여(경험하여) 받아들이는 감수 작용이다.〕 웨다나의 의미 또한 붓다의 설명에서 짐작해 보자. 붓다께서는 크게 세 가지〔삼(3)수(三受), ⓟtisso 띳쏘〕로, ① 괴로운 느낌〔고수(苦受), ⓟdukkha 둑카-vedanā〔다시 겪고 싶지 않은 느낌〕〕, ② 즐거운 느낌〔낙수(樂受), sukha 쑤카-vedanā〔다시 겪고 싶은 느낌〕〕, ③ 괴롭지도 즐겁지도 않은 느낌〔不苦不樂受 불고불락수, ⓟadukkhamasukha 아둑카마쑤카, 사수(捨受)〕을 관찰하라고 하신다.〔괴롭지도 즐겁지도 않은 느낌(不苦不樂受)은 수행을 통하여 얻어지는 평정심(ⓟupekkhā 우뻭카/ⓢupekṣā 우뻭샤)을 말한다.〕 경전에서는 이렇게 말했다. "비구들이여, 왜 '수(受, vedanā 웨다나)'라고 부르는가? 받아들인다고 해서 웨다나라고 한다. 그러면 무엇을 느끼는가? 괴로움을 느끼고, 즐거움을 느끼며, 괴롭지도 즐겁지도 않는 것을 느낀다."〔흔히 '느낌'이라고 번역하나, 그 동사형 웨데띠(vedeti)에는 감각하다, 경험하다, 접촉하여 알다 즉 감지하다의 뜻이 있다. 영어로 feeling 외에 sensation으로도 풀이한다.〕 | 이 세 가지 느낌〔삼수(三受)〕은 정신적이냐, 육체적이냐를 바탕으로 다시 5가지〔오(5)수(五受)〕로 분류하는데, 육체의 즐거움〔낙(樂), sukha 쑤카〕, 육체의 괴로움〔고(苦), dukkha 둑카〕, 정신의 즐거움〔희(喜), somanassa 쏘마낫싸〕, 정신의 괴로움〔우(憂), domanassa 도마낫싸〕, 치우침이 없는 마음의 평온〔사(捨), upekkhā 우뻭카〕이다. 반면 웨다나〔受

수]에 바탕을 두는 쌍카라(saṅkhāra, 行행)는 느낌[受수]의 영역에 들지 않는다. 즐거운 느낌에 집착하는 탐욕이나, 괴로운 느낌을 주는 대상을 싫어하여 멀리하려는 의도 등은 웨다나가 아니다. | '색'과 마찬가지로 느낀다(受수, ⓟvedeti웨데띠/ⓥvedayati웨다야띠)는 것은 겪어서 받아들이는 것이지만, 그렇다고 해서 '나'라는 중생(衆生, ⓟsatta쌋따/ⓢsattva쌋뜨와)이나 '개아(個我, puggala뿍갈라)'가 있어 그 존재가 느끼는 것이 아니다.[느낌이 곧 나라고 생각하면 범부 중생이고, 느낌은 내가 아니며 느낌을 넘어선 다른 자아가 실재한다고 가정하는 것이 개아다.] 느낌은 루빠[색]을 토대로 하는 것이고, 대상에 의지[접촉]하여 일어난다는 것이 느낌의 고유한 특성[자상(自相), paccatta-lakkhaṇa빳짯따-락카나[paccatta(분리된)+lakkhaṇa(특질)]]이라고 붓다는 말씀하신다. 이 세상에 생명이 살아 있는 한, 멸진정(滅盡定, nirodha-samāpatti니로다-싸마빳띠[nirodha(소멸)+samāpatti(성취)])에 들지 않는 이상, 누구도 느낌으로부터 벗어나지 못하고 피하지 못한다. 붓다는 느낌에 대해서 여러 차례 설하셨다. "즐겁거나 괴롭거나 내적이거나 외적인 느낌의 발생과 소멸을 올바르게 알아차릴 때마다 욕망을 떠나게" 되며, "느낌을 있는 그대로 분명히 알기 위해서 삼매를 닦으라"고 강조하셨다.

자상(自相)과 공상(共相)

각각의 현상이나 오온은 개별적으로 고유한 특성[자상(自相), ⓟpaccatta-lakkhaṇa빳짯따-락카나]을 가지는데, 느낌의 개별 특성은 대상을 접촉(경험)해 좋거나 싫거나 등을 맛본다(감수한다)는 것이다. 느낌은 몸이나 마음에 좋든 나쁘든 한 번에 한 가지 느낌만 일어난다. 위빳싸나[ⓟvipassana/ⓢvipaśyanā위빠샤나, 관(觀), to see things as they are] 수행에서는 좋거나 나쁘거나 좋지도 나쁘지도 않은 등 각 느낌의 특성을 주의 기울여 알아차리는 데서 출발해 결국 모든 현상에 공통된 성품[공상(共相), ⓟsamañña lakkhaṇa싸만냐 락카나], 즉 〈무상, 고, 무아〉를 보게 된다.

③ 인식의 무더기〔상온(想蘊), saññā-khandha싼냐 칸다〕: 느낌〔受수, vedanā〕이 대상을 경험하여 받아들이는 감수 작용이라면, '인식〔想상, saññā싼냐〕'은 받아들인 대상의 차별된 특성들을 파악하고 이름을 붙이거나 구분하려는 성품을 말한다.〔우리말로 인식이라고 옮기고 있으나, 그 어원인 쌍쓰끄리뜨 '쌍즈냐(saṃjñā)'에는 알다, 지각하다는 뜻 외에 '이름을 붙인다'〔(conceptual) identification〕는 의미가 있다. 영어로는 주로 perception이라고 번역하며, 때로 remembrance라고 한다. 인식이 아니라 '인지'를 말한다.〕 인식의 무더기라고 말하지만, 그 무더기를 이루는 낱낱의 싼냐〔想상〕 즉 인식〔인지〕 작용의 목표는 다음번에 다시 인식했을 때 지난 번에 이름 붙였던 것과 동일한 대상인지 기억해 내고 재식별하는 것까지다.〔싼냐〔상(想)〕③는 윈냐나〔viññāṇa, 식(識)〕⑤와 떨어져 홀로 작용하는 경우가 없기 때문에 식(識)의 수와 상(想)의 수는 같다. 하지만 윈냐나 작용을 제외하고 오직 대상을 받아들여 이미 있던 것과 같은지 식별하고 이름을 붙이는 것까지만을 싼냐라고 한다.〕 훗날 주석서에서는 이렇게 설명한다. "목수가 '이것이 같은 목재군.' 하며 식별하듯, 다음번에 같은 특징을 만났을 때 다시 알아보고 니밋따(nimitta, 相상)〔재현, 표지〕〔sign or mark by which objects are recognized〕를 형성하는 작용이 그 속성이다. 싼냐가 일어나는 원인은 즉각적으로 나타나는 상이다. 마치 아기 사슴이 허수아비만 보고서도 사람인 줄 아는 것과 같다."〔예컨대 푸른 바다에 대한 상을 한번 입력해 가지면, 비슷한 푸르고 넓은 물을 보면 바다의 이미지를 떠올리고 거의 자동으로 곧바로 같은 이름을 붙이므로 예측, 예상, 예언의 의미를 지닌다. 또한 일단 파란색이라는 니밋따〔상(相)〕를 지니고 나면 맑은 하늘, 넓은 바다, 청유리, 파랑새에서 모두 즉각적으로 동일하게 파랗다는 상을 떠올린다는 것이다.〕 먼저 나타나는 상〔이미지〕을 보는 순간 즉시 과거에 이름 붙였던 상과 동일한지 재인지하고 예측한다. "비구들아, 왜

'싼냐(saññā, 想상)'라고 하는가? 인지한다고 해서 싼냐라고 한다. 그렇다면 무엇을 인지하는가? 푸른 것을 푸르다고 알아보고 노란 것을 노랗다고 알고 빨간 것을 빨갛다고 알고 흰 것도 희다고 알아본다. 비구들이여, 이렇게 알아본다고 해서 싼냐라고 한다."

④ 심리 현상의 무더기〔행온(行蘊), saṅkhāra-khandha 쌍카라-칸다〕: 쌍카라(saṅkhāra, 行행)는 언제나 느낌〔受수, vedana〕, 인식〔想상, saññā〕과 함께 일어난다.〔흔히 한국의 번역서에서 이를 심리 현상으로 풀이하나, 빨리어 saṅkhāra는 조건지어진 것, (마음이) 형성하려는 의도, 배열하고 구성하는 힘, 마음의 임의적 조작, 꾸며냄 등을 뜻한다. 다섯 무더기 안에서 조건(연기)에 따라 현상을 일으키려는 마음의 작용을 말한다. 영어로는 mental formations, volitional formations, fabrications, choices로 표현한다.〕 경전에서는 "마음에 딸려 일어나고 딸려 멸하며, 동일한 대상을 가지고, 동일한 토대를 가지는 심소법(心所法, cetasika-dhammā 쩨따씨까-담마〔마음에 상응하는 법, 마음에 딸려 일어나는 법〕)"이라고 했다. 쌍카라의 어원이 되는 쌍쓰끄리뜨 '쌍쓰까라(saṃskāra)'는 '함께(saṃ)'와 '움직이다(skāra)'가 복합된 단어인

쌍카라(saṅkhāra)의 세 가지 용법 상카라〔행(行)〕는 여러 맥락에서 등장한다.
① 첫 번째는 제행무상(諸行無常)과 제행개고(諸行皆苦)의 행(行)이다. 제행(諸行)는 '여러 가지', '모든 형성된 것'이라는 뜻을 가진다. 닙바나를 제외한 모든 조건 지어진 유위법(有爲法, saṅkhata-dhamma 쌍카따-담마)〔함이 있는 법 : 인연에 의해 생겨나고 사라지는 것으로 끊임없이 변화하고 생멸하는 모든 현상〕을 가리킨다.
② 두 번째는 오온의 네 번째 무더기인 '행온(行蘊, saṅkhāra-khandha)'에서 나타난다. 마음 속에서 의도를 형성하는 작용이다.
③ 세 번째는 12연기의 두 번째 구성 요소로서 행(行)이다. 업 지음〔작업(作業)〕, 의도적 행위를 가리킨다. 몸〔신(身)〕, 말〔구(口)〕, 마음〔의(意)〕으로 짓는 삼업(三業)도 행이라 하는데, 몸의 행위〔신행(身行), kāya-saṅkhāra 까야-쌍카라〕, 말의 행위〔구행(口行), vacī-saṅkhāra 와찌-쌍카라〕, 마음의 행위〔의행(意行), mano-saṅkhāra 마노-쌍카라〕다.

데 한역자들이 행(行)이라고 옮겼다. 경전에서는 이렇게 말했다. | "비구들아, 그러면 왜 '쌍카라(saṅkhāra, 行)'라고 부르는가? 조건 따라 지어진 것들을 지어낸다고 해서 쌍카라라고 한다. 그러면 무엇을 지어진 것으로 지어내〔行행〕는가? 조건 따라 지어진 물질을 물질이라고 지어낸다. 조건 따라 지어진 느낌이 느낌이라고 〔…〕 조건 따라 알음알이가 알음알이라고 계속 지어 낸다." 조건에 따라 지어진다는 것은 절대적인 진리를 지닌 것이 아니라 인연에 따라 임의적으로 그 때 그 때 발생한다는 뜻이다. 붓다께서는 닙바나를 "쌍카라의 소멸"이라고 하셨다.

⑤ 알음알이의 무더기〔식온(識蘊), viññāṇa-khandha 윈냐나 칸다〕: '윈냐나(ⓟviññāṇa 윈냐나/ⓢvijñāna 위즈냐나, 識식)'라는 것은 '식별(識別)'하는 기능이다.〔영어로는 consciousness라고 하며, 자각, 판단하는 의식을 말한다. 오늘날 우리 나라에서는 싼냐〔상(想)〕③를 '인식'이라고 풀이하고 있으나 일본에서는 윈냐나〔식(識)〕⑤을 인식 작용이라고 풀이하며, 대상을 마주해 구별해서 판단하는 작용이라는 점에서 식을 인식이라고 하는 것이 더 옳을 것이다.〕 경전에는 이렇게 나온다. | "빅쿠들아, 왜 '윈냐나(viññāṇa, 識식)'라고 부르는가? 식별을 한다고 해서 '윈냐나〔알음알이〕'라고 한다. 그러면 무엇을 식별하는가? 시다느니 쓰다느니, 달다거나 짜다거나…, 싱거운 것을 식별한다. 빅쿠들아, 이처럼 식별한다고 해서 윈냐나라고 한다." | 윈냐나〔식(識)〕는 반드시 싼냐〔상(想)〕와 함께 발생한다. 그렇다 보니 식온과 상온은 언뜻 비슷해 보인다. 주석서에서는 비유를 들어 설명한다. 외딴 시골 마을에 분별 없는 어린 아기와, 그 마을 어른, 그리고 환전상이 있다 하자. 아기는 값비싼 골동 금화를 보아도 그것이 둥글거나 딱딱하다, 표면에 새김이 있다는 것은

알지만 얼마인지, 무엇에 쓰는 것인지는 알지 못한다. 어른은 그 표면에 새겨진 형상을 읽을 수 있고, 그것을 팔아 갖가지 즐거움을 살 수 있음을 안다. 하지만 환전상은 그 금화가 가짜인지 진짜인지, 금의 함량과 값어치를 정확하게 판별한다. 이 마을의 아기를 싼냐〔상(想)〕, 어른을 윈냐나〔식(識)〕이라고 할 수 있으며, 환전상은 빤냐(paññā)〔반야(般若) : 통찰지(洞察智) : 분명하게 아는 지혜, 한 부분만이 아니라 모든 측면에서 완벽하게 아는 것〕에 빗댈 수 있다는 것이다.〔윈냐나〔식(識)〕⑤는 맛본 느낌을 바탕으로 이 맛은 달콤하다, 이 맛은 시큼하다는 판단, 분별까지 한다. 하지만 파랑을 접해서 파랗다고 싼냐〔상(想)〕③를 띄우는 것은 단지 과거에 알고 있던 파랑의 이미지를 다시 떠올리는 작용이다.〕 경에서는 "눈〔眼안〕과 형색(形色)을 조건으로 '눈의 알음알이'〔眼識안식, ⓟcakkhu viññāṇa짝꾸 윈냐나〕가 일어난다."고 했다. 귀나 코, 혀도 마찬가지다. 감각 장소〔根근=기관〕와 대상을 조건으로 해서 발생한다는 말이다. 알음알이는 "감각 장소를 통해서 대상을 아는 것"이고, 그렇게 아는 것을 '마음(mano마노〔뜻, 의(意)〕)'이라고 하며 마음으로 대상을 생각하고 헤아린다〔思量사량〕고 한다.

마음, 뜻, 알음알이 빨리어로, 마음〔心심, citta찟따〕(mind), 뜻〔意의, mano마노〕(mentality), 알음알이〔識식, viññāṇa윈냐나〕(consciousness)는 비슷한 뜻이지만 문맥에 따라 쓰임새가 정해져 있다. 알음알이〔識, viññāṇa윈냐나〕는 6식(六識)의 문맥과 5온의 다섯 번째인 식온(識蘊)에서 나타난다. 안심(眼心), 이심(耳心) 등의 표현은 사용하지 않는다. 뜻〔意, mano마노〕은 6근(六根)〔안(眼)·이(耳)·비(鼻)·설(舌)·신(身)·의(意)〕에서 보이는데, 이 때 의(意)는 법(法)과 상대(相對)된다. 즉, 마음이 안·이·비·설·신을 토대로 하지 않고 직접적으로 그 대상인 법(생각)을 알 때 그 토대가 되는 정신을 말한다. 세 번째 마음(心, citta찟따)은 일반적으로 몸에 반대되는 의미다. 붓다가 마음을 뜻할 때 가장 많이 사용한 낱말이다.

〔12.02〕-161 **찰나, 찰나** | 다섯 무더기〔오온(五蘊)〕 각각의 의미와 작동 방식은 이 같은 이론이 아니라 수행 속에서 명확하게 드러난다. 다섯 무더기〔오온(五蘊)〕의 구조는 크게 4대의 속성을 드러내는 물성 영역〔색〕〔루빠〕과 마음 영역으로 나뉘고, 마음 영역은 다시 수·상·행·식〔웨다나-싼냐-쌍카라-윈냐나〕으로 나뉜다. 몸〔루빠〕과 접촉하자마자 곧바로 수〔웨다나〕(좋다 나쁘다의 느낌), 상〔싼냐〕(이것은 무엇이라는 이름의 재인식), 행〔쌍카라〕(그러니 어떻게 해야겠다는 의도 형성)까지 세 가지 작용을 일으킨다. 이 3가지 작용이 종합해서 의식〔윈냐나〕으로 마음(생각) 속에 판별해서 저장되는 작용이 쉴새없이 무더기로 쌓이는 과정에서 고통이 발생한다는 것이다. 붓다께서는 수행자에게 끊임없이 변하고 무너지는 몸〔색〕, 그 대상에 접촉할 때 일어나는 느낌〔수(웨다나)〕, 떠오르는 이름〔상〕과, 의도〔행〕를 결합된 무더기에서 하나씩 나누어 관찰하라고 하셨다. "아난따야, 들숨과 날숨에 마음을 주의 깊게 기울이는 것이야말로 느낌(웨다나)의 한 측면이기 때문이라고 나는 말한다. 그러므로 그럴 때 수행자는 느낌을 관찰함으로써 수행하는 것이다. 열심히, 올바로 주의깊게 알아차리고 세상에 대한 탐욕과 근심을 제거하면서." | 오온 중에서도 행온〔行蘊, saṅkhāra-khandha쌍카라-칸다〕으로 인해서 존재는 〈무상-고-무아〉〔삼법인〕에 대한 무지 속에서 인연에 따라 임의적으로 조건지어진 의도를 마음 속에 형성하여, 즉 행의 무더기를 쌓아서 업을 만든다. 경전에서 붓다께서 "먼저 생각을 일으키고 이를 관찰하고 뒤에 말을 내뱉는데 이 때 생각을 일으키고 관찰하는 것이 말의 상카라이다."라고 하신 것은 몸과 말과 마음으로 하는 모든 행위, 즉 업에는 반드시 마음 속의 상카라〔의도〕가 있기 때문이다. | 붓다는 "마음은 실체가 없고 무상하며, 아주 짧은 순간에〔찰나(刹那, khaṇa

카나)〕 일어났다가〔刹那生 찰나생〕, 순간에 사라지는 것〔刹那滅 찰나멸〕"으로 보았다. 오온은 그 찰나의 생멸을 명쾌하게 해체하여 설명하는 구조다. 붓다는 마음을 비롯한 모든 법들이 찰나에 일어나고 사라지는〔起滅 기멸〕 것을 문제 삼았지, 있고 없고〔有無 유무〕를 문제 삼지 않았다. "비구들아, 이것과 다른 어떤 단 하나의 법도 이렇듯 빨리 변하는 것을 나는 보지 못했으니 그것은 바로 마음〔心 심, citta 찟따〕이다. 비구들아, 마음이 어찌나 빨리 변하는지 그 비유를 들기마저 쉽지 않다." | 이렇게 찰나에 생겨나고 사라진다면 "지금 이렇게 유지되는 나의 마음은 무엇인가?" 마음은 순간순간 일어나고 사라지지만 "지금 여기에서 생생하게 전개되는 흐름〔相續 상속, ⓟsantati 싼따띠/ⓢśaṃtāti 상따띠〕"이다. 우리 마음은 쉴 새 없이 변하면서도 끊어지지 않아 마치 강물이 흘러가듯 이어져 보인다. 비유해 보자. 종이에 연필로 선 한 줄을 그으면 이어진 하나의 선으로 보인다. 그러나 그것을 확대경으로 아주 자세히 보게 되면 아주 작은 점들의 집합이지 끊김 없이 쭉 이어진 하나의 선이 아님을 알 수 있다. | 마라(마왕) 빠삐만이 와지라(Vajirā)〔꼬쌀라(Kosala)국의 왕 빠세나디(Pasenadi)의 딸〕 비구니에게 "누가 중생을 창조하였는가? 중생을 창조한 자는 어디에 있는가?"라고 묻자 와지라 비구니는 당당하게 대답한다. "단지 조건에 따라 형성된 것들의 무더기일 뿐, 여기에 중생이라고 할 만한 것을 찾을 수 없도다. 단지 괴로움이 생겨나고 괴로움이 머물고 없어질 뿐, 괴로움밖에 어떤 것도 생겨나지 않고, 어떤 것도 소멸하지 않도다." 브라흐만 종교, 우파니샤드 철학에서 말하는 범아일여(梵我一如)에서 '나(atman 아뜨만)'는 절대적인 신과 하나가 되는 절대적 존재로 본다. 그러나 붓다는 다섯 가지 무더기가 조건이 되어 일시적으로 조합되었다 흩어지는 그 작동 속에는 절대적인

창조주도, 특정한 요소로 된 중생이나 '참나'도 없다고 분명하게 분석하여 파악했다. 그렇다면 다섯 가지 무더기〔오온〕가 쌓이게 하는 그 조건은 무엇인가? 그것을 이해하기 위해 법의 세 가지 특성〔삼법인(三法印)/삼특상(三特相)〕을 알아보자.

|

〔12.02〕-162 **세 가지 법의 특성, 삼법인**(三法印)/**삼특상**(三特相) | '조건 지어진 모든 대상'을 제법(諸法, sabbe dhamma 쌉베 담마〔sabbe = all, every, whole, entire〕)이라고 한다. 그 모든 법을 아무리 쪼개어도 깃들어 있는 '공통적이며 보편적 성질'〔共相공상, Ⓟsāmañña-lakkhaṇa 싸만냐-락카나)을 세 가지 법의 특성〔삼특상(三特相), Ⓟti-lakkhana 띨-락카나〕이라고 한다. 이 특성은 마치 진흙에 도장을 찍힌 것〔封泥봉니〕처럼 아무리 쪼개고 나누어도 나타나므로 훗날 '법의 도장〔法印법인, dharmamudrā 다르마무드라〕'〔삼법인(三法印)〕이라고도 부르게 되었다. 그것이 〈무상(無想, Ⓟaniccā 아닛짜) - 고(苦, Ⓟdukkhā 둑카) - 무아(無我, Ⓟanattā 아낫따)〉라는 것이다. 자아, 진인, 영혼, 중생 등은 그 이름만 보면 그런 존재들이 실재하는 것처럼 보이지만 오온으로 나누면 조건에 따라 발생한 모든 무더기에서 결국 〈무상-고-무아〉만을 보게 된다.

|

① 무상〔제행무상(諸行無常), sabbe saṅkhārā aniccā 쌉베 쌍카라 아닛짜〕: 무상(無常, aniccā 아닛짜〔unstable, impermanent, inconstant〕)은 조건에 따라 형성된 모든 것〔상카라〕은 영원하지 않다는 뜻이다. 눈으로 어떤 모양과 빛깔을 본다고 하자. 눈앞에 보이는 대상이 있을 때만 크고 작고 빨갛고 노랄 뿐이지, 눈이 보이는 대상을 떠나는 순간 그 대상이 가진 빨갛고 노랑은 없어진다. 또한 그 대상을 눈으로 빤히 본다고 하여도 끊이지 않고 지속되

는 것이 아니다. 인식의 흐름은 아주 짧게 끊어지고 이어지기를〔生滅생멸〕 계속하는데 우리는 그것이 주욱 연결되어 있는 듯, 영속(永續)한다고 착각하는 것에 불과하다. 마찬가지로 소리의 존재 역시 눈과 같다. 어떤 소리라는 대상이 귀에 접촉되는 순간만 그 소리가 존재하는 것이며, 이렇게 코의 냄새, 혀의 맛, 피부의 감촉, 마음의 생각 등은 모두 대상에 따라 인식이 생겨났다가 사라지기 때문에 붓다는 영원하지 않다고 깨달은 것이다. 이것이 삼법인의 첫 번째인 무상의 법칙인데, 수행자는 스스로 수행을 통하여 자신의 몸으로 증명해 내게 된다.

② 고〔일체개고(一切皆苦), sabbe saṅkhārā dukkhā 쌉베 쌍카라 둑카〕: 삼법인의 두 번째는 괴로움이다. 괴로움이라고 하면 행복의 정반대인 것처럼 보인다. 어째서 그것을 '법'이라고 한 것일까? 둑카(dukkha)를 중국에서 번역할 때 '괴로움, 고통'〔suffering, pain〕이라는 뜻의 '고(苦)'라고 했지만 실제는 '불만족'〔unsatisfactoriness〕이라고 해야 뜻이 분명하게 드러난다. | 아무리 이 세상 저 세상을 오가며 행복을 받은들 그 행복 속에서 지루해지면 새로운 것을 찾으려 하거나, 또는 남의 행복이 더 크게 보이기도 한다. 새로운 복을 찾은 듯한 순간 또 다른 데서 불만족이 발생한다. 이렇게 해서 불만족, 즉 괴로움은 그칠 수가 없다고 붓다는 본 것이다. 설령 이 세상의 주인인 왕이라고 하여도 크고 작은 불만족은 여읠 수 없는 법칙이다.〔괴로움에 대해서는 뒤의 사(4)성제에서 다시 자세히 다룬다.〕

③ 무아〔제법무아(諸法無我), sabbe dhammā anattā 쌉베 담마 아낫따〕: 오온을 통해 형성된 조건에 따라 생겨나고 사라지는 것이 고유한 특성이라 영속성이 없고, 마음의 행복 또한 끊임없이 불만족을 안다. 오온 그 어디에도 나(attā 앗따)라고 할 성질이나

나의 것(ātmiya 아뜨미야)이라고 집착할 만한 것이 없다는 것이 바로 세 번째 법의 도장인 '무아(無我, ⓟanattā 아낫따〔an(아니)+attā(나)〕/ⓢanātman 아나뜨만〔an(아니)+ātman(자아)〕)'〔not-self, non-self, emptiness〕다. 만약 물질의 구성이 '나'라고 한다면 '나'는 물질의 어떤 특정한 상태에서 멈추어야 한다는 모순이 생긴다. 그렇다면 어떤 상태로 영원히 멈추길 바라는가? 그런 일은 도저히 있을 수 없다는 것은 누구나 안다. | 마음의 영역도 그렇다. 물질이라는 몸이 있을 때 그 속에 마음이 존재하는 것이지 몸이 죽음으로 사라지면 마음은 존재하지 못한다. 통 속에 물이 들어 있는데 통이 깨어지면 물이 온전하게 있을까? 감각 기관은 밖을 향한 문이다. 이 문을 통하여 조건 지어진 대상을 받아들이는데, 몸이라는 육체가 사라지면 여섯 감각의 문조차 저절로 닫히고 사라져 결코 다시 열리지 않는다.

|

붓다께서 바라나씨〔Bārāṇasi/Vārāṇasī〕 북쪽 미가다야(ⓟMigadāya)〔miga=(사슴) deer〕〔dāya=(숲) wood, grove, park / gift, offering〕〔사슴의 숲, 사슴들이 자유롭게 노니는 곳, 사슴 동산=녹야원(鹿野園)〕〔이씨빠따나(Isīpatana)=지금의 싸르나트(Sarnath)〕에서 다시 만난 다섯 수행자에게 설한 두 번째 법문에서 오온과 삼법인의 관계는 명확하게 드러난다. "수행자들아, 물질〔색, 루빠〕은 무아다. 왜냐면, 만일 물질이 나 자신이라면 고통으로 이끌 리가 없지 않느냐. 게다가 물질에다 대고 '나의 물질이 이와 같이 되기를! 저렇게 되지 않기를!'이라고 하면 그대로 되어야 할 테지. 하지만 물질이 내가 아니기 때문에 물질은 괴로움을 수반하고, 도무지 내가 바라는 대로 되지도 않는단다. 느낌〔수, 웨다나〕도 무아이고 인식〔상, 싼냐〕도 그러하며, 형성된 것들〔행, 쌍카라〕도 그러하고 알음알이〔식, 윈나냐〕 또한 무아다. 그러

니 어찌 생각하느냐, 수행자들아, 물질은 항상하냐, 무상하냐?" "무상합니다. 스승님." "그런데 그것이 만약 무상하다면 괴로움인가, 즐거움인가?" "괴로움입니다, 스승님." "그러면 무상하고 괴롭고 변하기 마련인 것을 두고 '이것은 내 것이다. 이것은 나다. 이것이 나 자신이다.'라고 여기면 도리에 맞겠는가?" "그렇지 않습니다. 스승님." 이것은 오온의 모든 무더기에 대해서 동일하게 관찰해야 한다고 붓다는 말씀하셨다. "자네들은 모든 종류의 물질에 대해서, 그것이 과거의 것이건 미래의 것이건 현재의 것이건, 안의 것이건 밖의 것이건, 거칠건 미세하건, 저열하건 수승하건, 멀리 있건 가까이 있건, 모든 물질〔색, 루빠〕에 대해서, 바르게 통찰해야 한다. '이것은 내 것이 아니요, 이것은 내가 아니며, 나의 자신이 아니다.'라고. 이렇게 보면, 잘 배운 성스러운 제자는 물질을 넌더리내고, 느낌〔수, 웨다나〕에 대해서도, 인식〔상, 싼냐〕에 대해서도, 형성된 것들〔행, 쌍카라〕에 대해서도, 알음알이〔식, 윈냐냐〕에 대해서도 넌더리내게 된다. 넌더리가 나니, 차지하고 말겠다는 탐욕이 시든다. 욕망이 시드니 묶임에서 풀린다. 묶임에서 풀리면 풀렸음을 안다. 그 때 꿰뚫는다. '태어남은 다 했다. 성스러운 삶이 성취되었다. 대장부의 할 일을 다 해 마쳤다. 다시는 어떤 존재로도 돌아오지 않을 것이다.'라고."

다섯 무더기로 나누어 관찰함으로써 조건에 의하여 형성되는 모든 법은 영원하지 않고, 사라지기 때문에 괴로울(불만족스러울) 수밖에 없으며, 조건이 바뀌면 바로 바뀌므로 그 어디에도 '나'라고 할 만한 고정된 실체가 없다고 붓다는 깨달았다. 〈무상 - 고 - 무아〉는 논문으로 전개하는 것이 아니다. 자신의 감각 기관에 접촉되는 모든 현상이 매 순간 발생하고 사라지는 것을 철저하게

체험하여 깨닫는 것이다. | 불교에서 세계를 파악하는 기본이 되는 삼법인은 진흙에 찍은 도장처럼 너무나 확연하며, 이 대목에서 불교가 다른 종교나 철학과는 엄연히 달라질 수밖에 없다. "모든 종교가 똑같다, 평등하다."고 평화롭게 말하는 스님이나 불자들을 흔히 본다. 그렇지 않다. 붓다는 세 가지 법의 특성으로 기존의 모든 종교와 철학을 뛰어 넘었으며 앞으로도 다른 종교나 철학들이 붓다의 가르침을 넘볼 수 없도록 선언하셨다. 만약 다른 종교가 이 붓다의 근본 가르침과 비슷한 이야기를 꺼낸다면 그것은 모방일 뿐이다. 그런 점에서 삼법인은 불교와 외도(外道, ⓢ tīrthika띠르티까/ⓟtitthiya띳티야)를 구분하는 표식〔標章표장〕이자 도장〔印인〕이 되기도 한다. 그래서 세 가지 법의 핵심을 간략하게 이렇게 늘 외는 것이다. "모든 형성된 것은 무상하다〔제행무상(諸行無常), sabbe saṅkhārā aniccā쌉베 쌍카라 아닛짜〕." "모든 형성된 것은 괴로움이다〔일체개고(一切皆苦), sabbe saṅkhārā dukkhā 쌉베 쌍카라 둑카〕." "모든 법들은 무아다〔제법무아(諸法無我), sabbe dhammā anattā쌉베 담마 아낫따〕."

|

〔12.03〕 고통에서 벗어나기

|

〔12.03〕-163 **네 가지 고귀한 원리, 사성제**(四聖諦) | 삶은 왜 괴로울까? 세상은 영원한가? 그것은 붓다 자신이 오랫동안 품었던 문제였으며 출가의 동기였다. 그리고 보리수 아래에서 깨달은 법의 핵심이자, 바라나씨 미가다야〔Migadāya, 녹야원(鹿野園)〕에서 예전의 수행 동료였던 다섯 수행자들에게 최초로 설한 내용이기도 하다. 그것을 사(4)성제(四聖諦)라고 한다. 사성제는 구체적 실천 방법을 수반하는데 그것이 팔(8)정도(八正道)다. 사성

제와 팔정도는 깨달음에 들어가게 하는 중요한 요소다. 사성제는 모든 진리 가운데 가장 기초가 되고 가장 성스럽기 때문에 '네 가지〔四사, ⓟcattāri짯따리/ⓢcatur짜뚜르(catvāri짜뜨와리)〕' '고귀한〔聖성, ⓟariya아리야/ⓢārya아리야〕' '진리〔諦제〔살필 체, 진리 제〕, ⓟsacca쌋짜/ⓢsatyā싸탸〕'라고 한다. 사성제〔ⓟCattāri Ariya Saccāni짯따리 아리야 쌋짜니/ⓢCatur(Catvāri) Ārya Satyāni짜뚜르(짜뜨와리) 아리야 싸띠야니〕를 알 때만이 번뇌가 사라진다고 붓다는 제자들에게 단언했다. "삼매를 닦고 홀로 앉는 수행을 하는 이유는 사성제를 꿰뚫기 위함이다." "출가 사문이 되는 이유는 사성제를 있는 그대로 관통하기 위함이다." "비구들아, 사색(思索)을 할 때도 말을 할 때도 항상 사성제를 사색하고 사성제에 대하여 말을 해야 한다." "사성제를 완전하게 깨달았기 때문에 여래, 아라한, 정등각자(正等覺者)라고 부른다." "사성제를 알고 보기 때문에 번뇌가 멸진(滅盡)한다." | 싸리뿟따〔ⓟSāriputta/ⓢŚāriputra(샤리뿌뜨라)〕 존자는 "모든 생명의 발자국이 코끼리 발자국 속에 들어가듯 부처님께서 설하신 모든 유익한 법〔善法선법〕은 네 가지 성스러운 진리 속에 들어간다〔總攝총섭〕."고 멋지게 설파한 바 있다. 붓다가 세상을 떠난 후 열린 제1차 결집에서 500명의 대장로들은 이 사성제를 맨 마지막에 두어, 모든 법들이 여기에 귀결되었음 밝힌다. 우리 나라 스님들이나 불자들이 항상 입에 달고 사는 '진리(眞理)'가 '쌋짜(sacca)'를 옮긴 것이다. 초기 불교로부터 후기 대승 불교인 밀교까지 모든 불교에서 고(苦) · 집(集) · 멸(滅) · 도(道)를 '쌋짜(ⓟsacca/ⓢsatya싸띠야)'라고 칭하고, 한국 불교에서는 이를 흔히 '진리'라고 부른다. 흔히 고통이 무슨 진리냐고 생각할 수도 있는데, 쌋짜에는 '핵심, 실상, 원리, 우주에 보편된 법칙'이라는 뜻도 있다. 그 어원인 싸뜨(ⓢsat)는 '변하지 않는 것, 시공을 초월해 적용되는 것'

을 뜻한다. 한자 제(諦)는 말씀〔言언〕과 임금〔帝제〕가 합쳐진 글자로 '살핀다'는 뜻이다. 검수를 마쳐 황제에게 올리고 황제가 선포하는 말이라서 '따져 보다' '검증된 것' 곧 틀림 없는 진리를 뜻한다. 사성제는 무턱대고 믿는 진리가 아니라 붓다에 의해 검증되었고 스스로 살펴보면 들어맞는 원리라는 의미가 드러난다. "(진리가)되다"가 아니라 "(진리)이다"라고 표현하는데, 사성제는 바뀌는 것이 아니라 만대에 표준이 되며 '확정된 최고의 가르침'이기 때문이다.불자라면 사성제 이외에 달리 근본 원리가 없음을 분명하게 확신해야 한다.

|

불교의 모든 세계관과 가르침은 사(4)성제(四聖諦)에 포함된다. 예컨대 실제 수행의 지침인 팔(8)정도(八正道)는 사성제의 네 번째인 도성제(道聖諦)에 포함된다. 팔정도의 첫 번째인 '정견(正見)'은 사성제를 바로 아는 것을 말한다. 몸과 마음을 구성하는 다섯 무더기〔오온(五蘊)〕와 세 가지 법의 도장〔삼법인(三法印)〕은 사성제의 첫 번째인 고성제(苦聖諦)의 내용이며, 고통의 발생과 소멸의 구조〔12연기(緣起)〕에서, 유전문(流轉門, anuloma아눌로마)〔무명(無明)에서 고(苦)가 발생하는 순서대로 관찰하는 것〕은 사성제의 고성제(苦聖諦)+집성제(集聖諦)에 해당하고, 환멸문(還滅門, ⓟpaṭiloma빠틸로마/ⓢpratilōma쁘라띨로마)〔무명(無明)부터 차례대로 소멸시키는 것을 관찰하는 것〕은 멸성제(滅聖諦)+도성제(道聖諦)에 해당한다. 그러므로 12연기 역시 사성제에 포함된다.〔12연기 자체는 붓다의 초기 경전에 등장하지 않는다.〕 제4선정(禪定)을 토대로 하여 개발되는 여섯 가지 신통〔六神通육신통〕의 마지막은 번뇌를 소멸하는 지혜〔漏盡通누진통〕인데, 이것도 사성제로 귀결된다.

|

사성제(四聖諦) = Four Noble Truths = **짯따리 아리야 쌋짜니**(ⓟCattāri Ariya Saccāni) = **짜뚜르(짜뜨와리) 아리야 싸띠야니**(ⓢCatur(Catvāri) Ārya Satyāni)

초기 경전에서 사(4) 성제는 하나 같이 공통되게 표기된다.

· 괴로움의 성스러운 진리〔고성제(苦聖諦), dukkha ariya-sacca 둑카 아리야-쌋짜〕,
· 괴로움이 일어나는 성스러운 진리〔고집성제(苦集聖諦), dukkha-samudaya ariya-sacca 둑카-싸무다야 아리야-쌋짜〕,
· 괴로움이 소멸되는 성스러운 진리〔고멸성제(苦滅聖諦), dukkha-nirodha ariya-sacca 둑카-니로다 아리야-쌋짜〕,
· 괴로움의 소멸로 인도하는 도 닦음의 성스러운 진리〔도성제(道聖諦), dukkha-nirodhagāmini ariya-sacca 둑카-니로다가미니 아리야-쌋짜(gāmini = leading to)〕

가 그것이다. 논장(論藏)과 주석서(註釋書)에서는

· 괴로움의 진리〔고제(苦諦), dukkha-sacca 둑카-쌋짜〕,
· 일어남의 진리〔집제(集諦), samudaya-sacca 싸무다야-쌋짜〕,
· 소멸의 진리〔멸제(滅諦), nirodha-sacca 니로다-쌋짜〕,
· 도의 진리〔도제(道諦), magga-sacca 막가-쌋짜〕라고 간략하게 표기했다.

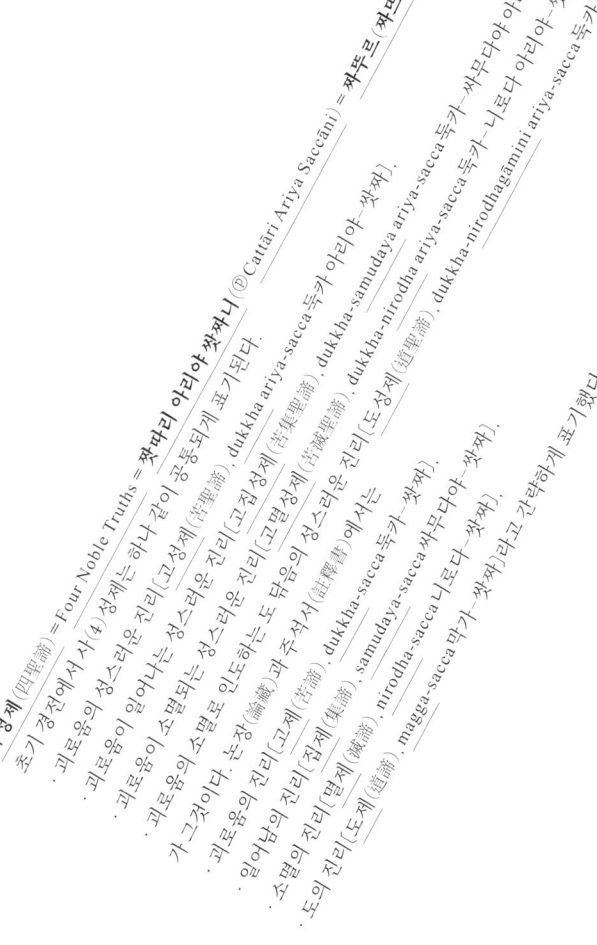

〔12.03〕-164 **고성제**(苦聖諦, dukkh ariya-sacca둑카 아리야-쌋짜) **괴로움의 성스러운 진리** | 불교의 첫 출발은 "이 세계가 불만족(괴로움) 위에 세워져 있다."는 것을 인식하는 데 있다. 붓다는 "괴로움을 아는 사람은 또한 괴로움의 원인과 괴로움의 소멸 그리고 괴로움을 소멸로 인도하는 길을 안다."고 했다. 몸과 마음에 대상을 통하여 경험되는 즐거움이 없다면, 사람이 아니라 차라리 나무토막이나 돌멩이와 같을 것이다. 그러나 그렇다고 해서 감각 대상들 속에 즐거움이나 행복이 실존한다고 잘못 믿으면, 그 집착 때문에 괴로워진다. 붓다의 가르침에서는 무위법(無爲法)인 닙바나를 제외한 모든 것을 괴로움이라고 본다. 어제는 유쾌하던 호숫가의 조약돌에 미끄러져 발을 다칠 수 있듯 우주 어디에도, 천상에도 절대적 행복의 성분을 함유한 물질은 존재하지 않는다. 괴로움 자체는 세계를 설명하는 중요한 근본 원리이다. 괴로움의 원리를 부정하면 나머지 세 가지 원리도 부정되며, 이것은 붓다의 가르침 전체를 부정하는 것이다. 둑카(dukkha)는 육체적, 정신적으로 원하는 대로 되지 않음과 관련되므로, 고통이라는 표현보다 '괴로움, 시달림, 불만족'이 더 정확할 수 있다. 붓다가 괴로움을 거룩한 원리의 첫머리에 둔 것은 우리 삶의 여정은 빈부를 막론하고 언제나 불만족으로 시작하기 때문이다. | 사성제의 첫 번째인 '괴로움의 성스러운 원리'는 불교를 다른 종교와 구분하는 표준 잣대이자, 붓다의 독창적 직관이 담긴 선언이다. 고성제(苦聖諦)는 흔히 4가지 괴로움〔四苦사고〕과 8가지 괴로움〔八苦팔고〕과 3가지 유형〔三性삼성〕으로 정리된다. | 사(4)고(四苦)와 팔(8)고(八苦)는 '생사(生死)'의 문제를 다룬다. 태어나고 살아가며 죽음에 이르기까지 괴로움이 있다. 12연기로 분석한다면 태어남을 조건으로 늙음과 죽음이 있고 근심, 비탄 등 육체적,

정신적 고통〔生緣老死憂悲苦惱생연노사우비고뇌〕이 나타난다. 출가한 스님과 불자들의 수행을 흔히 "생사 문제의 해결"이라 하는 것도 괴로움의 해결〔解脫해탈, 깨달음〕을 뜻한다. 4가지 괴로움〔四苦사고〕은 "① 태어남〔生苦생고〕, ② 늙음〔老苦노고〕, ③ 병듦〔病苦병고〕, ④ 죽음〔死苦사고〕."이다. 인간 삶의 과정에서 겪는 필연적 요소로, 이야말로 붓다가 왕자이던 시절 문 밖에서 본 것, 왕자를 출가로 이끈 질문이다. 생, 노, 병, 사에 다시 4가지를 보태 8가지 괴로움〔八苦팔고〕으로 늘어난다. 우리는 "⑤ 싫어하는 대상을 마주하느라 시달리고〔怨憎懷古원증회고〕, ⑥ 좋아하는 대상들과 헤어져야 해서 쓰라리고〔愛別離苦애별리고〕, ⑦ 원하는 것을 얻지 못하니 괴로우며〔求不得苦구불득고〕, 마지막 ⑧ 취착(就捉)의 대상이 되는 다섯 무더기〔五取蘊오취온〕 자체로 시달린다〔五取蘊苦오취온고, 五陰盛苦오음성고〕." | 괴로움은 세 가지 성질〔三性삼성〕의 유형〔苦性고성, dukkhatā둑카따〕으로 드러난다. 경전에 이 세 가지 성질은 극히 짤막하게 등장한다. "무엇이 셋인가. 아픔에서 기인하는 괴로움, 조건지어진 것에 기인하는 괴로움, 변화에 기인하는 괴로움이다." 그 의미에 대해서 수많은 주석과 해석이 오늘날까지도 이어진다. 이 '괴로움'이라는 말도 '시달림'으로 바꾸어 놓고 보면 이해가 조금 더 쉬울 법하다. 끊임없이 시달리는데 시달리는 방식에도 세 가지가 있다는 것이다. | 첫 번째는 가장 분명하고 일반적인 형태인 괴로움이다. 정신적, 육체적으로 일상 생활에서 일어나는 모든 고통〔苦苦性고고성, dukkha-dukkhatā둑카-둑카따〕인데, 생노병사 하는 삶은 그 자체가 고달픈 것이다. 거슬리고 아픈 느낌에서 기인하는 고통으로, '고통 그대로인 괴로움'〔苦苦고고〕라고 한다. | 두 번째는 형성되는 모든 작용에 내재하는 괴로움의 성질〔行苦性행고성, saṅkhāra-dukkhatā쌍카라-둑카따〕이다. 다

섯 무더기〔오온(五蘊)〕가 조건에 따라 화합되어 짓는 마음의 의도〔行행, saṅkhāra쌍카라〕에 짓눌려 시달린〔行苦행고〕다.│세 번째로, 끝없이 바뀌는 데 시달린〔壞苦性괴고성, viparināma-dukkhatā 위빠리나마 둑카따〕다. 좋아하는 것이나 그로 인한 행복한 느낌이 있을지라도, 또는 어떤 괴로움에 적응해 그것을 사랑하게 될지라도 언젠가는 덧없이 사라지므로 지치고 낙담하는 것〔壞苦괴고〕이다.│비유해 보자. 지진이 일어나 무너진 집에 깔렸다. 이 때 다리가 다쳐 아픈 것은 육체의 괴로움이다. 난민이 되어 먹을 것과 마실 물을 얻지 못한다면 배고픔의 고통에 시달린다. 수행자는 육체에 대한 관찰로 목마름, 배고픔, 더움이나 관절통 등의 고통을 관찰하고, 이를 소멸시킨다. 그런데 우리가 고통을 고통 그 자체로 보지 못하면 곧바로 다섯 무더기〔오온(五蘊)〕가 작동을 시작한다. '이 고통이 앞으로 다른 질병을 유발할 것'이라는 생각, '전생에 무슨 죄업이 많아서 내게 이런 일이 일어났단 말인가.' '누가 나를 이 배고픔에서 구해 주었으면!' '악착같이 이겨내 성공하리라.' 등 갖가지 예측과 분석, 또는 '이 고통은 전쟁 때문이다.' '부실 공사를 한 건설 업자 때문이다.' '다른 이가 내 음식을 가로챘기 때문이다.' 등등 조건에 따라 마음에 의도를 형성하고 알음알이로 저장하거나 갖가지 행위를 일으킨다. 무지에 기인한 다섯 무더기〔오온(五蘊)〕의 작용에 따라 지어지는 의도를 내 생각, 내 삶이라고 여겨 끌려다닌다. 이렇게 끊임없이 지어지는 쌍카라〔saṃskāra = 마음 속에서 의도를 형성하는 작용, 형성된 것, 의지(karmic imprints, habitual tendencies)〕 무더기가 질식할 정도로 압박한다는 것이다. 앞에서 붓다께서는 다섯 무더기〔오온(五蘊)〕 각각이 그리고 합쳐서도 모두 괴로움을 발생시키는 구조임을 알아차리라고 말씀하셨다. 단련된 수행자가 육체의 고통과 마음의 의도를 상당히 관찰할 수

있게 되어 더 많은 행복감을 얻게 된다고 해도, 그 즐거운 느낌에 집착하여 지속되기를 바란다면 반드시 마침내는 괴로움으로 변하게 된다. 아름답게 노래하는 목소리를 한 번 듣고 기뻤다고 해서 그 노래만을 끊임없이 들어야 한다고 생각해 보라. 우리는 변화한다는 특성 때문에 언제나 새로운 즐거움을 찾게 되며, 아무리 좋고 즐거운 것이라도 그것은 긴 인생에서 잠시 스쳐갈 뿐이다. | 붓다의 가르침에서 '괴로움'을 강조하는 것은 염세적 허무주의가 아니다. 괴로움이 해결된 경지, '궁극적인 행복〔至福지복, parama-sukha빠라마-쑤카〕'〔닙바나〕의 실현을 역설적으로 더 강조하기 위해서도 아니다. 고통의 의미를 한갓된 아픔이나 그것을 싫어하여 도피하는 것으로 한정해서는 안 된다. 그것은 붓다의 깨달음을 낮은 차원에 가두는 생각이다. 드넓은 우주를 뒤져도, 어느 작은 원소로 쪼개어도 한결같은 본질로서, 감각되는 세계의 실상은 무상하여 끊임없이 변화〔괴고(壞苦)〕하고, 나라고 할 것이 없는〔무아(無我)〕 다섯 무더기〔오온(五蘊)〕가 끊임없이 취착하여 발생시키는 구조라는 진실을 붓다는 적시한다. 여기 아닌 어딘가에 행복의 물질이나 낙원 세계가 있을 것이라는 허상으로 유혹하거나 회피하지 않는다. 붓다는 먼저 '고'를 모든 인간 앞에 동일하게 주어지는 진리로 설정함으로써 현실 세계의 외부적 특권을 놓게 한다. 권력이나 부를 가진다고 해서 고의 본성이 바뀌지는 않는 것이다. 바른 수행자는 모든 접촉이 고통임을 보게 된다. 존재 자체의 본질적 시달림에 넌덜머리친 경험이 없다면 깨달음〔닙바나〕을 실현하는 것은 요원하다. 땅에 넘어진 사람이 땅을 딛고 일어나듯 괴로움을 처절하게 인식할 때만이 괴로움에서 벗어날 수 있다.

|

〔12.03〕-165 **집성제**(集聖諦, dukkha-samudaya ariya-sacca둑카-싸무다야 아리야-쌋짜) **고통이 일어나는 성스러운 진리** | 이 괴로움은 홀로 생기는 것이 아니다. 창조의 신이 있어 그가 우리를 괴롭히거나, 죄값으로 받아야 하는 징벌도 아니다. 발생시킨 사람이 따로 있어 그가 지은 죄악의 결과를 원죄(原罪, original sin)라느니 하거나 그 후손들까지 연좌제에 묶어 아득한 선조가 지은 죄악을 이유 없이 계승하는 것 또한 붓다가 깨달은 괴로움의 진리가 아니다. 해명하지 못하면 원리라고 할 수 없다. 아플 때 아프다고 말하는 것은 어린아이들도 할 수 있으며 80 노인도 삶의 지혜를 가지고 인생의 허망함을 운운할 수 있다. 집성제에서 붓다는 고통의 원인을 말한다. "괴로움이 일어나는 성스러운 원리, 그것은 바로 갈애다." | 갈애(渴愛)는 '딴하(taṇhā)'라고 한다. 딴하의 문자적 의미는 '목마름(tṛṣ뜨리시)'이므로 한역할 때 '목마를 갈(渴)'자를 사용했다. 붓다는 중생이 시작도 끝도 모르는〔無始無終무시무종〕 윤회를 거듭하는 원인을 '갈애'로 보았다. 살아 가면서 느끼는 기쁨과 욕심은 전혀 다른 감정인 듯 보이지만 모두 갈애와 하나다. 붓다는 '갈애'의 의미를 바라나씨의 다섯 비구들에게 이렇게 가르쳤다. | "다시 태어남〔再有재유, ponobhavika뽀노바위까〕을 가져오고 환희와 욕망에 함께하며 여기저기서 즐거움을 찾아 헤매는 것이다. 즉 '감각적 쾌락에 대한 갈애'〔欲愛욕애, kāma-taṇhā까마-딴하〕, '존재에 대한 갈애'〔有愛유애, bhava-taṇhā바와-딴하〕, '존재하지 않게 됨에 대한 갈애'〔無有愛무유애, vibhava-taṇhā위바와-딴하〕가 그것이다." | 갈애에서 중요한 것은 그것이 어쩌다 한 번 일어나는 욕망, 하나에 대한 애착이 아니라는 점이다. 12연기에서는 이를 '애(愛)'라고 표현했다. 갈애, 곧 욕망은 윤회라는 불이 꺼지지 않도록 업이라는 아궁이에 끊임없이 넣는 장작의 구

실을 한다. 욕망의 족쇄에 묶이면 윤회의 불은 쉽게 꺼지지 않는다. 윤회의 불을 끄려면 욕망이라는 장작을 업의 아궁이에 더 이상 넣지 않아야 한다. 집성제(集聖諦)에서 붓다는 갈애가 발생하고 머무는 곳을 통찰한다. "세상에 즐겁고 기분 좋은 것이 있으면 거기서 갈애는 일어나고 거기서 자리를 잡는다." | ① 우리도 짐작할 수 있는 욕망의 직접적인 원인은 감각적 쾌다. 첫 번째 '욕애(欲愛, kāma-taṇhā 까마-딴하〔kāma = pleasure, desire〕)'가 그것으로, 빛깔과 모양, 소리, 냄새, 맛, 감촉 등의 감각을 쫓는 것이다. 눈, 귀, 코, 혀, 몸과 마음의 감각 기관〔6근〕에 접촉되는 대상을 즐겨, 나와 나의 것으로 소유하고 싶어하는 것이 괴로움의 원인이라고 말한다. 몸의 감각뿐만 아니라 마음 즉 부와 권력, 학문, 개념 등에 대한 열망도 여기에 포함된다. | ② 두 번째는 유애(有愛, bhava-taṇhā 바와-딴하〔bhava = being, worldly existence, becoming, birth〕)로, 어떤 영원한 생이 존재할 것이라고 믿고 이를 갈구하는 것이다. 불변하고 항상하는 존재가 있다는 생각〔상견(常見), sassata-diṭṭhi 쌋싸따-딧티〕〔eternalism〕으로 색계(色界)와 무색계(無色界)의 초월적 존재를 희구한다. 조건에 따라 일어나고 사라지는 우리(현재) 차원의 세계를 불완전하다고 여길 때 완전무구한 세계가 있을 것이라 믿으며 그 곳에 가고 싶다는 의지로 수행하는 것이 실상은 고통의 원인이라고 말씀하시는 것이다. 굴러도 이승이 좋다며 죽지 않고 지금의 이 '나'로 계속 살고 싶다는 생존 욕구가 첫 번째 욕애라면, 죽어서도 지금의 '나'가 영원한 존재로 환생할 저 세상이 있을 것이라는 희구가 유애에 포함된다. | ③ 세 번째는 무유애(無有愛, vibhava-taṇhā 위바와-딴하〔vibhava = 존재에서 벗어남, free from existence ; being everywhere, omnipresence ; wealth, prosperity〕)라고 하는데, 존재하지 않음을 갈망하는 것이다. 이것은 단견〔斷見, uccheda-

12

붓다가 된 법들

diṭṭhi웃쩨다-딧티〕〔nihilism〕 즉 사후가 없다는 견해에 대한 집착이다. 예를 들자면 사람이 어떤 일로 말미암아 그만 삶을 마무리하자고 스스로 죽음〔자살〕을 택하는 경우가 있다. 복잡한 세상살이와 인간 관계에 지치고 희망을 잃어 죽으면 모든 괴로움이 그만이라는 충동적 마음에 그런 짓을 자행한다. 실은 불확정적인 미래에 닥칠 불쾌한 경험이 싫어 피하고 싶은 나머지 다 파괴해 버리려는 욕구다. 그저 죽으면 고단한 윤회가 없다〔무유(無有)〕는 고집 또한 엄연한 갈애의 하나다. | 이제 갈애의 의미가 조금 더 명확해질 것이다. 붓다께서는 왕자 시절 가장 낮은 사람들의 고통스러운 삶의 실상에서 충격을 받았다. 가진 자의 눈으로 보면 저렇게 비참하게 살려면 왜 살까 쉽게 말한다. 하지만 전장의 난민촌에서 젖을 찾는 아기에게도 강렬한 삶에 대한 갈애가 있다. "세상에 즐겁고 기분 좋은 것"이라는 붓다의 말씀을 뒤집어 풀이하면 죽음이 두렵고 배고픔과 아픔이 싫어서 그것보다 조금이라도 더 즐겁고 기분 좋은 방향으로 움직이려는 모든 처절한 욕구가 갈애다. 밟혀 아픔에 꿈틀거리는 지렁이에게도 갈애가 있는 것이다. 갈애는 세속의 자잘한 쾌감이나 향락 정도의 편협한 말이 아니다. "다시 태어남을 유발하는 것〔再由재유, ponobhavika뽀노바위까〕"은 모두 갈애가 된다. 그래서 〈12연기〉에서도 갈애를 조건으로 취착이 생기고 취착을 조건으로 존재와 태어남이 생긴다. 절대 무에 이르겠다고, 천상의 빛과 합일되고 싶어 몸의 쾌락만 포기한 채 고행하는 명상가와 수도자와 학자 들도 병든 천민과 유형이 다를 뿐 갈애에 사로잡혀 있음을 붓다는 보았다. 붓다는 인류사에서 기존의 종교나 사상이 흔히 표방하던 절대성과 허무주의의 양극단은 모두 괴로움의 원인이며 윤회를 끊지 못한다며 그 허구성을 지적한다.〔삼법인에 대입해 보면, 욕애(欲愛)는 무상(無想)에 반대

되고, 유애(有愛)는 무아(無我)를, 무유애(無有愛)는 고(苦)를 부정하므로 그릇된 견해가 된다.〕 갈애의 본성을 갈파한 집성제(集聖諦)는 붓다를 깨달음에 이르게 한 중도(中道)의 진리와 연결된다. | 애타게 찾는다고 해서 없는 것이 오지도 않고, 미워하고 싫어한다고 해서 있는 것이 가지도 않는다. 인연 조건에 의하여 올 때가 되면 왔다가 갈 때가 되는 가는 것임에도 오고감을 즐겨하고 싫어하는 것이 고통을 낳는다. 윤회가 계속 되어서 언제까지나 인간으로나 또는 천상에 환생하기를 바라든, 이 세계가 완벽히 없어질 수 있다고 주장하든, 무상하고 불만족스럽다는 세계의 실상을 은폐하며 절대적 영원성을 좇게 하는 모든 대상이나 상태가 갈애다.〔고통의 원인이라고 설명하지만, 집성제에서 '집(集)'은 '함께 모은다' '불러 모은다'는 뜻이고, 그 빨리어 '싸무다야(samudaya)' 또한 '함께 일어난다' '함께 온다'는 뜻이다. 이 경우에 갈애를 원인으로 하여 별개의 고통이 생긴다기보다는, 갈애에 더불어 다섯 무더기〔오온〕의 작동으로 고통이 발생하는 원리, 또는 윤회를 부르는 것이라는 의미로 풀이할 수도 있다.〕 바라나씨에서 붓다의 가르침을 듣고 꼰단냐〔Koṇḍañña, 교진여(憍陳如)〕 존자가 "발생한 모든 것은 사라진다."고 꿰뚫어보았을 때, 고통과 갈애는 함께 소멸되었을 것이다. "이와 같이 알고 이와 같이 보는 그는 '감각적 욕망의 번뇌〔慾惱욕뇌〕로부터 마음이 해탈을 한다. 존재의 번뇌〔有惱유뇌〕로부터 해탈을 한다, 무명의 번뇌〔無明惱무명뇌〕로부터 해탈을 한다. 〔…〕 어떠한 존재로도 돌아오지 않을 것이다.'라고 꿰뚫어 안다."

|

〔12.03〕-166 **멸성제**(滅聖諦, dukkha-nirodha ariya-sacca둑카-니로다 아리야-쌋짜) **괴로움이 소멸되는 성스러운 진리** | 소멸의 진리(nirodha sacca니로다 쌋짜)에서 니로다(nirodha)〔= cessation, bringing to halt〕에는 파괴, '불이 꺼지다'라는 뜻이 있다. 붓다는 윤회의 억

12

붓다가 된 법들

센 흐름에 휩쓸리지 않고 흐름을 멈추려면, 갈애가 소멸되어야 한다는 원리를 통하여 고통과 그 원인으로부터 풀려날 수 있다는 구체적인 희망을 보여 준다. | 멸성제(滅聖諦)는 닙바나(nibbana)〔=불이 꺼진 상태, 불어서 끄다, 적멸(寂滅, 번뇌의 세상을 완전히 벗어남), 열반(涅槃)〕〔=liberation, non-arising, nonexistence of conditioned phenomena〕라고 붓다는 잘라 말했다. "비구들이여, 이것이 괴로움의 소멸의 성스러운 진리〔苦滅聖諦고멸성제, dukkha-nirodha ariya-sacca둑카-니로다 아리야-쌋짜〕다. 그것은 바로 갈애가 남김없이 빛바래어〔離慾이욕, virāga위라가〔=loss of colour, fading of desire〕〕, 소멸하고, 버리고, 놓아 버리고, 벗어나고, 집착이 없음이다." 다섯 갈래 욕망으로 물든 마음이 모두 사라지므로 "빛바랜다"고 표현한다. 염오(厭惡)〔ⓟnibbida닙비다/ⓢnirvida(nirveda)니르비(웨)다〕〔=disenchantment, aversion〕〔마음으로부터 싫어함, 세속에 대한 염증〕, 이욕(離欲)〔욕망을 여읨〕, 취착(就捉)〔집착하여 움켜쥠〕이 없음, 생기지 않음, 원(願)함이 없음, 업의 축적이 없음, 형성된 것들〔行, sankhāra쌍카라〕이 가라앉음, 재생의 근거를 놓아 버림〔放棄방기〕, 다시 태어나지 않음 등 초기 경전에서 닙바나는 다양한 표현으로 등장한다. "벗, 싸리뿟따〔ⓟSāriputta〕여, '열반, 열반' 합니다. 벗이여, 도대체 무엇이 열반입니까?" "벗이여, 탐욕의 소멸, 성냄의 소멸, 어리석음의 소멸, 이를 일러 열반이라고 합니다." 없어지는 것으로 설명되다 보니, 역사 속에서 닙바나를 성취해 보지 못한 많은 이들이 닙바나를 '단멸(斷滅)'〔끊어져 없어짐〕로 편의적으로 이해〔단견(斷見, nihilism)=생겨났다가 죽으면 끝〕하여 불교를 허무주의, 세속을 떠난 것으로 몰고 가기도 했다. 그러나 붓다께서는 많은 설법에서 닙바나를 최상의 행복, 으뜸가는 축복, 고요함〔寂靜적정〕, 최상의 지혜〔般若반야〕, 바른 깨달음〔正覺정각〕이라고도 설하셨다. 안전하고 두려움이 없는

저 언덕이라고 하시며, 모든 수행자와 중생들이 삶 속에서 어서 열반을 성취하기를 독려하셨다. 붓다의 바른 제자였던 빅쿠 빅쿠니들이 열반을 증득한 후 저마다 아름다운 노래〔게송〕을 남기기도 했다. 다양한 표현이 공존하는 까닭은 우선 닙바나〔열반〕의 경지가 쉽게 설명되는 것이 아니기 때문이거니와, 실제 수행과 밀접했고 또 닙바나를 성취하여 성자(聖者, ariya아리야)의 흐름에 들어간 이들이 많았다는 말도 된다. | 멸성제(滅聖諦)의 거룩한 핵심은 고통의 소멸이 누구나 이를 수 있는 보편 법칙이자 원리라는 언명이다. 괴로움이 발생하고 머무는 곳을 바로 알아 그것을 지혜로 꿰뚫어보기만 하면 어느 시대, 어느 장소에서건, 신분이나 성별에 차별 없이 닙바나〔열반〕을 성취할 수 있음을 진리로 제시하여 삶에 시달리는 범부 중생들에게 행복으로 가는 길을 훤출하게〔막힘없이 깨끗하고 시원하게〕 보인 희망의 메시지다. 이보다 거룩하고 성스러울 수 있겠는가. | 경전에는 갈애가 어디에서 발생하는지 꿰뚫어보면 그 소멸을 성취할 수 있다고 붓다가 제자들에게 가르쳐 주는 내용이 나온다. "비구들아, 그러면 이 갈애가 어디서 없어지고 어디서 소멸되는가? 세상에서 즐겁고 기분 좋은 것이 있으면 거기서 이 갈애는 없어지고 거기서 소멸이 된다. 그러면 세상에서 어떤 것이 즐겁고 기분이 좋은 것인가? 눈은 세상에서 즐겁고 기분 좋은 것이다. 귀는 〔…〕 코는 〔…〕 생각(意의, mano마노)은 세상에서 즐겁고 기분이 좋은 것이다. 여기서 갈애가 없어지고 여기서 소멸된다." | 몸과 마음의 감각 기관을 바탕으로 갈애가 생기기도 하지만 또한 우리는 다른 곳이 아닌 바로 자신의 몸과 마음을 지니고, 이를 관찰하여 소멸, 즉 열반을 이루는 것이다. "버림과 버리는 길은 염오로 인도하고, 탐욕의 빛바램으로 인도하고, 소멸로 인도하고, 고요함으로 인도하고, 바른 깨달음으

로 인도하고, 최상의 지혜로 인도하고, 닙바나로 인도한다." 멸성제는 그토록 찾는 행복과 기쁨과 이익은 버리고 놓아야만 드러난다고 강조한다. | "지대(地大)도 없고 수대(水大)도 없고 화대(火大)도 없고 풍대(風大)도 없고, 공무변처(空無邊處)도 없고 식무변처(識無邊處)도 없고 무소유처(無所有處)도 없고 비상비비상처(非想非非想處)도 없다.〔〈3계(界) 33천(天)〉 가운데 맨 위〔무색계(無色界) 4천(天)〕의 하늘(경지)들〕 이 세상도 아니고 저 세상도 아니며 해와 달도 없다. 빅쿠들이여, 그 곳에 온다고도 말할 수 없고 그 곳으로 간다고도 말할 수 없으며 그 곳에 머문다고도, 그 곳에 죽는다고도, 그 곳에 태어난다고도 말할 수 없다. 그것은 의처(依處)〔의지하는 곳〕를 여의고 윤회를 여의고 대상을 여윈다. 그것이 바로 괴로움의 끝이다." | 불자이건 아니건 몹시 궁금해 하는 것이 열반의 현상이다. 열반은 각자가 수행을 통하여 완성하는 지혜다. 언어나 문자로 설명되거나 이해되는 것도 아니다. 설령 그것을 언어로 풀이해 낸다고 해도 그 언어는 접하는 자에게 조금이라도 열반을 맛보여 주지 못한다. 경전 어디를 보아도 닙바나에 대해서는 기본 개념 정도만 설명하지 그 상세한 과정을 말하지 않는다. 요리법을 아무리 거듭 읽는다고 해서 입 안에 그 음식이 생기지 않는 것이다. 닙바나를 각자의 의미 속에 필요한대로 끼워 맞추다 보니 출가자로서 붓다의 가르침에서 핵심을 왜곡하기도 한다. 그런 이들은 입으로는 불교를 들먹이지만 멸성제도 잊고, 그것을 성취할 희망도 포기한 자들이다. "욕망의 소멸"이라는 표현을 단순하게 모든 것을 부정하는 것이라고 이해해서는 안 된다. 열반이라는 것은 언어, 추론, 논리는 물론 일체 사변(思辨)의 영역을 넘어선다. 그것은 설명되거나, 이해되는 것이 아니라 실제 수행으로 증득해야만 하고, 증득해야 깨쳐지는 것이다.

|

〔12.03〕-167 **도성제**(道聖諦, dukkha-nirodhagāmini ariya-sacca둑카-니로다가미니 아리야-쌋짜) **괴로움의 소멸에 이르는 경로의 성스러운 진리** | 도성제(道聖諦)는 괴로움, 괴로움의 원인, 괴로움을 없앨 수 있다는 희망을 거쳐 괴로움의 소멸을 실현하기 위한 방법이다. 그런 점에서 희망의 길이다. 도성제가 없었다면 붓다의 가르침은 철학적으로 발전했을지언정 불교는 성립되기 어려웠을 것이다. 성립이 되었다 해도 그 수명이 매우 짧았을지 모른다. 그러나 세계에 대한 해명을 넘어 구체적 실천 방법이 있었기에, 붓다가 깨달은 그 방법대로 따른 제자들에 의하여 이 방법으로 행복해짐이 증명되었기 때문에 불교가 성립되었고 지금까지 유효한 것이다. 이는 붓다가 미가다야(녹야원)에서 다섯 수행자와 문답하는 데에서도 드러난다. | "벗이여, 그러면 이러한 닙바나를 실현할 길〔道도〕이 있고 방법〔修道수도〕이 있습니까?" "벗이여, 이러한 닙바나를 실현할 길과 방법이 있습니다." "벗이여, 어떤 것입니까?" "벗이여, 그것은 여덟 가지로 구성된 성스러운 도〔八支聖道팔지성도〕입니다." | 도성제는 닙바나를 지금 여기 삶에서 성취하기 위한 구체적이고 실제적인 수행의 지침이다. 이 길은 여덟으로 나뉘므로, 여덟 개의 고귀한 길〔八正聖道팔정성도〕, 여덟 개의 바른 길〔八正道팔정도, Ariya Aṭṭhaṅgika Magga아리야 앗탕기까 막가〕이라고 한다.〔우리는 사성제와 팔정도라고 하는데, 빨리어에서는 팔정도 또한 '성스러운(Ariya) 8개의(aṭṭhaṅgika) 길 닦음(magga)', 즉 팔성도(八聖道)라고 한다.〕 팔정도는 희망과 행복으로 가는 길이다. "비구들아, 이것은 괴로움의 소멸로 인도되는 도 닦음의 성스러운 진리다."

|

〔12.03〕-168 **실제 수행의 지침, 팔정도**(八正道) | 팔정도(Ariya Aṭṭhaṅgika Magga아리야 앗탕기까 막가)는 다음과 같다. 첫 번째는 ①

바른 견해〔正見정견, sammā-diṭṭhi쌈마-딧티〕로 이것은 구체적으로 사(4)성제(四聖諦)를 바르게 아는 것이다. 괴로움 – 괴로움의 원인 – 괴로움을 없앨 수 있다는 희망 – 괴로움을 없애는 구체적인 방법을 모른다면 아무리 수행을 해도 나무 위에 올라가 물고기를 잡는 것과 같다. | 두 번째, ② **바른 사유**〔正思惟정사유, sammā-saṅkappa쌈마-쌍깝빠〕는 바른 생각을 말한다. 우선 잘못된 견해를 제거하는 일인데, 나와 나의 것이 있으며, 몸과 마음이 항상하다는 견해를 제거하는 것이자, 열반을 향하여 청정한 생각을 계발하려는 바른 마음을 말한다. 또한 이기적인 생각을 버리고, 증오, 악의, 혐오 대신 자애, 호의, 자선의 마음을 지니며 존재하는 모든 생명 있는 것에 대하여 자애로운 마음으로 행동하는 것도 바른 생각이라고 한다. | 세 번째는 ③ **바른 말**〔正語정어, sammā-vācā쌈마-와짜〕로 사성제의 진리를 존중하고 법과 이치에 맞는 말을 하는 것이다. 일상 생활에서는 자신의 입으로 한 약속을 어기고, 남의 뒤를 치거나, 쓸데없는 잡담으로 남을 흉보고, 위협하며 비난하는 말이나, 없는 것을 꾸며내어 있는 것처럼 말하여 타인의 행복을 존중하지 않는 말을 삼가고, 진실하고 친절하며 조화롭고 정의로우며 부드러운 말을 하는 것이다. 말을 바르게 하는 삶이 바른 행동과 습관을 낳으므로 행복하고 유익한 삶을 위하여 언어는 중요한 것이다. 말로 한 잘못과 그 결과는 수행을 할 때 후회를 일으켜 방해하는 요소가 되기도 한다. 바른 말은 즐겁고 아름답다. 더러운 말은 쓰레기처럼 유해함을 알고 언제나 바른 말만 하는 것이 수행의 요소라고 한 것이다. | 네 번째는 ④ **바른 행위**〔正業정업, sammā-kammanta쌈마-깜만따〕인데, 여기서 업(業, ⓢkarma/ⓟkamma)은 몸, 입, 마음에서 작동된 행위의 결과를 말한다. 이러한 행위의 결과는 자신과 남을 모두 이롭게 하는 것이다.

설령 자기에게는 손해가 될지라도 남에게는 이로움이 있도록 해야 한다. 구체적으로 바른 행위는 타인에게 비난을 받지 않을 도덕적 생활을 하는 것이다. 곧 불자라면 지켜야 할 다섯 가지 도덕적 실천 항목〔오(5)계, 빤짜실라(Pañcasīla)〕로 요약된다. 그것은 (1) 자신의 생명이 소중하듯 다른 생명들도 존중하여 함부로 해(害)가 가지 않도록 하는 것, (2) 주지 않는 물건을 훔치지 않으며 거짓말과 속임수를 동원하여 갖거나, 정당한 돈을 내지 않고 차나 배를 타거나, 자신의 일로 남을 고용하고 정당한 품삯을 주지 않는 것, (3) 자신의 반려자 외에 다른 남자나 여자와 방종한 성관계를 하거나, (4) 남을 속이는 말, 화나게 하는 말, 쓸모없는 말, 빈말, 약속을 깨뜨리는 말을 하는 것과, (5) 정신을 혼미하게 하는 술이나 마약 등에 취하여 자신의 몸을 해하고 가족과 사회, 타인의 행복을 파괴하는 일 등을 하지 않는 것이다. | 다섯 번째는 ⑤ **바른 생활**〔正命정명, sammā-ājīva쌈마-아지와〕로 현재 살고 있는 자신의 사회 여건에서 어떤 방법으로 생계를 꾸려 나갈 것인가를 도덕적인 관념으로 생각하고 살아가는 것이다. 세상을 살아가려면 진리, 생명, 재산 등에 따라 인간 관계가 형성된다. 관계에 매이는 순간 경우에 따라 도덕적인 원칙을 어기게 되며 그것이 약점이 되어 자신의 삶이 묶이고 괴로움이 발생하기도 한다. 또한 바른 생활을 하려면 바른 생계 수단을 가져야 한다. 아무리 먹고 살기 위한 것이라고 하여도 사람 장사, 무기 장사, 독약 장사, 마약 장사 따위는 하지 말아야 한다. 살인, 폭력, 밀수, 자객, 사기 등을 직업으로 택해서는 안 되며, 취미라는 이름으로 남의 생명을 해치는 사냥, 낚시를 한다면 그것은 바르지 못한 생활이 되는 것이다. | 여섯 번째는 ⑥ **바른 노력**〔正精進정정진, sammā-samādhi-vāyāma쌈마-쌈마디-와야마〕인데, 사성제의 진리를 깨닫기 위하

여 노력하는 것이다. 뿐만 아니라 자신이 하는 정당한 일에 열중하며 연구하고 좋은 결실을 얻고자 하는 마음이다. 일상에서 하게 된 매사의 일에 열의를 품고 기꺼이 임하며 반드시 이루겠다는 결심을 지니는 것도 정정진이다. 수행에서는 사성제를 바르게 이해하여 닙바나〔涅槃열반〕를 증득할 때까지 쉬지 않고 나아가는 용기가 정정진이다. 이미 생겨난 해로운 것을 막고, 아직 생겨나지 않은 해로운 것이 일어나지 않도록 하는 것, 이미 생겨난 선한 것을 멈추지 않으며 아직 생겨나지 않은 선한 것이 생겨나도록 노력하는 것이 바른 노력이다. | 일곱 번째는 ⑦ **바른 마음 챙김**〔正念정념, sammā-sati쌈마-싸띠〕이다. 정념을 흔히 바른 생각으로 풀이하기도 하고 정사유와의 차이를 해명하지 못하는 경우도 많은데, 여기서 념(念)은 생각(意의, mano마노)이 아니라 마음 챙김(sati싸띠)을 말한다. 바른 마음 챙김으로 괴로움을 끝장내고 닙바나를 깨닫기 위하여 자신의 신체와 느낌〔즐겁거나 불쾌하거나 등〕과 망상〔이런저런 생각〕이 일어나고 사라질 때마다 집중하여 있는 그대로 관찰하며 일상 생활에서도 자신이 하는 모든 행동과 생각, 느낌, 접촉되는 대상을 알아차리는 것이다. 정념은 깨달음으로 인도하는 중요한 요소다. | 여덟 번째는 ⑧ **바른 마음 집중**〔正定정정, sammā-samādhi쌈마-쌈마디〕으로 마음을 흐트리지 않고 하나의 대상에 집중하는 것이다. 혼란, 동요, 졸림, 근심, 기쁨 등에 빠지지 않고 대상에만 완전하게 몰입하려면 처음에는 혼자가 아니라 반드시 경험이 많은 스승의 가르침을 따라야 한다. 스승의 가르침을 따르면 정신적 육체적 안녕, 평온과 고요함을 얻게 되고, 대상을 멋대로 해석하는 잘못을 범하지 않아 지혜를 얻을 준비가 빨라진다.

|

〔12.03〕-169 **팔정도와 중도**(中道) | 깨달음으로 인도하는 고귀한 길인 팔(8)정도는 중도(中道)의 다른 말이다. 붓다가 처음 깨달은 법은 감각적인 쾌락이나 극단적인 고행을 피하고 치우치지 않는 길인 중도였다. 붓다가 다섯 비구들에게 가장 먼저 하신 말씀도 바로 중도였다. "출가자가 가까이하지 않아야 할 두 가지 극단이 있다. 무엇이 둘인가? 그것은 저열하고 촌스럽고 범속하고 성스럽지 못하고 이익을 주지 못하는 감각적 욕망들에 대한 쾌락의 탐닉에 몰두하는 것과, 괴롭고 성스럽지 못하고 이익을 주지 못하는 자기 학대에 몰두하는 것이다." 중도는 신의 존재를 두려워해서 악한 행위를 멈추는 것이 아니라 오히려 그 반대다. 중도만이 "안목을 만들고, 지혜를 만들며, 고요함과 최상의 지혜와 바른 깨달음과 열반으로 인도한다."고 말씀하셨다. 중도는 아름답고 신비로운 천상계가 도에 더 가깝지 않음을 간파한다. 중도는 스스로 삶의 목표를 명확히 설정하여 정당한 생활 방식으로 살아가며 자신과 타인을 위하여 선한 행위를 멈추지 않고 새로운 선한 행위를 계발하여 마침내는 깨달음을 이룰 수 있도록 자율적인 훈련을 하는 과정이다. 그 훈련법이 팔정도다. 팔정도를 언뜻 보면 별 특별한 것이 없어 보인다. 도덕 교과서 같은 이런 덕목들로 생사를 초월한다는 것이 와닿지 않아 불보살의 이름은 외면서 팔정도는 제쳐 놓는 불자들도 적지 않다. 특별한 체험이나 경지가 이런 누구나 할 수 있어 보이는 것들로 설마 이루어지랴, 콧웃음을 칠지도 모른다. 하지만 빈부, 직업, 학력 고하에 상관 없이 누구나 행할 수 있다는 것이 팔정도의 고귀한 가치이며, 절집 안 출가수행자의 생활도 결국 팔정도를 더 철저하게 행하는 것이어야 한다. 붓다께서는 팔정도가 곧 "바른 여래가 완전히 깨달은 중도"라고 말씀하신다. | 위대한 스승 붓다에 의하여 개발된 팔정도는

괴로움, 불만족, 고통이라는 병을 집중적으로 치료하는 붓다의 특효약이다. 사(4)성제와 팔(8)정도는 사물에 대한 이해 능력과 생각을 변화시켜 삶의 질을 높이 끌어올린다. 그 높은 곳이 행복의 방향이니, 괴로움으로부터 해방되는 구체적 방법을 보여 주며 붓다 스스로도 이 방법을 통하여 궁극적 행복〔열반〕을 성취했다. | 팔정도는 붓다가 언제나 제자들에게 강조한 수행 방법의 근본인 삼학(三學, ⓟtisikkhā띠씩카/ⓢśiksā-traya식싸-뜨라야)〔계(戒), 정(定), 혜(慧)〕에도 직접 관련이 있다. 붓다가 깨달은 팔정도를 셋으로 묶을 수 있다. ① 하나는 높은 도덕성이라고 하는 계(戒, sīla씰라), ② 둘은 흔들리지 않는 마음 집중인 정(定, samādhi싸마디), ③ 셋은 몸과 마음에 일어나고 사라지는 현상을 꿰뚫어 아는 지혜인 혜(慧, paññā빤냐)다. 이 셋은 마치 솥이 세 발을 의지하여 서 있는 것과 같아, 동시에 닦아 계발하는 것이 원칙이지만 각자 능력에 따라 어느 한 가지를 먼저 집중적으로 닦기도 한다. 붓다는 그 때 계를 존중하고 먼저 닦아야 한다고 했다. 계는 흥분, 욕심, 화냄, 비방, 도둑질, 살생, 음행을 멀리하게 하므로 이로써 자제력을 얻으며 집중력이 늘어나고 늘어난 집중력으로 지혜를 얻게 되기 때문이다. | 도성제에서 도(道)는 직접 닦아야(bhāvetabba바외땁바〔=should be cultivated〕) 하는 특징이 있다. 붓다가 제자들에게 가르쳐 준 것은 자신이 깨달은 것에 비하여 너무나 짧고 적다. 깨달음이라는 것을 말로 낱낱이 표현할 수 없기 때문이었다. 숙달된 대장장이가 어린 제자에게 달군 쇳덩이를 망치로 두들겨 물건을 만들 때 망치질의 강약과 쇠를 달구는 정도를 말로는 다 가르치지 못하는 것과 같다. 어린 제자가 스승이 하는 것을 꾸준히 지켜보고 몸으로 익히다 보면 어느 날 자신도 모르게 그 기술이 터득해져 있음을 알듯, 사(4)성제와 팔(8)정도의 지혜는 스스로 닦아야

팔정도(八正道)와 삼학(三學)
팔(8)정도를 삼(3)학으로 나누어 보면, ③ 바른 말(正語), ④ 바른 행위(正業), ⑤ 바른 생활(正命)은 계(戒, 씰라 sīla)에 속하고, ⑥ 바른 노력(正精進), ⑦ 바른 마음 챙김(正念), ⑧ 바른 마음 집중(正定)은 삼매를 닦는 정(定, 싸마디 samādhi)에 속하며, ① 바른 견해(正見), ② 바른 생각(正思惟)은 통찰지를 계발하는 혜(慧, 빤냐 paññā)에 속한다. 즉 계학(戒學)은 도덕적인 삶을, 정학(定學)은 삼매 수행을, 혜학(慧學)은 통찰지를 공부 짓는 것(學處, 씩카 sikkhā)이다.

만 닦은 만큼 알게 되는 것이다. 붓다는 제자들에게 이렇게 말했다. "빅쿠들아, 내가 최상의 지혜로 안 것 가운데 가르치지 않은 것이 훨씬 더 많다. 내가 가르친 것은 아주 작다. 왜 가르치지 않았겠는가? 〔…〕 이익이 없는 것, 바른 깨달음으로 인도하지 못하고 닙바나로 인도하지 못하는 것들이기에 가르치지 않았다. 그러면, 빅쿠들아, 내가 무엇을 가르쳤느냐? 나는 이것이 괴로움이라고 가르쳤다. 이것이 괴로움의 원인이라고, 괴로움의 소멸이라고, 나는 이것이 괴로움의 소멸로 인도하는 도 닦음이라고 가르쳤다. 어째서이겠는가. 참으로 이익을 주고 〔…〕 닙바나로 인도하기 때문이다."

〔12.04〕 닙바나란 무엇인가?

〔12.04〕-170 **불이 꺼지다** | 붓다의 가르침은 "닙바나(Ⓟnibbāna, 涅槃 열반)의 성취"다. 붓다가 6년을 고행하여 성취한 깨달음도 닙바나다. 불교 신자, 즉 불교를 믿는 사람은 닙바나를 성취하려는 강렬한 의도를 가지고 스스로 실천하는 사람들이다. 닙바나, 니르바나(Ⓢnirvana), 열반(涅槃)을 잘못 이해하면 붓다의 가르침인 불교를 잘못 믿고 있다는 것이 되며 이제 막 불교를 알려고 하는 초보자들 역시 잘못된 길로 떠나면 여행을 하게 된다. 닙바나는 죽음이 아니다. 불교는 죽음을 숭상하지 않는다. 또한 발

생과 소멸의 구조를 모르고 닙바나를 말한다는 것은 어불성설이다. | 닙바나는 번뇌의 불꽃이 꺼진〔消滅소멸, nirodha니로다〕 상태다.〔nirodha는 '없다'라는 니르(nir)와 '바람에 날리다, 바람이 불다'라는 와아(vaa)의 합성으로 '(바람이)불어서 꺼진 것'을 가리키는 술어다.〕 타고 있는 불을 바람이 불어와 꺼버리듯이 타오르는 번뇌의 불꽃을 통찰의 지혜로 꺼서 모든 괴로움과 욕망을 소멸한 상태, 탐욕〔貪탐〕, 성냄〔嗔진〕, 어리석음〔痴치〕의 삼(3)독(三毒)의 불이 완전히 꺼진 것으로 설명한다. 빨리어 닙바나(nibbāna)와 쌍스끄리뜨 니르바나(nirvana)를 당시 중국어 발음으로 소리 나는 대로 한자로 옮긴 것이 '열반(涅槃)'이고, 뜻으로는 '적멸(寂滅), 적정(寂靜), 원적(圓寂)' 등으로 번역했다.

|

〔12.04〕-171 **잘못된 표현** | 그 동안 불자나 일반인에게 열반(涅槃)은 죽음을 상징해 왔다. 죽음을 가리켜 "열반에 들었다. 열반을 했다, 원적(圓寂)했다."라고 워낙 거리낌없이 사용하는 바람에 "열반이 깨달음"이라고 말하기조차 조심스러울 지경이다. 분명하게 말하지만 열반은 죽음이 아니다. 만약 열반이 죽음이라면 보리수 아래에서 깨달은(열반을 한) 붓다가 제자들과 함께 이 세상에 존재한 45년을 어떻게 설명할 수 있을까? 붓다가 6년이나 죽음을 각오하고 죽음의 문턱까지 가는 고행을 한 까닭이 고작 죽음을 위해서였단 말인가? 어떤 불교 노래 가사에는 "〔…〕 영겁(永劫)토록 열반에 들지 맙시고 〔…〕"라고까지 한다. 붓다의 가르침에 따라 붓다의 방식으로 열반을 성취하는 것을 목표로 삼는 불자들에게 금생만도 아닌 영겁토록 열반을 들지 말라고 한다면 영원토록 윤회를 하라는 말과 같다. 완전한 자유를 얻기는커녕 깨달음을 영원토록 이루지 말자고 굳게 다짐하며 노래 부르는

셈이니 붓다의 가르침에 정반대가 되는 말이다. | 열반이라는 말을 이처럼 잘못 사용하게 된 이유는 열반의 두 가지를 이해하지 못했기 때문이다. 깨달음은 어디까지나 정신이라는 마음의 영역이 욕망과 분노 등에 묶이지 않고 자유를 얻는 것이다. 그러나 마음은 물질인 몸에 담겨 있어, 깨달음을 성취했어도 마음을 담고 있는 물질의 기본 구성 요소인 '몸'이 있는 이상 이 몸이 겪어야 하는 생리적인 불만족은 피할 수 없다. 깨달았다고 해도 추위와 더위는 물론 갈증, 배고픔, 아픔, 피로함, 힘듦 등등 어느 한 가지 벗어나지 못한다. 단지 깨닫고 나면 몸에서 오는 괴로움에 묶이지 않아 마음의 자유를 얻을 뿐이다. 열반은 괴로움의 소멸일 뿐이지 생명의 소멸이 아니다. 이른바 몸이라고 하는 육체의 찌꺼기가 남아 있는 이러한 열반을 유여열반(有餘涅槃, sopadhiśeṣa-nibbāna쏘빠디셰싸 닙바나)이라고 한다. 이와 반대로 몸이라고 하는 육체의 찌꺼기마저 소멸되는 죽음의 상태를 맞이하면 고통, 괴로움, 불만족을 느낄 만한 영역이 완전하게 사라져 버리기에 찌꺼기가 없는 것이라고 하여 무여열반(無餘涅槃, nirupadhiśeṣa-nibbāna니루빠디셰싸 닙바나)이나 빠리 닙바나(pari nibbāna)〔pari = all around, completely, full〕, 대반열반(大般涅槃), 반열반(般涅槃)'이라고 한다. | 불교는 죽음을 숭상하지 않는다. 죽음 이후에 다른 세상, 하늘나라에 올라가서 신이 하사하는 즐거움을 누리는 것을 목표로 삼지 않는다. 열반은 "죽어서 무엇을 이루자"는 것이 아니다. 인간의 몸으로 스스로 실천 수행하여 체득하는 것임에도 불구하고, 열반을 잘못 이해하고 표현한 덕택에 불교는 졸지에 죽음을 찬양하는 저급한 종교로 인식되게 되었다. 붓다께서 왕자 시절 문 밖에서 마주친 가난한 삶, 병들고 늙어가는 삶이 죽음으로써 내생에서 해결된다면 그것을 붓다께서 어찌 깨달음이라고 천명

했겠는가. 궁극적인 행복은 죽음으로 이루어지는 것이 아니라 바로 이 무상하고 고통스런 삶의 현장 속에서 법의 특성을 명명백백하게 꿰뚫음으로 얻어지는 것이다.

|

〔12.04〕-172 **닙바나, 그것은 불자의 의무** | 닙바나의 실현은 불자(佛子)의 거룩한 의무다. 닙바나의 실현에 집중하지 못하고 기복(祈福)에 매달리면 그것은 붓다의 참 가르침을 따르는 일이 아니다. 누구나 현실에서나 미래 생에서 안락과 평온을 기원한다. 그것은 이로운 마음 의도인 선업(善業)으로 스스로 지어 가야 이루는 것이지 단순하게 빌어서 되는 것이 아니다. 불자에게 선업을 짓는 대상은 가장 우선적으로 거룩하신 스승 붓다〔佛불, Buddha〕와 붓다의 가르침인 담마〔法법, Dhamma〕그리고 붓다께서 직접 만든 제자들의 모임인 쌍가〔僧승, Saṅgha〕라고 하는 세 가지 보배〔三寶삼보, tiratana띠라따나〕다. 이것 외에도 도움이 필요한 사람들에게 조건 없이 나누고 베푸는 덕은 이루 말로 헤아릴 수 없는데, 그것이 물질로만 할 수 있는 것이 아니라는 것은 누구나 알 것이다. | 깨달음은 불자들이 위대한 스승 붓다의 가르침을 바로 알고 이해하며 스스로 실천하면 누구나 체득하는 것이다. '지금 여기'〔現今현금, diṭṭhe va dhamme딧테 와 담메〕에서 자신의 몸과 마음을 다하여 수행한 결과이므로 "체득(體得)했다"고 한다. 깨달음의 실현을 '지금 여기'라는 현실에서 구체적으로 드러내지 못한다면 그것은 붓다의 가르침이라고 할 수 없다. 법(法, dhamma)이라는 것은 내 안에서 정확하게 구분하고 바르게 노력할 때 실현되는 것이지 바르게 알지 못하고 어찌어찌해서 단박에 이루겠다고 해서는 실현할 수 없다. | 붓다는 호흡이 들어오고 나감이라는 방법으로 명상의 선정에 들어갔다. 말초 감각을 자극하는 즐거

움이나 극단의 고행에 치우치지 않고 중도의 법칙을 찾아 조건에 따라 발생하는 원인과 결과의 법칙인 연기법을 깨달았으며, 존재하는 모든 법은 세 가지 고유한 특성이 있음을 확고하게 알았고, 네 가지 성스럽고 고귀한 법과 여덟 가지 구체적인 실천 방법을 통하여 마침내 스스로 깨달음을 성취했다. 이제 세상에 붓다가 나왔다. 고마우신 분의 출현으로 어둡고 긴 윤회의 사슬을 끊고 거친 사바의 삶에서 안온한 저 언덕으로 안전하게 거슬러 건너갈 희망을 찾은 것이다. 참으로 붓다 만세다. ⓑⓓⓢ

경주(慶州) **석굴암**(石窟庵) **본존불**(本尊佛) 〔통일신라(統一新羅) 774년, 높이 3.26m, 화강암. 국립문화유산연구원 소장 자료. 사진 한석홍.〕 통일 신라의 돌 조각으로 세계 불교 예술의 걸작으로 인정받는 석굴암 본존불이 어떤 부처인가에 대해서 논란이 많다. 어떤 학자들은 오른손이 항마촉지인(降魔觸地印)을 하고 있으므로 석가모니불(釋迦牟尼佛)이라고 주장하고, 신라 시대에 항마촉지인을 한 아미타불(阿彌陀佛)이 많이 조성된 것을 근거로 아미타불이라는 설도 있다. 그러나 아미타불이든 약사불(藥師佛)이든, 모든 불보살은 석가모니, 고따마 싯다르타 붓다의 깨달음이 있었기에 우리가 인식하게 된 이름들이다. 중앙 아시아와 동북 아시아의 넓은 대륙을 천 년의 세월 동안 지나오면서 붓다는 인간이라기보다는 점차 신성화되었고, 국가와 왕실에서 나서서 거대한 불상들을 세웠다. 그 때 붓다는 인간이 아닌 초월적이고 추상적인 형태에 점차 가까워졌다. 그러나 반듯하게 좌선하는 자세로 오른손은 땅을 지그시 누르는 이 불상은 그 명호가 무엇이든, 마지막 마라〔Māra, 마(魔)〕의 유혹까지 굴복시키고 인간으로서 중도(中道)와 사(4)성제(四聖諦)와 〈12연기(緣起)〉의 깨달음을 성취하여 윤회의 고리를 끊어내는 당당하고 장엄한 첫새벽의 순간을 선포하고 있다.

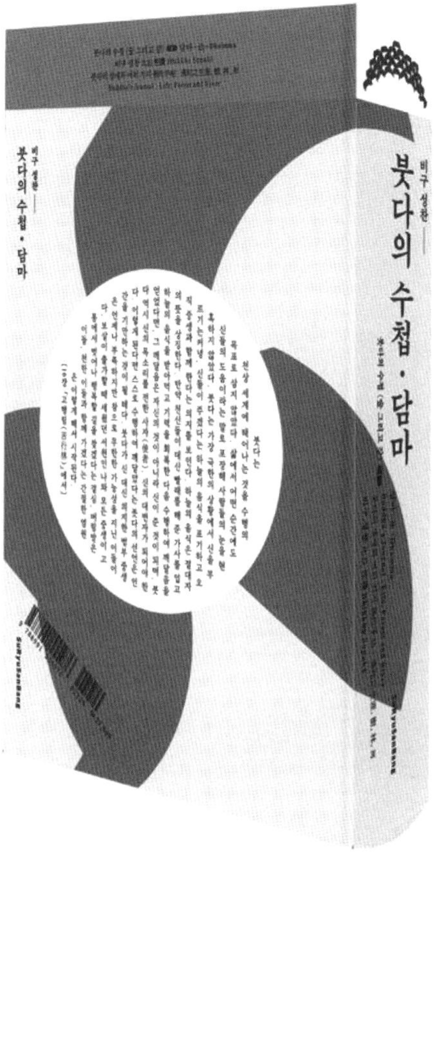
비구 성찬
붓다의 수첩 · 담마
비구 성찬
붓다의 수첩 · 담마

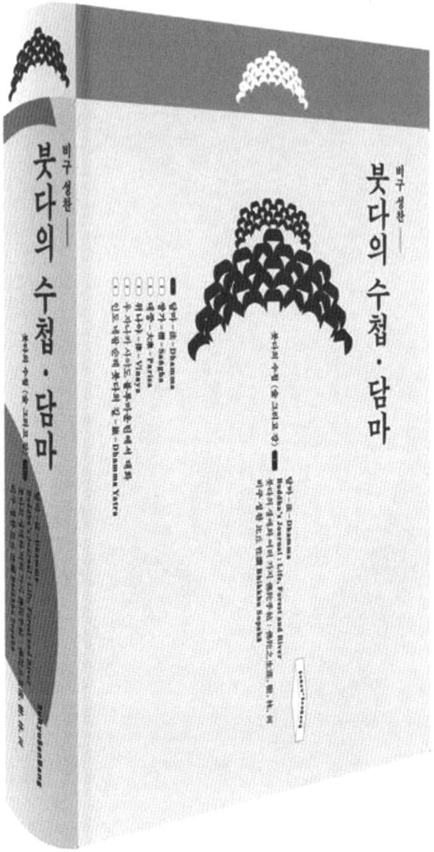

붓다의 수첩 (숲 그리고 강) **1** **담마 - 法 - Dhamma**
비구 성찬 比丘 性讚 Bhikkhu Sopakā
붓다의 생애와 여러 가지 佛陀手帖 : 佛陀之生涯, 樹, 林, 河
Buddha's Journal : Life, Forest and River

참고 문헌

참고 문헌

①사전

- 『**Sanskrit-English Dictionary**』. London : Oxford University Press, 1960.
- 『**Dictionary of Pali Proper Names**』. London : The Pali text Society, 1974.
- 『**The Pali Text Society's Pali-English Dictionary**』. London : The Pali text Society, 1986.

- 『**望月 佛教大辭典**』. 京都: 世界聖典刊行協會, 1974.
- 『**漢譯對照 梵和大辭典**』. 東京: 講談社, 1979.
- 『**佛光大辭典**』. 高雄: 佛光出版社, 1988.
- 『**佛教漢梵大辭典**』. 東京: 靈友會, 1997.

- 『**빠알리어 사전**』. 서울: 한국불교대학출판부, 1994.
- 오원탁. 『**빨리어-영어-한글 색인**』. 서울: 대윤, 2004.

②경전

- 『**The Dīgha Nikāka**』. London : The Pali text Society, 1997.
- 『**The Majjhima Nikāka**』. London : The Pali text Society, 1997.
- 『**The Saṁyutta Nikāka**』. London : The Pali text Society, 1997.
- 『**The Aṅguttara Nikāka**』. London : The Pali text Society, 1997.

- 『**大正新修大藏經**』 1～2. 東京, 大正一切經刊行會, 1917년 편찬 기획, 1924년 제1권 출간, 1934년 완간.

- 『**열반경**』. 운허 譯, 서울: 동국역경원, 1979.
- 『**법구경**』 1～2. 거해 스님 編譯, 서울: 고려원, 1992.
- 『**초전법륜경, 무아경**』. 범라 編譯, 서울: 화은각, 2000.
- 『**불설대반열반경**』. 담무참(曇無讖) 漢譯, 황룡 譯, 서울: 운주사, 2002.
- 『**맛지마 니까야**』 1～4. 전재성 譯, 서울: 한국 빠알리성전협회, 2002.
- 『**부처님 최초의 말씀**』. 붓다빨라 譯, 김해: 근본불교학교 출판부, 2003.
- 『**숫타니파타**』. 전재성 譯, 서울: 한국 빠알리성전협회, 2004.
- 『**디가 니까야**』 1～3. 각묵 스님 譯, 울산: 초기불전연구원, 2006.
- 『**붓다의 마지막 여행**』. 나카무라 하지메 編, 이경덕 譯, 서울: 열대림, 2006.
- 『**앙굿따라 니까야**』 1～6. 각묵 스님 譯, 울산: 초기불전연구원, 2006.
- 『**상윳따 니까야**』 1～6. 각묵 스님 譯, 울산: 초기불전연구원, 2009.

③율장

- 『**Vinaya Piṭakaṃ**』. London : The Pali text Society, 1997.

- 『**한글대장경 : 율부**』. 서울: 동국역경원, 1978.
- 『**마하박가**』 1～3. 최봉수 譯, 서울: 시공사, 1998.
- 이지관. 『**남북전 6부 율장 비교 연구**』. 서울: 대각회 출판부, 1976.
- 사토 미츠오(佐藤密雄). 『**초기 불교 교단과 계율**』. 김호성 譯, 서울: 민족사, 1991.
- 여산 철우. 『**사분 비구계본 강의초**(四分 比丘戒本 講義抄)』. 대구: 영상율원, 2001.
- 여산 철우. 『**사분 비구니계본 강의초**(四分 比丘尼戒本 講義抄)』. 대구: 영상율원, 2001.
- 히라카와 아키라(平川彰). 『**비구계의 연구**』 1～2. 석혜능 譯, 서울: 민족사, 2002.
- 일타. 『**비구 개요**(毘尼概要)』. 서울: 중앙교육원, 1997.
- 모한 위자야라트나(Môhan Wijayaratna). 『**비구니 승가**』. 온영철 譯, 서울: 민족사, 1998.

④논장

- 『빠띠삼비다막가 역주』. 임승택 譯, 서울: 가산불교문화연구원, 2001.
- 『아비담바 길라잡이』 상·하. 대림·각묵 스님 共譯, 서울: 초기불전연구원, 2002.
- 『아비담마 해설서』 1~2. 강종미 編譯, 서울: 보리수 선원, 2004.
- 붓다고사(Buddhaghosa), 『청정도론(淸淨道論)』 1~3. 대림스님 譯, 서울: 초기불전연구원, 2004.

⑤역사

- 장원규, 『인도 불교사』. 서울: 동국역경원, 1973.
- 현장(玄奘法師), 『대당서역기(大唐西域記)』. 권덕주 譯, 서울: 우리출판사, 1983.
- 사사키 쿄코(佐々木敎悟) 외, 『인도 불교사』. 권오민 譯, 서울: 경서원, 1985.
- 나라 야스아키(奈良康明), 『인도 불교 : 문화사적 탐구』. 정호영 譯, 서울: 민족사, 1990.
- 히라카와 아키라(平川彰), 『인도 불교의 역사』. 이호근 譯, 서울: 민족사, 1989.
- 후지타 코타츠(藤田宏達) 외, 『초기·부파 불교의 역사』. 권오민 譯, 서울: 민족사, 1992.
- 람 샤란 샤르마(Ram Sharan Sharma), 『인도 고대사』. 이광수 譯, 서울: 김영사, 1994.
- 스탠리 월퍼트(Wolpert Stanley Albert), 『인디아, 그 역사와 문화』. 이창식 · 신현승 譯, 서울: 가람기획, 1999.
- 김형준, 『이야기 인도사』. 서울: 청아출판사, 2000.
- 남상욱, 『인도, 21세기 새로운 강자로 떠오르고 있다』. 서울: 일빛, 2000.
- 『불교 문화사』. 교양교재편찬위원회 編, 서울: 동국대학교 출판부, 2001.
- 히라카와 아키라(平川彰), 『원시 불교의 연구』. 석혜능 譯, 서울: 민족사, 2003.
- 우마 차크라바르티(Uma Chakravarti), 『고대 인도 사회와 초기 불교』. 박제선 譯, 서울: 민족사, 2004.
- 에티엔 라모트(Étienne Lamotte), 『인도 불교사』. 1~2, 호진 譯, 시공사, 서울: 2006.
- 사사키 시즈카(佐々木閑), 『인도 불교의 변천』. 이자랑 譯, 서울: 동국대학교 출판부, 2007.

⑥붓다 전기

- 나카무라 하지메(中村元), 『불타의 세계』. 김지견 譯, 서울: 김영사, 1984.
- 마스타니 후미오(增谷文雄), 『불타 시대』. 목정배 譯, 서울: 경서원, 1984.
- 마명(馬鳴), 『붓다 차리타』. 김달진 譯, 서울: 고려원, 1988.
- 놀란 플리니 제이콥슨(Nolan Pliny Jacobson), 『해방자 붓다! 반항자 붓다!』. 주민황 譯, 서울: 민족사, 1989.
- 박경훈, 『부처님의 생애』. 서울: 불광출판부, 1990.
- 법륜 講, 『인간 붓다 : 그 위대한 삶과 사상』. 서울: 중앙불교교육원 출판부, 1990.
- 장 부아슬리에(Jean Boisselier), 『붓다 : 꺼지지 않는 등불』. 이종인 譯, 서울: 시공사, 1996.
- 피야닷시(Piyadassi Maha Thera), 『붓다의 옛길』. 한경수 譯, 서울: 시공사, 1996.
- E. H. 브루스터(E. H. Brewster), 『고타마 붓다의 생애』. 박태섭 譯, 서울: 시공사, 1996.
- 마스타니 후미오(增谷文雄), 『붓다 그 생애와 사상』. 반영규 譯, 서울: 대원정사, 1997.
- 아슈바고샤(Ashvaghosha), 『부처님, 이렇게 오셔서 이렇게 사시다 이렇게 가셨네(佛所行讚)』. 정태혁 譯, 서울: 여시아문, 1998.
- 데이비드 깔루빠하나(David J. Kalupahana), 『혁명가 붓다』. 재연 譯, 서울: 숨, 2004.
- B. R. 암베드카르(Bhimrao Ramji Ambedkar), 『인도로 간 붓다』. 이상근 譯, 서울: 청미래, 2005. 〔= B. R. 암베드카르, 『붓다와 그의 가르침』. 김기은 譯, 서울: 민족사, 1994.〕
- 성열, 『고따마 붓다』. 서울: 문화문고, 2008.
- 원나시리(Vaṇṇasīri), 『아난 존자의 일기』 1~4. 범라 譯, 서울: 운주사, 2006.

⑦ 교리

- 월폴라 라훌라(Walpola Rāhula), 『**붓다의 가르침**』, 진철승 譯, 서울: 대원정사, 1988.
- 찰스 프레비시(Charles S. Prebish) 外, 『**불교 그 현대적 조명**』, 박용길 譯, 고려원, 서울, 1989.
- 붓다다사(Ajan Buddhadasa), 『**상좌 불교의 가르침**』, 강진아 譯, 불교시대사, 서울, 1993.
- 『**팔리어 경전이 들려주는 고타마 붓다**』, 최봉수 譯, 서울: 불광출판부, 1996.
- 사야도 우 자나카(Sayadaw U Janaka), 『**위빠싸나 수행**』, 정원 譯, 서울: 경서원, 1998.
- 사다티사(Hammalawa Saddhatissa), 『**근본 불교 윤리**』, 조용길 譯, 서울: 불광출판부, 1999.
- K. 스리 담마난다(K. Sri Dhammananda), 『**붓다의 위대한 가르침**』, 홍종욱 譯, 서울: 경서원, 2000.
- 월폴라 라훌라, 『**붓다의 가르침과 팔정도**』, 전재성 譯, 서울: 한국빠알리성전협회, 2002.
- 붇다빠라, 『**붓다 가르침**』, 김해: 사띠스쿨, 2009.
- 각묵 스님, 『**초기 불교 이해**』, 울산: 초기불전연구원, 2010.

⑧ 불교 관련

- 전순일, 『**인도 불교 사상사**』, 서울: 운주사, 2005.
- 에드워드 콘즈(Edward Conze), 『**인도 불교 사상사**』, 안성두 · 주민황 共譯, 서울: 민족사, 1988.
- 란지푸(藍吉富), 『**데바닷다 : 그는 정말 악인이었는가**』, 원필성 譯, 서울: 운주사, 2004.
- 스가누마 아키라(菅沼晃), 『**부처님과 그 제자들**』, 편집부 譯, 서울: 봉은사출판부, 1991.
- 피야세나 딧사나야케(Piyasena Dissanayake), 『**불교의 정치 철학**』, 정승석 譯, 서울: 대원정사, 1987.
- 깔루빠하나, 『**불교 철학: 역사적 분석**』, 최유진 譯, 서울: 천지, 200.
- 스즈키 이치로(鈴木一郎), 『**불교와 힌두교**』, 권기종 譯, 서울: 동화문화사, 1980.
- 호사카 슌운지(保坂俊司), 『**왜 인도에서 불교는 멸망했는가**』, 김호성 譯, 서울: 한걸음더, 2008.

⑨ 인도 일반

- 『**바가바드 기타**』, 석진오 譯, 서울: 고려원, 1987.
- 코니시 마사토시(小西正捷), 『**카스트의 세계**』, 인도사회연구회 譯, 서울: 여래, 1992.
- 발미키(Valmiki), 『**라마야나**』, 주해신 譯, 서울: 민족사, 1993.
- 비야사(Vyāsa), 『**마하바라타**』, 주해신 譯, 서울: 민족사, 1993.
- 하인리히 치머(Heinrich Zimmer), 『**인도의 신화와 예술**』, 이숙종 譯, 서울: 대원사, 1995.
- 로버트 찰스 제너(Robert Charles Zaehner), 『**힌두이즘**』, 남수영 譯, 서울: 여래, 1996.
- 『**우파니샤드**』 1, 2, 이재숙 譯, 서울: 한길사, 1996.
- 라다크리슈난(Sarvepalli Radhakrishnan), 『**인도 철학사**』 1~4, 이거룡 譯, 서울: 한길사, 1999.
- 『**마누 법전**』, 이재숙·이광수 共譯, 서울: 한길사, 1999.
- 김형준, 『**이야기 인도 신화**』, 서울: 청아, 2001.
- 『**바가바드 기타**』, 정창영 譯, 서울: 시공사, 2001.
- 이광수 外 共著, 『**카스트: 지속과 변화**』, 서울: 소나무, 2002.
- 사라스바티 스와미(Swami Chidananda Saraswati), 『**인도 신화**』, 김석진 譯, 서울: 북하우스, 2002.
- 스티븐 아펜젤러 하일러(Stephen P. Appenzeller Huyler), 『**인도 신과의 만남**』, 김종욱 譯, 서울: 다빈치, 2002.

↓

• 스가누마 아키라, 『**힌두교**』. 문을식 譯, 서울: 여래, 2003.
• 다카키 오사무(高田修), 『**불상의 탄생**』. 이숙희 譯, 서울: 예경, 1994.
• 벤저민 롤런드(Benjamin Rowland), 『**인도 미술사**』. 이주형 譯, 서울: 예경, 1996.
• 비드야 데헤자(Vidya Dehejia), 『**인도 미술**』. 이숙희 譯, 서울: 한길아트, 2001.
• 최완수, 『**한국 불상의 원류를 찾아서**』. 서울: 대원사, 2002.
• 이주형, 『**간다라 미술**』. 서울: 사계절, 2003.
• 미야지 아키라(宮治昭), 『**인도 미술사**』. 김향숙 外 譯, 서울: 다미디어, 2006.

⑩ 빨리어 삼장 (Pāli Ti Pitaka) **/ 주석서 약어**

A : Aṅguttara Nikāya (앙굿따라 니까야, 增支部/增一阿含)
AA : Aṅguttara Nikāya Aṭṭhakathā 〔앙굿따라 니까야 앗타까타(註釋書)〕
AAT : Aṅguttara Nikāya Aṭṭhakathā Ṭīkā 〔앙굿따라 니까야 앗타까타 띠까(複註釋書)〕
AD : Abhidhammaṭṭha (아비담맛타/아비담마)
ADsan :Abhidhammaṭṭha saṅgaha 〔아비담맛타/아비담마 쌍가하(길라잡이)〕
APA : Apadāna Aṭṭhakathā (비유경 주석서)

Be : Burmiese-script of S. (미얀마 6차 결집본)
Bv : Buddha vaṁsa 〔붓다밤(왕)사(佛史)〕
BvA : Buddha vaṁsa Aṭṭhakathā 〔붓다밤(왕)사 주석서〕

CMA : Abhidhammattha-saṅgaha (아비담맛타 상가하)

D : Dīgha Nikāya Aṭṭhakathā (디가 니까야, 長部 / 長阿含)
DA : Dīgha Nikāya Aṭṭhakathā (디가 니까야 주석서)
DAT : Dīgha Nikāya Aṭṭhakathā Ṭīkā (디가 니까야 복주석서)
Dhp : Dhammapada (法句經)
DhpA : Dhammapada Aṭṭhakathā (담마빠다 주석서)
Dhs : Dhammasaṅgaṇī (法集論)
DhsA : Dhammasaṅgaṇi Aṭṭhakathā (담마쌍가니 주석서)
Dv : Dīpavaṁsa 〔디빠밤(왕)사(島史)〕

It : Itivuttaka (如是語)
ItA : Itivuttaka Aṭṭhakathā (이띠붓따카 주석서)

Jā : Jātaka (本生談)
JāA : Jātaka Aṭṭhakathā (자따카 주석서)

Khp : Khuddakapātha (小誦經)
KhpA : Khuddakapātha Aṭṭhakathā (쿳다카바타 주석서)
Kv : Kathāvatthu (까타왓투, 論事)
KvA : kathāvatthu Aṭṭhakathā (까타왓투 주석서)

M : Majjhima Nikāya (맛지마 니까야, 中部 / 中阿含)
MA : Majjhima Nikāya Aṭṭhakathā (맛지마 니까야 주석서)
Miln : Milindapañha (밀린다 왕문경)
Mvu : Mahāvastu (北傳 大史)
Mhv : Mahā vaṁsa (大史)

Nd1 : Mahā Niddesa (大義釋)
Nd1A : Mahā Niddesa Aṭṭhakathā (대의석 주석서)
Nd2 : Cūla Niddesa (小義釋)

↓

Nhv : Nettippakaraṇa (指道論)
Pe : Peṭakopadesa (藏釋論)
Pm : Paramatthamañjusā = Visuddhimagga Mahāṭīkā (淸淨道論 複註書)
Ps : Paṭisambhidāmagga (無碍解道)
Ptn : Paṭṭhāna (發趣論)
PTS : Pāli Text Society
Pug : Puggalapaññatti (人施設論)
PugA : Puggalapaññatti Aṭṭhakathā (뿍갈라빵냐띠 주석서)
Py : Petavatthu (餓鬼事)

S : Saṁyutta Nikāya Aṭṭhakathā Ṭīkā (쌍윳다 니까야, 相應部 / 雜阿含)
SA : Saṁyutta Nikāya Aṭṭhakathā (쌍윳따 니까야 주석서)
SAT : Saṁyutta Nikāya Aṭṭhakathā Ṭīkā (쌍윳따 니까야 복주석서)
SK : Sanskrit (梵語)
Sn : Suttanipāta (經集)
SnA : Suttanipāta Aṭṭhakathā (숫따니빠따 주석서)
SS : 싱할리어(스리랑카) 필사본

Thag : Theragāthā (長老偈)
ThagA : Theragāthā Aṭṭhakathā (테라가타 주석서)
Thig : Therīgāthā(長老尼偈)
ThigA : Therīgāthā Aṭṭhakathā (테리가타 주석서)

Ud : Udāna (우다나, 感興語)
UdA : Udāna Aṭṭhakathā (우다나 주석서)
Uv : Udānavarga (北傳 出曜經)

Vbh : Vibhaṅga (위방가, 分別論)
VbhA : Vibhaṅga Aṭṭhakathā = Sammohavinodanī (위방가 주석서)
Vin : Vinaya Piṭaka (律藏)
vinA : Vinaya Piṭaka Aṭṭhakathā = Samamtapāsādikā (위나야 주석서)
Vis : Visuddhimagga (淸淨道論)
VṬ : Abhidhammaṭṭha Vibhavinī Tīkā (아비담마 주석서)
Vv : Vimānavatthu (天宮事)
VvA : Vimānavatthu Aṭṭhakathā (위마나왓뚜 주석서)

Yam : Yamaka (雙論)
YamA : Yamaka Aṭṭhakathā = Pañcappakaraṇa (야마카 주석서)
Ydhūś : Yogācārabhūmi Śarirārthagāthā (범본 유가사지론)

●

참고 사항들

① 붓다의 하루 시간표 (추정)

오전	일과
01	천신들에게 법문을 하심
02	경행(행선)
03	취침
04	좌선(닙바나를 즐기심)
05	중생들에게 멧따(metta, 자비)를 보냄
06	
07	재가 신도를 만남
08	
09	탁발을 다녀오심
10	
11	목욕을 하시고 공양을 드심, 휴식
12	

오후	일과
13	재가 2부중을 위하여 법문을 하고 찾아 온 사람들을 만남
14	
15	
16	
17	
18	비구들을 위하여 법문하시고 수행을 점검해 주심
19	
20	
21	
22	
23	천신들에게 법문을 하심
24	

② 붓다의 안거 장소 (추정)

차례	붓다 나이	전도 년	안거 장소		위치
01	35	1	Isipatana	이씨빠따나 (녹야원)	바라나씨
02	36 ~ 38	2 ~ 4	Veḷuvana	웰루바(와)나	마가다
03	39	5	Vesāli	웨쌀리 (바이샬리)	밧지
04	40	6	Maṅkula gīrī	망쿨라 산	꼬쌈비
05	41	7	Tāvatiṃsa	따와띵싸 (도리천)	도리천궁
06	42	8	Suṃsumarā gīrī	쑹쑤마라 산 (악어산)	밤싸
07	43	9	Goshita	고시따	밤싸
08	44	10	Parileyyaka	빠릴레야까	밤싸(꼬쌈비) 근처
09	45	11	Ekanālā	엑까날라	라자가하 근처
10	46	12	Verañjā	웨란자	싸왓티 남쪽
11	47	13	Cālika gīri	짤리까 산	위치 불명
12	48	14	Jetavanā	제따와나 (기원정사)	꼬쌀라
13	49	15	Nirrodha	반얀정사	까삘라
14	50	16	Ālavī	알라위	바라나씨 근처
15	51	17	Rājagaha	라자가하 (왕사성)	마가다
16	52 ~ 53	18 ~ 19	Cālika gīrī	짤리까 산	위치 불명
17	54	20	Rājagaha	라자가하 (왕사성)	꼬쌀라
18	55 ~ 79	21 ~ 44	Jetavanā (19안거)	제따(바)와나(기원정사)	꼬쌀라
19	55 ~ 79	21 ~ 44	Pubbarāma (6안거)	뿝바라마 (동원정사)	꼬쌀라
19	80	45	Veḷuvana	웰루바(와)나 (대나무 마을)	밧지 웨쌀리 근처
20	80	45	Kusinārā/Kuśinagara	꾸씨나라/꾸쉬나가라	입멸

③ 태양력, 인도력, 중국력 비교표

태양력	Sanskrit	Pāli	漢文	인도력	중국력
01	Caitra	Citta	制呾羅月	01.16～02.15	03.16～04.15
02	Vaiśākha	vesākha	吠舍佉月	02.15～03.15	04.16～05.15
03	Jyeṭṭha	Jeṭṭha	逝瑟吒月	03.16～04.15	05.16～06.15
04	Āsāḍha	Āsāḷha	頞沙荼月	04.16～05.15	06.16～07.15
05	Śrāvaṇa	Sāvana	室羅伐拏月	05.16～06.15	07.16～08.15
06	Bhādrapada	poṭṭhapāda	婆羅鉢陀月	06.16～07.15	08.16～09.15
07	Aśvayuja	Assayuja	濕縛庾闍月	07.16～08.15	09.16～10.15
08	Kārttika	Kattika	迦剌底迦月	08.16～09.15	10.16～11.15
09	Mārgaśirṣa	Magasira	末伽始羅月	09.16～10.15	11.16～12.15
10	Pauṣa	Phussa	報沙月	10.16～11.16	12.16～01.15
11	Māgha	Māgha	磨祛月	11.16～12.15	01.16～02.15
12	Phālguna	Phagguṇa	頗勒窶拏月	12.16～01.15	02.16～03.15

④ 붓다 8대 성지〔영장(靈場)〕

	내력	장소		국명	설화
1	탄생	Lumbina	룸비니	까삘라	마야 부인의 옆구리로 태어나신 곳
2	성도	Buddha gaya	붓다가야	마가다	6년 고행 후 깨달음을 이룬 곳
3	초전법륜	Migadāya	바라나씨	마가다	성도 후 최초로 5비구에게 법을 설하신 곳
4	현신통	Jetavanā	기원정사	꼬쌀라	망고와 쌍둥이 기적을 보이고 천상으로 승천하신 곳
5	천상 하강	Sāṅkāsya	쌍까시야	꼬쌀라	범천들과 함께 천상에 내려오심
6	승가 완성	Venuvana	죽림정사	마가다	최초의 사원으로 승단의 기초를 다진 곳
7	열반 예고	Mahavana	대림정사	밤싸	아난다 존자에게 열반을 예고하고 비구니를 수계한 곳
8	열반	Kusinārā	꾸씨나라	밤싸	45년 교화를 끝내고 빠리-닙바나에 드신 곳

⑤ 붓다와 인연 깊은 4대 나무와 4대 강

나무			내력
1	Aśka 아슈까	무우수	탄생
2	Jambu 잠부	염부수	사색
3	Pippala 삡빨라	보리수	성도
4	Sāla 쌀라	사라수	반열반

강			내력
1	Anomā 아노마	숭고	출가
2	Nerañjarā 네란자라	니련선	성도
3	Gaṇgā 강가, 갠지스	항하	전부
4	Hiraññavati 히란냐와띠	희련선	반열반

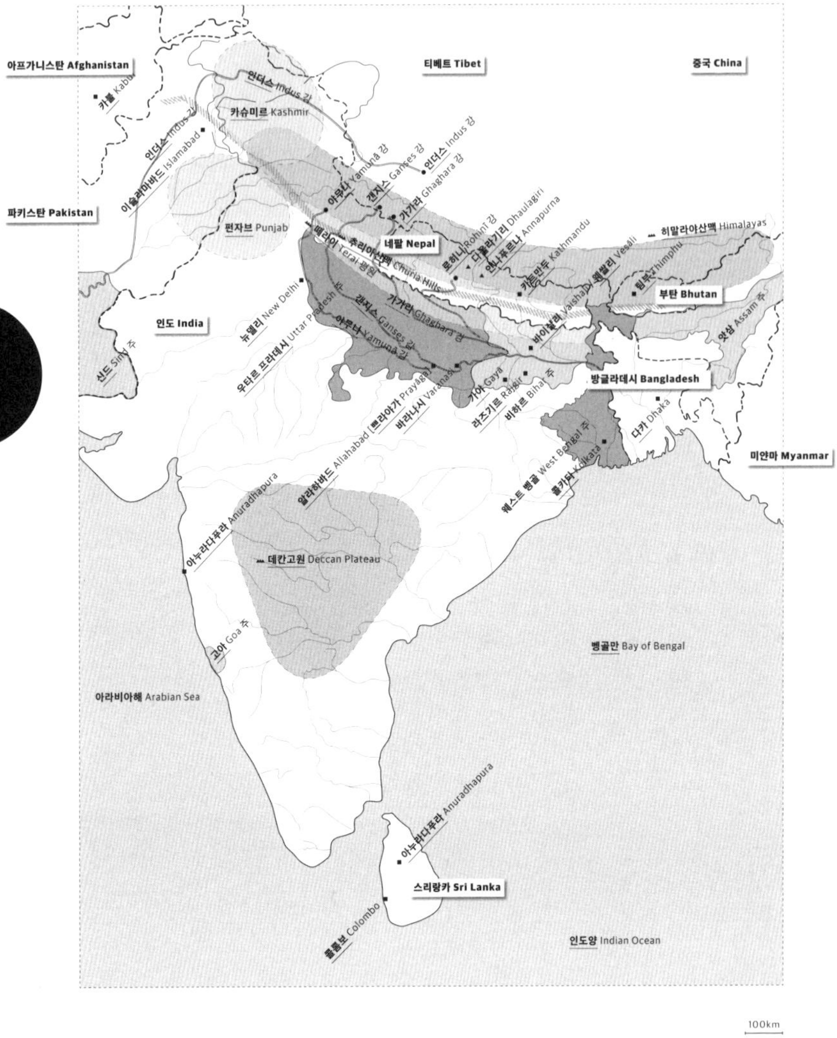

아프가니스탄 Afghanistan
티베트 Tibet
중국 China
카불 Kabul
인더스 Indus 강
카슈미르 Kashmir
인더스 Indus 강
이슬라마바드 Islamabad
야무나 Yamuna 강
갠지스 Ganges 강
인더스 Indus 강
가가라 Ghaghara 강
파키스탄 Pakistan
펀자브 Punjab
테라이 Terai 평원
추리아산맥 Churia Hills
네팔 Nepal
로히니 Rohini 강
다울라기리 Dhaulagiri
안나푸르나 Annapurna
카트만두 Kathmandu
히말라야산맥 Himalayas
바이샬리 Vaishali / 웨살리 Vesāli
팀푸 Thimphu
부탄 Bhutan
뉴델리 New Delhi
인도 India
우타르 프라데시 Uttar Pradesh 주
갠지스 Ganges 강
가가라 Ghaghara 강
야무나 Yamuna 강
신드 Sind 주
앗삼 Assam 주
방글라데시 Bangladesh
쁘라야가 Prayaga
바라나시 Varanasi
가야 Gaya
라즈기르 Rajgir
비하르 Bihar 주
다카 Dhaka
미얀마 Myanmar
알라하바드 Allahabad
웨스트 벵골 West Bengal 주
콜카타 Kolkata
아누라다푸라 Anuradhapura
데칸고원 Deccan Plateau
고아 Goa 주
벵골만 Bay of Bengal
아라비아해 Arabian Sea
아누라다푸라 Anuradhapura
스리랑카 Sri Lanka
콜롬보 Colombo
인도양 Indian Ocean
100km

사전 수첩 : Ⓖ 지명

ㄱ **가야** Gaya : 가야(伽耶). 현재 인도 비하르(Bihar)주 남부 가야 지구(Gaya District)의 도시. 주도 파트나에서 남쪽으로 100km 정도 떨어져 있다. 남쪽으로 11km 지점에 붓다가 깨달음을 얻은 보드가야[Bodh Gayā/붓다가야(Buddha Gayā)]가 있다. 당시에는 마가다국에 속했다.

ㄱ **각황사**(覺皇寺) : 일제 강점기에 건립된 사찰. 지금의 서울 조계사(曹溪寺)

ㄱ **간다라** Gandhāra : 고대 인도 16대국 중 하나. 건타라국(健馱羅國). 파키스탄 북서부 페샤와르(Peshawar) 라왈핀디(Rawalpindi) 일대와 아프가니스탄 북동부에 걸친, 카불(Kabul)강 하류에 있던 나라. 중심 도시는 딱샤쉴라(ⓢTakṣaśila, 탁샤실라) [딱까씰라(ⓟtakkasilā)]. 헬레니즘 미술의 영향을 받은 '간다라 미술'[쿠샨 왕조 시대인 기원 전후부터 4~5세기까지 번성]로 유명하다.

ㄱ **간와리아** Ganwaria : 인도에서 붓다의 탄생지 카필라(Kapila)성이라 주장하는 곳으로, 인도 북부 우타르 프라데시(Uttar Pradesh) 북동부 발람푸르(Balrampur)에서 북쪽으로 30km 떨어진 네팔 접경 지역의 작은 마을. 네팔이 주장하는 틸라우라코트(Tilaurakot)와 동쪽으로 80km쯤 떨어져 있다.

ㄱ **갠지스** Ganses강 : 강가(Gangā). 항하(恒河). 인도 북부 히말라야(Himalaya)에서 발원하여 동쪽 벵골만(Bay of Bengal)으로 흐르는 전체 길이 2,506km에 이르는 강의 영어 이름.

ㄱ **고대 인도 16대국** Ṣoḍaśa Mahajanapadas 쇼다샤(16) 마하자나빠다스 : 마하자나파다. [자나빠다(janapada) = 영토, 공화국] 앙가(Aṅga), 마가다(Magadha), 까씨(Kāsi), 꼬쌀라(Kosala), 밧(왓)지[Vajjī / Vṛji(Vriji)], 말라(Mallā), 쩨디(Ceḍī), 밤(왕)싸[ⓟVaṃsa / ⓢVatsa], 꾸루(Kuru), 간다라(Gandhāra), 맛썌[Matsya/ⓟMaccha], 슈라쎄나(Śūrasena), 아슈마까[Aśmaka/Assaaka 앗싸까], 아반(완)띠(Avantī), 빤짤라(Pāñcāla), 깜보자(Kamboja)

ㄱ **고락푸르** Gorakhpur : 고라크푸르. 인도 우타르 프라데시(Uttar Pradesh)주에 속한 도시로 바스티(Basti)와 쿠시나가르(Kushinagar) 사이의 거점이다.

ㄱ **고아** Goa : 인도 남서부 아라비아해 연안에 위치한 주. 인도에서 면적이 가장 작은 주이며, 주도는 파나지(Panaji)[빤짐(Panjim)], 가장 큰 도시는 바스코 다 가마(Vasco da Gama)다. 악랄한 포르투갈의 항해자 바스쿠 다 가마(Vasco da Gama, 1460년대~1524)의 이름을 땄다.

ㄱ **기리-구하** giri-guhā : 산동(山洞) [giri(언덕) + guhā(동굴) = 산굴] 산의 큰 바위 틈.

ㄱ **기원정사**(祇園精舍) / **기수급고독원**(祈樹給孤獨園) : 제따바나(Jetavana). 꼬쌀라국의 수도 싸왓띠(Sāvatthi, 사위성, 지금의 슈라바스티)에 있었던 승원(僧院)

ㄱ **고행림**(苦行林) : 따뽀바(와)나(tapovana), 쉬따바나(śītavana), 시타벌나(尸陀伐那), 시타림(尸陀林), 시다림(尸茶林), 한림(寒林). 마가다국 보드가야 북쪽의 시체를 버리는 숲

ㄲ **까삘라** Kapila성 : 카필라. 붓다의 고향으로, 네팔 남부 국경 부근에 있었던 고대 도시. (=Kapila-ⓢvastu / Kapila-ⓟvatthu) 가비라(迦毘羅)바소도(婆蘇覩), 가비라(迦毘羅)위(衛), 가유(迦維)

ㄲ ⓢ**까삘라-와스뚜** Kapila-vastu / ⓟ**까삘라-왓뚜** Kapila-vatthu : 카필라바스투. [ⓢvastu / ⓟvatthu = a dwelling, residence] 붓다의 고향. 인도에서는 간와리아(Ganwaria)를, 네팔에서는 카필바스투(Kapilvastu)의 틸라우라코트(Tilaurakot)를 주장한다. 두 곳은 동서로 80km쯤 떨어져 있다.

ㄲ **까씨** Kāsi : 카시. 고대 인도 16대국 중 하나. 가시국(迦尸國). 현재 인도 북부 우타르 프라데시(Uttar Pradesh)주 지역으로, 강가강과 가가라강(Ghaghara / Gogra 고그라) 사이, 꼬쌀라국과 마가다국 사이에 있던 나라. 수도 이름도 까씨로, 지금의 바라나씨(ⓢBārāṇasi) [바라나시(Varanasi)]다.

ㄲ **깜보자** Kamboja : 캄보자. 고대 인도 16대국 중 하나. 검포사국(劍蒲闍國). 아프가니스탄 북동부와 파키스탄 북서부를 흐르는 카불강(Kabul) 유역으로, 아프가니스탄 수도 카불의 동쪽 누레스탄(Nurestan)[옛 이름은 까피리스딴(Kāfiristān)] 지역과 카슈미르(Kashmir) 남서부에 있었다. 간다라의 서쪽에 위치했다.

ㄲ **꼬쌀라** Kosala : 코살라. 고대 인도 16대국 중 하나. 교살라국(驕薩羅國). 인도 북부 우타르 프라데시(Uttar Pradesh)주 가가라(Ghaghara / Gogra 고그라) 강변의 아요디아(Ayodhya / Oudh 우드) 지역. 기원전 5세기경 마가다국에 병합됐다. 수도는 슈라와(바)쓰띠(ⓢŚrāvastī)[싸왓(밧)티(ⓟSāvatthi)]. 종족명은 꼬쌀라아(Kosalāa).

ㄲ **꼬삼비** ⓟKosāmbī / 까우샴비 ⓢKauśāmbī : 카우샴비. 밤(왕)싸(ⓟVaṃsa/ⓢ Vatsa 밧(왓)싸)국의 수도. 쁘라야가(알라하바드)의 상류 쪽 야무나(Yamunā)강을 끼고 있다.

ㄲ **꼴나가르** Kolnagar : 콜나가르. 대추나무 숲 마을〔nagar = town〕. 네팔 룸비니의 람그람(Ramgram)

ㄲ **꾸루** Kuru : 쿠루. 고대 인도 16대국 중 하나. 구류국(拘留國). 야무나강(Yamunā) 상류, 현재 델리(Delhi) 북부의 타네사르(Thanesar)와 메루트(Meerut) 지역. 중심 도시는 인드라쁘라스따(Indraprasta)〔현재의 델리〕와 하스띠나뿌라(Hastināpura). 중기 베다 시대(기원전 1200 ~ 기원전 800)에 등장한 인도아리안 부족 연맹체로, 델리, 하리아나(Haryana), 펀자브, 우타르 프라데시(Uttar Pradesh) 주 서부 지역을 지배했다. 인도 아대륙에서 최초로 기록화된 국가 수준의 사회로 발전했다.

ㄲ **꾸쉬나가라** ⓢKuśinagara / **꾸씨나라** ⓟKusinārā : 쿠시나가라. 말라국(Malla)의 중심 도시였으며, 붓다가 80세로 열반에 들었던 곳이다. 네팔과 인접해 있는 인도 북부 우타르 프라데시(Uttar Pradesh) 주의 동북쪽에 위치한 마을. 현재 카시아(Kasia) 인근 쿠시나가르(Kushinagar)

ㄴ **네란자라** Nerañjarā강 : 네란자라-나디(Nerañjarā-nadī), 니련선하(尼連禪河), 희련하(熙連河). 〔nadī = river〕 우루벨라〔Uruvelā, 지금의 보드가야(Bodh Gayā)〕의 쎄나니 마을 동쪽을 흐르는 강. 붓다 깨달음의 강, 성도(成道)의 강. 현재 지명은 릴라잔(Lilajan)강.

ㄴ **녹야원**(鹿野園) : 〔사슴 동산 = 미가다야(ⓟMigadāya)〕. 붓다의 첫 설법지. 인도 북부 우타르 프라데시(Uttar Pradesh)주 바라나시(Varanasi)에서 북동쪽으로 약 13km 떨어져 있다. 현재 지명은 사르나트(Sarnath).

ㄷ **다울라기리** Dhaulagiri : 히말라야 산맥에 속한 산군으로 세계에서 7번째로 높은 산〔8,167m〕이다. 네팔 북중앙 포카라(Pokhara)에서 북서쪽으로 약 50km, 안나푸르나 서쪽으로 약 34km 떨어져 있다. Dhaulagiri는 쌍쓰끄리뜨로 '하얀 산'이라는 뜻이다.

ㄷ **단다까** Dandhāka/Dandaka산 : 단특산(檀特山), 단나가(檀拏迦), 와브까-빱바따(ⓟVavka-pabbata). 고대 간다라(Gandhara)(파키스탄 북서부 페샤와르) 쪽 히말라야에 있는 산. 붓다 전생의 한때, 쑤다나(Sudāna)〔수달나(須達那)〕 왕자 이야기에 등장한다. 지금의 팔로데리(Palodheri).

ㄷ **데바다하** Devadaha : 천비성(天臂城). 꼴리야(Koliya)〔구리(拘利)〕족의 도성. 네팔 서남부 룸비니 주(Lumbini Province) 루빤데히〔루판데히(Rupandehi)〕 지구의 북동부에 있으며, 남서부에 위치한 룸비니 산스크리틱(Lumbini Sanskritik)과는 30km쯤 떨어져 있다. 〔devadaha = pond of the gods〕

ㄷ **데칸고원** Deccan Plateau : 데칸은 인도 중부의 나르마다(Narmada)강 남쪽 대륙 거의 전체로, 중앙에 삼각형의 고원이 있는데, 평균 고도가 약 600m다. 이름은 닥씨나(ⓢdaksina = 남쪽)에서 유래했다.

ㄷ **델리** Delhi : 인도 북부의 내륙에 위치한 현재 인도의 수도 일대. 과거 델리(올드 델리)는 작은 도시였는데, 영국이 식민지 수도로 사용하기 위해 그 옆에 신도시(뉴델리)를 건설해 지금에 이른다.

ㄸ **떼라이** Terai / **타라이** Tarai : 〔= 축축한 땅〕 히말라야 산맥 남쪽에 평행하게 뻗어 있는 외곽 산기슭으로, 네팔 남부와 인도 북중부~북동부에 걸친 저지대 평원이다. 습지(늪지대)가 많은, 길고 가느다란 이 지역은 야무나(Yamuna)강 상류에서 동쪽으로 브라마푸트라(Brahmaputra)강까지 뻗어 있으며, 중간에 가가라(Ghaghara)강이 가로지르며 습지를 형성한다.

ㄹ **라자가하** ⓟRājagaha / **라자그리하** ⓢRājagṛha : 라즈기르(Rajgir), **왕사성**(王舍城) 〔Rājagṛha = 왕의 처소〕 고대 마가다(Magadha)국의 수도. 인도 북부 동쪽 끝 비하르(Bihar)주의 남부에 있다.

ㄹ **로히니** Rohiṇī강 : 까삘라-와스뚜(Kapila-vastu) 부근을 흐르며 사꺄(Sakyā)국과 꼴리야(Koliya) 국을 나누는 작은 강

ㄹ **룸비니** Lumbini : 남비니(嵐毘尼). 붓다의 탄생지. 현재 네팔 서남부 룸비니(Lumbini Province)주 루판데히(Rupandehi) 지구 남서부. 카필바스투(Kapilvastu) 지구의 까삘라-와스뚜(Kapila-vastu)〔사꺄족의 도성이었던 곳〕와는 서쪽으로 20km쯤 떨어져 있고, 마야 데비〔마야(摩耶) 부인〕의 친정 데바다하(Devadaha)와는 동북쪽으로 30km쯤 떨어져 있다. 현재 명칭은 룸비니 산스크리틱(Lumbini Sanskritik). 단멸(斷滅), 해탈처(解脫處), 낙승(樂勝), 염(鹽) 등으로 의역한다.

ㄹ **릿차비** Licchavī : 리차비. 밧(왓)지〔Vajjī / Vṛji(Vriji)브(위)리지〕 연맹의 부족 중 하나

ㅁ **마가다** Magadha : 마갈타(摩竭陀). 고대 인도 16대국 중 하나. 기원전 6~1세기 고대 인도의 정치와 문화의 중심 국가. 최초로 인도를 통일한 왕조인 마우리아 왕조의 전신으로 16대국 중 제일 막강했던 나라다. 강가 중류 이남 일대로 비하르(Bihar)주 남부에 해당한다. 수도는 라자가하(ⓟRājagaha, 라즈기르). 주요 도시는 빠딸리뿌뜨라(Pāṭaliputra)〔현재의 파트나(Patna)〕이다. 붓다 당시 꼬쌀라국과 인도 북부의 패권을 다투었다.

ㅁ **마야 데비 연못** Maya Devi Pond : **뿌스까르니**(Puskarni)/뿌쉬까리니ⓢPuṣkariṇī(Pushkarini)〔= lotus-pool. 남아시아의 힌두교나 불교 사원에 조성하는 연못이나 샘물, 약수터〕 마야 데비가 출산 후

목욕을 했다고 전하는 연못. 현재 마야 데비 사원 옆 무우수 앞에 조성되어 있다.

ㅁ **맛쌰** Matsya / **맛차** ⓟMacchā : 마츠야. ① 고대 인도 16대국 중 하나. 마차국(摩蹉國). 인도 북서부에 파키스탄과 접경한 라자스탄(Rajasthan)주의 주도 자이푸르(Jaipur) 부근. 중심 도시는 비라따(Virāṭa)〔지금의 바이라트(Bairaṭ)〕. ② 물고기. 물고기 화신〔= 비슈누(Vishnu)의 첫 번째 아바타〕

ㅁ **말라** Malla, Mallā : 고대 인도 16대국 중 하나. 말라국(末羅國). 인도 북부 우타르 프라데시(Uttar Pradesh)주의 동부 지역에 위치했던 나라로, 꼬쌀라국과 밧(왓)지 연맹 사이에 있었다. 중심 도시는 쿠시나가르 (Kushinagar)〔ⓢKuśinagara(꾸쉬나가라)/ⓟKusinārā(꾸씨나라)〕.

ㅁ **모하나** Mohana강 : 우루벨라〔Uruvelā, 지금의 보드가야(Bodh Gayā)〕의 쎄나니 마을 서쪽을 흐르는 강

ㅁ **모헨조-다로** Mohenjo-Daro : 인더스강 하류 동편 기슭에 약 4,500년 전에 건설된 계획 도시로 고대 이집트 문명, 메소포타미아 문명, 크레타 문명과 비슷한 시기에 번성했다. 파키스탄 신드(Sind)주 라르카나(Larkana)에서 발굴됐다.

ㅁ **미가다야** ⓟMigadāya : 녹야원(鹿野園), 사슴 동산〔miga = 사슴〕〔dāya = (숲) grove, park / offering〕 붓다의 첫 설법지. 인도 북부 우타르 프라데시(Uttar Pradesh)주 동남부의 바라나시(Varanasi)에서 북동쪽으로 약 13km 떨어져 있다. 〔이씨빠따나(Isīpatana) = 지금의 사르나트(Sarnath)〕

ㅂ **바라나씨** ⓢBārāṇasi : 바라나시(Varanasi). 까씨(Kāsi)국의 중심 도시. 당시 도시 이름도 까씨. 인도 우타르 프라데시(Uttar Pradesh)주의 동남부에 강가를 끼고 있다.

ㅂ **바스티** Basti : 인도 우타르 프라데시(Uttar Pradesh)주에 속한 도시로 아요디아(Ayodhya)와 고라크푸르(Gorakhpur)의 사이에 있다.

ㅂ **바이샬리** ⓢVaiśālī(Vaishali) / **웨쌀리** ⓟVesāli : 베살리. 비사리(毗舍離). 인도 북부 동쪽 끝 비하르(Bihar)주의 중심에 있는 고대 도시로 주도인 파트나(Patna) 동편에 있다.

ㅂ **밤**(왕)**싸** ⓟVaṃsa / **밧**(왓)**싸** ⓢVatsa : 밧사. 밤사. 고대 인도 16대국 중 하나. 벌차국(筏蹉國). 갠지스 강 남쪽, 야무나(Yamunā)강의 합류 지대〔현재의 알라하바드(Allahābād)〕 부근으로, 북쪽으로 꼬쌀라국, 남쪽으로 쩨디국과 접했다. 수도는 꼬쌈비(ⓟKosāmbī)〔까우샴비 (ⓢKauśāmbī)〕. 〔ⓟvaṃsa 왕싸 / ⓢvaṃśa 왕샤 = 피리〔적(笛)〕, 대나무〕

ㅂ **밧**(왓)**지** Vajjī / Vṛji(Vriji) **브**(위)**리지** : 밧지. 고대 인도 16대국 중 하나. 발기국(跋耆國). 현재 인도 북부 동쪽 끝 비하르(Bihar)주 지역에 있었던 연맹 국가로, 중심 부족은 릿차비(Licchavī) 족과 비(위)데하(Videhā) 족이었고, 남쪽으로 마가다국과 접해 있었다. 중심 도시는 남부 릿차비족의 바이샬리(ⓢVaiśālī)〔웨쌀리(ⓟVesāli)〕와, 북부 비(위)데하족의 미틸라(Mithilā)〔현재 네팔의 자낙푸르(Janakpur)〕였다.

ㅂ **벵골만** Bay of Bengal : 인도 동해안과 인도차이나 반도 서해안에 둘러싸인 만

ㅂ **보드가야** Bodh Gayā / **붓다가야** Buddha Gayā : 부다가야. 붓다가 깨달음을 얻은 곳으로, 인도 북부 동쪽 끝 비하르(Bihar)주 가야 지구(Gayā District)에서 남쪽으로 11km, 주도 파트나(Patna)와는 남쪽으로 100km 거리에 있다. 당시 지명은 우루벨라(Uruvelā)

ㅂ **북로**(北路) : 웃따라빠타(ⓢUttarāpatha)〔uttarā(북쪽으로) + patha(경로)〕 슈라와쓰티/싸왓티〔꼬쌀라국의 사위성〕 → 까삘라성 → 꾸씨나라〔ⓟKusinārā/ⓢKuśinagara꾸쉬나가라〕 → 웨샬리〔ⓟVesālī/ⓢVaiśālī바이샬리〕 → 라자가하〔Rājagaha, 왕사성(王舍城)〕〔마가다국의 수도〕

ㅂ **비하르** Bihar : 인도 북부 동쪽 끝에 있는 주로, 서쪽으로 우타르 프라데시(Uttar Pradesh)주, 북쪽으로 네팔, 동쪽으로 서 벵골(West Bengal)주와 면해 있다.

ㅃ **빤짤라** Pañcāla : 판찰라(Panchala). 고대 인도 16대국 중 하나. 반차라국(盤遮羅國). 인도 북부 우타르 프라데시(Uttar Pradesh)주의 서북부 지역으로, 강가(갠지스)강의 상류이며 델리(Delhi)의 동부 일대다. 주요 도시는 북부의 아힛차뜨라(Ahicchatra)〔람나가르(Rāmnagar)〕와 남부의 깜삘랴(Kāmpilya)〔캄필(Kampil)〕.

ㅃ **쁘라야가** Prayāga : 프라야그라지(Prayagraj). 인도 북부 우타르 프라데시(Uttar Pradesh)주 남부, 야무나강과 강가강의 합류 지점에 있는 도시로 현재의 알라하바드(Allahabad)다. 〔Prayāga = 공희의 장소(place of sacrifice)〕

ㅃ **쁘락보디 기리** ⓢPrag-Bodhi giri : 전정각산(前正覺山). 붓다가 깨달음을 이루기 전에 머문 산으로 보드가야에 있다. 〔prag = before, prior to, former〕

ㅅ **쉬따바**(와)**나** śītavana : 시타림(尸陀林), 시다림(尸茶林), 한림(寒林)〔śīta = 서늘함(寒), vana = 숲(林), forest / to blow〕〔= 고행림(苦行林), Tapovana따뽀바(와)나〕

ㅅ **슈라쎄나** Śūrasena : 수라세나. 고대 인도 16대국 중 하나. 수락서나국(戍洛西那國). 인도 북부

우타르 프라데시(Uttar Pradesh)주의 서부 지역으로, 야무나(Yamunā)강 중류 일대. 중심 도시는 마투라(Mathurā)〔뭇뜨라(Muttra)〕.

ㅅ **슈라와(바)쓰띠** ⓢŚrāvastī / **싸왓티** ⓟSāvatthi : 슈라바스티. 사위성(舍衛城). 꼬쌀라(Kosala)국의 두번째 수도로, 인도 북부 우타르 프라데시(Uttar Pradesh)주의 북동부에 위치. 다른 도성인 싸께따(ⓢSāketa)는 남쪽으로 90km 떨어져 있다.

ㅅ **시타림**(尸陀林) / **시다림**(尸茶林) / **한림**(寒林) : 쉬따바(와)나(śītavana) 〔śīta = 서늘함(寒), vana = 숲(林), forest / to blow〕〔= 고행림(苦行林), Tapovana따뽀바(와)나〕

ㅅ **신드** Sind : 인도 북서부와 맞닿아 있는 파키스탄의 주 〔sind는 쌍쓰끄리뜨로 '강'을 뜻하는 '신두(sindhu)'에서 유래〕

ㅆ **싸께따** ⓢSāketa : 사케타. 꼬쌀라국의 도성으로 '신이 머무는 곳'이라는 뜻. 현재 인도 북부 우타르 프라데시(Uttar Pradesh)주의 동부에 위치한 아요디야(Ayodhya) 지역으로, 가가라(Ghaghara) 강변을 끼고 있다. 꼬쌀라국의 다른 도성인 싸왓티(ⓟSāvatthi)는 북쪽으로 90km 떨어져 있다. 인도 고대 서사시『라마야나(Ramayana)』의 주인공, 라마(Rama)의 출생지다.

ㅆ **싸르나트** Sarnath : 사르나트. 붓다의 첫 설법지. 인도 북부 우타르 프라데시(Uttar Pradesh)주 동남부의 바라나시(Varanasi)에서 북동쪽으로 약 13km 떨어져 있고, 동남쪽으로 200km 정도 거리에 보드가야(Bodh Gayā)가 있다. 붓다는 보드가야에서 깨달음을 얻은 후, 강가(갠지스강) 강변에서 13km 지점에 있는 숲 사르나트에서 다섯 제자에게 사성제(四聖諦)와 팔정도(八正道) 등을 설법한다. 그 이름이 '사슴의 왕(주인)'이라는 뜻의 '싸랑가나타(ⓢSāranganātha)/싸랑나트(ⓟSārangnāth)'에서 유래했기에, 녹야원(鹿野園, 사슴 동산)으로도 불린다. 미가다야(Migadāya). 녹야원.

ㅆ **싸왓티** ⓟSāvatthi / **슈라와쓰띠** ⓢŚrāvastī : 사와티. 사위성(舍衛城). 꼬쌀라(Kosala)국의 두번째 수도로, 인도 북부 우타르 프라데시(Uttar Pradesh)주의 북동부에 위치. 꼬쌀라국의 다른 도성인 싸께따(ⓢSāketa)는 남쪽으로 90km 떨어져 있다.

ㅆ **쌋따빤니** ⓟSattapaṇṇi / **쌉따빠르니** ⓢSaptaparni **구하** guhā : 삽타파르니 동굴. 칠엽굴(七葉窟). 라자가하(Rājagaha)〔왕사성(王舍城)〕에 있는 동굴로 500명 대아라한(大阿羅漢)들의 1차 대결집 회의〔Patama-mahāsaṅgiti빠따마-마하상기띠〕가 열린 곳. 〔guhā = cave〕

ㅆ **쎄나니 가마** ⓟSenani gāma / **쎄나니그라마** ⓢSenanigrama : 세나니 마을. 장군촌(將軍村). 서쪽의 모하나강(Mohana)과 동쪽 네란자라강(Nerañjarā)이 만나 팔구강(Falgu)이 되는 두물머리에 위치한 우루벨라(Uruvelā)의 고대 마을

ㅆ **쑹쑤마라 기리** Suṃsumāra-giri : 숭수마라 언덕. 박가(ⓟBhagga/ⓢBharga바르가)국의 수도. 〔기리(giri) = 언덕, 산〕

ㅇ **아노마강** Anomā-nadī : 사꺄(Sakyā)족〔석가족(釋迦族)〕의 영역인 까삘라-와스뚜(Kapila-vastu)의 남쪽 경계로 꼬쌀라(Kosala)국과 국경을 이루는 강 〔anomā = supreme, exalted, 우월한〕〔nadī = river〕 현재 위치는 인도 고락푸르(Gorakhpur)의 아우미강(Aumi)이라는 설과, 인접한 바스티(Basti)의 쿠다와 나디(Kudawa Nadī)라는 설이 있다. 붓다 출가(出家)의 강.

ㅇ **아라비아 해** Arabian Sea : 동쪽으로 인도, 북쪽으로 파키스탄 · 이란, 서쪽으로 아라비아 반도와 아프리카의 뿔(동아프리카의 반도)과 접해 있는 바다

ㅇ **아반(완)띠** Avantī : 아반티. 고대 인도 16대국 중 하나. 아반제국(阿槃提國). 현재 인도 중앙의 마다야 프라데시(Madhya Pradesh)주 우자인(Ujjain) 일대로, 주요 도시는 웃자이니(Ujjaynī, Ujjain)와 마히슈마띠(Māhiṣmatī)였다.

ㅇ **아슈마까** Aśmaka / Assaaka앗싸까 : 아슈마카. 고대 인도 16대국 중 하나. 알습박가국(頞濕縛迦國). 인도 중부를 흐르는 고다바리(Godāvarī)강〔강가강 다음으로 인도에서 두 번째로 긴 강으로 중부에서 동쪽으로 흐른다.〕 남부의, 텔랑가나(Telangana)주 하이데라바드 (Hyderabad) 지역으로, 수도는 뽀다(따)나(Podana, Potana)〔현재의 보단 (Bodhan)〕였다.

ㅇ **아우미** Aumi 강 : 인도 고락푸르(Gorakhpur)를 지나는 강. 〔= 아아미강(Aami)〕

ㅇ **안나푸르나** Annapurna : 네팔 중북부에 위치한 대산군으로 히말라야 14좌 중에서 가장 높은 등정 사망률을 보유하고 있다. 안나푸르나 1봉은 세계에서 10번째로 높은 산〔8,091m〕이다. 〔Annapurna는 쌍쓰끄리뜨로 '가득한 음식'이라는 뜻〕

ㅇ **앗쌈** Assam : 아삼. 인도 동북부의 주. 주도는 디스푸르(Dispur). '아삼 홍차(Assam Tea)'로 유명하다

ㅇ **알라하바드** Allahābād : 인도 북부 우타르 프라데시(Uttar Pradesh)주 남부에 있는 도시 〔= 쁘라야가(Prayāga), 프라야그라지(Prayagraj)〕

ㅇ **앙가** Aṅga : 고대 인도 16대국 중 하나. 앙가국(泱伽國). 현재 인도 북부 동쪽 끝, 비하르(Bihar)주

남동부와 벵골(Bengal)주 지역으로, 마가다국의 동편에 위치했다. 수도는 짬빠(Champā)〔현재의 비하르 주 동부의 바갈푸르(Bhagalpur)〕.

ㅇ **야무나** Yamunā강 : 강가(갠지스강)의 최대 지류. 야무나강과 갠지스강은 인도 북부 히말라야 산맥에서 각각 발원하여 나란히 남동쪽으로 흐르다가 알라하바드(프라야가)에서 합쳐져 동쪽으로 흘러 나간다.

ㅇ **와**(바)**라나씨** Bārāṇasi : 바라나시(Varanasi). 까씨(Kāsi). 까씨국의 도성. 인도 북부 우타르 프라데시(Uttar Pradesh)주의 동남부에 있다.

ㅇ **왓**(밧)**지** Vajjī / Vṛji (Vriji) 브(위)리지 : 밧지. 고대 인도 16대국 중 하나. 발기국(跋耆國). 현재 인도 북동쪽 끝 비하르(Bihar)주에 있었던 연맹 국가로, 주요 부족은 릿차비(Licchavī) 족과 비(위)데하(Videhā) 족이었고, 남쪽으로 마가다국과 접해 있었다. 중심 도시는 남부 릿차비족의 바이샬리(Ⓢ Vaiśālī)〔웨쌀리(Ⓟ Vesāli)〕와, 북부 비(위)데하족의 미틸라(Mithilā)〔현재 네팔의 자낙푸르(Janakpur)〕였다.

ㅇ **왕사성**(王舍城) : 라즈기르(Rajgir). 라자가하(Ⓟ Rājagaha) / 라자그리하(Ⓢ Rājagṛha). 마가다(Magadha)국의 수도. 인도 북동쪽 끝 비하르(Bihar) 주의 남부에 있다.

ㅇ **왕**(밤)**싸** Ⓟ Vaṃsa / **왓**(밧)**싸** Ⓢ Vatsa : 밧사. 밤사. 고대 인도 16대국 중 하나. 벌차국(筏蹉國). 강가강 남쪽, 야무나(Yamunā) 강의 합류 지대〔현재의 알라하바드(Allahābād)〕부근으로, 북쪽으로 꼬쌀라국, 남쪽으로 쩨디국과 접했다. 수도는 꼬삼비(Ⓟ Kosāmbī)〔까우샴비(Ⓢ Kauśāmbī)〕〔Ⓟ vaṃsa 왕싸 / Ⓢ vaṃśa 왕샤 = 피리〔적(笛)〕, 대나무〕

ㅇ **우루벨라** Uruvelā : 우류비나(優留毘羅). 지금의 보드가야(Bodh Gayā)/붓다가야(Buddha Gayā 부다가야)/보리가야(菩提伽耶)

ㅇ **우타르 프라데시** Uttar Pradesh 웃따르 쁘라데시 : 인도 북부의 주. 북동쪽으로 네팔과, 동남편으로 비하르(Bihar)주와 면해 있다.

ㅇ **웨쌀리** Ⓟ Vesāli / **바이샬리** Ⓢ Vaiśālī (Vaishali) : 바이샬리. 비사리(毗舍離). 인도 북부 동쪽 비하르(Bihar)주의 중심부에 있는 고대 도시로 주도인 파트나(Patna) 북동편이 된다.

ㅇ **유영굴**(留影窟) : 윌라차야 구하(vilachāyā-guhā)〔vila = hole, cave + chāyā = shade, shadow〕 보살(붓다)이 그림자를 남겼다고 전하는 굴

ㅇ **이씨빠따나** Isīpatana : 선인주처(仙人住處). 〔rishi = 선인 + paṭṭaṇa = 도시〕 지금의 사르나트(Sarnath)

ㅇ **인더스** Indus강 : 티베트 고원(Tibet Plateau)에서 발원하여 인도 북서부의 인도령 카슈미르(Kashmir)를 거쳐 파키스탄의 중앙을 흘러가는 총 2,900km의 강. 강을 따라 하랍빠(하라파)(Harappa), 모헨조-다로(Mohenjo-daro) 등의 고대 인더스 문명 도시가 세워졌다.

ㅇ **인도양** Indian Ocean : 아프리카 동안, 아시아 남부, 오스트레일리아 서안으로 경계를 이루는 대양. 대서양, 태평양과 함께 세계 3대 대양에 속한다.

ㅈ **전정각산**(前正覺山) : 쁘락보디 기리(Ⓢ Prag-Bodhi giri). 깨달음을 이루기 전에 머문 산. 〔prag = before, prior to, former〕 보드가야에 있다.

ㅈ **제따바나** Jetavana : 제타바나. 기원정사(祇園精舍), 기수급고독원(祈樹給孤獨園). 꼬쌀라국의 수도 싸왓띠(Sāvatthi, 사위성, 지금의 슈라바스티)에 있었던 승원.

ㅈ **죽림정사**(竹林精舍) : 베누바나-비하라(Venuvana-vihāra). 마가다국의 왕사성 근처에 세워진 최초의 불교 사원.

ㅉ **짬빠** Campā : 참파. 앙가(Aṅga)국의 도성. 현재 비하르 주 동부의 바갈푸르(Bhagalpur).

ㅉ **쩨디** Cedī / Chedi : 체디. 고대 인도 16대국 중 하나. 지제국(支提國). 인도 북부 우타르 프라데시 (Uttar Pradesh)주와 중부의 마디아 프라데시(Madhya Pradesh)주 접경 지대인 분델칸드(Bundelkhand) 지방 북부에 위치.

ㅊ **추리아산맥** Churia Hills : 시왈리크산맥(Siwālik Range), 쉬왈릭(Shivalik). 히말라야 남쪽 외곽 산맥 지대. 떼라이(Terai) 평원의 중간을 동서로 가로지른다.

ㅊ **칠엽굴**(七葉窟) : 쌋따빤니(Ⓟ Sattapaṇṇi) / 쌉따빠르니(Ⓢ Saptaparni) 구하(guhā). 라자가하(Rājagaha)〔왕사성(王舍城)〕에 있는 동굴로 500명 대아라한(大阿羅漢)의 1차 대결집 회의〔Patama-mahāsaṅgiti 빠따마-마하상기띠〕가 열린 곳. 〔guhā = cave〕

ㅋ **카슈미르** Kashmir : 히말라야 산맥 서남쪽 끝의 산자락에 위치한 고산 지대. 인도와 파키스탄이 나누어 지배하고 있다.

ㅋ **카트만두** Kathmandu : 네팔의 수도. 네팔 중앙의 바그마티(Bagmati)강과 비슈누마티(Bisnumati) 강의 합류점 부근, 해발 1,324m 고지에 있다. 〔Kathmandu는 쌍쓰끄리뜨로 '목조 전각'이라는 뜻〕

ㅋ **콜카타** Kolkata : 인도 동북부에 위치한 서벵골(West Bengal)주의 주도로 영국 식민지 시절에는

캘커타(Calcutta)로 불렸다. 인도의 시인이자 아시아 최초의 노벨 문학상 수상자인 라빈드라나트 타고르(Rabīndranāth Tagore, 1861~1941)의 고향이다.

ㅋ **쿠시나가르** Kushinagar : **꾸쉬나가라** ⓢKuśinagara / **꾸씨나라** ⓟKusinārā : 말라(Malla, Mallā)국의 중심 도시였으며, 기원전 544?년, 붓다가 80세로 열반에 들었던 곳이다. 네팔과 인접해 있는 인도 북부 우타르 프라데시(Uttar Pradesh)주의 동북쪽에 위치한 마을, 현재 카시아(Kasia) 인근.

ㅋ **쿠다와강** Kudawa-Nadī : 인도 바스티(Basti)를 지나는 작은 하천.

ㅌ **틸라우라코트** Tilaurakot : 네팔에서 카필라(Kapila)성이라 주장하는 곳으로, 네팔 서남부 룸비니(Lumbini)주 남부의 카필바스투(Kapilvastu) 지구에 속한다. 인도에서 주장하는 카필라 성인 간와리아(Ganwaria)와는 서쪽으로 80km쯤 떨어져 있다.

ㅍ **파트나** Patna : 인도 북부 동쪽 끝 비하르(Bihar)주의 주도

ㅍ **팔구** Falgu강 : 모하나강(Mohana)과 네란자라강(Nerañjarā)이 가야 지방에서 만나 흐르는 강. 강가강에 합류한다.

ㅍ **펀자브** Punjab : 인더스강 상류의, 인도 북서부와 파키스탄 동부에 걸친 광대한 고원 지대. 〔Punjab는 페르시아어로 '다섯 강(江)'이란 뜻〕

ㅎ **하랍빠** Harappa : 하라파. 파키스탄 북동부, 인더스강 상류 지역의 펀자브(Punjab) 지방에 있었던 기원전 2500~1500년경의 고대 도시.

ㅎ **히말라야산맥** Himalayas : 인도 대륙과 티베트 고원 사이의, 세계에서 가장 높은 산맥으로 해발 7,300m 이상의 고봉 30여 개가 산재한다. 서쪽의 낭가파르바트산(Nanga Parbat, 8,125m)부터 동쪽의 남차바르와산(Namcha Barwa, 7,600m)까지 2,500km에 이른다. 산맥 중간에 위치한 네팔과 부탄 왕국을 제외한 나머지 지역 대부분이 인도에 속한다.

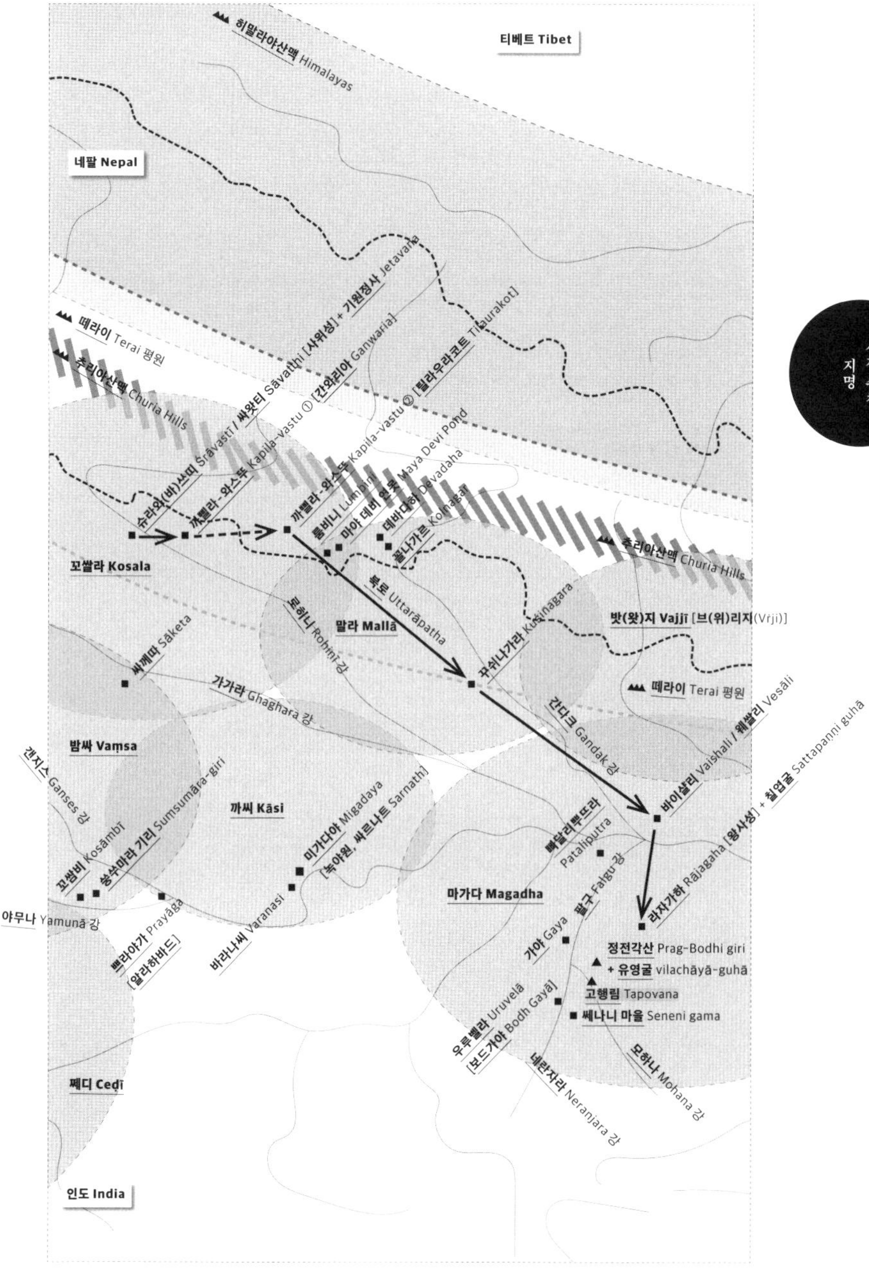
히말라야산맥 Himalayas
티베트 Tibet
네팔 Nepal
떼라이 Terai 평원
추리아산맥 Churia Hills
싸왓티 [사위성] + 기원정사 Jetavana
[간와리아 Ganwaria]
[띨라우라코트 Tilaurakot]
슈라와(바)쓰띠 Śrāvastī / 싸왓티 Sāvatthi
까빨라-와스뚜 Kapila-vastu ①
까빨라-와스뚜 Kapila-vastu ②
룸비니 Lumbinī
마야 데비 연못 Maya Devi Pond
데바다하 Devadaha
꼴나가르 Kolnagar
꼬쌀라 Kosala
로히니 Rohinī 강
말라 Mallā
북로 Uttarāpatha
꾸쉬나가라 Kusinagara
밧(왓)지 Vajjī [브(위)리지(Vrji)]
떼라이 Terai 평원
추리아산맥 Churia Hills
싸께따 Sāketa
가가라 Ghaghara 강
간다크 Gandak 강
바이샬리 Vaishali / 웨쌀리 Vesāli
칠엽굴 Sattapanni guhā
밤싸 Vaṃsa
갠지스 Ganses 강
쑹쑤마라 기리 Sumsumāra-giri
까씨 Kāsi
미가다야 Migadaya
[녹야원, 싸르나트 Sarnath]
빠딸리뿌뜨라 Pataliputra
라자가하 Rājagaha [왕사성]
꼬쌈비 Kosāmbī
마가다 Magadha
팔구 Falgu 강
야무나 Yamunā 강
쁘라야가 Prayāga
[알라하바드]
바라나씨 Varanasi
가야 Gaya
정전각산 Prag-Bodhi giri
+ 유영굴 vilachāyā-guhā
고행림 Tapovana
쎄나니 마을 Seneni gama
우루벨라 Uruvelā
[보드가야 Bodh Gayā]
네란자라 Neranjara 강
모하나 Mohana 강
쩨디 Cedī
인도 India
20km

사전 수첩 지명

사전 수첩 : Ⓟ 인명

10대 제자(十大弟子) : 붓다의 특별한 제자 10명

ㄱ **감로반**(甘露飯) : 〔암리또다나(Amṛtodana)〕 숫도다나〔붓다의 아버지〕의 4형제 중 막내, 붓다의 삼촌, 아난다 존자와 데바(와)닷따의 아버지

ㄱ **고따마 붓다** ⓅGōtama(ⓈGautama) Buddha, 기원전 624?~기원전 544? : 싯다르타 고따마〔Siddhartha Gōtama(Gautama)〕.

ㄱ **고빠** Gopā : 고파. 고피야.『랄리따위스따라(Lalitavistara, 方廣大莊嚴經방광대장엄경』 등의 경전에 나오는 싯다르타 왕자의 부인 중 하나. 사꺄족의 대부호 '단다빠니(Daṇḍapāṇi)'의 딸이라는 이야기도 있다.

ㄱ **구마라집**(鳩摩羅什, 344~413) : 꾸마라지바(Kumarajiva). 최초의 삼장법사(三藏法師), 나집(羅什), 동수(童壽), 4세기 서역의 역경승으로 후진(後秦) 시대 장안(長安)에 와 약 300권의 불교 경전을 번역하고 제자들을 길러냈다.

ㄱ **금오**(金烏, 1896~1968) : 근대 한국의 비구.

ㄲ **까니쉬까** Kanishka 대왕 : 카니슈카1세. 2세기 중엽, 꾸샨(Kushan) 왕조〔30~375〕의 왕

ㄲ **깜사** Kaṁsa : 캄사왕. 꼬쌀라(Kosala)국의 왕, 바라나씻가하(Bārāṇasiggaha)〔'바라나씨의 정복자'〕

ㄲ **꼴리야** Koliya : 콜리야. 구리(拘利)족. 사꺄(Sakyā)족〔석가족(釋迦族)〕과 혈연 관계의 부족

ㄲ **꼰단냐** ⓅKoṇḍañña /ⓈKaundinya 콘디냐 : 콘단냐. 교진여(憍陳如), 교진나(憍陳那), 거린(居麟). 아시따 고행자의 시종이자 어린 조카. 일부 경전에서는 최초의 제자 5비구 중 한 명과 동일 인물로 등장한다. 5비구 중 꼰단냐는 아라한과(阿羅漢果, 해탈한 성자)를 처음으로 성취하여, 아냐 꼰단냐(Añña Koṇḍañña), 아야교진여(阿若憍陳如)이라 한다. 〔Añña = 지혜, 잘 알다〕

ㄲ **꾼띠** Kuntī / **꾼띠 데비** Kuntī-devī : 쿤티.『마하바라따(Mahā-Bhārata)』에서 인도 북부 꾸루(Kuru)국 빤두(Pāṇḍu) 왕의 왕비로, 빤다바(Pāṇḍava) 왕자들의 어머니이다.

ㄲ **끄샨띠데바** Kṣāntideva : 크샨티데바. 찬제제바(羼提提婆), 인천(忍天). 숫도다나왕이 초빙해 싯다르타에게 무술과 용병술, 말과 코끼리 조련술 등을 가르친 꼴리야 출신 병법가

ㄴ **난다** Nanda : 난타(難陀). 붓다의 동갑내기 이복 남동생

ㄴ **니간타 나따뿟따** ⓅNigaṇṭha Nātaputta /ⓈNirgraṇṭha Jñātiputra 니르그란타 즈냐티뿌트라, 기원전 599~기원전 527 : 니간타 나타풋타. 니건타야제자(尼犍咤若提子). 자이나교의 완성자(24대조)로 마하비라(Mahāvira마하위라)〔= 대웅(大雄)〕라 한다. 극도의 불살생과 무소유를 주장하여 옷마저 입지 않았다.〔= 나형 외도(裸形外道)〕〔아쩰라까(acelaka) = 나체 수행자〕

ㄴ **니그로다 사슴 왕** Nigrodhamiga니그로다미가 : 용수록(龍樹鹿)〔Nigrodha = 용수(龍樹), 반얀 트리 / miga = 사슴(鹿)〕 붓다의 본생담 중 하나. 전생에 한때 사슴이었는데, 바라나씨(Bārānasi)의 브라흐마닷따(Brahmadatta) 왕을 감복시켜 모든 짐승의 목숨을 구한다.

ㄷ **다샤라타** Dasharatha :『라마야나(Ramayana)』에 등장하는 인물로 꼬쌀라(Kosala)의 왕이자 라마 왕자〔라마-찬드라(Rama-chandra)〕의 아버지

ㄷ **단다빠니** Daṇḍapāṇi : 단다파니. 사꺄족의 대부호, 싯다르타 왕자 부인 중 하나인 고빠의 아버지

ㄷ **데바(와)닷따** Devadatta : 데바닷타. 제바달다(提婆達多), 조달(調達). 한역 경전에 등장하는 야쇼다라 공주의 오빠이자 싯다르타 왕자의 외사촌. 남전에 의하면 숫도다나왕 4형제 중 막내인 감로반의 아들이자 붓다의 시자 아난다 존자의 친형, 즉 붓다의 사촌

ㄷ **도도다나** Dhodhodana : 백반(白飯), 숫도다나의 형제, 붓다의 삼촌

ㄷ **도척**(盜蹠) : 대도(大盜). 노(魯)나라의 현인(賢人) 유하혜(柳下惠, 기원전 720?~기원전 621?)의 동생으로, 포악한 도둑이었다. 도척은 공자보다 100년 가량 윗대 사람이다.

ㄷ **드라우빠디** Draupadī : 드라우파디.『마하바라따(Mahābhārata)』에 등장하는 빤짤라(Pāňcāla)의 공주. 빤다바(Pāṇḍava) 형제들〔빤두(Pāṇḍu)의 아들들〕이 참가하는 결혼 시합의 주인공

ㄷ **드루빠다** Drupāda : 드루파다.『마하바라따(Mahābhārata)』에 등장하는 인물로 빤짤라(Pāňcāla)의 왕이자 드라우빠디(Draupadī) 공주의 아버지

ㄷ **디빵까라 붓다** Dīpaṃkara Buddha : 디팡카라 부처. 연등불(燃燈佛). 등광여래(燈光如來).

정광여래(錠光如來), 제화갈라(提和竭羅)라고도 한다. 과거불로서 전생의 석가모니에게 장차 붓다가 될 것이라고 수기(授記)〔예언〕를 해 준다. 그래서 과거불은 연등불(燃燈佛), 현재불은 석가모니불, 미래불은 미륵불(彌勒佛)이라 한다.

ㄹ **라마**〔라마-찬드라(Rama-chandra)〕: 『라마야나(Ramayana)』의 주인공인 꼬쌀라(Kosala)의 왕자

ㄹ **라훌라** Rāhula : 라후라(羅睺羅). 붓다의 외아들〔라후(rahu) = eclipse(일식(日蝕)), seizer(잡는 사람, 압류인)〕

ㄹ **루빤데히** Rupan-dehi : 루판데히. ① 마야 데비(Māyā-devī). 붓다의 어머니〔Rupan-dehi는 대지의 여신, 지모신(地母神)을 뜻한다.〕② 붓다의 탄생지인 룸비니가 있는 지명

ㅁ **마노다라** Manodhara : 『불본행집경(佛本行集經)』과 『수행본기경(修行本起經)』에 기록된 싯다르타 왕자의 세 번째 부인

ㅁ **마명**(馬鳴) 보살(80?~150?) : 아슈바고샤(Aśvaghoṣa). 중인도 마가다국 슈라와(바)쓰띠(Śrāvastī) 출신 승려.

ㅁ **마야 데비 / 마야 데위** Māyā-devī : 마야(摩耶) 부인〔데비(devi) = 여신〕붓다의 어머니〔= 루빤데히(Rupan-dehi) = 대지의 여신, 지모신(地母神)〕

ㅁ **마우드갈랴야나** Ⓢ Maudgalyāyana / Māha Ⓟ Moggallāna 마하 목갈라나 : 목련 존자〔目(木)連尊者〕, 마가다국(摩伽陀國) 브라만 출신으로 붓다 10대 제자 중 신통 제일(神通第一)로 꼽혔다. 목갈라나 존자, 대목련, 목건련(目犍連)

ㅁ **마이뜨레야** Ⓢ Maitreya / Ⓟ Metteyya 멧떼야 : 마이트레야. 미륵(彌勒), 도솔천에 머물며 언젠가 사바에서 정각을 이루길 기다리는 보살〔maitrī = loving-kindness〕

ㅁ **마하마야** Mahāmāyā 왕비 : 붓다의 어머니, 마야(摩耶) 부인의 다른 이름. 마야 데비/마야 데위 (Māyā-devī)〔mahā = 위대한(great)〕

ㅁ **마하위라** Mahāvira 마하비라 : 대웅(大雄), 기원전 599 ~ 기원전 ?. 자이나교 24대조이자 완성자인 니간타 나따뿟따(Nigaṇtha Nātaputta)를 말한다.

ㅁ **마하트마 간디** Mahatma Gandhi : 인도의 사상가, 독립 운동가, 1869 ~ 1948

ㅁ **마하 쁘라자빠띠** Ⓢ Mahā-prajāpati / **마하 빠자빠띠** Ⓟ Mahā-pajāpatī : 마하파자파티. 마하바사바제(摩訶波闍波提), 대애도(大愛道). 붓다의 친어머니인 마야 데비의 여동생, 즉 숫도다나 왕의 처제이자 두 번째 부인이며 붓다의 양어머니

ㅁ **막칼리 고쌀라** Makkhali Gosāla, 기원전 6 ~ 5세기경 : 막칼리 고살라. 만탈리뿌뜨라 고샬락(Manthaliputra Goshalak), 마쓰카린 고샬리뿌뜨라(Maskarin Goshālīputra), 말가리구사리자(末伽梨拘賒梨子). 모든 생명체는 윤회를 계속하나 청정, 해탈하는 것에는 원인도 조건도 없다는 우연론(偶然論) 주장.

ㅁ **목갈라나 존자 / 마하 목갈라나** Māha Ⓟ Moggallāna : 목련존자〔目(木)連尊者〕, 마가다국(摩伽陀國) 브라만 계급 출신으로 붓다 10대 제자 중 신통 제일(神通第一) / 마우드갈랴야나 (Ⓢ Maudgalyāyana), 목건련(目犍連)

ㅁ **목건련**(目犍連) / **목련 존자**〔目(木)連尊者〕: 마하 목갈라나(Māha Ⓟ Moggallāna), 목갈라나 존자, 마우드갈랴야나(Ⓢ Maudgalyāyana)

ㅁ **문다** Munda 족 : 기원전 2,500 ~ 1,500년경 인더스 문명을 이룬 인도 원주민 중 하나

ㅁ **미룡당 월탄**(彌龍堂 月誕, 1937 ~ 2022) : 근대 한국의 비구.

ㅂ **밧다깟짜나** Bhaddakaccānā : 밧다카차나. 『붓다밤(왕)사(Buddhavaṃsa, 佛史불사)』에 기록된 싯다르타 왕자의 부인 이름. =야쇼다라〔Bhadda = 고귀한, 행운의 + kaccānā = 사꺄족의 가문〕

ㅂ **백용성**(白龍城, 1864 ~ 1940) : 일제강점기 비구 승려이자 3.1운동 당시 민족 대표 33인에 이름을 올린 독립운동가

ㅂ **법상**(法上, 495 ~ 580) : 중국 북제(北齊)〔550 ~ 577〕때의 대통(大統)〔중앙 승관직의 이름〕. 지론종(地論宗) 남도파(南道派)를 대표하는 비구.

ㅂ **보디** Bodhi : 밤(왕)싸〔Ⓟ Vaṃsa / Ⓢ Vatsa 밧(왓)싸〕의 왕자, 우데나(Udena) 왕의 아들

ㅂ **붓다고샤** Buddhaghoṣa : 붓다고사.〔voice of the Buddha = 불음(佛音)〕5세기경 스리랑카(Sri Lanka)에서 활동한 불교학자. 『청정도론』으로 후대에 큰 영향을 미쳤으며, 중성점기(衆聖點記)설이 수록된 『사만따빠사디까(Samantapāsādikā)』〔『선견율비바사(善見律毘婆沙)』〕를 저술했다.

ㅂ **붓다야샤쓰** Buddhayaśas : 불타야사(佛陀耶舍), 각명(覺明). 중국 후진(後秦) 홍시(弘始, 399 ~ 415) 년간에 서역에서 온 역경승(譯經僧). 축불념(竺佛念)과 함께 『유행경(遊行經)』 등을 번역, 편찬했다.

ㅂ **비수갈마**(毘首羯磨) : 비슈바까르마(Viśvakarmā) / 비슈바까르만 (Vishvakarman). 모든 것을 만든 자.

사전 수첩 인명

건축의 신, 천상의 장인

ㅂ **비슈바까르마** Viśvakarmā / **비슈바까르만** Vishvakarman : 비슈바카르마, 비수갈마(毘首羯磨).

ㅂ **비슈바(/위슈와)미뜨라** Viśvamitra : 비슈바미트라, 비사바밀다라(毗奢婆密多羅), 선우(選友).
숫도다나왕이 초빙해 싯다르타에게 문자와 문법 · 논리학 · 수사학(修辭學)을 가르친 바라문

ㅂ **빔비싸라** Bimbisāra왕, 기원전 558?~기원전 491? : 빔비싸라 대왕, 슈레니카(Śreṇika), 쎄니야(Seṇiya), 병사왕(甁沙王), 빈파사라(毘首羯磨), 붓다와 생전에 인연이 깊었던 인도 마가다국의 황제.

ㅃ **빠꾸다 깟짜야나** Ⓟ Pakudhā Kaccāyana / Ⓢ Kakuda-kātyāyana, 기원전 6세기경 : 파쿠다 카차야나, 가라구타가전연(迦羅鳩馱迦旃延), 고대 인도 육사외도의 한 사람으로 7요소설〔지(地), 수(水), 화(火), 풍(風), 고(苦), 락(樂), 영혼(靈魂)〕 주장

ㅃ **빠싸** Pāsa / Pārśva 빠르슈바, 기원전 872?~기원전 772? : 파르슈바나타, 자이나교 23대조

ㅃ **빠쎄나디** Pasenadi왕 : 파세나디왕, 파사익왕(波斯匿王), 붓다가 살던 시기 꼬쌀라국(Kosala)의 왕, 재위 기원전 534~기원전 490?

ㅃ **빤다바** Pāṇḍava 왕자들 : 판다바. 『마하바라따(Mahā-Bhārata)』의 주요 등장 인물. 인도 북부 꾸루(Kuru)국 왕실의 두 분파 중 하나로, 빤두(Pāṇḍu)왕과 두 왕비 끈띠(Kuntī), 마드리(Madri)와의 사이에 낳은 다섯 아들들, 유디슈띠라(Yudhishtira), 브히마(Bhima), 아르주나(Arjuna), 나꿀라(Nakula), 싸하데바(Sahadeva). 5형제가 그 사촌들인 까우라바(Kaurava) 왕자들과 싸워 이긴 것이 '꾸루-끄쉐뜨라(Kuru-kṣetra)(꾸루국) 전쟁'이며 이 이야기가 『마하바라타』의 기본 줄기이다.

ㅃ **뿌라나 깟싸빠** Pūraṇa Kassapa, 기원전 6세기경 : 푸라나 카사파, 부란나가섭(富蘭那迦葉), 고대 인도 육사외도의 한 사람으로 도덕 부정론자

ㅅ **사리불**(舍利弗, 기원전 568~기원전 484) : 마가다국 왕사성(王舍城) 근처의 브라만 출신으로 붓다 10대 제자 중 지혜 제일(智慧第一), 싸리뿟따(ⓅSāriputta), 샤리뿌뜨라(ⓈŚāriputra), 사리자(舍利子)

ㅅ **사꺄** Sakyā / **샤꺄** Śākya : 샤카, 석가족(釋迦族), 붓다의 종족 이름

ㅅ **샤리뿌뜨라** Ⓢ Śāriputra / **싸리뿟따** ⓅSāriputta : 사리불(舍利弗), 사리자(舍利子), 기원전 568~기원전 484, 마가다국 왕사성(王舍城) 근처의 브라만 계급 출신으로 붓다 10대 제자 중 지혜 제일(智慧第一)

ㅅ **석가모니**(釋迦牟尼) : 사꺄족의 성자

ㅅ **숫도다나** Ⓟ Suddhodana / **슛도다나** Ⓢ Śuddhodana : 정반(淨飯)왕, 붓다의 아버지, 까삘라(Kapila) 성의 왕

ㅅ **쉬비** Śibi : 시비왕(尸毘王), 붓다가 전생에 임금이었을 때의 이름, 자신의 살을 베어서, 매에게 쫓기는 비둘기를 구한다.

ㅅ **시비왕**(尸毘王) : 쉬비(Śibi), 붓다가 전생에 임금이었을 때의 이름.

ㅅ **싯다르타** Siddhartha : 실달다(悉達多), 고따마 붓다〔ⓅGōtama(ⓈGautama) Buddha〕의 이름, 기원전 624?~기원전 544? 〔= 일체의성(一切意成, 모든 것이 이루어진다)〕

ㅆ **싸리뿟따** ⓅSāriputta / **샤리뿌뜨라** ⓈŚāriputra : 사리불(舍利弗), 사리자(舍利子), 기원전 568~기원전 484, 마가다국 왕사성(王舍城) 근처의 브라만 계급 출신으로붓다 10대 제자 중 지혜 제일(智慧第一)

ㅆ **쌍가바드라** Saṅghabhadra 존자, 기원후 5세기경 : 승가발타라(僧伽跋陀羅), 중현(衆賢), 북인도 출신으로 설일체유부(說一切有部)의 논사(論師).

ㅆ **쎄따께뚜** Ⓟ Setaketu / **슈웨따께뚜** Ⓢ Śvetaketu / **쓰와타께후** Svathakehu 〔= 하얗고 반짝거림, 밝음〕 : 슈베타케투, 호명보살(護明菩薩), 붓다가 도솔천(兜率天) 〔뚜시따(Tuṣita)〕의 내원(內院)에 머물며 수행할 때의 이름 〔호명(護明) = 빛(진리)을 수호한다〕

ㅆ **쑤다나** Sudāna : 수다나, 수달나(須達那), 수대나(須大拏), 붓다 전생의 한때, 깨달음을 위해 홀로 수행할 때의 이름, 히말라야의 단다까(Dandhāka)산에서 야차(夜叉)로 변한 인드라의 시험을 받는다.

ㅆ **쑤닷따** Sudattā : 수닷타, 수달다(須達多), 꼬쌀라국의 부호, 제따 왕자와 함께 제따바나를 공양한 붓다의 후원자 〔아나타삔디까(Anāthapiṇḍika) = anatha (the unprotected, destitute) + piṇḍa (lump of food)〕〔급고독(給孤獨) = 고독한 자에게 나눠 준다〕

ㅆ **쑤메다** Sumedha : 수메다, 선혜(善慧)행자(行者), 선혜보살, 선혜바라문, 붓다의 전생 중 수행자였을 때로, 10만 1겁 이전에 디빵까라 붓다로부터 부처가 될 것이라는 수기를 받는다.

ㅆ **쑤밋따** Sumitta : 수밋타, 꼴리까(Kolika)〔= 구리가(拘利伽), 구리천녀(拘利天女)〕 붓다가 전생에 쑤메다(Sumedha) 수행자였을 때, 붓다를 이루는 날까지 동료이자 부부가 될 것을 약속한 수행녀.

ㅆ **쑤뿌디** Supudhi / **쑤쁘라붓다** ⓈSuprabuddha / **쑵빠붓다** ⓅSuppabuddha : 수파붓다, 선각왕(善覺王), 꼴리야국의 왕으로 마야 부인의 아버지

ㅆ **쑤뿌디**〔2세〕 Supudhi / **쑤쁘라붓다** ⓈSuprabuddha / **쑵빠붓다** ⓅSuppabuddha : 수파붓다.

사전 수첩 인명

선각장자(善覺長者). 야쇼다라(Yaśodharā) 공주의 아버지 [Supudhi는 Suppabuddha의 줄임말이다.]

ㅆ **쑤자따** Sujāta : 수자타. 선생녀(善生女) [su(잘)+jata(태어난)=잘 태어난=선생(善生)] 고행을 마친 붓다에게 최초로 공양(우유죽)을 올린 이=난다발라(Nandabala), 난타발라(難陀婆羅)

ㅇ **아난따** Ānanda : 아난다. 아난(阿難) 존자

ㅇ **아르주나** Arjuna : 『마하바라따(Mahābhārata)』의 주요 등장 인물인 빤다바(Pāṇḍava) 형제 [빤두(Pāṇḍu)의 아들] 다섯 중 하나

ㅇ **아미따** Amita : 아미타. 숫도다나[붓다의 아버지]의 여동생, 붓다의 고모

ㅇ **아미또다나** Amitodana : 곡반(斛飯). 숫도다나[붓다의 아버지]의 형제, 붓다의 삼촌

ㅇ **아쇼까** Aśoka, Ashoka 대왕 / **아쏘까** Asoka 대왕 : 아소카. 기원전 304?~(즉위 기원전 268?)~기원전 232. 삐야다씨(Piyadasi), 천애희견왕(天愛喜見王), 호법왕(護法王), 쁘리야다씨(Priyadasi)= '자애롭게 돌보는 자', '인도적인 자'=희견(喜見)] 아육왕(阿育王), 마우리야(Mauriya) 왕조(기원전 320~기원전 185)의 3대왕, 남부를 제외한 인도 전역을 통일하고 불교에 귀의하여 불교를 널리 전파했다.

ㅇ **아시따** Āsita : 아시타 선인. 아사타(阿斯陀). 아기 붓다를 보고 눈물을 흘린 히말라야의 고행자

ㅇ **아자따삿뚜** Ajātasattu : 아자타삿투. 아사세(阿闍世). 기원전 509?~기원전 461? 빔비싸라 대왕의 아들

ㅇ **아지따 께싸깜발라** Ajita Kesakambala : 아지타 케사캄발라. 아기다시사흠바라(阿耆多翅舍欽婆羅). 기원전 6세기경, 고대 인도 육사외도의 한 사람으로 쾌락 유물론 로까야따(Lokāyata)[=순세외도(順世外道)] 주장

ㅇ **안진호**(安震湖, 1880~1965) : 일제강점기 학승. 불교 의례를 집대성한 『석문의범(釋門儀範)』, 『신편팔상록(新編八相錄)』을 냈다.

ㅇ **알라라 깔라마** Ālāra-Kālāma : 알라라칼라마. 아라라가라마(阿羅邏迦羅摩). 붓다의 첫 스승. 고행자

ㅇ **암리또다나** Amṛtodana : 암리토다나. 감로반(甘露飯). 숫도다나[붓다의 아버지]의 형제, 붓다의 삼촌

ㅇ **야쇼다라** Yaśodharā : 붓다의 부인 [명문(名聞)=평판이 높은 여성]

ㅇ **오다나** Odana : [=씸하후누(Siṃhahunu)] 붓다의 할아버지 [odana=반(飯), 밥(boiled rice)]

ㅇ **와지라**(Vajirā) 비구니 : 꼬쌀라(Kosala)국의 왕 빠세나디(Pasenadi)의 딸

ㅇ **왕고덕**(王高德): 6세기경 고구려 평원왕(平原王) 때(559~590)의 재상 [대승상(大丞相)]

ㅇ **우데나**Ⓟ Udena / **우다나야**Ⓢ Udayana : 기원전 6세기, 우전왕(優塡王/于闐王). 밤(왕)싸[Ⓟ Vaṃsa / Ⓢ Vatsa 밧(왓)싸]의 왕, 보디(Bodhi) 왕자의 아버지

ㅇ **우빨리** Upali 존자 : 우팔리. 우바리(優波離), 사꺄족의 슈드라 출신 이발사로 붓다의 10대 제자 중 지계제일(持戒第一)

ㅇ **우싸바** Usabha : 우사바. 리샤바(Ṛṣabha). 자이나교 1대조

ㅇ **우 자띨라 사야도** U Jatila Sayadaw (1935~2016) : 미얀마의 비구.

ㅇ **우 자나까 사야도** The Venerable Chanmyay Sayadaw U Janakabhivamsa (1928~) : 찬매 사야도.

ㅇ **우 틸라 운타 사야도** The Venerable Sayadaw U Thila Wunta (1912~2011) : 미얀마의 비구.

ㅇ **웃다까-라마뿟따** Uddaka-Rāmaputta : 웃다카라마풋타. 울두람불(欝頭藍弗). 붓다의 두 번째 스승.

ㅇ **위슈와[/비슈바]미뜨라** Viśvamitra : 비슈바미트라. 비사바밀다라(毗奢婆密多羅), 선우(選友). 〈리그베다〉의 일부를 지었다고 전해지는 고대 인도의 현자.

ㅇ **유하혜**(柳下惠) : 기원전 720?~기원전 621?. 중국 춘추 시대 노(魯)나라(기원전 1046~기원전 256)의 현인(賢人). 본명은 전획(展獲)인데, 유하(柳下) 지방에 살았고 혜(惠)라는 시호를 받아 유하혜(柳下惠)라 불렸고, 중국 유(柳)씨의 시조로 여겨진다. 노나라의 대부로 형벌을 관리하는 직책에 있었다. 동생이 대도(大盜) 도척(盜蹠)이다.

ㅇ **의연**(義淵) : 6세기경 고구려 승려

ㅇ **이끄슈와꾸**Ⓢ Ikṣvāku / **옥까까**Ⓟ Okkāka : 이크슈바쿠. 감자왕(甘蔗王), 꼬쌀라국의 초대 왕이자 사꺄(Sakyā)족 [석가족(釋迦族)]의 시조 [ikṣu=okkāka=사탕수수]

ㅇ **이능화**(李能和, 1869~1943) : 일제 강점기 조선의 종교, 민속 문화 등을 연구한 학자.

ㅇ **인드라** Indra : 제석천왕(帝釋天王), 신들의 왕. 동쪽의 수호신.

ㅈ **자나까** Janaka : 자나카. 『라마야나(Ramayana)』에 등장하는 인물로 비데하(Videha)[또는 미틸라]의 왕이자 시따(Sita)[라마 왕자의 부인]의 아버지.

ㅈ **정반**(淨飯)왕 : 붓다의 아버지, 숫도다나(Ⓟ Suddhodana) / 슛도다나 (Ⓢ Śuddhodana)

ㅈ **제따** Jeta : 제타. 기타(祇陀). 꼬쌀라국의 왕자, 쑤닷따와 함께 제따바나를 공양한 붓다의 후원자

ㅈ **제석천왕**(帝釋天王) : 인드라(Indra), 신들의 왕

ㅉ **짠드라굽따 2세** Candragupta II : 찬드라굽타 2세. 굽타(Gupta) 왕조(320~647)의 왕, 재위 375~415

사전 수첩 인명

ㅉ **쭌다** Cunda, **춘다** Chunda : 붓다에게 마지막 공양을 올린 대장장이
ㅊ **찬다까** Chandaka : 찬다카. 차익(車匿). 싯다르타 왕자의 마부
ㅊ **청담**(青潭, 1902~1971) : 근대 한국의 비구.
ㅊ **축불념**(竺佛念) : 동진(東晋, 317~420) 때 양주(涼州, 지금의 감숙성 무위) 출신 승려. 불타야사(佛陀耶舍)〔붓다야샤쓰(Buddhayaśas)〕와 함께 『유행경(遊行經)』 등을 번역, 편찬했다.
ㅍ **퓌러** Alois Anton Führer : 알로이스 안톤 퓌러, 1853~1930. 룸비니를 발굴한 독일의 고고학자
ㅎ **현장**(玄奘, 602~664) 법사 : 『대당서역기(大唐西域記)』를 집필한 당나라의 승려. 삼장법사(三藏法師), 현장 삼장(玄奘三藏)
ㅎ **호메로스** Homeros : 기원전 8세기경의 고대 그리스 시인
ㅎ **호명보살**(護明菩薩) : 세따께뚜(Ⓟ Setaketu) / 스웨따께뚜(Ⓢ Śvetaketu) / 쇄타께후(Svathakehu)〔하얗고 반짝거림, 밝음〕 붓다가 도솔천(兜率天)〔뚜시따(Tuṣita)〕의 내원(內院)에 머물며 수행할 때의 이름〔호명(護明) = 빛(진리)을 수호하다〕
ㅎ **효봉**(曉峰, 1888~1966) : 근대 한국의 비구.

사전 수첩 : Ⓑ 문헌

ㄱ 〈**가정경**(家庭經)〉: 〈그리햐 수뜨라(Gṛhya-sūtra)〉〔〈베당가(Vedāṅga)〉의 6가지 분야 중 하나인 〈깔빠 수뜨라(Kalpa-sūtra)〉(제사)류 가운데 한 카테고리〕 기원전 400~기원전 200년경 성립된, 가정(grihya)에서 행하는 종교 의식〔태아 때부터 죽음의 의식까지 삶의 각 단계마다 행하는 의식, 일일 제사, 계절 의식, 주택 건축이나 가축 사육 등〕을 설명한 브라흐만교〔힌두교〕의 경서들

ㄱ 『**간다르바-베다** Gandharva-veda』: 〔부(副)〈베다〉격인 4가지 〈우빠베다 (Upaveda)〉 가운데 하나〕 음악·무용 등 예술에 관한 종합 교과서

ㄱ 〈**겁파경**(劫波經)〉: 〈깔빠 수뜨라(Kalpa-sūtra)〉〔〈베당가(Vedāṅga)〉의 6가지 분야 중 하나〕 = 의궤경(儀軌經). 사회 생활과 가정 생활의 모든 제사와 의식에 대해 설명한 경서들로, ① 슈라우따-수뜨라(Śrauta-sūtra)〔천계경(天啓經)〕류, ② 다르마-수뜨라(Dharma-sūtra)〔다르마-샤스뜨라(Dharma-śāstra), 법률경(法律經)〕류, ③ 그리햐-수뜨라(Gṛhya-sūtra)〔가정경(家庭經)〕류로 구분된다.

ㄱ 『**고따마 다르마-수트라** Gautama Dharma-sūtra』: 현존하는 다르마 수트라(Dharma-sūtra)〔법전〕류 중 가장 이른 것(기원전 600~기원전 200)으로 여겨지는 법전. 고타마(Gautama)는 〈베다〉 문헌에서 자주 등장하는 이름으로, 〈싸마-베다(Sāma-veda)〉 학파를 의미한다고 알려져 있다.

ㄱ 〈**그리햐-수뜨라** Gṛhya-sūtra〉: 〈가정경(家庭經)〉〔〈베당가(Vedāṅga)〉의 6가지 분야 중 하나인 〈깔빠-수뜨라(Kalpa-sūtra)〉(제사)류 가운데 한 카테고리〕 기원전 400~200년경 성립된, 가정(grihya)에서 행하는 종교 의식〔태아 때부터 죽음의 의식까지 삶의 각 단계마다 행하는 의식, 5가지 일일 제사, 계절 의식, 주택 건축이나 가축 사육 등〕을 설명한 브라흐만교〔힌두교〕의 경서들

ㄲ 〈**깔빠-수뜨라** Kalpa-sūtra〉: 〈겁파경(劫波經)〉= 의궤경(儀軌經)〔〈베당가(Vedāṅga)〉의 6가지 분야 중 하나〕 사회 생활과 가정 생활의 모든 제사와 의식에 대해 설명한 경서들로, ① 슈라우따 수뜨라(Śrauta-sūtra)〔천계경(天啓經)〕류, ② 다르마 수뜨라(Dharma-sūtra)〔다르마 샤스뜨라(Dharma-śāstra), 법률경(法律經)〕류, ③ 그리햐 수뜨라(Gṛhya-sūtra)〔가정경(家庭經)〕류로 구분된다.

ㄴ 〈**니까야**(Ⓟ Nikāya)〉와 〈**아함경**(阿含經)〉〔〈**아가마** (Ⓢ Āgama)〉〕: 〔Nikāya = '성전(聖典)', '기록'〕〔Āgama = '전승(傳承)', '원전'〕 〈아함경(阿含經)〉은 〈아가마-수뜨라(Āgama-Sutra)〉를 한문으로 번역한 것이다. 초기 불교 시대에 성립된 약 2천 개의 경전들을 통틀어 이르는 말로, 다섯 〈니까야〉와 네 〈아함경〉으로 정리되어 전승되었다. 이 5부 〈니까야〉〔남전〕와 4부 〈아함경〉〔북전〕은 다음과 같다. ① 디가 니까야(Dīgha Nikāya) 〔①〈장아함경(長阿含經)〉에 해당〕, ② 맛지마 니까야(Majjhima Nikāya)〔②〈중아함경(中阿含經)〉에 해당〕, ③ 쌍윳따 니까야 (Saṃyutta Nikāya)〔③〈잡아함경(雜阿含經)〉에 해당〕, ④ 앙굿따라 니까야(Aṅguttara Nikāya) 〔④〈증일아함경(增壹阿含經)〉에 해당〕, ⑤ 쿳다까 니까야(Khuddaka Nikāya).

ㄷ 『**다누르-베다** Dhanur-veda』: 〔부(副)〈베다〉격인 4가지 〈우빠베다(Upaveda)〉 가운데 하나〕 군사학 교범 〔dhanur = 활〕

ㄷ 〈**다르마-수뜨라** Dharma-sūtra / **다르마-샤스트라** Dharma-śāstra〉: 〔〈베당가 (Vedāṅga)〉의 6가지 분야 중 하나인 〈깔빠-수뜨라(Kalpa-sūtra)〉(제사)류 가운데 한 카테고리〕〔법률경(法律經), 법전류〕 각 계급의 권리·의무·사회 법규 등 일상 생활의 규정을 모은 경서들

ㄷ 『**대각교의식**(大覺敎儀式)』: 일제강점기 백용성(白龍城, 1864~1940)이 불교의 개혁과 대중화를 위해 창시한 대각교에 사용한 의례집

ㄷ 『**대념처경**(大念處經)』: 『마하사띠빳타나 쑤따(Mahasatipaṭṭhāna Sutta)』. 호흡 관찰 방법을 설하신 경. 〈디가 니까야〉 중 22번째 경.

ㄷ 『**대당서역기**(大唐西域記)』: 당(唐)나라 현장(玄奘, 602~664) 법사가 인도를 순례(629~645)하고 기록(646)한 글.

ㄷ 『**대승백복상경**(大乘百福相經)』: 붓다 32상과 80종호에 관한 경전 중 당나라에서 활동한 인도 출신 승려 지바가라(地婆訶羅, Divākara 디바까라, 613~687)가 683년 서경(西京)의 서태원사(西太原寺)에서 번역한 것

ㄷ 『**들숨날숨에 대한 마음 챙김 경**(Ānāpānasati Sutta 아나빠나싸띠 쑷따)』: 호흡의 관찰 방법을

설하신 경. 〈맛지마 니까야(Majjhima Nikāya)〉 118번째 경으로 〈마지막 50개 경의 묶음〔후반오십편(後半五十編). ⓟUpari-paṇṇāsa 우빠리 빤나싸)〉에 들어 있다. 『출입식념경(出入息念經) = 입출식념경(入出息念經)』, 『안반수의경(安般守意經)』

ㄷ 『**들숨날숨 쌍윳따** Ānāpāna-saṃyutta 아나빠나 쌍윳따)』 : 호흡의 관찰 방법을 설하신 경. 〈쌍윳따 니까야(Saṃyutta Nikāya)〉 다섯 번째 〈마하박가(Mahā-vagga)〉의 10번째 경이고, 전체에서는 54번째가 된다.

ㄷ 〈**디가 니까야** Dīgha Nikāya〉 : 남전(南傳) 〈5부 니까야(Pañca Nikāya)〉의 첫번째 묶음으로 34개의 긴(dīgha, 장편의) 경(經) 모음집〔북전의 〈장아함경(長阿含經)〉에 해당〕. 『대념처경(大念處經), Mahasatipaṭṭhāna Sutta 마하사띠빳타나 쑤따)』이 들어 있다.

ㄷ 『**디빠밤사** Dīpavaṁsa』 : 『디파방사』. '섬의 역사'라는 뜻으로 『도사(島史)』, 『도왕통사(島王統史)』라고도 한다. 3~4세기경 승려들이 썼는데, 스리랑카 최초의 빨리 문헌이자 가장 오래된 역사 기록이다.

ㄹ 『**라마야나** Ramayana』 : 인도 고대 2대 서사시 중 하나 〔= '라마가 나아간 길(일대기)'이라는 뜻〕

ㄹ 『**리그베다** Ṛg-Veda』 : 〈베다〉를 구성하는 네 가지 기록〔상히따(saṃhitā) = 리그베다 + 야주르베다 + 싸마베다 + 아타르베다〕 중에서도 근본이 되며, 인도 신화의 근원을 알 수 있는 인도의 가장 오래된 문헌

ㅁ 『**마누 법전** Manu Smṛti 마누 스므리띠』〔= Mânava Dharma-śāstra 마나바 다르마-샤스뜨라〕 : 고대 인도에서 최고의 권위와 영향력을 가졌던 브라흐만교 법전. 기원전 1000년경에 형성되었을 것으로 추정

ㅁ 『**마하바라따** Mahābhārata』 : 마하바라다(摩訶婆羅多). 인도 고대 2대 서사시 중 하나 〔= '위대한 바라따(Bhārata) 왕조'라는 뜻〕

ㅁ 『**마하밤사** Mahāvaṁsa』 : 『마하방사』. 5세기경 빨리어로 쓰인 스리랑카(실론) 역대 왕들의 서사시로, 붓다와 초기 쌍가〔승가〕의 기록이 들어 있다. 『대사(大史)』, 『대왕통사』로 옮긴다.

ㅁ 『**마하사띠빳타나 쑷따** Mahasatipaṭṭhāna Sutta』 : 『대념처경(大念處經)』. 호흡의 관찰 방법을 설하신 경. 〈디가 니까야〉 중 22번째 경.

ㅁ 〈**맛지마 니까야** Majjhima Nikāya〉 : 남전(南傳) 〈5부 니까야(Pañca Nikāya)〉의 두 번째 묶음으로 152개의 중간(majjhima) 길이 경(經) 모음집〔북전(北傳)의 〈중아함경(中阿含經)〉에 해당〕.

ㅁ 『**무아상경**(無我相經)』 : 아낫따 락카나 숫따(Anatta-lakkhaṇa Sutta) 〔아낫따(ⓟanatta) = no-self, 무아(無我)〕 〔락카나(ⓟlakkhaṇa) = sign, mark, characteristic, 상(相), 고유한 특성〕

ㅂ 『**바시슈타 법전** Vasishtha Dharma-sūtra』 : 브라흐만교에서 현자 바시슈타(Vasiṣṭha)가 쓴 것으로 추정되는 이자와 대출에 관한 규칙서

ㅂ 『**반니원경**(般泥洹經)』 : 『대반열반경(大般涅槃經)(Mahāparinibbāna Sutta 마하빠리닙바나 숫따)』의 이본(異本)

ㅂ 〈**법률경**(法律經)〉 : 다르마-수뜨라(Dharma-sūtra) / 다르마-샤스트라(Dharma-śāstra) 〔법전류〕 〔〈베당가(Vedāṅga)〉의 6가지 분야 중 하나인 〈깔빠 수뜨라(Kalpa-sūtra)〉(제사)류 가운데 한 카테고리〕 브라흐만교에서 각 계급의 권리 · 의무 · 사회 법규 등 일상 생활의 규정을 모은 경서들

ㅂ 〈**베다** Veda〉 : 〔veda는 '지식(특히 제사에 관한 지식)'이라는 뜻〕 기원전 1500~500년경 성립된 인도 브라흐만(바라문)교의 경전들로, 리그베다(Ṛg-Veda), 야주르베다(Yajur-Veda), 싸마베다(Sāma-Veda), 아타르바베다(Atharva-Veda) 등 4 〈베다〉와 그 주석서인 브라흐마나(Brahmaṇa), 아란야카(Āraṇyaka), 우빠니샤드(Upaniṣad) 등이 있다.

ㅂ 〈**베당가** Vedāṅga〉 : 지분(支分), 보조학. '〈베다〉의 팔다리'라는 뜻으로, 브라흐만교에서 6가지의 보조학인, 제사(Kalpa), 음운(Śikṣā), 문법(Vyākaraṇa), 어원(Nirukta), 운율(Chandas), 점성술(Jyotiṣa)을 말한다.

ㅂ 『**보녀소문경**(寶女所問經)』 : 보살의 수행과 공덕에 관한 경전 중 서진(西晋) 시대 287년 축법호(竺法護, Dharmarakṣa 다르마라끄샤, 3세기 말~4세기 초)가 한역한 것

ㅂ 『**본생담**(本生談)』 : 본생경(本生經), 자따카(Jātaka). 붓다 전생 이야기 모음

ㅂ 『**불본행집경**(佛本行集經)』 : 중국 수나라 때(591) 각종 경전과 전승을 집대성해〔집경(集經)〕 60권으로 한역한 붓다의 생애.

ㅂ 『**붓다왕사** Buddhavaṃsa』 : 『불사(佛史)』, 『불종성경(佛種性經)』. 초기 불교 경전인 빨리 경장(經藏) 〈5부 니까야〉의 마지막 묶음 『쿳다까 니까야(Khuddaka Nikāya)』〔= 『소부(小部)』〕의 14번째 책

ㅂ 『**붓다짜리따 까비야수뜨라** Buddha-carita-kāvya-sūtra』 : 『불소행찬(佛所行讚)』. 1세기경 인도의 논사 마명(馬鳴) 보살이 붓다의 탄생에서 사리 분배까지를 장엄한 노래말로 남긴 서사시. (The Acts of the Buddha)

ㅂ 『**브라흐마나** Brāhmaṇa』 : 『범서(梵書)』. 브라흐만교에서 〈베다〉 주석서로 〈베다〉 본집에 수록된

제문(祭文)의 기원과 의미, 제의(祭儀)의 수행 방법을 설명한 제의서

ㅂ 『**비슈누 법전** Viṣṇu Dharma-sūtra』: 인도의 법에 대한 고대 격언 모음집으로 왕의 의무와 형벌이 자세히 설명되어 있으며, 사티(sati, 남편의 장례식에서 과부를 불태우는 행위)에 대한 내용이 나온다.

ㅃ 『**뿌라나** Purāṇa』: 쌍쓰끄리뜨로 쓰인 브라흐만교(힌두교) 전설 모음집 〔purāṇa = 고대, 옛날〕

ㅅ 『**석문의범**(釋門儀範)』: 1935년 안진호(安震湖, 1880~1965)에 의해 발행된, 불교 의례를 다룬 서적으로 일제강점기 이후 지금까지 널리 읽히며 한국 근대 불교 문화에 큰 영향을 미쳤다.

ㅅ 『**선비요법경**(禪秘要法經)』: 후진(後秦) 시대(402~412) 때 구마라집〔鳩摩羅什, 꾸마라지바(Kumarajiva), 344~413〕이 한역, 부정관(不淨觀), 백골관(白骨觀) 등 30종의 관법에 대해 설한 경전

ㅅ 『**수행본기경**(修行本起經)』: 중국 오(吳)나라 때 지겸(支謙)이 253년 사이에 한문으로 편찬한 붓다의 생애

ㅅ 『**숫따-니빠따** Sutta-Nipāta』: 경전 모음〔경집(經集)〕이란 뜻으로, 초기 불교 경전인 〈5부 니까야〉 가운데 마지막 묶음인 『쿳다까 니까야(Khuddaka Nikāya)』에 수록되어 있다.

ㅅ 〈**슈라우따-수뜨라** Śrauta-sūtra〉: 〔브라흐만교에서 〈베당가(Vedāṅga)〉의 6가지 분야 중 하나인 〈깔빠 수뜨라(Kalpa-sūtra)〉(제사)류 가운데 한 카테고리〕〈천계경(天啓經)〉, 〈제사경(祭事經)〉. 제관(祭官)이 집행하는 대제(大祭)(큰 제사)를 설명한 경서류 〔천계(天啓) = 천신(天神)의 계시(啓示)〕

ㅆ 〈**쌍윳따 니까야** Saṃyutta Nikāya〉: 남전(南傳) 〈5부 니까야(Pañca Nikāya)〉의 세 번째 묶음으로 2,889(2,875)개의 주제별 경(經) 모음집 〔북전의 〈잡아함경(雜阿含經)〉에 해당〕. 『들숨날숨 쌍윳따(Ānāpāna-saṃyutta 아나빠나쌍윳따)』가 들어 있다.

ㅇ 『**아나빠나싸띠 숫따** Ānāpānasati Sutta』: 『들숨날숨에 대한 마음 챙김 경』. 호흡의 관찰 방법을 설한 경. 〈맛지마 니까야(Majjhima Nikāya)〉 118번째 경으로 〈마지막 50개 경의 묶음〔후반오십편(後半五十編), ⓅUpari-paṇṇāsa 우빠리 빤나싸〕〉에 들어 있다. 『출입식념경(出入息念經)』, 『입출식념경(入出息念經)』, 『안반수의경(安般守意經)』

ㅇ 『**아나빠나-쌍윳따** Ānāpāna-saṃyutta』: 『들숨날숨 쌍윳따』. 호흡의 관찰 방법을 설한 경. 〈쌍윳따 니까야(Saṃyutta Nikāya)〉 다섯 번째 〈마하박가(Mahā-vagga)〉의 10번째 경이고, 전체에서는 54번째가 된다.

ㅇ 『**아르타샤스뜨라-베다** Arthaśāstra-veda』: 〔브라흐만교에서 부(副)〈베다〉격인 4가지 〈우빠베다(Upaveda)〉 가운데 하나〕 사론(事論). 정치를 포함, 처세 일반을 다룬 교양서

ㅇ 『**아비니슈끄라마나 쑤뜨라** Abhiniṣkramaṇa sūtra』: 『불본행집경(佛本行集經)』 『본행집경』

ㅇ 『**아유르-베다** Āyur-veda』: 〔브라흐만교에서 부(副)〈베다〉격인 4가지 〈우빠베다(Upaveda)〉 가운데 하나〕 인간의 생리·병리·요법·해부 등에 관한 의술서 〔āyur은 생명, 삶, 장수를 의미하므로 아유르베다는 '생명 과학' '생활 과학' 정도가 된다.〕

ㅇ 〈**아함경**(阿含經)〉〔〈**아가마** (Āgama)〉〕과 〈**니까야**(Nikāya)〉: 〔Nikāya = '성전(聖典)', '기록'〕 〔Āgama = '전승(傳承)', '원전'〕 〈아함경(阿含經)〉은 〈아가마-수뜨라(Āgama-Sutra)〉를 한문으로 번역한 것이다. 초기 불교 시대에 성립된 약 2천 개의 경전들을 통틀어 이르는 말로, 다섯 〈니까야〉와 네 〈아함경〉으로 정리되어 전승되었다. 이 5부 〈니까야〉〔남전〕와 4부 〈아함경〉〔북전〕은 다음과 같다. ① 디가 니까야(Dīgha Nikāya) 〔①〈장아함경(長阿含經)〉에 해당〕, ② 맛지마 니까야(Majjhima Nikāya)〔②〈중아함경(中阿含經)〉에 해당〕, ③ 쌍윳따 니까야 (Saṃyutta Nikāya)〔③〈잡아함경(雜阿含經)〉에 해당〕, ④ 앙굿따라 니까야(Aṅguttara Nikāya) 〔④〈증일아함경(增壹阿含經)〉에 해당〕, ⑤ 쿳다까 니까야(Khuddaka Nikāya).

ㅇ 『**야즈나발끼야 법전** Yājñavalkya Smṛti』: 브라흐만교 관습, 사법 절차, 범죄와 처벌 등 세 권으로 구성된 브라흐만교 법전

ㅇ 『**역대삼보기**(歷代三寶記)』: 수(隋)나라 때 비장방(費長房)이 597년〔개황(開皇) 17〕에 저술한 책. 『개황삼보록(開皇三寶錄)』이라고도 함. 붓다 탄생 이래의 불교사 연보(年譜)와 후한(後漢)에서 수까지 번역된 불전(佛典) 목록을 수록했다.

ㅇ 『**오디세이아** Odysseia / Odyssey』: 고대 그리스 시인 호메로스(Homeros)〔기원전 8세기(750년)경〕의 대서사시

ㅇ 『**우빠니샤드** Upaniṣad』: 브라흐만교의 철학적이고 영적인 지식을 모은 고대 쌍스끄리뜨어 경전 모음. 기원전 500년 전후 수백 년에 걸쳐 성립된 것으로 추정하며, 시기 및 철학적으로 〈베다(Veda)〉의 마지막 부분을 형성하기에 '베단따(Vedānta, 베다의 끝, 결론)'라고도 한다.

ㅇ 〈**우빠베다** Upaveda〉: 브라흐만교에서 부(副)〈베다〉. 4가지 실용 지식인 『아유르-베다(Āyur-veda)』(의학), 『다누르-베다(Dhanur-veda)』(군사), 『간다르바-베다 (Gandharva-veda)』(예술), 『아르타샤스뜨라-베다(Arthaśāstra-veda)』(정치 경제) 〔또는 『스타빠띠야-베다(Sthapatya-

사전 수첩 문헌

veda)』(건축)〕

ㅇ 『**웨다나 쌍윳따** Vedanā saṃyutta』: 느낌의 상윳따. 〈쌍윳따 니까야(Saṃyutta Nikāya)〉 36번째.

ㅇ 『**유행경**(遊行經)』: 불타야사와 축불념이 번역한 『대반열반경(大般涅槃經) (Mahāparinibbāna Sutta마하빠리닙바나 숫따)』의 이본(異本)

ㅇ 『**율장**(律藏)』: 〔비나야 삐따까(Vinaya Piṭaka)〕 붓다 생존시 또는 입멸 뒤에 불교 교단의 계율을 집대성한 것

ㅇ 『**의정불식화혼법**(擬定佛式花婚法)』:1917년 이능화(李能和, 1869~1943)가 발표한 근대식 불교 혼례법

ㅈ 『**자따카** Jātaka』: 본생담(本生談), 본생경(本生經). 붓다 전생 이야기 모음.

ㅈ 『**중성점기**(衆聖點記)』: 붓다가 입적한 해 7월에 우빨리(Upāli) 존자가 율장(律藏)에 제1점을 찍기 시작하여 매년 성스러운 제자〔중성(衆聖)〕들이 1점씩 기록〔점기(點記)〕했다는 뜻이다.

ㅊ 〈**천계경**(天啓經)〉: 슈라우따-수뜨라(Śrauta-sūtra) 〔제사경(祭事經)〕 〔브라흐만교에서 〈베당가(Vedāṅga)〉의 6가지 분야 중 하나인 〈깔빠 수뜨라(Kalpa-sūtra)〉(제사)류 가운데 한 카테고리〕 제관(祭官)이 집행하는 대제(大祭)〔큰 제사〕를 설명한 경서류 〔천계(天啓)=천신(天神)의 계시(啓示)〕

ㅋ 『**쿳다까-니까야** Khuddaka Nikāya』: 〔=『소부(小部)』〕 초기 불교 경전인 빨리어 경장(經藏) 〈5부 니까야〉의 마지막 묶음

ㅍ 『**팔상록**(八相錄)』: 붓다의 생애를 8가지 장면으로 기록한 전통적인 붓다의 일대기 〔그림으로 표현한 것은 팔상도(八相圖)〕

사전 수첩 : Ⓣ 용어〔가나다〕

12연기(緣起) / **12지**(支) : 무명(無明)부터 노사(老死)까지 12지분 사이의 인과 관계로 윤회를 설명하는 불교의 고유한 근본설, 괴로움의 발생과 소멸의 구조
12정법(淨法) : 슈끌라-다르마(śukla-dharma)〔=the pure law〕브라흐만교에서 임신부터 성혼에 이르기까지 자연의 죄악을 정화하기 위해 집행하는 의식이고, 어떤 카스트에 속하든 이를 따라야 한다.
2단계의 수드라에서 8단계의 브라만이 되기까지 걸리는 시간 : 6,505억 2,880만 4,000년
5욕(五慾) : 5가지 욕망. 빛과 모양〔형색(形色)〕, 소리〔성(聲)〕, 냄새〔향(香)〕, 맛〔미(味)〕, 감촉〔촉(觸)〕
3계(三界) : 〔뜨리 다뚜(tri-dhātu)〕욕계(欲界), 색계(色界), 무색계(無色界)
3독(三毒) : 〔뜨리 도샤(Ⓢtri-doṣa)〕욕망, 화냄, 무지
3매(三昧) : 정(定)〔=싸마디(samādhi)〕고요하고 차분한 상태〔=to hold things together, concentration of the mind, deep trance)〕≥〔선정(禪定)=댜나(Ⓢdhyāna)/쟈나(Ⓟjhāna)〕
3명(三明) : 띠쓰로 위뒤야흐(Ⓢtisro vidyāḥ) / 떼윗자(Ⓟtevijja) 아라한이 얻는 완전한 세 가지 지혜〔숙명통, 천안통, 누진통〕
3법인(三法印) : 북방 불교의 뜨리다르마-무드라(tri-dharma-mudrā)〔제행무상(諸行無常), 제법무아(諸法無我), 열반적정(涅槃寂靜)〕
3보(三寶) : 띠라따나(tiratana), 세 가지 보배. 붓다〔불(佛), Buddha〕, 담마〔법(法), Dhamma〕, 쌍가〔승(僧), Saṅgha〕
3수(三受) : 띳쏘(Ⓟtisso)/ 띠쓰로(Ⓢtisro) 웨다나(vedanā)〔수(受) 또는 수온(受蘊)을 3가지로 세분한 것=고수(苦受), 낙수(樂受), 사수(捨受)〕
3특상(三特相) : 초기 불교의 띨락카나(Ⓟti-lakkhana)〔무상(無常, anicca아닛짜), 고(苦, dukkha둑카), 무아(無我, anatta아낫따)〕세 가지 법의 특성〔=삼법인(三法印)〕
3학(三學) : 띠씩카(Ⓟtisikkhā) / 식싸 뜨라야(Ⓢśiksā-traya)〔instruction, learning, study of a skill〕〔수행 방법의 근본=계(戒, sīla씰라), 정(定, samādhi싸마디), 혜(慧, paññā빤냐)〕
32상(三十二相) : 드와뜨링샨-마하-뿌루샤-락샤나니(Ⓢdvātriṃśan-mahā-puruṣa-lakṣaṇani)〔=the 32 signs of a great being〕붓다의 32가지 특별한 모양
4고(四苦) : 4가지 괴로움〔=생, 노, 병, 사〕① 태어남〔생고(生苦)〕, ② 늙음〔노고(老苦)〕, ③ 병듦〔병고(病苦)〕, ④ 죽음〔사고(死苦)〕
4과성자(四果聖者) : 짜뚜르팔라(Ⓢcaturphalā / 짜뚭팔라(Ⓟcatupphala), 사향사과(四向四果), 사쌍팔배(四雙八輩)〔예류(預流), 일래(一來), 불환(不還), 아라한(阿羅漢)〕
4대(四大) : 사대종(四大種), 마하-부따(mahā-bhūta), 짯따로-마하-부따(cattāro-mahā-bhūtā) 물질를 구성하는 네 가지 근본 성질. 〔지대(地大, paṭhavi-dhātu빠타위(비)-다뚜), 수대(水大, āpo-dhātu아뽀-다뚜), 화대(火大, tejo-dhātu떼조-다뚜, 풍대(風大, vāyo-dhātu와(바)요-다뚜)〕
4성제(四聖諦) : 짜뚜르(짜뜨와리) 아리야 싸띠야니(ⓈCatur(Catvāri) Ārya Satyāni) / 짯따리 아리야 쌋짜니(ⓅCattāri Ariya-saccāni) '네 가지(四) 성(聖)스러운 진리〔를 살핀다(諦)〕' ① 고(苦)〔고통의 현실을 바로 보는 것〕, ② 집(集)〔사물이 모여 일어나는 것이 고의 원인〕, ③ 멸(滅)〔고를 멸한 것이 해탈(열반)의 세계〕, ④ 도(道)〔열반에 도달하는 길(수행 방법)인 팔정도(八正道)〕를 말한다.
5개(五蓋) : 빤짜 니와라나(pañca-nīvaraṇa)〔오장애, 다섯 가지 번뇌〕① 감각적 욕망〔까마찬다(kāmāchanda)〕, ② 악의〔위야빠다(vyāpāda)〕, ③ 해태(懈怠)와 혼침(昏沈)〔티나 밋다(thīna-middha)〕, ④ 들뜸과 후회〔웃닷짜 꾸꿋짜(uddhacca-kukucca)〕, ⑤ 회의적 의심〔위찌끼차(vicikichā)〕
5수(五受) : 육체의 즐거움〔낙(樂), 쑤카(sukha)〕, 육체의 괴로움〔고(苦), 둑카(dukkha)〕, 정신의 즐거움〔희(喜), 쏘마낫싸(somanassa)〕, 정신의 괴로움〔우(憂), 도마낫싸(domanassa)〕, 치우침이 없는 마음의 평온〔사(捨), 우뻭카(upekkhā)〕
5욕락(五慾樂) : 빤짜 까마구나(pañca kāmaguṇā)〔재욕(財欲)·성욕(性欲, 色欲)·음식욕(飮食欲)·명예욕(名譽欲)·수면욕(睡眠欲)〕
5온(五蘊) : 빤짜 칸다(Ⓟpanca-khandha)〔다섯 무더기=색(色)·수(受)·상(想)·행(行)·식(識)〕

5온(五蘊)**의 나타남** : 칸다낭 빠뚜바보(위)(khandhānaṁ pātubhāvo)
5온(五蘊)**의 해체** : 깐다낭 베도(kandhānaṁ bhedo)
6애신(六愛身) : 차 땅하 까야(cha taṇhā-kāyā) / ⓢ 샤트 뜨리슈나 까야(ṣaṭ tṛṣṇā-kāyāḥ) [여섯 가지 갈애의 무리 = 형색(形色), 소리, 냄새, 맛, 감촉, 대상]
6입(六入) : 쌀 아야따나(ⓟsal-āyatana) / 샤드 아야따나(ⓢṣad-āyatana) [여섯 감각 장소 = 눈, 귀, 코, 혀, 몸, 마음]
6수신(六受身) : 차 웨다나 카야(cha vedanā-kāyā) [여섯 가지 느낌의 무리 = 안촉수(眼觸受) · 이촉수(耳觸受) · 비촉수(鼻觸受) · 설촉수(舌觸受) · 신촉수(身觸受) · 의촉수(意觸受)]
6식신(六識身) : 차 윈냐나 카야(cha-viññāṇa-kāya) [여섯 가지 알음알이의 무리]
6촉신(六觸身) : 차 팟싸 까야(cha phassa-kāyā) [여섯 가지 감각 접촉의 무리 = 안촉(眼觸) · 이촉(耳觸) · 비촉(鼻觸) · 설촉(舌觸) · 신촉(身觸) · 의촉(意觸)]
8고(八苦) : 여덟 가지 괴로움. 사(4)고(四苦)[생, 노, 병, 사] + ⑤ 원증회고(怨憎懷古), ⑥ 애별리고(愛別離苦), ⑦ 구불득고(求不得苦), ⑧ 오취온고(五取蘊苦)
8상(八相) : [부처의 생애를 여덟 가지 상으로 나눈 것] ① 도솔래의상(兜率來儀相), ② 비람강생상(毘藍降生相), ③ 사문유관상(四門遊觀相), ④ 유성출가상(踰城出家相), ⑤ 설산수도상(雪山修道相), ⑥ 수하항마상(樹下降魔相), ⑦ 녹원전법상(鹿苑轉法相), ⑧ 쌍림열반상(雙林涅槃相)
8정도(八正道) : [아리야슈탕가마르가(ⓢĀryāṣṭāṅgamārga) / 아리야 앗탕기까 막가(ⓟAriya Aṭṭhaṅgika Magga)] 사성제(四聖諦) 중 마지막 도제(道諦)의 수행 방법으로 깨달음(멸제)[괴로움의 소멸]을 성취하는 원인이 되는, ① 정견(正見), ② 정사유(正思惟), ③ 정어(正語), ④ 정업(正業), ⑤ 정명(正命), ⑥ 정정진(正精進), ⑦ 정념(正念), ⑧ 정정(正定)의 여덟 가지 바른(성스러운) 길을 말한다.
80종호(八十種好) : 아시띠 아누반자나니(ⓢaśīty-anuvyañjanāni)[= the 80 secondary physical marks] 붓다의 80가지 보완되는 특징
ㄱ **가나** gana : 모임, 집단, 상인 조합 [=group, troop, association]
ㄱ **가네샤** Ganesha / **가나빠띠** Gaṇapati : 코끼리 머리에 네 개의 팔를 지닌 지혜와 행운, 재물의 신. 농업과 풍요를 상징하는 쥐[무샤까(mūṣaka)]를 바하나(vāhana) [탈것]로 한다. [gaṇa = 그룹, 군중 또는 범주 체계] + [īśa = 주인]
ㄱ **가루다** Garuḍa : 금시조(金翅鳥). 유지의 신 비슈누(Vishnu)가 타고 다니는 거대한 새
ㄱ **가르바게하** Garbageha : 신의 자궁, 자궁방(子宮房)[= garba(자궁) + geha (house, residence)]
ㄱ **가르바다나** garbhādāna : 수태식(受胎式)
ㄱ **가마** gāma / **그라마** grāma : 농촌 마을
ㄱ **가비슈띠** gaviṣṭi : 전쟁, 싸움 [gavish = 소를 갈구하다(wishing for cows / eager)]
ㄱ **가사**(袈裟) : 까사야(ⓢkāṣāya) / 까사와(ⓟkasāva)
ㄱ **가사**(假死) : 쁘라즈냐-므리따(prajña-mṛta)
ㄱ **가서자**(家棲者) : 쌀리나(sālina), 배움을 마치고 집으로 돌아가 생활하는 사람
ㄱ **가족** : 꿀라(kula) = 마음 공동체 [꿀라의 다른 뜻으로 ② 족성(族姓)도 있다.]
ㄱ **가주기**(家住期) : 그리하스타(gṛhastha). 브라흐만교에서 아슈라마 2주기
ㄱ **가타** gāthā : 게송(偈頌), 감흥을 읊은 아름다운 노래, 경구
ㄱ **간다 꾸띠** Gandha Kuti : 녹야원의 붓다의 방, 여래향실. [간다(gandha, 향기) + 꾸띠(kuti, 오두막)]
ㄱ **간다라** Gandhara **양식** : 마투라 양식와 같은 시기(기원전 2세기경) 헬레니즘 미술의 영향을 받아 간다라(지금의 파키스탄)에서 형성된 불상 조각 양식
ㄱ **간다르바-혼인** Gāndharva-vivāha : 건달바혼(乾闥婆婚), 연애혼(戀愛婚)
ㄱ **갈대** : [로(蘆)] 꾸샤(ⓢkuśa) / 꾸싸(ⓟkusa) = 다르바(ⓢdarbha) / 답바(ⓟdabbhā)
ㄱ **갈애**(渴愛) / **애**(愛) : 딴하(ⓟTaṇhā) / 뜨리슈나(ⓢTṛṣṇā)
ㄱ **감각적 욕망** : 까마찬다(kāmāchanda). 형색, 소리, 냄새, 맛, 감촉의 5가지 감각적 욕망과 지위, 명예 등에 대한 욕망
ㄱ **감독관**(監督官) : 빠르-아빠띠야(pār-apātya) [pār = to complete, to finish + pati = Master]
ㄱ **감로**(甘露)**수** : 암리따(amṛta), 영묘한 술, 불사(不死)의 음료 [a = 아니 + mṛta = 죽음]
ㄱ **감흥**(感興) : 우다나(udāna)
ㄱ **강가** Ganga : ① 갠지스(Ganges)강 ; ② 갠지스강의 여신. 마까라(Makara)라는 악어 비슷한 전설적인 바다 생물을 바하나(vāhana)[탈것]로 한다.

사전 수첩 용어[가나다]

ㄱ **개아**(個我) : 뿍갈라(puggala)
ㄱ **개안 의식**(開眼儀式) : 쁘라나 쁘라띠슈타(prāṇa pratishthā)〔prāṇa = 숨결, 생명력〕
ㄱ **걸식**(乞食) : 탁발(托鉢), 삔다빠따(piṇḍapāta). 수행자가 마을을 다니면서 음식을 얻는 일
ㄱ **겁**(劫) : 깔빠(kalpa) = 우주 시간, 브라흐마의 하루, 겁(劫)〔인간 기준으로 = 43억 2,000만 년〕
ㄱ **게송**(偈頌) : 가타(gāthā), 기야(geya). 감흥을 읊은 아름다운 노래, 경구
ㄱ **겨울** : 건기(乾期), 헤만띠(hemanti)
ㄱ **견취**(見取) : 딧티 우빠다나(diṭṭh-upādāna), 딧투빠다나(diṭṭhupadānā), 드리쓰띠 빠라마르샤(ⓢdrsti-parāmarśa)〔견해에 대한 취착〕
ㄱ **결발**(結髮) : 〔쭈다(cūḍā)〕 정수리에서 상투를 엮은 머리 모양
ㄱ **결발식**(結髮式) : 쭈다 까르만〔cūḍā-karman(karma)〕/ 추다 까르마(chuda-karma)
ㄱ **결의**(決意) : 아딧타나(adhiṭṭhāna)〔〈남전〉의 십바라밀(十波羅蜜)〔다샤(10) 빠라미요(dasa pāramiyo)〕 중 여덟째〕 굳은 결심, 결정〔= decision, self-determination, strong determination〕
ㄱ **결혼 시합** : 쓰와얌바라(svayambara)〔svayam = 스스로, 자신이〕〔bara/vara = 택하다〕
ㄱ **결혼식**(結婚式) : 비바하(vivāha)
ㄱ **계**(戒) : 씰라(sīla), 도덕성.
ㄱ **계금취**(戒禁取) : 씰랍바뜨-우빠다나(sīlabbat-upādāna)〔계와 의식에 대한 취착〕
ㄱ **고**(苦) : 둑카(ⓟdukkha) / 두카(ⓢduḥkha)〔육체의 괴로움〕〔suffering, pain, unease, unsatisfactoriness〕
ㄱ **고**〔일체개고(一切皆苦)〕 : 쌉베 쌍카라 둑카(sabbe saṅkhārā dukkhā)
ㄱ **고고성**(苦苦性) : 둑카 둑카따(dukkha-dukkhatā)〔정신적, 육체적으로 일상에서 일어나는 모든 고통〕
ㄱ **고멸성제**(苦滅聖諦) : 둑카 니로다 아리야 쌋짜(dukkha-nirodha ariya-sacca)〔괴로움이 소멸되는 성스러운 진리〕
ㄱ **고문관** / **대신**(大臣) : 아마띠야(amātya)
ㄱ **고따마** Gōtama : 붓다의 성씨〔= 아주 크고 좋은 황소(최대모우(最大牡牛))〕
ㄱ **고따미** Gōtami : 고따마 씨족의 여자
ㄱ **고빠** gopá / **가빠띠** gapati : 왕〔= cowherd, herdsman, protector, guardian〕
ㄱ **고빨라** gopāla : 목인(牧人), 목자(牧者)〔go = 소, pāla = 보호자〕
ㄱ **고성**(苦性) : 둑카따(dukkhatā)〔괴로움의 세 가지 유형 : 고고성, 행고성, 괴고성〕
ㄱ **고성제**(苦聖諦) : 둑카 아리야 쌋짜(dukkha ariya-sacca)〔괴로움의 성스러운 진리〕
ㄱ **고수**(苦受) : 둑카(ⓟdukkha) / 두카(ⓢduḥkha) 웨다나(vedanā)〔괴로운 느낌, 다시 겪고 싶지 않은 느낌〕
ㄱ **고제**(苦諦) : 둑카 쌋짜(dukkha-sacca)〔괴로움의 진리〕
ㄱ **고집성제**(苦集聖諦) : 둑카 싸무다야 아리야 쌋짜(dukkha-samudaya ariya-sacca)〔괴로움이 일어나는 성스러운 진리〕
ㄱ **고행**(苦行) : ① 둑까라짜리야(dukkaracariya), 두슈까라-짜리야(ⓢduṣkara-caryā)〔dukkara(어려운) + cariya(행)〕〔= **고**(苦)〕 : ② 따빠쓰(ⓢtapas)〔= 열(熱)〕
ㄱ **고행자**(苦行者) : 따빠씨(ⓢtapassi)
ㄱ **공**(空) : 쑨냐(ⓟsuññā / ⓢśūnya)〔비어 있는, 없는, 무아인, 오온의 무더기를 해체하여 보는〕
ㄱ **공덕수**(功德水) : 〔앙고뻬따-빠니야(aṅgôpeta-pāniya)〕 인도에서 선한 일을 하고 주변에 그것을 증명해 줄 사람이 없을 경우 지켜본 신들에게 언젠가 증명해 달라고 땅이나 나무, 풀에 뿌리는 물
ㄱ **공로**(公路) : 공공 도로〔빠타 ⓢpatha(= streets), 마르가 ⓟmārga(= way, road)〕
ㄱ **공물**(貢物) : 발리(bali)
ㄱ **공상**(共相) : 싸만냐 락카나(ⓟsamañña lakkhaṇa)〔모든 현상에 공통된 성품, 보편적 성질〕↔ **자상**(自相) / **자성**(自性) : 빳짯따 락카나(ⓟpaccatta-lakkhaṇa)
ㄱ **공의파**(空衣派) : 디감바라(Digambara), 나형 외도(裸形外道)(아쩰라까(acelaka))의 한 파로 알몸으로 생활
ㄱ **공회당** : 쌍스따가르(saṇstagar)
ㄱ **관정**(灌頂) : 아비셰까(abhiṣeka), 아비셰짜나(ⓟabhiṣecana)〔abhi(끼얹다) + ṣecana(물)〕, 뭇다와씻따(ⓢmuddhāvasitta)〔muddhā (정수리) + avasitta(물을 붓다)〕〔= sprinkling holy water〕
ㄱ **괴고성**(壞苦性) : 위빠리나마-둑카따(viparināma-dukkhatā), 좋은 기분이 사라짐으로 인한 낙담
ㄱ **교리**(敎理) : 와다(vāda)
ㄱ **교학**(敎學) : 불교의 교리와 학문 체계

ㄱ **구루** guru : 큰 스승. 법도에 따라 음식과 숙소를 제공하면서 인도하는 존재

ㄱ **구행**(口行) : 와찌 쌍카라(Ⓟvacī-saṅkhāra) 말로 하는 행위, 말이라는 행위

ㄱ **국가**(國家) : 자나빠다(janapada) / 끄쉐뜨라(kṣetra) = 국(國)

ㄱ **군대**(軍隊) : 유타(yūtha)

ㄱ **군진**(軍陣) : 쌍그라마(saṃgrāma). 공격, 충돌, 전투하는 자

ㄱ **권청**(勸請) : 아데샤나(adhyeṣaṇa) 〔invitation ; causing one to do a thing, especially a preceptor〕특히 스승께 어떤 일을 하도록 요청하는 것. 우빠니만뜨리따(upanimantrita)

ㄱ **귀가식**(歸家式) : 싸마바르따나(samāvartana), 졸업식

ㄱ **그라마니** grāmanī : 부대장(部隊長)

ㄱ **그라미까** grāmika : 마을 촌장

ㄱ **그리하** gṛha : 가(家), 집, 가족

ㄱ **그리하스타** gṛhastha : 가주기(家住期), 아슈라마 2주기

ㄱ **근**(根) : 인드리야(indriya). 감각 기관의 고유한 기능, 능력〔indriya = 천신 인드라에 상응하는 힘〕

ㄱ **근본 8탑**(根本八塔) : 붓다의 입멸〔기원전 483?(400?)〕 후 유골을 여덟 세력에 분배해, 각각 탑(塔)을 만들어 안치한 것

ㄱ **금성**(金星) : 태백성(太白星), 장경성(長庚星), 샛별, 명성(明星)

ㄱ **금시조**(金翅鳥) : 가루다(Garuḍa), 거대한 새

ㄱ **기** ghi / ghee : 정제된 버터 기름

ㄱ **기리-구하** giri-guhā : 산동(山洞) 〔giri(언덕) + guhā(동굴)〕 = 산굴, 산의 큰 바위 틈

ㄱ **기리메칼라** Ⓟ Girimekhala : 마왕의 코끼리

ㄱ **기마**(騎馬) : 앗싸(assa)

ㄲ **까랴-까라나** kārya-kāraṇa : 〔kārya(결과) + kāraṇa(원인)〕 인과(因果)

ㄲ **까룻띠까** Kārttika : 인도력 8월

ㄲ **까르마** karma : 깜마(kamma), 업(業), 인연

ㄲ **까르마-마르가** karma-marga : 행위의 길

ㄲ **까마** Kāma / **까마데바** Kāmadeva : 성(性), 사랑의 신, 앵무새〔슈까(śuka)〕를 바하나(vāhana)〔탈것〕로 한다.

ㄲ **까마-다뚜** Ⓢkama-dhātu / **까마-로까** Ⓟkāma-loka : 욕계(欲界)〔욕망이 있는 물질의 세계〕

ㄲ **까마-딴하** kāma-taṇhā : 욕애(欲愛)〔kāma = pleasure, desire〕 감각적 쾌락에 대한 갈애

ㄲ **까마찬다** kāmāchanda : 감각적 욕망

ㄲ **까사야** Ⓢkāṣāya / **까사와** Ⓟkasāva : 가사(袈裟)

ㄲ **까야 쌍카라** Ⓟkāya-saṅkhāra : 신행(身行)〔몸으로 하는 행위〕

ㄲ **까우스뚜바** kaustubha : 가슴에 다는 보석, 힌두 신화에서 비슈누가 지닌다는 신성한 보석, 심장

ㄲ **까일라샤** Kailasha : 우주의 중심 = 수미산(須彌山) = 쑤메루(Sumeru)

ㄲ **까치** kachī : 굽지 않은 진흙 벽돌

ㄲ **까하빠나** kahāpana : 타각 화폐(打刻貨幣), 화폐의 단위

ㄲ **깐까남** kankanam : 팔찌, 결혼식에서 신랑 신부의 손목에 묶는 노란 실

ㄲ **깐타까** Kaṇṭhaka : 건척(健陟), 싯다르타 왕자의 애마(愛馬)

ㄲ **깔랄라밥빠** kalalavappa : 축축한 진흙에 씨를 뿌리는 파종

ㄲ **깔빠** kalpa : ① 적절한, 적합한, 유능한, 신성한 교훈. ② 베당가의 6가지 분야 중 하나. ③ 우주 시간, 브라흐마의 하루, 겁(劫)〔인간 기준으로 = 43억 2,000만 년〕. ④ 제사, 의식(the ceremonial), 형식적 절차

ㄲ **깔끼** Kalki : 미래에 올 마지막 구원자

ㄲ **깜마** kamma : 까르마(karma), 업(業)

ㄲ **깜마까라** kammakara : 토지를 소유하지 못한 일꾼

ㄲ **깜사** Kamsa : 마왕

ㄲ **깨끗함**, **정**(淨), **정화**(淨化) : 슛다(śuddha)

ㄲ **께샨따** keśānta : 치발식(薙髮式)

ㄲ **꼴** kol : 대추

ㄲ **꾸르마** kūrma : 거북이, 구(龜)

ㄲ **꾸살라** kusalā : 선(善), 선업(善業), 선법(善法), 이로운 의도

ㄲ **꾸샤** Ⓢkuśa / **꾸사** Ⓟkusa : ① 풀, 갈대〔로(蘆)〕 = 다르바(Ⓢdarbha) / 답바(Ⓟdabbhā) 〔길상초(吉祥草)〕

: ② 붓다에게 풀 한 단을 바친 목동의 이름 = 슈와(Śva)〔좋다〕〔(사람의 이름일 때) 길상(吉祥)〕

ㄲ **꾸이아** kuia : 족성(族姓)

ㄲ **꿀라** kula : ① 가족 〔= 마음 공동체〕 : ② 족성(族姓)

ㄲ **꿈꿈** kumkum : 정화와 행운을 상징하는 붉은 가루

ㄲ **끄리슈나** Kṛiṣhṇa : 사랑과 구원의 흑색의 신

ㄲ **끄리슈날라** kṛishṇala : 무게의 단위

ㄲ **끄샤뜨리야** Kshatriya : 인도 계급 제도에서 두 번째인 무사(왕족) 계급

ㄲ **끄쉐뜨라** kṣetra = 국(國) : 국가(나라), 자나빠다(janapada)

ㄴ **나** : 아(我), 앗따(attā), 아뜨만(atman)

ㄴ **나가** naga : 용(龍), 뱀, 치유와 다산(多産)의 신, 킹코브라(King Cobra)를 신격화한 것 〔나가에는 여러 무리 종족이 있고, 각 무리의 왕이 나가라자(용왕)다.〕

ㄴ **나가라** nagara / **나가르** nagar : 도시(都市) 〔= 1요자나(yojana) 크기의 도시〕

ㄴ **나디** nadī : 강(江) 〔nāda = 물 흐르는 소리 〕

ㄴ **나따라자** Nataraja : 춤과 공연의 신, 우주의 춤을 추는 왕

ㄴ **나라(국가)** : 자나빠다(janapada) / 끄쉐뜨라(kṣetra) = 국(國)

ㄴ **나라심하** narasimha / **느리싱하** nṛṣiṃha : 인사자(人獅子) 〔= nṛ(mankind) + ṣiṃha(lion)〕

ㄴ **나마** nāma : 명(名), 이름, 비물질 〔수(受) · 상(想) · 행(行) · 식(識)〕

ㄴ **나마-데야** nāma-dheya : 명명식(命名式)

ㄴ **나발우선**(螺髮右旋) : 〔샹카-시카(śaṅkha-śikhā)〕〔=top-knot which was in the form of a conch〕 소라 같은 머리칼〔나발(螺髮)〕이 오른쪽으로 돌아오른다

ㄴ **나형 외도**(裸形外道) : 아쩰라까(Acelaka), 나자(裸者), 무소유의 나체 수행자

ㄴ **낙**(樂) : 쑤카(sukha), 육체의 즐거움

ㄴ **낙수**(樂受) : 쑤카-웨다나(sukha-vedanā) 〔즐거운 느낌, 다시 겪고 싶은 느낌〕

ㄴ **난디** Nandi : 파괴의 신 쉬바(Shiva)가 타고 다니는 수컷 황소〔牡(모, 수컷 모)〕

ㄴ **난다** Nanda : 난타(難陀), 용왕의 우두머리

ㄴ **남자 신자** : 우빠싸까(upāsaka), 우바새(優婆塞), 청신사(淸信士)

ㄴ **남전**(南傳)과 **북전**(北傳) : 초기 불교의 가르침은, 한 갈래는 스리랑카-미얀마-태국 등 남방 불교 문화권으로〔남전(南傳)〕, 다른 한 갈래는 중국을 비롯한 한자 문화권인 북방으로〔북전(北傳)〕 전승되었고, 그 전승의 기본이 된 경전들이, 남방은 빨리어의 다섯 〈니까야(Nikāya)〉〔성전(聖典), 기록〕이고, 북방은 쌍쓰끄리뜨의 네 〈아함경(阿含經)〉〔〈Āgama-Sutra 아가마 쑤뜨라〉(전승(傳承), 원전)〕이다. 그래서 다섯 〈니까야〉는 〈남전〉, 네 〈아함〉은 〈북전〉으로 불린다.

ㄴ **〈남전〉의 십(10) 바라밀**(十波羅蜜) : 다사 빠라미요(dasa pāramiyo) ① 보시(布施)〔dāna 다나〕, ② 지계(持戒) 〔sīla 쉴라〕, ③ 인욕(忍辱)(saṁvara 상와라(=control, restraint)〕〔Ⓢkṣānti 끄샨띠 / Ⓟkhanti 칸띠〕, ④ 정진(精進)〔vīrya 위랴〕, ⑤ 지혜(智慧)〔Ⓟpaññā 빤냐 / Ⓢprajñā 쁘라즈냐(=반야(般若)〕, ⑥ 사세(捨世)〔nekkhamma 넥캄마〕, ⑦ 진실(眞實)〔saccā 삿짜〕, ⑧ 결의(決意)〔adhiṭṭhāna 아딧타나〕, ⑨ 자(慈)〔Ⓟmettā 메따 / Ⓢmaitrī 마이뜨리〕, ⑩ 사(捨)〔Ⓟupekkha 우뻭카 / Ⓢupekṣā 우뻭샤〕

ㄴ **납팔일**(臘八日) : = 납팔죽회(臘八粥會), 붓다가 깨달음을 이룬 날인 성도절(成道節)〔음력 12월(납월) 8일〕 흰쌀죽이나 잣죽〔납팔죽〕을 끓여 불전에 올리고 대중이 나누어 먹는 불교 전통

ㄴ **냐나** ñāṇa : 지혜(智慧) 〔= 사성제를 아는 것〕

ㄴ **네 무리의 군대 = 짜뚜랑기니-쎄나** caturaṅginī-sena : 전차(戰車, ratha 라타) + 보병(步兵, patti 빳띠) + 기마(騎馬, assa 앗싸) + 코끼리 부대〔상병(象兵), hatthi 핫티〕

ㄴ **노사**(老死) : 자라 마라나(jarā-maraṇa) 〔12연기의 늙음과 죽음〕

ㄴ **농경제**(農耕祭) : 와빠망갈라(vappamangala) 〔=royal ploughing ceremony〕

ㄴ **누진통**(漏盡通) : 아쓰라와-끄샤야-즈냐나(Ⓢāsrava-kṣaya-jñāna) / 아사왁카야-냐나(Ⓟasavakkhaya-nana) 〔번뇌를 완전히 끊음〕

ㄴ **느리싱하** nṛṣiṃha / **나라심하** narasimha : 인사자(人獅子) 〔= nṛ(mankind) + ṣiṃha(lion)〕

ㄴ **니가마** nigāma : 시장(市場)

ㄴ **니간타** Nigganṭha : 스스로 사슬을 끊은 자, 속박에서 자유로운 자

ㄴ **니그로다** Nigrodha / **니고다** Nigodha : 〔니구타(尼拘陀)〕 용수(榕樹)〔= 벵골(Bengal) 보리수(菩提樹)〕, 반얀 나무(Banyan tree)

ㄴ **니로다** nirodha : 불꽃이 꺼진, 소멸(消滅) 〔nirodha = '없다'(nir) + '바람에 날리다, 바람이 불다' =

'(바람이)불어서 꺼진 것'을 가리키는 술어〕〔=cessation, bringing to halt = 닙바나(nibbana)〕
니로다-싸마빳띠 nirodha-samāpatti : 멸진정(滅盡定)〔nirodha(소멸) + samāpatti(성취)〕 입정(入定), 모든 마음 작용의 완전한 소멸
니로다-쌋짜 nirodha-sacca : 멸제(滅諦)〔4성제 중 소멸의 진리〕
니룩따 nirukta : 주석서(註釋書), 어원학, 말놀이〔브라흐만교에서 〈베당가(Vedāṅga)〉의 6가지 분야 중 하나〕
니르바나 ⓢnirvāṇa / **닙바나** ⓟnibbāna : 열반(涅槃)〔=불어서 끄다, 사라졌다〕 번뇌의 불을 꺼서 깨우침의 지혜를 완성하고 완전한 정신의 평안함에 놓인 상태〔적멸(寂滅), 적정(寂靜), 원적(圓寂)〕
니밋따 nimitta : 상(相), 표지, 예측, 재현, 만들어진 것〔sign or mark by which objects are recognized〕
니쉬끄라마나 niṣkramaṇa : 출유식(出遊式)
니슈까 nishka : 금은 목걸이, 금화
니야그로다 ⓢNyagrodha / **니그로다** ⓟNigrodha : 니구율수(尼拘律樹), 인도 보리수, 아자빨라니그로다(Ajapālanigrodha)〔Ajapāla = 염소치기〕, 다근(多根), 용수(容樹), 살모수(殺母樹)
닙바나 ⓟnibbāna / **니르바나** ⓢnirvāṇa : 열반(涅槃)〔=불어서 끄다, 사라졌다〕 번뇌의 불을 꺼서 깨우침의 지혜를 완성하고 완전한 정신의 평안함에 놓인 상태〔적멸(寂滅), 적정(寂靜), 원적(圓寂)〕
닙바나-쌋치끼리야 nibbāna-sacchikirya : 소멸의 실현〔sacchikiriyā = 실현, 체험〕
닙밧따 nibbatta : 생성된〔=produced (from), extracted (from)〕
닙비다 ⓟnibbida / **니르비(웨)다** ⓢnirvida, nirveda : 염오(厭惡)〔=disenchantment, aversion〕 마음으로부터 싫어하여 미워함, 구역질, 권태, 세속에 대한 염증
능인(能仁) : 참 어진 사람, 붓다의 칭호 중 하나
능인(能忍) : 잘 참는 사람, 붓다의 칭호 중 하나
다누르 dhanur : 활
다뚜 dhātu : 영골(靈骨)〔=사리(舍利, sarīra싸리라)〕 : 계(界), 원소, 종족(種族)
다르마 dharma : 법(法), 의무
다르마-무드라 dharmamudrā : 법인(法印)〔법의 도장〕
다르바 ⓢdarbha / **답바** ⓟdabbhā : 갈대〔로(蘆)〕= 꾸샤(ⓢkuśa) / 꾸싸(ⓟkusa)
다르샨 darshan : 철학, 철학자, 통찰력, 신성한 이미지를 보는 능력
다비(茶毘) : 자빠뻬띠(jhapāpeti) / 자삐따(jhapita), 사비(闍毘), 화장〔육신을 원래 이루어진 곳으로 돌려보낸다는 뜻〕
다싸 dāsa : 악마, 야만인, 노예〔드라비다 계통 토착 원시 부족들로 불가촉천민의 선조로 추측〕
다쌰 dāsya : 노예 상태. 〈베다〉에서 적을 포로로 데려와 노예로 삼는 것.〔=dāsa + ya〕
다우리 dawry : 결혼 지참금
다이와-혼인 Daiva-vivāha : 신혼(神婚). 사제에게 공물로 신부를 바치는 결혼
닥쉬나 dakshiṇa : 브라만들에게 주는 제사(祭祀)의 사례금〔원뜻은 오른쪽〔right(side)〕, 남쪽(south)〕
단견(斷見) : 웃체다-드리슈띠(ⓢuccheda-dṛṣṭi), 웃체다 딧티(uccheda-diṭṭhi) 사후가 없다는 견해〔nihilism〕, 모든 것이 단멸(斷滅)한다고 믿음〔단멸론(斷滅論) = 생겨났다가 죽으면 끝〕
단다 daṇda : 지팡이〔장(杖)〕
단다 daṇḍa : 벌금
단생자(短生者) : 에까쟈(ekajā)〔=born alon or single〕, 일생족(一生族)〔=노예 계급인 슈드라(śūdra)〕
단식(斷食) : 아나샤나(anāśana)
달릿다 ⓟdaḷidda / ⓢdaridra : 극빈자, 떠돌이
달하-까하나 daḷha-ggahaṇa : 취착(取)〔강하게 거머쥐는 것, 집착하여 움켜쥠〕〔= 취(取), 우빠다나(upādāna)〕
담마 ⓟdhamma / ⓢdarma : 법(法), 가르침의 체계, 진리 : (때때로) 업(業), 의무
당력(唐曆) : 당나라 달력
대결집 : 빠따마-마하상기띠(Patama-mahāsaṅgiti). 붓다 사후 왕사성(王舍城)〔라자가하(Rājagaha)〕의 칠엽굴(七葉窟)에서 열린 비구들의 대결집 회의
대사(大使) : 레하리(lehari)
대사문(大沙門) : 마하 싸마나(mahā-samaṇa). 붓다의 별칭

ㄷ **대상**(對象) : 왓투(vatthu), 감각 토대. [마음이 의지하는 물질 근거, 감각이 일어나는 토대가 되는 기관]
ㄷ **수행자**[**선인**(仙人)] : 요기(yogi)
ㄷ **대승**(大乘) : 마하야나(Mahāyāna) [=큰 수레]
ㄷ **대신**(大臣) / **고문관** : 아마띠야(amātya)
ㄷ **대왕**(大王)[**황제**] : 삼라즈(samrāj)
ㄷ **대직신상**(大直身相) : 리주가뜨라따(ⓢṛjugātratā)[=tall and straight body, upright limbs] 신체가 크고 곧다. [붓다의 상호 중 하나.]
ㄷ **대추** : 꼴(kol)
ㄷ **더러움** / **부정**(不淨) : 아숫다(aśuddha) [a=아니+śuddha=청정, 깨끗한]
ㄷ **데바** deva : 신
ㄷ **데비** devi : 여신
ㄷ **데와뿟따** ⓟdevaputta : 신의 아들, 젊은 신(神)
ㄷ **도**(道) : 막가(ⓟmagga) / 마르가(ⓢmarga)
ㄷ **도띠** dhoti : 남성용 인도 전통 복장으로 4~5미터 정도의 천으로 바지 형태로 착용 [하의, 샅바]
ㄷ **도리천**(忉利天) : [뜨라야쓰뜨링샤(ⓢTrāyastriṃśa) / 따와띰사(ⓟTavatimsa)] 수미산 정상에 신들의 왕 인드라가 산다는 하늘
ㄷ **도마낫싸** ⓟdomanassa : 우(憂) [다섯 가지 괴로움 중 정신의 괴로움]
ㄷ **도성제**(道聖諦) : 둑카 니로다가미니 아리야 쌋짜(dukkha-nirodhagāmini ariya-sacca) [gāmini = leading to] [괴로움의 소멸로 인도하는 도 닦음의 성스러운 진리]
ㄷ **도솔천**(兜率天) : 뚜시따(Tuṣita). 욕계[欲界, 까마 다뚜(kama-dhātu)] 중 4천(天) [Tuṣita = 만족시키다(contentment, joy)] 지족(知足), 묘족(妙足), 희족(喜足), 희락(喜樂)
ㄷ **도솔천 내원**(內院) : 호명 보살이 항상 머물고 수행하며 법문(法問)하는 곳, 장차 붓다가 될 보살의 정토
ㄷ **도시**(都市) : 나가르(nagar) / 나가라(nagara) [=1요자나 (yojana) 크기의 도시] / 라자다니[rājadhāni = 도성(都城), 왕도]
ㄷ **도의**(道義) : 니띠(nīti)
ㄷ **도제**(道諦) : 막가-쌋짜(magga-sacca) [도의 진리]
ㄷ **둑카** dukkha : 고(苦) [육체와 정신의 괴로움, 불만족]
ㄷ **둑카-니로다가미니 아리야-쌋짜** dukkha-nirodhagāmini ariya-sacca : 도성제(道聖諦) [gāmini = leading to] [4성제 중 괴로움의 소멸로 인도하는 도 닦음의 성스러운 진리]
ㄷ **둑카-니로다 아리야-쌋짜** dukkha-nirodha ariya-sacca : 고멸성제(苦滅聖諦) [4성제 중 괴로움이 소멸되는 성스러운 진리]
ㄷ **둑카-둑카따** dukkha-dukkhatā : 고고성(苦苦性) [정신적, 육체적으로 일상 생활에서 일어나는 모든 고통]
ㄷ **둑카따** dukkhatā : 고성(苦性) [괴로움의 세 가지 유형 : 고고성, 행고성, 괴고성]
ㄷ **둑카-쌋짜** dukkha-sacca : 고제(苦諦) [4성제 중 괴로움의 진리] 고성제
ㄷ **둑카 싸무다야 아리야-쌋짜** dukkha-samudaya ariya-sacca : 고집성제(苦集聖諦) [4성제 중 괴로움이 일어나는 성스러운 진리]
ㄷ **둑카 아리야-쌋짜** dukkha ariya-sacca : 고성제(苦聖諦) [4성제 중 괴로움의 성스러운 진리]
ㄷ **드위**(비)**자** dvija : 재생자(再生者). 인도 계급에서 슈드라를 제외한 상위 세 계급으로, 종교적으로 성년식을 거치면서 한번 더 태어나는 기회를 얻는 자
ㄷ **들뜸**과 **후회** : 웃닷짜 꾸꿋짜(uddhacca-kukucca) [=탁회(掉悔)]
ㄷ **들숨날숨에 대한 마음 챙김** : 출입식념(出入息念) = ⓟānāpānasati 아나빠나싸띠 / ⓢ anāpānasmṛti 아나빠나쓰므리띠
ㄷ **디감바라** Digambara : 공의파(空衣派), 나형 외도(裸形外道)[아쩰라까(acelaka)]의 한 파로 알몸으로 생활함
ㄷ **댜나-마르가** dhyāna-marga : 명상의 길
ㄷ **댜우스** Dyaus : 하늘의 신
ㄷ **딕** dik / **디샤** diśā : 방향(directions), 방향의 수호신, 우주의 방위를 담당하는 자
ㄷ **딕가자** Dikgaja : 우주의 방위를 담당하는 코끼리 [eight elephants guarding eight cardinal directions with clouds] [dik = 방향] [gaja = 코끼리]
ㄷ **딧테 와 담메** diṭṭhe va dhamme : 현상계에서, 지금 여기(=here and now), 현금(現今)/현법(現法)

〔diṭṭha(보다)+eva(그래서)+dhamma(현상, 진리, 법)〕

ㄸ **딴하**Ⓟtaṇhā / **뜨리슈나**Ⓢ Tṛṣṇā : 갈애(渴愛), 애(愛)

ㄸ **뚜시따** Tuṣita : 도솔천(兜率天). 욕계〔欲界, 까마-다뚜(kama-dhātu)〕 중 4천(天) 〔Tuṣita = 만족시키다(contentment, joy)〕 지족(知足), 묘족(妙足), 희족(喜足), 희락(喜樂)

ㄸ **띠 데바** ti deva / **뜨리무르띠** Trimurti : 힌두 3신〔브라흐마(Brahma), 비슈누(Vishnu), 쉬바(Shiva)〕

ㄸ **뜨리시** tṛṣ : 목마름

ㄸ **띠라따나** tiratana : 삼보(三寶), 세 가지 보배 〔붓다(불(佛), Buddha), 담마(법(法), Dhamma), 쌍가(승(僧), Saṅgha)〕

ㄸ **띠르티까**Ⓢtīrthika / **띳티야**Ⓟtitthiya : 외도(外道), 불교 이외의 다른 종교나 사상

ㄸ **띨락** tilak : 이마의 점, 최고의 아름다움

ㄸ **띳쏘**Ⓟtisso / **띠쓰로**Ⓢtisro **웨다나** vedanā : 삼수(三受). 수(受) 또는 수온(受蘊)을 3가지로 세분한 것〔=고수(苦受), 낙수(樂受), 사수(捨受)〕

ㄹ **라가** rāga : 탐(貪), 애욕(愛慾), 성욕

ㄹ **라마** rāma : 신 = 람(Ram)〔헤 람(He Ram)! =오 라마여, 오 신이여!〕

ㄹ **라바나** Ravana : 마왕

ㄹ **라자** rāja / rajā : 왕, 소국의 왕, 공화제의 의장

ㄹ **라자꾸마라** Rāja-kumāra : 왕자 〔rāja = 왕, kumāra = 소년〕

ㄹ **라자다니** rājadhāni : 도성(都城), 왕도

ㄹ **라자뿌따** Rāja-puta : 왕자, 의장격 권리를 지닌 자의 아들 〔putra = 아들〕, 끄샤뜨리야의 한 자띠

ㄹ **라잔** Rājan : 왕(王)

ㄹ **라타** ratha : 전차(戰車)

ㄹ **라후** Rahu : 장애(障碍)〔=eclipse, seizer(잡는 사람, 압류인)〕, 족쇄, 일식(日蝕), 가족의 결속

ㄹ **라홀라** Rāhula : 〔라후라(羅睺羅)〕 붓다의 아들

ㄹ **라홀라-마따** Rāhula-māta : 라홀라의 어머니, 싯다르타 왕자의 정비(正妃)

ㄹ **락샤싸-혼인** Rākṣasa-vivāha : 나찰혼(羅刹婚), 약탈혼(掠奪婚). 브라흐만 법에서 가장 악한 혼인

ㄹ **레하리** lehari : 대사(大使)

ㄹ **력**(力) : 발라(bala) 〔=spiritual power〕 복수형은 balāni(발라니)

ㄹ **력**(力)-**바라밀**(波羅蜜) : 발라 빠라미따(bala-pāramitā) 〔십바라밀(十波羅蜜) 〔다샤(10) 빠라미따(daśa-pāramitā)〕 중 아홉째〕 마음과 신념의 힘을 키워 모든 어려움을 극복하는 것

ㄹ **로까야따** Lokāyata : 순세 외도(順世外道), 유물론 · 회의주의 · 향락주의 학파

ㄹ **로바** lobha : 탐욕(貪慾)

ㄹ **루드라** Rudra : 태풍의 신

ㄹ **루빠** rūpa : 색(色), 물질 〔형상, 물질이 무더기 지어 형체로 드러나는 것 = sum total of form〕

ㄹ **루빠-다뚜** Rupa-dhātu : 색계(色界)〔17천(天)〕〔마음으로 만들어진 세계〕

ㄹ **루빠-칸다** rūpa-khandha : 색온(色蘊) 〔물질의 무더기〕

ㄹ **룹빠나**Ⓟruppana : 변형(變形), 변괴, 끊임 없는 변화, 성가심, 부식됨, 짓무름

ㄹ **룹빠띠**Ⓟruppati : 조건에 의해 변형(變形)됨, 성가신 것, 상처받음, 영향받음

ㄹ **룽기** lungi : 도띠(dhoti)보다 짧은 형태로 치마로 착용

ㄹ **리그베다 시대** : 인도 문화권에서 기원전 1500경~기원전 1000경

ㄹ **리쉬**ⓈṚsi : 고행자, 힌두교의 선인(仙人)

ㄹ **링가** linga : 남성 성기

ㅁ **마군**(魔軍) : 마라-싸이냐(māra-sainya) 〔무장한 병사들, 호위대〕

ㅁ **마까라** Makara : 바다 동물, 악어 등의 뜻인데, 전설적인 바다 생물을 지칭하기도 한다. 힌두 신화에서 강가강의 여신 강가(Gangā), 바다의 신 바루나(Varuṇa) 〔하늘, 질서, 진실, 물, 마법의 신〕 등의 바하나(vāhana)〔탈것〕(물고기, 물개, 악어 등의 형태)로 등장한다.

ㅁ **마나바** māṇava / mānavaka : 마납바(摩納婆), 젊은 수행자 〔=young man, youth〕

ㅁ **마노** mano : 마음, 의(意) 〔mentality〕

ㅁ **마노-쌍카라**Ⓟmano-saṅkhāra : 의행(意行) 〔마음의 행위〕

ㅁ **마등가**(摩登伽) : 마땅가(mātaṅga), 불가촉천민(남자)

ㅁ **마등기**(摩登祇) : 마땅기(māṭaṅgi), 불가촉천민(여자)

ㅁ **마라** Māra : ① 마(魔) 〔=evil one, tempter, devil, principle of destruction〕 : ② 마왕(魔王) : ③

살자(殺者)〔안따까(Antaka = death), 끝을 내는 사람〕: ④ 악자(惡子)〔깐하(kaṇha), 시커먼 사람〕: ⑤ 빠맛따 반두(pamatt-bandhu)〔= friend of the careless = 방일(放逸, 제 멋대로 구는 것)의 친척〕

ㅁ **마라-빠삐만** Māra-Pāpīman / **마라-빠삐야쓰** Māra-Pāpīyas / **마라-빠삐얀** Māra-Pāpīyan : 사악한 법〔빠빠 담마(pāpa-dhamma)〕을 고루 갖춘 자〕〔Pāpīyās = 사악한〕〔= 마라 파순(魔羅波旬), 마라 파비야(魔羅波卑夜), 해탈의 방해자〔解脫障(해탈장)〕, 나무찌(Namuci = 파괴자, 죽음)〕

ㅁ **마루뜨** Marut : 폭풍의 신

ㅁ **마르가** Ⓢ marga / **막가** Ⓟ magga : 길, 도로〔도(道)〕

ㅁ **마야윈** māyāvin : 게으름, 불성실(不誠實), 위선적인, 기만적인, 속이는, 환영의, 속이는 사람, 마술사. 〔māyā = 속임수, 마술사〕

ㅁ **마왕의 12군단**(軍隊) : ① 탐욕(貪慾) ② 원망(怨望) ③ 굶주림, 추위, 더움〔기갈한서(飢渴寒暑)〕④ 애착(愛着) ⑤ 권태(倦怠), 수면(睡眠) ⑥ 두려움〔공포(恐怖)〕⑦ 의심(疑心) ⑧ 분노(忿怒) ⑨ 시기(猜忌) ⑩ 어리석음〔무지(無知)〕⑪ 교만(驕慢) ⑫ 비난(非難)

ㅁ **마유라** mayūra : 공작새(peacock)

ㅁ **마음장상**(馬陰藏相) : 꼬쇼빠가따-와스띠-구햐(kośopagata-vasti-guhya)〔= male organs concealed in a sheath〕말의 성기가 번데기처럼 움츠러든 모양〔붓다의 상호의 하나〕

ㅁ **마이뜨레야** Ⓢ Maitreya : 미륵(彌勒)〔maitrī = loving-kindness〕

ㅁ **마투라** Mathura **양식** : 기원전 2세기경(간다라 양식과 같은 시기) 인도 중북부의 마투라 지방에서 발생한 불상 조각 양식

ㅁ **마하** mahā : 위대한(great), 큰, 대(大)

ㅁ **마하 부미-쁘리티위** Mahā Bhūmi-Pṛthivi : 대지의 위대한 여신〔부미(Bhūmi) = 흙, 대지, 땅 + 쁘리티위(Pṛthivī) = 대지의 여신, 지모신〕

ㅁ **마하-부따**(mahā-bhūta) : 사대(四大), 사대종(四大種), 짯따로-마하-부따(cattāro-mahā-bhūtā) 물질를 구성하는 네 가지 근본 성질. 〔지대(地大, paṭhavi-dhātu 빠타위(비)-다뚜), 수대(水大, āpo-dhātu 아뽀-다뚜), 화대(火大, tejo-dhātu 떼조-다뚜, 풍대(風大, vāyo-dhātu 와(바)요-다뚜)〕

ㅁ **마하-싸마나** mahā-samaṇa : 〔대사문(大沙門)〕붓다의 별칭

ㅁ **막가** Ⓟ magga / **마르가** Ⓢ marga : 길, 도로〔도(道)〕

ㅁ **막가-쌋짜** magga-sacca : 도제(道諦)〔4성제 중 도의 진리〕도성제

ㅁ **만다라 꽃**(蔓陀羅花) : 〔만다라와-뿝파(mandarava-puppha)〕천상 세계의 성스러운 꽃〔puppha = flower〕

ㅁ **만디르** Mandir : 신전(神殿), 힌두 사원

ㅁ **만뜨라** mantra : 주문(呪文)

ㅁ **망령**(亡靈) : 므리따(mṛta)〔= being dead〕

ㅁ **맛쌰** Matsya / **맛차** Ⓟ Maccha : ① 고대 인도 16대국 중 하나. ② 물고기〔어(魚)〕, 비슈누(Vishnu)의 첫 번째 아바타(화신)인 물고기 화신

ㅁ **메라야** meraya : 과일을 발효시킨 술

ㅁ **면탈**(免脫) : 부정한 방법으로 책임이나 의무에서 벗어남

ㅁ **멸제**(滅諦) : 니로다 쌋짜(nirodha-sacca)〔4성제 중 소멸의 진리〕멸성제

ㅁ **멸진정**(滅盡定) : 니로다 싸마빳띠(nirodha-samāpatti)〔nirodha(소멸) + samāpatti(성취)〕입정(入定), 모든 마음 작용의 완전한 소멸

ㅁ **명**(名) : 나마(nāma)〔수(受)·상(想)·행(行)·식(識)〕

ㅁ **명명식**(命名式) : 〔나마-데야(nāma-dheya)〕12정법(淨法)〔슈끌라 다르마(śukla-dharma)〕중 제5정법

ㅁ **명상** : 요가(yoga)

ㅁ **명색**(名色) : 나마-루빠(nāma-rūpa), 정신(비물질)과 물질, 이름과 물질, 12연기의 4번째

ㅁ **명지**(明知) : 윗자(Ⓟ vijjā)

ㅁ **모니**(牟尼) : 무니(muni) = 성자(聖者)

ㅁ **모히니** Mohini : 비슈누(Vishnu)의 여성 화신

ㅁ **목샤** moksha : 해탈(解脫)

ㅁ **무끄따** muktā : 진주(眞珠), 코

ㅁ **무더기** : 온(蘊), 칸다(khandha)

ㅁ **무명**(無明) : 아윗자(Ⓟ avijjā)〔a(아니) + vijjā(법, 진리를 아는 것)〕〔= 사성제(四聖諦)를 모르는 것〕

ㅁ **무명뇌**(無明惱) : 무명의 번뇌

ㅁ **무상**(無想) : 아닛짜(Ⓟaniccā) [unstable, impermanent, inconstant]
ㅁ **무상**[제행무상(諸行無常)] : 쌉베 쌍카라 아닛짜(sabbe saṅkhārā aniccā)
ㅁ **무상정등정각**(無上正等正覺) : 아눗따라-쌈약-쌈보디(Ⓢ Anuttara-samyak-saṃbodhi) / 아눗따라-쌈마쌈보디(Ⓟ Anuttarā-sammāsaṃbodhi) 위없이 견줄 바 없는 바른 깨달음 [아뇩다라삼먁삼보리(阿耨多羅三藐三菩提)]
ㅁ **무샤까** mūṣaka : 쥐(rat, mouse), 도둑(thief), 약탈자(plunderer)
ㅁ **무색계**(無色界)[5천(天)] : [아루빠-다뚜(Ārūpya-dhātu)] 순수한 정신적인 세계
ㅁ **무소유처정**(無所有處定) : 아낑짜냐야따나-싸마빳띠(Ⓢākiṃcanyāyatana-samāpatti)'(ākiṃcanyāyatana = sphere of nothingness, non-existence) [아낀짜냐(Ⓟākiñcaññā) = 아무것도 없음, state of living nothing, absence of (any) possessions] [āyatana 아야따나 = 처(處) = center of experience] [samāpatti = 대상의 조건 없이 얻어진 삼매]
ㅁ **무아**(無我) : 아낫따(Ⓟanattā)[an(아니) + attā(나)] / 아나뜨만(Ⓢanātman)[an(아니) + ātman(자아)] [not-self, non-self]
ㅁ **무아**[제법무아(諸法無我)] : 쌉베 담마 아낫따(sabbe dhammā anattā)
ㅁ **무여열반**(無餘涅槃) : 니루빠디세싸 닙바나(nirupadhiśeṣa-nibbāna) [육체가 다한 열반, 죽음 = 빠리 닙바나(pari nibbāna), 대반열반(大般涅槃), 반열반(般涅槃)]
ㅁ **무우수**(無憂樹) : 아쇼까(Aśoka) 나무 인도에서 흔히 볼 수 있는 열대성 나무 [학명 : 사라카 인디카(Saraca indica)] 아쇼까[aśoka(ashoka)]는 '근심이 없다'란 뜻이어서, 무우수(無憂樹)[근심 걱정이 없는 나무]라고 한다. 붓다가 룸비니의 이 나무 아래에서 탄생하셔서, 보리수(菩提樹)[깨달음], 사라수(沙羅樹) [열반]와 함께 불교 3대 성수(聖樹)의 하나가 되었다.
ㅁ **무유애**(無有愛) : 위바와-딴하(vibhava-taṇhā) [vibhava = 존재에서 벗어남 (free from existence, cessation of life) ; being everywhere, omnipresence ; prosperity] 존재하지 않음에 대한 갈애
ㅁ **무지**(無知) : 안냐나(Ⓟaññāṇa) / 아즈냐나(Ⓢajñāna) [a(없음) + ñāṇa(지혜)] 사성제(四聖諦)를 모르는 것
ㅁ **무카** mukha : 얼굴
ㅁ **문다어** Munda languages : 인도 동부와 방글라데시 일부 지역에서 사용하는 언어군
ㅁ **문법학**(文法學) : 위(비)야까라나(vyākaraṇa) / 웨(베)이야까라나(veyyākaraṇa)
ㅁ **미륵**(彌勒) : 마이뜨레야(ⓈMaitreya), 멧떼야(ⓅMetteyya) [maitrī = loving-kindness]
ㅁ **미탸-지바** Mithya-jīva / **아지와까** Ājīvaka : 사명 외도(邪命外道), 그릇된 (떳떳하지 못한) 방법으로 사는 것 [mithya = 잘못된, 허구]
ㅁ **밀행제일**(密行第一) : 아즈냐따 짜(차)리야 Ⓢajñāta-carya(charya) / 씩카 까마 Ⓟsikkhā-kāma(배우기를 좋아함). 붓다의 아들 라훌라의 별칭
ㅂ **바가완 / 바가반** Bhagavan : 세존(世尊) [힌두교에서 신, 초월적인 존재를 뜻하던 말]
ㅂ **바나쁘라스타** vānaprastha : 임서기(林棲期)[브라흐만교의 아슈라마 3주기]
ㅂ **바라밀**(波羅密) : 빠라미따 Pāramitā [바라밀다(波羅蜜多)], 최상의 공덕 완성 [= pāra(저편, 피안, 궁극) + ṁ [대격(조사) : 으로] + √i(이른, 건너가는) + tā(것, 상태)]
ㅂ **바라하** varāha : 멧돼지[야저(野豬)]
ㅂ **바루나** Varuna : 우주(도덕) 질서를 관장하는 신 [하늘, 질서, 진실, 물, 마법의 신], 법(法)과 정의(正義)의 신, 서쪽의 상징
ㅂ **바르나** varna : 색(色, colour), 인도 계급 제도에서 기본 4계급
ㅂ **바마나** vāmana : 난장이[왜인(矮人)]
ㅂ **바쑤-아마띠야** vāsu-amātya : 재무관(財務官)[vāsu = wealth, riches, gold]
ㅂ **바와-딴하** bhava-taṇhā : 유애(有愛) [bhava = being, worldly existence, becoming, production] 불변하는 존재에 대한 갈애
ㅂ **바이** bhāi : 사촌, 형제 [bhāi = younger brother, kinsman, cousin]
ㅂ **바이따니까** vaitanika : 임금 노동자
ㅂ **바이바스바따** Vaivasvata : 인류의 시조, 인도 신화에서 현세를 창조했다고 여겨지는 신
ㅂ **바이샤** Vaisha : 평민 계급
ㅂ **바자르** bāzār : 시장
ㅂ **바하나** vāhana : 탈것[승물(乘物)] [= vehicles] 수레, 마차
ㅂ **박띠-마르가** bhakti-marga : 순수한 봉사의 길 [bhakti = 신과 인간의 결합, 신에 대한 헌신]

ㅂ **반다가리까** bhāndāgārika : 재상(宰相), 재무 담당자

ㅂ **반야**(般若) : 지혜(智慧) 〔= 쁘라즈냐(Ⓢprajñā) / 빤냐(Ⓟpaññā)〕 최상의 궁극적 지혜를 터득하는 것, 만물의 참다운 실상을 꿰뚫는 지혜 〔= the highest and purest form of wisdom〕

ㅂ **반열반**(般涅槃) : 대(大)반열반(般涅槃), 빠리닙바나(parinibbāna) 〔완전한 열반, 남김 없는 열반, 윤회가 끝나서 다시 태어나지 않는 최후의 열반, 무여열반(無餘涅槃)〕

ㅂ **발리** Bali : 악마

ㅂ **발리** bali : 〔공물(貢物)〕 야즈나(yajña)〔불을 이용한 제사〕 등 모든 제의에서 신들에게 바치는 공양물(음식, 꽃, 향 등)

ㅂ **발우**(鉢盂) : 〔빳따(Ⓟpatta (paṭṭa), 빠뜨라(Ⓢpātra)〕 밥그릇 〔= fine cloth, turban, metal plate, shield, plant〕〔= copper vessel〕

ㅂ **밥**〔**반**(飯)〕 : 오다나(odana)〔= boiled rice〕

ㅂ **방**(房) : 위(비)하레(vihāre), 비하라

ㅂ **방기** bhaṇgi : 길거리 청소부 계급 (낮은 계급)

ㅂ **방편**(方便) : 우빠야(upāya) 〔method (of reaching the state), remedy, pedagogy〕

ㅂ **방편**(方便)-**바라밀**(波羅蜜) : 우빠야 빠라미따(upāya-pāramitā) 〔십바라밀(十波羅蜜) 〔다샤(10) 빠라미따(daśa-pāramitā)〕 중 일곱째〕 중생을 이롭게 하기 위해 다양한 방법을 사용하는 것

ㅂ **백의파**(白衣派) : 스웨땀바라(Svetambara), 나형 외도(裸形外道)〔아쩰라까(acelaka)〕의 한 파로 흰 옷을 입음

ㅂ **백조**(白組) : 아와다따(avadāta) 〔밝은, 흰 무리〕 마왕의 아들 무리의 하나

ㅂ **범부**(凡夫) : 뿌투자나(puthu-jjana) 평범〔뿌타(putha)〕하고 다양한 오염원〔낄레사(kilesa), 번뇌(煩惱)〕 속에 사는 이들 〔puthu (평범한) = visuṁ (분리된) = pṛthu (많은)〕

ㅂ **뱀**〔**용**(龍)〕 : 나가(naga)

ㅂ **법문**(法問) : 불법(佛法)에 대해 묻고 대답하는 일

ㅂ **법인**(法印) : 다르마무드라(dharmamudrā) 〔법의 도장〕

ㅂ **베다 시대** : 기원전 1500년경 ~ 기원전 500년경

ㅂ **베다 제사** : 브라흐마-야즈냐(brahma-yajña)

ㅂ **베따나** vetana : 임금

ㅂ **베당가** vedāṅga : 지분(支分), 보조학

ㅂ **베**(웨)**이야까라나** veyyākaraṇa / **비**(위)**야까라나** vyākaraṇa : ① 수기(授記) 〔어떤 존재가 미래에 붓다가 될 것을 예언하는 것〕; ② 문법학(文法學)

ㅂ **벽지불**(僻地佛) : 〔Ⓢpratyeka-buddha 쁘라떼까-붓다/Ⓟpacceka-buddha 빳쩨까-붓다〕 붓다(부처)와 같이 스승 없이 홀로 깨달음에 이른 자, 연각(緣覺), 독각(獨覺)〔= 가르침에 의지하지 않고 스스로 깨달았으나 널리 퍼뜨리지는 않은, 홀로 깨달은 자〕

ㅂ **별궁**(別宮) : 안따-뿌라(antaḥ-pura)

ㅂ **보검**(寶劍) : 라뜨나-아씨(ratna-asi)

ㅂ **보디쌋뜨와**(바) Ⓢbodhisattva / **보디쌋따** Ⓟbodhisatta : 〔= 菩提薩唾(보리살타)〕 : 보살(菩薩), 장차 붓다가 될 고귀한 수행자 〔보디(bodhi, 보리) = 깨닫다, 쌋뜨바(sattva) = 존재, 유정(有情)〕

ㅂ **보리**(菩提) = **보디**(Ⓟbodhi) : 깨달음〔각(覺)〕〔= enlightenment〕

ㅂ **보리수**(菩提樹) : = 삐빨라나무(Pippala)

ㅂ **보병**(步兵) : 빳띠(patti)

ㅂ **보살**(菩薩) : 보디쌋뜨와(바)(Ⓢbodhisattva) / 보디쌋따(Ⓟbodhisatta) 보리살타(菩提薩唾), 장차 붓다가 될 고귀한 수행자 〔보디(bodhi, 보리) = 깨닫다, 쌋뜨와(바)(sattva) = 존재, 유정(有情)〕

ㅂ **보시**(布施) : 베풂(자비심으로 조건 없이 주는 것) 〔다나(dāna) = generosity, giving〕

ㅂ **보시**(布施)-**바라밀**(波羅蜜) : 다나 빠라미따(dāna-pāramitā) 〔육바라밀(六波羅密) 〔샤(6) 빠라미따(shat/śaṭ-pāramitā)〕 중 첫째〕 자신이 가진 것을 조건 없이 이웃에게 나누어 주는 행위 〔시(施)-바라밀, 단(檀)-바라밀〕

ㅂ **봉헌물**(奉獻物) : 하위(havi) 〔= offering, sacrifice to the gods〕 야즈나(yajña) 〔불을 이용한 제사〕에서 불에 태우는 공양물로 주로 기(ghi, 버터 기름)에 섞은 음식물이다.

ㅂ **부대장**(部隊長) : 그라마니(grāmanī)

ㅂ **부동**(不動) : 아짤라(acala)

ㅂ **부미** Bhūmi : 흙, 대지, 땅 〔= 쁘리티비(위)(Pṛthivī) : 대지의 여신, 지모신, 어머니 지구〕

ㅂ **부왕**(副王) : 우빠라자(ūparājā)

ㅂ **부정**(不淨) : 아슛다(aśuddha) = 더러움

ㅂ **부족** : 비슈(viś)

ㅂ **부파 불교**(部派佛敎) : 아비다르마〔Abhidharma = 논(論), 아비달마(阿毘達磨)〕 불교

ㅂ **북전**(北傳)과 **남전**(南傳) : 초기 불교의 가르침은, 한 갈래는 스리랑카-미얀마-태국 등 남방 불교 문화권으로〔남전(南傳)〕, 다른 한 갈래는 중국을 비롯한 한자 문화권인 북방으로〔북전(北傳)〕 전승되었고, 그 전승의 기본이 된 경전들이, 남방은 빨리어의 다섯 〈니까야(Nikāya)〉〔성전(聖典), 기록〕이고, 북방은 쌍쓰끄리뜨의 네 〈아함경(阿含經)〉〔〈Āgama-Sutra 아가마 쑤뜨라〉(전승(傳承), 원전)〕이다. 그래서 다섯 〈니까야〉는 〈남전〉, 네 〈아함〉은 〈북전〉으로 불린다.

ㅂ **분발식**(分髮式) : 씨만똔나야나(simantonnayana). 브라흐만교의 의식

ㅂ **분별설부**(分別說部) : 위밧자와다(Vibhajjavāda) 상좌부에서 나온 분파 〔vibhajja = dividing, analysing, detailing, 분해하고 해체함〕

ㅂ **분지**(分知) : 위자나띠(Ⓟ vijānati) 〔다른 것과 구분되는 특질을 식별하는 지(知)〕

ㅂ **불가촉천민**(不可觸賤民) : 아추뜨(Achut)〔= 만질 수 없다(untouchables)〕, 남부 인도에서는 빠리아(Pariah), 달리뜨(Dalit). 인도의 최하층민

ㅂ **불기**(佛紀) : 불교에서 연대를 헤아리는 기산법(起算法), 석가모니 붓다가 입멸한 해를 기준으로 삼는 연대 표기법

ㅂ **불교**(佛敎) : 붓다싸싸나(Buddha-sāsana)

ㅂ **불선업**(不善業) : 〔아꾸쌀라(akusala)〕 이롭지 않은 마음의 작용 〔a = 아니 + kusala = 선업〕

ㅂ **불성**(佛性) : 붓다뜨와(바)(Ⓢ Buddhatva) / 붓다따(Ⓟ Buddhatta)

ㅂ **불환**(不還) : 아나가민(anāgāmin)〔아나함(阿那含)〕〔4과의 세 번째〕

ㅂ **붓다 시대** : 기원전 624?~기원전 544?

ㅂ **브라만** Brahman : 최상층 사제 계급

ㅂ **브라흐마** Brāhma : 창조의 신

ㅂ **브라흐마-짜린** brahma-cārin / **브라흐마짜리아** brahmacarya : 학생기(學生期)〔아슈라마 1주기〕, 브라흐만교의 4주기 중 범행기(梵行期)

ㅂ **브라흐마-혼인** Brāhma-vivāha : 범혼(梵婚)

ㅂ **브라흐마나 시대** : 기원전 800년 전후 수백년

ㅂ **브라흐마-야즈냐** brahma-yajña : 베다 제사

ㅂ **브라흐만교** Brāhmanism : 바라문교(婆羅門敎) = 힌두교

ㅂ **브라흐만교〔힌두교〕 12정법**(淨法) : 슈끌라-다르마(śukla-dharma) 〔= the pure law〕 브라흐만교에서 임신부터 성혼에 이르기까지 자연의 죄악을 정화하기 위해 집행하는 의식

ㅂ **브라흐미** Brahmi **문자** : 아시아 여러 문자의 시조가 되는 고대 문자.

ㅂ **비뉴천**(毘紐天) = 비슈누(Vishnu) : 힌두 신화에서 유지의 신

ㅂ **비구**(比丘) : 빅쿠(bhikkhu)

ㅂ **비구니**(比丘尼) : 빅쿠니(bhikkhuni)

ㅂ **비라즈** Viraj : 최초의 인간인 뿌루샤(Purusha, Puruṣa)의 반쪽

ㅂ **비바하** vivāha : 결혼식(結婚式)

ㅂ **비상비비상처정**(非想非非想處定) : 나이와쌍즈냐-나쌍즈냐야따나(naivasaṃjñā-nāsaṃjñâyatana)

ㅂ **비슈누** Vishnu = 비뉴천(毘紐天) : 힌두 신화에서 유지의 신

ㅂ **비슈** viś : 부족

ㅂ **비영혼** : 아지바(와)(ajiva)

ㅂ **비유**(比喩) : 드리슈탄따(dṛṣṭānta, drishtanta)

ㅂ **비**(위)**야까라나** vyākaraṇa / **베**(웨)**이야까라나** veyyākaraṇa : ① 수기(授記) 〔어떤 존재가 미래에 붓다가 될 것을 예언하는 것〕 ; ② 문법학(文法學)

ㅂ **빅쓰뜨리** vikstrī : 유녀(遊女) 〔vik(=?) + strī(= woman, female)〕

ㅂ **빅쿠** bhikkhu : 〔비구(比丘), 비끄슈(Ⓢ bhikṣu), 필추(苾芻), 걸사(乞士)〕 거지, 또는 종교적 이유로 탁발(동냥)하여 얻은 보시로만 살아 가는 수행자

ㅂ **빅쿠 쌍가** bhikkhu-saṅgha : 〔bhikkhu = 비구(比丘)〕〔saṅgha = 승가(僧家)〕

ㅃ **빠나가라** pānāgāra : 술집

ㅃ **빠나스뜨리** panastri : 음녀(淫女)

ㅃ **빠다** padā : 보행(步行) [발, 발자취, 족적]

ㅃ **빠따마-마하상기띠** Patama-mahāsaṅgiti : 왕사성(王舍城)[라자가하 (Rājagaha)]의 칠엽굴(七葉窟)에서 열린 대결집 회의

ㅃ **빠띠** pati : 길 위, 노상(路上)

ㅃ **빠띠브라따** pativratā : 이상적인 아내

ㅃ **빠띠웨다** Ⓟpaṭivedha : 통찰 [paṭi(반대로, 뒷면)+vedha(찌르다, 꿰뚫다)]

ㅃ **빠틸로마**(Ⓟpaṭiloma) / **쁘라띨로마**(Ⓢpratilōma) : ① 역방향, 역순(逆順), 역생혼(逆生婚) ; ② 환멸문(還滅門) = 무명(無明)부터 소멸시키기 시작하여 12연기를 차례대로 소멸시키는 것을 관찰하는 것

ㅃ **빠팃짜** Ⓟpaṭicca : ~에 대하여 [연(緣)]

ㅃ **빠팃짜-싸뭇빠다** Ⓟpaṭicca-samuppāda : 연기(緣起) [paṭicca = ~에 대하여[연(緣)]+samuppāda = 함께, 위[기(起)]] [함께 위로 간다 = 일어남, 발생, 근원, 기원 = 의지하여 일어남] 원인과 결과의 법칙

ㅃ **빠팃짜-싸뭇빠다-담마** Ⓟpaṭicca-samuppāda-dhamma : 연기법(緣起法), 연이생법(緣而生法) [조건으로 인해 발생된 법]

ㅃ **빠라따쓰** Ⓢparatas : 너의 것, 타소(他所), 밖으로부터 오는 것[어타(於他)]

ㅃ **빠라마-쑤카** parama-sukha : 지복(至福) [궁극적 행복, 최상의 행복] [= 닙바나]

ㅃ **빠라미따** Pāramitā : [바라밀다(波羅蜜多)] 바라밀(波羅密), 최상의 공덕 완성 [= pāra(저편, 피안, 궁극)+ṁ[대격(조사) : 으로]+√i(이른, 건너가는)+tā(것, 상태)]

ㅃ **빠라슈라마** paraśurāma : 용사(勇士)

ㅃ **빠르-아빠띠야** pār-apātya : 감독관(監督官)

ㅃ **빠리닙바나** parinibbāna : 반열반(般涅槃), 대(大)반열반(般涅槃) [완전한 열반, 윤회가 끝나서 다시 태어나지 않는 최후의 열반, 무여열반(無餘涅槃)] [pari = 완전하다(complete, full, perfect, final)]

ㅃ **빠리브라자까** parivrājaka : 유행기(遊行期)[아슈라마 4주기], 이생기(離生期) = 싼냐씬(sannyāsin)

ㅃ **빠리얏띠** Ⓟpariyatti(paryāpti) : 통달, 이론적 숙지

ㅃ **빠릿체다-까라** pariccheda-kara : 재판관(裁判官)

ㅃ **빠맛따-반두** pamatta-bandhu : 방일(放逸, 제 멋대로 구는 것)의 친척(friend of the careless) [= 마라(Māra)]

ㅃ **빠빠-담마** pāpa-dhamma : 사악한 법

ㅃ **빠야싸** pāyasa : 우유죽, 유미죽(乳糜粥) [= 키르(kheer), 파야삼(payasam), 파예시(payesh)]

ㅃ **빠야쓰** payas : 우유도 뜻하고 빠야싸(pāyasa)[우유죽]도 뜻한다.

ㅃ **빠와라나** pavāraṇā : 자자(自恣) [여름 안거가 끝나는 날에 수행자들이 한곳에 모여 자신의 잘못을 고백하고 참회하는 의식]

ㅃ **빠우라나-빠타** paurāṇa-patha : 다시 찾은 옛길[고도(古道), 구도(舊道)] = 붓다가 깨달은 법

ㅃ **빠이샤짜-혼인** Paiśāca-vivāha : 비사차혼(卑舍茶婚), 겁탈혼(劫奪婚), 유혹혼(誘惑婚)

ㅃ **빤냐** Ⓟpaññā / **쁘라즈냐** Ⓢprajñā : 반야(般若), 지혜, 통찰지

ㅃ **빤냣띠** Ⓟpaññatti : 개념(概念) [알게 함, 지적, 이름, 관습적이고 임의적인 진실, 예컨대 이것은 산이다(바위, 단층, 숲, 계곡, 대지, 지구일 수 있음), 의자다(나무, 철, 가구 등일 수 있다), 지금은 몇 시다(인간이 임의로 정한 약속) 등의 상대적인 인식]

ㅃ **빤짜-니와라나** pañca-nīvaraṇa : 오(5)개(五蓋) [오장애, 다섯 가지 번뇌] ① 감각적 욕망[까마찬다(kāmāchanda)], ② 악의[위야빠다(vyāpāda)], ③ 해태(懈怠)와 혼침(昏沈)[티나 밋다(thīna-middha)], ④ 들뜸과 후회[웃닷짜 꾸꿋짜(uddhacca-kukucca)], ⑤ 회의적 의심[위찌끼차(vicikichā)]

ㅃ **빤짜밧(왓)기** pañcavaggī : 다섯 수행자, 웃다까-라마뿟따의 수행처에서 보살과 함께 떠난 다섯 명의 동료 수행자. [꼰단냐(憍陳如교진여, Koṇḍañña), 왑빠(婆頗바파, Vappa), 밧디야(婆提바제, Bhaddhiya), 밧디야(婆提바제, Bhaddhiya), 앗싸지(阿說示아설시, Assaji)]

ㅃ **빤차마스** Panchamas [= panchama varṇa] : 다섯 번째 계급, 쌍쓰끄리뜨어로 빤치(panch)는 5(five)

ㅃ **빤참리따** panchamrita : 과즙

ㅃ **빰쑤밥빠** paṁsuvappa : 흙먼지가 날리는 마른 땅에 뿌리는 것

ㅃ **빳띠** patti : 보병(步兵)

ㅃ **빳짜야-담마** Ⓟpaccaya-dhamma : [paccaya(조건)+dhamma(법)] 조건 짓는 대상들

ㅃ **뽀노바위까** ponobhavika : 재유(再由) [다시 태어남을 유발하는 것]

ㅃ **뽀샤다** Ⓢpoṣadha / **우뽀사타** Ⓟuposatha : 포살(布薩) [음력 매월 15일과 29일(또는 30일)에 수행자들이

한곳에 모여 서로의 잘못을 돌아보고 뉘우치는 의식〕
ㅃ **뿌루샤** Purusha / Puruṣa : 최초의 인간
ㅃ **뿌까** pukka : 불에 잘 구운 곡물
ㅃ **뿌르** pur : 〔뿌라(pura)〕 담, 울타리, 성(城)〔성벽으로 둘러싸인 영역 = 도시, polis〕
ㅃ **뿌르와** pūrva : 동쪽, 성스러운 방향
ㅃ **뿌쉬까리니** ⓢpuṣkariṇī / pushkarini : 남아시아의 힌두교나 불교 사원에 조성하는 연못이나 샘물, 약수터. 〔lotus-pool, a piece of water(lake or pool), female elephant〕
ㅃ **뿌자** pūja : 예배
ㅃ **뿍갈라** puggala : 개아(個我)
ㅃ **쁘라** pra : 출(出), 묶임에서 벗어나다
ㅃ **쁘라나 쁘라띠슈타** prāṇa pratishthā : 개안 의식(開眼儀式)〔prāṇa = 숨결, 생명력〕
ㅃ **쁘라니다나** praṇidhāna : 서원(誓願)〔sacred voluntary promise, aspiration〕〔pra = 위로, ni = 아래로, dhāna = 우주의 원칙에 알맞게 배치하다〕
ㅃ **쁘라샤드** prashad / prasad 쁘라사드 : 신성한 음식, 공물(供物)
ㅃ **쁘라자빠띠야-혼인** Prājāpatya-vivāha : 생주혼(生主婚)
ㅃ **쁘레따** preta : 망자〔pre = 떠나가다〕〔preta = ghost, goblin, lemures, evil spirit〕, 폐려다(閉麗哆) 아귀(餓鬼)
ㅃ **쁘리티비** Prithivi : 대지의 여신, 지모신, 어머니 지구
ㅃ **삐뜨르-야즈냐** pitṛ-yajña : 조령제(祖靈祭)
ㅃ **삐뜨리** ⓢpitṛ / **삐따** ⓟpitā : 조상신〔= father, parents, the spirits of the departed ancestors〕
ㅃ **삐띠** piti : 감각적 희열
ㅃ **삔다** piṇḍa : 떡 덩어리, 경단〔기 버터로 뭉친 주먹밥〕
ㅃ **삔다빠따** piṇḍapāta : 탁발(托鉢), 걸식(乞食)〔승려가 마을을 다니면서 음식을 얻는 일〕〔= begging for food〕〔piṇḍa = lump of food, ball of cooked rice or flour〕〔pāta = cloth, bowl, fall〕
ㅃ **삔다야** piṇḍāya : 유행 걸식(遊行乞食)〔= to collect alms food〕
ㅃ **삡빨라나무** Pippala : 필발라(畢鉢羅), 패다(貝多) = 벵갈 보리수(vatā-rukkha와따 룩카) = 길상수(吉祥樹, aśvattha아슈왓타)〔아설타(阿說他)〕= 성수(聖樹, āriya-druma아리야 드루마) = 나무의 왕(rāja-druma라자 드루마) = 최상의 나무(duma-uttama두마 웃따마) = 보리수(菩提樹, boddhi-druma봇디 드루마)〔Bodhi(보디), Bo(보), Banyan(반얀)〕
ㅅ **사**(四) : 짯따리(ⓟcattāri) / 짜뚜르(ⓢcatur)〔짜뜨와리(catvāri)〕
ㅅ **사**(捨)〔**평정**(平靜)〕: 우뻭카(ⓟupekkha) / 우뻭샤(ⓢupekṣā)〔〈남전〉의 십바라밀(十波羅蜜)〔다샤(10) 빠라미요(dasa pāramiyo)〕중 열 번째〕평온, 중립〔= equanimity, serenity〕
ㅅ **사**(4)**고**(四苦) : 4가지 괴로움〔= 생, 노, 병, 사〕① 태어남〔생고(生苦)〕, ② 늙음〔노고(老苦)〕, ③ 병듦〔병고(病苦)〕, ④ 죽음〔사고(死苦)〕
ㅅ **사**(4)**과성자**(四果聖者) : 짜뚜르팔라(ⓢcaturphalā / 짜뚜팔라(ⓟcatupphala), 사향사과(四向四果), 사쌍팔배(四雙八輩)〔예류(預流), 일래(一來), 불환(不還), 아라한(阿羅漢)〕
ㅅ **사대**(四大) : 사대종(四大種), 마하-부따(mahā-bhūta), 짯따로-마하-부따(cattāro-mahā-bhūtā) 물질를 구성하는 네 가지 근본 성질. 〔지대(地大, paṭhavi-dhātu빠타위(비)-다뚜), 수대(水大, āpo-dhātu아뽀-다뚜), 화대(火大, tejo-dhātu떼조-다뚜, 풍대(風大, vāyo-dhātu와(바)요-다뚜)〕
ㅅ **사라수**(沙羅樹) : 쌀라나무(Sala)
ㅅ **사리**(舍利) : 싸리라(sarīra), 타다 남은 뼈 조각〔= 영골(靈骨, dhātu다뚜)〕
ㅅ **사마타**(ⓢśamatha) : 지(止), 적정(寂靜)
ㅅ **사명 외도**(邪命外道) : 미타-지바(와)(Mithya-jīva)〔mithya = 잘못된, 허구〕/ 아지와까(Ājīvaka), 그릇된 (떳떳하지 못한) 방법으로 사는 것
ㅅ **사문**(沙門) : 〔= 싸마나(samaṇa)〕출가(出家) 수행자
ㅅ **사문유관**(沙門遊觀) : 짜투르-드와라-끄리다나(catur-dvāra-kriḍana)〔catur = four〕〔dvāra = gate〕〔kriḍana = playing (with horses and elephants)〕
ㅅ **사바**(娑婆) : 〔= 싸하(sahā), 싸바(sabhā)〕대지 / 참아야 하는, 견뎌야 하는〔감인(堪忍)〕, 사바 세계.
ㅅ **사바 세계**(娑婆世界) : 싸하-로까다뚜(sahā-lokadhātu), 우리가 사는 세상, 괴로움이 많은 인간 세계.
ㅅ **사**(4)**성제**(四聖諦) : 짜뚜르(짜뜨와리) 아리야 싸띠야니(ⓢCatur(Catvāri) Ārya Satyāni) / 짯따리 아리야 쌋짜니(ⓟCattāri Ariya-saccāni) '네 가지(四) 성(聖)스러운 진리〔를 살핀다(諦)〕' ①

고(苦)〔고통의 현실을 바로 보는 것〕, ② 집(集)〔사물이 모여 일어나는 것이 고의 원인〕, ③ 멸(滅)〔고를 멸한 것이 해탈(열반)의 세계〕, ④ 도(道)〔열반에 도달하는 길(수행 방법)인 팔정도(八正道)〕를 말한다.

ㅅ **사세**(捨世) : 넥캄마(nekkhamma) 〔〈남전〉의 십바라밀(十波羅蜜)〔다사(10) 빠라미요(dasa pāramiyo)〕 중 여섯째〕 세상을 버림, 떠남, 무집착, 금욕(욕망을 멀리함), 출리(出離)〔내려놓음〕, 출가, 무욕〔= giving up the world, renunciation〕

ㅅ **사수**(捨受) : 우뻭카(Ⓟupekkhā) / 우뻭샤(Ⓢupekṣā) 웨다나(vedanā) 〔괴롭지도 즐겁지도 않은 느낌, 다시 겪고 싶거나 그렇지 않은 욕구가 없는 상태, 평정심〕〔= 불고불락수(不苦不樂受), 아둑카마쑤카(Ⓟadukkhamasukha)〕

ㅅ **삭망월**(朔望月, Synodic Month) : 태양—지구—달의 상대적 위치 변화를 기준으로 측정한 것으로, 달의 음력 초하루에서 다음 초하루까지 〔초승달(삭) → 보름달(망) → 다음 초승달(삭)까지〕 또는 보름달에서 다음 보름달까지 이르는 데 걸리는 시간(평균 29.5일)이다. 월(月)은 달이 지구 둘레를 한 바퀴 공전(公轉)하는 데 걸리는 시간으로, 삭망월은 지구에서 관측할 때 달의 위상이 변하는 주기를 말한다.

ㅅ **살자**(殺者) : 안따까(Antaka = death), 끝을 내는 사람 〔= 마라(Māra)〕

ㅅ **삼경**(三更) : 오전 2 ~ 5시

ㅅ **삼(3)계**(三界) : 〔뜨리 다뚜(tri-dhātu)〕 욕계(欲界), 색계(色界), 무색계(無色界)

ㅅ **삼(3)독**(三毒) : 〔뜨리 도샤(Ⓢtri-doṣa)〕 욕망, 화냄, 무지

ㅅ **삼(3)매**(三昧) : 정(定) 〔= 싸마디(samādhi)〕 고요하고 차분한 상태 〔= to hold things together, concentration of the mind, deep trance〕 ≥ 〔선정(禪定) = 댜나(Ⓢdhyāna)/쟈나(Ⓟjhāna)〕

ㅅ **삼(3)명**(三明) : 띠쓰로 위뒤야흐(Ⓢtisro vidyāḥ) / 떼윗자(Ⓟtevijja) 아라한이 얻는 완전한 세 가지 지혜 〔숙명통, 천안통, 누진통〕

ㅅ **삼(3)법인**(三法印) : 북방 불교의 뜨리다르마-무드라(tri-dharma-mudrā) 〔제행무상(諸行無常), 제법무아(諸法無我), 열반적정(涅槃寂靜)〕

ㅅ **삼(3)보**(三寶) : 띠라따나(tiratana), 세 가지 보배, 붓다〔불(佛), Buddha〕, 담마〔법(法), Dhamma〕, 쌍가〔승(僧), Saṅgha〕

ㅅ **삼(3)수**(三受) : 띳쏘(Ⓟtisso) / 띠쓰로(Ⓢtisro) 웨다나(vedanā) 〔수(受) 또는 수온(受蘊)을 3가지로 세분한 것 = 고수(苦受), 낙수(樂受), 사수(捨受)〕

ㅅ **삼십이(32)상**(三十二相) : 깨달은 자(붓다)의 32가지 두드러진 신체 특성

ㅅ **삼(3)특상**(三特相) : 초기 불교의 띨락카나(Ⓟti-lakkhana) 〔무상(無常, anicca 아닛짜), 고(苦, dukkha 둑카), 무아(無我, anatta 아낫따)〕 세 가지 법의 특성 〔= 삼법인(三法印)〕

ㅅ **삼(3)학**(三學) : 띠씩카(Ⓟtisikkhā) / 식싸 뜨라야(Ⓢśiksā-traya) 〔instruction, learning, study of a skill〕〔수행 방법의 근본 = 계(戒, sīla 씰라), 정(定, samādhi 싸마디), 혜(慧, paññā 빤냐)〕

ㅅ **상**(想) : 싼냐(Ⓟsaññā) / 쌍즈냐(Ⓢsaṃjñā)〔= 니밋따(nimitta)〕〔인식〕〔perception, cognition〕

ㅅ **상견**(常見) : 샤스바따-드리슈띠(Ⓢśāśvata-dṛṣṭi), 쌋싸따-딧티(sassata-diṭṭhi) 불변하고 항상하는 존재가 있다는 생각〔eternalism〕, 모든 것이 실재한다고 믿음 〔상주론(常住論) = 나고 죽는 본체가 있어서 죽은 후에도 다른 모습으로 계속 영속하는 것〕

ㅅ **상병**(象兵) : 핫티(hatthi), 코끼리 부대

ㅅ **상속**(相續) : 싼따띠(Ⓟsantati) / 쌍따띠(Ⓢsaṃtati) 〔santati = continuity, duration〕〔śaṃtāti = series, succession, continuity〕 차례로 연속하여 끊어지지 않는 것

ㅅ **상신여사자상**(世上身如獅子相) : 〔싱하-뿌르와르다 까야(ṣiṃha-pūrardha pūrvārdha kāya)〕 상반신이 사자와 같이 단정하다 〔ṣiṃha = lion / pūrvārdha = the fore, the first half / kāya = the physical body〕〔붓다의 특징적인 상호 중 하나〕

ㅅ **상온**(想蘊) : 싼냐-칸다(saññā-khandha) 〔인식의 무더기〕

ㅅ **상인 조합** : 가나(gana) 〔= group, troop, company, association〕

ㅅ **상좌부**(上座部) : 테라바(와)다(Theravāda)

ㅅ **상호**(相好) : 부처님의 모습 〔깨달은 자의 32가지 두드러진 신체 특징을 32상 (三十二相), 더 세부적인 80가지 특징은 80종호(八十種好)라 한다.〕

ㅅ **색**(色) : 루빠(rūpa) 〔물질〕〔형상, 물질이 무더기 지어 형체로 드러나는 것 = sum total of form〕
↔ **명**(名) : 나마(nāma) 〔비물질〕

ㅅ **색계**(色界)〔17천(天)〕 : 〔루빠 다뚜(Rupa-dhātu)〕 느낌이라는, 마음으로 만들어진 세계

ㅅ **색온**(色界) : 루빠-칸다(rūpa-khandha) 〔물질의 무더기〕

ㅅ **샤따마나** śatamāna : 100 끄리슈날라(kṛishṇala)

ㅅ **샤스바따-드리쓰띠**Ⓢśāśvata-drṣṭi / **쌋싸따-딧티** sassata-diṭṭhi : 〔상견(常見)〕 불변하고 항상하는 존재가 있다는 생각〔eternalism〕. 〔상주론(常住論) = 나고 죽는 본체가 있어서 죽은 후에도 다른 모습으로 계속 영속한다는 생각〕

ㅅ **선**(善) : 꾸쌀라(kusalā) 〔선업(善業), 선법(善法), 이로운 의도〕

ㅅ **선정**(禪定) / **선**(禪) : 〔댜나(Ⓢdhyāna)/쟈나(Ⓟjhāna)/요가(yoga)〕 맑은 정신으로 집중하기, 조용히 생각하는 것 〔=contemplation〕 ≤ 〔삼매(三昧) = 싸마디(samādhi) = to hold things together, concentration of the mind, meditation or deep trance〕

ㅅ **선정**(禪定)-**바라밀**(波羅蜜) : 댜나(Ⓢdhyāna)/쟈나(Ⓟjhāna) 빠라미따(-pāramitā) 〔육바라밀(六波羅密)〔샷(6) 빠라미따(shat/śaṭ-pāramitā)〕 중 다섯째〕 고요하고 차분한 상태 ; 마음이 한 대상에 깊이 집중하여 흔들림 없는 상태에 도달하는 것 〔선(禪)-바라밀, 선나(禪那)-바라밀〕

ㅅ **선정 제일주의**(禪定第一主義) : 선정(禪定) 수행(修行)을 최상으로 삼는 브라흐만교의 수행 방법 〔= 선정주의(禪定主義), 수정주의(修定主義)〕

ㅅ **성**(性) : 까마(kāma)

ㅅ **성**(聖) : 아리야(Ⓟariya) / 아리야(Ⓢārya) 〔고귀한〕

ㅅ **성도**(成道) : 깨달아 부처가 되는 일. 특히 석가모니가 보리수 아래서 큰 도를 이룬 일.

ㅅ **성도절**(成道節) : 고다마 싯다르타가 깨달음〔성도(成道)〕을 얻어 붓다가 된 날 〔북방에서 음력 12월 8일〕 〔부처님오신날(석가탄신일, 음력 4월 8일), 열반절(음력 2월 15일), 출가절(음력 2월 8일)과 더불어 한국불교 4대 명절이다.〕

ㅅ **성남식**(成男式) : 뿜싸바나(pumsavana)

ㅅ **성문**(聲聞) : 〔Ⓢśravaka 슈라와까/Ⓟsavaka 싸와까〕 붓다(부처)의 가르침을 듣고 깨달음에 이른 자, 제자

ㅅ **성음학**(聲音學) : 쉬끄샤(Śīkṣa)

ㅅ **성 제자**(聖弟子) : 아리야 슈라와까(āriya-śrāvaka) 〔āriya = 고귀한, 성인(聖人), 아리안(Ariyan)족〕 〔Ⓢśrāvaka 슈라와까 / Ⓟsāvaka 싸와까 = 성문(聲聞)〔부처님의 말씀〔聲〕을 듣고 깨닫는 사람〕, 제자〕

ㅅ **성화**(聖火) : 아라띠(arati)

ㅅ **세계 불교도 대회** WFB: World Fellowship of Buddhists

ㅅ **세욕자**(洗浴者) : 쓰나따까(snātaka), 〈베다〉의 학문을 배운 사람

ㅅ **세존**(世尊) : 바가완/바가반(Bhagavan)

ㅅ **소승**(小乘) : 히나야나(Hīnayāna) 〔= 작은 수레〕

ㅅ **소식**(小食) : 뿌로-박따까(puro-bhaktakā) 〔아침을 가볍게 먹기에 아침 식사를 이르는 말로도 사용한다.〕

ㅅ **수**(受) : 웨다나(vedanā) 〔느낌〕

ㅅ **수계**(受戒) : 씰라-싸마다나(Śīla-samādhāna). 출가자나 재가자가 계(戒)를 받는 의식.

ㅅ **수기**(授記) : 위(비)야까라나(vyākaraṇa) / 웨(베)이야까라나(veyyākaraṇa) ① 어떤 존재가 미래에 붓다가 될 것을 예언하는 것 ; ② 문법학(文法學)

ㅅ **수대**(水大) : 아뽀-다뚜(Ⓟāpo-dhātu) 〔사대 중 하나〕 물의 요소, 유동하거나 팽창함

ㅅ **수미산**(須彌山) : 쑤메루(Sumeru)

ㅅ **수비학**(數秘學, numerology) : 숫자와 대상(사람, 장소, 사물, 문화 등) 사이에 숨겨진 의미와 연관성을 연구하는 학문

ㅅ **수온**(受蘊) : 웨다나-칸다(vedanā-khandha) 〔느낌의 무더기〕

ㅅ **수족지만망상**(手足指縵網相) : 잘라와낫다 하스따 빠다(jālāvanaddha-hasta-pāda)〔=webbed hands and feet〕 손발가락 사이에 비단 같은 막(물갈기)이 있다 〔붓다의 특별한 상호의 하나〕

ㅅ **수태식**(受胎式) : 가르바다나(garbhādāna)

ㅅ **수행**(修行) : 바와나(bhāvanā) 〔생산하게 함, 적용, 마음의 계발〕 〔=producing, application, developing by means of meditation 〕

ㅅ **숙명통**(宿命通) : 뿌르바-니와싸-즈냐나(Ⓢpūrva-nivāsa-jñāna) / 뿝베니와싸눗싸띠(Ⓟpubbenivāsānussati) 과거 전생을 아는 지혜

ㅅ **순세 외도**(順世外道) : 로까야따(Lokāyata), 유물론 · 회의주의 · 향락주의 학파

ㅅ **순수관**(順修觀) : 아누 싸마빠드야(anu samāpadya) 12연기의 바른 순으로 관찰 〔= 순관(順觀), 아눌로마(anuloma)〕

ㅅ **쉬끄샤** Śīkṣa : 성음학(聲音學)

사전 수첩 용어〔가나다〕

ㅅ **쉬바**(Shiva) : 파괴의 신
ㅅ **슈까** śuka : 앵무새〔=parrot, green parakee〕
ㅅ **슈끌라-다르마**(śukla-dharma) : 브라흐만교〔힌두교〕12정법(淨法), the pure law
ㅅ **슈드라** Sudra : 인도 4계급 중 하층 노예 계급
ㅅ **슈라와까** Ⓢśrāvaka / **싸와까** Ⓟsāvaka : 성문(聲聞)〔부처님의 말씀〔聲〕을 듣고 깨닫는 사람〕, 제자
ㅅ **슈라와나** Śrāvaṇa : 인도력 5월
ㅅ **슈람** Ⓢśram : 일상 노동에서 벗어나다
ㅅ **슈레슈타** śreṣṭha : 장자(長者) = 재벌〔=excellent, first-class〕/ 셋타나(seṭṭhana)〔=the position of a seṭṭhi(=millionaire)〕
ㅅ **슈와** śva : 좋다
ㅅ **숫다** śuddha : 깨끗함, 정(淨), 정화(淨化)
ㅅ **숫다와싸** śuddhāvāsa : 정거천(淨居天)〔번뇌가 없고 불타오르는 욕망이 소멸한 청정한 신들만 모여 사는 하늘 세계〕〔śuddha = 정(淨), 청정〕〔vāsa = 거(居), 거주처, 처소〕
ㅅ **승가**(僧家) : 쌍가(saṅgha)〔붓다의 가르침을 믿고 불도를 실천하는 사람들의 집단〕 출가(出家) 2부중인 비구(比丘, bhikkhu 빅쿠), 비구니(比丘尼, bhikkhuni 빅쿠니)들과 재가(在家) 2부중인 남자 신자〔淸信士 청신사, upāsaka 우빠싸까, 우바새(優婆塞)〕, 여자 신자〔淸信女 청신녀, upāsikā 우빠씨까, 우바이(優婆夷)〕 등 4부 대중(四部大衆)으로 구성
ㅅ **식**(識) : 윈냐나(viññāṇa)〔알음알이, consciousness〕
ㅅ **식온**(識蘊) : 윈냐나-칸다(viññāṇa-khandha)〔알음알이의 무더기〕
ㅅ **신**(神) : 데바(deva)
ㅅ **신구의**(身口意) : 몸과 말과 마음의 실제 작용, 일상 생활 대부분의 행위, 삼업
ㅅ **신두**(Shindhu) : 아주 큰 물, 힌두의 어원
ㅅ **신행**(身行) : 까야-쌍카라(Ⓟkāya-saṅkhāra)〔몸으로 하는 행위〕
ㅅ **심**(心) : 찟따(citta)〔마음, mind〕
ㅅ **심소법**(心所法) : 쩨따씨까-담마(cetasika-dhammā)〔마음에 상응하는 법, 마음에 딸려 일어나는 법〕〔mental factors that accompany consciousness〕
ㅅ **십바라밀**(十波羅蜜) : 다샤(10)-빠라미따(daśa-pāramitā)〔빠라미따(pāramitā) = 바라밀다(波羅蜜多) = 바라밀 = 최상의 공덕 완성〕 열반에 이르기 위해 실천 수행하는 열 가지 실천 덕목(ten perfections)으로, 육바라밀(六波羅密)〔샤(6)-빠라미따(shat/śaṭ-pāramitā)〕에 이어진 4가지 덕목은 ⑦ 방편(方便)-바라밀〔upāya-pāramitā 우빠야-빠라미따〕, ⑧ 원(願)-바라밀〔praṇidhāna-pāramitā 쁘라니다나-빠라미따〕, ⑨ 력(力)-바라밀〔bala-pāramitā 발라-빠라미따〕, ⑩ 지(智)-바라밀(波羅蜜)〔jñāna-pāramitā 즈냐나-빠라미따〕이다.
ㅆ **싸고뜨라** sagotra : 〔일족(一族)〕 친족〔=kinsman of the same family-name〕〔gotra = 혈족, 계보〕
ㅆ **싸까다가민** sakadāgāmin : 〔사다함(斯陀含)〕 일래(一來)〔4과의 두 번째〕
ㅆ **싸두** sādhu : 〔=good, virtuous, pious〕 빨리어로 '훌륭합니다, 잘했습니다, 감사합니다, 선재(善哉)로다, 좋구나, 착하구나' 등의 뜻이다.
ㅆ **싸뜨** Ⓢsat : 절대적 진실, 변하지 않는 것, 시공을 초월해 적용되는 것
ㅆ **싸띠** sati : ① 과부 분사(寡婦焚死)〔남편이 죽으면 아내가 따라 죽는 것〕; ② 싸띠 sati = 념(念), 마음챙김, 알아차림
ㅆ **싸라나가티** saranagathi : 순명(順命)
ㅆ **싸라스와티** Saraswati : 지혜(학문, 예술, 문화 등)의 여신으로, 항사(haṃsa)〔백조〕 또는 찌뜨라메칼라(Citramekhala)라는 공작새(peacock)〔= 마유라(mayūra)〕를 바하나(vāhana)〔탈것〕으로 한다.
ㅆ **싸르바즈냐** sarvajña : 일체지자(一切知者)〔모든 것을 아는 자(the all knowing), 전지자(全知者)〕〔sarva = 모든 것〕〔jña = 아는 사람〕
ㅆ **싸리** sari / saree : 여성용 인도 전통 복장으로 폭 1m, 길이는 5~12m 정도
ㅆ **싸리라** sarīra : 사리(舍利)〔타다 남은 뼈 조각〕〔= 영골(靈骨), dhātu 다뚜〕
ㅆ **싸마나** Ⓟsamaṇa / **슈라마나** Ⓢśramaṇa : 사문(沙門), 출가(出家) 수행자〔시베리아의 샤만(samān → šamān → shaman)〕
ㅆ **싸마네라** sāmanera : 〔사미(沙彌)〕 사미계를 수계한 어린 남자 승려, 동자승
ㅆ **싸마다나**(samādhāna) : 수계(受戒)〔출가자나 재가자가 계(戒)를 받는 의식〕
ㅆ **싸마바르따나** samāvartana : 귀가식(歸家式)

사전 수첩 용어〔가나다〕

ㅆ **싸만냐-락카나**Ⓟsāmañña-lakkhaṇa : 공상(共相) [모든 현상에 공통된 성품, 보편적 성질]

ㅆ **싸무다야-쌋짜** samudaya-sacca : 집제(集諦) [일어남의 진리]

ㅆ **싸무드라 만탄** samudra manthan : 우유 바다 젓기 [유해교반(乳海攪拌)]

ㅆ **싸뭇빠다**Ⓟsamuppāda : 함께, 위[기(起)]

ㅆ **싸미따**Ⓟsamita : 명상, 선정, 고요

ㅆ **싸미띠** samiti : 위원회

ㅆ **싸바** sabhā : 집회, 종족의 전체 모임

ㅆ **싸삔다** sapiṇḍa : [일가(一家)] 부계 7촌 모계 5촌 이내

ㅆ **싸와까**Ⓟsāvaka / **슈라와까**Ⓢśrāvaka : 성문(聲聞)[부처님의 말씀(聲)을 듣고 깨닫는 사람], 제자

ㅆ **싸하** sahā : 사바(娑婆) = 대지 / 참아야 하는[인(忍)], 견뎌야 하는[감인(堪忍)], 사바 세계

ㅆ **싸하-로까다뚜** sahā-lokadhātu : 사바 세계(娑婆世界), 우리가 사는 세상

ㅆ **싼냐**Ⓟsaññā / **쌍즈냐**Ⓢsaṃjñā : 상(想) [인식] [perception, cognition]

ㅆ **싼냐-칸다** saññā-khandha : 상온(想蘊) [인식의 무더기]

ㅆ **싼따띠**Ⓟsantati / **쌍따띠**Ⓢsaṃtati : 상속(相續) [santati = continuity, duration] [śaṃtāti = series, succession, continuity] 차례로 연속하여 끊어지지 않는 것

ㅆ **쌀라나무** Sala : 사라수(沙羅樹)

ㅆ **쌀리나** sālina : 가서자(家棲者)

ㅆ **쌈라즈** samrāj : 대군주 / 대왕(大王)[황제]

ㅆ **쌈마-쌈보디** samma-sambodhi : 정각(正覺) [성불]

ㅆ **쌈싸라** saṁsāra : 윤회(輪回)

ㅆ **쌉베 담마** sabbe dhamma : 제법(諸法) [sabbe = all, every, whole, entire]

ㅆ **쌋따**Ⓟsatta / **쌋뜨와**Ⓢsattva : ① 중생(衆生) ; ② 존재, 생명, 실재

ㅆ **쌋짜**Ⓟsacca / **싸뜨야**Ⓢsatyā : 제(諦) [진리]

ㅆ **쌍가** saṅgha : 승가(僧家) [붓다의 가르침을 믿고 불도를 실천하는 사람들의 집단] 출가(出家) 2부중인 비구(比丘, bhikkhu 빅쿠), 비구니(比丘尼, bhikkhuni 빅쿠니)들과 재가(在家) 2부중인 남자 신자[淸信士 청신사, upāsaka 우빠싸까, 우바새(優婆塞)], 여자 신자[淸信女 청신녀, upāsikā 우빠시까, 우바이(優婆夷)] 등 4부 대중(四部大衆)으로 구성

ㅆ **쌍즈냐**Ⓢsaṃjñā : 알다, 지각하다, 이름을 붙인다 [perception, discrimination, (conceptual) identification]

ㅆ **쌍카따-담마**Ⓟsaṅkhata-dhamma : 유위법(有爲法) [조건에 따라 일어난 현상, 함이 있는 법, 인연에 의해 생겨나고 사라지는 것으로 끊임없이 변화하고 생멸하는 모든 현상]

ㅆ **쌍카라**Ⓟsaṅkhārā / **쌍스까라**Ⓢsaṃskāra : 행(行) [마음 속에서 의도를 형성하는 작용, 형성된 것, 의지(karmic imprints, habitual tendencies)]

ㅆ **쌍카라-둑카따** saṅkhāra-dukkhatā : 행고성(行苦性) [오온(五蘊)의 작용에 기인하는 괴로움]

쌍카라-칸다 saṅkhāra-khandha : 행온(行蘊) [심리 현상의 무더기]

ㅆ **쎄나니** senānī / **쎄나** sena : 장군(將軍), 촌장 [평상시에는 촌장이지만 전쟁이 나면 왕의 명령에 따라 주민을 무장시키고 지휘한다.]

ㅆ **쎄나빠띠** senāpati : 마을 촌장, 군 지휘관, 장군

ㅆ **쎄뚜** setu : 둑길

ㅆ **쎗타나** seṭṭhana : 장자(長者) = 재벌 [the position of a seṭṭhi (= millionaire)] / 슈레스타 śreṣṭha [= excellent, first-class]

ㅆ **쏘마** Soma : 물의 신, 술의 신 [북쪽]

ㅆ **쏘마낫싸**Ⓟsomanassa : 희(喜) [정신의 즐거움]

ㅆ **쏘타빤나** sotāpanna : [수다원(須陀洹)] 예류(預流) [4과의 첫 번째]

ㅆ **쑤다** sudhā : 신들이 먹는 불사의 음료, 암브로시아 [milk-hedge, beverage of the gods, nectar]

ㅆ **쑤(수)라** surā : 곡물을 발효시킨 술

ㅆ **쑤리야** Sūrya : 쌍쓰끄리뜨로 태양(the sun), 또는 '태양의 신'을 뜻한다. 태양의 신 쑤리야는 일곱 마리의 백마 또는 일곱 머리를 가진 한 마리 백마가 이끄는 전차를 타고 다닌다. 일곱은 무지개의 일곱 색 또는 일곱 차크라(chakra), 일주일 등을 상징한다.

ㅆ **쑤메루** Sumeru : 수미산(須彌山)

ㅆ **쑤카** sukha : 낙(樂) 육체와 감각의 즐거움, 기쁨

ㅆ **쑨냐**Ⓟ suññā / Ⓢ śūnya : [비어 있는, 없는, 무아인, 명상을 통해 오온의 무더기를 해체하여 보는]

ㅆ **쓰나따까** snātaka : 세욕자(洗浴者), 브라흐만교에서 〈베다〉의 학문을 배운 사람

ㅆ **쓰와양바라** svayambara : 결혼 시합 [svayam = 스스로, 자신이][bara/vara = 택하다]

ㅆ **쓰웨**(베)**땀바라** Svetambara : 백의파(白衣派), 나형 외도(裸形外道)[아쩰라까(acelaka)]의 한 파로 흰 옷을 입음

ㅆ **씨만똔나야나** simantonnayana : 분발식(分髮式), 브라흐만교 의식의 하나.

ㅇ **아**(我) : 앗따(attā) / 아뜨만(atman) [나]

ㅇ **아그니** Agni : 불의 신, 제화(祭火), 신성한 불

ㅇ **아꾸쌀라** akusalā : 불선업(不善業), 악(惡), 악업(惡業), 악업(惡法), 모든 해로운 의도 [a = 아니 + kusala = 선행, 선업]

ㅇ **아나가민** anāgāmin : [아나함(阿那含)] 불환(不還) [4과의 세 번째]

ㅇ **아내** : 빠띠브라따(pativratā)

ㅇ **아노마** anomā : 숭고(崇高)

ㅇ **아눌로마** anuloma : ① 정방향, 정순(正順), 순생혼(順生婚) ; ② 유전문(流轉門) = 발생 [무명(無明)에서 고(苦)가 발생하는 순서대로 12연기를 관찰하는 것]

ㅇ **아닛싸라** Ⓟ anissarā : 주인이 없는, 영향력이 없는 [an(아니) + issarā(창조주)]

ㅇ **아뜨만** ātman / **앗따**(attā) : ① 아(我)[나] ; ② 참자아, 영혼, 인격

ㅇ **아뜨미야** Ⓢ ātmiya / **앗따니야** Ⓟ attaniya : 아소(我所) [나의 것]

ㅇ **아라띠** arati : ① 성화(聖火) ; ② 혐오(嫌惡)

ㅇ **아라한**(阿羅漢) : 아르하뜨(Ⓢ arhat) / 아라한뜨(Ⓟ arahant) [공경받을 자, 깨달음에 이른 사람] [= 무학도(無學道), 4과의 네 번째]

ㅇ **아람마나또 나망** ārammaṇato nāmaṁ : 대상을 따라 이름을 붙이는 것

ㅇ **아루빠-다뚜** ārūpya-dhātu : 무색계(無色界)[5천(天)] [순수한 정신적인 세계]

ㅇ **아리야** Ⓟ ariya/Ⓢ ārya : ① 성자, 공덕을 갖춘 거룩한 수행자 ; ② 성(聖) [고귀한]

ㅇ **아르샤 혼인** Ārṣa-vivāha : 성혼(聖婚)

ㅇ **아마띠야** amātya : 대신(大臣), 고문관

ㅇ **아브하야** Avhaya 사당 : 이름을 명명하는 사당

ㅇ **아비쌍카라나** Ⓟ abhisaṅkharaṇa : 작업(作業)

ㅇ **아빠나** āpaṇa : 작업장

ㅇ **아소**(我所) : 아뜨미야(Ⓢ ātmiya) / 앗따니야(Ⓟ attaniya) [나의 것]

ㅇ **아쇼까** Aśoka 나무 : 인도에서 흔히 볼 수 있는 열대성 나무 [학명 : 사라카 인디카(Saraca indica)]
아쇼까[aśoka(ashoka)]는 '근심이 없다'란 뜻이어서, 무우수(無憂樹)[근심 걱정이 없는 나무]라고 한다. 붓다가 룸비니의 이 나무 아래에서 탄생하셔서, 보리수(菩提樹)[깨달음], 사라수(沙羅樹) [열반]와 함께 불교 3대 성수(聖樹)의 하나가 되었다.

ㅇ **아쉬빈** Ashivin : 치유의 쌍둥이 신

ㅇ **아슈라마** āśrama : ① 수행의 4주기 [① 학생기(學生期, 범행기(梵行期), 브라흐마 짜리야(brahma-carya)], ② 가주기(家住期, 그리하스타(gṛhastha)), ③ 임서기(林棲期, 바나쁘라쓰타(vānaprastha)), ④ 유행기(遊行期, 빠리브라자까(parivrājaka))] ; ② 선거(仙居), 속세를 떠난 조용한 곳

ㅇ **아슛다** aśuddha : 더러움, 부정(不淨)

ㅇ **아싸라** asārā : 실체 없는, 가치 없는, 헛된 [a(아니) + sārā(본질)]

ㅇ **아쑤라** Asura : [아수라(阿修羅)] 〈베다〉에서 천신(인드라)과 겨루는 여러 반신(半神, demigod)들

ㅇ **아쑤라 혼인** Āsura-vivāha : 아수라혼(阿修羅婚), 매매혼(賣買婚)

ㅇ **아씨따끼 나무** Āsītakī, : 아사수(阿斯樹)

ㅇ **아이라와**(바)**따** Airāvata : 신들의 왕이자 벼락(번개)의 신, 인드라(Indra)가 타고 다니는 엄니(상아) 넷 또는 머리 다섯 달린 흰 코끼리. 네 개의 상아, 일곱 개의 코, 흰색 피부가 특징이다.

ㅇ **아이라와**(바)**따** Airāvata : 신들

ㅇ **아윗짜** avijjā : 무명(無明) [a(아니) + vijjā(법, 진리를 아는 것)] [= 사성제(四聖諦)를 모르는 것]

ㅇ **아지와까** Ājīvaka / **미티야-지바** Mithya-jiva [mithya = 잘못된, 허구] : 사명 외도(邪命外道), 그릇된 방법으로 사는 것

ㅇ **아짜르야** ācarya : [계사(戒師), 아사리(阿闍梨)] 12정법에 따라 카스트 입문 의식을 해 주고 〈베다〉의 여러 의식과 비밀스러운 것을 가르쳐 주는 스승

사전 수첩 용어 [가나다]

- **아쩰라까** Acelaka : 나형 외도(裸形外道)에 속한 나자(裸者), 사람을 벗은 자, 무소유의 나체 수행자
- **악**(惡) : 아꾸쌀라(akusalā)
- **악의** : 위야빠다(vyāpāda) 〔= 진에(瞋恚)〕
- **악자**(惡子) : 깐하(kaṇha), 시커먼 사람 〔=마라(Māra)〕
- **안거**(安居) : 왓사(vassa) 〔외출을 금하고 수행하는 일〕
- **안나-쁘라샤나** anna-prāśana : 양포식(養哺式)
- **안냐나**(Ⓟaññāṇa) / **아즈냐나**(Ⓢajñāna) : 무지(無知) 〔a(없음) + ñāṇa(지혜)〕 〔= 사성제(四聖諦)를 모르는 것〕
- **안식**(眼識) : 짝쿠-윈냐나(Ⓟcakkhu-viññāṇa) 〔눈의 알음알이〕
- **알아차림** : 념(念), 싸띠(sati)
- **알음알이 / 식**(識) : 윈냐나(Ⓟviññāṇa) / 위즈나나(Ⓢvijñāna)
- **암리따** amṛta : 감로(甘露)수 〔영묘한 술, 불사(不死)의 음료〕
- **앗따** attā : 나〔아(我)〕, 영혼, 사람
- **앗따니야** Ⓟattaniyā : 자아에 속하는, 영혼을 지닌
- **앗싸** assa : 기마(騎馬)
- **애욕**(愛慾) : 라가(rāga)
- **야마** Yama : 죽음의 신 〔남쪽〕
- **야바** yāva : 보리〔맥(麥)〕
- **야끄샤** yakṣa : 야차(夜叉), 요괴(妖鬼), 나찰(羅刹)〔락샤싸(rākṣasa)〕
- **야끄시** yakṣī : 야끄샤(yakṣa)〔야차(夜叉)〕의 여성형
- **야즈냐** yajña : 희생제〔공희(供犧)〕, 제사(祭祀) 〔불을 이용한 제사 의례〕
- **양포식**(養哺式) : 안나 쁘라샤나(anna-prāśana)
- **업**(業) : 까르마(karma), 깜마(kamma)
- **업력**(業力) : 업 형성력, 업행(業行), 깜마 웨가 Ⓟkamma-vega
- **에까자** ekajā : 브라흐만교에서 단생자(短生者), 일생족(一生族) 〔=born alon or single〕
- **여름** : 하(夏), 혹서기(酷暑期), 김하 Ⓟgimha
- **여신** : 데비(devi)
- **여자 신자** : 우빠시까(upāsikā), 우바이(優婆夷), 청신녀(淸信女)
- **역법**(曆法) : 〔calendar〕 : 태양력(太陽曆, solar calendar)〔= 양력〕은 지구가 태양을 1회전 하는 시간을 1년으로 하는 역법(曆法)이고, 태음력(太陰曆, lunar calendar)〔= 순태음력〕은 달의 삭망(朔望)〔음력 초하루와 보름〕 주기〔보름달이 뜨는 주기〕로 한 달을 정하는 역법이며, 태음태양력(lunisolar calendar)〔= 음력〕은 태음력(순태음력)을 기초로 하고 윤달을 두어 태양력과 절충한 것 역법이다.
- **역수관**(逆修觀) : 쁘라띨로망 싸마빠드야(pratilomaṃ samāpadya) 거꾸로 관찰 〔= 역관(逆觀), 파틸로마(paṭiloma)〕
- **연기**(緣起) : 빠틱짜-싸뭇빠다(Ⓟpaṭicca-samuppāda) 〔paṭicca = ~에 대하여〔연(緣)〕 + samuppāda = 함께, 위〔기(起)〕〕 〔함께 위로 간다 = 일어남, 발생, 근원, 기원 = 의지하여 일어남〕 원인과 결과의 법칙
- **연기법**(緣起法), **연이생법**(緣而生法) : 빠틱짜-싸뭇빠나-담마(Ⓟpaṭicca-samuppanna-dhamma) 〔조건으로 인해 발생된 법〕
- **열반**(涅槃) : 닙바나 Ⓟnibbāna / 니르바나 Ⓢnirvāṇa 〔= 불어서 끄다, 사라졌다〕 번뇌의 불을 꺼서 깨우침의 지혜를 완성하고 완전한 정신의 평안함에 놓인 상태 〔적멸(寂滅), 적정(寂靜), 원적(圓寂)〕
- **열반 실현** : 닙바나-쌋치-끼리야(Ⓟnibbāna-sacchi-kiriya) 〔sacchi-kiriyā = 실현〕
- **염부수**(閻浮樹) : 〔=잠부나무(Jambu)〕
- **염오**(厭惡) : 닙비다(Ⓟnibbida) / 니르비(웨)다(Ⓢnirvida, nirveda) 〔=disenchantment, aversion〕 마음으로부터 싫어하여 미워함, 구역질, 권태, 세속에 대한 염증
- **영골**(靈骨) : 다뚜(dhātu) 〔= 사리(舍利, sarīra 싸리라)〕
- **영혼**(靈魂) : 지바(jiva)
- **예류**(預流) : 쏘타빤나(sotāpanna)〔수다원(須陀洹)〕 〔4과의 첫 번째〕
- **예배** : 뿌자(pūja)
- **예화**(例話) : 아띠데샤(atideśa)
- **오**(5)**개**(五蓋) : 빤짜-니와라나(pañca-nīvaraṇa) 〔오장애, 다섯 가지 번뇌〕 ① 감각적 욕망〔까마찬다(kāmāchanda)〕, ② 악의〔위야빠다(vyāpāda)〕, ③ 해태(懈怠)와 혼침(昏沈)〔티나

-밋다(thīna-middha)], ④ 들뜸과 후회[웃닷짜-꾸꿋짜(uddhacca-kukucca)], ⑤ 회의적 의심[위찌끼차(vicikichā)]

- **오다나** odana : 밥[반(飯)] [=boiled rice]
- **오른돌이** : 우선(右旋), 빠닥키나 ⓢpadakkhiṇā / 쁘라닥쉬나 ⓟpradakśina(pradakshina)
- **오(5)수**(五受) : 육체의 즐거움[낙(樂), 쑤카(sukha)], 육체의 괴로움[고(苦), 둑카(dukkha)], 정신의 즐거움[희(喜), 쏘마낫싸(somanassa)], 정신의 괴로움[우(憂), 도마낫싸(domanassa)], 치우침이 없는 마음의 평온[사(捨), 우뻭카(upekkhā)]
- **오스트로-아시아** Austro-Asia : 남아시아
- **오염원** : 낄레싸(kilesa) [번뇌(煩惱), 욕망과 성냄과 무지]
- **오(5)욕락**(五慾樂) : 빤짜 까마구나(pañca kāmaguṇā) [재욕(財欲)·성욕(性欲, 色欲)·음식욕(飮食欲)·명예욕(名譽欲)·수면욕(睡眠欲)]
- **오(5)온**(五蘊) : 빤짜 칸다(ⓟpanca-khandha) [다섯 무더기 = 색(色)·수(受)·상(想)·행(行)·식(識)]
- **오(5)온(五蘊)의 나타남** : 칸다낭 빠뚜바보(워)(khandhānaṁ pātubhāvo)
- **오(5)온(五蘊)의 해체** : 깐다낭 베도(kandhānaṁ bhedo)
- **온**(蘊) : 칸다(ⓟkhandha) / 쓰깐다(ⓢskandha) [무더기, 집합, 쌓임] [=heap, mass, bulk, (gross) substance, collections, groupings, clusters, 위로 튀어 오른 부분, 몸의 상체, 어깨, 나무 줄기, 둥치]
- **와다** vāda : 교리(敎理)
- **와찌-쌍카라** ⓟvacī-saṅkhāra : 구행(口行) [말의 행위]
- **왓싸** vassa : 안거(安居) [외출을 금하고 수행하는 일]
- **왕**(王) : 라자(rajā) / 라잔(rājan)
- **왕싸** ⓟvaṃsa / **왕샤** ⓢvaṃśa : 피리[적(笛)], 대나무 [①bamboo ; ②cross-beam ; ③family-tree, lineage]
- **왕자**(王子) : ① 라자-꾸마라(rāja-kumāra) [rāja = 왕, kumāra =소년] ; ② 라자뿌따 (rāja-puta) = 의장격 권리를 지닌 자의 아들 [puta = container, pocket, basket]
- **외도**(外道) : 띠르티까(ⓢtīrthika) / 띳티야(ⓟtitthiya), 불교 이외의 다른 종교나 사상
- **요가** yoga : 명상
- **요기** yogi : 대수행자, 선인(仙人)
- **요니** yoni : 여성 성기
- **요자나** yojana : 고대 인도, 태국, 미얀마에서 사용된 거리 단위로 약 12~15km
- **욕계**(欲界)[6천(天)] : [까마-다뚜(ⓢkama-dhātu), 까마-로까(ⓟkama-loka)] 욕망에 의하여 발생되는 물질의 세계
- **욕뇌**(慾惱) : 욕망의 번뇌
- **욕애**(欲愛) : 까마-딴하(kāma-taṇhā) [kāma = enjoyment, desire] 감각적 쾌락에 대한 갈애
- **욕취**(欲取) : 깜-우빠다나(kām-upādāna) 감각적 욕망에 대한 취착
- **용**(龍)[**뱀**] : 나가(naga)
- **용맹정진**(勇猛精進) : 가행 정진(加行精進)
- **용수**(榕樹) : 니그로다(Nigrodha) / 니고다(Nigodha) [니구타(尼拘陀)] 벵골(Bengal)보리수(菩提樹), 반얀 나무(Banyan tree)
- **우**(憂) : 도마낫싸(ⓟdomanassa) 정신의 괴로움
- **우기**(雨期) : 밧싸 ⓟvassa
- **우란분재**(盂蘭盆齋) : 울람바나(ullambana)[=the day for helping those beings who are suffering]를 음역, 아발람바나(avalambana) [거꾸로 매달려 있다, 도현(倒懸)][=hanging downward, suspended] 음력 7월 15일 백중(百中)에 조상의 넋을 기리는 의식
- **우담바라**(優曇婆羅) : [udumbara] ① 여래(如來)나 전륜성왕(轉輪聖王)이 나타날 때 핀다는 상상의 꽃, ② 우담화(優曇華, *Ficus racemosa*), 인도와 파키스탄에 자생하는 뽕나무과 무화과속의 활엽수.
- **우바새**(優婆塞) : 우빠싸까(upāsaka), 남자 신자, 청신사(淸信士)
- **우바이**(優婆夷) : 우빠씨까(upāsikā), 여자 신자, 청신녀(淸信女)
- **우빠나야나** upanayana : 9번째에 해당하는 입법식(入法式), 성례식(聖禮式)
- **우빠난다** Upananda : 발난타(跋難陀), 용왕 난다의 동생이자 같은 용왕 중 하나
- **우빠니만뜨리따** upanimantrita : 기도(祈禱)
- **우빠니샤드 시대** : 기원전 500년 전후 수백년

사전 수첩
용어 [가나다]

- **우빠다나** upādāna : 취(取) [=취착(取着), 달하 까하나(daḷha-ggahaṇa)]
- **우빠드야야** upādhyaya : 쌍쓰끄리뜨 문법이나 〈베다〉 교리를 평생 가르치는 선생
- **우빠라자** ūparājā : 부왕(副王)
- **우빠베다** Upaveda : 부(副)〈베다〉, 실용 지식
- **우빠위**(비)**따** upavīta / **야교빠위**(비)**따** yagyopavīta : 성사(聖絲, 성스러운 실), 제영(祭纓)
- **우뻭카** Ⓟ upekkha / **우뻭샤** Ⓢ upekṣā : 사(捨) [평정(平靜)] [〈남전〉의 십바라밀(十波羅蜜) [다샤(10) 빠라미요(dasa pāramiyo)] 중 열번째] 평온, 중립 [=equanimity, serenity]
- **우뽀사타** Ⓟ uposatha / **뽀샤다** Ⓢ poṣadha : 포살(布薩) [음력 매월 15일과 29일(또는 30일)에 수행자들이 한곳에 모여 서로의 잘못을 돌아보고 뉘우치는 의식]
- **우선**(右旋) : 오른돌이, 쁘라닥쉬나 Ⓢ pradakśina(pradakshina) / 빠닥키나 Ⓟ padakkhiṇā
- **우샤** Usha : 새벽의 신
- **우요삼잡**(右繞三匝) : 성화(아라띠)를 오른쪽으로 세 바퀴 도는 것
- **우유죽** : [유미죽(乳糜粥)] 빠야싸(pāyasa) [=키르(kheer), 파야삼(payasam), 파예시(payesh)]
- **웃닷짜-꾸꿋짜** uddhacca-kukucca : 들뜸과 후회 [=탁회(掉悔)]
- **웃체다-드리슈티** Ⓢ uccheda-dṛṣṭi / **웃체다-딧티** uccheda-diṭṭhi : [단견(斷見)] 사후가 없다는 견해 [nihilism], 모든 것이 단멸(斷滅)한다고 믿음 [단멸론(斷滅論)=생겨났다가 죽으면 끝]
- **원**(願) : 쁘라니다나(praṇidhāna) [서원(誓願)=sacred voluntary promise, aspiration] [pra=위로, ni=아래로, dhāna=우주의 원칙에 알맞게 배치하다]
- **원**(願)-**바라밀**(波羅蜜) : 쁘라니다나 빠라미따(praṇidhāna-pāramitā) [십바라밀(十波羅蜜) [다샤(10) 빠라미따(daśa-pāramitā)] 중 여덟째] 중생 구제를 위한 서원을 세우고 실천하는 것
- **원족**(遠足) : 소풍, 휴식을 취하기 위해 야외에 나갔다 오는 일
- **월수**(月水) : [리뚜(ṛtu)] 월경으로 나오는 피
- **웨다나** vedanā : 수(受), 느낌, 감수 작용, 받아들임
- **웨다나-칸다** vedanā-khandha : 수온(受蘊) [느낌의 무더기]
- **웨데띠** Ⓟ vedeti / **웨다야띠** Ⓥ vedayati : 수(受), 느끼다, 경험하다 [웨다나(vedanā) [수(受), 느낌] 의 동사형]
- **웨싸카** Ⓟ Vesākha / **와이사카** Ⓢ Vaiśākha : [폐사거월(吠舍佉月)] 남방력(南方曆) [동남아시아를 포함한 인도 문화권 전반에서 사용하는 역법] 2월
- **웨싹 데이** Vesak Day : 남방의 부처님 오신날, 남방력으로 2번째 달인 웨싸카(vesākha) [와이사카(vaisakha)]에서 유래
- **웨**(베)**이야까라나** veyyākaraṇa / **위**(비)**야까라나** vyākaraṇa : ① 수기(授記) [어떤 존재가 미래에 붓다가 될 것을 예언하는 것] ; ② 문법학(文法學)
- **위**(비)**가따** vighāta : 회의론(懷疑論), 곤혹스러움
- **위라가**(viraga) : 이욕(離欲) [vi(떠남)+raga(색깔)] 빛 바램, 탐욕이 바램, 욕망을 여윔 [=loss of colour, fading of desire, absence of lust]
- **위바와-딴하** vibhava-taṇhā : 무유애(無有愛) [vibhava=존재에서 벗어남 (free from existence, cessation of life) ; being everywhere, omnipresence ; wealth, prosperity] 존재하지 않음에 대한 갈애
- **위밧자** Ⓟ vibhajja : 해체(解體) [분석, 나누기, 관념으로 조립된 것을 해체해서 있는 그대로 봄]
- **위부티** vibhuti : 성회(聖灰), 신성한 의식에서 태운 성물(나무, 향 또는 허브)의 재
- **위빠리나마-둑카따** viparināma-dukkhatā : 괴고성(壞苦性) [덧없이 사라지고 변화함으로 인한 낙담]
- **위빳싸나** Ⓟ vipassana / **위빠샤나** Ⓢ vipaśyanā : 지관(止觀), 멈추고 성찰하는 수행 [관(觀)=to see clearly, to see things as they are]
- **위**(비)**야까라나** vyākaraṇa / **웨**(베)**이야까라나** veyyākaraṇa : ① 수기(授記) [어떤 존재가 미래에 붓다가 될 것을 예언하는 것] ; ② 문법학(文法學)
- **위야빠다** vyāpāda : 악의 [=진에(瞋恚)]
- **위찌끼차** vicikichā : 회의적 의심 [=의(疑)]
- **위**(비)**하레** vihāre : 방(房)
- **윈냐나** Ⓟ viññāṇa / **위즈나나** Ⓢ vijñāna : 알음알이, 식(識) [consciousness]
- **윈냐나-칸다** viññāṇa-khandha : 식온(識蘊) [알음알이의 무더기]
- **유녀**(遊女) : 빅쓰뜨리(vikstrī) [vik=(?)+strī(=woman, female)]

- **유뇌**(有惱) : 존재의 번뇌
- **유애**(有愛) : 바와-딴하(bhava-taṇhā) 〔bhava = being, worldly existence, becoming, birth, production〕 불변하는 존재에 대한 갈애.
- **유여열반**(有餘涅槃) : 쏘빠디세싸-닙바나(sopadhiśeṣa-nibbāna) 〔육체가 남아 있는 열반〕
- **유위법**(有爲法) : 쌍카따-담마(Ⓟsaṅkhata-dhamma) 〔조건에 따라 일어난 현상, 함이 있는 법, 인연에 의해 생겨나고 사라지는 것으로 끊임없이 변화하고 생멸하는 모든 현상〕
- **유전문**(流轉門) : 아눌로마(anuloma) = 발생 〔무명(無明)에서 고(苦)가 발생하는 순서대로 12연기를 관찰하는 것〕
- **유타** yūtha : 군대, 무리, 동물떼
- **유하**(油河) : 띨라르 나디(tillar nadi) 〔= the river of oil〕
- **유행걸식**(遊行乞食) : 삔다야(piṇḍāya) 〔= to collect alms food〕
- **유해교반**(乳海攪拌) : 우유 바다 젓기〔= 싸무드라 만탄(samudra manthan)〕
- **유행기**(遊行期) 〔아슈라마 4주기〕 : 빠리브라자까(parivrājaka), 이생기(離生期) 〔= 싼냐신(sannyāsin)〕
- **유행자**(遊行者) : 〔쁘라끄란따(Ⓢprakrānta)〕 '모험이나 여행을 떠나다' '걸어서 순행(巡行)하다' '용맹한 자' 등을 뜻한다. 〔= the setting out on a journey, circumambulation, brave〕
- **유혹**(誘惑) : 로바야띠(lobhayati) 〔lobha(탐욕) + yati(안내자) = 탐욕의 안내자 = 유혹〕
- **육도**(六道) : 삼악도(三惡道)와 삼선도(三善道)
- **육(6)바라밀**(六波羅密) : 샷(6)-빠라미따(shat/śaṭ-pāramitā) 〔빠라미따(pāramitā) = 바라밀다(波羅蜜多) = 바라밀 = 최상의 공덕 완성〕 보살이 열반에 이르기 위해 수행해야 할 여섯 가지의 덕목(six perfections)으로 다음과 같다. ① 보시(布施)-바라밀〔dāna-pāramitā 다나 빠라미따〕, ② 지계(持戒)-바라밀〔śīla-pāramitā 쉴라 빠라미따〕, ③ 인욕(忍辱)-바라밀〔kṣānti-pāramitā 끄샨띠 빠라미따〕, ④ 정진(精進)-바라밀〔vīrya-pāramitā 위랴/비리야-빠라미따〕, ⑤ 선정(禪定)-바라밀〔dhyāna-pāramitā 댜나 빠라미따〕, ⑥ 지혜(智慧)-바라밀〔prajñā-pāramitā 쁘라즈냐 빠라미따〕. 〔지혜(智慧) = 반야(般若) = 빤냐(Ⓟpaññā) / 쁘라즈냐(Ⓢprajñā)〕
- **육(6)애신**(六愛身) : 차 딴하-까야(cha taṇhā-kāyā) / Ⓢ 샤트 뜨리슈나-까야(ṣaṭ tṛṣṇā-kāyāḥ) 〔여섯 가지 갈애의 무리 = 형색(形色), 소리, 냄새, 맛, 감촉, 대상〕
- **육(6)입**(六入) : 쌀-아야따나(Ⓟsal-āyatana) / 샤드-아야따나(Ⓢṣad-āyatana) 〔여섯 감각 장소 = 눈, 귀, 코, 혀, 몸, 마음〕
- **육(6)수신**(六受身) : 차 웨다나-카야(cha vedanā-kāyā) 〔여섯 가지 느낌의 무리 = 안촉수(眼觸受) · 이촉수(耳觸受) · 비촉수(鼻觸受) · 설촉수(舌觸受) · 신촉수(身觸受) · 의촉수(意觸受)〕
- **육(6)식신**(六識身) : 차-윈냐나-카야(cha-viññāṇa-kāya) 〔여섯 가지 알음알이의 무리〕
- **육(6)촉신**(六觸身) : 차 팟싸-까야(cha phassa-kāyā) 〔여섯 가지 감각 접촉의 무리 = 안촉(眼觸) · 이촉(耳觸) · 비촉(鼻觸) · 설촉(舌觸) · 신촉(身觸) · 의촉(意觸)〕
- **음녀**(淫女) : 빠나스뜨리(panastri)
- **의**(意) : 마노(mano) 〔뜻, mentality〕
- **의행**(意行) : 마노-쌍카라(Ⓟmano-saṅkhāra) 〔마음의 행위〕
- **이경**(二更) : 밤 11시 ~ 오전 2시
- **이욕**(離欲) : 위라가(viraga) 〔vi(떠남) + raga(색깔)〕 빛 바램, 탐욕이 바램, 욕망을 여읨 〔= loss of colour, fading of desire, absence of lust〕
- **인과**(因果) : 까랴-까라나(kārya-kāraṇa) 〔kārya(결과) + kāraṇa(원인)〕
- **인더스 문명** Indus Civilization : 기원전 3300년 ~ 기원전 1500년 무렵에 인더스강 유역에서 발달한 인도 최초의 문명
- **인드라** Indra : 제석천왕, 신들의 왕
- **인도 보리수** : 니구율수(尼拘律樹), 니야그로다(ⓈNyagrodha), 니그로다(ⓅNigrodha)〕= 아자빨라니그로다 (Ajapālanigrodha) 〔Ajapāla = 염소치기〕, 다근(多根), 용수(容樹), 살모수(殺母樹)
- **인사자**(人獅子) : 느리싱하(nṛṣiṃha) / 나라심하(narasimha) 〔= nṛ(mankind) + ṣiṃha(lion)〕
- **인연생기**(因緣生起) : 〔쁘라띠땨 싸뭇빠다(Ⓢpratītya samutpāda) / 빠띳짜 싸뭅빠다(Ⓟpaṭicca samuppāda)〕 〔pratitya(의존하다) + samutpāda(생기다)〕 무명(無明)부터 노사(老死)까지 12지분 사이의 인과 관계로 윤회를 설명. 연기(緣起)
- **인욕**(忍辱) : 욕됨(어려움이나 불편)을 참는 것 〔끄샨띠(kṣānti) = patience, forbearance, forgiveness〕

사전 수첩 용어〔가나다〕

ㅇ **인욕**(忍辱)-**바라밀**(波羅蜜) : 끄샨띠-빠라미따(kṣānti-pāramitā) 〔육바라밀(六波羅密)〔샷(6) 빠라미따(shat/śaṭ-pāramitā)〕중 셋째〕박해(욕됨)로 일어난 분노로부터 해방이 되는 것〔인(忍)-바라밀, 찬제(羼提)-바라밀〕
ㅇ **일가**(一家) : 〔싸삔다(sapiṇḍa)〕부계 7촌 모계 5촌 이내
ㅇ **일래**(一來) : 싸까다가민(sakadāgāmin)〔사다함(斯陀含)〕〔4과의 두 번째〕
ㅇ **일산**(日傘) : 〔찻뜨라(chattra)〕볕을 가리기 위하여 세우는 큰 양산
ㅇ **일족**(一族) : 〔싸고뜨라(sagotra)〕친족〔=kinsman of the same family-name〕〔gotra=혈족, 계보〕
ㅇ **일체지자**(一切知者) : 〔싸르바즈냐(sarvajña)〕모든 것을 아는 자(the all knowing), 전지자(全知者)〔sarva=모든 것〕〔jña=아는 사람〕
ㅇ **임서기**(林棲期) : 〔아슈라마 3주기〕바나쁘라스타(vānaprastha)
ㅇ **입법식**(入法式) : 〔우빠나야나(upanayana)〕〔=입문 시기, '학습자의 다르마'〕브라흐만 법전에서 카스트에 따라 학교에 입학하는 시기
ㅈ **자**(慈) : 멧따(Ⓟmettā) / 마이뜨리(Ⓢmaitrī)〔〈남전〉의 십바라밀(十波羅蜜)〔다샤(10) 빠라미요(dasa pāramiyo)〕중 아홉째〕자애(慈愛)〔=loving kindness, friendliness, goodwill, benevolence〕
ㅈ **자자**(自恣) : 여름 안거 마지막 날에 석 달간의 생활을 되돌아보고 반성하는 의식
ㅈ **자궁방**(子宮房) : 가르바게하(Garbageha), 신의 자궁〔=garba(가르바, 자궁)+geha(게하, house, residence)〕
ㅈ **자따까르만** jātakarman : 출태식(出胎式)
ㅈ **자띠** jati : 출생, 혈통, 기능과 직업
ㅈ **자나빠다** janapada : 국가(나라) / 끄쉐뜨라(kṣetra)=국(國)
ㅈ **자라** jarā : 노(老), 늙음
ㅈ **자빠날라** japanāla : 화환(花環)
ㅈ **자빠뻬띠** jhapāpeti / **자삐따** jhapita : 다비(茶毘) / 사비(闍毘)〔=화장〕〔육신을 원래 이루어진 곳으로 돌려보낸다는 뜻〕
ㅈ **자상**(自相) / **자성**(自性) : 빳짯따-락카나(Ⓟpaccatta-lakkhaṇa)〔paccatta(분리된)+lakkhaṇa(특질)〕개별적(고유한) 특성, 각각의 법이 다른 법에 차별되어 가지는 그 법만의 특성 ↔ **공상**(共相) : 싸만냐 락카나(samañña lakkhaṇa)
ㅈ **자이나교** Jainism
ㅈ **자자**(自恣) : 〔빠와라나(pavāraṇā)〕석 달의 여름 안거〔安居=왓싸(vassa)〕가 끝나는 날에 수행자들이 한곳에 모여 자신의 잘못을 고백하고 참회하는 의식
ㅈ **작업**(作業) : 아비쌍카라나(Ⓟabhisaṅkharaṇa), 업(業) 형성
ㅈ **잠부나무** Jambu : 〔염부수(閻浮樹)〕염부나무
ㅈ **장군**(將軍) : 쎄나니(senānī) / 쎄나빠띠(senāpati)〔군 지휘관, 장군, 촌장〕
ㅈ **장로부**(長老部) : 테라바다(Theravāda)〔=장로(長老)들의 길〕
ㅈ **장애**(障碍) : 라후(rahu)〔=eclipse(일식(日蝕)), seizer(잡는 사람, 압류인)〕: 니와라나(nīvaraṇa)=개(蓋, 덮개)
ㅈ **장자**(長者)=**재벌** : 슈레슈타(śreṣtha)〔=excellent, first-class〕/ 쎗타나 (seṭṭhana)〔=the position of a seṭṭhi(=millionaire)〕
ㅈ **재무관**(財務官) : 바쑤-아마띠야(vāsu-amātya)〔vāsu=wealth, riches, gold〕
ㅈ **재벌**=**장자**(長者) : 슈레슈타(śreṣtha)〔Ⓢ Suprabuddha 쑤쁘라붓다/Ⓟ Suppabuddha 쑵빠붓다〕〔=excellent, first-class〕/ 쎗타나 (seṭṭhana)〔=the position of a seṭṭhi(=millionaire)〕
ㅈ **재상**(宰相) : 반다가리까(bhāndāgārika)
ㅈ **재생자**(再生者) : 드위자(dvija)〔=브라만, 끄샤뜨리야, 바이샤〕
ㅈ **재유**(再由) : 뽀노바위까(ponobhavika)〔다시 태어남을 유발하는 것〕
ㅈ **재판관**(裁判官) : 빠릿체다-까라(pariccheda-kara)
ㅈ **적정**(寂靜) : 고요함
ㅈ **전륜성왕**(轉輪聖王) : 〔짜끄라-와르띠-라자(ⓈCakra-varti-rāja) / 짜까와띠-라자(ⓅCakkavatti-rāja)〕수레(바퀴)를 굴리는 왕, 전설적인 현실 지도자〔짜끄라(Ⓢcakra) / 차끄라(Ⓢchakra) / 짜까(Ⓟcakka)=① 수레 바퀴, ② 수레 바퀴처럼 생긴 비슈누(Vishnu)의 무기〕
ㅈ **전차**(戰車) : 라타(ratha)
ㅈ **정**(定) : 싸마디(samādhi), 마음 집중, 삼매, 삼매 수행

ㅈ **정**(淨) / **정화**(淨化) : 숫다(śuddha)

ㅈ **정각**(正覺) : 쌈마-쌈보디(samma-sambodhi) 바른 깨달음. 완벽한 지혜. 정등각(正等覺)

ㅈ **정거천**(淨居天) : 숫다와싸(śuddhāvāsa) 〔번뇌가 없고 불타오르는 욕망이 소멸한 청정한 신들만 모여 사는 하늘 세계〕 〔śuddha = 정(淨), 청정〕〔vāsa = 거(居), 거주처, 처소〕

ㅈ **정거천신**(淨居天神) : 숫다와싸까이까 데바(śuddhāvāsakāyikā devā)

ㅈ **정견**(正見) : 쌈마-딧티(sammā-diṭṭhi) 바른 견해 〔= 사성제를 아는 지혜〕〔팔정도의 하나〕

ㅈ **정념**(正念) : 쌈마-싸띠(sammā-sati) 바른 마음 챙김 〔팔정도의 하나〕

ㅈ **정명**(正命) : 쌈마-아지와(sammā-ājīva) 바른 생활 〔팔정도의 하나〕

ㅈ **정비**(正妃) : 마히시(mahiṣī)

ㅈ **정사유**(正思惟) : 쌈마-쌍깝빠(sammā-saṅkappa) 바른 사유 〔팔정도의 하나〕

ㅈ **정어**(正語) : 쌈마-와짜(sammā-vācā) 바른 말 〔팔정도의 하나〕

ㅈ **정업**(正業) : 쌈마-깜만따(sammā-kammanta) 〔바른 행위〕〔팔정도의 하나〕

ㅈ **정유육계**(頂有肉髮) : 〔우슈니싸-실샤(Ⓢuṣṇīsa-śīrṣa) / 우슈니싸-시라까따(Ⓟuṣṇīsa-śirakata〕 정수리에 육계가 있다 〔uṣṇīsa = turban〕〔śīrṣa = head〕〔붓다의 특별한 상호의 하나〕

ㅈ **정정**(精定) : 쌈마-쌈마디(sammā-samādhi) 바른 마음 집중 〔팔정도의 하나〕

ㅈ **정정진**(精精進) : 쌈마-쌈마디-와야마(sammā-samādhi-vāyāma) 바른 노력 〔팔정도의 하나〕

ㅈ **정진**(精進) : 쉼없이 노력하고 수행하는 것 〔위랴/비리야(vīrya) = energy, effort, an enthusiasm to perform virtuous acts〕

ㅈ **정진**(精進)-**바라밀**(波羅蜜) : 위랴/비리야-빠라미따(vīrya-pāramitā) 〔육바라밀 (六波羅密)〔샷(6) 빠라미따(shat/śaṭ-pāramitā)〕 중 넷째〕 꾸준히 변함없이 노력하는 자세 〔진(進)-바라밀, 비리야(毘梨耶)-바라밀〕

ㅈ **정토**(淨土) : 쑤카와띠(sukhāvatī)〔sukha = 즐거움(bliss) + vat = 가득한, 지극한〕

ㅈ **제**(諦) : 쌋짜(Ⓟsacca) / 싸뜨야(Ⓢsatyā) 〔진리〕

ㅈ **제관**(祭官) : 리뜨위즈(ṛtvij)

ㅈ **제도**(濟度) : 미혹한 세계에서 생사 없는 열반의 언덕에 이르게 함

ㅈ **제법**(諸法) : 쌉베 담마(sabbe dhamma) 〔sabbe = all, every, whole, entire〕

ㅈ **제사**(祭祀) : 야즈냐(yajña) 〔= 희생제, 공희(供犧), 불을 이용한 제사 의례〕

ㅈ **제석천왕**(帝釋天王) : 인드라(Indra), 신들의 왕, 동쪽을 관장

ㅈ **조복**(調伏) : 몸과 마음을 고르게 하여 여러 가지 악행을 굴복시킴

ㅈ **족성**(族姓) : 꾸이아(kuia)

ㅈ **죠티샤**Jyotiṣa : 천문학(天文學)

ㅈ **주라**(周羅) : 〔쭈다(Ⓥcūḍā) / 쭐라(Ⓟcūla)〕 ① 한 묶음의 머리채. ② : 결발식(結髮式) 때 자르지 않고 남기는 머리카락

ㅈ **주라나계**(周羅螺髻) : 결발식 때 자르지 않고 남기는 머리카락〔주라(周羅)〕으로 트는 상투

ㅈ **주석서**(註釋書) : 니룩따(Nirukta)

ㅈ **죽음** : 사(死), 맛쭈(Ⓟmaccu)

ㅈ **중도**(中道) : 마댜마-쁘라띠빠드(Ⓢmadhyama-pratipad)〔madhyama(중간) + pratipad(가다)〕 / 맛지마-빠띠빠다(Ⓟmajjhimā-paṭipadā)〔majjhimā(middle, medium, moderate) + paṭipadā(path, way, means, method)〕〔middle way(path) of the Buddha〕

ㅈ **증득**(證得) : 아디가마(adhigama)

ㅈ **중생**(衆生) : 쌋따(Ⓟsatta) / 쌋뜨와(Ⓢsattva)

ㅈ **지**(智) : 즈냐나(jñāna) 〔신성한 지혜. 높은 지혜 = highest knowledge, knowledge acquired through meditation〕

ㅈ **지계**(持戒) : 계율을 지키는 행위. 스스로를 절제하고 올바른 행동을 하는 것 〔쉴라(śīla) = behavioral discipline, morality, virtue, ethics〕

ㅈ **지계**(持戒)-**바라밀**(波羅蜜) : 쉴라-빠라미따(śīla-pāramitā) 〔육바라밀(六波羅密) 〔샷(6) 빠라미따(shat/śaṭ-pāramitā)〕 중 둘째〕 계율(행해야 하는 것을 하고, 행하지 말아야 할 것을 하지 않은 것)을 지켜 몸과 마음의 청정을 얻는 것 〔계(戒)-바라밀, 시라(尸羅)-바라밀〕 계율의 가장 기초적인 오계(五戒)는 불살생(不殺生), 불투토(不偸吐)〔남의 것을 탐하여 훔치지 말라〕, 불사음(不邪淫), 불망어(不忘語), 불음주(不飮酒).

ㅈ **지금 여기(서)** : 딧테 와 담메(diṭṭhe va dhamme) = 현상계에서, 지금 여기(= here and

사전 수첩 용어 〔가나다〕

now), 현금(現今)/현법(現法) [diṭṭha(보다)+eva(그래서)+dhamma(현상, 진리, 법)]
[『청정도론(Vissuddhimagga)』에 등장]

ㅈ **지나** Jina : 승리자, 고뇌와 유혹을 이긴 사람

ㅈ **지대**(地大) : 빠타위(비)-다뚜(Ⓟpathavi-dhātu) [사대 중 하나] 땅의 요소, 딱딱함의 정도

ㅈ **지바** jiva : 영혼(靈魂)

ㅈ **지복**(至福) : 빠라마-쑤카(parama-sukha) [궁극적 행복, 최상의 행복] [=닙바나]

ㅈ **지**(智)-**바라밀**(波羅蜜) : 즈냐나-빠라미따(jñāna-pāramitā) [십바라밀(十波羅蜜) [다샤(10) 빠라미따(daśa-pāramitā)] 중 열번째] 온갖 사물의 실상을 여실하게 아는 지혜(깨달음의 완전한 지혜)를 갖추는 것

ㅈ **지식**(智識) : 아빌라끄시따(Ⓢabhilakṣita) [드러나는 것, 표식, 상징]

ㅈ **지식관**(止息觀) : [우빠샤마(upaśama)] 자신의 호흡을 스스로 최대한 길게 참는 고행

ㅈ **지혜**(智慧) : 반야(般若)=[쁘라즈냐(Ⓢprajñā)/빤냐(Ⓟpaññā)] 궁극적 지혜를 터득하는 것, 만물의 참다운 실상을 꿰뚫는 지혜 [=the highest and purest form of wisdom] [냐냐(ñāṇa)]

ㅈ **지혜**(智慧)-**바라밀**(波羅蜜) : 쁘라즈냐(Ⓢprajñā)/빤냐(Ⓟpaññā) 빠라미따(-pāramitā) [육바라밀(六波羅密)[샤(6) 빠라미따(shat/śaṭ-pāramitā)] 중 여섯째] 분별과 집착을 떠난 지혜의 완성으로 진리를 인식하는 깨달음의 지혜를 얻는 것 [혜(慧)-바라밀, 반야(般若)-바라밀]

ㅈ **진실**(眞實) : 삿짜(saccā) [〈남전〉의 십바라밀(十波羅蜜)[다샤(10) 빠라미요(dasa pāramiyo)] 중 일곱째] 진리, 진실 [=true, truthful, genuine, sincere]

ㅈ **집제**(集諦) : 싸무다야 쌋짜(samudaya-sacca) [4성제 중 일어남의 진리]

ㅉ **짜끄라** Ⓢcakra / **차끄라** Ⓢchakra / **짜까** Ⓟcakka : ① 수레 바퀴[륜(輪)], ② 수레 바퀴처럼 생긴 비슈누(Vishnu)의 무기

ㅉ **짜끄라-와르띠-라자** ⓈCakra-varti-rāja / **짜까와띠-라자** ⓅCakkavatti-rāja : 전륜성왕(轉輪聖王), 수레(바퀴)를 굴리는 왕, 전설적인 현실 지도자

ㅉ **짜뚜랑기니-쎄나** caturaṅginī-sena : 네 무리의 군대 = 전차(戰車, ratha 라타) + 보병(步兵, patti 빳띠) + 기마(騎馬, assa 앗싸) + 코끼리 부대[상병(象兵), hatthi 핫티]

ㅉ **짜이뜨라** Caitra : 인도력 1월

ㅉ **짠다나** candana : 백단[백전단(白栴檀), Sandal wood] 가루

ㅉ **짠드라** Candra / **찬드라** Chandra : 달의 신

ㅉ **짠달라** caṇḍāla : 전다라(旃陀羅), 불가촉천민, 개고기를 먹는 사람들

ㅉ **짯따리**(Ⓟcattāri) / **짜뚜르**(Ⓢcatur)[짜뜨와리(catvāri)] : 사(四) [네 가지]

ㅉ **짯따리 아리야 쌋짜니** ⓅCattāri Ariya Saccāni / **짜뚜르**(**짜뜨와리**) **아리야 싸띠야니** ⓈCatur(Catvāri) ārya Satyāni : 사(4)성제(四聖諦) '네 가지(四) 성(聖)스러운 진리[를 살핀다(諦)]' ① 고(苦)[고통의 현실을 바로 보는 것], ② 집(集)[사물이 모여 일어나는 것이 고의 원인], ③ 멸(滅)[고를 멸한 것이 해탈(열반)의 세계], ④ 도(道)[열반에 도달하는 길(수행 방법)인 팔정도(八正道)]를 말한다.

ㅉ **쩨따씨까-담마** cetasika-dhammā : 심소법(心所法) [마음에 상응하는 법, 마음에 딸려 일어나는 법] [mental factors that accompany consciousness]

ㅉ **쭈다** Ⓥcūḍā / **쭐라** Ⓟcūla : ① 한 묶음의 머리채, ② 주라(周羅) : 결발식(結髮式) 때 자르지 않고 남기는 머리카락

ㅉ **쭈다-까르만** cūḍā-karman(karma) / **추다-까르마** chuda-karma : 결발식(結髮式)

ㅉ **찌뜨라메칼라** Citramekhala : 지혜의 여신 싸라스와티(Saraswati)가 타고 다니는 공작새 [마유라(mayūra)=공작새(peacock)]

ㅉ **찟따** citta : 마음, 심(心) [mind]

ㅊ **차끄라** Ⓢchakra / **짜끄라** Ⓢcakra / **짜까** Ⓟcakka : ① 수레 바퀴, ② 수레 바퀴처럼 생긴 비슈누(Vishnu)의 무기

ㅊ **차마르** chamar : 가죽 무두질 하는 계급

ㅊ **차안**(此岸) : 아빠라(Ⓟapāra)[a=아니+pāra=저쪽] [고통의 세계, 이 언덕.]

ㅊ **찬가**(讚歌) : 쓰뚜띠-기따(stuti-gīta) [=panegyric, hymn, songs and prayers]

ㅊ **찬다스** Chandas : 운율 = 천타(闡陀)

ㅊ **찰나**(刹那) : 카나(Ⓟkhaṇa) / 끄샤나(Ⓢkṣaṇa) [아주 짧은 순간]

ㅊ **천공**(天供) : 하늘에서 내리는 공양

ㅊ **천문학**(天文學) : 죠티샤(Jyotiṣa)

ㅊ **천안통**(天眼通) : 디위야-짜크슈르-아비즈냐(Ⓢdivya-cakṣur-abhijñā) / 딥바짝쿠(Ⓟdibbacakkhu) 욕계(欲界)와 색계(色界)〔다른 세계〕를 꿰뚫어 보는 지혜

ㅊ **초경**(初更) : 저녁 8~11시

ㅊ **초선**(初禪)/**초선정**(初禪定) : 첫 번째 단계의 선정 〔Ⓟpaṭhama-jjhāna 빠타마-자나/Ⓢprathama-dhyāna 쁘라타마-댜나(pūrva-dhyāna 뿌르와-댜나)〕

ㅊ **촉**(初更) : 팟싸(phassa), 감각 접촉

ㅊ **촌장** : 그라미까(grāmika)

ㅊ **춘추 전국 시대**(春秋戰國時代) : (중국) 기원전 770~기원전 221

ㅊ **출가**(出家) : 쁘라브라쟈(Ⓢpravrajyā) / 빱밧자(Ⓟpabbajjā)

ㅊ **출유식**(出遊式) : 니쉬끄라마나(niṣkramaṇa)

ㅊ **출입식념**(出入息念) : 들숨날숨에 대한 마음 챙김 = Ⓟānāpānasati 아나빠나싸띠 / Ⓢ ānāpānasmṛti 아나빠나쓰므리띠

ㅊ **출정**(出定) / **출리**(出離) : 비웃(붓)타나(vyutthāna) 〔평상의 상태〕

ㅊ **출태식**(出胎式) : 자따까르만(jātakarman)

ㅊ **취**(取) : 우빠다나(upādāna) 〔= 취착(取着)〕

ㅊ **취착**(取) : 달하-까하나(daḷha-ggahaṇa) 〔강하게 거머쥐는 것, 집착하여 움켜쥠〕

ㅊ **치발식**(薙髮式) : 께샨따(keśānta)

ㅋ **카나** Ⓟkhaṇa / **끄샤나** Ⓢkṣaṇa : 찰나(刹那) 〔아주 짧은 순간〕

ㅋ **카리아티드** caryatid : 기둥이나 지주를 대신해 엔타블러처(entablature, 기둥이 떠받치는 수평 부분들)를 받치는 인물 조각상

ㅋ **카스트** Caste : 계급 제도, 포르투갈어 카스타〔casta, 혈통(血統)〕에서 유래

ㅋ **켓따** khetta : 경작지

ㅋ **코끼리 부대**〔상병(象兵)〕 : 핫티(hatthi)

ㅋ **코끼리** : 가자(gaja) 〔elephant〕

ㅌ **타방 세계**(他方世界) : 로깐따라(Ⓟlokāntara) 〔loka = 세계 + antara = 다른〕

ㅌ **타화자재천**(他化自在天) : 빠라니르미따(Ⓢparanirmita)〔빠라-니르미따-와샤-와르띠노-데와(Ⓢpara-nirmita-vaśa-vartino devāḥ) / 빠라-님미따-와싸-왓띤(Ⓟpara-nimmita-vasa-vattin)〕 욕계(欲界) 6천(六天) 중에서 제일 높은 천 〔=波羅維摩婆奢(파라유마바사)〕

ㅌ **탁발**(托鉢) : 걸식(乞食), 삔다빠따(piṇḍapāta) 〔승려가 마을을 다니면서 음식을 얻는 일〕

ㅌ **탈것**〔승물(乘物)〕 : 바하나(vāhana) 〔= vehicles〕 수레, 마차

ㅌ **태양력**, **태음력**, **태음태양력** 〔역법(曆法), calendar〕 : 태양력(太陽曆, solar calendar)〔= 양력〕은 지구가 태양을 1회전 하는 시간을 1년으로 하는 역법(曆法)이고, 태음력(太陰曆, lunar calendar)〔= 순태음력〕은 달의 삭망(朔望)〔음력 초하루와 보름〕 주기〔보름달이 뜨는 주기〕로 한 달을 정하는 역법이며, 태음태양력(lunisolar calendar)〔= 음력〕은 태음력(순태음력)을 기초로 하고 윤달을 두어 태양력과 절충한 것 역법이다.

ㅌ **티나 밋다** thīna-middha : 해태(懈怠)와 혼침(昏沈) 〔= 해면(睡眠)〕

ㅍ **파슈파티** paśupati **인장** : 모헨조-다로(Mohenjo-Daro)에서 발굴된 동물 문양의 인장 중 뿔이 있는 머리 장식을 한 가부좌 자세의 인장 〔'모든 동물들의 군주(The Lord of Animals)', 쉬바(Shiva)의 화신 중 하나〕

ㅍ **팔**(8)**고**(八苦) : 여덟 가지 괴로움. 사(4)고(四苦)〔생, 노, 병, 사〕 + ⑤ 원증회고(怨憎懷古), ⑥ 애별리고(愛別離苦), ⑦ 구불득고(求不得苦), ⑧ 오취온고(五取蘊苦)

ㅍ **팔**(8)**상**(八相) : 〔부처의 생애를 여덟 가지 상으로 나눈 것〕 ① 도솔래의상(兜率來儀相), ② 비람강생상(毘藍降生相), ③ 사문유관상(四門遊觀相), ④ 유성출가상(踰城出家相), ⑤ 설산수도상(雪山修道相), ⑥ 수하항마상(樹下降魔相), ⑦ 녹원전법상(鹿苑轉法相), ⑧ 쌍림열반상(雙林涅槃相)

ㅍ **팔**(8)**정도**(八正道) : 〔아리야슈탕가마르가(ⓈĀryāṣṭāṅgamārga) / 아리야 앗탕기까 막가(ⓅAriya Aṭṭhaṅgika Magga)〕 사성제(四聖諦) 중 마지막 도제(道諦)의 수행 방법으로 깨달음(멸제)〔괴로움의 소멸〕을 성취하는 원인이 되는, ① 정견(正見), ② 정사유(正思惟), ③ 정어(正語), ④ 정업(正業), ⑤ 정명(正命), ⑥ 정정진(正精進), ⑦ 정념(正念), ⑧ 정정(正定)의 여덟 가지 바른(성스러운) 길을 말한다.

ㅍ **평정**(平靜)〔**사**(捨)〕 : 우뻭카(Ⓟupekkha) / 우뻭샤(Ⓢupekṣā) 〔〈남전〉의 십바라밀 (十波羅蜜)〔다샤(10) 빠라미요(dasa pāramiyo)〕 중 열번째〕 평온, 중립 〔= equanimity, serenity〕

ㅍ **포리싸** porisa : 하인, 시종 계급
ㅍ **포살**(布薩) : 뽀샤다(Ⓢpoṣadha) / 우뽀사타(Ⓟuposatha) 〔음력 매월 15일과 29일(또는 30일)에 수행자들이 한곳에 모여 서로의 잘못을 돌아보고 뉘우치는 의식〕
ㅍ **풍대**(風大) : 와(바)요-다뚜(Ⓟvāyo-dhātu) 〔사대 중 하나〕 바람의 요소, 흔들림의 정도
ㅍ **피안**(彼岸) : 빠라(pāra) 〔깨달음의 세계, 저 언덕〕
ㅎ **하리잔** harijan : 신의 아들 = 불가촉 천민 〔마하트마 간디가 불가촉천민을 부르던 이름〕
ㅎ **학생기**(學生期)〔아슈라마 1주기〕 : 브라흐마 짜린(brahma-cārin) / 브라흐마짜리아(brahmacarya), 범행기(梵行期)
ㅎ **합장**(合掌) : 안잘리(añjali) 〔두 손을 모아 무엇을 감싸쥐고 있는 듯한 모습을 만드는 것 = the little cavity that is created in the space between the palms of the hands〕 존경, 공물, 헌사 〔= sign of respect, silent greeting, divine offering, devotion〕
ㅎ **합지**(合知) : 싼자나띠(Ⓟsañjānāti), 유형을 통합, 종합해서 인식하는 지(知)
ㅎ **핫티** hatthi : 코끼리 부대〔상병(象兵)〕
ㅎ **항마촉지인**(降魔觸地印) : 부미스빠르샤(Bhumisparsha)〔bhūmi(대지, 땅) + sparsha(닿다)〕 붓다가 깨닫는 순간을 상징하는 수인. 오른손가락으로 바닥을 누르는 모양
ㅎ **항복**(降伏) : 항마(降魔), 마라-따르자나(māra-tarjana)
ㅎ **항사** haṃsa : 〔철새, 백조, 거위〕 창조의 신 브라흐마(Brahma)가 타고 다니는 백조 〔= swan or goose〕
ㅎ **항성월**(恒星月, sidereal month) : 우주 공간에서 고정된 별을 기준으로 측정한 것으로 달이 동일한 별자리로 돌아오는 순수 공전 주기(평균 27.3일)
ㅎ **해탈**(解脫) : 위목카(Ⓟvimokkha)
ㅎ **해태**(懈怠)**와 혼침**(昏沈) : 티나-밋다(thīna-middha) 〔= 해면(睡眠)〕
ㅎ **행**(行) : 쌍카라(Ⓟsaṅkhārā) / 쌍스까라(Ⓢsaṃskāra) 〔마음 속에서 의도를 형성하는 작용, 형성된 것, 의지(karmic imprints, habitual tendencies)〕
ㅎ **행고성**(行苦性) : 쌍카라-둑카따(saṅkhāra-dukkhatā) 〔오온(五蘊)의 작용에 기인하는 괴로움〕
ㅎ **행온**(行蘊) : 쌍카라-칸다(saṅkhāra-khandha) 〔형성된 것의 무더기〕
ㅎ **호명보살**(護明菩薩) : 붓다의 과거 생 중 현생에 태어나기 직전인 도솔천 내원에 있던 시기
ㅎ **혼인** : 비바하(vivāha)
ㅎ **화대**(火大) : 떼조-다뚜(Ⓟtejo-dhātu) 〔사대 중 하나〕 불의 요소, 뜨겁거나 차가움
ㅎ **화신**(化身) : 니르마나-까야(nirmāṇa-kāya) 〔= 응신(應身)〕
화혼식(華婚式) : 〔화공양의(花供養儀), 뿌슈빠-뿌자(puṣpa-pūjā)〕 꽃을 올리는 불교식 결혼식
ㅎ **환멸문**(還滅門) : 〔빠틸로마(Ⓟpaṭiloma) / 쁘라띨로마(Ⓢpratilōma) = 소멸〕 무명(無明)부터
ㅎ 소멸시키기 시작하여 12연기를 차례대로 소멸시키는 것을 관찰하는 것
ㅎ **회의론**(懷疑論) : 위(비)가따(vighāta)〔곤혹스러움〕
ㅎ **회의적 의심** : 위찌끼차(vicikichā) 〔= 의(疑)〕
ㅎ **흑조**(黑組) : 깔라(kāla) 〔침침한, 검은 무리〕 마라의 아들들 중 한 무리
ㅎ **희**(喜) : 쏘마낫싸(Ⓟsomanassa) 〔정신의 즐거움〕
ㅎ **희어**(喜語) : 삐띠와짜나(pītivacana)
ㅎ **히란야끄샤** Hiranyaksha : 악마
ㅎ **히란야까시뿌** Hiranyakasipu : 악마의 왕
ㅎ **힌두 3신** : 〔= 띠 데바(ti deva) / 뜨리무르띠(Trimurti)〕 브라흐마(Brahma) + 비슈누(Vishnu) + 쉬바(Shiva)

사전 수첩 : Ⓡ 전체 〔알파벳〕

a **abhidharma** 아비다르마 : 아비달마(阿毘達磨), 논(論), 부파 불교

a ⓢ**abhilakṣita** 아빌라끄시따 : 지식(智識)〔드러나는 것, 표식, 상징〕

a ⓟ**abhisaṅkharaṇa** 아비쌍카라나 : 작업(作業)〔업(業) 형성〕
ⓟ**abhiṣecana** 아비세짜나 : 관정(灌頂)〔=sprinkling holy water (on the head)〕〔abhi(끼얹다) + ṣecana(물)〕/ ⓢ**muddhāvasitta** 뭇다와씻따〔muddhā = 정수리 + avasitta = 물을 붓다〕

a **acala** 아짤라 : 부동(不動)

a **ācarya** 아짜르야 : 〔계사(戒師), 아사리(阿闍梨)〕12정법에 따라 카스트 입문 의식을 해 주고 〈베다〉의 여러 의식과 비밀스러운 것을 가르쳐 주는 스승

a **acelaka** 아쩰라까 : 나형 외도(裸形外道), 무소유의 나체 수행파

a **achut** 아추뜨 : 불가촉천민(不可觸賤民)〔= 만질 수 없다(untouchables)〕, 남부 인도에서는 빠리아(pariah), 달리뜨(dalit)

a **adhigama** 아디가마 : 증득(證得)

a **adhiṭṭhāna** 아딧타나 : 결의(決意)〔〈남전〉의 십바라밀(十波羅蜜)〔다샤(10) 빠라미요(dasa pāramiyo)〕 중 여덟째〕 굳은 결심, 결정〔=decision, resolution, self-determination, strong determination〕

a **adhyeṣaṇa** 아뎨샤나 : 권청(勸請)〔invitation : causing one to do a thing, especially a preceptor〕 특히 스승께 어떤 일을 하도록 요청하는 것

a ⓟ**adukkhamasukha** 아둑카마쑤카 : 사수(捨受), 불고불락수(不苦不樂受)〔괴롭지도 즐겁지도 않은 느낌〕

a 〈**Āgama** 아가마〉〔〈**아함경**(阿含經)〉〕과 〈**Nikāya** 니까야〉 : 〔Nikāya = '성전(聖典)', '기록'〕〔Āgama = '전승(傳承)', '원전'〕〈아함경(阿含經)〉은 〈아가마-수뜨라(Āgama-Sutra)〉를 한문으로 번역한 것이다. 초기 불교 시대에 성립된 약 2천 개의 경전들을 통틀어 이르는 말로, 다섯 〈니까야〉와 네 〈아함경〉으로 정리되어 전승되었다. 이 5부 〈니까야〉〔남전〕와 4부 〈아함경〉〔북전〕은 다음과 같다. ① 디가 니까야(Dīgha Nikāya)〔①〈장아함경(長阿含經)〉에 해당〕, ② 맛지마 니까야 (Majjhima Nikāya)〔② 〈중아함경(中阿含經)〉에 해당〕, ③ 쌍윳따 니까야 (Saṃyutta Nikāya)〔③〈잡아함경(雜阿含經)〉에 해당〕, ④ 앙굿따라 니까야(Aṅguttara Nikāya)〔④〈증일아함경 (增壹阿含經)〉에 해당〕, ⑤ 쿳다까 니까야(Khuddaka Nikāya).

a **agni** 아그니 : 불의 신, 제화(祭火), 신성한 불

a **Airāvata** 아이라와(바)따 : 신들의 왕이자 벼락(번개)의 신, 인드라(Indra)가 타고 다니는 엄니(상아) 넷 또는 머리 다섯 달린 흰 코끼리. 네 개의 상아, 일곱 개의 코, 흰색 피부가 특징이다.

a **Ajātasattu** 아자따삿뚜 : 〔아사세(阿闍世)〕〔기원전 509?~ 기원전 461?〕 : 붓다와 생전에 인연이 깊었던 마가다국의 빔비싸라왕의 아들. 쿠데타를 일으켜 빔비싸라왕을 폐위시키고 왕권을 찬탈한다.

a **Ajita Kesakambala** 아지따 께싸깜발라 : 기원전 6세기경, 쾌락 유물론 로까야따 (Lokāyata)〔= 순세 외도(順世外道)〕 주장

a **ajiva** 아지바(와) : 비영혼

a **Ājīvaka** 아지와까 / **Mithya-jüva** 미티야 주바〔mithya = 잘못된, 허구〕 : 사명 외도(邪命外道), 그릇된 방법으로 사는 것

a **ajñāta-carya(charya)** 아즈냐따 짜(차)리야 : 밀행제일(密行第一)〔씩카 까마(ⓟ sikkhā-kāma) = 배우기를 좋아한다〕 붓다의 아들 라훌라의 별칭

a ⓢ**ākiṃcanyāyatana-samāpatti** 아낑짜냐야따나 싸마빳띠 : 무소유처정(無所有處定)〔ākiṃcanyāyatana = sphere of nothingness, non-existence〕〔아낀짜냐(ⓟ ākiñcaññā) = 아무것도 없음, state of living nothing, absence of (any) possessions + āyatana 아야따나 = 처(處) = center of experience, mental home〕〔samāpatti = 대상의 조건 없이 얻어진 삼매〕

a **akusalā** 아꾸쌀라 : 악(惡), 악업(惡業), 악업(惡法)〔모든 해로운 의도〕 불선업(不善業), 이롭지 않은 마음의 작용〔a(아니) + kusala(미덕, 선행)〕

a **Ālāra-Kālāma** 알라라-깔라마 : 붓다의 첫 스승, 고행자

a **Allahābād** 알라하바드 : 인도 북부 우타르 프라데시(Uttar Pradesh)주 남부에 있는 도시 [= 쁘라야가(Prayāga), 프라야그라지(Prayagraj)]

a **amātya** 아마띠야 : 대신(大臣), 고문관

a **Amita** 아미따 : 숫도다나[붓다의 아버지]의 여동생, 붓다의 고모

a **Amitodana** 아미또다나 : 곡반(斛飯), 숫도다나[붓다의 아버지]의 형제, 붓다의 삼촌

a **amṛta** 암리따 : 감로(甘露)수 [영묘한 술, 불사(不死)의 음료] [a=아니+mṛta=죽음]

a **Amṛtodana** 암리또다나 : 감로반(甘露飯) [숫도다나(붓다의 아버지)의 형제, 붓다의 삼촌]

a **Ānan**(da) 아난(다) : [아난(阿難)] 존자

a 『**Ānāpāna-saṃyutta** 아나빠나 쌍윳따』: 『들숨날숨 쌍윳따』= 호흡의 관찰 방법을 설하신 경. [〈쌍윳따 니까야(Saṃyutta Nikāya)〉 다섯 번째 〈마하박가(Mahā-vagga)〉의 10번째 경이고, 전체에서는 54번째가 된다.]

a Ⓟ**ānāpānasati** 아나빠나싸띠/Ⓢ**anāpānasmṛti** 아나빠나쓰므리띠 : 들숨날숨에 대한 마음 챙김, 출입식념(出入息念)

a 『**Ānāpānasati Sutta** 아나빠나싸띠 숫따』: 『들숨날숨에 대한 마음 챙김 경』. 호흡의 관찰 방법을 설하신 경. 〈맛지마 니까야(Majjhima Nikāya)〉 118번째 경으로 〈마지막 50개 경의 묶음 [후반오십편(後半五十編), ⓅUpari-paṇṇāsa 우빠리 빤나싸]〉에 들어 있다. [=『출입식념경(出入息念經)』, 『입출식념경(入出息念經)』, 『안반수의경(安般守意經)』]

a **anāśana** 아나샤나 : 단식(斷食)

a **āṇatta** 아낫따 : 무아(無我), no-self, no essence, [삼법인(삼특상)의 하나]

a **Aṅga** 앙가 : [고대 인도 16대국 중 하나] 현재 인도 북부 동쪽 끝, 비하르(Bihar)주 남동부와 서벵골(West Bengal)주 지역으로, 마가다국의 동편에 위치했다. 수도는 짬빠(Champā)[현재의 바갈푸르(Bhagalpur)]

a **aṅgôpeta-pāniya** 앙고뻬따-빠니야 : 공덕수(功德水) [인도에서 선한 일을 하고 주변에 그것을 증명해 주 사람이 없을 경우 지켜본 신들에게 언젠가 증명해 달라고 땅이나 나무, 풀에 뿌리는 물]

a Ⓟ**anicca** 아닛짜 : 무상(無常), 항상하지 않음, not stable, [삼법인(삼특상)의 하나]

a Ⓟ**anissarā** 아닛싸라 : [an(아니)+issarā(창조주)] 주인이 없는, 영향력이 없는

a **añjali** 안잘리 : 합장(合掌) [두 손을 모아 무엇을 감싸쥐고 있는 듯한 모습을 만드는 것=the little cavity that is created in the space between the palms of the hands] 존경, 공물, 헌사 [=sign of respect, silent greeting, divine offering, devotion]

a Ⓟ**aññāṇa** 안냐나/Ⓢ**ajñāna** 아즈냐나 : 무지(無知) [사성제(四聖諦)를 모르는 것] [a(없음)+ñāṇa(지혜)]

a **anāgāmin** 아나가민 : [아나함(阿那含)] 불환(不還) [4과의 세 번째]

a **anna-prāśana** 안나 쁘라샤나 : 양포식(養哺式)

a **Anatta-lakkhaṇa Sutta** 아낫따-락카나 숫따 : 무아상경(無我相經) [Ⓟanatta 아낫따/Ⓢanatman 아나뜨만=no-self, no essence, 무아(無我)] [Ⓟlakkhaṇa 락카나/Ⓢlakṣaṇa 락사나=sign, mark, characteristic, 상(相), 고유한 특성]

a **Anoma** 아노마 : 숭고(崇高)

a **Anoma-nadī** 아노마 나디 : 사꺄(Sakyā)족[석가족(釋迦族)]의 영역인 까삘라 와스뚜(Kapila-vastu)의 남쪽 경계로 꼬쌀라(Kosala)국과 국경을 이루는 강 [anomā=superior, supreme, exalted][nadī=river]

a **antaḥ-pura** 안따 뿌라 : 별궁(別宮)

a **anuloma** 아눌로마 : 정방향, 정순(正順), 순생혼(順生婚)

a **anulomanu samāpadya** 아누 싸마빠드야 : 순수관(順修觀) [바로 관찰] [=순관(順觀), 아눌로마(anuloma)]

a Ⓟ**Anuttarā-sammāsaṃbodhi** 아눗따라 쌈마쌈보디/Ⓢ**Anuttara-samyak-saṃbodhi** 아눗따라 쌈약 쌈보디 : 무상정등정각(無上正等正覺) [위없이 견줄 바 없는 바른 깨달음]

a **āpaṇa** 아빠나 : 작업장

a Ⓟ**apāra** 아빠라 : 차안(此岸) [a=아니+pāra=저쪽] [고통의 세계, 이 언덕]

a **āpo-dhātu** 아뽀 다뚜 : 수대(水大)

a Ⓟ**arahant** 아라한뜨/Ⓢ**arhat** 아르하뜨 : 아라한(阿羅漢)[공경받을 자, 깨달음에 이른 사람] [=

무학도(無學道), 4과의 네 번째〕 붓다의 열 가지 명호 중 하나

a **arati** 아라띠 : ① 성화(聖火) ; ② 혐오(嫌惡)

a **Arabian Sea** 아라비아해 : 동쪽으로 인도, 북쪽으로 파키스탄 · 이란, 서쪽으로 아라비아 반도와 아프리카의 뿔(동아프리카의 반도)과 접해 있는 바다

a Ⓢ**arhat** 아르하뜨 / Ⓟ**arahant** 아라한뜨 : 아라한(阿羅漢)〔공경받을 자, 깨달음에 이른 사람〕〔= 무학도(無學道), 4과의 네 번째〕 붓다의 열 가지 명호 중 하나

a **Ariya** 아리야 : 성자〔공덕을 갖춘 거룩한 수행자〕

a **Ariya Aṭṭhaṅgika Magga** 아리야 앗탕기까 막가 / Ⓢ**Āryāṣṭāṅgamārga** 아리야슈탕가마르가 : 팔(8)정도(八正道), 괴로움의 소멸로 인도되는 여덟 개의 바른(성스러운) 길. 도제(道諦)의 수행 방법으로 깨달음(멸제)을 성취하는 원인이 되는, ① 정견(正見), ② 정사유(正思惟), ③ 정어(正語), ④ 정업(正業), ⑤ 정명(正命), ⑥ 정정진(正精進), ⑦ 정념(正念), ⑧ 정정(正定)

a **Arjuna** 아르주나 : 『마하바라따〔Mahābhārata, 摩訶婆羅多마하바라다〕』의 주요 등장 인물인 빤다바(Pāṇḍava) 형제〔빤두(Pāṇḍu)의 아들들〕 다섯 중 하나

a **Ārṣa-vivāha** 아르샤-비바하 : 아르샤 혼인〔성혼(聖婚)〕

a 『**Arthaśāstra-veda** 아르타샤스뜨라-베다』 : 〔부(副)〈베다〉격인 4가지 〈우빠베다 (Upaveda)〉 가운데 하나〕〔사론(事論)〕 정치를 포함, 처세 일반을 다룬 교양서

a **ārūpya-dhātu** 아루뺘-다뚜 : 무색계(無色界)〔5천(天)〕

a **Aryan** 아리안 : 아리아인, 아리안족

a **āriya-śrāvaka** 아리야-슈라와까 : 성 제자(聖弟子)〔āriya = 고귀한, 성인(聖人), 아리안(Ariyan)족〕〔Ⓢśrāvaka슈라와까 / Ⓟsāvaka싸와까 = 성문(聲聞)〔부처님의 말씀(聲)을 듣고 깨닫는 사람〕, 제자〕

a **asārā** 아싸라 : 〔a(아니) + sārā(본질)〕 실체 없는, 가치 없는, 헛된

a **Ashivin** 아쉬빈 : 치유의 쌍둥이 신

a **Ashoka** 아소카나무 : 무우수(無憂樹)

a **Āsita** 아시따 : 〔아사타(阿斯陀) 선인〕 아기 붓다를 보고 눈물을 흘린 히말라야의 고행자

a **Āsītakī** 아씨따끼 나무 : 아사수(阿斯樹)

a **aśīty-anuvyañjanā** 아시띠 아누반자나 = **Anuvyañjana** 아누반자나 : 팔십(80)종호(八十種好)〔= the 80 secondary physical marks〕 붓다의 80가지 보완되는 특징

a **Aśmaka** 아슈마까 / Assaaka 앗싸까 : 〔고대 인도 16대국 중 하나〕 인도 중부를 흐르는 고다바리(Godāvarī)강〔강가강 다음으로 인도에서 두 번째로 긴 강으로 중부에서 동쪽으로 흐른다.〕 남부의, 텔랑가나(Telangana)주 하이데라바드(Hyderabad) 지역으로, 수도는 뽀다(따)나(Podana, Potana)〔현재의 보단 (Bodhan)〕였다.

a **Aśoka** (Ashoka) 아쇼까 / **Asoka** 아쏘까(아소카) 대왕 : 아육왕(阿育王), 마우리야 (Mauriya) 왕조(기원전 320 ~ 기원전 185)의 3대왕, 기원전 304? ~ (즉위 기원전 268?) ~ 기원전 232. 남부 지역을 제외한 인도 전역을 통일한 인물로 불교에 귀의하여 불교를 널리 전파했다.

a **Aśoka** 아소까 나무 : 인도에서 흔히 볼 수 있는 열대성 나무〔학명 : 사라카 인디카(Saraca indica)〕 아쇼까〔aśoka (ashoka)〕는 '근심이 없다'란 뜻이어서, 무우수(無憂樹)〔근심 걱정이 없는 나무〕라고 한다. 붓다가 룸비니의 이 나무 아래에서 탄생하셔서, 보리수(菩提樹)〔깨달음〕, 사라수(沙羅樹)〔열반〕와 함께 불교 3대 성수(聖樹)의 하나가 되었다.

a Ⓢ**āsrava-kṣaya-jñāna** 아쓰라와 끄샤야 즈냐나 / Ⓟ**asavakkhaya-nana** 아사왁카야 냐나 : 누진통(漏盡通)〔번뇌를 완전히 끊음〕

a **assa** 앗싸 : 기마(騎馬) 부대

a **Assam** 앗쌈 : 〔아삼〕 인도 동북부의 주. 주도는 디스푸르(Dispur), '아삼 홍차(Assam Tea)'로 유명하다

a **aśuddha** 아슛다 : 더러움, 부정(不淨)

a **asura** 아쑤라 : 〔아수라(阿修羅)〕〈베다〉에서 천신(인드라)과 겨루는 여러 반신(半神, demigod)들

a **asura-vivāha** 아쑤라 비바하 : 아쑤라 혼인〔아수라혼(阿修羅婚), 매매혼(賣買婚)〕

a **Aśvaghoṣa** 아슈바고샤〔마명(馬鳴)〕 보살 : 80? ~ 150? 중인도 마가다국 슈라와(바)쓰띠(Śrāvastī) 출신 승려

a **atideśa** 아띠데샤 : 예화(例話)

a **Aṭṭhaṅgika Magga** 앗탕기까 막가 : 팔(8)도(八道) = 팔정도〔괴로움의 소멸로 인도되는 여덟 개의 바른(성스러운) 길〕

a **ātman** 아뜨만 / **attā** 앗따 : ① 아(我)〔나〕 ; ② 참자아, 영혼, 인격

a ⓟ**attaniyā** 앗따니야/ⓢ**ātmiya** 아뜨미야 : 자아에 속하는, 영혼을 지닌, 아소(我所)〔나의 것〕

a **Aumi** 아우미 강 : 인도 고락푸르(Gorakhpur)를 지나는 강〔= 아아미강(Aami)〕

a **Austro-Asia** 오스트로-아시아 : 남아시아

a **avadāta** 아와다따 : 백조(白組)〔밝은, 흰 무리〕마라의 두 무리 아들 중 하나

a **Avantī** 아반(완)띠 : 〔고대 인도 16대국 중 하나〕현재 인도 중앙의 마다야 프라데시(Madhya Pradesh) 주 우자인(Ujjain) 일대로, 주요 도시는 웃자이니(Ujjaynī)와 마히슈마띠(Māhiṣmatī)였다.

a **Avhaya** 아브하야 사당 : 〔이름을 명명하는〕사당

a **avijjā** 아윗짜 : 무명(無明)〔삼계 윤회의 근본 원인이 되는 사성제(四聖諦)를 모르는 것〕

a **āyur** 아유르 : 생명, 삶, 장수

a 『**Āyur-veda** 아유르 베다』 : 〔부(副)〈베다〉격인 4가지〈우빠베다(Upaveda)〉가운데 하나〕인간의 생리·병리·요법·해부 등에 관한 의술서〔āyur = 생명, 삶, 장수〕

b **bala** 발라 : 력(力)〔=spiritual power〕복수형은 balāni(발라니)

b **bala-pāramitā** 발라 빠라미따 : 력(力)-바라밀(波羅蜜)〔십바라밀(十波羅蜜)〔다샤(10) 빠라미따(daśa-pāramitā)〕중 아홉째〕마음과 신념의 힘을 키워 모든 어려움을 극복하는 것

b **Bali** 발리 : 악마

b **bali** 발리 : 〔공물(貢物)〕야즈냐(yajña)〔불을 이용한 제사〕등 모든 제의에서 신들에게 바치는 공양물(음식, 꽃, 향 등)

b ⓢ**Bārāṇasi** 바라나씨/**Varanasi**(Vārāṇasī) 바(와)라나시 : 까씨(Kāsi)국의 중심 도시. 인도 북부 우타르 프라데시(Uttar Pradesh)주의 동남부에 있다.

b **Basti** 바스티 : 인도 우타르 프라데시(Uttar Pradesh)주에 속한 도시로 아요디아(Ayodhya) 동쪽에 위치한다.

b **Bay of Bengal** 벵골만 : 인도 동해안과 인도차이나 반도 서해안에 둘러싸인 만

b **bāzār** 바자르 : 시장

b **Bhaddakaccānā** 밧다깟짜나 : 『붓다(밤)싸(Buddhavaṃsa, 佛史불사)』에 기록된 싯다르타 왕자의 부인 이름

b **Bhagavan** 바가완/바가반 : 세존(世尊)〔= 초월적 존재, 주(Lord), 하느님(God)을 부르던 쌍쓰끄리뜨〕

b **bhāi** 바이 : 사촌, 형제〔=younger brother, kinsman, cousin〕

b **bhakti-marga** 박띠 마르가 : 순수한 봉사의 길

b **bhāndāgīrika** 반다기리까 : 재상(宰相)

b **bhaṇgi** 방기 : 길거리 청소부 계급

b **bhava-taṇhā** 바와 딴하 : 유애(有愛)〔불변하는 존재에 대한 갈애〕〔bhava = being, worldly existence, becoming, birth, production〕

b **bhāvanā** 바와나 : 수행(修行)〔생산하게 함. 적용. 명상을 통한 마음의 계발〕〔=producing, application, developing by means of meditation (spiritual cultivation)〕

b **bhāvetabba**바외땁바 : 닦다〔=should be cultivated〕

b **bhikkhu** 빅쿠 : 〔비구(比丘), 비끄슈(ⓢbhikṣu), 필추(苾芻), 걸사(乞士)〕거지, 또는 종교적 이유로 탁발(동냥)하여 얻은 보시로만 살아 가는 수행자

b **bhikkhuni** 빅쿠니 : 비구니(比丘尼)

b **Bhūmi** 부미 : 대지(흙, 대지, 땅)의 여신〔=쁘리티위(비)(Pṛthivī)〕

b **Bhumisparsha** 부미스빠르샤 : 항마촉지인(降魔觸地印)〔bhūmi(대지, 땅) + sparsha(닿다) = touching the Earth〕

b **Bihar** 비하르 : 인도 북부 동쪽 끝에 있는 주로, 서쪽으로 우타르 프라데시(Uttar Pradesh) 주, 북쪽으로 네팔, 동쪽으로 서 벵골(West Bengal) 주와 면해 있다.

b **Bimbisāra** 빔비싸라왕 : 〔빈파사라(頻婆娑羅)〕〔기원전 558?~기원전 491?〕붓다와 생전에 인연이 깊었던 마가다국의 왕

b **Bodh Gayā** 보드가야/**Buddha Gayā** 붓다가야(부다가야) : 붓다가 깨달음을 얻은 곳으로, 인도 북부 동쪽 끝 비하르(Bihar) 주 남부에 있는 가야(Gayā) 지구(district)에서 남쪽으로 11km, 주도 파트나(Patna)와는 남쪽으로 100km 거리에 있다.

b **Bodhi** 보디 : 밤(왕)싸〔ⓟVaṃsa/ⓢVatsa 밧(왓)싸〕의 왕자, 우데나(Udena) 왕의 아들

b ⓟ**bodhi** 보디 : 보리(菩提) = 깨달음〔각(覺)〕〔=enlightenment〕

b ⓢ**bodhisattva** 보디쌋뜨와(바)/ⓟ**bodhisatta** 보디쌋따 : 〔= 菩提薩唾(보리살타)〕보살(菩薩), 장차

붓다가 될 고귀한 수행자〔보디(bodhi, 보리) = 깨닫다, 쌋뜨와(바)(sattva) = 존재, 유정(有情)〕

b **Brahma** 브라흐마 : 창조의 신

b **brahma-cārin** 브라흐마 짜린 / **brahmacarya** 브라흐짜리야 : 학생기(學生期)〔아슈라마 1주기〕, 범행기(梵行期)

b **Brahman** 브라만 : 인도 계급 체계에서 최상층 사제 계급

b 『**Brāhmaṇa** 브라흐마나』 : 〔『범서(梵書)』〕〈베다〉 주석서로 〈베다〉 본집에 수록된 제문(祭文)의 기원과 의미, 제의(祭儀)의 정확한 수행 방법을 설명한 제의서

b **Brāhmanism** : 브라흐만교, 바라문교(婆羅門敎)

b **brāhma-vivāha** 브라흐마 비바하 : 브라흐마 혼인〔범혼(梵婚)〕

b **brahma-yajña** 브라흐마 야즈냐 : 베다 제사

b **Buddhabhadra** 붓다바드라 : 불타발타라(佛陀跋陀羅, 359~429), 각현(覺賢). 『관불삼매경(觀佛三昧經)』을 번역한 까삘라 출신의 승려

b 『**Buddha-carita-kāvya-sūtra** 붓다짜리따 까비야수뜨라』 : 〔불소행찬(佛所行讚), The Acts of the Buddha〕 인도의 논사 마명 보살이 붓다의 탄생에서 사리 분배까지를 장엄한 노래말로 남긴 서사시

b 『**Buddha-dhyana-samadhi Sagara-sutra** 붓다 댜나 싸마디 싸가라 쑤뜨라』 : 〔『관불삼매경(觀佛三昧經)』〕 동진(東晉)시대 398~421년에 불타발타라〔佛陀跋陀羅, Buddhabhadra 붓다바드라, 각현(覺賢), 359~429〕가 번역한 경전

b **Buddha Gayā** 붓다가야(부다가야) **Bodh Gayā** 보드가야 : 붓다가 깨달음을 얻은 곳으로, 인도 북부 동쪽 끝 비하르(Bihar)주 남부에 있는 가야(Gayā) 지구(district)에서 남쪽으로 11km, 주도 파트나(Patna)와는 남쪽으로 100km 거리에 있다.

b **Buddha-sāsana** 붓다싸싸나 : 불교(佛敎)

b Ⓢ**Buddhatva** 붓다뜨와 / Ⓟ**Buddhatta** 붓다따 : 불성(佛性)

b 『**Buddhavaṃsa** 붓다왕(밤)싸』 : 〔=『불사(佛史)』, 『불종성경(佛種性經)』〕

b **Buddhayaśas** 붓다야샤쓰 : 〔불타야사〔佛陀耶舍〕〕 후진(後秦) 홍시(弘始, 399~415) 년간에 서역에서 온 역경승(譯經僧). 축불념과 함께 『유행경(遊行經)』 등을 번역, 편찬했다.

c **Caitra** 짜이뜨라 : 인도력 1월

c Ⓢ**cakra** 짜끄라 / Ⓢ**chakra** 차끄라 / Ⓟ**cakka** 짜까 : ① 수레 바퀴 〔륜(輪)〕, ② 수레 바퀴처럼 생긴 비슈누(Vishnu)의 무기〕

c Ⓢ**Cakra-varti-rāja** 짜끄라 와르띠 라자 / Ⓟ**Cakkavatti-rāja** 짜까와띠 라자 : 전륜성왕(轉輪聖王), 수레(바퀴)를 굴리는 왕, 전설적인 현실 지도자

c **calendar** : 〔역법(曆法)〕 태양력(太陽曆, solar calendar)〔= 양력〕은 지구가 태양을 1회전 하는 시간을 1년으로 하는 역법(曆法)이고, 태음력(太陰曆, lunar calendar)〔= 순태음력〕은 달의 삭망(朔望)〔음력 초하루와 보름〕 주기〔보름달이 뜨는 주기〕로 한 달을 정하는 역법이며, 태음태양력(lunisolar calendar)〔= 음력〕은 태음력(순태음력)을 기초로 하고 윤달을 두어 태양력과 절충한 것 역법이다.

c **Campā** 짬빠 : 앙가(Aṅga)국의 도성. 현재 비하르주 동부의 바갈푸르(Bhagalpur)

c **candana** 짠다나 : 백단〔백전단(白栴檀), sandal wood〕 가루

c **caṇḍāla** 짠달라 : 전다라(旃陀羅), 불가촉천민, 개고기 먹는 사람들

c **Candra** 짠드라 / **Chandra** 찬드라 : 달의 신

c **Candragupta II** 짠드라굽따 2세 : 굽타(Gupta) 왕조(320~647)의 왕, 재위 375~415

c **caryatid** 카리아티드 : 기둥이나 지주를 대신해 엔타블러처(entablature, 기둥이 떠받치는 수평 부분들)를 받치는 인물 조각상

c **Caste** 카스트 : 계급 제도, 포르투갈 어 카스타〔casta = 혈통(血統)〕에서 유래

c **caturaṅginī-sena** 짜뚜랑기니 쎄나 : 네 무리의 군대〔= 전차(戰車, ratha 라타), 보병(步兵, patti 빳띠), 기마(騎馬, assa 앗싸), 코끼리 부대〔상병(象兵), hatthi 핫티〕

c **catur-dvāra-kriḍana** 짜투르 드와라 끄리다나 : 〔사문유관(四門遊觀)〕〔catur = four〕〔dvāra = gate〕〔kriḍana = playing (with horses and elephants)〕

c Ⓢ**caturphalā** 짜뚜르팔라 / Ⓟ**catupphala** 짜뚯팔라 : 사과성자(四果聖者) 〔네 종류의 성자〕〔= 사향사과(四向四果), 사쌍팔배(四雙八輩)〕

c Ⓢ**Catvāri Ārya Satyāni** 짜뜨와리 아리야 싸띠아니 / Ⓟ**Cattāri Ariya-saccāni** 짯따리 아리야 삿짜니 : 사성제(四聖諦) 〔'네 가지(四) 성(聖)스러운 진리〔를 살핀다(諦)〕'는 뜻〕 ① 고(苦)〔고통의 현실을 바로 보는 것〕, ② 집(集)〔사물이 모여 일어나는 것이 고의 원인〕, ③ 멸(滅)〔고를 멸한 것이 해탈(열반)의

사전 수첩 전체〔알파벳〕

세계), ④ 도(道)[열반에 도달하는 길(수행 방법)인 팔정도(八正道)]를 말한다.

c **cavanatā** 짜와나따 : 제거됨

c **Ceḍī** 쩨디 / **Chedi** 체디 : [고대 인도 16대국 중 하나] 인도 북부 우타르 프라데시(Uttar Pradesh)주와 중부의 마디아 프라데시(Madhya Pradesh) 주 접경 지대인 분델칸드(Bundelkhand) 지방 북부에 위치.

c **chakra** 차끄라 / **cakra** 짜끄라 : 수레 바퀴처럼 생긴 비슈누(Vishnu)의 무기

c **chamar** 차마르 : 가죽 무두질 하는 계급

c **Chandaka** 찬다까 : [차익(車匿)] 싯다르타 왕자의 마부

c **Chandas** 찬다스 : 천타(闡陀) = 운율학

c **cha phassa-kāyā** 차 팟싸까야 : 육촉신(六觸身) [6가지 감각 접촉의 무리] [안촉(眼觸)·이촉(耳觸)·비촉(鼻觸)·설촉(舌觸)·신촉(身觸)·의촉(意觸)]

c **chattra** 찻뜨라 : 일산(日傘) [볕을 가리기 위하여 세우는 큰 양산]

c **cha vedanā-kāyā** 차 웨다나 까야 : 육수신(六受身) [6가지 느낌의 무리] [안촉수(眼觸受)·이촉수(耳觸受)·비촉수(鼻觸受)·설촉수(舌觸受)·신촉수(身觸受)·의촉수(意觸受)]

c **Citramekhala** 찌뜨라메칼라 : 지혜의 여신 싸라스와티(Saraswati)가 타고 다니는 공작새 [마유라(mayūra) = 공작새(peacock)]

c ⓥ**cūḍā** 쭈다 / ⓟ**cūla** 쭐라 : ① 한 묶음의 머리채, ② 주라(周羅) : 결발식(結髮式) 때 자르지 않고 남기는 머리카락

c **cūḍā-karman**(**karma**) 쭈다 까르만 / **chuda-karma** 추다 까르마 : 결발식(結髮式)

c **Cunda** 쭌다 / **Chunda** 춘다 : 붓다에게 마지막 공양을 올린 대장장이

d **daiva-vivāha** 다이와 비바하 : 다이와 혼인 [신혼(神婚)]

d **dakshiṇa** 닥쉬나 : 브라만들에게 주는 제사(祭祀)의 사례금. [원뜻은 오른쪽(rightside) / 남쪽(south)]

d **daḷha-ggahaṇa** 달하 까하나 : 취착(取) [강하게 거머쥐는 것, 집착하여 움켜쥠] [= 취(取), 우빠다나(upādāna)]

d **daḷidda** 달릿다 : 극빈자

d **dāna** 다나 : 보시(布施), 베풂(자비심으로 조건 없이 주는 것) [= generosity, giving]

d **dāna-pāramitā** 다나 빠라미따 : 보시(布施)-바라밀(波羅蜜) [육바라밀(六波羅密) [샤(6) 빠라미따(shat/śaṭ-pāramitā)] 중 첫째] 자신이 가진 것을 조건 없이 이웃에게 나누어 주는 행위 [시(施)-바라밀, 단(檀)-바라밀]

d **danda** 단다 : 지팡이 [장(杖)]

d **daṇḍa** 단다 : 벌금

d **Daṇḍapāṇi** 단다빠니 : 사꺄족의 대부호, 싯다르타 왕자 부인 중 하나인 고빠의 아버지

d **Dandhāka**/**Dandaka** 단다까 산 : [단특산(檀特山)] 고대 인도 간다라(Gandhara)(파키스탄 북서부 페샤와르) 지역 히말라야에 있는 산으로 알려져 있다. 붓다 전생의 한때, 쑤다나(Sudāna)[수달나(須達那)]라는 왕자로 깨달음을 위해 단다까 산에서 홀로 수행할 때 야차(夜叉)로 변한 인드라의 시험을 받는다.

d **darshan** 다르샨 : 신성한 이미지를 보는 능력

d **dāsa** 다싸 : 악마, 야만인, 노예 [드라비다 계통 토착 원시 부족들로 불가촉천민의 선조로 추측]

d **daśa-pāramitā** 다샤(10) 빠라미따 : 십바라밀(十波羅蜜) [빠라미따(pāramitā) = 바라밀다(波羅蜜多) = 바라밀 = 최상의 공덕 완성] 열반에 이르기 위해 실천 수행하는 열 가지 실천 덕목(ten perferctions)으로, 육바라밀(六波羅密)[샤(6) 빠라미따(shat/śaṭ-pāramitā)]에 이어진 4가지 덕목은 ⑦ 방편(方便)-바라밀[upāya-pāramitā 우빠야 빠라미따], ⑧ 원(願)-바라밀[praṇidhāna-pāramitā 쁘라니다나 빠라미따], ⑨ 력(力)-바라밀[bala-pāramitā 발라 빠라미따], ⑩ 지(智)-바라밀(波羅蜜)[jñāna-pāramitā 즈냐나 빠라미따]이다.

d **dasa pāramiyo** 다사 빠라미요 [in the Pāli Canon (Theravāda Buddhism)] : 〈남전〉의 십(10)바라밀(十波羅蜜) ① 보시(布施)[dāna 다나], ② 지계(持戒) [sīla 씰라], ③ 인욕(忍辱)(saṁvara 상와라(=control, restraint)) [kṣānti 끄샨띠], ④ 정진(精進)[vīrya 위랴], ⑤ 지혜(智慧)[ⓟpaññā 빤냐 / ⓢprajñā 쁘라즈냐(=반야(般若)], ⑥ 사세(捨世)[nekkhamma 넥캄마], ⑦ 진실(眞實)[saccā 삿짜], ⑧ 결의(決意)[adhiṭṭhāna 아딧타나], ⑨ 자(慈)[ⓟmettā 멧따 / ⓢ maitrī 마이뜨리], ⑩ 사(捨)[ⓟupekkha 우뻭카 / ⓢupekṣā 우뻭샤]

d **Dasharatha** 다샤라타왕 : 『라마야나(Ramayana)』에 등장하는 인물로 꼬살라[또는 아요디아]의 왕이자 라마 왕자의 아버지

d **dāsya** 다샤 : 〈베다〉에서 적을 포로로 데려와 삼은 노예, 노예 상태

d **dawry** 다우리 : 결혼 지참금

d **Delhi** 델리 : 인도 북부의 중앙에 위치한 현재 인도의 수도권. 예전에 델리(올드 델리)는 작은 도시였는데, 영국이 식민지 수도로 사용하기 위해 그 옆에 신도시 (뉴델리)를 건설해 지금에 이른다.

d **deva** 데바 : 신(神)

d **devadaha** 데바다하 : pond of the gods

d **Devadaha** 데바다하 : 꼴리야(Koliya)〔구리(拘利)〕족의 도성. 〔= 천비성 (天臂城)〕 네팔 서남부 룸비니주(Lumbini Province) 남부에 위치한 루빤데히〔루판데히(Rupandehi)〕 지구의 북동부에 있으며, 루빤데히 지구의 남서부에 위치한 룸비니 산스크리틱(Lumbini Sanskritik)과는 40km쯤 떨어져 있다.

d **Devadatta** 데바(와)닷따 : 조달(調達) 〔= 제바달다(提婆達多)〕 한역 경전에 등장하는 야쇼다라 공주의 오빠이자 싯다르타 왕자의 외사촌. 남전에 따르면 숫도다나왕의 4형제 중 막내인 감로반의 아들이자 붓다의 시자 아난(다) 존자의 친형. 즉 붓다와 사촌 관계

d Ⓟ**devaputta** 데와뿟따 : 신(神), 신의 아들, 젊은 신

d **devi** 데비 : 여신

d **dhamma** 담마 : 법(法), 가르침의 체계 : 업(業), 의무

d **dhanur** 다누르 : 활

d 『**Dhanur-veda** 다누르 베다』 : 〔부(副)〈베다〉격인 4가지 〈우빠베다(Upaveda)〉 가운데 하나〕 군사학 교범 〔dhanur = 활〕

d **Dharmarakṣa** 다르마라끄샤 : 축법호(竺法護, 3세기 말~4세기 초) 서진(西晋)시대 287년 『보녀소문경(寶女所問經)』을 번역한 승려

d 〈**Dharma-sūtra** 다르마 수뜨라 / **Dharma-śāstra** 다르마 샤스트라〉 : 〔〈베당가 (Vedāṅga)〉의 6가지 분야 중 하나인 〈깔빠 수뜨라(Kalpa-sūtra)〉(제사)류 가운데 한 카테고리〕 〔법률경(法律經), 법전류〕 각 계급의 권리 · 의무 · 사회 법규 등 일상 생활의 규정을 모은 경서들

d **dhātu** 다뚜 : 영골(靈骨) 〔= 사리(舍利, sarīra싸리라)〕 : 계(界), 원소, 종족(種族)

d **Dhodhodana** 도도다나 : 백반(白飯), 숫도다나의 형제, 붓다의 삼촌

d **dhoti** 도띠 : 남성용 인도 전통 복장으로 4~5미터 정도의 천으로 바지 형태로 착용

d Ⓢ**dhyāna** 댜나 / Ⓟ**jhāna** 쟈나 / **yoga** 요가 : 〔선정(禪定) / 선(禪)〕 맑은 정신으로 집중하기, 조용히 생각하는 것 〔= meditation and contemplation〕 ≤ 〔삼매(三昧) = 싸마디(samādhi) = to hold things together, concentration of the mind, meditation or deep trance〕

d **dhyāna-marga** 댜나 마르가 : 명상의 길

d Ⓢ**dhyāna** 댜나 / Ⓟ**jhāna** 쟈나 **-pāramitā** 빠라미따 : 선정(禪定)-바라밀 (波羅蜜) 〔육바라밀(六波羅密)〔샷(6) 빠라미따(shat/śaṭ-pāramitā)〕 중 다섯째〕 고요하고 차분한 상태 : 자아는 사라지고 마음이 한 대상에 깊이 집중하여 흔들림 없는 상태에 도달하는 것 〔선(禪)-바라밀, 선나(禪那)-바라밀〕

d **Digambara** 디감바라 : 공의파(空衣派), 나형 외도(裸形外道) 〔아쩰라까(acelaka)〕의 한 파, 알몸으로 생활

d 〈**Dīgha Nikāya** 디가 니까야〉 : 남전(南傳) 〈5부 니까야(Pañca Nikāya)〉의 첫번째 묶음으로 34개의 긴(dīgha, 장편의) 경(經) 모음집〔북전의 〈장아함경(長阿含經)〉에 해당〕.

d **dik** 딕 / **diśā** 디샤 : 방향(directions), 방향의 수호신, 우주의 방위를 담당하는 자

d **Dikgaja** 딕가자 : 우주의 방위를 담당하는 코끼리 〔eight elephants guarding eight cardinal directions with clouds〕 〔dik = 방향〕 〔gaja = 코끼리〕

d **Dīpaṃkara Buddha** 디빵까라 붓다 : 연등불(燃燈佛), 등광여래(燈光如來), 정광여래(錠光如來), 제화갈라(提和竭羅)라고도 한다. 과거불로서 전생의 석가모니에게 장차 붓다가 될 것이라고 수기(授記)〔예언〕을 해준다. 그래서 과거불은 연등불(燃燈佛), 현재불은 석가모니불, 미래불은 미륵불(彌勒佛)이라 한다.

d **diṭṭhe va dhamme** 딧테 와 담메 : 현상계에서, 지금 여기(= here and now), 현금(現今)/현법(現法) 〔diṭṭha(보다) + eva(그래서) + dhamma(현상, 진리, 법)〕

d **Divākara** 디바까라 : 지바가라(地婆訶羅, 613~687), 당나라에서 활동했으며 683년 『대승백복상경(大乘百福相經)』을 번역한 인도 출신 승려

d Ⓢ**divya-cakṣur-abhijñā** 디위야 짜크슈르 아비즈냐 / Ⓟ**dibbacakkhu** 딥바짝쿠 : 천안통(天眼通) 〔욕계(欲界)와 색계(色界)〔다른 세계〕를 꿰뚫어 보는 지혜〕

d Ⓟ**domanassa** 도마낫싸 : 우(憂) 〔정신의 괴로움〕

d **dosa** 도싸 : 진에(嗔恚) 성냄 〔3독의 하나〕

d **Draupadī** 드라우빠디 : 『마하바라따〔Mahābhārata, 摩訶婆羅多마하바라다〕』에서 빤다바(Pāṇḍava) 형제들〔빤두(Pāṇḍu)의 아들들〕이 참가하는 결혼 시합의 주인공, 빤짤라의 공주

d **Dravidians** 드라비디안 : 드라비다 인

d **dṛṣṭānta / drishtanta** 드리슈탄따 : 비유(比喩)

d **Drupāda** 드루빠다 : 『마하바라따〔Mahābhārata, 摩訶婆羅多마하바라다〕』에 등장하는 인물로 빤짤라의 왕이자 드라우빠디 공주의 아버지

d **dukkaracariya** 둑까라짜리야 : 고행(苦行) 〔dukkara(어려움) + cariya(행)〕 = 따빠쓰(tapas) 〔열(熱)〕

d **dukkha** 둑카 : 고(苦) 〔육체의 괴로움〕

d Ⓟ**dukkha** 둑카/Ⓢ**duḥkha** 두카 - **vedanā** 웨다나 : 고수(苦受) 〔괴로운 느낌, 다시 겪고 싶지 않은 느낌〕

d Ⓢ**dvātriṃśan-mahā-puruṣa-lakṣaṇani** 드와뜨링샨 마하뿌루샤 락샤나니 : 〔삼십이(32)상(三十二相)〕 붓다의 32가지 특별한 모양 〔= the 32 signs of a great being〕

d **dvija** 드위자 : 재생자(再生者) 〔= dvi(두 번) + ja(태어나다) = 새(bird, 鳥), 거듭남, 부활(復活)〕 〔브라만, 끄샤뜨리야, 바이샤〕

d **Dyaus** 디야우스 : 하늘의 신

e **ekajā** 에까자 : 〔born alon or single〕 단생자(短生者), 일생족(一生族)

f **Falgu** 팔구 강 : 모하나강(Mohana)과 네란자라강(Nerañjarā)이 쎄나니 마을 남쪽에서 만나 흐르는 강

g **gaja** 가자: 코끼리 〔elephant〕

g **gāma** 가마 : 농촌 마을 = 그라마(grāma)

g **gana** 가나 : 상인 조합 〔= group, troop, company, association〕

g **Gandha Kuti** 간다 꾸띠 : 부처의 방, 여래향실

g **Gandhāra** 간다라 : 〔고대 인도 16대국 중 하나〕 파키스탄 북서부〔페샤와르(Peshawar) 라왈핀디(Rawalpindi) 일대〕와 아프가니스탄 북동부에 걸친, 카불(Kabul)강 〔인더스(Indus)강의 지류〕 하류 지역에 있던 나라. 중심 도시는 딱샤쉴라(ⓈTakṣaśila) 〔딱까씰라(Ⓟtakkasilā)〕. 헬레니즘 미술의 영향을 받은 '간다라 불교 미술'〔쿠샨 왕조 시대인 기원 전후부터 4~5세기까지 유행〕로 유명하다.

g 『**Gandharva-veda** 간다르바 베다』 : 〔부(副)〈베다〉격인 4가지 〈우빠베다(Upaveda)〉 가운데 하나〕 음악·무용 등 예술에 관한 종합 교과서

g **Gandharva-vivāha** 간다르바 비바하 : 간다르바 혼인 〔건달바혼(乾闥婆婚), 연애혼(戀愛婚)〕

g **Ganesha** 가네샤 / **Gaṇapati** 가나빠띠 : 코끼리 머리에 네 개의 팔를 지닌 지혜와 행운, 재물의 신. 농업과 풍요를 상징하는 쥐〔무샤까(mūṣaka)〕를 바하나(vāhana) 〔탈것〕로 한다. 〔gaṇa = 그룹, 군중 또는 범주 체계〕 + 〔īśa = 주인〕

g **Gangā** 강가 : ① 갠지스(Ganges) 강 ; ② 갠지스 강의 여신. 마까라(Makara)라는 악어 비슷한 전설적인 바다 생물을 바하나(vāhana)〔탈것〕로 한다.

g **Ganses** 갠지즈 : 인도 북부 히말라야(Himalaya)에서 발원하여 인도 동해안의 벵골만(Bay of Bengal)으로 흐르는 전체 길이 2,506km의 강 〔= 강가(Gangā, gaṅgā, 빠르게 가는 것), 항하(恒河)〕

g **Ganwaria** 간와리아 : 인도에서 카필라(Kapila) 성이라 주장하는 곳으로, 인도 북부 우타르 프라데시(Uttar Pradesh) 주의 북동부 발람푸르(Balrampur)에서 북쪽으로 30km 떨어진 네팔 접경 지역의 작은 마을이다. 네팔이 주장하는 카필라 성인 틸라우라코트(Tilaurakot)와는 동쪽으로 80km쯤 떨어져 있다.

g **garbhādāna** 가르바다나 : 수태식(受胎式)

g **Garbageha** 가르바게하 : 신의 자궁, 자궁방(子宮房)〔= garba(자궁) + geha(house, residence)〕

g **Garuḍa** 가루다 : 〔금시조(金翅鳥)〕 유지의 신 비슈누(Vishnu)가 타고 다니는 거대한 새

g **gāthā** 가타 / **geya** 기야 : 〔게송(偈頌)〕 노래

g **gaviṣṭi / gavishti** 가비슈띠 : 전쟁, 싸움 〔가비시(gavish) = 소를 갈구하다 = wishing for cows / eager〕

g **Gaya** 가야(伽耶) : 현재 비하르(Bihar)주 남부의 가야구(Gaya district). 주도 파트나에서 남쪽으로 100km 정도 떨어져 있다. 남쪽으로 11km 지점에 붓다가 깨달음을 얻은 보드가야〔Bodh Gayā / 붓다가야(Buddha Gayā)〕가 있다. 당시에는 마가다국에 속했다.

g **ghi** 기 : 정제된 최상급 버터 기름

g **gimha** 김하 : 여름〔하(夏), 혹서기(酷暑期)〕

g ⓟ**Girimekhala** 기리메칼라 : 마왕의 코끼리

g **Goa** 고아 : 인도 남서부 아라비아해 연안에 위치한 주. 인도에서 면적이 가장 작은 주이며, 주도는 파나지(Panaji)〔빤짐(Panjim)〕, 가장 큰 도시는 바스코다가마(Vasco da Gama)〔악랄한 포르투갈의 항해자 바스쿠 다 가마(Vasco da Gama, 1460년대~1524)의 이름을 딴 도시〕다.

g **gopá** 고빠 / **gapati** 가빠띠 : 왕〔=cowherd, herdsman, protector, guardian〕

g **Gopā** 고빠 : 『랄리따위스따라(Lalitavistara, 方廣大莊嚴經방광대장엄경』에 나오는 싯다르타 왕자의 부인들 중 하나. 사꺄족의 대부호 '단다빠니(Daṇḍapāṇi)'의 딸이라는 이야기도 있다.

g **gopāla** 고빨라 : 목인(牧人), 목자(牧者)〔go = 소, pāla = 보호자〕

g **Gorakhpur** 고락푸르 : 인도 우타르 프라데시(Uttar Pradesh)주에 속한 도시로 바스티(Basti)와 쿠시나가르(Kushinagar) 사이에 위치한다.

g **Gōtama** 고따마 : 아주 크고 좋은 황소(最大牡牛최대모우), 붓다의 성씨

g ⓟ**Gōtama**(ⓢ**Gautama**) **Buddha** 고따마 붓다 : 싯다르타 고따마(Siddhartha Gōtama), 기원전 624?~기원전 544?

g **Gōtami** 고따미 : 고따마 씨족의 여자

g 『**Gautama Dharma-sūtra** 고따마 다르마 수트라 : 현존하는 다르마 수트라(Dharma-sūtra)(법전)류 중 가장 이른 것(기원전 600~기원전 200)으로 여겨지는 법전. 고따마(Gautama)는 〈베다〉 문헌에서 자주 등장하는 이름으로, 〈싸마 베다(Sāma-veda)〉 학파를 의미한다고 알려져 있다.

g **grāmanī** 그라마니 : 부대장(部隊長)

g **grāmika** 그라미까 : 마을 촌장

g **gṛha** 그리하 : 가(家), 집, 가족

g **gṛhastha** 그리하스타 : 가주기(家住期)〔아슈라마 2주기〕

g 〈**Gṛhya-sūtra** 그리햐 수뜨라〉 : 〈가정경(家庭經)〉〔〈베당가(Vedāṅga)〉의 6가지 분야 중 하나인 〈깔빠 수뜨라(Kalpa-sūtra)〉(제사)류 가운데 한 카테고리〕 기원전 400~기원전 200년경 성립된, 가정(grihya)에서 행하는 종교 의식(태아 때부터 죽음의 의식까지 삶의 각 단계마다 행하는 의식, 5가지 일일 제사, 계절 의식, 주택 건축이나 가축 사육 등)을 설명한 브라흐만교〔힌두교〕의 경서들

g **guru** 구루 : 법도에 따라 생명의 씨가 꺼지지 않고 살 수 있도록 해 주며, 아버지 구실을 하며 음식과 숙소를 제공하면서 인도하는 존재

h **haṃsa** 항사 : 〔철새, 백조, 거위〕 창조의 신 브라흐마(Brahma)가 타고 다니는 백조. 〔=swan or goose〕

h **Harappa** 하랍빠 / 하라파 : 파키스탄 북동부, 인더스강 상류 지역의 펀자브 (Punjab) 지방에 있었던 기원전 2500~1500년경의 고대 도시

h **harijan** 하리잔 : 신의 아들 = 불가촉 천민 〔마하트마 간디가 불가촉천민을 부르던 이름〕

h **havi** 하위 : 봉헌물(奉獻物)〔=offering, sacrifice to the gods〕 야즈나(yajña) 〔불을 이용한 제사〕에서 불에 태우는 공양물로 주로 기(ghi, 버터 기름)에 섞은 음식물이다.

h **hatthi** 핫티 : 코끼리 부대〔상병(象兵)〕

h **hemanti** 헤만띠 : 겨울〔동(冬), 건기(乾期)〕

h **Himalayas** 히말라야 산맥 : 인도 대륙과 티베트 고원 사이의, 세계에서 가장 높은 산맥으로 해발 7,300m 이상의 고봉 30여 개가 산재한다. 서쪽의 낭가파르바트 산(Nanga Parbat, 8,125m)부터 동쪽의 남차바르와 산(Namcha Barwa, 7,600m)까지 2,500km에 이른다. 산맥 중간에 위치한 네팔과 부탄 왕국을 제외한 나머지 지역 대부분이 인도에 속한다.

h **hīnayāna** 히나야나 : 작은 수레, 소승(小乘)

h **Hiranyakasipu** 히란야까씨뿌 : 악마의 왕

h **Hiranyaksha** 히란야끄샤 : 악마

h **Homeros** 호메로스 : 기원전 8세기경의 고대 그리스 시인

i ⓢ**Ikṣvāku** 이끄슈와꾸 / ⓟ**Okkāka** 옥까까 : 감자왕(甘蔗王), 사꺄(Sakyā)족 〔석가족(釋迦族)〕의 시조 〔okkāka = 사탕수수〕

i **Indian Ocean** 인도양 : 아프리카 동안, 아시아 남부, 오스트레일리아 서안으로 경계를 이루는 대양. 대서양, 태평양과 함께 세계 3대 대양에 속한다.

i **Indra** 인드라 : 제석천왕(帝釋天王), 신들의 왕 〔동쪽〕

i **Indus** 인더스강 : 티베트 고원(Tibet Plateau)에서 발원하여 인도령 카슈미르(Kashmir)〔인도 북서부의 북쪽 지역〕을 거쳐 파키스탄의 중앙을 흘러가는 총 2,900km의 강. 강을 따라 하랍빠(하라파)(Harappa), 모헨조-다로(Mohenjo-daro) 등의 고대 인더스 문명 도시가 세워졌다.

i **Indus Civilization** : 인더스 문명

j **Jainism** : 자이나교

j **jālāvanaddha-hasta-pāda** 잘라와낫다 하스따 빠다 : 수족지만망상(手足指縵網相)〔손발가락 사이에 비단 같은 막(물갈기)이 있다〕〔=webbed hands and feet〕

j **Jambu** 잠부나무 : 〔=염부나무(閻浮樹 염부수)〕

j **Janaka** 자나까 : 『라마야나(Ramayana)』에 등장하는 인물로 비데하(Videha)〔또는 미틸라〕의 왕이자 라마 왕자와 결혼하게 되는 시타의 아버지

j **janapada** 자나빠다 : 국가, 끄쉐뜨라(kṣetra)=국(國)

j **japanāla** 자빠날라 : 화환(花環)

j **jarā** 자라 : 노(老), 늙음

j **jarā-maraṇa** 자라 마라나 : 노사(老死), 늙음과 죽음

j **『Jātaka 자따카』** : 본생담(本生談), 본생경(本生經)〔붓다 전생 이야기 모음〕

j **jātakarman** 자따까르만 : 출태식(出胎式)

j **jati** 자띠 : ① 혈통 : ② 생(生)〔태어남〕

j **jhapāpeti** 자빠뻬띠 / **jhapita** 자삐따 : 다비(荼毘) / 사비(闍毘)〔= 화장〕〔육신을 원래 이루어진 곳으로 돌려보낸다는 뜻〕

j **Jeta** 제따 : 〔기타(祇陀)〕 꼬쌀라국의 왕자, 쑤닷따와 함께 제따바나를 공양한 붓다의 후원자

j **Jetavana** 제따바나 : 기원정사(祇園精舍), 기수급고독원(祈樹給孤獨園)

j **jina** 지나 : 승리자, 고뇌와 유혹을 이긴 사람

j **jīraṇatā** 지라나따 : 노쇠함, 부패함

j **jiva** 지바 : 영혼(靈魂)

j **jñāna** 즈냐나 : 지(智)〔신성한 지혜=highest knowledge, knowledge acquired through meditation〕

j **jñāna-pāramitā** 즈냐나 빠라미따 : 지(智)-바라밀(波羅蜜)〔십바라밀(十波羅蜜)〔다샤(10) 빠라미따(daśa-pāramitā)〕 중 열번째〕 온갖 사물의 실상을 여실하게 아는 지혜(깨달음의 완전한 지혜)를 갖추는 것

j **Jyotiṣa** 죠띠샤 : 천문학(天文學)

k **kachī** 까치 : 굽지 않은 벽돌

k **kahāpana** 까하빠나 : 타각 화폐(打刻貨幣)

k **Kailasha** 까일라샤 : 우주의 중심=수미산(須彌山)=쑤메루(Sumeru)

k **kāla** 깔라 : 흑조(黑組)〔침침한, 검은 무리〕

k **kalalavappa** 깔랄라밥빠 : 축축한 진흙에 씨앗을 뿌리는 것

k **Kalki** 깔끼 : 미래에 올 마지막 구원자

k **kalpa** 깔빠 : ① 적절한, 적합한, 유능한, 신성한 교훈. ② 베당가의 6가지 분야 중 하나. ③ 우주 시간, 브라흐마의 하루, 겁(劫)〔인간 기준으로=43억 2,000만 년〕. ④ 제사, 의식(the ceremonial), 형식적 절차

k 〈**Kalpa-sūtra** 깔빠 수뜨라〉 : 〈겁파경(劫波經)〉=의궤경(儀軌經)〔〈베당가 (Vedāṅga)〉의 6가지 분야 중 하나〕 사회 생활과 가정 생활의 모든 제사와 의식에 대해 설명한 경서들로, ① 슈라우따 수뜨라(Śrauta-sūtra)〔천계경(天啓經)〕류, ② 다르마 수뜨라(Dharma-sūtra)〔다르마 샤스뜨라(Dharma-śāstra), 법률경(法律經)〕류, ③ 그리햐 수뜨라(Gṛhya-sūtra)〔가정경(家庭經)〕류로 구분된다.

k **Kāma** 까마 / **Kāmadeva** 까마데바 : 성(性), 사랑의 신. 앵무새〔슈까(śuka)〕를 바하나(vāhana)〔탈것〕로 한다.

k **kāmāchanda** 까마찬다 : 감각적 욕망

k Ⓢ**kama-dhātu** 까마 다뚜 / Ⓟ**kāma-loka** 까마 로까 : 욕계(欲界)〔6천(天)〕

k **kāma-taṇhā** 까마 딴하 : 욕애(欲愛)〔감각적 쾌락에 대한 갈애〕〔kāma=pleasure, enjoyment, desire〕

k **Kamboja** 깜보자 : 〔고대 인도 16대국 중 하나〕 카불(Kabul)강〔아프가니스탄 동부와 파키스탄 북서부를 흐르는 강〕 유역으로, 아프가니스탄의 누레스탄 (Nurestan)〔아프가니스탄의 수도 카불의 동부. 옛 이름은 까피리스딴(Kāfiristān)〕 지역과 카슈미르(Kashmir) 지역 남서부에 있었다. 간다라의 서쪽에 위치했다.

k **Kamsa** 깜사 : 마왕

k **Kaṁsa** 깜사 : 꼬쌀라(Kosala)국의 왕. 바라나씻가하(Bārāṇasiggaha)〔'바라나씨의 정복자'〕

k **kamma** 깜마 / **karma** 까르마 : 업(業), 인연

k **kammakara** 깜마까라 : 토지를 소유하지 못한 일꾼

k ⓟ **kamma-vega** 깜마 웨가 : 업 형성력〔업력(業力), 업행(業行)〕

k **kandhānaṁ bhedo** 깐다낭 베도 : 오온(五蘊)의 해체

k **Kanishka** 까니쉬까 대왕 : 2세기 중엽, 꾸샨(Kushan) 왕조〔30~375〕의 왕

k **kankanam** 깐까남 : 팔찌, 손목에 묶는 노란 실

k **Kaṇṭhaka** 깐타까 :〔건척(健陟)〕 싯다르타 왕자의 애마(愛馬)

k **Kapila** 까삘라 성 : 붓다의 고향으로, 네팔 남부와 인도 국경 부근의 히말라야 기슭에 있었던 고대 도시〔=Kapila-ⓢvastu / Kapila-ⓟvatthu〕

k ⓢ **Kapila-vastu** 까삘라 와스뚜 / ⓟ **Kapila-vatthu** 까삘라 왓뚜 : 붓다의 고향〔와스뚜(ⓢvastu) / 왓뚜(ⓟvatthu)=a dwelling, house, residence〕 현재 까삘라 성이라고 하는 곳은 두 군데다. 인도에서 주장하는 간와리아(Ganwaria)와, 네팔에서 주장하는 틸라우라코트(Tilaurakot)〔카필바스투(Kapilvastu)〕로. 두 곳은 동서로 약 80km쯤 떨어져 있다.

k **karma** 까르마 / **kamma** 깜마 : 업(業), 인연

k **karma-marga** 까르마 마르가 : 행위의 길

k **Kārttika** 까르띠까 : 인도력 8월

k **kārya-kāraṇa** 까랴 까라나 : 인과(因果)〔kārya(결과)+kāraṇa(원인)〕

k ⓢ **kāṣāya** 까사야 / ⓟ **kasāva** 까사와 : 가사(袈裟)

k **Kāsi** 까씨 :〔고대 인도 16대국 중 하나〕 현재의 인도 북부 우타르 프라데시(Uttar Pradesh)주 지역으로, 갠지스 강과 가가라(Ghaghara / Gogra 고그라)강 사이, 꼬쌀라국과 마가다국 사이에 있던 나라. 중심 도시는 바라나씨(ⓢBārāṇasi)〔바라나시(Varanasi)〕.

k **Kathmandu** 카트만두 : 네팔의 수도. 네팔 중앙의 바그마티(Bagmati) 강과 비슈누마티(Bisnumati) 강의 합류점 부근. 해발 1,324m 고지에 있다.〔Kathmandu는 쌍쓰끄리뜨로 '목조 전각'이라는 뜻〕

k ⓢ**Kauśāmbī** 까우샴비 / ⓟ**Kosāmbī** 꼬쌈비 : 밤(왕)싸(ⓟVaṃsa, ⓢVatsa 밧(왓)싸)국의 수도

k **kaustubham** 까우스뚜밤 : 가슴에 단 보석, 심장

k **keśānta** 께샨타 : 치발식(薙髮式)

k ⓟ**khaṇa** 카나 / ⓢ**kṣaṇa** 끄샤나 : 찰나(刹那)

k ⓟ**khandha** 칸다 / ⓢ**skandha** 쓰깐다 : 무더기, 집합, 쌓임〔=heap, mass, bulk, (gross) substance, collections, groupings, clusters, 위로 튀어 오른 부분, 몸의 상체, 어깨, 나무 줄기, 둥치〕 온(蘊)

k **khandhānaṁ pātubhāvo** 칸다낭 빠뚜바보(워) : 오온(五蘊)이 나타남

k **khaṇḍicca** 칸딧짜 : 부러짐〔예를 들어 이가 빠지는 것〕

k **khetta** 켓따 : 경작지

k 『**Khuddaka Nikāya** 쿳다까 니까야』 :〔=『소부(小部)』〕

k **kilesa** 낄레싸 : 오염원〔번뇌(煩惱), 욕망과 성냄과 무지〕

k **kol** 꼴 : 대추

k **Koliya** 꼴리야 : 구리(拘利)족, 사꺄(Sakyā)족〔석가족(釋迦族)〕과 혈연 관계의 부족

k **Kolkata** 콜카타 : 인도 동북부에 위치한 서벵골(West Bengal)주의 주도로 영국 식민지 시절에는 캘커타(Calcutta)로 불렸다. 인도의 시인이자 아시아 최초의 노벨 문학상 수상자인 라빈드라나트 타고르(Rabīndranāth Tagore, 1861~1941)의 고향이다.

k **Kolnagar** 꼴나가르 : 대추나무 숲〔nagar=town, city, suburb〕

k **Koṇḍañña** 꼰단냐 :〔교진여(憍陳如)〕 아시따 고행자의 시종이자 어린 조카. 일부 경전에서는 최초의 제자 5비구 중 한 명으로 등장한다. 아라한과(阿羅漢果, 해탈한 성자)를 처음으로 성취했다.

k **Kosala** 꼬쌀라 :〔고대 인도 16대국 중 하나〕 인도 북부 우타르 프라데시(Uttar Pradesh)주 가가라(Ghaghara / Gogra 고그라) 강변의 아요디아(Ayodhya / Oudh우드) 지역. 기원전 5세기경 마가다국에 병합됐다. 수도는 슈라와(바)쓰띠(ⓢŚrāvastī)〔싸왓(밧)티(ⓟSāvatthi)〕. 종족명은 꼬쌀라아(Kosalāa)

k ⓟ**Kosāmbī** 꼬쌈비 / ⓢ**Kauśāmbī** 까우샴비 : 밤(왕)싸(ⓟVaṃsa, ⓢVatsa 밧(왓)싸)국의 수도

k **kośopagata-vasti-guhya** 꼬쇼빠가따 와스띠 구햐 : 마음장상(馬陰藏相)〔말의 성기가 번데기처럼 움츠러든 모양〕〔=male organs concealed in a sheath〕

k **Kṛiṣhṇa** 끄리슈나 : 사랑과 구원의 흑색의 신

사전 수첩 전체〔알파벳〕

k **kṛishṇala** 끄리슈날라 : 무게의 단위

k **kṣānti** 끄샨띠 : 인욕(忍辱)〔욕됨(어려움이나 불편)을 참는 것〕〔=patience, forbearance, forgiveness〕

k **Kṣāntideva** 끄샨띠데바 : 〔찬제제바(羼提提婆), 인천(忍天)〕숫도다나왕이 초빙해 싯다르타에게 무술과 용병술, 말과 코끼리 조련술 등을 가르친 꼴리야 출신 병법가

k **kṣānti-pāramitā** 끄샨띠 빠라미따 : 인욕(忍辱)-바라밀(波羅蜜)〔육바라밀(六波羅密)〔샷(6) 빠라미따(shat/śaṭ-pāramitā)〕중 셋째〕박해(욕됨)로 일어난 분노로부터 해방이 되는 것〔인(忍)-바라밀, 찬제(羼提)-바라밀〕

k **Kshatriya** 끄샤뜨리야 : 무사(왕족) 계급

k **kṣetra** 끄쉐뜨라 = 국(國) : 국가(나라), 자나빠다(janapada)

k **kuia** 꾸이아

k **Kudawa-Nadī** 쿠다와 나디 : 인도 바스티(Basti)를 지나는 작은 하천

k **kumkum** 꿈꿈 : 정화를 상징하는 붉은 가루

k **Kuntī** 꾼띠 / **Kuntī-devī** 꾼띠 데비 : 『마하바라따(Mahā-Bhārata)』에서 인도 북부 꾸루(Kuru)국 빤두(Pāṇḍu) 왕의 왕비로, 빤다바(Pāṇḍava) 왕자들의 어머니이다.

k **kula** 꿀라 : ① 가족〔=마음 공동체〕: ② 족성(族姓)

k **Kumarajiva** 꾸마라지바 : 구마라집(鳩摩羅什, 344~413), 최초의 삼장법사(三藏法師), 나집(羅什), 동수(童壽), 4세기 서역의 역경승으로 후진(後秦) 시대 장안(長安)에 와 약 300권의 불교 경전을 번역하고 제자들을 길러냈다.

k **kūrma** 꾸르마 : 거북이〔구/귀(龜)〕

k **Kuru** 꾸루 : 〔고대 인도 16대국 중 하나〕야무나(Yamunā)강 상류의, 현재 델리(Delhi) 북부의 타네사르(Thanesar)와 메루뜨(Meerut) 지역으로, 중심 도시는 인드라쁘라스따(Indraprasta)〔현재의 델리(Delhi)〕와 하스띠나뿌라(Hastināpura)였다. 중기 베다 시대(기원전 1200~ 기원전 800)에 등장한 인도 북부의 인도아리안 부족 연맹체로, 델리, 하리아나, 펀자브, 우타르 프라데시(Uttar Pradesh)주 서부 지역을 지배했다. 인도 아대륙에서 최초로 기록화된 국가 수준의 사회로 발전했다.

k **kuśa** 꾸샤 : ① 풀, 갈대〔로(蘆)〕= 다르바(Ⓢdarbha) / 답바(Ⓟdabbhā)〔길상초(吉祥草)〕: ② 붓다에게 풀 한 단을 바친 목동의 이름 = 슈와(Śva)〔좋다〕〔(사람의 이름일 때) 길상(吉祥)〕

k **kusalā** 꾸살라 : 선(善)〔선업(善業), 선법(善法), 자신이 짓는 이로운 심리 현상〕

k Ⓢ**Kuśinagara** 꾸쉬나가라 / Ⓟ**Kusinārā** 꾸씨나라 / **Kushinagar** 쿠시나가르 : 말라(Malla, Mallā) 국의 중심 도시였으며, 기원전 544?년, 붓다가 80세로 열반에 들었던 곳이다. 네팔과 인접해 있는 인도 북부 우타르 프라데시(Uttar Pradesh)주의 동북쪽에 위치한 마을, 현재의 카시아(Kasia)다.

l 『**Lalitavistara** 랄리따위스따라』: 『방광대장엄경(方廣大莊嚴經)』〔lalita = 놀이, 이적〕〔vistara = 큰〕

l **lehari** 레하리 : 대사(大使)

l **Licchavī** 릿차비 : 밧(왓)지〔Vajjī / Vṛji (Vriji) 브(위)리지〕연맹의 부족 중 하나

l **linga** 링가 : 남성 성기

l **lobha** 로바 : 탐욕(貪慾)

l **lobhayati** 로바야띠 : 유혹(誘惑)〔lobha(탐욕) + yati(안내자) = 탐욕의 안내자 = 유혹〕

l **lokāntara** 로깐따라 : 타방 세계(他方世界)〔loka=세계 + antara=다른〕

l **Lokāyata** 로까야따 : 순세 외도(順世外道), 유물론 · 회의주의 · 향락주의 학파

l **Lumbini** 룸비니 : 붓다의 탄생지〔남비니(嵐毘尼)〕현재 네팔 서남부 룸비니주(Lumbini Province) 남부에 위치한 루빤데히〔루판데히(Rupandehi)〕지구 남서부에 있다. 카필바스투(Kapilvastu) 지구의 까삘라와스뚜(Kapila-vastu)〔사꺄족의 도성이었던 곳〕와는 서쪽으로 20km쯤 떨어져 있고, 마야 데비(위)〔마야(摩耶) 부인〕의 친정 데바다하(Devadaha)와는 동북쪽으로 30km쯤 떨어져 있다. 현재 명칭은 룸비니 산스크리틱(Lumbini Sanskritik). 단멸(斷滅), 해탈처(解脫處), 낙승(樂勝), 염(鹽) 등으로 의역하기도 한다.

l **lungi** 룽기 : 남성용 인도 전통 복장으로 도띠(dhoti)보다 짧은 형태로 치마로 착용

m Ⓟ**maccu** 맛쭈 : 죽음〔사(死)〕

m Ⓢ**madhyama-pratipad** 마다마 쁘라띠빠드 / Ⓟ**majjhimā-paṭipadā** 맛지마 빠띠빠다 : 중도(中道)〔madhyama(중간) + pratipad(가다)〕〔majjhimā(middle, medium, moderate) + paṭipadā(path, way, means, method)〕〔middle way(path) of the Buddha〕

m **Magadha** 마가다 : 〔고대 인도 16대국 중 하나〕기원전 6~1세기 고대 인도의 정치와 문화의 중심 국가.

전체 사전수첩 (알파벳)

최초로 인도를 통일한 왕조인 마우리아 왕조의 전신으로 16대국 중 제일 막강했던 나라다. 갠지스강 중류 이남 일대로 비하르(Bihar)주 남부에 해당한다. 수도는 라자가하(ⓅRājagaha)〔라자그리하(ⓈRājagṛha)〕. 주요 도시는 빠딸리뿌뜨라(Pāṭaliputra)〔현재의 파트나(Patna)〕이다. 붓다 당시 꼬쌀라국과 인도 북부의 패권을 다투었다.

m Ⓟ**magga** 막가 / **marga** 마르가 : 길, 도로〔도(道)〕

m **mahā** 마하 : 위대한(great)

m **mahar** 마하르 : 심부름꾼 겸 청소부 계급

m 『**Mahābhārata** 마하바라따』 : 〔마하바라다(摩訶婆羅多)〕 인도 고대 2대 서사시 중 하나 〔='위대한 바라따(Bhārata) 왕조'라는 뜻〕

m **mahā-bhūta** 마하-부따 : 〔사대(四大), 사대종(四大種)〕 불교에서 보는, 물질를 구성하는 네 가지 근본 성질

m **Mahāmāyā** 마하마야 왕비 : 붓다의 어머니, 마야(摩耶) 부인, 마야 데비/마야 데위 (Māyā-devī) 〔mahā = 위대한(great)〕

m **Mahatma Gandhi** 마하트마 간디 : 인도의 독립 운동가, 1869～1948

m 『**Mahāparinibbāna Sutta** 마하빠리닙바나 숫따』 : 〔대반열반경(大般涅槃經)〕

m Ⓢ**Mahā-prajāpati** 마하 쁘라자빠띠 / Ⓟ**Mahā-pajāpatī** 마하 빠자빠띠 : 〔대애도(大愛道)〕 붓다의 친어머니인 마야 데비의 여동생, 즉 숫도다나 왕의 처제이자 두 번째 부인이며 붓다의 양어머니

m **mahā-samaṇa** 마하 싸마나 : 대사문(大沙門) 〔붓다의 별칭〕

m 『**Mahasatipaṭṭhāna Sutta** 마하사띠빳타나 쑤따』 : 『대념처경(大念處經)』 = 호흡의 관찰 방법을 설하신 경. 〈디가 니까야〉 중 22번째 경.

m **Mahāvira** 마하위라 : 대웅(大雄), 기원전 599～기원전 ?, 자이나교 24대조이자 완성자인 니간타 나따뿟따(Nigaṇtha Nātaputta)의 별칭

m **mahāyāna** 마하야나 : 큰 수레, 대승(大乘)

m **mahiṣī** 마히시 : 정비(正妃)

m Ⓢ**Maitreya** 마이뜨레야 / Ⓟ**Metteyya** 멧떼야 : 미륵(彌勒), 도솔천에 머물며 언젠가 사바에서 정각을 이루길 기다리는 보살〔maitrī = loving-kindness〕

m Ⓢ**maitrī** 마이뜨리 / Ⓟ**mettā** 메따 : 자(慈)〔〈남전〉의 십바라밀(十波羅蜜)〔다샤(10) 빠라미요(dasa pāramiyo)〕 중 아홉째〕 자애(慈愛)〔= loving kindness, friendliness, goodwill, benevolence〕

m 〈**Majjhima Nikāya** 맛지마 니까야〉 : 남전(南傳) 〈5부 니까야(Pañca Nikāya)〉의 두 번째 묶음으로 152개의 중간(majjhima) 길이 경(經) 모음집〔북전(北傳)의 〈중아함경(中阿含經)〉에 해당〕. 『들숨날숨에 대한 마음 챙김 경(Ānāpānasati Sutta 아나빠나싸띠 쑷따)』이 수록되어 있다.

m **Makara** 마까라 : 바다 동물, 악어 등의 뜻인데, 전설적인 바다 생물을 지칭하기도 한다. 힌두 신화에서 갠지스 강의 여신 강가(Gangā), 바다의 신 바루나(Varuṇa)〔하늘, 질서, 진실, 물, 마법의 신〕 등의 바하나(vāhana)〔탈것〕(물고기, 물개, 악어 등의 형태)로 등장한다.

m **Makkhali Gosāla** 막칼리 고쌀라 : 기원전 6～5세기경, 모든 생명체는 윤회를 계속하나 청정.해탈하는 것에는 원인도 조건도 없다는 우연론(偶然論) 주장

m **Malla**, Mallā 말라 : 〔고대 인도 16대국 중 하나〕 인도 북부 우타르 프라데시(Uttar Pradesh)주의 동부 지역에 위치했던 나라로, 꼬쌀라국과 밧(왓)지 연맹 사이에 있었다. 중심 도시는 쿠시나가르(Kushinagar)〔ⓈKuśinagara(꾸쉬나가라) / ⓅKusinārā(꾸씨나라)〕.

m **māṇava** 마나바 : 〔마납바(摩納婆)〕 젊은 수행자〔= young man, youth〕

m **mandarava-puppha** 만다라와 뿝파 : 〔만다라 꽃(蔓陀羅花)〕 천상 세계의 성스러운 꽃〔puppha = flower〕

m **mandir** 만디르 : 힌두 사원, 신전(神殿)

m **Manodhara** 마노다라 : 『불본행집경(佛本行集經)』과 『수행본기경(修行本起經)』에 기록된 싯다르타 왕자의 세 번째 부인

m **mantra** 만뜨라 : 주문(呪文)

m 『**Manu Smṛti** 마누 스므리띠(마누 법전)』〔= **Mânava Dharma-śāstra** 마나바 다르마 샤스뜨라〕 : 고대 인도에서 최고의 권위와 영향력을 가졌던 법전, 기원전 1000년경에 형성되었을 것으로 추정

m **Māra** 마라 : ① 마(魔)〔= evil one, tempter, devil, principle of destruction〕 : ② 마왕(魔王) : ③ 살자(殺者)〔안따까(Antaka = death), 끝을 내는 사람〕 : ④ 악자(惡子)〔깐하(kaṇha), 시커먼 사람〕 : ⑤ 빠맛따 반두(pamatta-bandhu)〔= friend of the careless = 방일(放逸, 제 멋대로 구는 것)의 친척〕

m **Māra-Pāpīman** 마라 빠삐만 / **Māra-Pāpīyas** 마라 빠삐야쓰 / **Māra-Pāpīyan** 마라 빠삐얀 : 사악한 법〔빠빠 담마(pāpa-dhamma)〕을 고루 갖춘 자〕〔Pāpīyās=사악한〕〔=마라 파순(魔羅波旬), 마라 파비야(魔羅波卑夜), 해탈의 방해자〔解脫障(해탈장)〕, 나무찌(Namuci=파괴자, 죽음)〕

m **māra-sainya** 마라 싸이냐 : 마군(魔軍), 무장한 병사들, 호위대

m **māra-tarjana** 마라 따르자나 : 항마(降魔), 항복

m **Marut** 마루뜨 : 폭풍의 신

m **mātaṅga** 마땅가 : 마등가(摩登伽), 불가촉천민(남자)

m **mātaṅgi** 마땅기 : 마등기(摩登祇), 불가촉천민(여자)

m **Matsya** 맛쌰 / Ⓟ**Macchā** 맛차 : ①〔고대 인도 16대국 중 하나〕 인도 북서부 라자스탄(Rajasthan) 주〔파키스탄과 접경〕의 주도인 자이푸르(Jaipur) 부근. 중심 도시는 비라따(Virāṭa)〔바이라트(Bairaṭ)〕 ; ②〔matsya = 물고기(魚어)〕, 물고기 화신〔= 비슈누(Vishnu)의 첫 번째 아바타〕

m **matsya** 맛쌰 : 물고기〔어(魚)〕〔= 맛차(Ⓟmaccha)〕, 비슈누(Vishnu)의 첫 번째 아바타(화신)인 물고기 화신

m **Mathura** 마투라 양식 : 기원전 2세기경(간다라 양식과 같은 시기) 인도 중북부의 마투라 지방에서 발생한 불상 조각 기법

m **Māyā-devī** 마야 데비 / 마야 데위 : 마야(摩耶) 부인〔데비(devi) = 여신〕 붓다의 어머니〔= 루빤데히(Rupan-dehi) = 대지의 여신, 지모신(地母神)을 뜻하며, 붓다의 탄생지인 룸비니가 있는 지역명이기도 함〕

m **Māyā-devī Pond** 마야 데비 연못〔연지(蓮池)〕 : 뿌스까르니(Puskarni), 마야 데비가 출산 후 목욕을 했다고 전하는 연못. 현재 마야 데비 사원 옆 무우수 앞에 조성되어 있다.

m **māyāvin** 마야윈 : 불성실(不誠實)〔게으름, 위선적인, 기만적인, 속이는, 환영의, 속이는 사람, 마술사〕〔māyā = 속임수, 마술사〕

m Ⓢ**Maudgalyāyana** 마우드갈랴야나 / **Māha** Ⓟ**Moggallāna** 마하 목갈라나 : 목련존자〔目(木)連尊者〕, 목갈라나 존자, 목건련(目犍連), 마가다국(摩伽陀國) 브라만 계급 출신으로 붓다 10대 제자 중 신통 제일(神通第一)

m **mayūra** 마유라 : 공작새(peacock)

m **meraya** 메라야 : 과일을 발효시킨 술

m Ⓟ**mettā** 메따 / Ⓢ**maitrī** 마이뜨리 : 자(慈)〔〈남전〉의 십바라밀(十波羅蜜)〔다샤(10) 빠라미요(dasa pāramiyo)〕 중 아홉째〕 자애(慈愛)〔=loving kind-ness, friendliness, goodwill, benevolence〕

m **Mithya-jüva** 미티야 주바〔mithya = 잘못된, 허구〕/ **Ājīvaka** 아지와까 : 사명 외도(邪命外道), 그릇된 방법으로 사는 것

m **moha** 모하 : 우치(愚癡), 무지〔3독의 하나〕

m **Mohana-nadī** 모하나 나디 : 우루벨라〔Uruvelā, 지금의 보드가야(Bodh Gayā)〕의 쎄나니 마을 서쪽을 흐르는 강

m **Mohenjo-Daro** 모헨조-다로 : 인더스강 하류 동편 기슭에 약 4,500년 전에 건설된 계획 도시로 고대 이집트 문명, 메소포타미아 문명, 크레타 문명과 비슷한 시기에 번성했다. 파키스탄 신드(Sind) 주 라르카나(Larkana)에서 발견됐다.

m **Mohini** 모히니 : 비슈누(Vishnu)의 여성 화신

m **moksha** 목샤 : 해탈(解脫)

m **mṛta** 므리따 : 망령(亡靈)〔=being dead〕

m Ⓢ**muddhāvasitta** 묻다와씻따〔muddhā=정수리 + avasitta=물을 붓다〕Ⓟ**abhiṣecana** 아비셰짜나 : 관정(灌頂)〔=sprinkling holy water (on the head)〕〔abhi(끼얹다) + ṣecana(물)〕

m **mukha** 무카 : 얼굴

m **muktā** 무끄따 : 진주(眞珠), 코

m **Munda** 문다 족 : 기원전 2,500~1,500년경 인더스 문명을 이룬 인도 원주민 중 하나

m **munda languages** : 문다 어

m **muni** 무니 : 모니(牟尼) = 성자(聖者)

m **mūṣaka** 무샤까 : 쥐(rat, mouse), 도둑(thief), 약탈자(plunderer)

n **nadī** 나디 : 큰 강(江)

n **naga** 나가 : 용(龍)〔뱀〕 : 치유와 다산(多産)의 신

n **nagar** 나가르 : 도시〔=town, city, suburb〕

n **nagara** 나가라 : 도시(都市) [=1요자나(yojana) 크기의 도시]

n **Nāga-Rāja** 나가 라자 : 용왕(龍王)

n **naivasaṃjñā-nāsaṃjñâyatana** 나이와쌍즈냐 나쌍즈냐야따나 : 비상비비상처정(非想非非想處定)

n **nāma** 나마 : 명(名) [비물질][수(受)·상(想)·행(行)·식(識)]

n **nāma-dheya** 나마데야 : 명명식(命名式) [=name-giving ceremony]

n **nāmakaraṇam** 나마까라남 : 명명(命名) [=name-giving]

n **nāma-rūpa** 나마 루빠 : 명색(名色) [정신(비물질)과 물질]

n **ñāṇa** 냐나 : 지혜(智慧) [사성제를 아는 것]

n **Nanda** 난다 : [난타(難陀)] ① 용왕의 우두머리 ; ② 붓다의 동갑내기 이복 남동생

n **Nandabala** 난다발라 : 난타발라(難陀婆羅) [= 쑤자따(Sujāta, 善生女선생녀)]

n **Nandi** 난디 : 파괴의 신 쉬바(Shiva)가 타고 다니는 수컷 황소[牡(모, 수컷 모)]

n **narasimha** 나라심하 / **nṛṣiṃha** 느리싱하(narasingha) : 인사자(人獅子) [=nṛ(mankind) + ṣiṃha(lion)]

n **Nataraja** 나따라자 : 우주의 춤을 추는 왕

n **nekkhamma** 넥캄마 : 사세(捨世) [〈남전〉의 십바라밀(十波羅蜜)[다샤(10) 빠라미요(dasa pāramiyo)] 중 여섯째] 세상을 버림, 떠남, 무집착, 금욕(욕망을 멀리함), 출리(出離)[내려놓음], 출가, 무욕 [= giving up the world, renunciation]

n **Nerañjarā-nadī** 네란자라 나디 : [니련선하(尼連禪河)] 우루벨라[Uruvelā, 지금의 보드가야(Bodh Gayā)]의 쎄나니 마을 동쪽을 흐르는 강 [nadī = river] [깨달음의 강, 성도(成道)의 강]

n Ⓟ**nibbāna** 닙바나 / Ⓢ**nirvāṇa** 니르바나 : [= 불어서 끄다, 사라졌다] 열반(涅槃) [번뇌의 불을 꺼서 깨우침의 지혜를 완성하고 완전한 정신의 평안함에 놓인 상태]

n Ⓟ**nibbāna-sacchi-kiriya** 닙바나 쌋치 끼리야 : 열반 실현 [sacchi-kiriyā = 실현]

n **nibbatta** 닙밧따 : 생성된 [=produced (from), extracted (from)]

n Ⓟ**nibbida** 닙비다 / Ⓢ**nirvida, nirveda** 니르비(웨)다 : 염오(厭惡) [=disenchantment, aversion] 마음으로부터 싫어하여 미워함, 구역질, 권태, 세속에 대한 염증

n **nigāma** 니가마 : 시장(市場)

n **nigantha** 니간타 : 스스로 사슬을 끊은 자, 속박에서 자유로운 자

n **Nigaṇtha Nātaputta** 니간타 나따뿟따 : 기원전 599 ~ 기원전 527, 자이나교의 완성자(24대조)로 마하비라(Mahāvira마하위라)[= 대웅(大雄)]라 한다. 극도의 불살생과 무소유를 주장하여 옷마저 입지 않았다.[= 나형 외도(裸形外道)][아쩰라까(acelaka) = 나체 수행자]

n **Nigrodha** 니그로다 / **Nigodha** 니고다 [니구타(尼拘陀)] 용수(榕樹)[= 벵골(Bengal)보리수(菩提樹)], 반얀 나무(Banyan tree)

n **Nigrodhamiga** 니그로다미가 : 니그로다 사슴 왕 = 용수록(龍樹鹿) [Nigrodha = 용수(龍樹), 반얀 트리 / miga = 사슴(鹿)] 붓다는 전생에 한때 사슴이었는데, 바라나씨(Bārānasi)의 브라흐마닷따(Brahmadatta) 왕을 감복시켜 모든 짐승의 목숨을 구한다.

n 〈**Nikāya** 니까야〉와 〈**Āgama** 아가마〉[〈**아함경**(阿含經)〉] : Nikāya는 빨리어로 '성전(聖典)', '기록'이란 뜻이고, Āgama는 쌍쓰끄리뜨로 '전승(傳承)', '원전'이란 뜻으로 〈아함경(阿含經)〉은 〈아가마 쑤뜨라(Āgama-Sutra)〉를 한문으로 번역한 것이다. 이들은 하나의 경 이름이 아니라 초기 불교 시대에 성립된 약 2천 개의 경전들을 통틀어 이르는 말로, 다섯 〈니까야〉와 네 〈아함경〉으로 정리되어 전승되었다. 이 5부 〈니까야〉[남전]와 4부 〈아함경〉[북전]은 다음과 같다. ① 디가 니까야(Dīgha Nikāya)[① 〈장아함경(長阿含經)〉에 해당], ② 맛지마 니까야 (Majjhima Nikāya)[② 〈중아함경(中阿含經)〉에 해당], ③ 쌍윳따 니까야 (Saṃyutta Nikāya)[③ 〈잡아함경(雜阿含經)〉에 해당], ④ 앙굿따라 니까야(Aṅguttara Nikāya)[④ 〈증일아함경 (增壹阿含經)〉에 해당], ⑤ 쿳다까 니까야(Khuddaka Nikāya)

n **nimitta** 니밋따 : 상(相), 표지, 예측, 재현, 만들어진 것 [sign or mark by which objects are recognized]

n **nirmāṇa-kāya** 니르마나 까야 : 화신(化身) = 응신(應身)

n **nirodha** 니로다 : 불꽃이 꺼진, 소멸(消滅) [nirodha는 '없다'라는 니르(nir)와 '바람에 날리다, 바람이 불다'라는 와아(vaa)의 합성으로 '(바람이)불어서 꺼진 것'을 가리키는 술어] [=cessation, bringing to halt] = 닙바나(nibbana)

n **nirodha-samāpatti** 니로다 싸마빳띠 : 멸진정(滅盡定) [nirodha(소멸) + samāpatti(성취)]

입정(入定), 명상의 도달, 모든 마음 작용의 완전한 소멸

n **nirukta** 니룩따 : 주석서(註釋書), 어원학, 말놀이

n **nirupadhiśeṣa-nibbāna** 니루빠디셰싸 닙바나 : 무여열반(無餘涅槃) [육체가 다한 열반, 죽음]

n Ⓢ**nirvāṇa** 니르바나 / Ⓟ**nibbāna** 닙바나 : [=불어서 끄다, 사라졌다] 열반(涅槃) [번뇌의 불을 꺼서 깨우침의 지혜를 완성하고 완전한 정신의 평안함에 놓인 상태]

n **nishka** 니슈까 : 금은 목걸이, 금화

n **niṣkramaṇa** 니쉬끄라마나 : 출유식(出遊式)

n **nīti** 니띠 : 도의(道義)

n **nīvaraṇa** 니와라나 : 장애(障碍) [=개(蓋, 덮개)]

n **nṛṣiṃha** 느리싱하(narasingha) / **narasimha** 나라심하 : 인사자(人獅子) [=nṛ(mankind) + ṣiṃha(lion)]

n **numerology** : 수비학(數秘學) [숫자와 대상(사람, 장소, 사물, 문화 등) 사이에 숨겨진 의미와 연관성을 연구하는 학문]

o **odana** 오다나 : 밥[반(飯)=boiled rice]

o **Odana** 오다나 : [=씸하후누(Siṃhahunu)] 붓다의 할아버지

o 『**Odysseia** 오디세이아 / **Odyssey**』: 고대 그리스 시인 호메로스(Homeros)[기원전 8세기(750년)경]의 대서사시

o Ⓟ**Okkāka** 옥까까 / Ⓢ**Ikṣvāku** 이끄슈와꾸 : 감자왕(甘蔗王), 사꺄(Sakyā)족 [석가족(釋迦族)]의 시조 [okkāka = 사탕수수]

p Ⓟ **paccatta-lakkhaṇa** 빳짯따 락카나 : 자상(自相) / 자성(自性) [paccatta(분리된) + lakkhaṇa(특질)] 개별적(고유한) 특성, 각각의 법이 다른 법에 차별되어 가지는 그 법만의 특성

p Ⓟ**pacceka-buddha**빳쩨까 붓다/Ⓢ**pratyeka-buddha**쁘라떄까 붓다 : 벽지불(僻地佛) : 붓다(부처)와 같이 스승 없이 홀로 깨달음에 이른 자, 연각(緣覺), 독각(獨覺)[= 가르침에 의지하지 않고 스스로 깨달았으나 널리 퍼뜨리지는 않은, 홀로 깨달은 자]

p **padā** 빠다 : 보행(步行) [발, 발자취, 족적]

p **paiśāca-vivāha** 빠이샤짜 비바하 : 빠이샤짜 혼인 [비사차혼(卑舍茶婚), 겁탈혼(劫奪婚), 유혹혼(誘惑婚)]

p **Pakudhā Kaccāyana** 빠꾸다 깟짜야나 : 기원전 6세기경, 7요소 설[지(地), 수(水), 화(火), 풍(風), 고(苦), 락(樂), 영혼(靈魂)] 주장

p **paṁsuvappa** 빰쑤밥빠 : 흙먼지가 날리는 마른 땅에 씨앗을 뿌리는 것

p **pānāgāra** 빠나가라 : 술집

p **panastri** 빠나쓰뜨리 : 음녀(淫女)

p **pañca kāmaguṇā** 빤짜 까마구나 : 오욕락(五慾樂) [재욕(財欲) · 성욕(性欲:色欲) · 음식욕(飮食欲) · 명예욕(名譽欲) · 수면욕(睡眠欲)]

p Ⓟ**panca-khandha** 빤짜 칸다 : 오온(五蘊) [다섯 무더기, 색(色) · 수(受) · 상(想) · 행(行) · 식(識)]

p **Pañcāla** 빤짤라 : [고대 인도 16대국 중 하나] 인도 북부 우타르 프라데시(Uttar Pradesh) 주의 서북부 로힐칸드(Rohilkhand)[현재의 바레일리(Bareilly), 모라다바드(Moradabad), 부다운(Budaun), 람푸르(Rampur)] 지역으로, 델리(Delhi)의 동부 일대다. 주요 도시는 북부의 아힛차뜨라(Ahicchatra) [람나가르(Rāmnagar)]와 남부의 깜삘랴(Kāmpilya) [캄필(Kampil)]

p **pañcavaggī** 빤짜박(왁)기 : 다섯 수행자, 웃다까-라마뿟따의 수행처에서 보살과 함께 떠난 다섯 명의 동료 수행자. [꼰단냐(憍眞如 교진여, Koṇḍañña), 왑빠(婆頗 바파, Vappa), 밧디야(婆提 바제, Bhaddhiya), 밧디야(婆提 바제, Bhaddhiya), 앗싸지(阿說示 아설시, Assaji)]

p **Panchamas** 빤차마스 [=panchama varṇa] : 다섯 번째 계급 [빤치(panch) = 5(five)]

p **panchamrita** 빤참리따 : 과즙

p **pañca-nīvaraṇa** 빤짜 니와라나 [오개(五蓋), 오장애, 다섯 가지 번뇌] ① 감각적 욕망(kāmāchanda 까마찬다), ② 악의(vyāpāda 위야빠다), ③ 해태(懈怠)와 혼침(昏沈)(thīna-middha 티나 밋다), ④ 들뜸과 후회(uddhacca-kukucca 웃닷짜 꾸꿋짜), ⑤ 회의적 의심(vicikichā 위찌끼차)

p **Pañcasīla** 빤짜실라 : 오(5)계

p **Pandava** 빤다바(와) : 마구라산(摩拘羅山)

p **Pāṇḍava** 빤다바 왕자들 : 『마하바라따(Mahā-Bhārata)』의 주요 등장 인물. 인도 북부 꾸루(Kuru)국

왕실의 두 분파 중 하나로, 빤두(Pāṇḍu)왕과 두 왕비 꾼띠(Kuntī), 마드리(Madri)와의 사이에 낳은 다섯 아들들〔유디슈띠라 (Yudhishtira), 브히마(Bhima), 아르주나(Arjuna), 나꿀라(Nakula), 싸하데바(Sahadeva)〕이다. 빤다바 5형제가 그 사촌들인 까우라바(Kaurava) 왕자들과 싸워 이긴 것이 '꾸루-끄쉐뜨라(Kuru-kṣetra)(꾸루국) 전쟁'이며 이 이야기가 『마하바라타』의 기본 줄기이다.

p Ⓟ**paññā** 빤냐 / Ⓢ**prajñā** 쁘라즈냐 : 지혜(智慧) = 반야(般若), 궁극적 지혜를 터득하는 것, 만물의 참다운 실상을 깨닫고 불법을 꿰뚫는 지혜 〔= wisdom, intelligence ; the highest and purest form of wisdom〕

p Ⓟ**paññā** 빤냐 / Ⓢ**prajñā** 쁘라즈냐-**pāramitā** 빠라미따 : 지혜(智慧)-바라밀(波羅蜜) 〔육바라밀(六波羅密)〔샤(6) 빠라미따(shat/śaṭ-pāramitā)〕 중 여섯째〕 분별과 집착을 떠난 지혜의 완성으로 진리를 인식하는 깨달음의 지혜를 얻는 것 〔혜(慧)-바라밀, 반야(般若)-바라밀〕

p Ⓟ**paññatti** 빤냣띠 : 개념(槪念) 〔알게 함, 지적, 이름, 관습적이고 임의적인 진실, 예컨대 이것은 산이다(바위, 단층, 숲, 계곡, 대지, 지구일 수 있음), 의자다(나무, 철, 가구 등일 수 있다), 지금은 몇 시다(인간이 임의로 정한 약속) 등의 상대적인 인식〕

p **pāpa-dhamma** 빠빠 담마 : 사악한 법

p **pāra** 빠라 : 피안(彼岸) 〔깨달음의 세계, 저 언덕〕

p **parama-sukha** 빠라마쑤카 : 지복(至福) 〔궁극적 행복, 최상의 행복〕 〔= 닙바나〕

p **pār-amātya** 빠르 아마띠야 : 감독관(監督官) 〔pār = to complete, to finish, to be able〕

p **Pāramitā** 빠라미따〔바라밀다(波羅蜜多)〕 : 바라밀(波羅密), 최상의 공덕 완성 〔pāra(저편, 피안, 궁극) + ṁ(대격조사, 으로) + √i(이른, 건너가는) + tā(것, 상태)〕

p Ⓢ**paranirmita** 빠라니르미따 : 타화자재천(他化自在天) 〔= 빠라 니르미따 와샤 와르띠노 데와(ⓈPara-nirmita-vaśa-vartino devāḥ / Ⓟpara-nimmita-vasa-vattin)〔=波羅維摩婆奢(파라유마바사)〕

p **paraśurāma** 빠라슈라마 : 용사(勇士)

p Ⓢ**paratas** 빠라따쓰 : 너의 것, 타소(他所), 밖으로부터 오는 것〔어타(於他)〕

p **pariah** 빠리아 : 불가촉천민(不可觸賤民)을 가리키는 남부 인도의 표현 〔= 만질 수 없다 (untouchables)〕, 아추뜨(achut), 달리뜨(dalit)

p **pariccheda-kara** 빠릿체다 까라 : 재판관(裁判官)

p **parinibbāna** 빠리닙바나〔반열반(般涅槃), 대(大)반열반(般涅槃)〕 : 완전한 열반, 남김 없는 열반, 윤회가 끝나서 다시 태어나지 않는 최후의 열반, 무여열반(無餘涅槃)〔pari = 완전하다(complete, full, perfect, final)〕

p **parivrājaka** 빠리브라자까 : 유행기(遊行期)〔아슈라마 4주기〕, 이생기(離生期)〔= 싼냐씬(sannyāsin)〕

p **Pāsa** 빠싸 : 자이나교 23대조

p **Pasenadi** 빠쎄나디 왕 : 파사익왕(波斯匿王), 붓다가 살던 시기 꼬쌀라국(Kosala)의 왕, 재위 기원전 534 ~ 기원전 490?

p **paśupati** 파슈파티 인장 : 모헨조-다로(Mohenjo-Daro)에서 발굴된 동물 문양의 인장 중 뿔이 있는 머리 장식을 한 가부좌 자세의 인장 〔'모든 동물들의 군주(The Lord of Animals)', 쉬바(Shiva)의 화신 중 하나〕

p **Patama-mahāsaṅgiti** 빠따마-마하상기띠 : 왕사성(王舍城)〔라자가하 (Rājagaha)〕의 칠엽굴(七葉窟)에서 열린 대결집 회의

p Ⓢ**patha** 빠타 : 공공 도로〔공로(公路)〕 〔= streets〕 / Ⓟ**mārga** 마르가 : 〔= way, road〕

p Ⓟ**paṭhama-jjhāna** 빠타마 자나 / Ⓢ**prathama-dhyāna** 쁘라타마 댜나(**pūrva-dhyāna** 뿌르와 댜나) : 초선(初禪)/초선정(初禪定), 첫 번째 단계의 선정

p **paṭhavi-dhātu** 빠타위(비) 다뚜 : 지대(地大)

p **paṭi** 빠띠 : 길 위, 노상(路上)

p Ⓢ**paṭivedha** 빠띠웨다 : 통찰 〔paṭi(반대로, 뒷면) + vedha(찌르다, 꿰뚫다)〕

p **pativratā** 빠띠브라따 : 이상적인 아내

p **Patna** 파트나 : 인도 북부 동쪽 끝 비하르(Bihar) 주의 주도

p Ⓟ**patta** 빳따 : 밥그릇〔발우(鉢盂)〕 〔= fine cloth, turban, metal plate, shield, plant〕 / Ⓢ**pātra** 빠뜨라 〔= copper vessel〕

p **patti** 빳띠 : 보병(步兵)

p **paurāṇa-patha** 빠우라나-빠타 : 다시 찾은 옛길〔고도(古道), 구도(舊道)〕 〔= 붓다가 깨달은 법〕

p **pavāraṇā** 빠와라나 : 〔자자(自恣)〕 석 달의 여름 안거〔安居 = 왓싸(vassa)〕가 끝나는 날에 수행자들이

한곳에 모여 자신의 잘못을 고백하고 참회하는 의식

p **payas** 빠야쓰 : 우유도 뜻하고 빠야싸(pāyasa)도 뜻한다.

p **pāyasa** 빠야싸 : 우유죽, 유미죽(乳糜粥) [키르(kheer), 파야삼(payasam), 파예시(payesh)]

p **phassa** 팟싸 : 촉(觸) [감각 접촉]

p **piṇḍa** 삔다 : 떡 덩어리, 경단 [기 버터로 뭉친 주먹밥]

p **piṇḍapāta** 삔다빠따 : 탁발(托鉢) [승려가 마을을 다니면서 음식을 얻는 일] [=begging for food] [piṇḍa = lump of food, ball of cooked rice or flour] [pāta = cloth, bowl, going down, fall]

p **piṇḍāya** 삔다야 : 유행 걸식(遊行乞食) [= to collect alms food]

p **Pippala** 삡빨라나무 : 필발라(畢鉢羅) = 벵갈 보리수(vatā-rukkha와따 룩카) = 길상수(吉祥樹, aśvattha아슈왓타) =성수(聖樹, āriya-druma아리야 드루마) = 나무의 왕(rāja-druma라자 드루마) = 최상의 나무(duma-uttama두마 웃따마) = 보리수(菩提樹, boddhi-druma봇디 드루마)

p **piti** 삐띠 : 감각적 희열

p Ⓢ**pitṛ**(pitri) 삐뜨리 / Ⓟ**pitā** 삐따 : 조령(祖靈), 조상신

p **pitṛ-yajña** 삐뜨르 야즈냐 : 조령제(祖靈祭)

p **pītivacana** 삐띠와짜나 : 희어(喜語)

p **ponobhavika** 뽀노바위까 : 재유(再由) [다시 태어남을 유발하는 것]

p Ⓢ**poṣadha** 뽀샤다 / Ⓟ**uposatha**우뽀사타 : 포살(布薩) [음력 매월 15일과 29일(또는 30일)에 수행자들이 한곳에 모여 서로의 잘못을 돌아보고 뉘우치는 의식]

p **porisa** 뽀리싸 : 하인, 시종 계급

p **pra** 쁘라 : 출(出), 묶임에서 벗어나다

p Ⓢ**pradakśina**(pradakshina) 쁘라닥쉬나 / Ⓟ**padakkhiṇā** 빠닥키나 : 오른돌이[우선(右旋)]

p Ⓢ**Prag-Bodhi giri** 쁘락보디 기리 : 전정각산(前正覺山) [깨달음을 이루기 전에 머문 산] [prag = before, prior to, former]

p **prājāpatya-vivāha** 쁘라자빠띠야 비바하 : 쁘라자빠띠야 혼인 [생주혼(生主婚)]

p Ⓢ**prajñā** 쁘라즈냐 / Ⓟ**paññā** 빤냐 : 지혜(智慧) = 반야(般若), 궁극적 지혜를 터득하는 것, 만물의 참다운 실상을 깨닫고 불법을 꿰뚫는 지혜 [=wisdom, intelligence ; the highest and purest form of wisdom]

p **prajña-mṛta** 쁘라즈냐 므리따 : 가사(假死)

p Ⓢ**prajñā** 쁘라즈냐 / Ⓟ**paññā** 빤냐-**pāramitā** 빠라미따 : 지혜(智慧)-바라밀(波羅蜜) [육바라밀(六波羅密)[샤(6) 빠라미따(shat/śaṭ-pāramitā)] 중 여섯째] 분별과 집착을 떠난 지혜의 완성으로 진리를 인식하는 깨달음의 지혜를 얻는 것 [혜(慧)-바라밀, 반야(般若)-바라밀]

p Ⓢ**prakrānta** 쁘라끄란따 : [유행자(遊行者)] '모험이나 여행을 떠나다' '걸어서 순행(巡行)하다' '용맹한 자' 등을 뜻한다. [=the setting out on a journey, circumambulation, brave]

p **prāṇa pratishthā** 쁘라나 쁘라띠슈타 : 개안 의식(開眼儀式) [prāṇa = 숨결, 생명력]

p **praṇidhāna** : 쁘라니다나 : 원(願) [서원(誓願) = sacred voluntary promise, aspiration] [pra = 위로, ni = 아래로, dhāna = 우주의 원칙에 알맞게 배치하다]

p **praṇidhāna-pāramitā** 쁘라니다나 빠라미따 : 원(願)-바라밀(波羅蜜) [십바라밀 (十波羅蜜)[다샤(10) 빠라미따(daśa-pāramitā)] 중 여덟째] 중생 구제를 위한 서원을 세우고 실천하는 것

p **prashad** 쁘라샤드 / **prasad** 쁘라싸드 : 신성한 음식, 공물(供物)

p Ⓢ**prathama-dhyāna** 쁘라타마 댜나(**pūrva-dhyāna**뿌르와 댜나)/Ⓟ**paṭhama-jjhāna**빠타마 자나 : 초선(初禪)/초선정(初禪定), 첫 번째 단계의 선정

p **pratiloma** 쁘라띨로마 : 역방향, 역순(逆順), 역생혼(逆生婚)

p **pratilomaṃ samāpadya** 쁘라띨로망 싸마빠드야 : 역수관(逆修觀) [거꾸로 관찰] [= 역관(逆觀), 쁘라틸로마(paṭiloma)]

p Ⓢ**pratītya samutpāda** 쁘라띠땨 싸뭇빠다 / Ⓟ**paṭicca samuppāda** 빠띳짜 싸뭅빠다 : 인연생기(因緣生起)[pratitya(의존하다) + samutpāda(생기다) = 연기(緣起)]

p Ⓢ**pratyeka-buddha**쁘라떼까 붓다/Ⓟ**pacceka-buddha**빳쩨까 붓다 : 벽지불(僻地佛), 붓다(부처)와 같이 스승 없이 홀로 깨달음에 이른 자, 연각(緣覺), 독각(獨覺)[= 가르침에 의지하지 않고 스스로 깨달았으나 널리 퍼뜨리지는 않은, 홀로 깨달은 자]

p Ⓢ**pravrajyā** 쁘라브라쟈 / Ⓟ**pabbajjā** 빱밧자 : 출가(出家)

p **Prayāga** 쁘라야가 : 인도 북부 우타르 프라데시(Uttar Pradesh)주 남부에 있는 도시 [=

프라야그라지(Prayagraj)〕 지금의 알라하바드(Allahābād).
p **preta** 쁘레따 : 망자〔pre＝떠나가다〕〔preta＝ghost, goblin, lemures, evil spirit〕, 폐려다(閉麗哆) 아귀(餓鬼)
p **Pṛthivī** 쁘리티위(비) : 대지의 여신, 지모신, 어머니 지구〔＝마하 부미 쁘리티위(Mahā Bhūmi-Pṛthivi)〕
p **puggala** 뿍갈라 : 개아(個我)
p **pukka** 뿌까 : 불에 잘 구운 곡물
p **pūja** 뿌자 : 예배
p **Punjab** 펀자브 : 인더스강 상류 지역의, 인도 북서부와 파키스탄 동부에 걸친 광대한 고원 지대. 〔Punjab는 페르시아 어로 '다섯 강(江)'이란 뜻〕
p **pumsavana** 뿜싸바나 : 성남식(成男式)
p **pur** 뿌르 : 〔뿌라(pura)〕 담, 울타리, 성(城)〔성벽으로 둘러싸인 영역＝도시, polis〕
p 『**Purāṇa** 뿌라나』 : 쌍쓰끄리뜨로 쓰인 브라흐만교(힌두교) 전설 모음집〔purāṇa＝고대 또는 옛날에 속한다〕
p **Pūraṇa Kassapa** 뿌라나 깟싸빠 : 기원전 6세기경의 도덕 부정론자
p **puro-bhaktakā** 뿌로 박따까 : ① 소식(小食) ; ② 아침 식사
p **Purusha**/**Puruṣa** 뿌루샤 : 최초의 인간
p **pūrva** 뿌르와 : 동(東)
p Ⓢ**pūrva-dhyāna** 뿌르와 댜나(**prathama-dhyāna** 쁘라타마 댜나)/Ⓟ**paṭhama-jjhāna** 빠타마 자나 : 초선(初禪)/초선정(初禪定), 첫 번째 단계의 선정
p Ⓢ**pūrva-nivāsa-jñāna** 뿌르바 니와싸 즈냐나 / Ⓟ**pubbenivāsānussati** 뿝베니와싸눗싸띠 : 숙명통(宿命通)〔과거 전생을 아는 지혜〕
p Ⓢ**Puṣkariṇī** / **pushkarini** 뿌쉬까리니 : 남아시아의 힌두교나 불교 사원에 조성하는 연못이나 샘물, 약수터. 〔＝lotus-pool, a piece of water (lake or pool)〕
p **Puskarni** 뿌스까르니 : 마야 데비 연못〔연지(蓮池)〕(Maya Devi Pond)
p **puṣpa-pūjā** 뿌슈빠 뿌자 : 화혼식(華婚式), 화공양의(花供養儀)
p **putha** 뿌타 : 평범하다〔쁘리타그(pṛthag)〕, 광대하다〔쁘리투(pṛthu)〕
p **puthu-jjana** 뿌투자나 : 범부(凡夫)〔뿌투(puthu)〔평범한〕＝비(위)쑴(visuṁ, 분리된)＝ 쁘리투(pṛthu, 광대한)〕
r **rāga** 라가 : 애욕(愛慾)
r **rahu** 라후 : ① 장애(障碍)〔＝eclipse, seizer(잡는 사람, 압류인)〕 속박, 가족의 결속 ; ②일식(日蝕)
r **Rāhula** 라훌라 : 붓다의 아들
r **Rāhula-māta** 라훌라 마따 : 라훌라의 어머니, 싯다르타 왕자의 정비(正妃)
r **rāja**/**rajā** 라자 : 왕, 공화제의 의장격
r **rājadhāni** 라자다니 : 도성(都城), 왕도
r Ⓟ**Rājagaha** 라자가하 / Ⓢ**Rājagṛha** 라자그리하 : 마가다(Magadha)국의 수도〔＝왕사성(王舍城)〕 현재 명칭은 라즈기르(Rajgir). 인도 북부 동쪽 끝 비하르 (Bihar)주의 남부에 있다.
r **rāja-kumāra** 라자꾸마라 : 왕자(王子)〔rāja＝왕, kumāra＝소년〕
r **rāja-puta** 라자뿌따 : 의장격 권리를 지닌 자의 아들, 왕자(王子)〔putra＝아들〕
r **rākṣasa-vivāha** 락샤싸 비바하 : 락샤싸 혼인〔나찰혼(羅刹婚), 약탈혼(掠奪婚)〕
r **Rāma** 라마 : 신＝람(Ram)〔헤 람(He Ram)!＝오 라마여, 오 신이여!〕
r **Rama-chandra** 라마-찬드라 : 『라마야나(Ramayana)』의 주인공, 꼬살라〔또는 아요디아〕의 왕자이자 다샤라타왕의 아들
r 『**Ramayana** 라마야나』 : 인도 고대 2대 서사시 중 하나〔＝'라마가 나아간 길(일대기)'이라는 뜻〕
r **ratha** 라타 : 전차(戰車)
r **ratna-asi** 라뜨나 아씨 : 보검(寶劍)
r **Ravana** 라바나 : 마왕
r **Rājan** 라잔 : 왕(王)
r 『**Ṛg-Veda** 리그베다』 : 〈베다〉를 구성하는 네 가지 기록〔상히따(saṃhitā)＝리그-베다＋야주르-베다＋싸마-베다＋아타르-베다〕 중에서도 근본에 해당하며, 인도 신화의 근원을 알 수 있는 인도의 가장 오래된 문헌

r ⓢ**ṛjugātratā** 리주가뜨라따 : 대직신상(大直身相)〔신체가 크고 곧다〕〔=tall and straight body, upright limbs〕붓다의 특징적 상호

r **Rohiṇī** 로히니강 : 까삘라 와스뚜(Kapila-vastu) 부근을 흐르며 사꺄(Sakyā)국과 꼴리야(Koliya)국을 나누는 작은 강

r ⓢ**Ṛsi** 리쉬 : 고행자〔힌두교의 선인(仙人)〕

r **ṛtu** 리뚜 : 〔월수(月水)〕월경으로 나오는 피

r **ṛtvij** 리뜨위즈 : 제관(祭官)

r **Rudra** 루드라 : 태풍의 신

r **rūpa** 루빠 : 색(色)〔물질〕〔형상, 물질이 무더기 지어 형체로 드러나는 것=sum total of form〕

r **Rupa-dhātu** 루빠 다뚜 : 색계(色界)〔17천(天)〕

r **rūpa-khandha** 루빠 칸다 : 색온(色蘊)〔물질의 무더기〕

r **Rupan-dehi** 루빤데히 : 〔=마야 데비(Māyā-devī)〕붓다의 어머니〔Rupan-dehi는 대지의 여신, 지모신(地母神)을 뜻하며, 붓다의 탄생지인 룸비니가 있는 지역명이기도 함〕

r ⓟ**ruppana** 룹빠나 : 변형(變形), 변괴, 끊임 없는 변화, 성가심, 부식됨, 짓무름

r ⓟ**ruppati** 룹빠띠 : 조건에 의해 변형(變形)됨, 성가신 것, 상처받음, 영향받음

s **sabhā** 싸바 : ① 집회, 종족의 전체 모임〔=assembly, congregation, council〕; ②〔사바(娑婆)〕사람 사는 세상

s **saccā** 삿짜 : 진실(眞實)〔〈남전〉의 십바라밀(十波羅蜜)〔다샤(10) 빠라미요(dasa pāramiyo)〕중 일곱째〕진리, 진실〔=true, truthful, genuine, sincere〕

s **sādhu** 싸두 : 〔=good, virtuous, pious〕빨리어로 '훌륭합니다, 잘했습니다, 감사합니다, 선재(善哉)로다, 좋구나, 착하구나' 등의 뜻이다.

s **sagotra** 싸고뜨라 : 친족〔=kinsman of the same family-name〕〔gotra = 혈족, 계보〕

s **sahā** 싸하 : 사바(娑婆) = 대지 : 참아야 하는〔인(忍)〕, 견뎌야 하는〔감인(堪忍)〕

s **sahā-lokadhātu** 싸하 로까다뚜 : 사바 세계(娑婆世界)

s **sakadāgāmin** 싸까다가민 : 〔사다함(斯陀含)〕일래(一來)〔4과의 두 번째〕

s ⓢ**Sāketa** 싸께따 : 꼬쌀라국의 도성으로 '신이 머무는 곳'이라는 뜻. 현재 인도 북부 우타르 프라데시(Uttar Pradesh) 주의 동부에 위치한 아요디야(Ayodhya) 지역으로, 가가라(Ghaghara) 강변을 끼고 있다. 꼬쌀라국의 다른 도성인 싸왓티(ⓟSāvatthi)는 북쪽으로 90km 떨어져 있다. 인도 고대 서사시『라마야나 (Ramayana)』의 주인공, 라마(Rama)의 출생지다.

s **Sakyā** 사꺄/**Śākya** 샤꺄 : 〔석가족(釋迦族)〕붓다의 종족 이름

s **Sala** 살라나무 : 사라수(沙羅樹)

s ⓟ**sal-āyatana** 쌀 아야따나/ⓢ**ṣad-āyatana** 샤드 아야따나 : 육입(六入), 여섯 감각 장소〔눈, 귀, 코, 혀, 몸, 마음〕

s **sālina** 쌀리나 : 가서자(家棲者)

s **samādhāna** 사마다나 : 수계(受戒)〔계(戒)를 받는 의식〕

s **samādhi** 싸마디 : 삼매(三昧)〔고요하고 차분한 상태〕〔=to hold things together, concentration of the mind, meditation or deep trance)〕≥〔선정(禪定) = 댜나(ⓢdhyāna)/쟈나(ⓟjhāna) = meditation and contemplation)〕

s ⓟ**samaṇa** 싸마나/ⓢ**śramaṇa** 슈라마나 : 사문(沙門), 출가(出家) 수행자〔시베리아의 샤만(samān → šamān → shaman)〕

s **sāmanera** 싸마네라 : 사미(沙彌) 사미계를 수계한 어린 남자 승려, 동자승〕

s ⓟ **samañña lakkhaṇa** 싸만냐 락카나 : 공상(共相)〔모든 현상에 공통된 성품〕

s ⓢ **śamatha** 사마타 : 지(止)·적정(寂靜)

s **samāvartana** 싸마바르따나 : 귀가식(歸家式)

s **saṃgrāmaa** 쌍그라마 : 군진(軍陣)〔공격, 충돌, 전투하는 자〕

s ⓟ**samita** 싸미따 : 명상, 선정, 고요

s **samiti** 싸미띠 : 위원회

s ⓢ**saṃjñā** 쌍즈냐 : 알다, 지각하다, 이름을 붙인다〔perception, discrimination, (conceptual) identification〕

s **sammā-ājīva** 쌈마 아지와 : 정명(正命)〔바른 생활〕

s **sammā-diṭṭhi** 쌈마 딧티 : 정견(正見)〔바른 견해〕

사전 수첩 전체〔알파벳〕

s **sammā-kammanta** 쌈마 깜만따 : 정업(正業) [바른 행위]
s **sammā-samādhi** 쌈마 쌈마디 : 정정(正定) [바른 마음 집중]
s **sammā-samādhi-vāyāma** 쌈마 쌈마디 와야마 : 정정진(正精進) [바른 노력]
s **sammā-saṅkappa** 쌈마 쌍깝빠 : 정사유(正思惟) [바른 사유]
s **sammā-sati** 쌈마 싸띠 : 정념(正念) [바른 마음 챙김]
s **sammā-vācā** 쌈마 와짜 : 정어(正語) [바른 말]
s **samma-sambodhi** 쌈마 쌈보디 : 정각(正覺), 성불
s **samrāj** 쌈라즈 : 대군주, 대왕(大王), 황제
s **samudra manthan** 싸무드라 만탄 : 우유 바다 젓기[유해교반(乳海攪拌)]
s **saṁsāra** 쌈싸라 : 윤회(輪回)
s 〈**Saṃyutta Nikāya** 쌍윳따 니까야〉 : 남전(南傳) 〈5부 니까야(Pañca Nikāya)〉의 세번째 묶음으로 2,889(2,875)개의 주제별 경(經) 모음집 [북전의 〈잡아함경(雜阿含經)〉에 해당]. 『들숨날숨 쌍윳따(Ānāpāna-saṃyutta 아나빠나쌍윳따)』가 들어 있다.
s **saṅgha** 쌍가 : 승가(僧家) [붓다의 가르침을 믿고 불도를 실천하는 사람들의 집단] 출가(出家) 2부중인 비구(比丘, bhikkhu 빅쿠), 비구니(比丘尼, bhikkhuni 빅쿠니)들과 재가(在家) 2부중인 남자 신자[淸信士 청신사, upāsaka 우빠싸까, 우바새(優婆塞)], 여자 신자[淸信女 청신녀, upāsikā 우빠씨까, 우바이(優婆夷)] 등 4부 대중(四部大衆)으로 구성
s **Saṅghabhadra** 쌍가바드라 존자 : [승가발타라(僧伽跋陀羅), 중현(衆賢)] 북인도 출신의 설일체유부(說一切有部) 논사(論師)
s Ⓟ**sañjānāti** 싼자나띠 : 합지(合知) [유형을 합해서 인식하는 지]
s Ⓟ **saṅkhāra** 쌍카라 / Ⓢ**saṃskāra** 쌍쓰까라 : [함께(saṃ) + 움직이다(skāra)] 행(行) [조건(연기)에 따라 현상을 일으키려는 마음의 작용] 조건지어진 것, (마음이) 형성하려는 의도, 배열하고 구성하는 힘, 마음의 임의적 조작, 꾸며냄 [mental formations, volitional formations, fabrications, choices]
s **saṅkhāra-khandha** 쌍카라 칸다 : 행온(行蘊) [심리 현상의 무더기]
s **śaṅkha-śikhā** 샹카 시카 : 나발우선(螺髮右旋) [소라 같은 머리칼[나발(螺髮)]이 오른쪽으로 돌아오른다] [=top-knot which was in the form of a conch]
s Ⓟ**saññā** 싼냐 / Ⓢ**saṃjñā** 쌍즈냐 : 상(想) [인식] [= 니밋따(nimitta)] [perception, cognition]
s **saññā-khandha** 싼냐 칸다 : 상온(想蘊) [인식의 무더기]
s Ⓟ**santati** 싼따띠 / Ⓢ**saṃtati** 쌍따띠 : 상속(相續) [원인과 결과가 차례로 연속하여 끊어지지 않는 것]
s **sapiṇḍa** 싸삔다 : 일가(一家) [부계 7촌 모계 5촌 이내] [=blood relations up to the 7th degree on the father's and 5th degree on mother's side]
s **saranagathi** 싸라나가티 : 순명(順命)
s **Saraswati** 싸라쓰와띠 : 지혜(학문, 예술, 문화 등)의 여신으로, 항사(haṃsa) [백조] 또는 찌뜨라메칼라(Citramekhala)라는 공작새(peacock) [= 마유라(mayūra)]를 바하나(vāhana) [탈것] 으로 한다.
s **sari** / **saree** 싸리 : 여성용 인도 전통 복장으로 폭 1m, 길이는 5m ~ 12m 정도
s **sarīra** 싸리라 : 사리(舍利) [타다 남은 뼈 조각] [= 영골(靈骨, dhātu 다뚜)]
s Ⓟ**Sāriputta** 싸리뿟따 / Ⓢ**Śāriputra** 샤리뿌뜨라 : 사리불(舍利弗), 사리자(舍利子), 기원전 568 ~ 기원전 484, 마가다국 왕사성(王舍城) 근처의 브라만 계급 출신으로 붓다 10대 제자 중 지혜 제일(智慧第一)
s **Sarnath** 싸르나트 : 붓다의 첫 설법지. 인도 북부 우타르 프라데시(Uttar Pradesh)주 동남부의 바라나시(Varanasi)에서 북동쪽으로 약 13km 떨어져 있고, 동남쪽으로 200km 정도 거리에 보드가야(Bodh Gayā)가 있다. 붓다는 보드가야에서 깨달음을 얻은 후, 강가(갠지스 강) 강변에서 13km 지점에 있는 숲 사르나트에서 다섯 제자에게 사성제(四聖諦)와 팔정도(八正道) 등을 설법한다. 사르나트(Sarnath) 숲은 그 이름이 '사슴의 왕(주인)'이라는 뜻의 '싸랑가나타(ⓈSāranganātha) / 싸랑나트(ⓅSārangnāth)'에서 유래했기에, 녹야원(鹿野園, 사슴 동산)으로도 불린다.
s **sarvajña** 싸르바즈냐 : 일체지자(一切知者) [모든 것을 아는 자(the all knowing), 전지자(全知者)] [sarva = 모든 것] [jña = 아는 사람]
s Ⓢ **śāśvata-dṛṣṭi** 샤스바따 드리쓰띠 / **sassata-diṭṭhi** 쌋싸따 딧티 : 상견(常見), 불변하고 항상하는 존재가 있다는 생각 [eternalism], 모든 것이 실재한다고 믿음 [상주론(常住論) = 나고 죽는 본체가 있어서 죽은 후에도 다른 모습으로 계속 영속하는 것]
s **śatamāna** 샤따마나 : 100끄리슈날라(kṛishṇala)

사전 수첩
전체 [알파벳]

s **sati** 싸띠 : ① 과부 분사(寡婦焚死)〔남편이 죽으면 아내가 따라 죽는 것〕; ② 싸띠 sati = 념(念), 마음챙김, 알아차림

s ⓟ**satta** 삿따 / ⓢ**sattva** 삿뜨와 : ① 중생(衆生) ; ② 존재, 생명, 실재

s ⓟ**Sattapaṇṇi** 삿따빤니 (ⓢ**Saptaparni** 삽따빠르니) **guhā** 구하 : 〔칠엽굴(七葉窟)〕 라자가하(Rājagaha)〔왕사성(王舍城)〕에 있는 동굴로 500명 대아라한(大阿羅漢)들의 1차 대결집 회의〔Patama-mahāsaṅgiti 빠따마-마하상기띠〕가 열린 곳. 〔guhā = cave〕

s ⓟ**sāvaka** 싸와까 / ⓢ**śrāvaka** 슈라와까 : 성문(聲聞), 붓다(부처)의 말씀(가르침)〔聲〕을 듣고〔聞〕 깨달음에 이른 자, 제자

s ⓟ**Sāvatthi** 싸왓티 / ⓢ**Śrāvastī** 슈라와쓰띠 : 〔사위성(舍衛城)〕 꼬쌀라(Kosala)국의 두번째 수도로, 인도 북부 우타르 프라데시(Uttar Pradesh)주의 북동부에 위치. 꼬쌀라국의 다른 도성인 싸께따(ⓢSāketa)는 남쪽으로 90km 떨어져 있다.

s **senānī** 쎄나니 / **sena** 쎄나 : 장군(將軍), 촌장〔평상시에는 촌장이지만 전쟁이 나면 왕의 명령에 따라 주민을 무장시키고 지휘한다.〕

s ⓟ**Senani gāma** 쎄나니 가마 / ⓢ**Senanigrama** 쎄나니그라마 : 쎄나니 마을〔장군촌(將軍村)〕 서쪽으로 모하나강(Mohana)이, 동쪽으로 네란자라강(Nerañjarā)이 서로 만나 팔구강(Falgu)이 되어 흐르는 두물머리에 위치한 우루벨라의 한 마을

s **senāpati** 쎄나빠띠 : 마을 촌장, 군 지휘관, 장군

s ⓟ**Setaketu** 세따께뚜 / ⓢ**Śvetaketu** 쉐따께뚜 : 호명보살(護明菩薩), 붓다가 도솔천(兜率天)〔뚜시따(Tuṣita)〕의 내원(內院)에 머물며 수행할 때의 이름〔호명(護明) = 빛(진리)을 수호한다 = 쇄타께후(Svathakehu) : 하얗고 반짝거림(밝음)〕

s **setu** 쎄뚜 : 둑길

s **shat**/**ṣaṭ-pāramitā** 샷(6) 빠라미따 : 육바라밀(六波羅密)〔빠라미따(pāramitā) = 바라밀다(波羅蜜多) = 바라밀 = 최상의 공덕 완성〕 보살이 열반에 이르기 위해 수행해야 할 여섯 가지의 덕목(six perfections)으로 다음과 같다. ① 보시(布施)-바라밀〔dāna-pāramitā 다나 빠라미따〕, ② 지계(持戒)-바라밀〔śīla-pāramitā 쉴라 빠라미따〕, ③ 인욕(忍辱)-바라밀〔kṣānti-pāramitā 끄샨띠 빠라미따〕, ④ 정진(精進)-바라밀〔vīrya-pāramitā 위랴 빠라미따〕, ⑤ 선정(禪定)-바라밀〔dhyāna-pāramitā 댜나 빠라미따〕, ⑥ 지혜(智慧)-바라밀〔prajñā-pāramitā 쁘라즈냐 빠라미따〕. 〔지혜(智慧) = 반야(般若) = 빤냐(ⓟpaññā) / 쁘라즈냐(ⓢprajñā)〕

s **shindhu** 신두 : 아주 큰 물

s **Shiva** 쉬바 : 파괴의 신

s **Śibi** 쉬비 : 〔시비왕(尸毘王)〕 붓다가 전생에 임금이었을 때의 이름. 자신의 살을 베어서, 매에게 쫓기는 비둘기를 구한다.

s **Siddhartha** ⓟ**Gōtama**(ⓢGautama) 싯다르타 고따마: 고따마 붓다〔Gōtama(Gautama) Buddha〕, 기원전 624?~기원전 544?

s **sidereal month** : 〔항성월(恒星月)〕우주 공간에서 고정된 별을 기준으로 측정한 것으로 달이 동일한 별자리로 돌아오는 순수 공전 주기(평균 27.3일)를 말한다.

s **Śīkṣa** 쉬끄샤 : 성음학(聲音學)

s **śīla** 쉴라 : 지계(持戒)〔계율을 지키는 행위〕 스스로를 절제하고 올바른 행동을 하는 것〔= behavioral discipline, morality, virtue, ethics〕

s **śīla-pāramitā** 쉴라 빠라미따 : 지계(持戒)-바라밀(波羅蜜)〔육바라밀(六波羅密)〔샷(6) 빠라미따(shat/ṣaṭ-pāramitā)〕 중 둘째〕 계율(마땅히 행해야 하는 것을 하고, 행하지 말아야 할 것을 하지 않은 것)을 지켜 몸과 마음의 청정을 얻는 것〔계(戒)-바라밀, 시라(尸羅)-바라밀〕 계율의 가장 기초적인 오계(五戒)는 불살생(不殺生), 불투토(不偸吐)〔남의 것을 탐하여 훔치지 말라〕, 불사음(不邪淫), 불망어(不忘語), 불음주(不飮酒)다.

s **Sind** 신드 : 인도 북서부와 맞닿아 있는 파키스탄의 주〔sind는 쌍쓰끄리뜨로 '강'을 뜻하는 '신두(sindhu)'에서 유래〕

s **simantonnayana** 씨만톤나야나 : 분발식(分髮式)

s **ṣiṃha-pūrardha pūrvārdha kāya** 싱하 뿌르와르다 까야 : 상신여사자상(上身如獅子相)〔상반신이 사자와 같이 단정하다〕〔= a dignified upper torso like that of a lion〕〔ṣiṃha = lion〕〔pūrvārdha = the fore, the first half〕〔kāya = the physical body〕

s **śītavana** 쉬따바나 : 시타림(尸陀林), 시다림(尸茶林), 한림(寒林)〔śīta = 서늘함(寒), vana =

forest〔숲(林)〕/ to blow〕〔= 따뽀와(바)나(Tapovana) = 고행림(苦行林)〕
s **snātaka** 쓰나따까 : 세욕자(洗浴者), 〈베다〉의 학문을 배운 사람
s **Ṣoḍaśa**(16) **Mahajanapadas** 쇼다샤(16) 마하자나빠다 : 고대 인도 16대국〔자나빠다(janapada) = 국가(나라)〕: 앙가(Aṅga), 마가다(Magadha), 까씨(Kāsi), 꼬쌀라(Kosala), 밧(왓)지〔Vajjī / Vṛji(Vriji) 브(위)리지〕, 말라(Malla, Mallā), 쩨디〔Cedī, Chedi 체디〕, 밤(왕)싸〔Ⓟ Vaṃsa / Ⓢ Vatsa 밧(왓)싸〕, 꾸루(Kuru), 간다라(Gandhāra), 맛쌰〔Matsya / Ⓟ Maccha 맛차〕, 슈라쎄나(Śūrasena), 아슈마까〔Aśmaka / Assaaka 앗싸까〕, 아반(완)띠(Avantī), 빤짤라(Pāñcāla), 깜보자(Kamboja)
s **Soma** 쏘마 : 물의 신, 술의 신〔북쪽〕
s Ⓟ**somanassa** 쏘마낫싸 : 희(喜)〔정신의 즐거움〕
s **sopadhiśeṣa-nibbāna** 쏘빠디셰싸 닙바나 : 유여열반(有餘涅槃)〔육체가 남아 있는 열반〕
s **sotāpanna** 쏘타빤나 : 〔수다원(須陀洹)〕 예류(預流)〔4과의 첫 번째〕
s Ⓢ**śram** 슈람 : 일상 노동에서 벗어나다
s 〈**Śrauta-sūtra** 슈라우따 수뜨라〉: 〔〈베당가 (Vedāṅga)〉의 6가지 분야 중 하나인 〈깔빠 수뜨라(Kalpa-sūtra)〉(제사)류 가운데 한 카테고리〕〈천계경(天啓經)〉〔제사경(祭事經)〕 제관(祭官)이 집행하는 대제(大祭)〔큰 제사〕를 설명한 경서류〔천계(天啓) = 천지신명(天地神明)의 계시(啓示)〕
s Ⓢ**śrāvaka** 슈라와까 / Ⓟ**sāvaka** 싸와까 : 성문(聲聞), 붓다(부처)의 가르침을 듣고 깨달음에 이른 자, 제자
s **Śrāvaṇa** 슈라와나 : 인도력 5월
s Ⓢ**Śrāvastī** 슈라와쓰띠 / Ⓟ **Sāvatthi** 싸왓티 : 〔사위성(舍衛城)〕 꼬쌀라 (Kosala)국의 두번째 수도로, 인도 북부 우타르 프라데시(Uttar Pradesh) 주의 북동부에 위치.꼬쌀라국의 다른 도성인 싸께따(Ⓢ Sāketa)는 남쪽으로 90km 떨어져 있다.
s **śreṣṭha** 슈레슈타 : 장자(長者), 재벌〔= excellent, first-class〕/ **seṭṭhana** 셋타나 : 〔= the position of a seṭṭhi (= millionaire)〕
s **stuti-gīta** 쓰뚜띠 기따 : 찬가(讚歌)〔= panegyric, hymn, songs and prayers〕
s **Sudāna** 쑤다나 : 〔수달나(須達那), 수대나(須大拏)〕 붓다 전생의 한때, 깨달음을 위해 홀로 수행할 때의 이름. 히말라야의 단다까(Dandhāka/Dandaka) 산〔고대 인도 간다라(Gandhara)(파키스탄 북서부 페샤와르) 지역〕에서 야차(夜叉)로 변한 인드라의 시험을 받는다.
s **Sudattā** 쑤닷따 : 〔수달다(須達多)〕 꼬쌀라국의 부자, 제따 왕자와 함께 제따바나를 공양한 붓다의 후원자〔아나타삔디까(Anāthapiṇḍika) = giver of food to the poor (anatha = the unprotected, destitute + piṇḍa = lump of food)〕〔급고독(給孤獨) = 고독한 자에게 나눠 준다〕
s **śuddha** 슛다 : 깨끗함, 정(淨), 정화(淨化)
s **śuddhāvāsa** 슛다와사 : 정거천(淨居天)〔번뇌가 없고 불타오르는 욕망이 소멸한 청정한 신들만 모여 사는 하늘 세계〕〔śuddha = 정(淨), 청정〕〔vāsa = 거(居), 거주처, 처소〕
s **śuddhāvāsakāyikā devā** 슛다와사까이까 데바 : 정거천신(淨居天神)
s Ⓟ**Suddhodana** 숫도다나 / Ⓢ**Śuddhodana** 슛도다나 : 정반(淨飯)왕, 붓다의 아버지
s **Śūdra** 슈드라 : 하층 노예 계급
s **sudhā** 쑤다 : 신들이 먹는 불사의 음료, 암브로시아〔milk-hedge, beverage of the gods, nectar, ambrosia〕
s **Sujāta** 쑤자따 : 선생녀(善生女)〔su(잘) + jata(태어난) = 잘 태어난 = 선생(善生)〕 고행을 마친 붓다에게 최초로 공양(우유죽)을 올린 이
s **śuka** 슈까 : 앵무새〔= parrot, green parakee〕
s **sukha** 쑤카 : 낙(樂), 육체와 마음의 즐거움, 기쁨
s **sukhāvatī** 쑤카와띠 : 정토(淨土)〔sukha = 즐거움(bliss) + vat = 가득한, 지극한〕
s **sukha vedanā** 쑤카 웨다나 : 낙수(樂受)〔즐거운 느낌, 다시 겪고 싶은 느낌〕
s **śukla-dharma** 슈끌라 다르마 : 브라흐만교〔힌두교〕12정법(淨法), the pure law
s **Sumedha** 쑤메다 : 〔선혜(善慧)행자(行者)〕 전생에 수행자였을 때의 붓다. 디빵까라 붓다에게 장차 붓다로 깨달음을 이룰 것이라는 수기를 받는다.
s **Sumeru** 쑤메루 : 수미산(須彌山)
s **Sumitta** 쑤밋따 : 꼴리까(Kolika)〔= 구리가(拘利伽), 구리(拘利), 구리천녀 (拘利天女)〕 붓다가 전생에 쑤메다(Sumedha) 수행자였을 때, 붓다를 이루는 날까지 동료이자 부부가 될 것을 약속한 수행녀
s **Suṃsumāra-giri** 쑹쑤마라 기리 : 쑹쑤마라 언덕〔박가(Ⓟ Bhagga / Ⓢ Bharga 바르가)국의 수도〕

사전 수첩 전체〔알파벳〕

s ⓟsuññā /ⓢśūnya 쑨냐 : 공(空)〔비어 있는, 없는, 무아인, 명상을 통해 오온의 무더기를 해체하여 보는〕

s Supudhi 쑤뿌디 /ⓢSuprabuddha 쑤쁘라붓다 /ⓟSuppabuddha 쑵빠붓다 : 선각왕(善覺王), 꼴리야국의 왕으로 마야 부인의 아버지

s Supudhi 쑤뿌디〔2세〕/ⓢSuprabuddha 쑤쁘라붓다 /ⓟSuppabuddha 쑵빠붓다 : 선각장자(善覺長者), 야쇼다라(Yaśodharā) 공주의 아버지〔Supudhi는 Suppabuddha의 줄임말이다.〕

s surā 쑤라 : 곡물을 발효시킨 술

s Śūrasena 슈라쎄나 :〔고대 인도 16대국 중 하나〕인도 북부 우타르 프라데시(Uttar Pradesh)주의 서부 지역으로, 야무나(Yamunā)강 중류의 뭇뜨라(Muttra)〔마투라(Mathurā)〕부근. 중심 도시는 마투라(Mathurā).

s Sūrya 쑤리야 : 쌍쓰끄리뜨로 태양(the sun), 또는 '태양의 신'을 뜻한다. 태양의 신 쑤리야는 일곱 마리의 백마 또는 일곱 머리를 가진 한 마리 백마가 이끄는 전차를 타고 다닌다. 일곱은 무지개의 일곱 색 또는 일곱 차크라(chakra), 일주일 등을 상징한다.

s 『Sutta-Nipāta 숫따-니빠따』: 경전 모음〔경집(經集)〕이란 뜻으로, 초기 불교 경전인〈5부 니까야〉가운데 마지막 묶음인『쿳다까 니까야(Khuddaka Nikāya)』에 수록되어 있다.

s Svathakehu 쓰와타께후〔=하얗고 반짝거림(밝음을 상징)〕ⓟSetaketu 쎄따께뚜 /ⓢŚvetaketu 슈웨따께뚜 : 호명보살(護明菩薩)〔붓다가 도솔천(兜率天)〔뚜시따(Tuṣita)〕의 내원(內院)에 머물며 수행할 때의 이름〕〔호명(護明)=빛(진리)을 수호한다〕

s svayambara 쓰와양바라 : 결혼 시합〔svayam=스스로, 자신이〕〔bara/vara=택하다〕

s Svetambara 쓰웨(베)땀바라 : 백의파(白衣派), 나형 외도(裸形外道)〔아쩰라까(acelaka)〕의 한 파로 흰 옷을 입음

s synodic month :〔삭망월(朔望月)〕태양—지구—달의 상대적 위치 변화를 기준으로 측정한 것으로, 달의 음력 초하루에서 다음 초하루까지〔초승달(삭) → 보름달(망) → 다음 초승달(삭)까지〕또는 보름달에서 다음 보름달까지 이르는 데 걸리는 시간(평균 29.5일)이다. 월(月)은 달이 지구 둘레를 한 바퀴 공전(公轉)하는 데 걸리는 시간으로, 삭망월은 지구에서 관측할 때 달의 위상이 변하는 주기를 말한다.

t ⓟ Taṇhā 딴하 /ⓢ Tṛṣṇā 뜨리슈나 : 갈애(渴愛)

t ⓢ tapas 따빠쓰 : 고행(苦行)〔=두슈까라 짜리야(ⓢduṣkara-caryā)〕〔duṣkara=매우 어려운, 고통스러운+caryā=행)〕

t ⓟ tapassi 따빠씨 : 고행자(苦行者)

t Tapovana 따뽀와(바)나 : 고행림(苦行林)〔=쉬따바나(śītavana), 시타림(尸陀林), 시다림(尸荼林), 한림(寒林)〕

t tejo-dhātu 떼조 다뚜 : 수대(水大)〔4대의 하나〕

t Terai 떼라이 /Tarai 타라이 :〔=축축한 땅〕북쪽의 히말라야 산맥과 평행하게 뻗어 있는 외곽 산기슭으로, 네팔 남부와 인도 북중부~북동부에 걸친 저지대 평원이다. 길고 가느다란 이 지역은 야무나(Yamuna)강 상류에서 동쪽으로 브라마푸트라(Brahmaputra) 강까지 뻗어 있으며, 중간에 가가라(Ghaghara)강이 가로지르며 습지를 형성한다.

t Theravāda 테라바다 : 장로(長老)들의 길, 상좌부(上座部), 장로부(長老部)

t tideva 띠 데바〔=Trimurti 뜨리무르띠〕: 힌두 3신〔=브라흐마(Brahma), 비슈누(Vishnu), 쉬바(Shiva)〕

t tilak 띨락 : 이마의 점, 최고의 아름다움

t ⓟti-lakkhana 띨락카나 : 초기 불교의 삼(3)특상(三特相)〔무상(無常, anicca 아닛짜), 고(苦, dukkha 둑카), 무아(無我, anatta 아낫따)〕

t tillar nadi 띨라르 나디 : 유하(油河)〔=The River of Oil〕

t Tilaurakot 틸라우라코트 : 네팔에서 카필라(Kapila)성이라 주장하는 곳으로, 네팔 서남부 룸비니(Lumbini)주 남부의 카필바스투(Kapilvastu) 지구에 속한다. 네팔이 주장하는 카필라 성인 간와리아(Ganwaria)와는 서쪽으로 80km쯤 떨어져 있다.

t thīna-middha 티나-밋다 : 해면(睡眠)〔해태(懈怠)와 혼침(昏沈)〕

t tiratana 띠라따나 : 삼보(三寶)〔세 가지 보배〕〔붓다(불(佛), Buddha), 담마(법(法), Dhamma), 쌍가(승(僧), Saṅgha)〕

t ⓢtīrthika 띠르티까 /ⓟtitthiya 띳티야 : 외도(外道), 불교 이외의 다른 종교나 사상

사전 수첩 전체〔알파벳〕

t ⓟ**tisikkhā** 띠씩카 / ⓢ**śiksā-traya** 쉭싸-뜨라야 : 삼학(三學)〔계(戒, sīla 씰라), 정(定, samādhi 싸마디), 혜(慧, paññā 빤냐)〕〔instruction, lesson, learning, study of a skill〕 수행 방법의 근본

t ⓢ**tisro vidyāḥ** 띠쓰로 위뒤야흐 / ⓟ**tevijja** 떼윗자 : 삼명(三明)〔완전한 세 가지 지혜 = 숙명통 · 천안통 · 누진통〕

t ⓟ**tisso** 띳쏘 / ⓢ**tisro** 띠쓰로 **vedanā** 웨다나 : 삼(3)수(三受)〔수(受) 또는 수온(受蘊)을 3가지로 세분한 것 = 고수(苦受), 낙수(樂受), 사수(捨受)〕

t ⓢ**Trāyastriṃśa** 뜨라야스뜨링샤 / ⓟ**Tavatimsa** 따와띰사 : 도리천(忉利天)〔수미산 정상 신들의 왕 인드라가 사는 하늘〕

t **Tribal** : 부족민

t **tri-dharma-mudrā** 뜨리-다르마-무드라 : 북방 불교의 삼법인(三法印)〔제행무상(諸行無常), 제법무아(諸法無我), 열반적정(涅槃寂靜)〕

t **tri-dhātu** 뜨리-다뚜 : 3계(三界)〔욕계(欲界), 색계(色界), 무색계(無色界)〕

t ⓢ**tri-doṣa** 뜨리-도샤 / **triviṣa** 뜨리-비샤 : 삼독(三毒)〔깨달음에 장애가 되는 세 가지 번뇌로, 탐욕(貪慾, lobha 로바)〔욕망〕, 진에(嗔恚, dosa 도싸)〔성냄〕, 우치(愚癡, moha 모하)〔무지〕를 말한다〕

t **tṛṣ** 뜨리쉬 : 목마름

t **Tuṣita** 뚜시따 : 도솔천(兜率天) = 욕계〔欲界, 까마 다뚜(kama-dhātu)〕 중 4천(天)〔tuṣita = 만족시키다(contentment, joy)〕 지족(知足), 묘족(妙足), 희족(喜足), 희락(喜樂)

u **udāna** 우다나 : 감흥게. 붓다가 설법의 청이나 질문을 받지 않고 스스로 감흥에 젖어 남긴 노래

u ⓢ**uccheda-dṛṣṭi** 웃체다-드리슈띠 / **uccheda-diṭṭhi** 웃체다-딧티 : 단견(斷見), 사후가 없다는 견해〔nihilism〕, 모든 것이 단멸(斷滅)한다고 믿음〔단멸론(斷滅論) = 생겨났다가 죽으면 끝〕

u **Uddaka-Rāmaputta** 웃다까-라마뿟따 : 붓다의 두 번째 스승, 고행자

u **uddhacca-kukucca** 웃닷짜-꾸꿋짜 : 탁회(掉悔)〔들뜸과 후회〕

u ⓟ**Udena** 우데나 / ⓢUdayana 우다나야 : 우전왕(優塡王/于闐王), 고대 꼬쌈비국의 왕

u **udumbara** 우둠바라 : 〔우담바라(優曇婆羅)〕 인도, 파키스탄에서 초여름에 짙은 붉은 꽃이 피는 낙엽 교목

u **U Jatila Sayadaw** 우 자띨라 사야도(1935~2016), 미얀마의 빅쿠

u **ullambana** 울람바나 : 우란분재(盂蘭盆齋)〔= the day for helping those beings who are suffering〕 음력 7월 15일 백중(百中)에 조상의 넋을 기리는 의식〔아발람바나(avalambana) = 거꾸로 매달려 있다, 도현(倒懸), hanging downward, suspended ; ghost festival〕

u **upādhyaya** 우빠드야야 : 쌍쓰끄리뜨 문법이나 〈베다〉 교리를 평생 가르치는 선생

u **upādāna** 우빠다나 : 취(取)〔= 취착(取着), 달하 까하나(daḷha-ggahaṇa)〕

u **upanayana** 우빠나야나 : 브라흐만교 정법에서 9번째에 해당하는 입법식(入法式), 성례식(聖禮式)

u **upanimantrita** 우빠니만뜨리따 : 기도(祈禱)

u **Upali** 우빨리 존자 : 우바리(優波離), 사꺄족의 슈드라 출신 이발사로 붓다의 10대 제자 중 지계 제일(持戒第一)

u **Upananda** 우빠난다 : 용왕. 용왕 중 우두머리인 난다의 동생〔발난타(跋難陀)〕

u 『**Upaniṣad** 우빠니샤드』 : 브라흐만교의 철학적이고 영적인 지식을 모은 고대 쌍스끄리뜨 경전 모음. 기원전 500년 전후 수백년에 걸쳐 성립된 것으로 추정하며, 시기 및 철학적으로 〈베다(Veda)〉의 마지막 부분을 형성하기에 '베단따(Vedānta, 베다의 끝, 결론)'라고도 한다.

u **ūparājā** 우빠라자 : 부왕(副王)

u **upāsaka** 우빠싸까 : 남자 신자, 우바새(優婆塞), 청신사(淸信士)

u **upaśama** 우빠샤마 : 지식관(止息觀)〔자신의 호흡을 스스로 길게 참는 고행〕

u **upasaṃpadā** 우빠쌍빠다 : 비구 비구니가 받아 지니는 계(戒)

u **upāsikā** 우빠씨까 : 여자 신자, 우바이(優婆夷), 청신녀(淸信女)

u 〈**Upaveda** 우빠베다〉 : 부(副)〈베다〉, 실용 지식. 4가지 실용 지식인 『아유르-베다(Āyur-veda)』(의학), 『다누르-베다(Dhanur-veda)』(군사), 『간다르바-베다 (Gandharva-veda)』(예술), 『아르타샤스뜨라 베다(Arthaśāstra-veda)』(정치 경제)〔또는 『스타빠띠야-베다(Sthapatya-veda)』(건축, Architecture)〕을 말한다.

u **upavīta** 우빠위(비)따 / **yagyopavīta** 야교빠위(비)따 : 성스러운 실, 성사(聖絲), 제영(祭纓)

u **upāya** 우빠야 : 방편(方便)〔method (of reaching the state), remedy, pedagogy〕

u **upāya-pāramitā** 우빠야 빠라미따 : 방편(方便)-바라밀 〔십바라밀(十波羅蜜)〔다샤(10) 빠라미따(daśa-pāramitā)〕 중 일곱째〕 중생을 이롭게 하기 위해 자비로운 방법을 사용하는 것

u Ⓟ**upekkha** 우뻭카 / Ⓢ**upekṣā** 우뻭샤 : 사(捨)〔평정(平靜)〕〔〈남전〉의 십바라밀 (十波羅蜜)〔다샤(10) 빠라미요(dasa pāramiyo)〕 중 열 번째〕 평온, 중립 〔=equanimity, serenity〕

u Ⓟ**uposatha** 우뽀사타 / Ⓢ**poṣadha** 뽀샤다 : 포살(布薩) 〔음력 매월 15일과 29일(또는 30일)에 수행자들이 한곳에 모여 서로의 잘못을 돌아보고 뉘우치는 의식〕

u **Uruvelā** 우루벨라 : 〔우류비나(優留毘羅)〕 지금의 보드가야(Bodh Gayā)/붓다가야(Buddha Gayā)/보리가야(菩提伽耶)

u **Usabha** 우싸바 : 자이나교 1대조

u **Usha** 우샤 : 새벽의 신

u Ⓢ**uṣṇīsa-śīrṣa** 우스니싸 실샤 / Ⓟ**uṣṇīsa-śirakata** 우스니싸 시라까따: 정유육계(頂有肉髮)〔정수리에 육계가 있다〕〔uṣṇīsa = turban〕〔śīrṣa = head〕

u Ⓢ**Uttarāpatha** 웃따라빠타 : 북로(北路) 〔uttarā = 북쪽으로 + patha = 경로〕 슈라와쓰티〔싸왓티 / 꼬쌀라국의 사위성〕 → 까삘라성 → 꾸씨나라(Ⓟ Kusinārā / 꾸쉬나가라(Ⓢ Kuśinagara)/ 쿠시나가르(Kushinagar)〕 → 웨쌀리〔Ⓟ Vesālī / 바이샬리(Ⓢ Vaiśālī)〕 → 라자가하〔Rājagaha, 왕사성(王舍城)〕〔마가다국의 수도〕

u **Uttar Pradesh** 우타르 프라데시(웃따르 쁘라데시) : 인도 북부의 주. 북동쪽으로 네팔과, 동남편으로 비하르(Bihar)와 면해 있다. 〔웃따라빠타에서 유래〕

v **vāhana** 바하나 : 탈것〔승물(乘物)〕, 수레, 마차 〔=vehicles〕

v Ⓢ**Vaiśālī**(Vaishali) 바이샬리 / Ⓟ**Vesāli** 웨쌀리 : 인도 북부 동쪽 끝 비하르(Bihar)주의 고대 도시. 한자로는 비사리(毗舍離), 베쌀리, 베살리.

v **Vaisha** 바이샤 : 평민 계급

v **vaitanika** 바이따니까 : 임금 노동자

v **Vaivasvata** 바이바쓰바따 : 인류의 시조

v **Vajjī** 밧(왓)지 / **Vṛji**(Vriji) 브(위)리지 : 〔고대 인도 16대국 중 하나〕 현재 인도 북부 동쪽 끝 비하르(Bihar)주 지역에 있었던 연맹 국가로, 중심 부족은 릿차비(Licchavī)족과 비(위)데하(Videhā)족이었고, 남쪽으로 마가다국과 접해 있었다. 중심 도시는 남부 릿차비족의 바이샬리(Ⓢ Vaiśālī/ Vaishali)〔웨살리(Ⓟ Vesāli)〕와, 북부 비(위)데하족의 미틸라(Mithilā)〔현재 네팔의 자낙푸르(Janakpur)〕였다.

v **vāmana** 바마나 : 난장이〔왜인(矮人)〕

v Ⓟ**vaṃsa** 왕싸 / Ⓢ**vaṃśa** 왕샤 : 피리〔적(笛)〕, 대나무 〔① bamboo ; ② cross-beam ; ③ family-tree, lineage〕

v Ⓟ**Vaṃsa** 밤(왕)싸 / Ⓢ**Vatsa** 밧(왓)싸 : 〔고대 인도 16대국 중 하나〕 강가강 남쪽, 야무나(Yamunā) 강의 합류 지대〔현재의 알라하바드(Allahābād)〕 부근으로, 북쪽으로 꼬쌀라국, 남쪽으로 쩨디국과 접했다. 수도는 꼬쌈비(Kosāmbī)〔까우샴비 (Ⓢ Kauśāmbī)〕. 〔Ⓟ vaṃsa 왕싸 / Ⓢ vaṃśa 왕샤 = 피리〔적(笛)〕, 대나무〕

v **vānaprastha** 바나쁘라쓰타 : 임서기(林棲期)〔아슈라마 3주기〕

v **vappamangala** 왑빠망갈라 : 농경제(農耕祭) 〔=royal ploughing ceremony〕

v **varāha** 바라하 : 멧돼지, 야저(野豬)

v **Varanasi**(Vārāṇasī) 바라나시 / Ⓢ**Bārāṇasi** 바라나씨 : 까씨(Kāsi)국의 중심 도시. 고대의 도시명도 까씨. 인도 북부 우타르 프라데시(Uttar Pradesh)주의 동남부에 있다.

v **varna** 바르나 : 색(色, colour), 인도 계급 제도에서 기본 4계급

v **Varuna** 바루나 : 우주(도덕) 질서를 관장하는 신 〔하늘, 진실, 물, 서쪽, 마법의 신〕, 법(法)과 정의(正義)의 신

v 『**Vasishtha Dharma-sūtra** 바시쉬타 다르마 수뜨라(바시슈타 법전)』 : 현자 바시슈타가 쓴 것으로 추정되는 이자와 대출에 관한 규칙서

v **vāsa** 와싸 : 거(居), 거주처, 처소

v **vassa** 왓(밧)싸 : ① 비 오는 계절, 우기(雨期) ; ② 안거(安居) 〔수행자들이 한 곳에 모여 외출을 금하고 수행하는 일〕

v **vāsu-amātya** 바쑤 아마띠야 : 재무관(財務官) 〔vāsu = wealth, riches, gold〕

v **vāyo-dhātu** 와(바)요 다뚜 : 풍대(風大) 〔4대의 하나〕

사전 수첩 전체 〔알파벳〕

v 〈**Veda** 베다〉 : 〔veda는 '지식(특히 제사에 관한 지식)'이라는 뜻〕 기원전 1500~500년경 성립된 인도 브라흐만(바라문)교의 경전들로, 리그베다(Ṛg-Veda), 야주르베다(Yajur-Veda), 싸마베다(Sāma-Veda), 아타르바베다(Atharva-Veda) 등 4 〈베다〉와 그 주석서인 브라흐마나(Brahmaṇa), 아란야카(Āraṇyaka), 우빠니샤드(Upaniṣad) 등이 있다

v **vedanā** 웨다나 : 수(受) 〔느낌〕

v **vedanā-khandha** 웨다나 칸다 : 수온(受蘊) 〔느낌의 무더기〕

v **Vedanā saṃyutta** 웨다나 쌍윳따 : 느낌의 상윳따

v 〈**Vedāṅga** 베당가〉 : 지분(支分), 보조학. '〈베다〉의 팔다리'라는 뜻으로, 6가지의 보조학인, 제사(Kalpa), 음운(Śikṣā), 문법(Vyākaraṇa), 어원(Nirukta), 운율(Chandas), 점성술(Jyotiṣa)을 말한다.

v Ⓟ **vedeti** 웨데띠 / Ⓥ **vedayati** 웨다야띠 : 수(受), 느끼다, 경험하다 〔웨다나(vedanā)〔수(受), 느낌〕의 동사형〕

v **Venerable Chanmyay Sayadaw U Janakabhivamsa** 우 자나까 사야도 (1928~) 미얀마의 빅쿠

v **Venerable Sayadaw U Thila Wunta** 우 틸라 운타 사야도(1912~2011) 미얀마의 빅쿠

v **Venuvana-vihāra** 베누바나 비하라 : 죽림정사(竹林精舍)

v **Vesak Day** 웨싹 데이 : 남방의 부처님 오신날, 남방력(인도 음력)으로 2번째 달인 웨싸카(vesākha)〔와이싸카(vaisakha)〕에서 유래

v Ⓟ**Vesākha** 웨싸카 / Ⓢ**Vaiśākha** 뱌이샤카 : 남방력(南方曆)〔동남아시아를 포함한 인도 문화권 전반에서 사용하는 역법〕 2월

v Ⓟ**Vesāli** 웨쌀리 / Ⓢ**Vaiśālī**(Vaishali) 바이샬리 : 인도 북부 동쪽 끝 비하르(Bihar)주의 고대 도시, 한자로는 비사리(毗舍離)

v **vetana** 베따나 : 임금

v **veyyākaraṇa** 웨(베)이야까라나 / **vyākaraṇa** 위(비)야까라나 : ① 수기(授記) 〔어떤 존재가 미래에 붓다가 될 것을 예언하는 것〕 ; ② 문법학(文法學)

v Ⓟ**vibhajja** 위밧자 : 해체(解體) 〔분석, 나누기, 관념으로 조립된 것을 해체해서 있는 그대로 봄〕

v **Vibhajjavāda** 위밧자와다 : 분별설부(分別說部) 〔상좌부에서 나온 분파〕〔vibhajja = dividing, analysing, detailing, 분해하고 해체함〕〕

v **vibhava-taṇhā** 위바와 딴하 : 무유애(無有愛) 〔vibhava = 존재에서 벗어남 (free from existence, cessation of life) : being everywhere, omnipresence ; wealth, prosperity〕 존재하지 않음에 대한 갈애

v **vibhuti** 위부티 : 성회(聖灰) : 신성한 의식에서 태운 성물(나무, 향 또는 허브)의 재

v **vicikichā** 위찌끼차 : 의(疑) 〔회의적 의심〕

v **vighāta** 위(비)가따 : 〔곤혹스러움〕 회의론(懷疑論)

v **vihāre** 위(비)하레 : 방(房)

v Ⓟ**vijānati** 위자나띠 : 분지(分知) 〔다른 것과 구분되는 특질을 식별하는 지〕

v Ⓟ**vijjā** 윗자 : 명지(明知)

v **vikstrī** 빅쓰뜨리 : 유녀(遊女)

v **vilachāyā-guhā** 윌라차야 구하 : 유영굴(留影窟) 〔vila = hole, cave〕〔chāyā = shade, shadow〕 보살(붓다)의 그림자가 남아 있는 굴

v **vimokkha** 위목카 : 해탈(解脫)

v 『**Vinaya Piṭaka** 비나야 삐따까』〔율장(律藏)〕 : 붓다 생존시 또는 입멸 뒤에 불교 교단의 계율을 집대성한 것〕

v Ⓟ**viññāṇa** 윈냐나 / Ⓢ**vijñāna** 위즈냐나 : 식(識) 〔알음알이〕

Ⓟ**vipassana** 위빳싸나 / Ⓢ**vipaśyanā** 위빠샤나 : 지관(止觀), 알아차림 수행 〔관(觀) = to see clearly, to see things as they are〕

v **viraga** 위라가 : 이욕(離欲) 〔vi(떠남) + raga(색깔)〕 빛 바램, 탐욕이 바램, 욕망을 여읨 〔= loss of colour, fading of desire, absence of lust〕

v **Viraj** 비라즈 : 최초의 인간인 뿌루샤(Purusha)

v **viś** 비슈 : 부족

v **Vishnu** 비슈누 : 〔비뉴천(毘紐天)〕 유지의 신

v 『**Viṣṇu Dharma-sūtra** 비슈누 법전』 : 인도의 법에 대한 고대 격언 모음집으로 왕의 의무와 형벌이

사전 수첩 전체〔알파벳〕

자세히 설명되어 있으며, 사티(sati, 남편의 장례식에서 과부를 불태우는 행위)에 대한 내용이 나온다.

v **Viśvakarmā** 비슈바까르마 / **Vishvakarman** 비슈바까르만 : 〔비수갈마(毘首羯磨)〕 모든 것을 만든 자, 건축의 신, 천상의 장인

v **Viśvamitra** 비슈바(/위슈와)미뜨라 : 〔비사바밀다라(毗奢婆密多羅), 선우(選友)〕 숫도다나왕이 초빙해 싯다르타에게 문자와 문법 · 논리학 · 수사학(修辭學)을 가르친 바라문

v **vivāha** 비바하 : 결혼식(結婚式)

v **vyākaraṇa** 위(비)야까라나 / **veyyākaraṇa** 웨(베)이야까라나 : ① 수기(授記) 〔어떤 존재가 미래에 붓다가 될 것을 예언하는 것〕; ② 문법학(文法學)

v **vyāpāda** 위야빠다 : 악의 〔=진에(瞋恚)〕 〔5장애의 하나〕

v **vyutthāna** 비웃(븟)타나 : 출정(出定), 출리(出離) 〔평상의 상태〕

w **WFB** 〔World Fellowship of Buddhists〕 : 세계 불교도 대회

y **yajña** 야즈냐 : 희생제〔공희(供犧)〕, 제사(祭祀) 〔불을 이용한 제사 의례〕

y 『**Yājñavalkya Smṛti** 야즈나발끼야 법전(스므리띠)』 : 관습, 사법 절차, 범죄와 처벌 등 세 권으로 구성된 법전

y **yakṣa** 야끄샤 : 야차(夜叉), 요괴(妖鬼), 나찰(羅刹)〔락샤싸(rākṣasa)〕

y **yakṣī** 야끄시 : 야끄샤(yakṣa)〔야차(夜叉)〕의 여성형

y **Yama** 야마 : 죽음의 신 〔남쪽〕

y **Yamunā** 야무나강 : 강가(갠지스 강)의 최대 지류. 야무나 강과 갠지스 강은 인도 북부 히말라야 산맥에서 각각 발원하여 나란히 남동쪽으로 흐르다가 알라하바드(프라야가)에서 합쳐져 동쪽으로 흘러 나간다.

y **Yaśodharā** 야쇼다라 : 붓다의 부인 〔평판이 높은 여성〔명문(名聞)〕으로 의역〕

y **yāva** 야바 : 보리〔맥(麥)〕

y **yoga** 요가 : 명상, 선정(禪定) / 선(禪) 〔댜나(Ⓢdhyāna)/쟈나(Ⓟjhāna)〕

y **yogi** 요기 : 대수행자, 선인(仙人)〕

y **yojana** 요자나 : 고대 인도, 태국, 미얀마에서 사용된 거리 단위로 약 12~15km에 해당

y **yoni** 요니 : 여성 성기

y **yūtha** 유타 : 무리, 동물떼, 군대(軍隊)

- ***Buddha's Journal : Life, Forest and River* ① *Dhamma***
  Written by © **Bhikkhu Sopaka**
- Produced & Creative Directing by © **PARK Sangil**
  Edited by © **SHIM Sejoong, PARK Sangil, KIM Nayoung**
  Designed by © **PARK Sangil, KIM Nayoung**
  Edited, Designed and Published by **SuRyuSanBang**
- ISBN **978-89-915-5597-6 03220** | Printed in Korea, **2025.07.**

9 788991 555976 03220 ₩27,000

- **SuRyuSanBang** • A. 47-1 Gyeonghuigung-gil〔1-135 Shinmunro-2-ga〕, Jongno-gu, Seoul, Republic of Korea | T. 82 (0)2 735 1085 F. 82 (0)2 735 1083
  Producer **PARK Sangil**
  Publisher & Editor in Chief **SHIM Sejoong**
  Creative Director **PARK Jasohn+PARK Sangil**
  Design & Research Dept. **KIM Nayoung**
  Editorial & Research Dept. **JEON Yoonhye**
  Director **KIM Bumsoo, PARK Seunghee, CHOI Moonseok**
  Printing & Binding **PrintingLounge**〔LIM Jonghwi〕T. 82 (0)31 935 6295
- Printed in Korea, 2025.07.

수류산방의 〔**아주까리 수첩**〕은 옛 노래의 제목입니다. 어째서 하필 아주까리 수첩인지, 그 수첩이 어떻게 생겼는지, 1942년에 조명암(趙鳴岩)이 작사한 노랫말을 꼼꼼히 보아도 알 수가 없습니다. 섬 떠난 그이의 손에 아주까리, 그러니까 피마자 기름을 곱게 먹인 수첩이 쥐여 있기나 했는지도 시원히 알려 주지 않습니다. **아주까리 수첩**은 기다림의 이야기지요. 수류산방의 **아주까리 수첩**은 아주 오랜 기다림의 이야기입니다. 앞날을 알 수 없을 (것에 대한) 이야기입니다. 보이지 않는 사람 마음이, 보이지 않는 채로 흔들리며 짓는 풍경을 켜켜이 겹쳐 갑니다.

＊순서와 책 제목, 주제는 바뀔 수 있습니다.〔2025.07. **현재**〕

SuRyu*SanBang

1 **조성룡** 우리가 도시에서 산다는 것은 **건축과 풍화**

2 **김인환** 한국 대학 복구론 **과학과 문학**

3 **황현산** 프랑스 상징주의 시 강의 **전위와 고전**

3001 **최은진** 세 번째 앨범 〔⊕**김현빈** 293〕 **헌법재판소**

4 **김택상** 김원식 · 홍가이 **색, 채의 건축술**

5 **조병준** 개인.지도 **퍼스널 지오그래픽**

6 **이우성** 산문집 **좋아서,**

7 **이건섭** 리마스터링 에디션 **건축의 무빙**

8 **김인환** 역사와 경제사로 추적하는 유교조선 지성사론 **다 말하게 하라**

0 **예수회인권연대**(편) 영성의 사회적 의미 **회심과 전환**(가제)

0 **정진국** 르 코르뷔지에 정진(精進) **창조와 사유**(가제)

0 **조병준** 문화.지도 **컬처럴 지오그래픽**(가제)

0 **김원식** 보자르 전통의 계승자, 르 코르뷔지에 **모데나튀르**(가제)

0 **강정애** 중국 광저우 독립 운동가 열전 **독립과 조국**(가제)

0 **정양모 · 정학모 · 정웅모** 예수 모습 성경 미술 **말씀과 그림**(가제)

0 **송현민** 박용구 평전 **편력과 조망**(가제)

0 **김범수** 나날의 풍경, 나날의 마음 **풍경과 마음**(가제)

0 **김남수** 아시아 예술 사유의 원천 탐구 **감흥과 미학**(가제)

0 **김재경** 광천에서 코닥까지 **현상과 현상**(가제)

0 **박용구** 선집, 하나 **음악**(가제), 둘 **무용**(가제), 셋 **문명**(가제)

0 **윤병하** 선집 **합궁과 미학**(가제)

비구 성찬 比丘 性讚 **Bhikkhu Sopakā** | 법명은 성찬(性讚), 상좌부 법명은 아신 쏘빠까(Ashin Sopakā)로, 갑오 생(甲午生, 1954)이다. 동진(童眞)〔어린 나이에 출가한 동자승〕으로 출가해서, 미룡당(彌龍堂) 월탄(月誕) 종사(1937~2022)를 은사로 모셨다. 인천 용화사에서 전강(田岡) 영신(永信) 선사(1898~1975)에게 사미계를 수계했으며, 해인사 금강계단에서 고암(古庵) 상언(祥彦) 율사(1899~1988)에게 비구계를 수계했고, 미얀마 양곤 마하시 수도원에서 우 자띨라(U Jatila) 사야도(Sayadaw)(1935~2016)에게 상좌부 빅쿠계를 수계했다. 법주승가대학 사집과를 수료하고, 범어승가대학 대교과와 중앙승가대학을 졸업했으며, 법주승가대학 강주(교수)를 역임했다. 1996년부터 미얀마 마하시 수도원(Mahasi Sasana Yeiktha Meditation Center)에서 안거했으며, 미얀마 찬메 수도원(Chanmyay Yeiktha Meditation Center)에서 3년 결사를 성취했다. 현재 용인 여래향사와 인도네시아 기원정사의 법사(法師)로 있다.

SuRyu*SanBang

1 비구 성찬 **담마 – 法 – Dhamma**
2 비구 성찬 **쌍가 – 僧 – Saṅgha** (가제)
0 비구 성찬 **대중 – 大衆 – Parisa** (가제)
0 비구 성찬 **위나야 – 律 – Vinaya** (가제)
0 우 자나카 사야도 **블루마운틴에서 대화** (가제)
0 인도 네팔 순례 **붓다의 길 – 旅 – Dhamma Yatra** (가제)

수류산방의 〔**붓다의 수첩 (숲 그리고 강)**〕 | 불교 신자가 아니어도 좋습니다. 수행과 명상, 영성과 리추얼에 마음 기울이는 이라면 이 여정은 분명 당신의 내면에 가 닿아, 아직 열리지 않은 우주의 문을 두드릴 것입니다. 평생에 걸친 수행, 특히 남방 상좌부 불교에서의 긴 수행을 통해 붓다의 가르침을 체득해 온 스님의 연구를 바탕으로, 붓다를 이상적 존재나 신앙의 대상이 아닌 실존했던 한 인간으로 재조명합니다. 지금까지 막연히 알았던 불교가 아니라, 철저한 수행 체험을 통해서만 해석할 수 있는 붓다의 삶, 붓다의 혁명, 붓다의 깨달음이 여기 담겨 있습니다. * 〔2025.07. 현재〕